古代アメリカの比較文明論

メソアメリカとアンデスの過去から現代まで

青山和夫
米延仁志
坂井正人
鈴木　紀
編

京都大学学術出版会

はじめに

青山和夫・米延仁志・坂井正人・鈴木紀

メソアメリカ文明とアンデス文明は、メソポタミア文明や古代中国文明と同様に、もともと何もないところから独自に生まれたオリジナルな文明、世界でも稀な一次文明であった。ところがメソアメリカ文明とアンデス文明は、「謎・神秘の古代文明」というイメージが先行して、実像が紹介されることは少ない。この古代アメリカの二大文明は、栽培植物という生活基盤から世界の歴史を変えたという点で、今日の私たちの社会や世界観まで多大な影響を与えている。この二大文明が謎や神秘のヴェールに包まれたままでは、人類の文明史の起源に迫ることはできない。これまでの研究では明かすことができなかった二大文明の盛衰を精細な編年に基づいて比較し、現代との連関を探ること――これが私たちの「古代アメリカの比較文明論」プロジェクトが掲げた使命であった。

コロンブス以降のヨーロッパ人とアメリカ大陸の先住民の間のいわゆる「コロンブス交換」は極めて不平等といえる。コロンブスによるカッコ付きの「発見」は、先住民にとって侵略と悲劇の始まりを意味した。ヨーロッパ人侵略後の先住民の歴史は、人類史上稀にみる悲惨な歴史であった。その過程で先住民文化や歴史は途切れてしまった、という見方もある。しかし、本当にそうだろうか。今も続く先住民の諸言語や風俗習慣に先住民文化が色濃く残っていることは、現地に赴けば如実に理解できる。それは、滅びたと思われた文明が今も人々のなかに息づいていることを示唆している。考古学の発掘調査から見えてくる古代の風景に、こうした現代に息づく文化を重ねてみると、どのような多面的な文明史が現れてくるだろうか。

これまで、こうした視点からの研究はなされてこなかった。さらに従来の研究では、メソアメリカとアンデスの両文明の研究は個々ばらばらに行われてきた。両文明の比較、相関を描くことがなされてこなかったのである。しかし、それでは見えないものがあるのではないだろうか。その見えないものとは何だろうか。逆に相関を見出すことでなにがわかるのだろうか。当然のことながら、メソアメリカとアンデスの比較は両文明の特徴をより明らかにするだけでなく、人類の文明とは何かをより深く考察する上でも重要かつ必要なことである。

アメリカ大陸の考古学研究は地域毎に細分化されており、体系的な比較研究が少ない。世界的にみてもテーマ毎の比較研究はあっても（たとえばConrad and Demarest 1984；Hirth and Pillsbury 2013）、メソアメリカ文明とアンデス文明が個別に研究される傾向が強く、さらに地域毎に細分化・専門化されている。旧大陸の文明の影響を受けずに発達した一次文明としての両文明それぞれの特性や社会変化が比較研究によって十分に検討されてこなかったのが問題といえよう。先行研究では、メソアメリカとアンデスの両文明を比較、相関を描くという明確な意識が欠如していた。

研究対象とする時代が、スペイン人の侵略以前のいわゆる先スペイン期に限定されており、古代アメリカ文明の後世への影響が考慮されていないのも問題である。国内外において、メソアメリカとアンデスの考古学、歴史学、文化人類学の研究は専門化・細分化されて各分野の研究者間の交流があまりない。そのために、先スペイン期から現代までの先住民の研究が通時的に論じられることは少ない。重要な例外は二〇世紀半ばに北米やメキシコの研究者が合同で発表した *"Heritage of Conquest"*（征服の遺産）（Tax *et al.* 1952）である。しかし、その主な関心は先スペイン期の文化が今日までどれだけ残存しているかという点にあった。いわば古代アメリカ文明の残滓探しの試みだったといえよう。

一方で、これまで比較のための明確な方法論がなかった。本書は独自の方法論から比較を可能にし、そこから新たな知見を見出す。キーワードは、「編年」と「資源化」である。高精度の編年が、実証的な比較文明論の研究の基盤となる。精密な編年をもとにメソアメリカ文明とアンデス文明の詳細な社会変化を通時的に比較する。さらに植民地時代から現代まで、メソアメリカとアンデスの文明が中南米の先住民文化とその表象に及ぼした影響を検証する。そして、これらの成果をもとに導かれる文明研究の今日的意義を探求していく。そのために後世の人々がどのように能動的に古代文明に向き合い、それを自分たちに役立つ資源として再認識していくかという、これまでの研究が見過ごしてきた「資源化」という過程に着目する。

本書は、過去／現代という区分けで語ることのできない連綿とつながる人々の営みを理解するために、科学的な考古学と自然科学の調査、歴史学と文化人類学の調査を融合させる、という新たな試みである。この方法論はアメリカ大陸以外の他の文明史を考えるうえでも実践できるだろう。

また、縦の時間軸だけでなく、さらに重層的な知見を引き出すために私たちがとった方法が横の時間軸の「比較」であった。つまり、別個に調査され語られることの多かったこの二大文明を同時代ごとに比較し、それぞれの差異と共通点から「文明」そのものの足跡を探りたい。もちろん各々の精緻な分析は必要不可欠である。しかし、それだけでは見えなかった周辺域の都市や中心地の在り方や相互の連関までもが、比較という方法から見えてきつつある。これらの縦と横のマッピングから、二大文明の精細な歴史と現代まで続く息吹を感じていただけるのではないだろうか。

南北アメリカ大陸考古学の研究は、第二次世界大戦以降の日本でも相当の蓄積がある。本書には文部科学省の科研費新学術領域研究の助成による「古代アメリカの比較文明論」プロジェクト（平成二六―三〇年度、領域代表者：青山和夫）の最新の調査成果だけでなく、これまで三〇年以上にわたり執筆者たちが中南米で行ってきた調査成果の一部も盛り込んである。私たちは、従来の世界史研究で軽視されてきた古代アメリカの二大文明について新たな視点や手法による共同研究を推進し、比較文明論の新展開を目指した。

以下、まずはこの二大文明が歴史研究においてどのように語られてきたのかを見てみよう。

1　メソアメリカ文明とアンデス文明は世界四大一次文明の二つ

▼「マヤ・アステカ・インカ」シンドローム

私たち人類の文明はどのように興り、発展し、衰退したのだろうか。メソアメリカ文明とアンデス文明は、新人が一万数千年前にアメリカ大陸に渡ってから一六世紀になるまで旧大陸（ユーラシア大陸とアフリカ大陸）の諸文明と交流することなく、アメリカ大陸でそれぞれ独自に興隆した一次文明であった。一次文明とは、メソポタミア文明や古代中国文明と同様に、もともと何もないところから独自に生まれたオリジナルな文明を指す。

実は一次文明は世界に四つしか誕生しなかった。つまり、メソアメリカ文明とアンデス文明は「世界四大一次文明」の二つを構成した。ギリシア、ローマや日本をはじめとして、世界の大部分の文明は二次文明や三次文明である。旧大陸の諸文明では地域間で物品や情報の交流があり、相互に影響しながら展開した。人類史における古代アメリカの二大文明の特異性は明らかといえよう。メソアメリカ文明とアンデス文明は、長い年月をかけて個別に発展を遂げたという点において世界史で重要な位置を占める。古代アメリカの二つの一次文明の研究は、人類の文明の起源と形成を知る上で極めて重要である。

つまり、メソアメリカ文明とアンデス文明という一次文明の適切かつ十分な記述ぬきには、バランスの取れた「真の世界史」とはいえない。旧大陸世界との交流なしに独自に発展した古代アメリカ文明の研究は、旧大陸や西洋文明と接触後の社会の研究だけからは得られない、新たな視点や知見を人類史に提供し、旧大陸のいわゆる「四大文明」（メソポタミア、エジプト、インダス、古代中国）中心的な世界史の脱構築につながる。ちなみに「世界四大文明」というのは、第二次世界大戦後に唱えられた日本だけの特異な文明観である。欧米には同様な「四大文明」中心主義は存在しない。日本社会において人類史を正しく再構成するためには、旧大陸と新大陸の古代文明を客観的に等置し精密に比較しなければならない。

メソアメリカ文明とアンデス文明は、日本ではまだあまり良く知られていない。そればかりか「謎・神秘の古代文明」という不思議イメージが先行して、実像が紹介されることは少ない。理由の一つは、メソアメリカ文明が栄えたメキシコや中米諸国、アンデスが位置する南アメリカが一般の日本人にとって馴染みの薄い地域であるためだろう。地理的な遠さだけでなく、メソアメリカとアンデスを一緒に扱った出版物、特に一般読者の読める本が少ないことも原因かもしれない（例外はたとえば、関・青山二〇〇五；増田・青山二〇一〇）。また鶴見（二〇一八）は、古代アメリカ文明が日本人の起源・形成など日本列島の歴史に直接的に関係ないことも、日本で認知が遅れている一因ではないかと指摘する。後述するように、一五世紀以降にアメリカ大陸原産の栽培植物がヨーロッパ人によって旧大陸に持ち込まれ、日本を含む世界各地の社会の発展に大きく貢献した。また、アメリカ大陸の古代文明に関する研究は、日本でもかなりの蓄積があるのだが、今なお学術研究と一般社会のもつ知識の隔たりは大きい。

アメリカ大陸の諸文明は「中南米の文明」として一括され、「インカ・マヤ・アステカ」、「インカ・マヤ」という風に同一視あるいは混同される場合が多い。いわば「マヤ・アステカ・インカ」シンドロームというべき傾向を助長しているのが、西洋史と東洋史が中心の高校世界史教科書である（青山ほか二〇一三）。歴史はしばしば勝者によって書かれ、書き換えられるといわれる。スペイン人の侵略・植民地化によって「敗者」となった古代アメリカの二大文明は歴史の表舞台から消され、後世に及ぼす影響が過小評価されてきた。高校世界史教科書では、古代アメリカの歴史の記述はユーラシア大陸と比べて質量共に不十分である。しかもマヤとアステカとインカは同じセクションで扱われている。アメリカ大陸の二大文明は、ヨーロッパの侵略戦争に敗北したので、あたかも重要ではないかのようである。

「マヤ・アステカ・インカ」シンドロームは、さながら縄文時代から室町時代の日本列島の文化、古代中国文明、アンコール・ワットに象徴されるクメール文明を一括するかのような粗雑な記述といえよう。このように、マヤ・アステカ・インカを一括して語ることがいかに文明への精緻なまなざしを欠いているかは容易に理解できるだろう。当然のことながら、「コロンブスがアメリカ大陸を発見した」というのも、ヨーロッパ中心的な偏った歴史観である。

アメリカ大陸を発見したのは、一四九二年のコロンブス一行、あるいはそれよりも五〇〇年ほど前にカナダ北東部に到着したヴァイキングのレイフ・エリクソン一行でもない。「最初のアメリカ人」は、人類進化の上では最も新しいタイプである新人ホモ・サピエンスのモンゴロイド狩猟採集民であった。彼らは、今から一万数千年前の氷河期に、アジア大陸から無人のアメリカ大陸に到達した。それは、七〇〇〇万年もの長い人類史では最近の出来事であった。アフリカ大陸に起源をもつ猿人、原人、旧人がアメリカ大陸に到達することはなかった。アメリカ大陸は、世界五大陸のうち新人が最後に発見した大陸である。つまり、ヨーロッパ人が「発見」したから「新大陸」なのではない。「新大陸」という呼称は、新人が最後に発見した大陸という人類史的な意味において適切といえよう。

▼二大文明がたどった過酷な歴史

メソアメリカとアンデスという、古代アメリカの二大文明を築いたのは、私たち日本人と同じアジア系のモンゴロイド狩猟採集民の末裔の先住民である。コロンブス以前のアメリカ大陸は、一万年以上にわたってモンゴロイドの大陸であった。一八〇〇以上の言語が話されていたとされるが、「高度な文化」あるいは「高度に発達した社会」すなわち文明が出現したのは、マヤ、テオティワカンやアステカをはじめとするメソアメリカとナスカやインカをはじめとする南米アンデスという二地域だけであった。

マヤ文明（前一〇〇〇年頃―一六世紀）は、スペイン人が侵略する直前に発展したメソアメリカのアステカ王国（後一四二八―一五二一年）や南米のインカ帝国（一五世紀―一五三二年）よりも二四〇〇年ほど前に興った。アステカ人はメキシコ盆地の主都テノチティトラン（現在のメキシコ市）、テスココ、トラコパンの三都市同盟を中心にメソアメリカ最大の王国を築いたが、マヤ地域から一〇〇〇キロメートル以上も離れている（写真1）。アステカ文字はマヤ文字ほどには発達せず、主に絵文字であり、暦、個人の名前、地名などが記された。

マヤ文明は、石器を主要利器としながらも、先スペイン期のアメリカ大陸で文字（四万―五万）、算術、暦、天文学を最も発達させた（写真2）。マヤ文明は人類史上で最も洗練された「石器の都市文明」と位置付けられる（青山二〇一三）。このことは、同じくモンゴロイド先住民の文明でありながら、文字のなかったアンデス文明と好対照をなす。ナスカの地上絵等の図像表現や神殿の配置が社会統合のために積極的に利用されたため、アンデスでは文字が必要とされなかったと言われている。地上絵に焦点を当てた研究は、アンデス文明の特徴を理解するだけでなく、他の文明と比較する上でも有益と考えられる。

インカ帝国は中央アンデス地域を統一し、一六世紀初頭には当時世界最大の帝国であった。北はコロンビア南部から南はチリ中部に至る南北四〇〇〇キロメートルを影響下に置いた。マチュ・ピチュ遺跡は、日本で最も有名なユネスコ世界遺産の一つである（写真3）。それはインカ帝国の主都クスコの北西にあり、インカ九代目王の離宮であっ

写真1　アステカ王国のテノチティトラン遺跡の大神殿の蛇の石彫（撮影：青山和夫）

写真2　マヤ文明のヤシュチラン遺跡の「リンテル25」（撮影：青山和夫）

写真3　インカ帝国のマチュ・ピチュ遺跡（撮影：青山和夫）

た。注目すべきことに、アンデス文明では、メソアメリカや旧大陸のいわゆる「四大文明」のように文字が発達しなかった。インカ帝国は、キープと呼ばれる縄の結び目の位置、数や色などによって一〇進法の数字を表現し、人口、兵力、作物や家畜などを記録した。

コロンブス以降のヨーロッパ人によるアメリカ大陸への侵略は、世界の歴史の極めて大きな転換点であった。ヨーロッパ人の大航海によって、旧大陸とアメリカ大陸の間で食物、動物、植物、人間（植民者や奴隷など）、病原体、物質文化や思想などがグローバルに行き交うようになった。その結果、世界の文化、農業、生態系は大きく変わった。アメリカの歴史学者アルフレッド・クロスビー（Crosby 1972）は、こうした交流を「コロンブス交換」と呼び、日本の高校世界史教科書にも記載されている。「コロンブス交換」はどのような「交換」だったのであろうか。実際のところ、それは極めて不平等であった（山本二〇一七）。先住民にとって、コロンブスの「発見」は侵略と悲劇の始まりを意味した。

スペイン人侵略後の先住民の歴史は、人類史上稀にみる悲惨なものである。一六世紀にスペイン人が家畜を連れて植民すると、天然痘、はしか、チフス、新種のインフルエンザなどの新しい病気が持ち込まれた。新しい病気は、免疫力のない先住民の間で大流行した。黄熱病、マラリア、ジフテリア、おたふく風邪、百日咳、ペスト、結核などもアメリカ大陸に入ってきた。数多くの先住民が戦死ではなく、「目に見えない敵」によって命を落としたのである。一方でアメリカ大陸からヨーロッパに持ち出されたのは梅毒だけであった。「病原体の交換」も極めて不平等といえる。スペイン人による過酷な強制労働、武力による制圧、カリブ海の島々への先住民奴隷貿易などのために、先住民の人口は激減した。

世界人口は一五〇〇年に約四億人であり、八〇〇〇万人ほどがアメリカ大陸に住んでいたと推定される。アメリカ大陸の人口は、一六世紀半ばには一〇〇〇万人未満になった。アメリカ大陸の人口激減は人類史上で最大の惨事といえる。先住民は植民地社会の最底辺に置かれ、服従を強いられて搾取された。ヨーロッパで茶やコーヒーが普及すると、砂糖の需要が急増した。旧大陸原産のサトウキビは、生育に適したカリブ海の島々とアメリカ大陸の熱帯地方で栽培された。多くの先住民が、サトウキビのプランテーションで過酷な労働を強いられた。先住民の人口が激減したために労働力としての奴隷制が拡大し、奴隷供給源であるアフリカをも巻き込むという悲劇をもたらした。今日に至るまでサトウキビだけでなく、旧大陸原産のコーヒーやバナナは、アメリカ大陸のプランテーションで大量に生産されてきた。

さらには、畜産の面でも先住民は収奪された。ウマ、ウシ、ブタ、ヒツジ、ヤギ、ロバなど旧大陸産の家畜がアメリカ大陸に連れてこられた。アメリカ大陸には家畜の放牧に適した草原があちこちに広がっていた。そのためにウマ、ウシやブタなどが激増した。しかしウマやウシも基本的に所有していたのは先住民ではなく、ヨーロッパからの移民やその子孫たちであった。家畜飼育の拡大とともに、土地を奪われ、虐殺された先住民も少なくなかった。

▼人類にもたらした恩恵

では、メソアメリカ文明とアンデス文明は、私たち日本人と全くかかわりがないのだろうか。実は古代アメリカの二大文明は、現代の私たちの暮らしと深くかかわっている。コロンブスによるアメリカ大陸のカッコ付きの「発見」が、世界の食文化革命を引き起こしたからである。先住民は、前八〇〇〇年頃から一〇〇種類以上の野生植物を栽培化・改良した。アメリカ大陸原産の栽培植物は世界の栽培種の六割を占める（Weatherford 1988：204）。アメリカ大陸原産の植物なくして、現代の私たちの豊かな食生活は成り立たない。

栽培植物という生活基盤から世界の歴史を変えたのは、古代アメリカ文明である。これはアメリカ大陸の先住民の数千年にわたる努力の賜物であり、世界各地の社会の発展に大きな貢献をした。マヤ人の主食トウモロコシ、アンデス高地原産のジャガイモ、イタリア料理の必需品トマト、カボチャ、サツマイモ、カカオをはじめ、アメリカ大陸の先住民が栽培化した作物が一五世紀以降に旧大陸にもたらされた。トウガラシは、四川・韓国・タイ料理などに欠かせない。アメリカ大陸原産のタバコやゴムは、世界的な商品作物になった。南米で栽培化されたキャッサバ（マニオク）は熱帯アフリカの主要産物になっている。ちなみに日本で何度かブームになったタピオカドリンクのタピオカは、キャッサバのでんぷんである。

ヨーロッパ人が略奪し尽くした先住民の「贈り物」が、結果的に旧大陸の人々を救った。トウモロコシやジャガイモは、旧大陸原産のイネやムギを栽培できない、痩せた土地でも高い収穫量をもたらした。旧大陸の諸地域で飢饉が次第に少なくなり、各地で人口が増えた。欧米や日本では、トウモロコシがウシ、ブタ、ニワトリなどの家畜の飼料として利用された。家畜頭数が飛躍的に増加し、肉、卵、牛乳、乳製品の供給量が増えた。その結果、タンパク質の摂取量が増え、私たちの栄養状態や体格が大きく改善された。ジャガイモは冷涼な気候に適しており、小麦よりも何倍も収穫が多い。ビタミンやミネラル類に富み栄養価も高い。ジャガイモはヨーロッパ北部で人びとを飢饉から解放し、ドイツ、ロシア、アイルランドなどの国々で多く食べられている。日本でもジャガイモは北海道の開拓に大きな役割を果たした（山本二〇〇七）。

このように私たち日本人は古代アメリカ文明の大きな恩恵を受けて生活している。では日本人の研究者は、いつ頃から中南米で考古学調査を実施してきたのだろうか。次に私たちの調査プロジェクトがどのように組織されたのかについて経緯を述べよう。

2　環太平洋の環境文明史から古代アメリカの比較文明論の新展開

メソアメリカとアンデスの調査は、一九世紀以来、欧米、メキシコやペルーをはじめとする諸外国の先達の研究の積み重ねによって発展してきた。日本人の参入は、世界的な名声を誇った東京大学アンデス調査団でさえ一九五八年であり、その研究の伝統はまだ比較的浅い。しかし、日本調査団による東アジア以外の古代文明の研究としては、アンデスは第二次世界大戦後に日本人研究者が早くから調査を開始した場所の一つであり、数多くのアンデス考古学者を育ててきた（関・青山二〇〇五：vii）。最も大きな成果の一つが、土器が出現する前の先土器時代に公共祭祀建築（神殿）が建造されたことである。東京大学の核アメリカ学術調査団は、アンデスだけでなく中米も調査する予定であった。しかし調査団長の寺田和夫が亡くなり、これを引き継いだ日本人研究者たちはアンデスの調査に専念した。

日本アンデス調査六〇周年記念シンポジウム「日本アンデス調査団と山形大学ナスカ・プロジェクト」が、二〇一八年六月二三日に山形大学で開催された。編者の坂井正人ら本書の多くの執筆者が発表し、編者の青山和夫がコメンテーターを務めた。大部分の日本人のアンデス研究者はペルー北部高地において形成期と呼ばれる、公共祭祀建築の更新を中心に文明形成が本格化し始める時期を主に調査してきた。坂井は一九八九年以来、ペルーで現地調査に従事しており、世界遺産ナスカにおいて一九九四年に調査を開始した（第2章）。ナスカは、ペルー南海岸にあり、形成期末期からインカ期に地上絵が描かれた。大平秀一は一九九四年からインカに焦点をあて、エクアドル南部高地において調査を実施している（第3章大平コラム）。

アンデスとは異なり、メソアメリカでは土器が出現した後に神殿ピラミッドなどの公共祭祀建築が建設された。中米では、大学の調査団によって日本人の調査が開始された南米とは大きく状況が異なり、研究の伝統はさらに浅い。たとえば杉浦洋（メキシコ国立自治大学）は、一九六五年にメキシコに留学し、メキシコ中央高原のトルーカ盆地などで調査を実施してきた。杉山三郎（愛知県立大学）は、一九八〇年からメキシコの世界遺産テオティワカン遺跡を調査している。メキシコ、ホンジュラス、グアテマラ、ベリーズ、エルサルバドルといったメソアメリカだけでなく、ニカラグアなどの中米南部においても、日本人研究者が考古学調査に従事している（第1章）。今日の日本における メソアメリカ考古学の大きな流れを生み出したのは、ホンジュラスのラ・エントラーダ考古学プロジェクト（一九八四—一九九三年）であった。これは日本人が組織的に行った最初のマヤ考古学・中米考古学調査であった。それは大学調査団ではなく、青年海外協力隊とホンジュラス国立人類学歴史学研究所による国際協力として実施されたことが特筆されよう。

重要なのは、同プロジェクトが、編者の青山和夫や執筆者の猪俣健や長谷川悦夫をはじめそれまでには乏しかった中米を専門とする数名の考古学者を輩出したことである。猪俣は一九八三年にホンジュラスに派遣され、青山と長谷川はそれぞれ一九八六年と一九九〇年からラ・エントラーダ考古学プロジェクトに参加した。その後も青山と猪俣は、グアテマラのアグアテカ遺跡（一九九六—二〇〇五年）とセイバル遺跡（二〇〇五年—）で多国籍チームを編成し、マヤ文明の調査を実施している（第1章）。他にも中米各地で日本人研究者が調査を実施してきたが、地域毎に細分化・専門化されて体系的な比較研究はなかった。

このように南北アメリカ大陸考古学の研究成果は、日本でも着々と蓄積されていったが、メソアメリカとアンデスは個別に研究されていた。そして東京大学によるアンデス考古学調査から四五年ほど経過して、古代アメリカ学会が二〇〇三年に誕生した。その目的は、南北アメリカ大陸考古学及びその関連分野の研究の深化と知見の拡大を図り、当該研究の発展に寄与することである。これを契機に、メソアメリカとアンデスの研究者の交流が深まり、両文明の比較共同研究を実施する土壌が醸成されていった。そうした流れの中で、青山は二〇〇九年、坂井、米延仁志、高宮広士らと共に新たなプロジェクトを立ち上げた。

それが、文部科学省科研費新学術領域研究の助成による「環太平洋の環境文明史」プロジェクト（平成二一—二五年度、領域代表：青山和夫）である。環太平洋地域において既存の学問分野の枠に収まらない新興・融合領域である環境文明史の創成を目指した。その最大の目的は、何だろうか。それは環太平洋の非西洋型諸文明（メソアメリカ、アンデス、太平洋の島嶼等）の盛衰に関する通時的な比較研究を行い、その歴史的教訓と今日的意義を探求することであった。そのために、環境史の精緻な記録である湖沼の年縞堆積物（一年に一つ形成される「土の年輪」）を用いた環太平洋の環境システムの変遷史と諸文明史の因果関係を詳細に明らかにする、という方法をとった。

環境史とメソアメリカ環境文明史の共同研究の成果としては、グアテマラのペテシュバトゥン湖においてボーリング調査を実施してマヤ地域で初めて年縞と考えられる堆積物を発見した。マヤ文明の盛衰と環境変動の因果関係をほぼ年単位で探求する可能性が開かれた意義は大きい（青山ほか二〇一四a）。またグアテマラの熱帯雨林に立地するセイバル遺跡の大規模で精密な発掘調査及び豊富な試料の放射性炭素年代による詳細な編年の結果、マヤ文明の特徴である公共祭祀建築と公共広場は、従来の学説よりも少なくとも二〇〇年早く、前一〇〇〇年頃に建設されたことが明らかになり、成果を科学誌『サイエンス』に発表した（Inomata *et al.* 2013）。アンデスでは、ナスカ台地において新たな地上絵（人間、動物など）を発見すると共に、放射状直線の地上絵が従来の学説よりも約一〇〇〇年も古いことが判明した（Sakai *et al.* 2014）。こうしたより正確な編年によって従来の学説が覆り、マヤ文明やナスカの地上絵の起源が遡ったのである。

さらに、私たちは、アメリカ大陸とアジア大陸の両方を包括する考古学者と自然科学者を中心とする文理融合的な学際研究を展開し（青山ほか二〇一四b）、環境変動と文明の盛衰に関する実証的なデータを収集した。その結果、湖沼堆積物を用いて復元した高精度で時間分解の高い環境史を軸として、メソアメリカ、アンデス、琉球等の各地域における文明の実態を通時的に比較研究し、環境文明史という既存の学問分野の枠に収まらない新興・融合領域を確立するための新たな方法論の土台を築くことができた。より詳細な科学的データから、これまでにはわからなかった詳細な環境史を復元できる可能性が見えてきた。共同研究によって、干ばつ等の気候変動によって文明が衰退したなどといった、やや短絡的な従来の学説の問題点が浮き彫りになった。

このプロジェクトを推し進め、さらに私たちは文部科学省の科研費新学術領域研究の助成による「古代アメリカの比較文明論」プロジェクト（平成二六―三〇年度、領域代表者：青山和夫）を立ち上げた。この成果をまとめたものが本書となる。このプロジェクトでは、「環太平洋の環境文明史」プロジェクトの諸成果を踏まえてメソアメリカとア

写真4　古代アメリカの比較文明論プロジェクトのメンバー。前列左から5人目が坂井、6人目が青山、7人目が鈴木、青山と鈴木の後方中央に米延。

ンデスの二大文明に地域を絞り、さらなる発展を目指した（青山ほか二〇一四c）。私たちは、従来の世界史研究で軽視されてきた古代アメリカの二大文明について、新たな視点や手法による共同研究を推進して比較文明論の新展開を目指した。考古学、歴史学、文化人類学等の異なる分野の人文科学と自然科学の多様な研究者が集う、文理融合の共同研究である。

プロジェクトは、メソアメリカとアンデスの考古学、歴史学、多様な研究対象の文化人類学、動物考古学、考古植物学、考古科学、環境地理学、認知心理学、哲学、年代学、古気候学、地質学、地質工学、保存科学、情報科学等、多様な分野の代表的な専門家から構成された。共同研究の目的は、何だろうか。第一に精密な自然科学的年代測定法や古環境復元によって、メソアメリカとアンデスの高精度の編年を確立し環境史を解明する。次に精密な編年をもとにメソアメリカ文明とアンデス文明の詳細な社会変化に関する通時的比較研究を行う。そして植民地時代から現代まで、後世の人々がどのように能動的に古代文明に向き合い、それを自分たちに役立つ資源として再認識していくかという、これまでの研究が見過ごしてきた資源化の過程に着目する。これによって、私たちの研究の今日的意義を探求する。

メソアメリカ文明班（代表：青山和夫）とアンデス文明班（代表：坂井正人）が自然科学的編年・環境史班（代表：米延仁志）と共同調査を実施して、両文明それぞれの特性と詳細な社会変化を精度の高い編年によって実証的かつ多面的に比較した。さらに植民地時代から現代の先住民文化班（代表：鈴木紀）を組み合わせて、研究対象が先スペイン期に限定されるという従来の研究の限界を打破していった（写真4）。

私たちの研究は、短期間で早急に成果が得られる分野ではない。考古学の発掘調査、歴史学の現地調査や文献史料の掘り出し、文化人類学の聞き取り調査や参与観察及び自然科学の湖沼ボーリング調査や自然科学的年代測定試料の収集といったハードな野外調査を実施するだけではない。その後に、多種多様な資料・史料・試料の室内分析及びデータ解析に多くの時間と労力を要する。五年間こつこつと共同研究を続けて、地道に研究成果を残していった。

こうして、メソアメリカとアンデスに散在した自然環境共生型社会（あるいは自然環境破壊型社会）、資源循環型社会（あるいは資源非循環型社会）、強い（あるいは弱い）回復力（レジリアンス）をもつ社会の実像を提示し、現代社会に向けて発信することが、私たちのプロジェクトの今日的意義の一つといえる。古代アメリカの諸文明の成功事例を知り、逆に失敗事例から歴史的教訓を学ぶことによって、現代社会が持続可能な発展を遂げ、危機を回避するための鍵となり得るのであり、未来のシナリオの選択に役立つ。

現代の中南米の人々は政治・経済・社会的な諸課題に対処するために古代アメリカ文明に関する知識を資源として活用しようとする関心が強い。彼らの興味や期待を正しく認識し、私たちの研究の妥当性を絶えず自問することで、研究成果の着実な社会還元や研究対象地域への貢献に結びつけることができよう。


本書は先スペイン期のメソアメリカ文明とアンデス文明を通時的に比較するだけでなく、先スペイン期、植民地時代や現代の中南米の人々が古代文明をいかに資源化して再解釈するかに関する日本初の書籍である。現地調査の成果は学術的なものであるが、できるだけ広い範囲に還元しなければならない。私たちは専門知識をもたない人たち、特に若い学生も読めるように平易な表現を心がけた。本書を通して、まだ日本であまり知られることのない過去から現在までのメソアメリカとアンデスについて少しでも興味関心を深めていただければ、編者と執筆者一同にとって大きな喜びである。

参考・参照文献

青山和夫（二〇〇七）『古代メソアメリカ文明――マヤ・テオティワカン・アステカ』講談社。

青山和夫（二〇一三）『古代マヤ　石器の都市文明　増補版』京都大学学術出版会。

青山和夫、坂井正人、井上幸孝、井関睦美、長谷川悦夫、嘉幡茂、松本雄一（二〇一三）「先コロンブス期アメリカ大陸史に関する世界史教科書の記述はどう変わったのか――新学習指導要領に沿って改訂された高等学校世界史教科書の検証」『古代アメリカ』一六号、八五―一〇〇頁。

青山和夫、米延仁志、坂井正人、高宮広土（二〇一四ａ）『マヤ・アンデス・琉球環境考古学で読み解く「敗者の文明」』朝日新聞出版。

青山和夫、米延仁志、坂井正人、高宮広土（二〇一四ｂ）『文明の盛衰と環境変動――マヤ・アステカ・ナスカ・琉球の新しい歴史像』岩波書店。

青山和夫、米延仁志、坂井正人、鈴木紀（二〇一四ｃ）「『古代アメリカの比較文明論』プロジェクトの目標と展望」『古代アメリカ』一七号、一一九―一二七頁。

関雄二、青山和夫（二〇〇五）『岩波アメリカ大陸古代文明事典』岩波書店。

鶴見英成（二〇一八）「アメリカ」日本考古学協会編『日本考古学・最前線』雄山閣、二〇七―二二〇頁。

増田義郎、青山和夫（二〇一〇）『世界歴史の旅　古代アメリカ文明――アステカ・マヤ・インカ』山川出版社。

山本紀夫（二〇〇七）『アンデス高地』京都大学学術出版会。

山本紀夫（二〇一七）『コロンブスの不平等交換――作物・奴隷・疫病の世界史』角川書店。

Conrad, G. W. and Demarest, A. (1984) *Religion and Empire: The Dynamics of Aztec and Inca Expansionism*. Cambridge: Cambridge University Press.

Crosby, A. W. (1972) *The Columbian Exchange: Biological and Cultural Consequences of 1492*. Westport, Connecticut: Greenwood Press.

Hirth, K. and Pilsbury, J. (2013) *Merchants, Markets, and Exchange in the Pre-Columbian World*. Washington, D. C.: Dumbarton Oaks Research Library and Collection.

Inomata, T., Triadan, D., Aoyama, K., Castillo, V. and Yonenobu, H. (2013) 'Early Ceremonial Constructions at Ceibal, Guatemala, and the Origins of Lowland Maya Civilization,' *Science* 340: 467–471.

Sakai, M., Olano Canales, J. E., Matsumoto, Y. and Takahashi, H. (2014) *Centros de Líneas y Cerámica en las Pampas de Nasca, Perú, 2010*. 山形大学出版会。

Sol T. and members of the Viking Fund seminar on Middle American ethnology (1952) *Heritage of Conquest: The Ethnology of Middle America*. Glencoe, Illinois: Free Press.

Weatherford, J. (1988) *Indian Givers: How the Indians of the Americas Transformed the World*. New York: Fawcett Columbine.（ジャック・ウェザーフォード（一九九六）『アメリカ先住民の貢献』小池祐司訳、パピルス）

目　次

第3章　植民地時代から現代の中南米の先住民文化――古代アメリカ文明の資源化 271

第4章　メソアメリカとアンデスの比較文明論〔青山和夫、坂井正人、鈴木紀、米延仁志〕　403

第1章

メソアメリカ文明の特徴と調査成果

本章では、中米メソアメリカを代表するマヤ文明とテオティワカン文明、メソアメリカ南東部、中央アメリカ南部という中米の諸社会の考古学調査の成果を比較研究し、精密な編年をもとにメソアメリカ文明の詳細な社会変化に関する通時的データを提供・分析する。これは、古代アメリカの比較文明論の文脈の中で中米各地の地域・時代毎の特性や社会変化を通時的に比較研究する我が国初の研究であり、世界的にも未発達な当該研究分野に大きく貢献することが期待される。まずメソアメリカとはどのような所なのか、その自然環境の特徴は何か、メソアメリカではどのような諸文明が展開したのかという疑問を明らかにしていく。次に、メソアメリカ文明の最新の研究成果を考古学と環境史を中心に論ずる。

1　文化史的領域としてのメソアメリカ

メソアメリカとはどのような所なのだろうか。メソアメリカとは、アメリカ大陸の中央部で一六世紀にスペイン人が侵略するまで様々な文明が栄え、その豊かな歴史・文化伝統が創造され続けている文化史的領域である。オルメカ、マヤ、サポテカ、テオティワカン、トルテカ、アステカなどの諸文明が盛衰した。これらの諸文明をメソアメリカ文明と総称する（青山二〇〇七）。メソアメリカ文明は、旧大陸の諸文明と交流することなく、中米で独自に興隆した一次文明であった。

狩猟採集民が進出した「石期」（前一万―前八〇〇〇年）に始まり、植物が栽培化された「古期」（前八〇〇〇―前一八〇〇年）が続いた。「先古典期」（前一八〇〇―後二〇〇年）には、土器や農耕定住村落が定着し、神殿ピラミッドが林立する都市文明が一部の地域で成立した。「古典期」（二〇〇―一〇〇〇年）には、都市文明が各地で興亡した。その後一六世紀にスペイン人が侵略するまでは「後古典期」と呼ばれる。先スペイン期（一六世紀以前）の年代は、地域や遺跡によって多少のずれがあるので注意していただきたい。

スペイン人の侵略から植民地時代（一八二一年まで）を経て、現在（独立国家時代）に至っている。メソアメリカの先住諸民族は千数百万人を超え、今日に至るまで形を変えながら先住民文化を創造し、力強く生き続けている。メソアメリカ文化は、日本とは地球の反対側において現在進行形で生きている文化伝統なのである。

2　メソアメリカ文明と環境

▼多様な自然環境の文明

メソアメリカの自然環境の特徴は何だろうか。メソアメリカは、メキシコ北部から中央アメリカ北部（グアテマラ、ベリーズ、エルサルバドル、ホンジュラスの西半分）にかけての百万平方キロメートルほどを範囲とする。それは太平洋、メキシコ湾、カリブ海に面する熱帯・亜熱帯地域である。季節は、乾季（夏）と雨季（冬）に分けられる。地域差があるものの、雨は五月から一二月頃までの雨季にまとまって降る。メソアメリカは、南米アンデスほどではないが、高度差による自然環境の変化が顕著であり、高地と低地に二分できる。

メソアメリカの自然環境は、極めて多様である。熱帯雨林や熱帯サバンナだけではなく、ステップや針葉樹林などが広がる。最高峰のオリサバ山（海抜五六九九メートル）やポポカテペトル山（海抜五四五二メートル）など、海抜五〇〇〇メートル級のメキシコの火山は雪を冠する。メキシコ北部は年間降雨量二五〇ミリメートル未満の砂漠であり、メソアメリカの北の境界をなす。サポテカ文明が興隆したオアハカ盆地、テオティワカン文明やアステカ王国が栄えたメキシコ盆地、ユカタン半島北部のマヤ低地北部は、熱帯サバンナやステップの乾燥地域であるが大河は流れていない。マヤ低地北部では大河川はおろか、川や湖沼がほとんどなく天水農業が主流であった。メソアメリカ文明は、メソポタミアやエジプトのような「乾燥地域の大河流域の平地」とは異なり、熱帯雨林や高地を含む多様な自然環境で発達したのであり、この点においてもいわゆる「四大文明」史観を覆す。

写真1　オルメカ文明のラ・ベンタ遺跡の巨石人頭像（撮影：青山和夫）

写真2　マヤ低地南部ティカル遺跡の神殿ピラミッド群と熱帯雨林（撮影：青山和夫）

▼政治的に統一されなかったネットワーク型文明

先スペイン期のメソアメリカは、政治的に統一されなかったネットワーク型文明であった。これは、統一王朝＝文明という見方への反証といえよう。インカ帝国（一五世紀―一五三二年）が、究極的に南米の中央アンデスを統合したのとは対照的である。メソアメリカ文明の興隆の重要な要因の一つが、自然環境の多様性である。人々が各地域の自然環境に適応した結果、地域毎に文化的独自性が確立されていった。

広域な遠距離・地域間交換ネットワークは、各地域で発展した社会を繋いでメソアメリカという一つの文明圏へと変貌させた原動力の一つであった。それは人やモノの動きを活発化させ情報の共有化を促進した。メソアメリカの人々は多様な自然環境に刺激されて、原材料、特産作物、製品などの広範な遠距離・地域間交換を活発に行った。先住民たちは、物資だけでなく知識も盛んに交換し、地方色豊かな諸文明を築き上げていった。

メソアメリカではどのような諸文明が展開したのだろうか。以下、それぞれの文明の遺跡からわかる年代や特徴をみていこう。

メソアメリカ最古のオルメカ文明（前一四〇〇―前四〇〇年）は、高さ三メートルに及ぶ巨石人頭像で有名である。それは熱帯雨林が広がるメキシコ湾岸低地南部で栄えた。オルメカ文明は、重さ五〇トンに及ぶ巨石人頭像、玉座、石碑、人物像、半人半ジャガー像や動物像などの洗練された石彫で名高い。巨石人頭像は、計一七体見つかっている。それぞれ顔が異なり、権力者の顔を表象したものである（写真1）。しかしオルメカ文明は、都市、王国や発達した文字体系を有さなかった。

マヤ文明（前一〇〇〇年―一六世紀）は、ユカタン半島を中心としたマヤ低地とマヤ高地において先スペイン期のアメリカ大陸で文字、暦、算術、天文学を最も発達させた。マヤ低地南部の大部分は、高温多湿の熱帯雨林である。ユネスコ世界遺産ティカル遺跡（写真2）やカラクムル遺跡、私たちが調査に従事したセイバル遺跡では、マヤ文明の遺跡だけでなく熱帯雨林に生息する美しい動植物を鑑賞できる。

マヤ低地北部の大部分は、年間降水量一〇〇〇ミリメートルほどの熱帯サバンナであり、乾季に落葉する低木林が広がる。世界遺産のチチェン・イツァが、その典型例である（写真3）。世界遺産ウシュマル遺跡が立地する北西部では、年間降水量が五〇〇ミリメートル未満のステップ地帯になる。マヤ高地は海抜八〇〇メートル以上であり、起伏が激しく、多くの火山がそびえる。松をはじめとする針葉樹林が広がり、低地よりも冷涼で湿潤である。

メキシコ高地南部のオアハカ盆地では、山上の大都市モンテ・アルバンを中心にサポテカ文明（前五〇〇―後七五〇年）が興隆した。モンテ・アルバン遺跡は、世界遺産に指定されている（写真4）。平均年間降水量が五五〇ミリ

写真3　マヤ低地北部チチェン・イツァ遺跡の「戦士の神殿」と熱帯サバンナの低木林（撮影：青山和夫）

メートルという乾燥地域に立地する。海抜は一五〇〇ミリメートルほどであり、中小河川が流れるが大河川はない。山上都市モンテ・アルバンは、明らかに農耕以外の目的で建造された。それは政治・軍事・宗教の主都であった。灌漑農業は、主に山腹部の支流における小規模な灌漑が主流であり、社会の階層化の要因というよりも、その結果として発達した。サポテカ文字の碑文には、マヤ文字と同様に、王の即位や戦争などの王朝史が記録された。

　メキシコ中央高原のメキシコ盆地は、海抜二二〇〇メートルに達し、オアハカ盆地よりも冷涼である。年間降水量は盆地北部では四五〇ミリメートルであるが、南部では一二〇〇ミリメートルであり、差異が大きい。メキシコ盆地には大河はないが、かつて大湖水が広がっていた。メソポタミアやエジプトのような「乾燥地域の大河流域の平地」とは異なり、大河なきアステカ王国で特筆すべき農法がチナンパである。

　チナンパは、アステカ王国（一四二八―一五二一年）が淡水湖に造成した大治水事業で、メソアメリカで最も集約的な灌漑農業であった。それは浅い湖沼の区画を木杭などで囲い、内側にアシ、イグサ、水草類を敷き詰め、水底の肥沃な泥土を積み上げて造成した長方形の盛土畑である。メキシコ市南郊のショチミルコ（現代メキシコではソチミルコと発音）周辺では、チナンパ耕作が後古典期から現在まで行われている。ショチミルコは、アステカの生きた遺跡であり、「メキシコ市歴史地区とショチミルコ」の一部としてユネスコ世界遺産に指定されている。

　国際都市トゥーラを主都とするトルテカ文明（九〇〇―一一五〇年）とアステカ王国に先立ち、大都市テオティワカンを擁するテオティワカン文明（前一五〇—後五五〇／六〇〇年）が興亡した（写真5）。テオティワカン遺跡は、世界遺産に指定されている。二〇平方キロメートルを超える都市域に一〇万人ほどの人口が密集した。四万から五万を数えるマヤ文字とは対照的に、テオティワカンでは地名、神の名前、暦など一二〇くらいしか文字が確認されていない。多言語・多民族都市テオティワカンの人々は、「四大文明」やマヤ文明とは異なり、複雑な文字体系の恩恵なしに、当時の南北アメリカ大陸で最大かつローマに匹敵する世界的な大都市を発展させたのである。

以上の文明に共通しているのは、石器を使って作業し、ウシやウマなどの使役動物なしに建築物資を人力で運び、

写真4　サポテカ文明のモンテ・アルバン遺跡中心部（撮影：青山和夫）

写真5　テオティワカン遺跡の「太陽のピラミッド」（撮影：青山和夫）

写真6　マヤ文明のエツナ遺跡の神殿と王宮を兼ねる「5層のピラミッド」（撮影：青山和夫）

巨大な神殿ピラミッドがそびえ立つ都市を建設した、ということである。メソアメリカのピラミッドは主に宗教儀礼を執行する神殿であった。神殿と王宮の両方を兼ねるピラミッドも存在した（写真6）。神殿の多くはピラミッド状基壇の上に配置され、神殿ピラミッドを構成した。古典期マヤ文明の多くの神殿ピラミッドは、王や王家の重要人物を葬り祀る巨大な記念碑的建造物、つまり王陵としても機能した。

メソアメリカの人々は、石器を主要利器とする新石器段階の技術と人力エネルギーによって「石器の都市文明」を築き上げた。文字の発達は、同じくモンゴロイド先住民たちの土着文明でありながら、文字のなかったインカやナスカなどのアンデス文明と対照的である。

3　調査研究のねらいと本章の構成

先行研究の問題点と私たちの調査研究のねらいを述べよう。最近のメソアメリカ考古学研究は、地域・時代毎に専門化・細分化され、地域史を解明する方向に向かっている（Nichols and Pool 2012）。国内外においてメソアメリカの比較文明研究はほとんど全く行われていない。この現状に鑑み、私たちはメソアメリカ文明の比較研究が必要であるとの考えに至った。メソアメリカ各地域の社会変化や盛衰を人類史やメソアメリカ全体の大きな枠組みから理解すべきではないだろうか。各地域の事例研究から得られる成果や知見を基に、よりマクロな視点からメソアメリカ文明の盛衰を理解する試みである。世界的に稀な一次文明であったメソアメリカ文明の研究は、メソアメリカの諸社会についてだけでなく、人類の文明の起源と形成を知る上で極めて重要な位置を占める。このような実証的な比較文明論の研究の基盤となるの

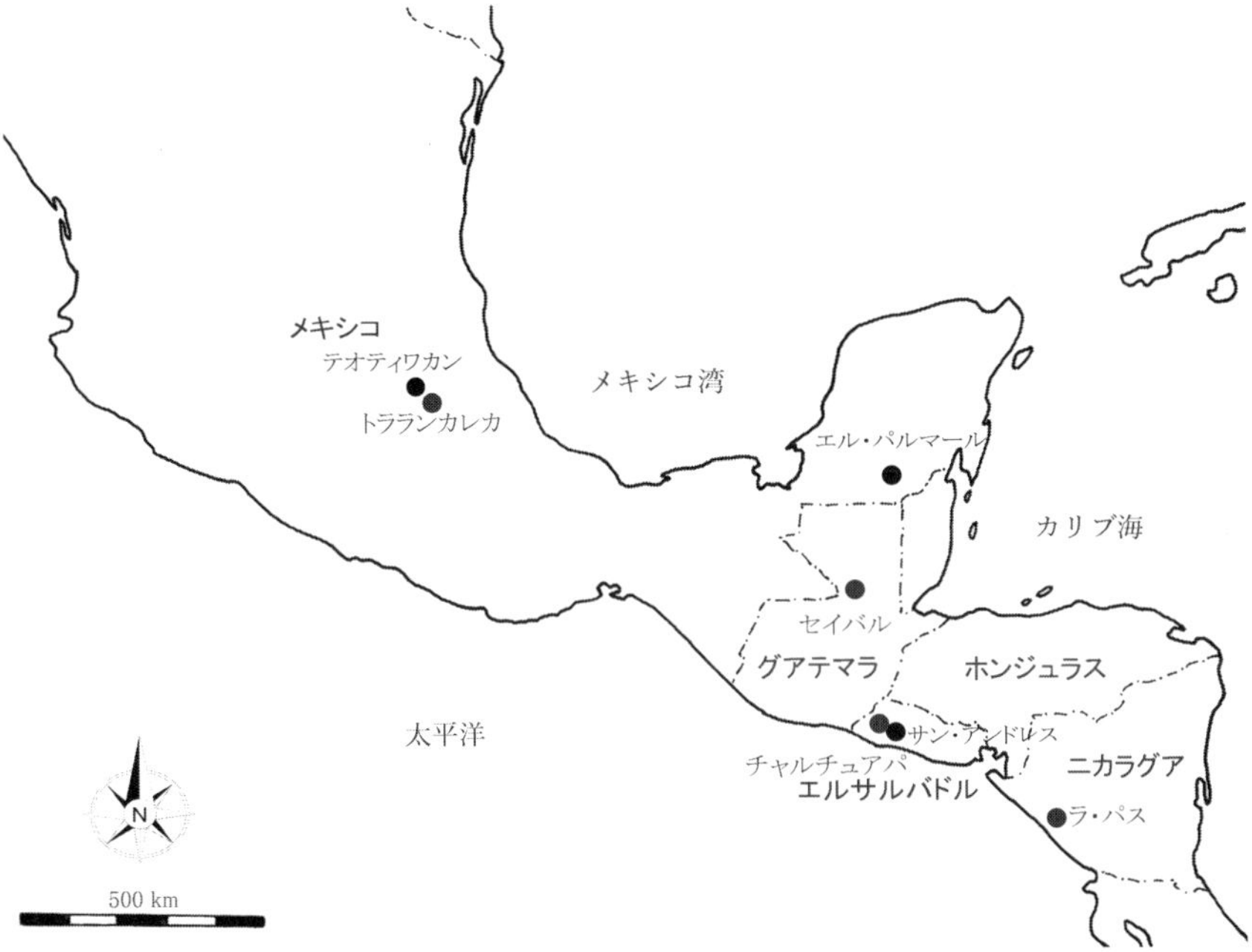

図1　メソアメリカの調査遺跡

が、高精度の編年である。

本章では、メソアメリカの諸社会の変遷を精密な編年を確立して実証的に検証する。メソアメリカを代表するマヤ文明とテオティワカン文明、メソアメリカ南東部、中央アメリカ南部という中米の諸社会の調査では、先古典期と古典期の長期間にわたって居住された遺跡を主に選定した。筆者らは、高精度の自然科学年代測定や環境史に加えて、人口変動、戦争、交換、イデオロギー等の側面からも中米の諸社会の変化を実証的に検証する（青山ほか二〇一四）。

また、メソアメリカの最新の研究成果だけでなく、これまで執筆者たちが行った調査成果も取り入れた。青山は三〇年以上、他の考古学の執筆者は二〇年近くあるいはそれ以上の長期間にわたり現地調査に従事してきた。メキシコ中央高原、マヤ低地、メソアメリカ南東部と中央アメリカ南部における長期間の社会変化の事例研究を本章で紹介する。調査した遺跡は、メキシコのトラランカレカ遺跡、テオティワカン遺跡、エル・パルマール遺跡、グアテマラのセイバル遺跡、エルサルバドルのチャルチュアパ遺跡、サン・アンドレス遺跡、ニカラグアのラ・パス遺跡など多岐にわたる（図1）。

以下、本章の構成と各論考の内容について述べる。

▼セイバル遺跡の学際的調査

マヤ文明が形成された先古典期の詳細についてはまだあまり良くわかっていない。セイバル遺跡は、マヤ文明黎明期から例外的に長期間にわたって居住された。二〇〇〇年以上にわたるマヤ文明の通時的研究、とりわけマヤ文明の起源及び王権や都市の盛衰を研究する上で理想的な遺跡である。セイバル遺跡中心部だけでなく、周辺部に住んだ支配層や農民の住居跡を発掘して、全出土遺物の詳細な分析を通して先古典期から古典期までのマヤの全社会階層の研究を行った。その結果、王権や都市の起源や盛衰を解明する基礎的かつ実証的なデータを得ることができた。青山は、セイバル遺跡中心部と周辺部の大規模で層位的な発掘調査で出土した石器の研究を通して、先古典期・古典期マヤ文明の交換、ものづくり、宗教儀礼と戦争という、マヤ文明の政治経済組織の一側面を実証的に明らかにする。

原口強は、セイバル遺跡周辺の地形・地質学的な立地環境を明らかにする。セイバル遺跡は、東西八〇キロメートル南北六〇キロメートルほどの盆地の北東部の高台に位置する。盆地内部をパシオン川が北流するが、水を得やすい一方で水害を受けやすい地形といえる。那須浩郎らはラス・ポサス湖の堆積物の分析を通して、セイバル遺跡のマヤ文明の盛衰と環境変動の因果関係を検証した。またセイバル遺跡の様々な遺構から炭化植物の種子や木片を収集し分析した結果、都市と農地の拡大に伴って周囲の広葉樹の樹木が伐採され、代わりに成長の早いマツが多く利用されるようになったことがわかった。

北場育子らは、セイバル遺跡近郊のペテシュバトゥン湖のボーリング調査を実施し、全長七・八メートルの極めて良好な年縞堆積物試料を得て詳細に分析した。残念ながら一番深い年縞の年代は、セイバルでマヤ文明が栄えた先古典期や古典期よりずっと後であった。それは西暦一四四八プラスマイナス四年であり、従来の地質学に比べて誤差が少なくとも一桁小さい。この年縞は、通常の一〇倍以上の厚さをもつ世界最高品質の年縞である。ペテシュバトゥン湖の年縞を六〇マイクロメートル間隔で分析すると、これまでの年ごとの古気候データではわからなかった、過去約六〇〇年にわたってほぼ日単位という驚異的な古気象データを得ることができる。

猪俣健らはグアテマラ考古学に航空レーザー測量を初めて導入して、熱帯雨林に覆われたセイバルの都市全体と周辺地域の地形やマヤ文明の遺構を四〇〇平方キロメートルにわたって探査することに成功した。特に大きな成果として、セイバル中心部の大基壇（南北六〇〇メートル東西三四〇メートル）が自然の丘ではなく、長方形に近い直線的で明確な形状をもつ人工的な大建造物であることがわかった。これまでほとんど未調査であった遺跡周辺部において、先古典期の複数の儀式センターの分布が明らかになった。ティカルのような大都市と比較すると、先古典期と古典期のセイバルと周辺部の農民には十分な農耕地があり、段々畑や灌漑農業のような集約農業を行う必要がなかったと考えられる。

▼他の遺跡の考古学調査

古典期後期（後六〇〇―八一〇年）になると、王以外にも称号を有する支配層集団が石碑や多彩色土器に描かれたマヤ文明の宮廷風景に登場する。しかし、彼らの社会政治的役割については未だ不明な点が多い。マヤ諸都市において、支配層の中でも殊に都市周縁部に居住していた集団は、権力や権威の変遷に重要な役割を果たしていたと考えられる。しかし、現状での解釈は碑文解読や図像研究に依拠しており、彼らの諸活動や物質文化、王朝に与えた影響などを理解する考古資料は極端に不足している。

この問題を打開するために、塚本憲一郎はメキシコにあるエル・パルマール遺跡の北周縁部に着目し、発掘調査と遺物分析によって称号を持つ集団の諸活動を復元した。塚本は、従来のマヤ考古学調査において、限られた遺跡でしか実施されてこなかった土器の接合作業を積極的に採用した。さらに副葬品土器の表面に付着した残滓の化学分析によって支配層の饗宴を実証的に検証する。碑文や空間分析を組み合わせた総合的アプローチによって、マヤ都市周縁部を構成した小広場における饗宴の政治的意義を解き明かす。比較研究によれば、饗宴はアンデス形成期や古典期マヤ文明で社会的差異を生み出す一要因であった。

メキシコ中央高原のテオティワカン国家は、古典期に覇権国家として成熟した。しかし、その政治形態は不明である。同時期のマヤ地域では詳細な文字記録や王墓の存在から、王権政治であったことが分かっている。一方、テオティワカン遺跡では王朝史を記した碑文や王墓は見つかっていない。先行研究では権力が極度に集権化されていたのか、都市内の異なる集団間で分散されていたのか議論が分かれており、国家形成プロセスの解明は進展していない。

この現状を打開し、新たな国家形成史像を提供するためには、自然環境や歴史背景を考慮した社会変化の諸要因を考察しなければならない。福原弘識はテオティワカン遺跡の都市内部において、嘉幡茂はその周辺地域で研究を進めてきた。二人は、テオティワカン遺跡の都市内外と先行するトラランカレカ社会を研究対象として、新たな国家形成史像を提供する。テオティワカン遺跡と時代的に先行するトラランカレカ遺跡の比較研究を行い、これまで主流であったテオティワカン中心史観を脱却する視点に立つことに特色がある。マヤ文明の研究との連携から、メキシコ中央高原における権力の萌芽や発展の解明に向けて比較考察して社会の盛衰過程を検証する。

メソアメリカ南東部は、マヤ文明やテオティワカン文明だけでなく中央アメリカ南部とも交流していたが、地理的にも遺跡の規模からも「周縁」と位置づけられてきた。市川彰はチャルチュアパ遺跡等の発掘調査を実施し、文明の盛衰における周縁社会の独自性や適応戦略を明らかにしてきた。しかし、周縁社会の考古資料はマヤ文明やテオティワカン文明に比して依然として少ない。市川はサン・アンドレス遺跡を調査して周辺社会に関する考古資料を収集し、これまでの研究成果をさらに発展させて周縁という視点からメソアメリカ比較文明論に資するデータを提供する。メソアメリカ南東部の調査では、マヤ文明やメキシコ中央高原の大規模な遺跡調査とは異質の比較考古資料を獲得できるのが特色である。

メキシコ中央高原やメソアメリカ南東部を比較すると、神殿ピラミッド（世界観の中心、共同体の象徴）の建設、再建や増改築という共同作業が社会的な結束を促進し、噴火災害の復興において重要な役割を果たした。自然災害を乗り越えることが、社会の発展や社会革新（社会イノベーション）の契機になる。ポポカテペトル火山噴火（七〇年頃）がメキシコ中央高原で大規模な移住を促進し、被災民を受容したテオティワカンで都市化が進行し、多言語・多民族国家を形成した。移民との共生の結果、社会発展を遂げたメキシコ中央高原の事例は、移民がもたらした社会革新のプラスの側面の教訓といえよう。

中央アメリカ南部のニカラグア太平洋岸は、メソアメリカ南東部と南米大陸を結ぶ興味深い地域である。従来、この地域はマヤやテオティワカン等の文明を生み出した現在のメキシコからの移住者によって九世紀以降に「メソアメリカ化」したと考えられてきた。しかし近年、その仮説の前提となる九―一六世紀に関する土器の編年に関する論争が続いている。考古資料とエスノヒストリー（民族史）の隔たりもあって、当該地域の文化史は混沌としている。土器の編年を精密に再構築し、文化史を再構成する基礎となる歴史的な事実を整理することが求められている。

長谷川悦夫はニカラグア太平洋岸の諸遺跡で精密な層位的発掘調査を行い、良好な一次堆積の遺跡を探索して土器編年の確立を目指した。マウンド遺構の発掘により、内部に埋まっていた石造の方形基壇という当該地域では例外的なメソアメリカ的特徴を有する建築を発見し、その建築シークエンスと年代の特定にも努めた。近年の研究動向として、従来の伝播論的歴史観への反動から、ニカラグア太平洋岸を含む中央アメリカ南部の先スペイン期の発展について地域独自の進化を強調する論調が見られる。しかし長谷川の研究は、当該地域の歴史が北のメソアメリカや南の南米大陸とは切り離して考えられないという立場に立つ。この意味で、学界に「もう一つの解釈の選択肢」を提供できる。

次節から、中米の地域・時代毎の特性やその変化を追っていこう。

（青山和夫）

参考・参照文献

青山和夫（二〇〇七）『古代メソアメリカ文明——マヤ・テオティワカン・アステカ』講談社。

青山和夫（二〇一二）『マヤ文明　密林に栄えた石器文化』岩波書店。

青山和夫、嘉幡茂、市川彰、長谷川悦夫、福原弘識、塚本憲一郎（二〇一七）「メソアメリカ文明の通時的比較研究序論」『古代アメリカ』二〇、七九—九四頁。

青山和夫、米延仁志、坂井正人、鈴木紀（二〇一四）「『古代アメリカの比較文明論』プロジェクトの目標と展望」『古代アメリカ』一七号、一一九—一二七頁。

Aoyama, K.(2017a) ‘Ancient Maya Economy : Lithic Production and Exchange Around Ceibal, Guatemala,’ *Ancient Mesoamerica* 28 (1) : 279–303.

Aoyama, K.(2017b) ‘Preclassic and Classic Maya Interregional and Long-Distance Exchange : A Diachronic Analysis of Obsidian Artifacts from Ceibal, Guatemala,’ *Latin American Antiquity* 28 (2) : 213–231.

Aoyama, K., Inomata, T., Pinzón, F. and Palomo, J. M.(2017a) ‘Polished Greenstone Celt Caches from Ceibal : The Development of Maya Public Rituals,’ *Antiquity* 91 (357) : 701–717.

Aoyama, K., Inomata, T., Triadan, D., Pinzón, F., Palomo, J. M., MacLellan, J. and Sharpe, A.(2017b) ‘Early Maya Ritual Practices and Craft Production : Late Middle Preclassic Ritual Deposits Containing Obsidian Artifacts at Ceibal, Guatemala,’ *Journal of Field Archaeology* 42 (5) : 408–422.

Houston, S. D. and Inomata, T.(2009) *The Classic Maya*. Cambridge : Cambridge University Press.

Inomata, T., MacLellan, J., Triadan, D., Munson, J., Burham, M., Aoyama, K., Nasu, H., Pinzón, F. and Yonenobu, H.(2015) ‘Development of Sedentary Communities in the Maya Lowlands : Coexisting Mobile Groups and Public Ceremonies at Ceibal, Guatemala,’ *Proceedings of the National Academy of Sciences* 112 (14) : 4268–4273.

Nichols, D. L. and Pool, C. A.(eds.) (2012) *The Oxford Handbook of Mesoamerican Archaeology*. Oxford : Oxford University Press.

Piperno, D. R., Moreno, J. E., Iriarte, J., Holst, I., Lachniet, M., Jones, J. G., Ranere, A. J. and Castanzo, R.(2007) ‘Late Pleistocene and Holocene Environmental History of the Iguala Valley, Central Balsas Watershed of Mexico,’ *Proceedings of the National Academy of Sciences* 104 : 11874–11881.

第1章

第1節

マヤ文明の起源と盛衰
――グアテマラ、セイバル遺跡の石器研究を通して

青山和夫

1　はじめに

マヤ文明は、洗練された「石器の都市文明」であった。前一〇〇〇年頃から一六世紀のスペイン人の侵略まで、マヤ文明は旧大陸との交流なしに中米で独自に発展した。古典期マヤ文明（後二〇〇―一〇〇〇年）の支配層は四万から五万のマヤ文字、暦、算術や天文学を高度に発達させた。一方でマヤ人は鉄器や大型の家畜を使わず、石器と人力だけで巨大な神殿ピラミッドがそびえ立つ都市を建造した。

古典期マヤ文明に先立つ先古典期マヤ文明（前一〇〇〇―後二〇〇年）の起源と発展の過程は、まだよくわかっていない。とりわけ先古典期中期（前一〇〇〇―前三五〇年）は、マヤ文明の起源と発展を解明する鍵となる。ところが、その社会全般と主要利器の石器に関するデータが不足している。マヤ文明の諸遺跡では先古典期中期の遺構の大規模で層位的な発掘調査がほとんど実施されていない。そのために詳細な出土状況や遺構の性格がよくわかっていないのも問題である。

本節では、中米グアテマラ共和国セイバル遺跡中心部と周辺部の大規模で層位的な発掘調査で出土した八万六六六二四点の石器の研究を通して、先古典期・古典期マヤ文明の交換、ものづくり、宗教儀礼と戦争という政治経済組織の

一側面を実証的に明らかにする。これらの石器は、筆者が一九八六年から二〇一九年まで研究してきた二一万一五二点というマヤ文明研究で最大級の石器データベースの一部をなす。「石の上にも三三年」である。主要利器であった石器の分析を通してマヤ文明の実像に迫り、その高度な政治経済組織の通時的な変化を垣間見ることができる研究の醍醐味といえよう。

2 セイバル遺跡の調査

セイバル遺跡とは、どんな所だろうか。その中心部は、マヤ低地南部に流れる大河パシオン川を望む比高一〇〇メートルの丘陵の上に立地する（第1章第2節）。セイバルは、グアテマラを代表する先古典期・古典期マヤ文明の国宝級の大都市遺跡である。セイバルでは先古典期中期から後古典期前期（一〇〇〇―一二〇〇年）まで二〇〇〇年以上という、マヤ文明の遺跡では例外的に長い人間の居住があった。セイバルの人々は、マヤ低地の他地域、メキシコ湾岸低地南部、メキシコのチアパス高地やグアテマラ高地など周辺地域の人々と活発に交流していた。先古典期後期（前三五〇―前七五年）には、セイバルは人口が集中する都市へと発展した（第1章第5節）。全社会階層の人々が定住生活を確立してセイバル中心部だけでなくその周辺にも居住し、都市が拡大していった。ハーバード大学のセイバル遺跡の調査（一九六四―一九六八年）では、古典期マヤ文明に重点が置かれた。そのために、先古典期マヤ文明に関するデータが不足していた。

私たちは、二〇〇五年にセイバル遺跡の調査を開始し、都市中心部と周辺部において大規模で層位的な発掘調査に挑んだ。神殿ピラミッド、公共広場、王宮、支配層や被支配層の住居跡などに広い発掘区を設定し、現地表面から一〇メートル以上も下にある自然の地盤まで数年かけて掘り下げた。その結果、マヤ文明の起源と形成に関する重要な成果が得られた。公共祭祀建築は、従来の学説よりも二〇〇年ほど早く前一〇〇〇年頃に創設されたことが明らかになった（Inomata *et al.* 2013）。先古典期中期前半のレアル期（前一〇〇〇―前七〇〇年）初頭という、現在のところマヤ低地最古のEグループ（公共広場の西側に方形の神殿ピラミッド・基壇、東側に長い基壇を配置した、太陽の運行に関連した儀式建築群）が形成されたのである（写真1）。

この最初のEグループは、丘陵の頂上の地盤を平らに削り取った公共広場とその東西に地盤を彫り込んで形成した公共祭祀建築の低い基壇からなる。最初の公共祭祀建築は建てられたのではなく、丘陵上に彫り込まれたのである。東側の「シャアン建造物」は、高さが一メートル、長さが六三メートル、幅一六メートルほどの低い基壇であった。その西五〇メートルほどの「アハウ建造物」は、高さが二メートル、底辺が四メートルほどの小さな基壇であり、正面（東側）には階段が設けられた。

従来の学説によると、最初に定住した家族または拡大家族が、他の集団よりも経済的・社会的に優位な土地を獲得し、土地所有権を正当化するための手段として祖先崇拝を伴う家族儀礼が行われたとされる。その家族儀礼が他の集団にも浸透していく過程で、土地の権利と儀礼の秘術を独占する家族が共同体の支配層となったという。ところがセイバル遺跡の調査成果は、従来の社会形成過程の仮説とは大きく異なる。定住性の度合いが異なる多様な集団が公共広場や祭祀建造物の建設・増改築（神殿・広場更新）を共同で行う過程で定住生活が確立されていった。公共広場で公共祭祀を慣習的に繰り返す実践によって、社会的結束と同時に社会格差が生まれて、複雑社会が形成されていったのである。

写真1　セイバル遺跡のEグループの発掘調査（撮影：青山和夫）

以下、公共祭祀の在り方、人々の主に実用品であった黒曜石の交換の在り方、そして当時の戦争の様子をみていこう。

3　先古典期の公共祭祀と支配層の形成

マヤ文明の黎明期の公共祭祀はどのように執行され、支配層はどのように形成されたのだろうか。私たちは、セイバル遺跡における先古典期中期の公共祭祀で公共広場に埋納された翡翠などの硬質の緑色石製磨製石斧や黒曜石製石器などの供物を通して実証的に検証した。マヤ考古学ではまだ広範に実施されていない、高倍率の金属顕微鏡(OLYMPUS BX60M)を用いた分析法で石器の使用痕を研究した。使用痕の観察は、五〇倍から五〇〇倍、特に二〇〇倍で行った。マヤ文明の石器の使用痕研究の方法論的枠組みは、計二六七点の複製石器による体系的な実験使用研究に基づき確立した。

私たちの調査は、マヤ低地における先土器時代の採集・狩猟による移動型生活から定住社会に移行する共同体の形成過程を明らかにした。土器編年の細分化をはじめとする詳細な遺物の分析及びマヤ考古学では例外的に豊富な試料一八二点の放射性炭素年代を組み合わせて、高精度編年を確立した(Inomata *et al.* 2017)。その結果、定住性の度合い、価値観やアイデンティティなどが異なる多様な集団が、公共広場や祭祀建造物の建設・増改築(神殿・広場更新)を共同で行う過程で定住生活が確立されていき、集団が組織化されたことがわかった。

私たちの調査によって、先土器時代(前一〇〇〇年以前)に居住地の移動を繰り返していた狩猟採集民の集団が定住共同体を確立するという過程に関する極めて重要なデータが得られた。定住という新たな生活様式は、セイバルの全ての社会集団の間で同時に起こらなかった。大規模な公共祭祀建築は、定住共同体が確立された後ではなく、それ以前から建設されたことが明らかになったのである(Inomata *et al.* 2015)。

発掘調査によれば、セイバルのEグループは、マヤ文明の四方位や小宇宙の概念が既に形成されていたことを示唆する。その後、マヤ低地の様々な中心地でEグループが形成された。Eグループは、マヤ低地で最初に複製され続けた公共祭祀建築といえよう。初期のEグループはこれまで考えられてきたような支配層の権力の象徴ではなく、むしろ共同作業の場・公共祭祀の舞台であった。その建設や増改築、公共祭祀の繰り返しによって、様々なイデオロギーが共有されながら物質化・資源化されていったと考えられる。公共広場に面する二つの公共祭祀建築の土製基壇は、増改築が繰り返されて前九世紀には石造の神殿ピラミッドを構成していった。航空レーザー測量の最も大きな成果の一つが、遺跡中心部の「グループA」でセイバル最大の巨大基壇を確認したことである（第1章第5節）。巨大基壇は、南北六〇〇メートル、東西三四〇メートルの長方形であり、高さが六～一五メートルに及ぶ。この人工の巨大基壇の上に、Eグループ、他の神殿ピラミッドや中小の基壇が建てられたのである。

紀元前一〇〇〇年頃にセイバルで最初のEグループを創設する公共祭祀の一環として、セイバルで最大の磨製石斧を含む最多の緑色石製磨製石斧の供物がEグループの公共広場に埋納された。緑色石製磨製石斧は、先古典期中期前半を中心に先古典期中期後半のエスコバ期（前七〇〇―前三五〇年）まで公共広場に埋納され続けた。高倍率の金属顕微鏡を用いた分析法によって世界で初めて先古典期マヤ文明の磨製石斧の使用痕を分析した。その結果、大部分の磨製石斧が実用品ではなく埋納儀礼のために製作された儀式石器であり、使用済の磨製石斧は全て木の削りに使われていたことが判明した（Aoyama *et al.* 2017a）。

公共広場では、特筆すべき供物として先古典期中期のメソアメリカで権力者が装着した特徴的な美術様式の翡翠製胸飾りも出土した。先古典期中期前半のレアル二期（前八五〇―前七七五年）のセイバルにも、こうした胸飾りを身に着ける権力者がいたことがわかる。セイバルや周辺地域の権力者は、緑色の磨製石斧や翡翠製装飾品を埋納する儀礼を共有していた。古典期マヤ文明の神殿ピラミッドは、王権を強化する神聖な山を象徴し、神殿更新が繰り返されて壮麗な王墓や供物が埋納された。対照的に、先古典期中期のセイバルでは公共広場が公共祭祀の主要な舞台であり続け、神殿更新だけでなく広場更新が重要な意味をもった。

初期支配層の活動に関する希少かつ貴重なデータも得られた。「チョッチ基壇」は、セイバル中心部に立地し、レアル二期の権力者の住居跡か公共建築と考えられる。ここでは、磨製石斧の未成品と三点の磨製石斧が埋納された。「三」は、伝統的に三つの炉石を形成したマヤにとって重要な数である。使用痕分析によれば、四点とも未使用である。緑色石製磨製石斧は、先古典期中期のセイバル遺跡の他の住居跡からは出土していない。セイバル中心部に居住した権力者は、緑色石の搬入、磨製石斧の製作やEグループの公共祭祀の埋納儀礼において中心的な役割を担っていたと考えられる。

セイバルでは公共広場で公共祭祀を慣習的に繰り返す実践によって、社会的結束やアイデンティティを固めると共に、社会格差が生まれて複雑社会が形成されていった。しかし型にはまった同じ実践が繰り返されたのではなく、権力者とそれ以外の人々とのせめぎ合いの中で新しい実践も生み出された。セイバルの人々は、公共祭祀において先古典期中期前半には主に緑色石製磨製石斧をEグループの公共広場に埋納した（写真2）。

写真2　セイバル遺跡の「供物171」の磨製石斧や翡翠製品（前700年頃）（撮影：青山和夫）

写真3　先古典期中期後半のセイバル遺跡の幼児の墓に副葬された4点の黒曜石製石刃残核、中央に翡翠、磁鉄鉱、海の貝（撮影：青山和夫）

先古典期中期後半になると、Eグループの公共広場に支配層の墓や生け贄墓を埋葬し、土器や高度な製作技術が窺われる完形の石刃残核をはじめとする特別な黒曜石製石器などの新たな供物や副葬品を埋納するようになった。完形の黒曜石製石刃核を公共広場の供物や墓の副葬品として埋納するのは、先古典期中期後半のセイバルに特有の実践であった。完形の黒曜石製石刃残核や翡翠製装飾品などの象徴・儀礼的に重要な供物を公共広場に十字状に埋納して、マヤの小宇宙を象徴する場合もあった（写真3）。

公共広場で繰り返し慣習的に行われた埋納儀礼を含む公共祭祀という反復的な実践は、公共広場の神聖性を強化すると共に集団の記憶を生成した。社会的記憶の継承や連続性を資源化することによって、中心的な役割を果たす権力者の権力が時代と共に強化された。公共祭祀を形作り物質化したイデオロギーと公共祭祀の実践は、地域間交換や戦争など他の要因と相互に作用してマヤ文明の支配層の形成に重要な役割を果たしたのである（Aoyama *et al.* 2017b）。

次に高地でしか産出しない黒曜石の地域間・遠距離交換の変化について述べよう。

4　先古典期・古典期マヤ文明の黒曜石の地域間・遠距離交換

黒曜石は火山ガラスであり、マヤ低地では産出しない。マヤ低地の人々は、黒曜石を高地から搬入して石器として加工した。黒曜石の地域間・遠距離交換は、時代と共にどのように変化したのだろうか。セイバル遺跡の大規模な層位的発掘調査によって、マヤ低地で最古の土器群の一つである先古典期中期前半のシェ土器に共伴する、従来の研究でデータが不足していたマヤ文明黎明期の極めて良好で豊富な黒曜石製石器が得られた。黒曜石製石器の地域間・遠距離交換を復元するために、ハンドヘルド蛍光X線分析計（OLYMPUS DELTA Premium）をグアテマラに持ち込み五三七六点の黒曜石製石器の産地を同定し、肉眼観察と組み合わせて計一万三一一八点の全黒曜石製石器の産地を同定した（Aoyama 2017a）。蛍光X線分析計による分析数としては、マヤ考古学では一遺跡当たり最も多い。

セイバルの住民は、グアテマラ高地のエル・チャヤル、サン・マルティン・ヒロテペケ、イシュテペケ、メキシコ

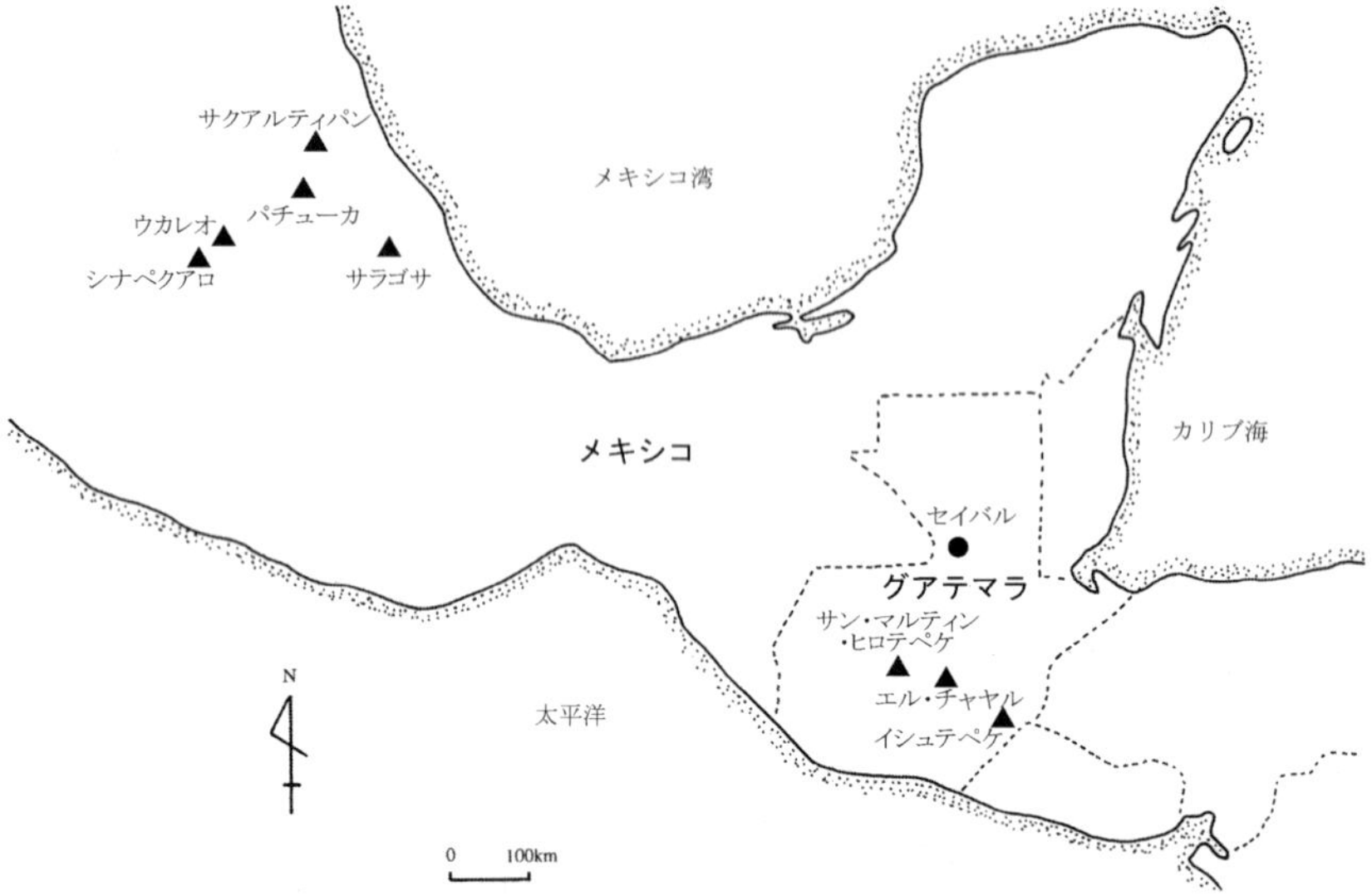

図１　メソアメリカの黒曜石製産地（▲）とセイバル遺跡（作図：青山和夫）

中央高原のパチューカ、サラゴサ、サクアルティパン、メキシコ西部高地のウカレオとシナペクアロという、少なくとも八つの産地から黒曜石を複数の中継地点を介して間接的に搬入した（図1）。従来のマヤ文明の黒曜石製石器の研究においては、産地同定のサンプル数の少なさや不適切なサンプル選定法のために、黒曜石の地域間・遠距離交換を詳細に検証できないことが多かった。マヤ地域における黒曜石の交換網の通時的変化を総合的に復元するためには、本研究のように黒曜石製石器の代表的なサンプルを分析していかなければならない。

従来の学説によれば、サン・マルティン・ヒロテペケがマヤ低地に先古典期中期に搬入された主要な黒曜石産地と考えられていた。私たちの研究によって、先古典期中期前半は主にエル・チャヤル産黒曜石がセイバルに搬入されたことがわかった。セイバルの住民は、先古典期中期前半のレアル一期（前一〇〇〇―前八五〇年）にEグループを創設すると共に、グアテマラ高地エル・チャヤル産黒曜石を自然石または自然面を残した大きな石片として搬入して不定形な剥片を打撃剥離した。レアル二期（前八五〇―前七七五年）の黒曜石製石器の産地ではエル・チャヤルが大部分を占め、サン・マルティン・ヒロテペケが続いた。石刃が完成品として搬入されると同時に、黒曜石は自然石または自然面を残した大きな石片としても搬入され、不定形な剥片が打撃剥離された。

　私たちの調査のなかで大きな発見だったのが、押圧石刃の生産の開始時期についてである。先古典期中期前半のレアル三期（前七七五—前七〇〇年）にセイバルで複雑な政治経済組織が発展した結果、エル・チャヤル産とサン・マルティン・ヒロテペケ産黒曜石製石刃核の地域間交換と押圧石刃の生産が開始された。これは、黒曜石製押圧石刃の生産に関する現在のところマヤ低地で最古の実証的な証拠である。つまり、マヤ文明の黒曜石製石刃の製作の起源が、従来の学説よりも遡った。セイバルの初期の権力者は地域間交換に参加して、グアテマラ高地産の翡翠や他の硬質の緑色石、黒曜石や海産貝のような重要な物資だけでなく、観念、美術・建築様式や製作技術などの知識を取捨選択して権力を強化した。黒曜石製石刃は、メソアメリカを代表する石器であった。アンデスでは、主に不定形な剥片が製作・使用された。アンデスでは、整形された黒曜石製石刃核から定型的な石刃が大量に押圧剥離されることはなかった。

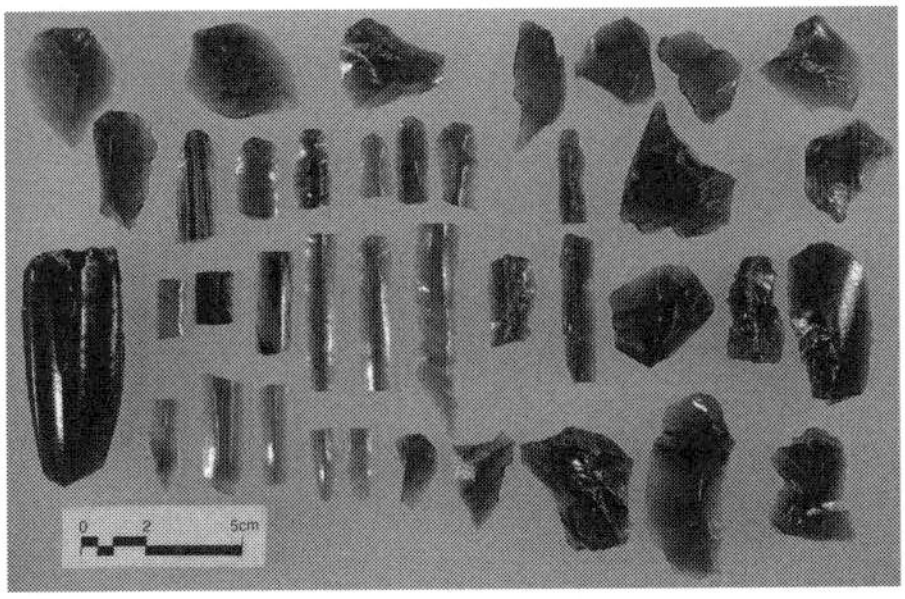

写真４　先古典期中期後半のセイバル遺跡の黒曜石製石器（撮影：青山和夫）

　レアル三期の大部分の黒曜石はエル・チャヤルから搬入され、サン・マルティン・ヒロテペケ、イシュテペケが続いた。先古典期中期後半には、黒曜石の搬入量が飛躍的に増大した。サン・マルティン・ヒロテペケ産黒曜石が主流になり、エル・チャヤル産が減少し、少量のイシュテペケ産黒曜石も搬入された。グアテマラ高地とマヤ低地を結ぶ地域間交換網に大きな変化があったことがわかる。先古典期中期前半のレアル三期から先古典期終末期にかけて時代が下るにつれて、大型の石刃核の搬入が増加したが、黒曜石は先古典期を通して自然石または自然面を残した大きな石片としても搬入され、石刃や剥片が製作された（写真４）。

大きな発見は、現在のところマヤ低地で最古の石刃工房である。先古典期中期

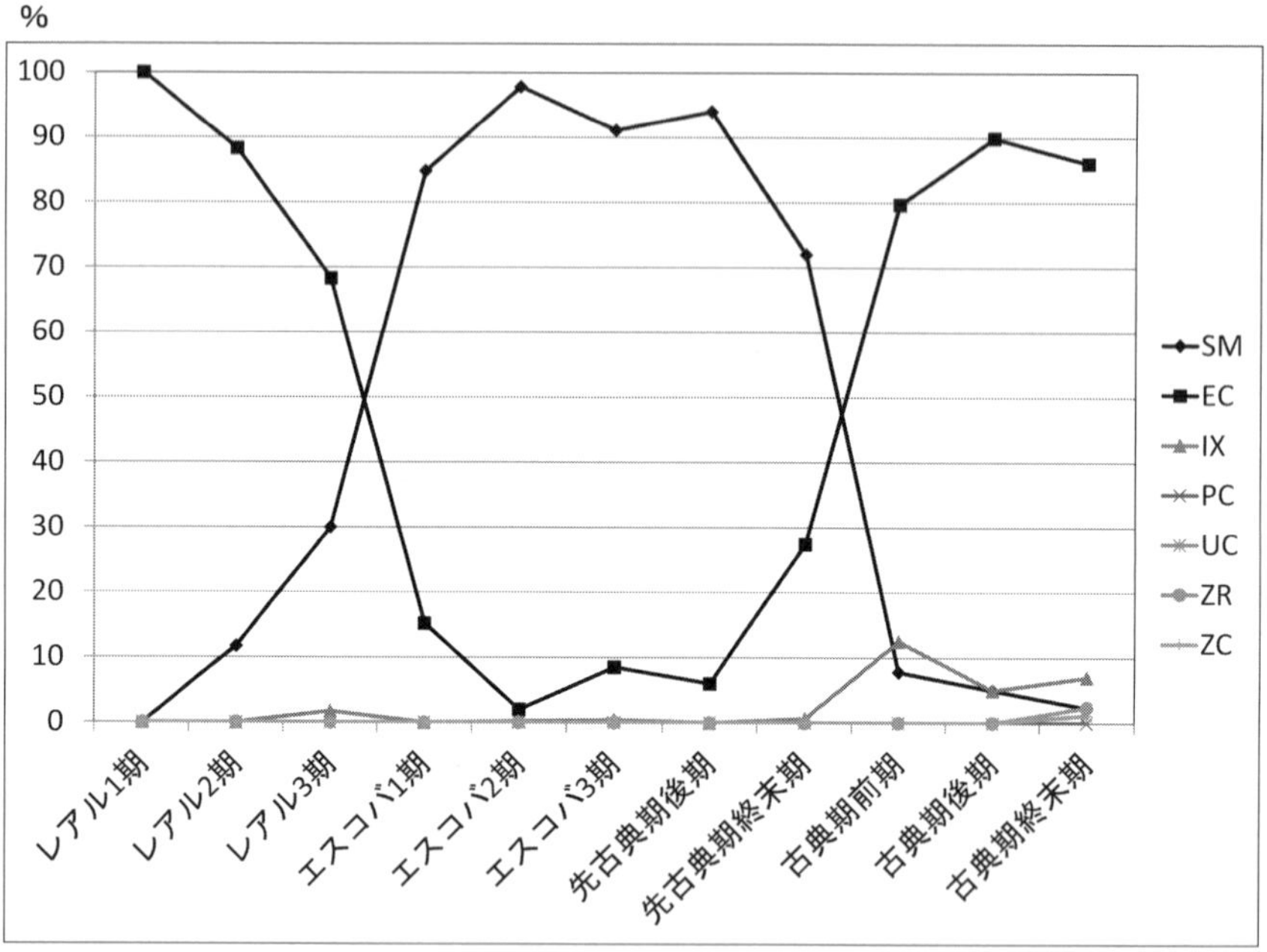

図2　セイバル遺跡の黒曜石製石器の産地の通時的変化。SM：サン・マルティン・ヒロテペケ、EC：エル・チャヤル、IX：イシュテペケ、PC：パチューカ、UC：ウカレオ、ZR：サラゴサ、ZC：サクアルティパン（作図：青山和夫）

後半のエスコバ二期（前六〇〇―前四五〇年）に支配層の住居跡「ツヌン建造物」の北一・六メートルに黒曜石製石刃の工房の製作屑が埋納されていた。無作為抽出した八一点の黒曜石製石器の使用痕分析によって、大部分の石器が未使用であり、実際に工房の製作屑であることを確認した。石刃一点だけに使用痕が認められ、貝・骨の切断に使用された。黒曜石製石刃の製作者と貝・骨製品の製作者は別人であった可能性があるが、同一人物であった可能性もあろう。

黒曜石製石刃の製作屑は単なるゴミではなく、宗教儀礼的な側面をもった。古典期マヤ文明の諸都市では工房で廃棄された大量の石刃の製作屑が王や貴族の墓及び神殿ピラミッドなどの公共建築の中に埋納された。先古典期中期後半のセイバルで支配層が埋納した黒曜石製石刃の工房の製作屑には黒曜石以外の遺物が混入せず、集中して高密度に出土した。支配層は石刃を生産した後に工房から製作屑をなんらかの容器に入れて運び、住居近くに注意深く埋納したと考えられる。

古典期前期（二〇〇—六〇〇年）には、黒曜石の産地では先古典期中期前半と同様にエル・チャヤルが再び主流になった（図2）。またイシュテペケが増え、サン・マルティン・ヒロテペケが激減した。グアテマラ高地とマヤ低地を結ぶ地域間交換網に再び大きな変化があったことがわかる。大部分の黒曜石は古典期を通してエル・チャヤルから搬入され、石刃を押圧剥離するために既に整形された、より小さな石刃核として搬入されるようになった。

少量のメキシコ高地産黒曜石が、古典期に完成品の石刃や両面調整尖頭器としてセイバルに遠距離交換された。メキシコ産黒曜石製石器は、古典期を通してセイバル遺跡中心部の公共建築や公共広場だけで見つかっており、周辺部では全く出土していない。つまりそれらは、経済的よりもむしろ、支配層が権威を示す威信財として社会・象徴的に重要であった。グアテマラ高地から地域間交換された黒曜石製石器はセイバル遺跡中心部だけでなく周辺部にも流通し、全ての社会階層の日常の道具として使われた。換言すると、グアテマラ高地産黒曜石の地域間交換は、マヤ文明の発展においてメキシコ高地産黒曜石の遠距離交換よりも経済的に重要な役割を果たしたのである。

最後にマヤ文明の武器と戦争がどのように変化していったのかをみてみよう。

5　先古典期・古典期マヤ文明の武器と戦争

武器や他の考古学的な証拠からどのように戦争を検証できるだろうか。チャートと呼ばれる石英を主成分とする地元産の硬い石材を加工した石器では、不定形石器の剝片が主流であり続けた。チャート製の石刃及び石槍（両面調整尖頭器）などの両面調整石器は、先古典期中期前半に製作され始めた。セイバルのEグループの公共広場では、マヤ文明の権力者の間で最も重宝された海産貝のウミギクガイに生首を彫刻した胸飾りの供物も見つかった。この前八世紀の胸飾りは、マヤ低地で最古の生首を彫刻した貝製装飾品であり、古典期の王が装着した生首を彫刻した胸飾りと酷似する。敵の生首を彫刻した貝製装飾品は、同時期のチャート製石槍と共に先古典期中期前半における戦争の証拠をなす。先古典期中期後半にはチャート製石槍だけでなく、エル・チャヤル産黒曜石製片面調整尖頭器が生産された。遅くとも古典期前期には黒曜石製両面調整尖頭器が使用され始めた。

マヤ文字の解読によれば、セイバル王朝は、近隣のドス・ピラス＝アグアテカ王朝との七三五年の戦争において敗北を喫し、セイバル王は捕虜にされた。戦争が激化して政治的に不安定になり、王朝が衰退し始めた。注目すべきことに、古典期後期（六〇〇―八一〇年）と古典期終末期（八一〇―九五〇年）にチャート製石槍の製作と使用が増加した（Aoyama 2017b）。大部分の石槍がセイバル中心部から出土していることは、特筆に値する。すなわち、支配層が戦争に深く関わったことがわかる。

発掘調査によって、王宮が一〇世紀に破壊され、火をかけられたことが判明した。しかも王宮の壁面を飾っていた漆喰彫刻の男性支配者像の顔が、儀礼的に打ち首にされていた。王宮では、破壊儀礼が行われたのである。またEグループの公共広場に面する神殿ピラミッドでも、同様に破壊儀礼が執行された。セイバル王朝の最後は暴力を伴った。こうした破壊儀礼は、石槍の製作と使用の増加、戦争に関連する碑文や図像と共に、セイバル王朝が衰退した要因の一つが戦争の激化であったことを示唆する。

6　まとめ

セイバル遺跡では居住の定住性の度合い、価値観やアイデンティティなどが異なる多様な集団が、共同体の公共祭祀及び公共祭祀建築や公共広場を建設・増改築する共同作業によって社会的な結束やアイデンティティを固めていった。公共広場で繰り返し慣習的に行われた公共祭祀という反復的な実践は、集団の記憶を生成して資源化され、中心的な役割を果たす権力者の権力が時代と共に強化された。初期支配層は地域間交換に参加して、黒曜石や翡翠のような重要な物資、観念体系や美術・建築様式などの知識を取捨選択しながら権力を強化した。公共祭祀を形作り物質化したイデオロギーと公共祭祀の実践は、地域間交換や戦争など他の要因と相互に作用してマヤ文明の支配層の形成に重要な役割を果たしたのである。

戦争の証拠は先古典期中期の前半から存在するが、古典期後期と古典期終末期のセイバル中心部でチャート製石槍の製作と使用が増加した。王や支配層の戦士としての役割がより重要になり、王権の性格が変化した。セイバルという都市は、人口増加や環境破壊（第1章第3節）だけでなく、戦争によっても衰退したのである。

参考・参照文献

Aoyama, Kazuo（2017a）'Preclassic and Classic Maya Interregional and Long-Distance Exchange：A Diachronic Analysis of Obsidian Artifacts from Ceibal, Guatemala,' *Latin American Antiquity* 28（2）：213–231.

Aoyama, Kazuo（2017b）'Ancient Maya Economy：Lithic Production and Exchange Around Ceibal, Guatemala,' *Ancient Mesoamerica* 28（1）：279–303.

Aoyama, Kazuo, Takeshi Inomata, Flory Pinzón and Juan Manuel Palomo（2017a）Polished Greenstone Celt Caches from Ceibal：The Development of Maya Public Rituals,' *Antiquity* 91（357）：701–717.

Aoyama, Kazuo, Takeshi Inomata, Daniela Triadan, Flory Pinzón, Juan Manuel Palomo, Jessica MacLellan and Ashley Sharpe（2017b）'Early Maya Ritual Practices and Craft Production：Late Middle Preclassic Ritual Deposits Containing Obsidian Artifacts at Ceibal, Guatemala,' *Journal of Field Archaeology* 42（5）：408–422.

Inomata, Takeshi, Daniela Triadan, Kazuo Aoyama, Víctor Castillo and Hitoshi Yonenobu（2013）'Early Ceremonial Constructions at Ceibal, Guatemala, and the Origins of Lowland Maya Civilization,' *Science* 340：467–471.

Inomata, Takeshi, Jessica MacLellan, Daniela Triadan, Jessica Munson, Melissa Burham, Kazuo Aoyama, Hiroo Nasu, Flory Pinzón and Hitoshi Yonenobu（2015）'Development of Sedentary Communities in the Maya Lowlands：Coexisting Mobile Groups and Public Ceremonies at Ceibal, Guatemala,' *Proceedings of the National Academy of Sciences* 112（14）：4268–4273.

Inomata, Takeshi, Daniela Triadan, Jessica MacLellan, Melissa Burham, Kazuo Aoyama, Juan Manuel Palomo, Hitoshi Yonenobu, Flory Pinzón and Hiroo Nasu（2017）'High-precision radiocarbon dating of political collapse and dynastic origins at the Maya site of Ceibal, Guatemala,' *Proceedings of the National Academy of Sciences* 114（6）：1293–1298.

第２節

グアテマラ、セイバル遺跡周辺の立地環境について

原口　強

グアテマラを代表する先古典期・古典期マヤ文明において国宝級の大都市遺跡であるセイバル遺跡、その中心部はマヤ低地南部に流れる大河パシオン川を望む比高一〇〇メートルの丘陵上に立地する。ところで、この丘陵はどうやってできたのだろうか。当時の環境はどのようなものだったのか、なぜセイバルは滅亡したのだろうか、多くの謎がある。その謎解きに取り組む中で、ここでは、セイバルの地形・地質の成り立ち、さらに過去の環境変動を読み解くために必要な湖底の地層をどのように採取したかについて紹介する。

1　セイバルの丘陵と周囲の地形はどのようにして出来たか

まずは地球科学の視点から話から始めよう。地球の表面は複数のプレートに分かれていることは、中学の教科書にも載っている。マヤ文明の栄えたユカタン半島の殆どは北アメリカプレートの上にあり、西側の海溝部でココスプレートが北米プレートの下に潜り込んでいる（図1）。この様子は太平洋プレートやフィリピン海プレートが沈み込む日本列島とよく似ている。

プレートの動きは年間数センチメートル、爪が伸びる程度の速さであるが、この運動が継続した結果、グアテマラの太平洋岸では火山が噴火し、地震も頻発する。

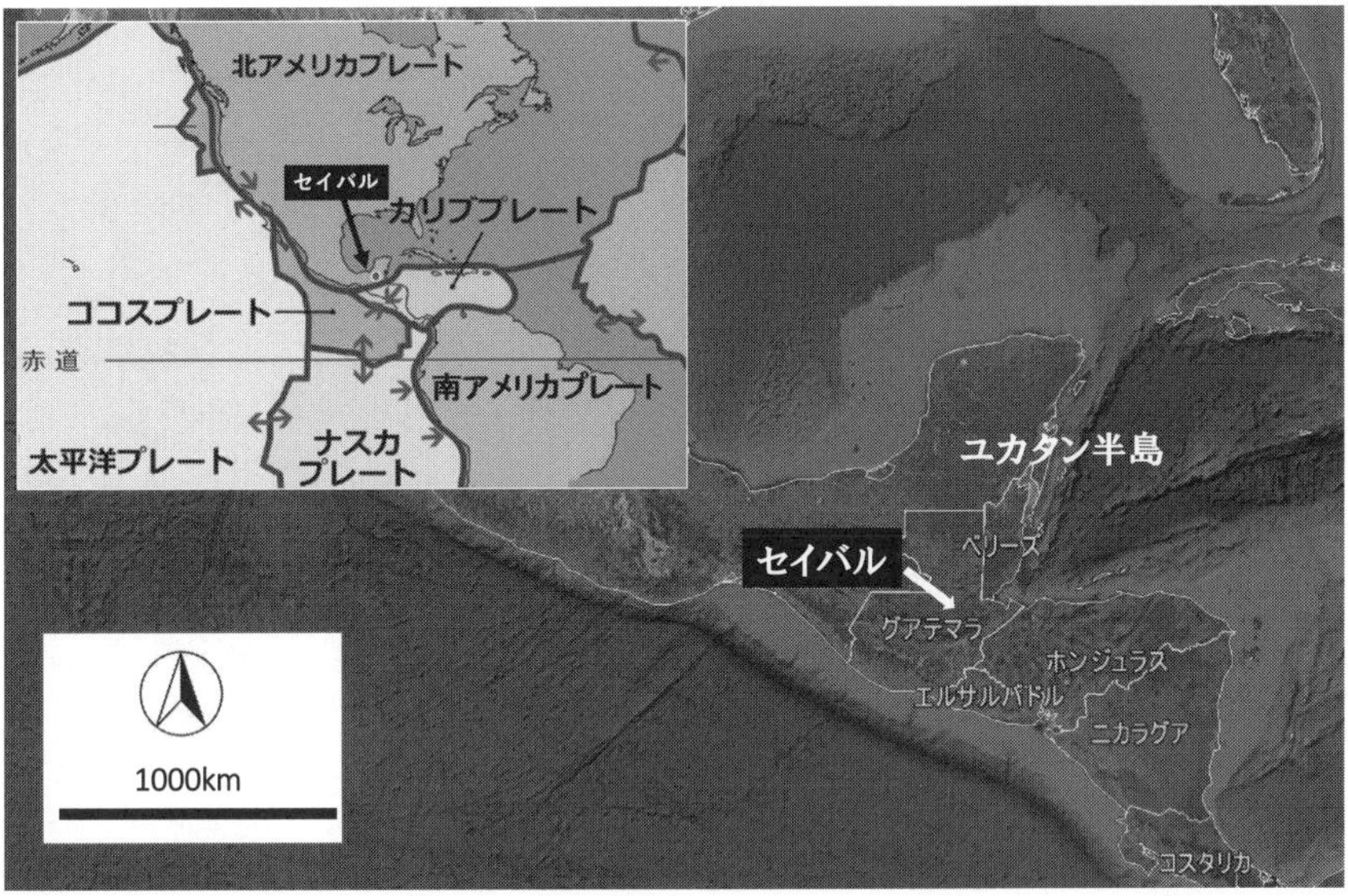

図1　プレートの配置とセイバルの位置

これに対してセイバル遺跡のあるマヤ低地は、太平洋から約三〇〇キロメートル離れた内陸にあり、火山もなければ地震も発生しない。すなわち、そこは噴火・地震の影響を殆ど受けない地域なのである。

セイバル遺跡は、東西約八〇キロメートル南北約六〇キロメートルの大きさの盆地の内部にある。この盆地は古い断層運動の結果、中央部が凹んで形成された「構造盆地」である。盆地内にはいくつかの丘陵状の高まりがある。このような高まりは、不規則にあるわけではなく、周囲の山地の地質構造と調和的な地形（図2）となっている。すなわち、山地から連続する地層の延長上に位置し、侵食に強い硬質な岩体が残ったものである。セイバル遺跡の中心部は、丘陵状の高まりを利用している。ここは周囲を見下ろす位置にあり、防御の視点からも優位性が高い。このような地理的要因こそが、人々がこの地を先古典期以来利用し続けた理由の一つであろう。

盆地内を流れるパシオン川（図3）に注目すると、盆地内部をセイバル遺跡付近まで北流した後、流れを西に変える。その後盆地内をゆっくりと蛇行しながら西へ流れて盆地の北西端に到達する。パシオン川はこの後、狭窄部が連

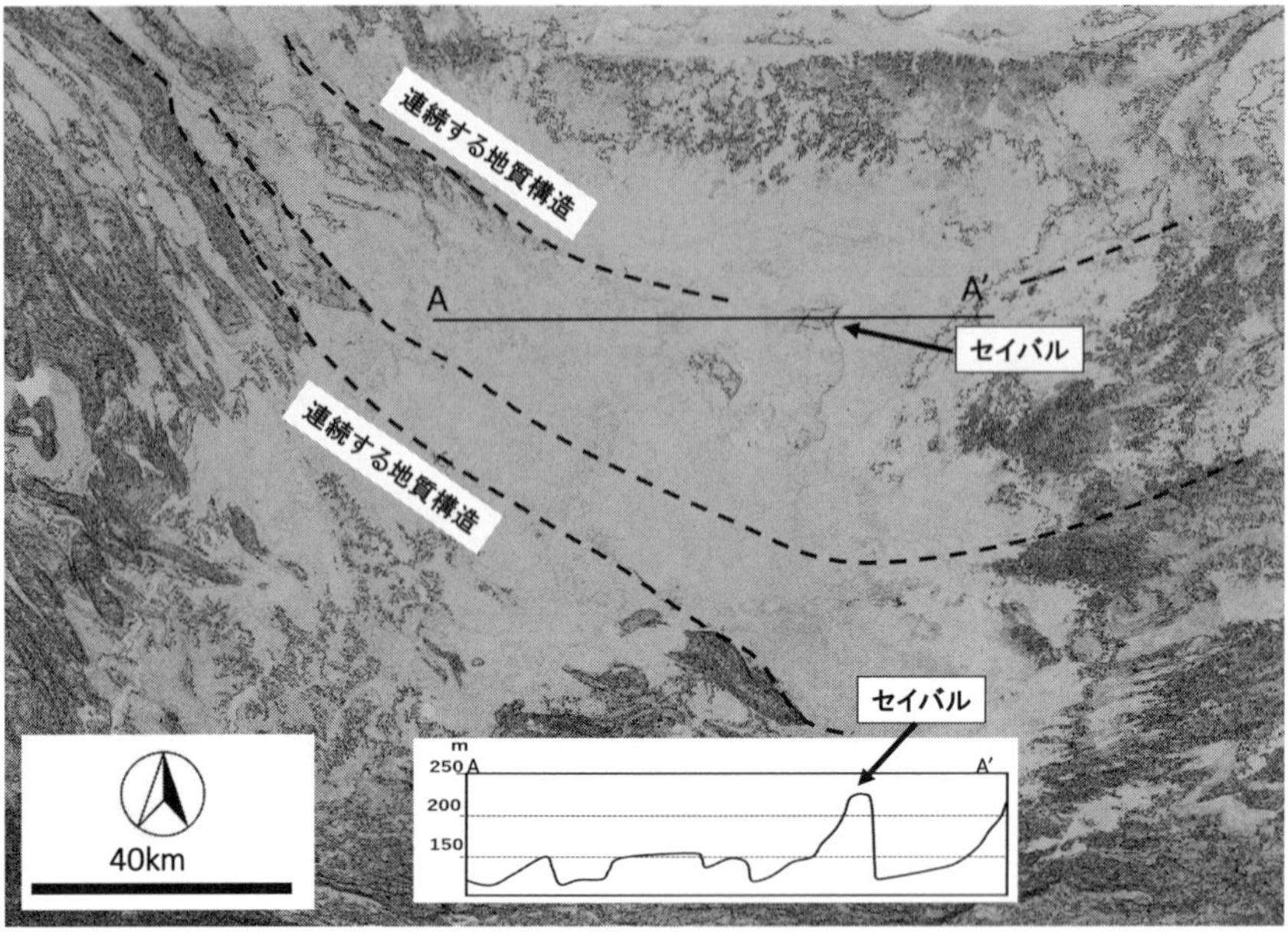

図 2　セイバル周辺の盆地地形と連続する地質構造

続する岩盤地帯へと流れ出る。河川地形全体をみると、盆地出口が狭い「ボトルネック構造」の地形となっている。この地形は盆地内部で水を得やすい一方、水害を受けやすいことを示している。

セイバル遺跡の南西に、ペテシュバトゥン湖（図4）がある。この湖は乾季と雨季でその面積が大きく変化し、年間を通して膨縮する湖である。そのわけは雨季になると湖に流れ込む水量が増えるのに加え、パシオン川から大量の水が逆流することで、湖からの流れが堰上げられるためと理解される。これも、盆地内が極めて緩やかな勾配であることが要因となっている。

2　熱帯の密林に覆われたセイバル遺跡周辺はどのような地形なのか

セイバル遺跡の中心部は、長年の考古学的研究によってその形状が解明されていた。しかしその多くが密林に覆われており、地形的な特徴や周囲の遺構分布は未解明のままであった。樹高が五十メートルに達す

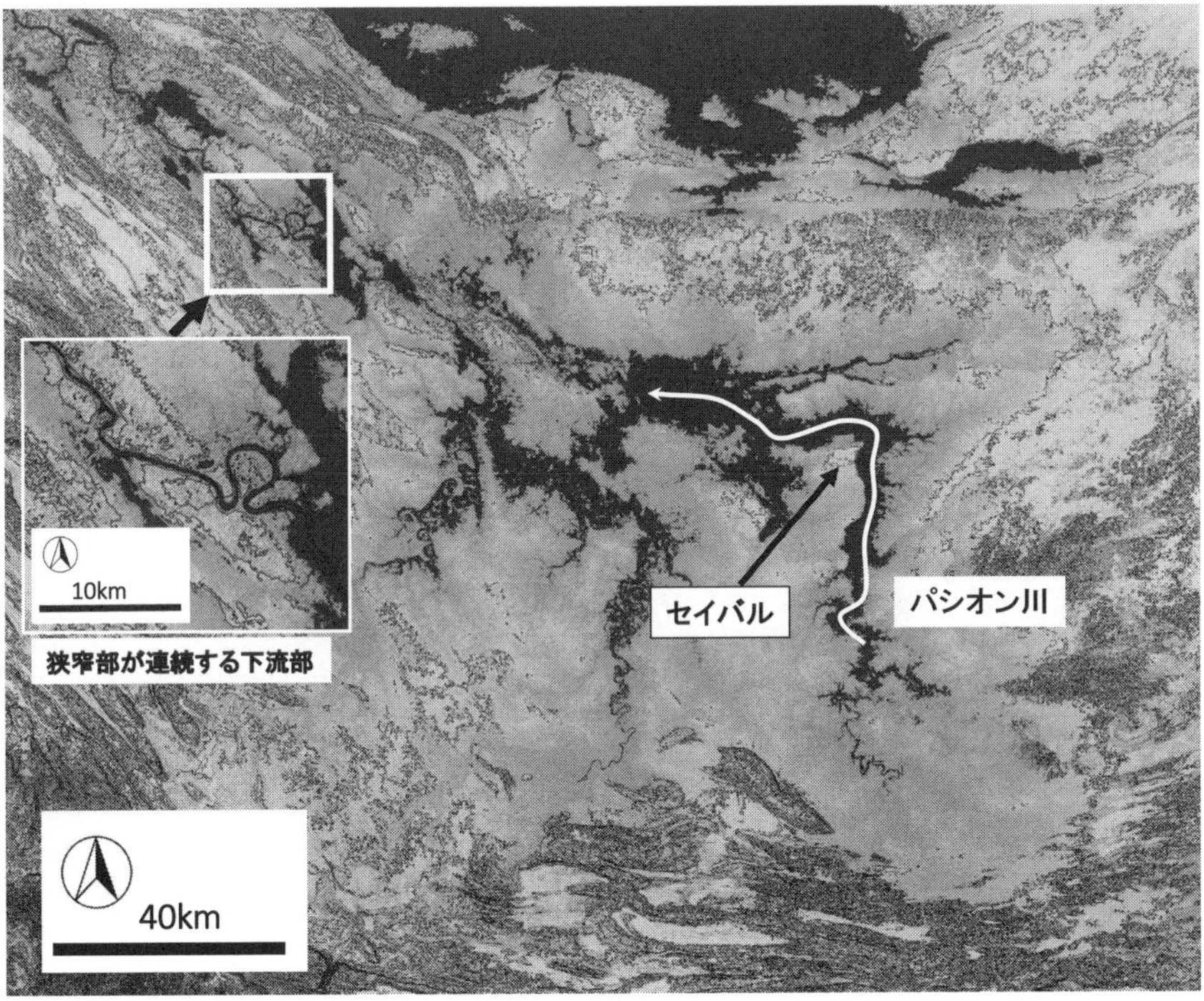

図3　セイバル周辺の盆地地形とパシオン川

る巨樹を含む熱帯雨林に覆われた地形や遺構の分布を明らかにするために、二〇一五年にセイバル遺跡周辺部の約四〇〇平方キロメートルの範囲で航空レーザー測量が実施された。これにより得られた数値標高モデルの解析から、遺構と思われる痕跡が多数が見つかった（Inomata *et al.* 2017, 2018；猪俣他二〇一七：第1章第5節）。

そこで、次の段階として、この数値標高データを、日本で発明された「赤色立体地図」に変換して、地形と遺構との関係についてそれを持って現地踏査をおこない、検討することにした。具体的には作成された赤色立体図（図5）をパソコンに取り込み、「カシミール3D」というこれも日本で開発されたソフトを用いて、現地を車や徒歩で移動しながら、リアルタイムで密林下の地形と遺構との関係を調べた。その結果、いくつかの地点で詳細な地形形状と遺跡との関連が確認された。

まずセイバル遺跡周辺をみると、パシオン川左岸は岩が溶けたようにみえる溶食地形（図5

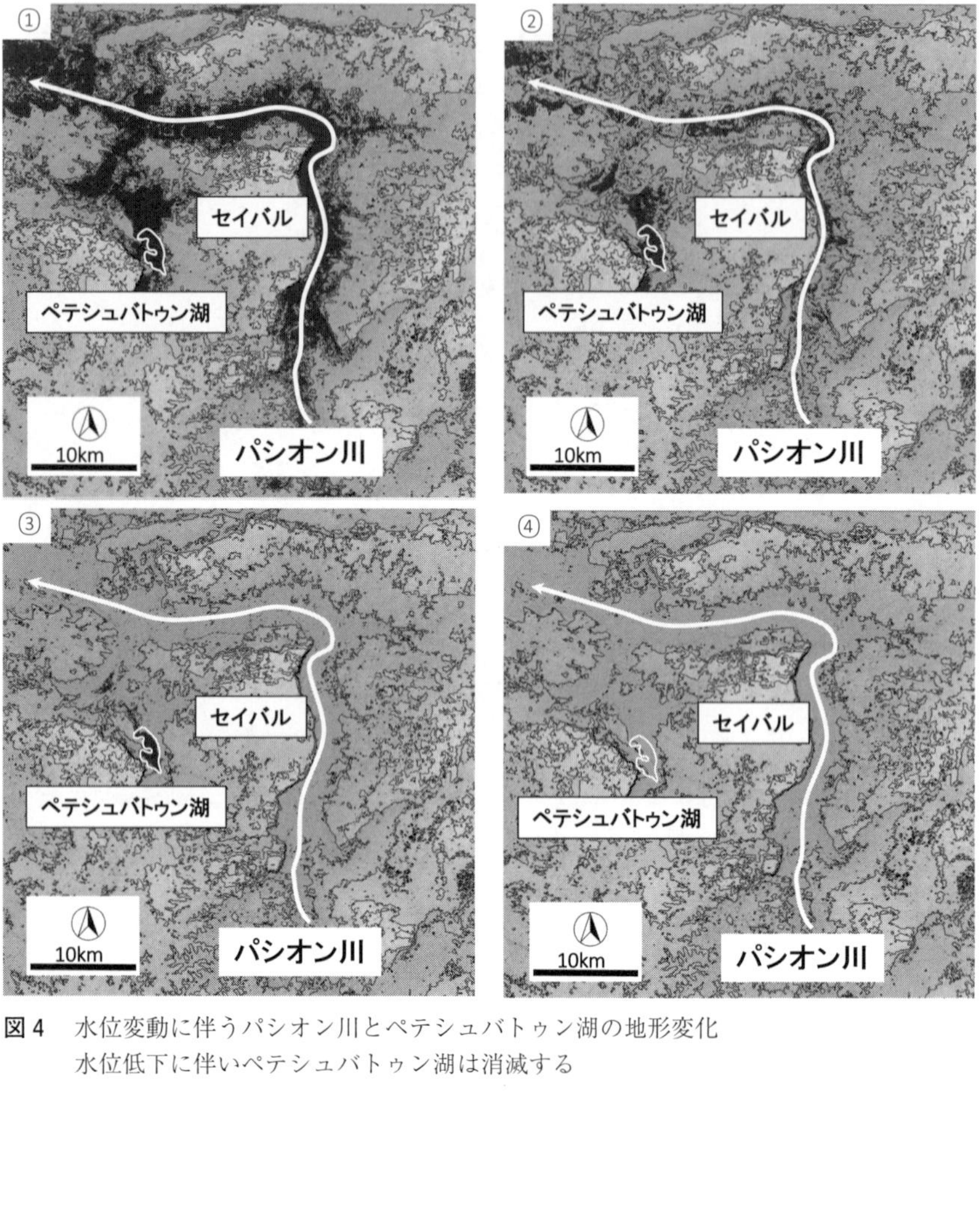

図 4　水位変動に伴うパシオン川とペテシュバトゥン湖の地形変化
水位低下に伴いペテシュバトゥン湖は消滅する

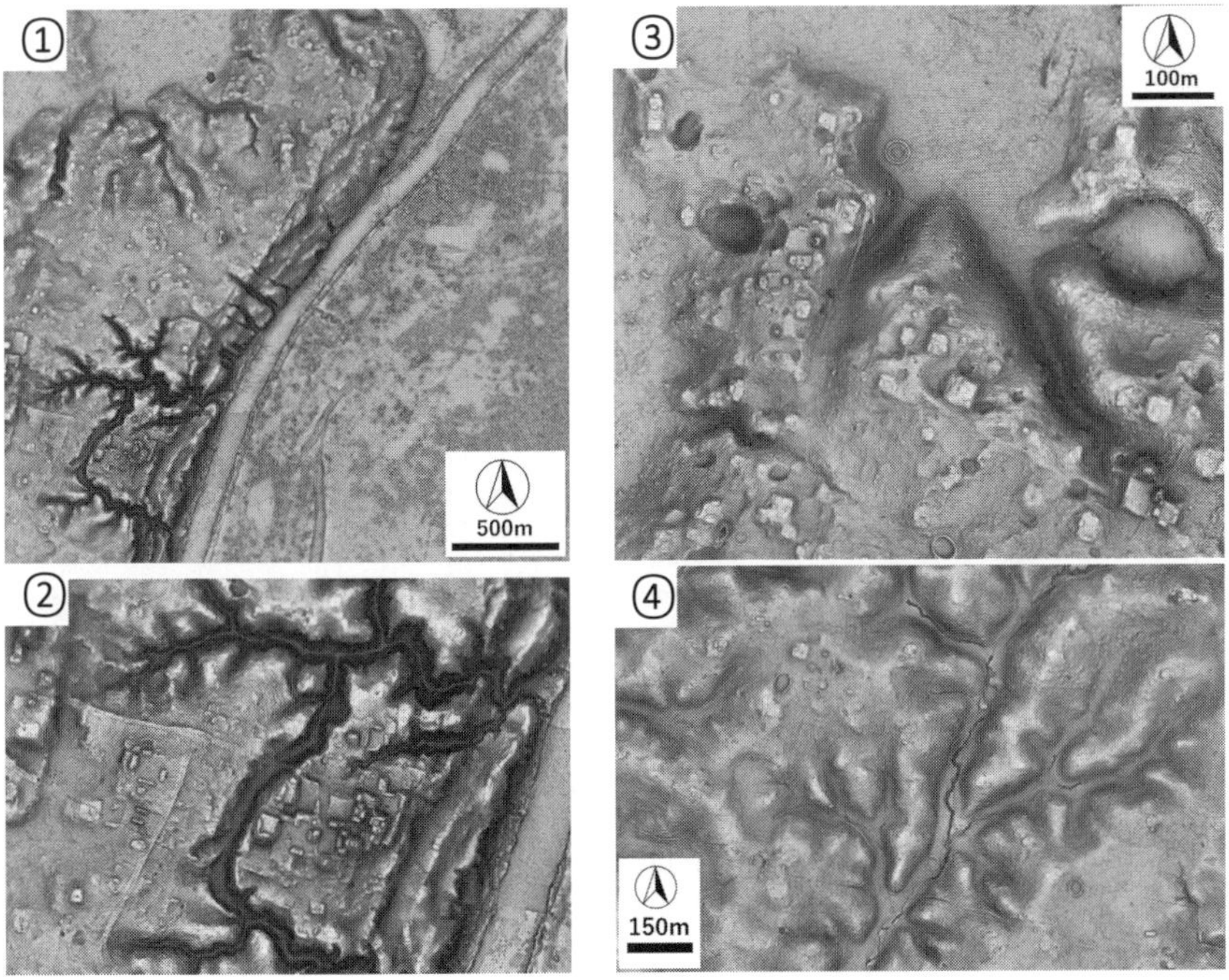

図5　可視化された密林下の地形と遺構
①高台に集中する遺構、②溶食地形と遺構、③谷地形と、④樹木を除去したデータによる赤色立体図

①、②）が確認される。これは石灰岩地帯特有の地形である。そして、多数の遺構がその上に分布することを確認した。一方、パシオン川右岸側には、溶食地形も遺構も発見されなかった。これは標高が低く毎年河川の氾濫なることが影響しているとみられる。

溶食地形と遺構の関係を詳細にみると、複雑な形状を示す溶食された谷地形を避けて遺構が建設されている。周囲を環濠のように溶食谷が取り囲んでいる地点では、この地形を巧みに利用して、主要な遺構がみられる（図5②東部分）。さらに周辺の遺構分布（図5③、④）でも、自然の溶食地形を活用して建設されている様子が確認される。

このように、セイバル遺跡周辺では石灰岩地帯特有の溶食地形を巧みに利用し、都市計画がなされていることを明瞭に確認することができる。

3 マヤ文明、先古典期・古典期はどんな環境だったのか

本研究の最大のミッションは古環境の復元である。そのためには年単位の時間が読み取れ、しかも連続した記録が必要である。これを地層から読み解くには、堆積速度が速い（短時間に厚い堆積物が溜まる）場所を探すこと、その場所でできるだけ長く連続した地層を採取することが求められる。

まずは場所探しである。候補としてペテシュバトゥン湖（図4）湖が選ばれた。最初に湖全体の地形を把握するため、湖全体を詳細に音響測深によってその形状を調査した（図6、①～④）。

その結果、ペテシュバトゥン湖は水深二～三メートル程度までの浅い範囲が湖全体の面積の九割以上を占め、水深一〇メートルを超す地区が二か所あることが分かった（図6、⑤）。このうち湖の中央西端部には、南北に六〇〇メートル程度の長軸を持つ楕円形を示す水域があり、最深部は水深三五メートル以上に達する。

水域の断面を見ると西側が急傾斜で東側の傾斜が緩い、非対称の湖底地形（図6、⑥⑦）となっている。この深い水深部の存在はすでに知られていたが、今回の調査で、その詳細な形状が明らかとなった。湖底地形調査は、私の研究室の卒業生である吉永佑一さんに協力してもらった。

さて、この深い水域はどうやってできたのであろうか。それはこの地域の地質に理由があった。実は石灰岩地域では、数多くのセノーテと呼ばれる円形の陥没穴がある。石灰岩地帯では地質時代の長い年月をかけて水に溶けて出来た水平の地下に地下洞窟が発達する。このうちの一部で洞窟の天井が崩壊し、それが地表まで達して陥没穴が出来るのである。ペテシュバトゥン湖の周囲も石灰岩地帯である。この深い水域は元々のセノーテが、低地の水域拡大に伴い水没して湖の一部に取り込まれて出来たと判断される。非対称の湖底地形は、主に東から泥が流れ込むことで次第に陥没穴が埋積されたことを示しており、現在もそれが継続している様子が窺える。

湖の形状と大まかな成り立ちを把握した次の課題は、地層から過去の環境変動を読み解くことである。そのために

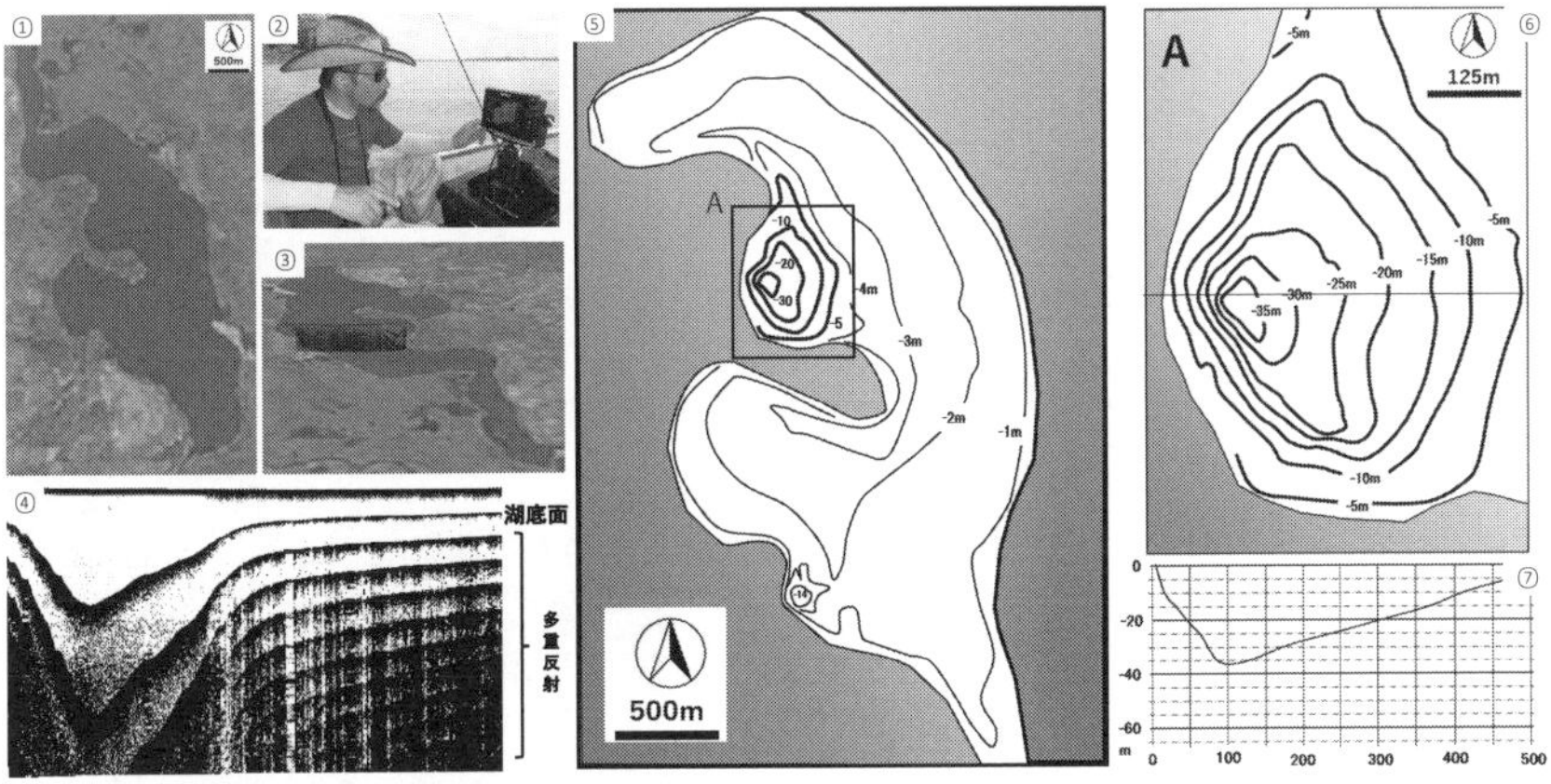

図 6　ペテシュバトゥン湖の地形
①衛星画像、②測深作業、③測深代表地点、④音響測深断面、⑤湖域全体の湖底地形図、⑥最深部の湖底地形図、⑦代表断面図

は、連続する長い堆積物（コア）が必要である。一連の研究で私に課された最大のミッションは、分析者へ提供する連続する柱状コアを採取することであった。日本国内であれば機材や専用のコアラーも簡単に手に入るが、グアテマラではそれらは困難な状況にあった。前回は空気圧を使うマッケラスコアラーを日本から持ち込んでコア採取が行われた。この手法ではコア長さ四メートル程度、水深三〇メートルまでが限界である。しかも日本からの運搬に多大な費用と日数を要する。さらに税関対応がもっと大変である。

　今回は最大水深四〇メートル、コア長さ一〇メートルの複数コア採取が目標である。日程と費用を勘案し、現実的な地層採取法としてピストンコアリング法（図7①）を採用した。日本からコアリングシステムを運搬することも検討したが、総重量が二トンを超え通関を含め運搬日数が数ヶ月、費用も高額となる。このため、コアリングシステムの主体を現地製作する方針とした。

　最低限の主要部品のみを日本国内で製作・運搬し、それ以外は現地調達機材によるコアリングを計画した。コアラーの細かい設計・製作は岩田明久さんに依頼した。すでに小型組み立て式ピストンコアラーシステムの特許を取得していたので、基本的にはこの方法で対応することとした。海外での類似の実績として、カザ

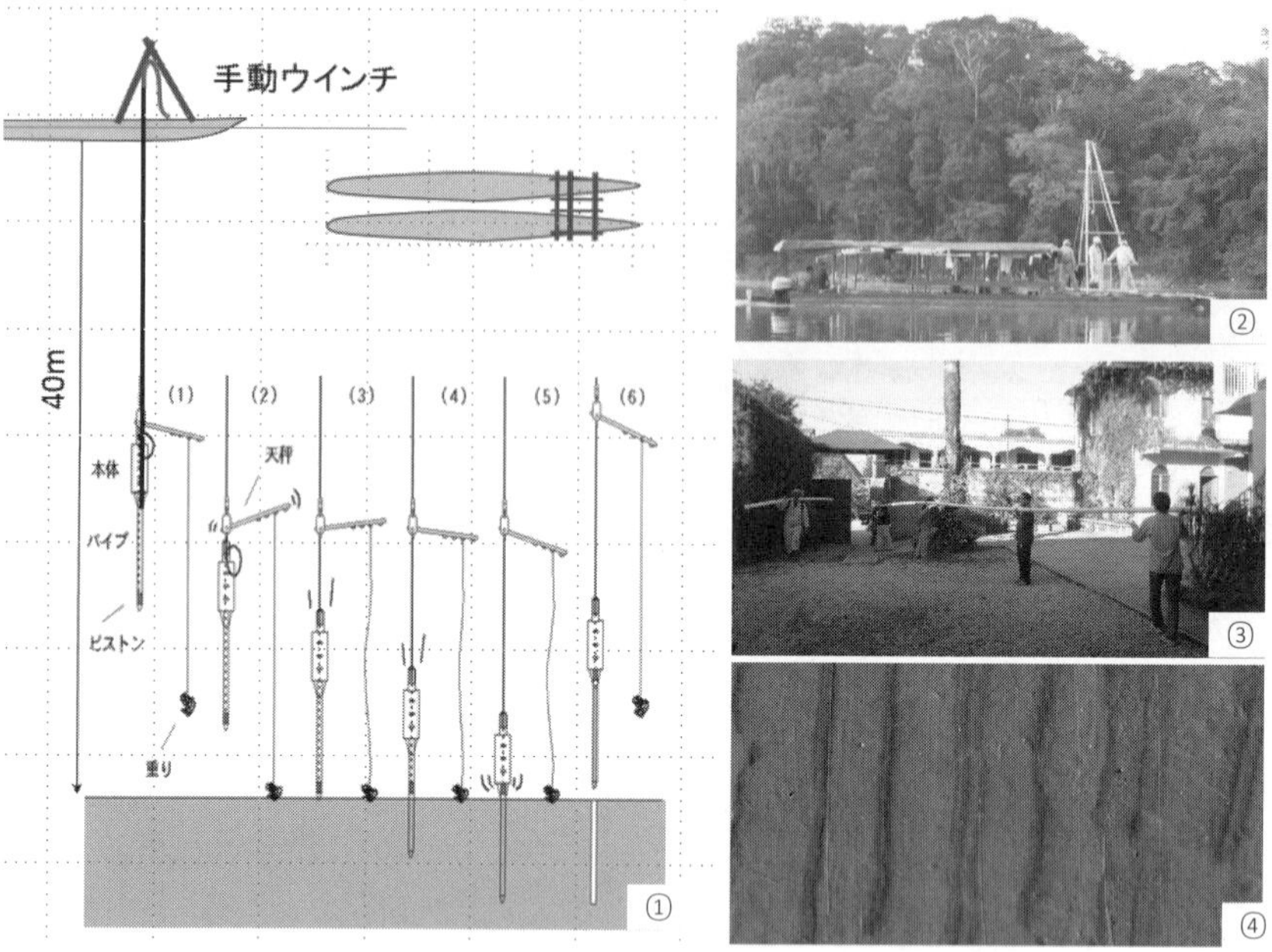

図7　ペテシュバトゥン湖での地層採取
①地層採取手順、②調査船、③採取コアの運搬、④年縞のある地層

フスタンのバルハシ湖（瀬戸内海ほどの大きさ）や、ペルーのアンデス山脈標高四五〇〇メートル地点にある水深五〇メートルの氷河湖でのコアリングの経験があった。

さて、コアリングでは水上プラットフォームが必要である。これには観光用の一〇メートル以上の細長いボート二艘をチャーターし、揺れが少なく安定するカタマラン形式で接合して対応した。コアリングに必要なウエイトは現地の鉄工所で鉄筋を切断して必要な重量分を確保した。鋼製パイプで櫓を組み、サンプルを採取するためのチューブは水道用の塩ビパイプを流用した。ところが、問題が発生した。ウインチである。グアテマラ中を探しても、電動ウインチが見つからない。仕方なく、時間はかかるが手動ウインチでの作業となった。

調査基地となる町サイヤシチェから、調査地まで高速ボートなら一時間の距離もこれらの機材を積んでの移動には五時間を要する。船の手配や現地へ船の航行・運搬は、主に那須浩郎さんがこちらの要望通り段取りしてくれた。現地では、二艘の船を組み合わせたカタマラン足場の設置、コアリング装置の組立、湖底地形を見ながらＧＰＳでの位置決め、等々の作業があった。制約条件の多い中、安全にミッションを完了する必要がある。このため、旧知のボーリング作業のスペシャリスト北村篤実さんに手伝いをお願いした。

実際の掘削作業は、多くの研究者が見守る中、水深四〇メートル地点で最大長さ一二メートルを含む複数のピストンコアリング（図7①、②）を実施した。作業の様子はＮＨＫ現地取材班により撮影された。採取したサンプルはパイプを連結したまま、基地サイヤシチェの臨時ラボに運搬（図7③）した。ラボのテーブルに載せられ、中川毅さんが半割したパイプの断面には、縞のある地層（図7④）が確認された。米延仁志さんはじめ多くの方々の支援により、安全にミッションが完了した。

採取した地層の詳細な解析が現在進行中である（第1章第4節）。現時点で、地層から読み取れる環境変動の時間緻密さとしては、世界最高レベルの地層であることが判明しており、過去の詳細な気候変動が詳細に復元されることに期待したい。

参考・参照文献

猪俣健、青山和夫、フローリー・ピンソン、ホセ・ルイス・ランチョス、原口強、那須浩郎、米延仁志（二〇一七）「マヤ文明のセイバル遺跡と周辺部の航空レーザ測量と考古学調査」『古代アメリカ』二〇、一二三—一三四頁。

Inomata T., F. Pinzón, J. L. Ranchos, T. Haraguchi, H. Nasu, J. C. Fernandez-Diaz, K. Aoyama, H. Yonenobu（2017）'Archaeological Application of Airborne LiDAR with Object-Based Vegetation Classification and Visualization Techniques at the Lowland Maya Site of Ceibal' Guatemala, *Remote Sensing* 9（6）: 563.

Inomata, T., D.Triadan, F. Pinzón, M. Burham, J. L. Ranchos, K. Aoyama, T. Haraguchi（2018）'Archaeological application of airborne LiDAR to examine social changes in the Ceibal region of the Maya lowlands,' *PLOS ONE*, http://journals.plos.org/plosone/article?id=10.1371/journal.pone.0191619

第1章

第3節

マヤ文明の盛衰と環境変動
――セイバル遺跡とラス・ポサス湖に記録された農耕と森林利用の歴史

那須浩郎
藤木利之
山田和芳
篠塚良嗣
大山幹成
米延仁志

1　はじめに

マヤ文明というと、「熱帯の密林に栄えた古代文明」というイメージが強い。しかし実際は、多様な自然環境のもとに育まれた文明であり、さらには時とともに変化する環境の影響を受けて盛衰を繰り返してきた。また逆に、マヤの文明社会も自然環境を大きく改変し、自ら改変した環境の影響を受けてきた。本節では、マヤ文明の盛衰と環境変化の関係を、私達のセイバル遺跡とラス・ポサス湖における環境考古学の調査成果から考えてみたい。

2　マヤ文明の自然環境

マヤ文明が栄えたユカタン半島は、現在、大きく三つの気候区に分けられる。ユカタン半島北部のメキシコ湾に面した地域は「マヤ低地北部」と呼ばれる標高〇―二〇〇メートルほどの乾燥した低地帯である。年平均気温は摂氏二五度程度、年降水量は五〇〇―一二〇〇ミリ程度で少ない。高温で乾燥した熱帯サバナの気候区であり、熱帯性の落葉―半落葉樹林が分布している。

ユカタン半島の中央部は「マヤ低地南部」と呼ばれる。ここも標高三〇〇メートルほどの低地であるが、年降水量が二〇〇〇ミリを超える高温で多湿な熱帯モンスーンの気候区になる。ここには、常緑高木と乾季に落葉する高木が混生する季節熱帯雨林が分布している。密林に栄えた文明のイメージはここからきたものだろう。

一方、ユカタン半島南部には「マヤ高地」と呼ばれる標高二〇〇〇メートル級の高地帯が分布している。日本列島と同じく環太平洋造山帯の一部であるこの地域では、熱帯でも標高が高いので年平均気温が摂氏一九度程度と低く、温暖で湿潤な温帯夏雨の気候区となっている。熱帯収束帯の影響で夏に雨が多く、年降水量は二〇〇〇ミリを超える。現在の中米はコーヒー豆の主要産地だが、その生産はこのような高地帯で行われている。このように、マヤ文明の舞台は、大きく三つの異なる環境からなっており、それぞれの自然環境に適応した異なる社会が共存していた。

3　マヤ文明の発祥とトウモロコシ農耕

マヤ文明の発祥に重要だった地域の一つが「マヤ低地南部」である。紀元前一〇〇〇年以降、これまで主に狩猟採集生活を行っていた遊動民や半定住の集団が、公共広場や祭祀建造物の建設・増改築を共同で行う過程で定住度が高まり、集団が組織化され、文明社会の基礎が出来た（Inomata *et al.* 2015）。それではなぜ、熱帯林の生い茂る「マヤ低地南部」で定住度が高まり、公共広場の建築が行われるようになり、文明が発祥したのだろうか？

この説明として、この時期にトウモロコシ農耕の生産性が高まったことが挙げられる。トウモロコシは、メキシコでドメスティケーション（栽培化・馴化）された栽培植物である。祖先野生種はテオシンテ（*Zea mays* ssp. *parviglumis*）と考えられており、メキシコ中南部太平洋沿岸のバルサス（Balsas）川中流域に現在分布している。この地域は年降水量一〇〇〇—一四〇〇ミリ程度で乾燥しており、マヤ低地北部と同様、熱帯性の落葉—半落葉樹林が分布する熱帯サバナの気候区に相当する。最古の炭化したトウモロコシの穂軸は、オアハカ（Oaxaca）高地のギラ・ナキツ（Guilá Naquitz）岩陰遺跡から六二五〇年前のものが見つかっており（Piperno and Flannery 2001）、かつてはオアハカ高地のような比較的冷涼な高地でトウモロコシの栽培化が起きたと考えられていた。しかし、現在のトウモロコシとテオシンテの分子系統解析からは、バルサス川流域に分布するテオシンテからの単一起源が支持されており、突然変異率から求められた分岐年代は今から九〇〇〇—七〇〇〇年前頃だと推定されている（Matsuoka *et al.* 2002）。最近、バルサス川中流域のシワトシュトラ（Xihuatoxtla）岩陰遺跡で、八七〇〇年前のトウモロコシとみられるプラントオパールとデンプン粒が見つかっていることからも、この説が支持されている（Piperno *et al.* 2009）。

マヤ文明の舞台であるユカタン半島付近では、タバスコ（Tabasco）州のサン・アンドレス（San Andrés）遺跡で、七〇〇〇年前頃のトウモロコシの花粉とプラントオパールが見つかっている（Pohl *et al.* 2007）。この地域はオルメカ文明の発祥地であるラ・ベンタ遺跡から五キロメートルほどの近さにあり、マヤ低地南部と同様の熱帯モンスーンの気候区である。この頃にはユカタン半島周辺の湿潤地帯でもトウモロコシの栽培が始まっていたとみられるが、この時期のトウモロコシの栽培は、まだ生産性が低く、他の野生の動植物の狩猟や採集に加えた広範囲経済の一つだったと考えられる。マヤ低地南部でトウモロコシの花粉が出現し始めるのは五四〇〇年前頃であり、三〇〇〇年前頃からはマヤ低地南部の各地で継続的にトウモロコシの花粉が見つかるようになる（Pohl *et al.* 1996；Wahl *et al.* 2014）。この頃にはトウモロコシの品種が改良され、マヤ低地南部でも生産性が高まった可能性がある。

一方、この頃の気候は、湿潤な気候から徐々に乾燥化していったことが各地の堆積物の古気候データで示されている（Haug *et al.* 2001；Hodell *et al.* 1991；1995；Mueller *et al.* 2009；Torrescano-Valle and Islebe 2015）。特に三〇〇〇年前頃のマヤ低地南部の気候は乾燥化が進んでいた可能性があり、当時は現在のマヤ低地北部のような熱帯サバナの気候に近かった可能性がある。乾燥した気候に変化したことが三〇〇〇年前頃にマヤ低地南部でトウモロコシ農耕の生産性が高まったきっかけなのかもしれない。

4　マヤ文明の衰退と環境変動

紀元前三五〇年頃の先古典期後期にはマヤ低地南部を中心に諸都市が発展し、紀元二〇〇年頃の古典期に繁栄を迎える。ところが、紀元九〇〇年頃にマヤ低地南部の諸都市が部分的に衰退していく。この衰退の原因として、近年注目されているのが干ばつの影響である。

南米ベネズエラ沖のカリアコ海盆では、年縞堆積物のチタンの含有量の変化から、紀元八〇〇年頃に干ばつのピークが認められている（Haug *et al.* 2003）。カリアコ海盆とマヤ低地は地理的に離れているが、現在の雨季（夏季）における熱帯収束帯の通り道として繋がっており、降水量は同様の挙動を示すことが知られている。同様に、マヤ低地北部のチチャンカナブ（Chichancanab）湖でも堆積物の炭酸カルシウム含量と酸素同位体比から、紀元七五〇—九〇〇年頃に干ばつのピークがあったことが示されている（Hodell *et al.* 1995）。このように、古典期の終わりから古典期終末期に干ばつの証拠が相次いで報告され、古典期マヤの衰退の原因として干ばつの影響が注目されてきた。近年は、マヤ低地南部のヨク・バルム（Yok Balum）洞窟で、石旬の酸素同位体比から干ばつの詳細が示されている。これによると、先古典期以降、短期間の干ばつは頻繁にあったが、いくつかの長期間に亘る干ばつが社会を衰退させたことが指摘されている。先古典期後期から古典期前期の移行期（紀元二〇〇—三〇〇年頃）、古典期終末期（紀元八五〇—九〇〇年頃）そして後古典期の始め（紀元一〇〇〇—一一〇〇年頃）に長期間の干ばつ期が示されている（Kennett *et al.* 2012; Hoggarth *et al.* 2016）。さらに最近は、先述したマヤ低地北部のチチャンカナブ湖の酸素と水素の安定同位体比から、定量的な干ばつの度合いが復元されており、当時は現在と比べて、年降水量が四一—五四%、相対湿度が二—七%減少していたと推定されている（Evans *et al.* 2018）。

このように、三〇〇〇年前頃からの乾燥化のなかでいくつかの大きな干ばつがあったが、マヤの社会はそれに適応して文明を発達させてきた。ところが、先古典期の終わりや古典期終末期の長期間の干ばつには対応できない社会があり、部分的に衰退したと考えられている。

写真1　セイバル遺跡の密林に埋もれた神殿ピラミッド

5　セイバル遺跡の農耕と森林利用

セイバル遺跡は、グアテマラ国ペテン県、マヤ低地南部に位置する。先古典期中期のマヤ文明発祥から古典期終末期までの遺構が見つかっており、マヤ文明の盛衰を知るうえで最適な遺跡である。王宮や神殿ピラミッドなど、都市の中心部を中心に発掘調査が行われた（写真1）。私たちは、セイバル遺跡の様々な遺構から堆積物試料を収集し、炭化した植物の種子や木片をフローテーション法（堆積物を水洗し、比重の軽い炭化物だけを水に浮かせて分離・収集する方法）により収集した。これらはセイバルで利用されていた木材や植物質食糧の直接的な証拠になる。走査型電子顕微鏡などを使って、得られた炭化種子や木片を調べた結果、二つの興味深いことが分かった。

まずひとつは、トウモロコシの品種改良の事例である。炭化したトウモロコシの種子サイズを調べてみると、先古典期中期前半（紀元前一〇〇〇―七〇〇年）では幅四ミリほどで小さかったトウモロコシの種子が、先古典期中期後半（紀元前七〇〇―三五〇年）以降には五―六ミリまで大きくなっていることが明らかになった。この傾向は、クエジョ（Cuello）遺跡での結果とも調和的であり（Miksicek 1991）、この時期にトウモロコシの品種が改良され、徐々に生産性が高くなっていった可能性が示された。

もうひとつは、セイバルで利用されていた木材の変化である（図1）。先古典期中期前半ではマメ科などの広葉樹が多かったのに対し、先古典期後期（紀元前三五〇―七五年）以降、徐々にマツが増加し、古典期後期（紀元六〇〇―

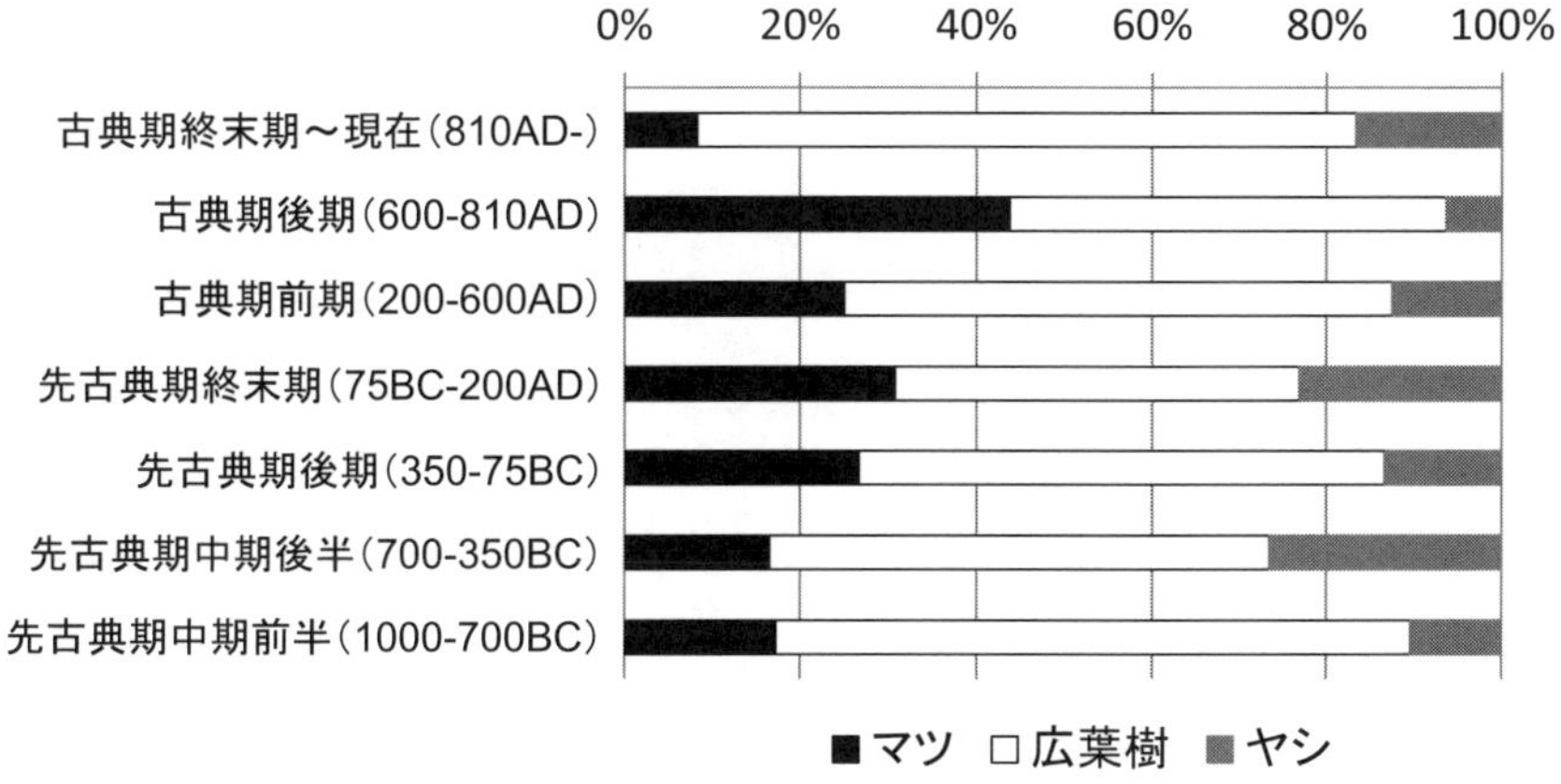

図1　セイバル遺跡から出土した炭化木片の種類別出現頻度（％）

八一〇年）には四〇パーセント近くまで増加することが明らかになった。ところが、古典期終末期から現在までの堆積物からは再びマツが減少し、クワ科やサポジラ科などの広葉樹が増加した。このように、セイバルでは、都市と農地の拡大に伴って周囲の広葉樹の樹木が伐採されて減少したことで、代わりに乾燥や荒れ地に強く、成長の早いマツが多く利用されるようになったと考えられる。そして、遺跡が放棄された後には広葉樹の森林が回復し、現在のような密林に覆われるようになった。

6　ラス・ポサス湖に刻まれた環境史

このようなセイバルにおける森林利用の変化は、セイバル遺跡周辺の湖の堆積物からも確認することができる。ラス・ポサス湖は、セイバル遺跡から南に二〇キロメートルほどの場所にある。長径二キロメートルほどの湖で、水深は二三メートルである。私たちは、この湖のほぼ中央でボーリング調査を実施し、およそ二メートルの堆積物コアを採取した（写真2）。このコアの堆積物に含まれる花粉や木片を調べると、セイバル遺跡周辺の植生の変化を知ることができる（図2）。年代測定の結果、このコアはおよそ二〇〇〇年間の植生変化を記録していることが分かった。まず、コア最下部は紀元前一〇〇年—紀元一五〇年頃となり、先古典期終末期にあたる。この頃からトウモロコシの花粉が継続的に出現しており、トウモロコシの農耕が行われていたことがわかる。セイバル遺

写真2　ラス・ポサス湖における湖沼堆積物のボーリング調査（撮影　原口　強）

跡でもトウモロコシの種子が大型化している時期であり、トウモロコシの生産性が高まっていたと見られる。木本ではクワ科などの熱帯性常緑広葉樹の花粉は少なく、マツの花粉が多い。木本と草本の比率を見ると草本の方が多く、この頃には農耕とともに建築利用や燃料材などの利用も相まって、熱帯林は少なくなっていたと考えられる。その後、コア深度一四三センチメートルになると、炭化木片の量が減少し、ブタクサ属の花粉が急増する。ブタクサは日本でも要注意外来生物として定着しており、花粉症の原因にもなっているが、中米ではトウモロコシ農場の耕地雑草として優占する植物である。この頃のブタクサ属花粉の増加は、トウモロコシの集約農耕の増加を示していると考えられる。この時期は紀元五〇〇―六〇〇年頃の古典期前期にあたる。継続してマツの花粉がクワ科よりも多く、セイバル遺跡でマツの木材利用が増加したことと調和的である。ところが、コア深度七八センチメートルから、花粉の組成が急変する。これまで多かったブタクサ属花粉が急減し、トウモロコシ花粉やイネ科の花粉も減少し始める。一方、炭化木片が急増する。この位置の年代は誤差が大きく、紀元八〇〇―一〇〇〇年頃の古典期終末期に相当すると考えられるが、この時期にトウモロコシの集約農耕が破綻したようである。しかし、トウモロコシの花粉はその後も出現しているので、従来の焼畑によるトウモロコシの生産は継続していたと考えられる。トウモロコシの花粉が出現しなくなる深度四五センチメートル（紀元一一〇〇―一三〇〇年頃）以降では、イネ科などの草本の花粉も急減する一方、クワ科の花粉が急に増加する。セイバルが放棄され、都市が解体して人口が分散したことで、

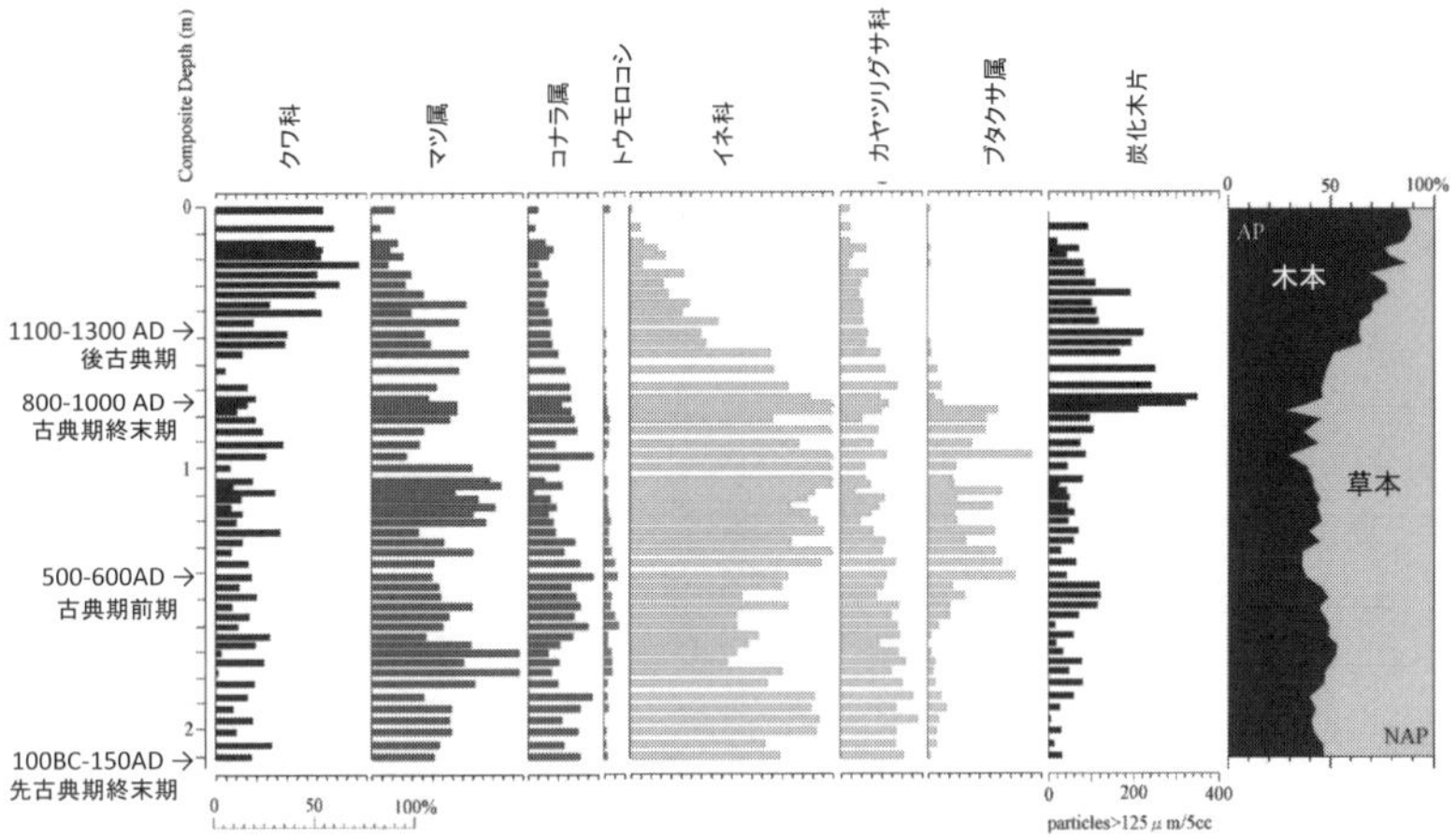

図2　ラス・ポサス湖堆積物コアの主要花粉ダイアグラム

熱帯林が回復したと考えられる。

7　おわりに

以上見てきたように、セイバル遺跡とラス・ポサス湖の堆積物にはセイバル王朝周辺の森林と農耕の変遷の歴史が詳細に記録されていた。セイバルでは、先古典期からの乾燥化に適応してトウモロコシ農耕の生産性を向上させてきた。古典期以降は、トウモロコシの集約農耕を開始して土地生産性をさらに上げることで、都市を発展させた。ところが、セイバル周辺では、トウモロコシの集約農耕は長期間継続することはなかったようである。この原因として、ヨク・バルム洞窟で記録されたような長期間の干ばつの影響があったのかもしれない。ただし、その後もトウモロコシの農耕自体は継続していたようであり、都市は衰退したが、社会は小規模ながら継続していた。干ばつがあったとしても、焼畑によるトウモロコシ栽培は可能だったようである。後古典期にはこの地域でトウモロコシ農耕が見られなくなるが、その原因はまだよく分かっていない。紀元一〇〇〇―一一〇〇年頃の長期間の干ばつが衰退の直接原因かもしれない。しかし、干ばつが起きても小規模の社会を維持することはできたと考えられるので、それ以外の要因で社会が衰退した可能性も残されている。ラス・ポサス湖の堆積物では年代測定の精度に問題があり、この因果関係を直接検証することができなかった。次節で紹介するような年縞堆積物を用いた高精度な古環境復元との対比により、その因果関係が明確になるだろう。

参考・参照文献

Evans, Nicholas P., Bauska, Thomas K., Gázquez-Sánchez, Fernando., Brenner Mark., Curtis, Jason H. and Hodell, David A.（2018）'Quantification of drought during the collapse of the classic Maya civilization,' *Science* 361：498–501.

Haug, Gerald H., Hughen, Konrad A., Sigman, Daniel M., Peterson, Larry C. and Röhl, Ursula.（2001）'Southward migration of the intertropical convergence zone through the Holocene,' *Science* 293（5533）：1304–1308.

Haug, Gerald H., Gunther, Detlef., Peterson, Larry C., Sigman, Daniel M., Hughen, Konrad A. and Aeschlimann, Beat.（2003）'Climate and the collapse of Maya civilization,' *Science* 299：1731–1735.

Hodell, David A., Curtis, Jason H., Jones, Glenn A., Higuera-Gundy, Antonia., Brenner, Mark., Binford, Michael W. and Dorsey, Kathleen T.（1991）'Reconstruction of Caribbean climate change over the past 10,500 years,' *Nature* 325：790–793.

Hodell, David. A., Curtis, Jason. H. and Brenner, Mark.（1995）'Possible role of climate in the collapse of Classic Maya civilization,' *Nature* 375（6530）：391.

Hoggarth, Julie A., Breitenbach, Sebastian F. M., Culleton, Brendan J., Ebert, Claire E., Masson, Marilyn A. and Kennett, Douglas J.（2016）'The political collapse of Chichén Itzá in climatic and cultural context,' *Global and Planetary Change* 138：25–42.

Inomata, Takeshi, MacLellan, Jessica, Triadan, Daniela, Munson, Jessica, Burham, Melissa, Aoyama, Kazuo, Nasu, Hiroo, Pinzon, Flory and Yonenobu, Hitoshi（2015）'The Development of Sedentary Communities in the Maya Lowlands：Co-Existing Mobile Groups and Public Ceremonies at Ceibal, Guatemala,' *Proceedings of the National Academy of Sciences* 112：4268–4273.

Kennett, Douglas J., Breitenbach, Sebastian. F. M., Aquino, Valorie V., Asmerom, Yemane, Awe, Jaime, Baldini, James U. L., Bartlein, Patrick., Culleton, Brendan J., Ebert, Claire, Jazwa, Christopher, Macri, Martha J., Marwan, Norbert, Polyak, Victor, Prufer, Keith M., Ridley, Harriet E., Sodemann, Harald, Winterhalder, Bruce and Haug, Gerald H.（2012）'Development and disintegration of Maya political systems in response to climate change,' *Science* 338（6108）：788–791.

Matsuoka, Yoshihiro, Vigouroux, Yves, Goodman, Major M., Sanchez, Jesus G., Buckler, Edward and Doebley, John（2002）'A single domestication for maize shown by multilocus microsatellite genotyping,' *Proceedings of the National Academy of Sciences* 99：6080–6084.

Miksicek, Charles H. (1991) 'The Ecology and Economy of Cuello,' In Hammond, Norman (ed.) *Cuello an Early Maya Community in Belize*, pp. 70–97. New York: Cambridge University Press.

Müller, Andreas D., Islebe, Gerald A., Hillesheim, Michael B., Grzesik, Dustin A., Anselmetti, Flavio S., Ariztegui, Daniel, Brenner, Mark., Curtis, Jason H., Hodell, David A. and Venz, Kathryn A. (2009) 'Climate drying and associated forest decline in the lowlands of northern Guatemala during the Late Holocene,' *Quaternary Research* 71: 133–141.

Piperno, Dolores R. and Flannery, Kent V. (2001) 'The earliest archaeological maize (*Zea mays* L.) from highland Mexico: New accelerator mass spectrometry dates and their implications,' *Proceedings of the National Academy of Sciences* 98: 2101–2103.

Piperno Dolores R, Ranere Anthony J., Holst Irene, Iriarte, Jose and Dickau, Ruth (2009) 'Starch grain and phytolith evidence for early ninth millennium B. P. maize from the Central Balsas River Valley, Mexico,' *Proceedings of the National Academy of Sciences* 106: 5019–5024.

Pohl, Mary D., Piperno Dolores R, Pope, Kevin O. and Jones, John G. (2007) 'Microfossil evidence for pre-Columbian maize dispersals in the neotropics from San Andrés, Tabasco, Mexico,' *Proceedings of the National Academy of Sciences* 104: 6870–6875.

Pohl, Mary D., Pope, Kevin O., Jones, John G., Jacob, John S., Piperno, Dolores R., deFrance, Susan D., Lentz, David L., Gifford, John A., Danforth, Marie E., and Josserand, Kathryn J. (1996) 'Early agriculture in the Maya lowlands,' *Latin American Antiquity* 7: 355–372.

Torrescano-Valle, Nuria and Islebe, Gerald A. (2015) 'Holocene paleoecology, climate history and human influence in the southwestern Yucatan Peninsula,' *Review of Palaeobotany and Palynology* 217: 1–8.

Wahl, David, Byrne, Roger and Anderson, Lysanna (2014) 'An 8700 year paleoclimate reconstruction from the southern Maya lowlands' *Quaternary Science Reviews* 103: 19–25.

第4節

マヤ低地に眠る奇跡の地層——刻まれた気候変動の足跡

北場育子
大森貴之
星野安治
原口強
中川毅
那須浩郎
ヘンリー・ラム
五反田克也
林田明
デイビッド・デットマン
篠塚良嗣
山田和芳
藤木利之
大山幹成
フローリー・ピンソン
猪俣健
青山和夫
米延仁志

1　文明の盛衰と気候変動

自然界には、さまざまなリズムがある。日本の明瞭な四季もそのひとつだ。春・夏・秋・冬のうつろいは、私たちの生活や意識の中に深く根付いている。

私たちの祖先も、太古の昔から、自然界が持つリズムを利用して自然とともに生きてきた。特に有名な例に、エジプトの洪水がある。毎年雨季になると、ナイル川の水かさが増えて氾濫を起こす。この氾濫は、砂漠地帯に肥沃な土を運び、エジプトに豊かな実りをもたらした。毎年起こるこの出来事は、人々の生活や思想に強い影響をおよぼした。たとえば古代エジプトの暦は、ナイル川の氾濫にあわせた三つの季節を持っていた。そしてナイル川の氾濫を起こす神は、土の中に魂を吹き込み、命を生み出すと信じられていた。その一方で、人々の生活の場所をも飲み込むナイル川の氾濫は、時に脅威となって人間に牙をむいた。このように、リズミカルに変わってゆく自然と共生するために、高度に発達した暦や天文学、土木工学などが生まれ、文明が発達していった。

マヤ文明はどうだろう。マヤ文明は、多くの気候帯や環境に適応することで繁栄してきた。グアテマラ北部にあるティカル遺跡は、熱帯のジャングルの中にある。ピラミッドの頂上だけが林冠から顔をのぞかせる風景は、誰の目にも印象的だ。いっぽう、世界でもっとも有名なマヤの遺跡、メキシコのチチェン・イツァの周りには、ティカルとは対照的な半乾燥地の低木林が広がっている。世界的なリゾート地カンクンに近いトゥルム遺跡は、カリブ海岸の断崖の上にあって、人の暮らしも海と密接にかかわっていたことが容易に想像できる。

マヤの人々は、置かれた状況に応じて生活の様式を柔軟に切り替えることで、多くの環境に適応する方法を知っていた。このことは、基本的に乾燥地に特化していたメソポタミア文明や、ナイル川に極端に依存していたエジプト文明などと比較した際に、マヤ文明のきわだった特徴になっている。マヤ文明を支えた人々の知恵や技術が卓越していたことは、残された遺物や遺構が放つ圧倒的な存在感からも明らかだ。高い技術を持ち、多様な環境に適応できる文明は、そう簡単には衰退しないように思える。にもかかわらず、マヤ文明は深刻な衰退を何度も経験してきた。

衰退の原因として、人口過剰、環境破壊、王朝間・王朝内の戦争や気候変動などが示唆されている。多くの専門家は、これらの要因が複雑に絡み合うことで衰退が進んだと考えている。状況が悪化する中、干ばつが文明衰退のとどめを刺したと考える専門家もいるが、年代の不確かさに対する批判もある。実際のところ気候変動は、マヤ文明の衰退にどれほどの影響をおよぼしたのだろうか。

2　湖底に刻まれた縞模様

そんな疑問に答えることのできる奇跡のような地層が、マヤの湖に眠っている。湖の名前はペテシュバトゥン。グアテマラ北部、熱帯のジャングルの中にある。この地域に降る雨は、明瞭なリズムを持っている。

宇宙から地球を眺めてみると、グアテマラを含む熱帯域（赤道域）は、雲の帯にぐるりと覆われている（写真1）。これを熱帯収束帯と呼ぶ。熱帯の強い日差しは地面をジリジリと焦がす。すると、地表面付近の空気が温まる。温められた空気は軽くなり、空にどんどん昇っていく。つまり、強い上昇気流ができる。すると強い対流性の雲が生まれ、激しい雨をもたらす。

写真1　熱帯収束帯（赤道上空にある雲の帯）©NASA

熱帯収束帯は、北半球の夏から冬にかけて、北から南に移動していく太陽を追いかけるように移動する。この雲の帯が上空にやってくると、雨の季節（雨季）が始まる。逆に、雲の帯が北か南に遠ざかると、乾燥した季節（乾季）が始まる。奇跡の地層は、この雨季と乾季の繰り返しパターンを記録しているのである。

二〇一五年、私たちはペテシュバトゥン湖を訪れた。この地層を掘り出すためだ。ペテシュバトゥン湖は、水深二〜三メートルほどの河川の一部が極端に広くなってできている。音波探査で湖底地形を調べてみると、その一部が深く落ち窪んでいるのがわかる（図1）。最深部の水深は、三〇メートルを超える。この地域の地盤は石灰岩でできていて、地下に洞窟が発達しやすい。洞窟の天井が崩壊すると、地表には穴が開く。奇跡の地層は、ペテシュバトゥン湖にぽっかり開いた深い穴の底に眠っている。

ペテシュバトゥン湖へは、最寄りの村から船で一時間。ジャングルの中をくねくねと進んでいく。ぱっと視界が開けると、そこがお目当ての湖だ。現地でチャーターした観光ボートを二艘つないで足場を作り、さらに現地で調達したパイプでやぐらを建てた（写真2）。そこから湖底に向かってパイプを突き刺す。もっと深く、もっと長く――。完全に連続した長い記録を求めて、何度も掘削を繰り返した。宿舎の広間を借りて作ったラボに戻って、パイプを半分に切ってみると、六メートルを超える長さのパイプの中に、縞模様の堆積物がみっちりと詰まっていた（写真3）。

ペテシュバトゥン湖の底に刻まれた、きわめて美しい縞模様。この縞模様は、年縞《ねんこう》と呼ばれている。二〇一五年の秋と二〇一六年の夏に掘り出した堆積物をご覧いただきたい（図2）。一枚一枚、完全に対応がつく。そして、二〇一六年の試料には、二〇一五年までにたまったシマシマの地層の上に新たに一枚、白い層が形成されている。さらにその上には、うっすらと、しかしはっきりと、新しい黒い層が形成され始めている。この分厚い白と黒の縞模様が、一年に一枚ずつ成長していく。いわば、土の年輪のようなものだ。

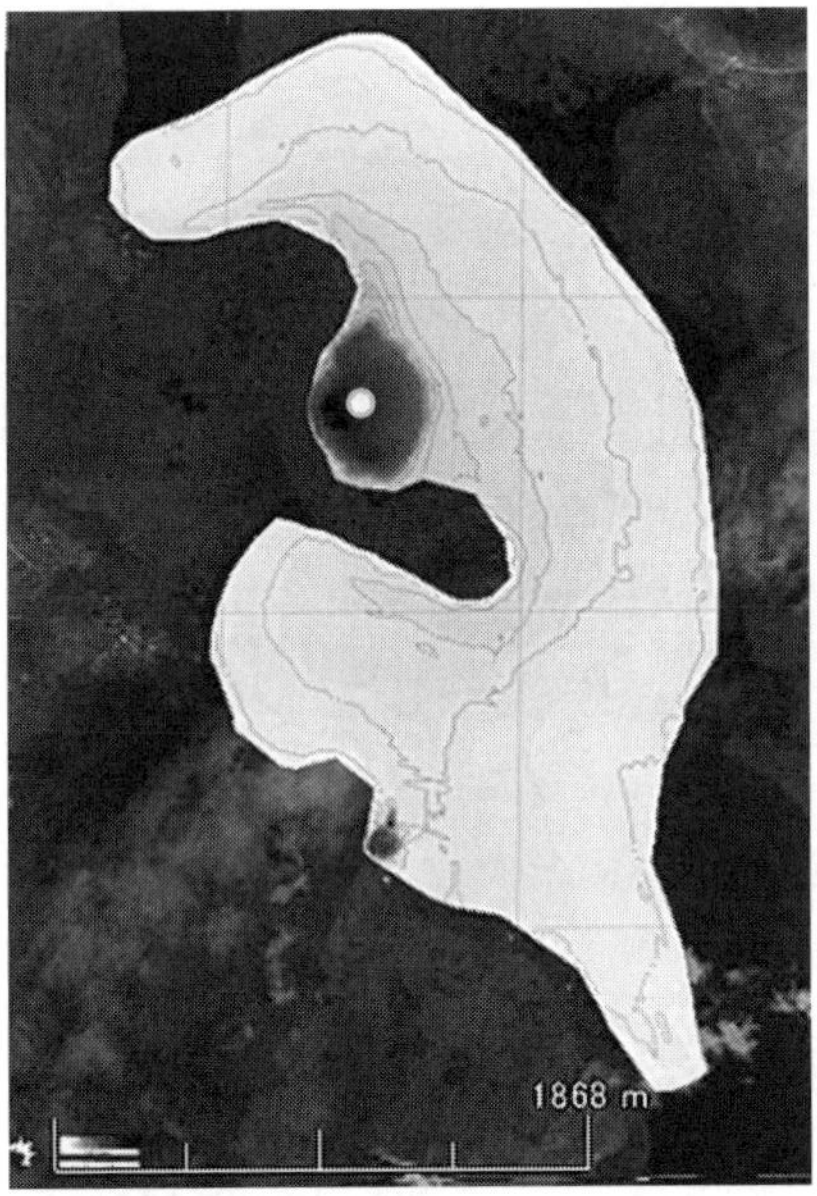

図1　ペテシュバトゥン湖の湖底地形
色が濃いほど、水深が大きい。図中の丸印がコア掘削地点。

年縞は、どのようにして形成されるのだろう。この地域の地盤をつくる石灰岩の主成分は、炭酸カルシウム（$CaCO_3$）である。そのため、湖の水にはたくさんのカルシウムが溶け込んでいる。乾季になると湖の水が蒸発し、溶けきれなくなったカルシウムが析出して白い層を作る。雨季になると、雨が地表面を洗い流し、湖にミネラルを運んでくる。この栄養分を使って、プランクトンが繁

写真 2　ペテシュバトゥン湖での掘削調査

写真 3　採取したコアの半割とサンプリング

殖する。湖の栄養分を使い尽したプランクトンは死滅し、沈んで黒い有機質の層を作る。なお、厚い白黒パターンの中に見られるさらに細かい縞模様は、季節の変化のほかに、大雨などの突発的な事件もあったことを示している。

以上がペテシュバトゥン湖における年縞形成のメカニズムだが、季節によって違うものがたまること自体は、けっして珍しくない。季節さえあれば、どこの湖でも同じことは起こる。しかし、これほどまでに厚く、美しい縞模様が確認できる湖は、世界的にも珍しい。なぜ、ペテシュバトゥン湖だけが特別なのだろう。

違いをもたらすのは、ペテシュバトゥン湖の深さと湖底地形である。ペテシュバトゥン湖は、地盤がそこだけ陥没

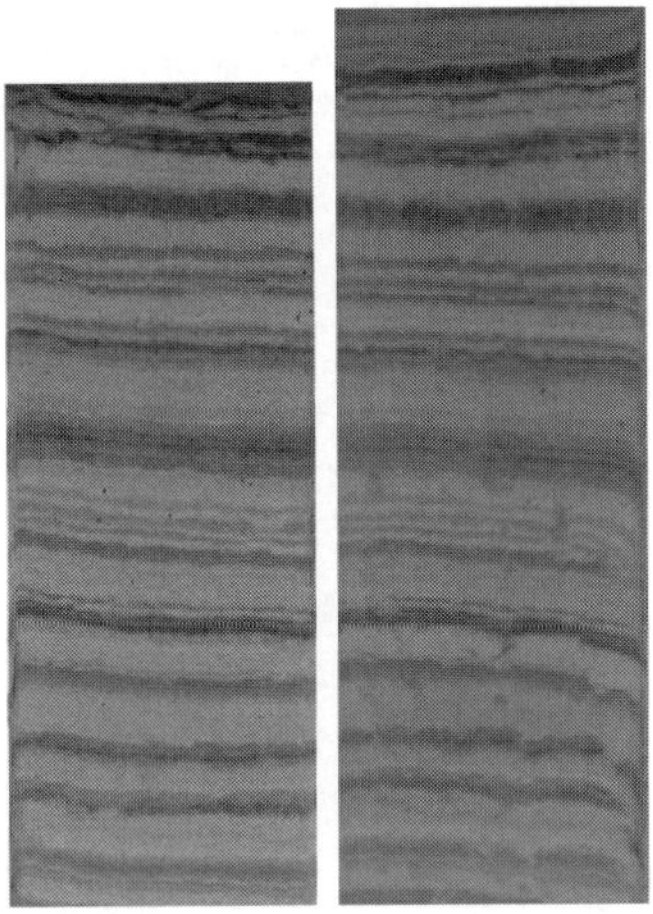

図２　ペテシュバトゥン湖の年縞堆積物
左が2015年９月、右が2016年８月に採取した湖底表層の堆積物。2015年から2016年にかけて、新たに白い層が堆積した。その上には、黒い層が形成され始めている。

してできた、深い井戸のような湖である。そのため、湖底の水はいつまでもよどんだ状態になっており、酸素が届かない。湖底に広がるのは、死の世界だ。酸欠状態の湖底には、積もった有機物を食べたり、巣穴を掘って地層をめちゃくちゃに壊したりする大型の生き物は棲むことができない。さらに、ペテシュバトゥン湖では、石灰岩の地盤から縞の材料（＝カルシウム）が豊富に供給される。また、一年間を通じて温暖な熱帯では、生物（＝有機物）の生産性も高い。こうした要因によって、縞は厚くなる。それらの奇跡が重なることで、ペテシュバトゥン湖だけにこれほど美しい縞模様が刻まれていくのである。

私たちは、年縞のもつ「表情」を手掛かりに、湖底表層から深い方に向かって、同じ年に形成された縞模様を見つけては、途切れ途切れの堆積物をつないでいった。そして、湖底表層から七・八メートル分の完全連続な堆積物を手に入れた。

3　地層からマヤの歴史をひも解く

ペテシュバトゥン湖の年縞には、時間と気候変動の歴

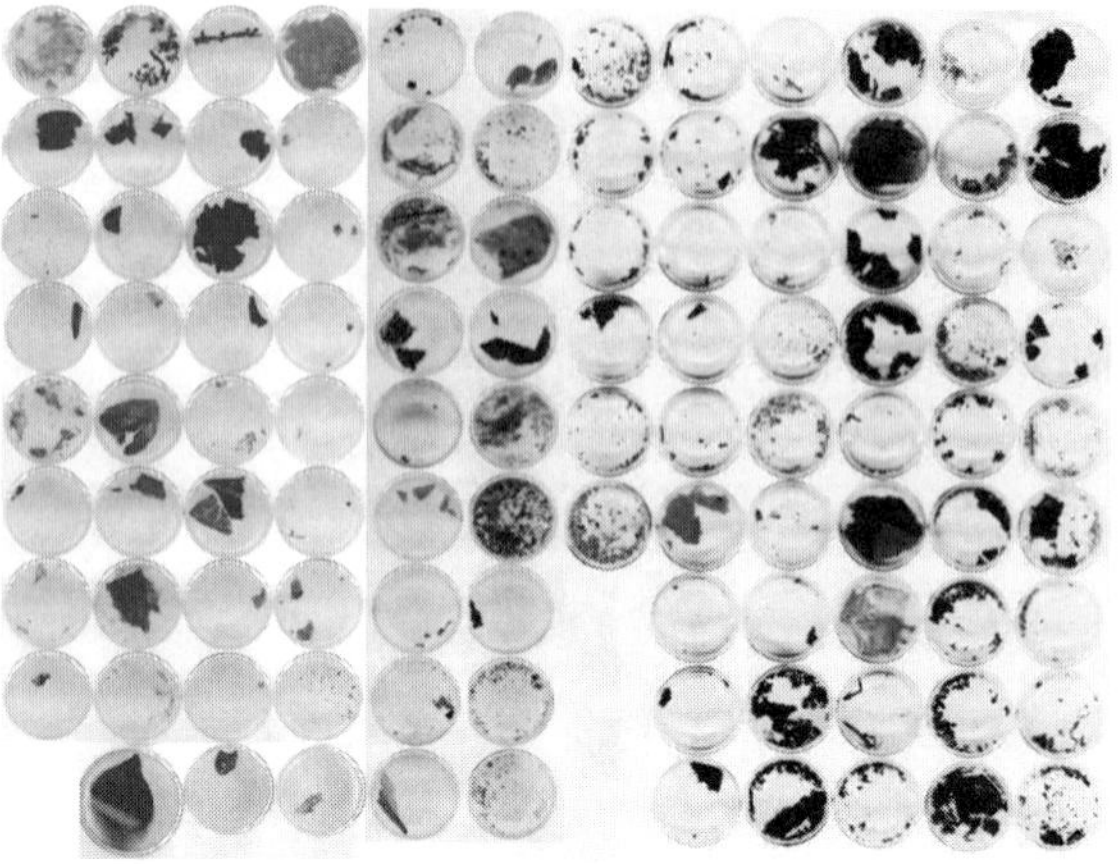

写真4　ペテシュバトゥン湖の年縞堆積物から拾い上げた葉の化石
全長7.8mのコアから、100点以上の葉化石を拾い上げ、そのすべてについて放射性炭素（^{14}C）年代測定をおこなった。

史、その両方が刻み込まれている。

一年に一枚ずつ積み重なっていく年縞。これは、時間そのものである。二〇一五年から一枚一枚、縞を数え上げていくことで、二〇一四年、二〇一三年、二〇一二年……と時間をさかのぼっていくことができる。しかし、縞にもいろいろなタイプがあって、いつも自信を持って数えられるわけではない。縞数えには、不可避的に誤差がともなう。そこで私たちは、七・八メートルの地層から一〇〇点を超える葉っぱの化石を拾い上げ、別の方法でも年代を測ることにした（写真4）。注目したのは、葉っぱの中に含まれる炭素である。

地球上に生きている植物は、ごく一部の例外を除いて光合成をおこなう。そして、大気中の二酸化炭素から炭素を取り入れ、身体の一部に固定している。固定された炭素は、食物連鎖を通して、草食動物や肉食動物の体の材料にもなっていく。

ところで、自然界には重さの違う三種類の炭素（C）がある。質量数一二から一四の三つの炭素（^{12}C、^{13}C、^{14}C）だ。このうち、質量数一四の炭素^{14}Cだけが放射能を持っている（放射性炭素）。^{14}Cは、時間とともにベータ線を出しながら崩壊し、別の物質に変化する。そして、五七三〇年が経過するごとに、ちょうど残存量が半分になる（半減期）。倍の時間（一万一四六〇年）が経つと、残存量は当初の四分の一になる。植物の葉が落ちると、大気中の二酸化炭素はもはや取り込まれなくなり、葉っぱの^{14}Cは五七三〇年ごとに半分に減っていく。つまり、^{14}C時計のスイッチがオンになる。この失われた^{14}Cの量を測定することで、葉っぱが落ちた年代を逆算することができる。葉っぱの年代がわかれば、その葉っぱが挟まっていた年縞が作られた年代がわかる。

しかし、^{14}Cを用いた年代測定にも欠点がある。^{14}C年代には、時代によって数百年から数千年の誤差が乗ってしまうのである。なぜなら、「失われた」^{14}Cの量を測ることが、そもそも簡単ではないからだ。失われた^{14}Cの量を知るためには、スタートラインにおける^{14}Cの量を正確に知る必要がある。しかし、大気に含まれる^{14}Cの量は時代によって変化する。私たちは統計学的なモデルを用いることで、縞数えの不確かさと^{14}C年代の不確かさ、両方の欠点を補い合った。そして、ついに精密な時計を手に入れた。一番深い年縞の年代は、西暦一四四八プラスマイナス四年だった。プラスマイナス四年という誤差は、従来の地質学に比べて少なくとも一桁小さい。素晴らしい達成感だ。

しかし、その喜びもつかの間、私たちは重大なことに気がついた。……西暦一四四八年では、ペテシュバトゥン湖にほど近い都市セイバルで文明が栄えた時代（古典期・先古典期）に届かない。

地質学の研究をしていると、こういった事態に遭遇することは珍しくない。現地に行って、掘ってみるまでわからないのだ。年縞の厚さは、およそ一ミリメートル程度の場合が多い。^{14}C年代を測ってみるまで、私たちは少なくとも五〇〇〇年分の地層を手に入れた気分になっていた。今、私たちが手にしている年縞は、およそ六〇〇年分。とても悲しい。

しかしどうだろう、裏を返せば、私たちが手にした年縞は、通常の一〇倍以上の厚さを持った世界最高品質の年縞であるともいえる。つまり、昔の出来事を異常に細かく記録した、分厚い古文書を手に入れたようなものだ。マヤ文明の盛衰と気候の関係を明らかにするのは、次の目標にとっておこう。まずは、この古文書を解読するのが先決だ。

4 昔の雨を測る

私たちは、年縞が記録している環境変化を詳細に読み解くために、ある秘密兵器を使った。蛍光X線スキャナと呼ばれる装置である（写真5）。物質にX線を当てると、その物質からもX線が放出される。これが蛍光X線である。蛍光X線の波長やエネルギーは、物質に含まれる元素によって決まる。この装置を使えば、直径一〇〇マイクロメートルほどのピンポイントで、元素の組成を測ることができるのだ。私たちはこの装置を使って、全長七・八メートルの年縞堆積物全体を、六〇マイクロメートル間隔で分析した。せっかく見つけた同じ顔つきの縞模様を見失わないように、目印に待ち針を打ち（写真6）、分析と同時に出力されるX線写真に写し込んだ（図3）。そして、その針の頭を手掛かりに、長大な連続データをつないでいった。

ペテシュバトゥン湖の年縞を六〇マイクロメートル間隔で分析すると、一年の中を二〇〇点以上に分割する計算になる。つまり、平均して二日に一点のデータが取れる。地質学の常識から考えると、過去約六〇〇年にわたってほぼ日単位のデータが取れるというのは驚異的なことである。

この分析で、白い縞にはカルシウム（Ca）が、黒い縞には鉄（Fe）が特徴的に含まれていることがわかった（図3、X線写真では縞の白黒パターンが反転することに注意）。簡単におさらいすると、乾季には湖の水が蒸発して、カルシウムの白い縞ができる（図4）。蒸発量が多いほど、つまり、乾燥度合いが大きいほど、降り積もるカルシウムの量が多くなる。いっぽう、雨季の雨によって鉄が湖に供給される。降った雨の量が多いほど、縞に含まれる鉄の量が多くなる。このようにしてできた年縞は、「天然の雨量計」として、私たちに過去に降った雨の量を教えてくれる（図5下図）。

そのような目でペテシュバトゥン湖の乾燥度合いを見てみると、一九七〇年代以降、急激に乾燥化が進んでいることがわかった。さらにこの時期、乾燥化の進行とともに、その振れ幅も大きくなっていた。しかも、大きな振れ幅を持つ「事件」は、これといった法則性を持たずにランダムに発生しているように見える。つまり、過去四〇年の間に、この地域の気候が不安定になってきているといえよう。

5　地球温暖化と暴れる気候、そして私たちの文明の未来

ペテシュバトゥン湖から得られた乾燥化のトレンドは、北半球の気温の上昇にともなって起こっているようにも見える（図5）。現地の人たちの話では、最近は乾燥した年が多く、雨が減っているらしい。しかし、ひとたび大雨が降ると、災害をもたらすほどの規模に発展することも増えているという。これは、日本に住む私たちの実感にも近くはないだろうか。近年増加している、世界各地の極端気象のニュースにも、そのような傾向がうかがえる。気候は、

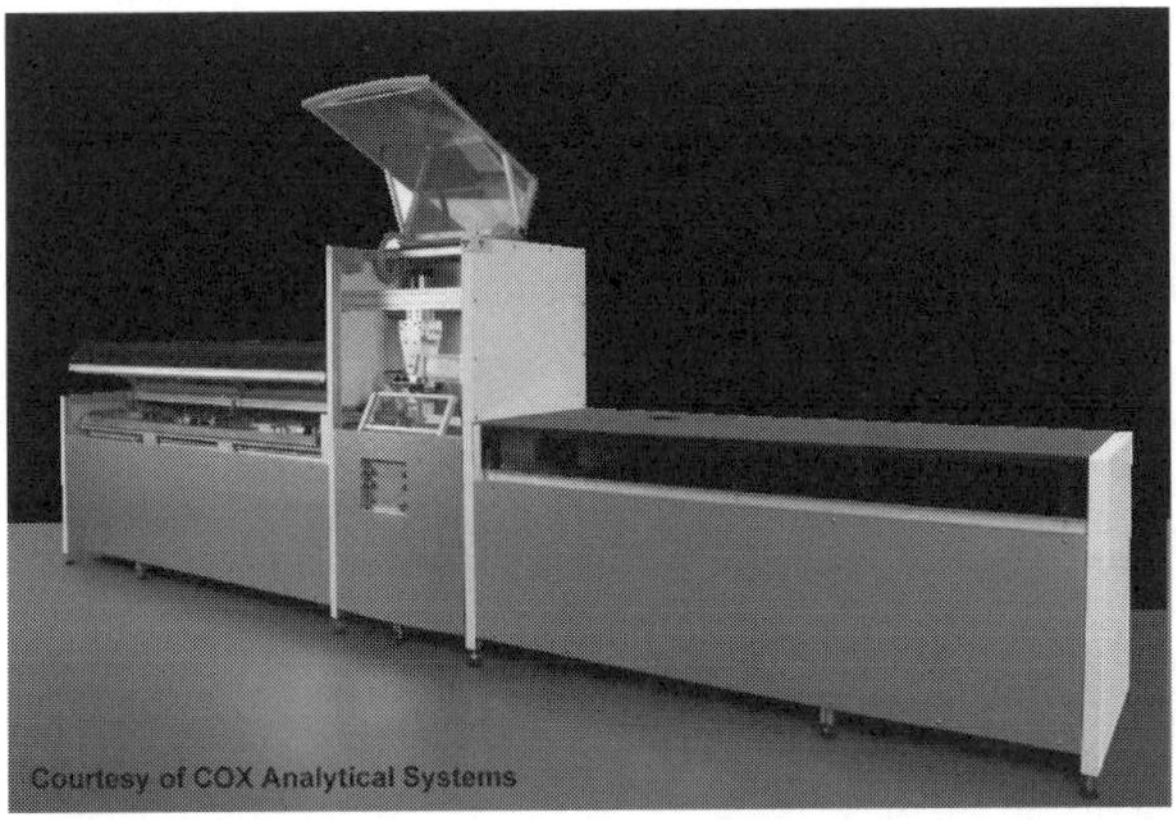

写真5　蛍光X線スキャナ　©COX analytical systems

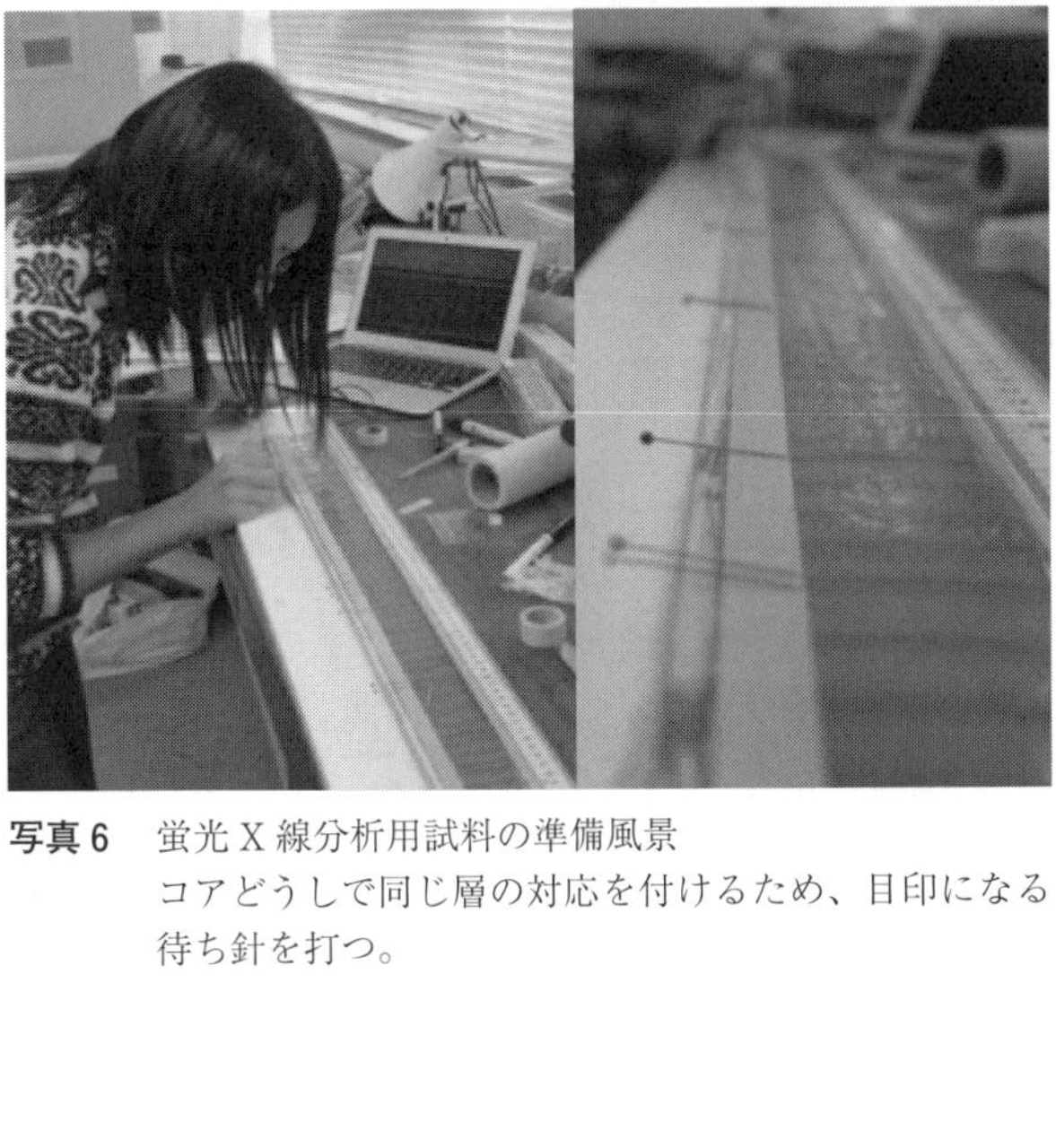

写真6　蛍光X線分析用試料の準備風景
コアどうしで同じ層の対応を付けるため、目印になる待ち針を打つ。

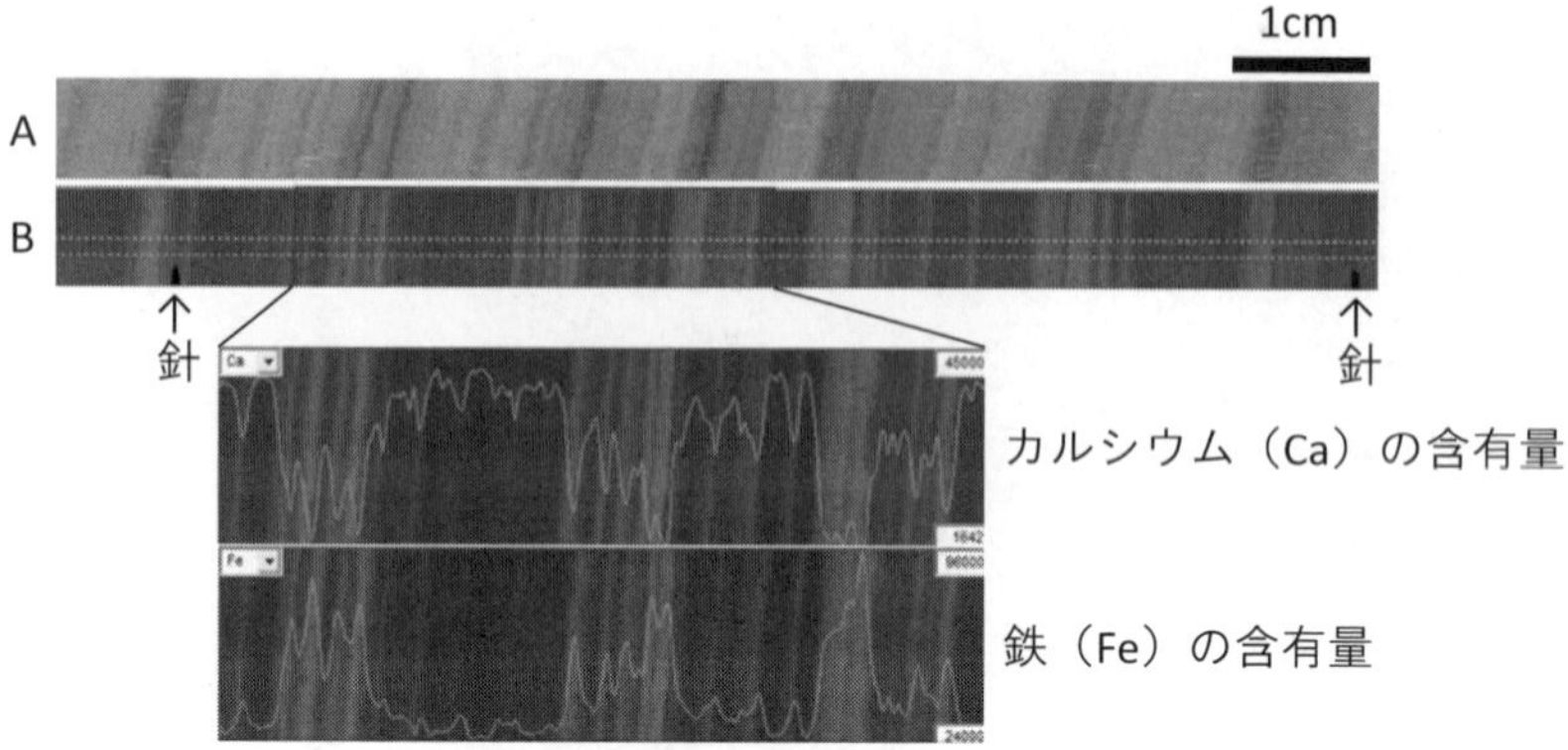

図 3　蛍光 X 線分析で得られた元素含有量の変動
A：堆積物の写真、B：堆積物の X 線写真（X 線写真では、白黒パターンが反転する）。白い縞はカルシウムに富み、黒い縞は鉄に富む。

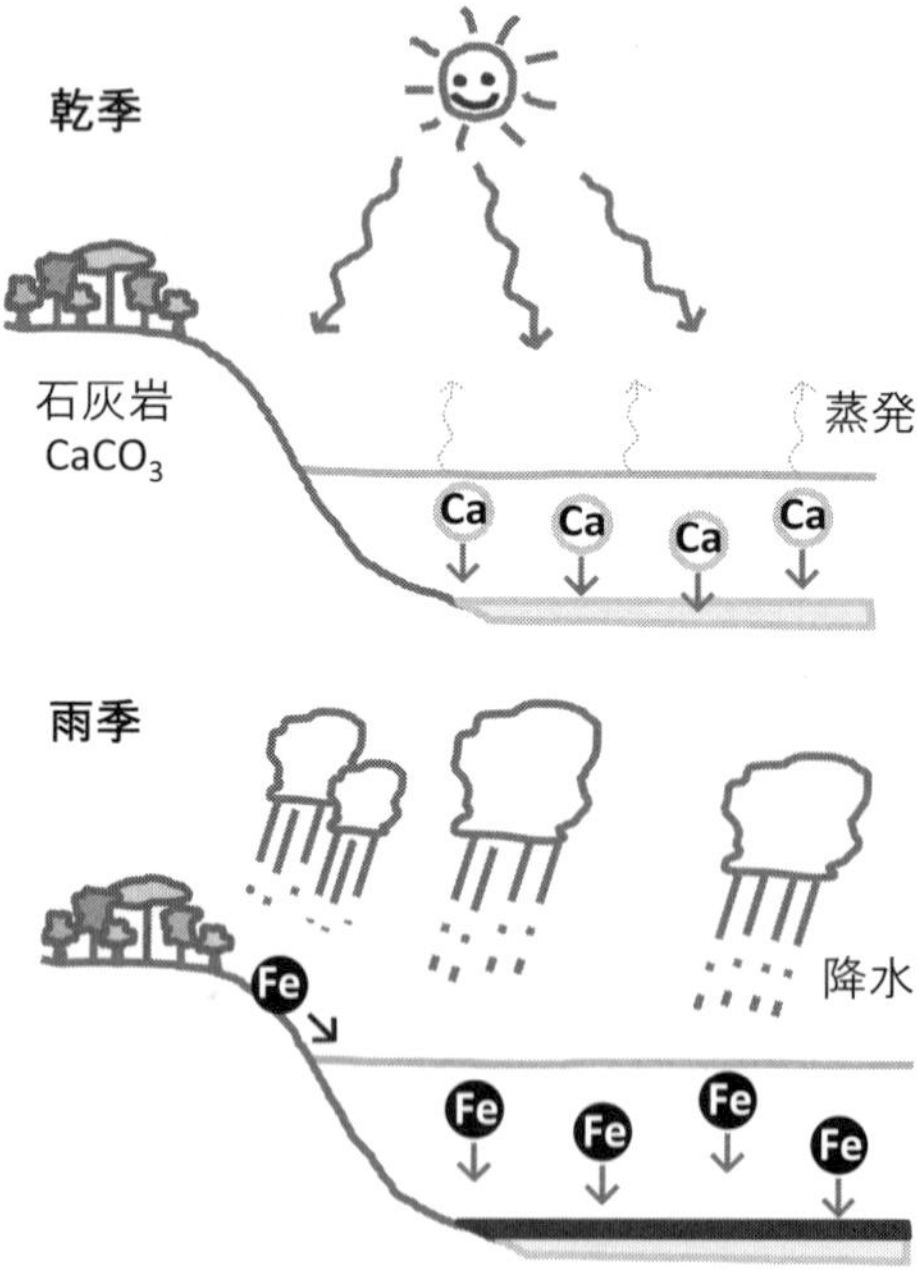

図 4　縞の成因
乾季には湖の水が蒸発し、水に溶けきれなくなった
カルシウムが析出して白い層を作る。雨季には、雨によって地表面の鉄が湖に運ばれてくる。それが硫黄などと結びついて堆積し、黒い層の一部を作る。

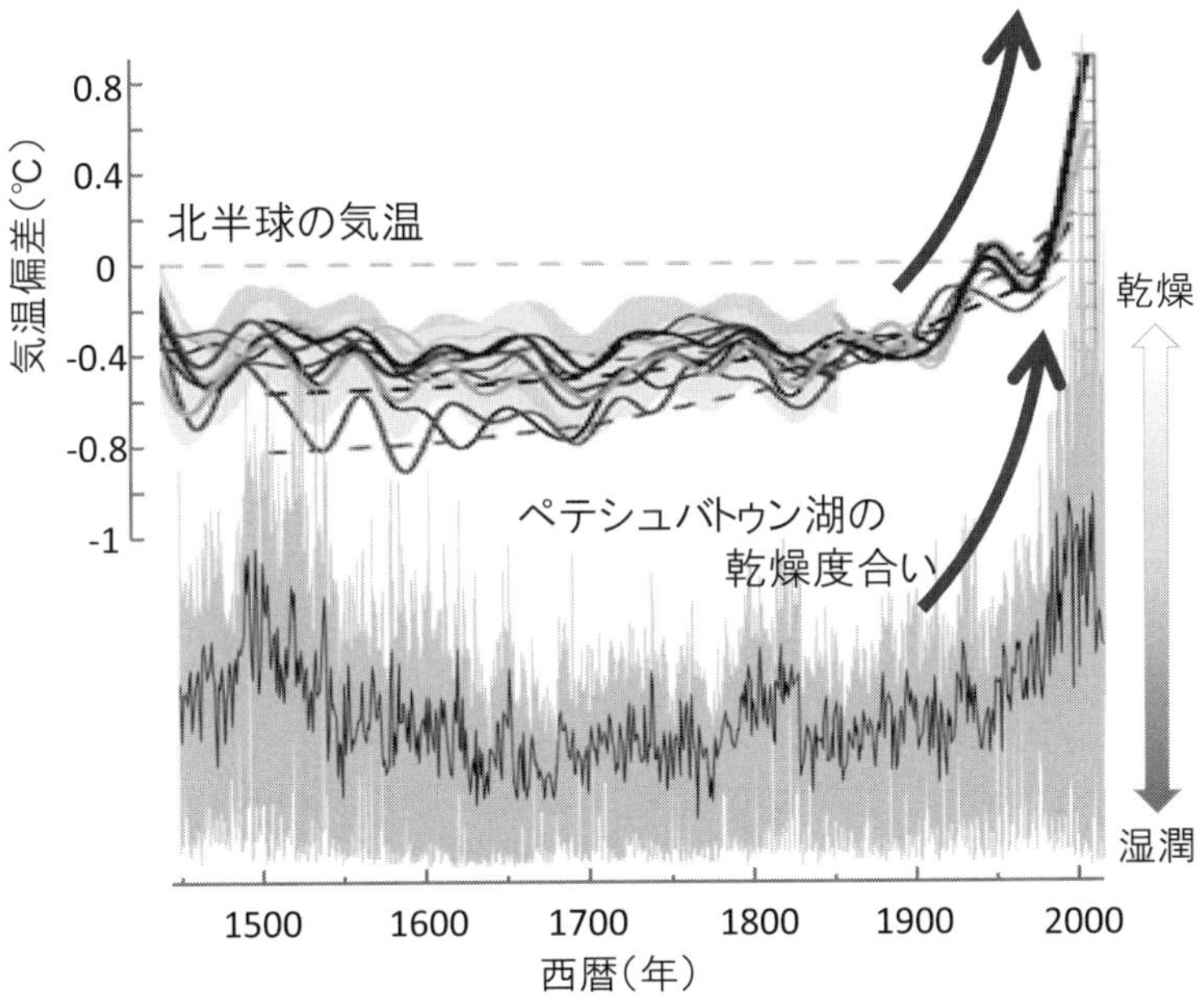

図5　北半球の気温変化と、ペテシュバトゥン湖から得られた乾燥の指標
（上図・左軸）北半球の気温変化は、Mann *et al.* (2008) をもとに作成。
（下図・右軸）乾燥度合いの指標は、カルシウム／鉄の比。グレーと黒のグラフは、それぞれ、乾燥度合いの月平均と年平均を示したものである。

ひょっとすると地球全体で不安定になってきているのかもしれない。

そして、もうひとつ重要なことがある。気候の不安定性と事態の深刻さは、一年ごとのデータには見えないのである。図5下図のグレーの細かなグラフは、ペテシュバトゥン湖の年縞から得られた月平均データ、黒いグラフは、年平均データをプロットしたものである。月平均のグラフには、乾燥化の傾向と振れ幅の増大が明瞭に現れているが、年平均データには、その傾向は見えない。近年はむしろ、月平均データとは逆のトレンド（湿潤化）を示しているようにさえ見える。ペテシュバトゥン湖の年縞には、これまで高精度とされてきた、一年の時間分解能でも見えない真実が隠されていたのである。ペテシュバトゥン湖以外の、季節性をきちんと評価できない記録では、産業革命以降の気候変動の不安定化を過小評価してきた可能性がある。

過去六〇〇年間という長い時間スケールで俯瞰した時でさえ、近年の温暖化にともなう気候の不安定性はきわだっている。ＩＰＣＣ（気候変動に関する政府間パネル）が指摘するように、地球温暖化は、ただの気温上昇ではすまないだろう。ペテシュバトゥン湖の年縞に刻まれていた記録は、このまま温暖化が進行すれば、降水パターンの不安定性もまた増大していくことを暗示している。不順な天候と、たび重なる干ばつと洪水。単なる気温の上昇に比べて、気候の不安定性の増大は、農業に強く依存した現代の文明により深刻なダメージを与える。私たちは、この文明が直面している危機に、立ち向かわなくてはならない。

参考・参照文献

青山和夫（二〇一五）『マヤ文明を知る事典』東京堂出版。

Evans, N. P., Bauska, T. K., Gázquez-Sánchez, F., Brenner, M., Curtis, J. H. and Hodell, D. A. (2018) 'Quantification of drought during the collapse of the classic Maya civilization,' *Science* 361: 498–501.

Haug, G. H., Günther, D., Peterson, L. C., Sigman, D. M., Hughen, K. A. and Aeschlimann, B. (2003) 'Climate and the collapse of Maya civilization,' *Science* 299: 1731–1735.

Hodell, D. A., Brenner, M., Curtis, J. H. and Guilderson, T. (2001) 'Solar forcing of drought frequency in the Maya lowlands,' *Science* 292: 1367–1370.

Intergovernmental Panel on Climate Change (2013) Stocker, T. F., Qin, D., Plattner, G. -K., Tignor, M. and Allen, S. K. *et al.*, (eds.) *Climate Change 2013: The Physical Science Basis. Contribution of Working Group I to the Fifth Assessment Report of the Intergovernmental Panel on Climate Change*, Cambridge and New York: Cambridge University Press.

Mann, M. E., Zhang, Z., Hughes, M. K., Bradley, R. S., Miller, S. K., Rutherford, S. and Ni, F. (2008) 'Proxy-based reconstructions of hemispheric and global surface temperature variations over the past two millennia,' *Proceedings of the National Academy of Sciences* 105: 13252–13257.

第1章

第5節

グアテマラ・セイバル遺跡の航空レーザー測量

猪俣　健
青山和夫
フローリー・ピンソン
原口　強
那須浩郎
米延仁志

熱帯雨林に覆われたマヤ低地での考古学調査には多くの困難が伴う。特に大変なのが遺跡の分布情報を得ることである。マヤ考古学者たちは、長年にわたり徒歩での踏査と地上での測量を行うことによって、その情報を少しずつ積み重ねてきた。多くの研究者は発掘以上に踏査と測量に多くの労力と時間をつぎ込んできたのである。それでも、広大な地域をすべて踏査することはほぼ不可能なため、トランゼクト（transect）と呼ばれる細長いサンプル地域を踏査し、そのデータをもとに全域の人口や遺跡分布を推定するという手法が主に取られてきた。そのほかに航空写真や人工衛星の画像を分析するなどの方法も試されたが、密林に覆われた遺跡を見つけるのは困難を極めた。近年マヤ地域で使われ始めた航空レーザー測量は、この状況を大きく変えつつある。小型のセスナ機にライダー（LiDAR＝Light detection and ranging）と呼ばれるレーザー測量機を積んで飛行することによって、一つのマヤ都市とその周辺部の測量が、二日か三日程度で出来てしまうである。マヤ地域では、二〇〇九年にベリーズのカラコル（Caracol）遺跡でA・チェイス（A. Chase）とD・チェイス（D. Chase）とヒューストン大学の米国航空レーザー測量センター（National Center for Airborne Laser Mapping＝NCALM）の共同調査により、最初の航空レーザー測量が行われた（Chase *et al.* 2011）。本論では、我々がセイバル遺跡で行った航空レーザー調査の成果について紹介したい。

まず、航空レーザー測量の原理を簡単に見てみよう。飛行機には高精度のＧＰＳが積まれており、それから得られる位置情報と、レーザー光の角度と反射光から得られる距離を組み合わせることによって、測量対象の位置が高い精度で計算される。大部分のレーザー光は木の葉や枝に反射されてしまうのだが、一部は地上まで届く。こうして得られた何億もの測点を、コンピュータ・プログラムを使って植物の反射点と地表のものに分けることによって、植物を除いた地表のみの三次元モデルが作られるのである。古代マヤの建造物は石の壁や土と石でできた基壇を持つものが多いので、屋根や壁が崩れた後でも土盛りのようなものが残っている。三次元モデルを分析することによって、このような建造物の分布と個々の形状がわかるのである。しかし、航空レーザー測量と言えども万能というわけではなく、特に密度の高い二次植生がある場合はレーザー光が地表までほとんど届かないことがある。このような場合は建造物を判定することが難しくなる。

我々のセイバル（Ceibal）遺跡の調査では二〇一五年にNCALMとの協力で約四〇〇平方キロメートルの測量を行った（Inomata *et al.* 2017；Inomata *et al.* 2018）。一九六〇年代にハーバード（Harvard）大学によって行われた地上での測量では、セイバル中心部の一・六平方キロメートルの地図が作られ、その外側の一〇平方キロメートルの地域の一部がトランゼクト踏査の対象になった（Tourtellot 1988）。これら既存のデータに比べ、航空レーザー測量によってセイバル地域の遺跡分布情報は周辺部も含め飛躍的に広がったのである。三次元モデルの分析では、ハーバード大学の地図には載っていない小さな建造物も中心部に見つかった。だが、セイバル中心部のレーザー測量で特に大きな成果は、グループAの大基壇の確認である（図1）。これは南北六〇〇メートル東西三四〇メートルにも及ぶ巨大な建造物である。それまでの調査で人工の土盛りがある部分があることはわかっていたが、ハーバード大学の地図では自然の地形であるかのように不規則な形に描かれていた（Willey *et al.* 1975）。レーザー測量による三次元モデルでは、この大基壇が長方形に近い直線的で明確な形状を持つことが認められる。この人工の台地状の建造物の上に、ピラミッドや中小の基壇が建っているのである。つまり、この大基壇は明確な計画と設計に基づいて建てられた、セイバル遺跡で最大の建造物なのである。読者の方々はこのように大きな建物がこれまではっきりと認識されていなかった

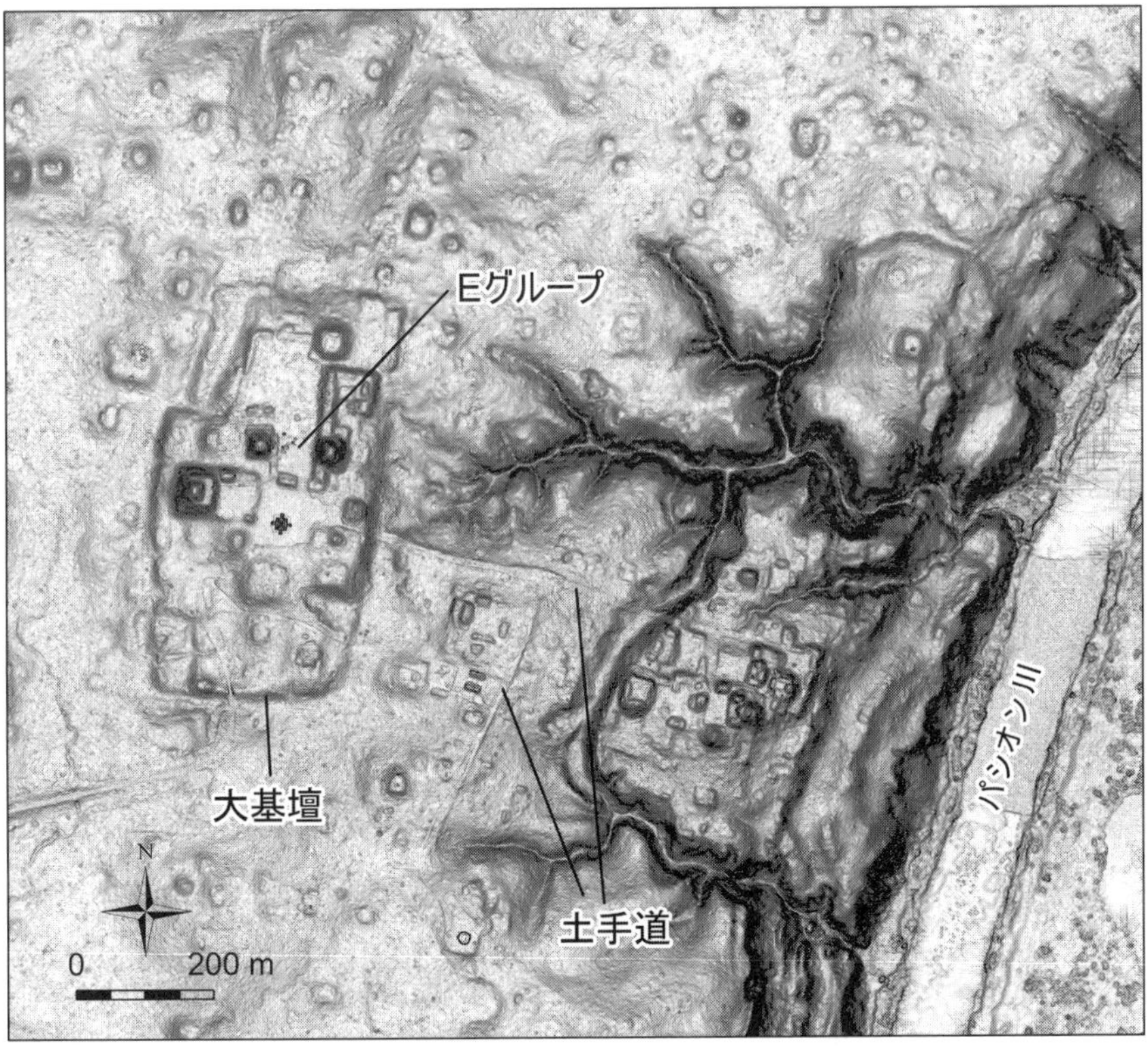

図 1　航空レーザー測量によるセイバル中心部の 3 次元図

ことを不思議に思うかもしれない。しかし、数メートル先も見通せず、道の無い所を歩くことすら困難な熱帯雨林では、平面的に大きな建築を認識することは小さなものを見つける以上に難しいのである。密林を取り払った俯瞰図のように見える航空レーザー測量のモデルは、このような水平規模の大きな建造物の確認と分析に非常に有効である。他のマヤ遺跡の航空レーザー測量では、数キロメートルにわたる土手道などが発見されている（Canuto *et al.* 2018）。

この巨大な大基壇の全てを発掘することは不可能であるが、これまでのいろいろな部分の発掘からその建築の過程がある程度わかってきた。その盛り土の総体積は、概算で七〇万立方メートルにものぼる。マヤ遺跡ではピラミッドが大建造物の代表として注目されがちだが、体積で言えばセイバルのピラミッドの合計は大基壇の一割程度に過ぎない。特に重要な点は、大基壇の総体積のうち約八割程度が紀元前一〇〇〇年から紀元一七五年の先古典期に築かれたことである。一般に、紀元一七五年から九五〇年の古典期がマヤ文明の最盛期とされるが、それ以前にセイバル史上最大の建築物が作られていたのである。古典期のピラミッドの多くが、主に王族やその他のエリートの権力を誇示するものであったのに対し、平面的な大基壇は多く人々が参加する共同体の祭祀の場としての性格が強く、集団の統合を象徴するものであったと考えられる。王権が確立する以前のセイバルにおいて、大規模建築という共同作業が集団のアイデンティティを創生する上で重要な役割を果たしたと思われる。

航空レーザー測量の最も重要な成果は、当然のことながら遺跡周辺部のデータである。それ以前には周辺部の様相は全くと言っていいほどわかっていなかった。踏査のみで四〇〇平方キロメートルもの地域の遺跡情報を得ることは現実的に不可能なのである。レーザー測量による三次元モデルはこの全域における祭祀遺構や住居址の分布を明確に示してくれる。祭祀遺構については、Eグループと呼ばれる建造物群がセイバル中心部のもの以外に九つ見つかった(図2)。Eグループとは先古典期にマヤ低地全域に広がった祭祀建造物群で、中央の広場を挟んで西側に円形か正方形の平面形を持つピラミッド状の建物を持ち、東側に南北に長い基壇を持つ。セイバル中央部では、紀元前九五〇年頃に最初のEグループが造られたことがわかっている。周辺部のEグループは、中央部のものよりやや遅れて造られたものと考えられるが、我々が試掘を行ったラ・フェリシダ(La Felicidad)遺跡とエル・エデン(El Edén)遺跡では、紀元前七七五年から三五〇年頃にかけて最初の建築が始まっているようである。また、西側のピラミッドを持たず、東側の長い基壇の中央部にピラミッドを持つ祭祀グループも七つ見つかっている。これらは、Eグループの形態を簡略化したものと考えられるが、Eグループと同じ祭祀行為と概念を反映するものと思われる。このような画一化された祭祀建造物群の増加は、セイバル中央部と祭祀形態を共有する定住集落が先古典期の半ばには周辺部にも広がっていたことを示す。

その他、Eグループを形成しないピラミッドも多数見つかっている。セイバルのあるパシオン川南岸についてみる

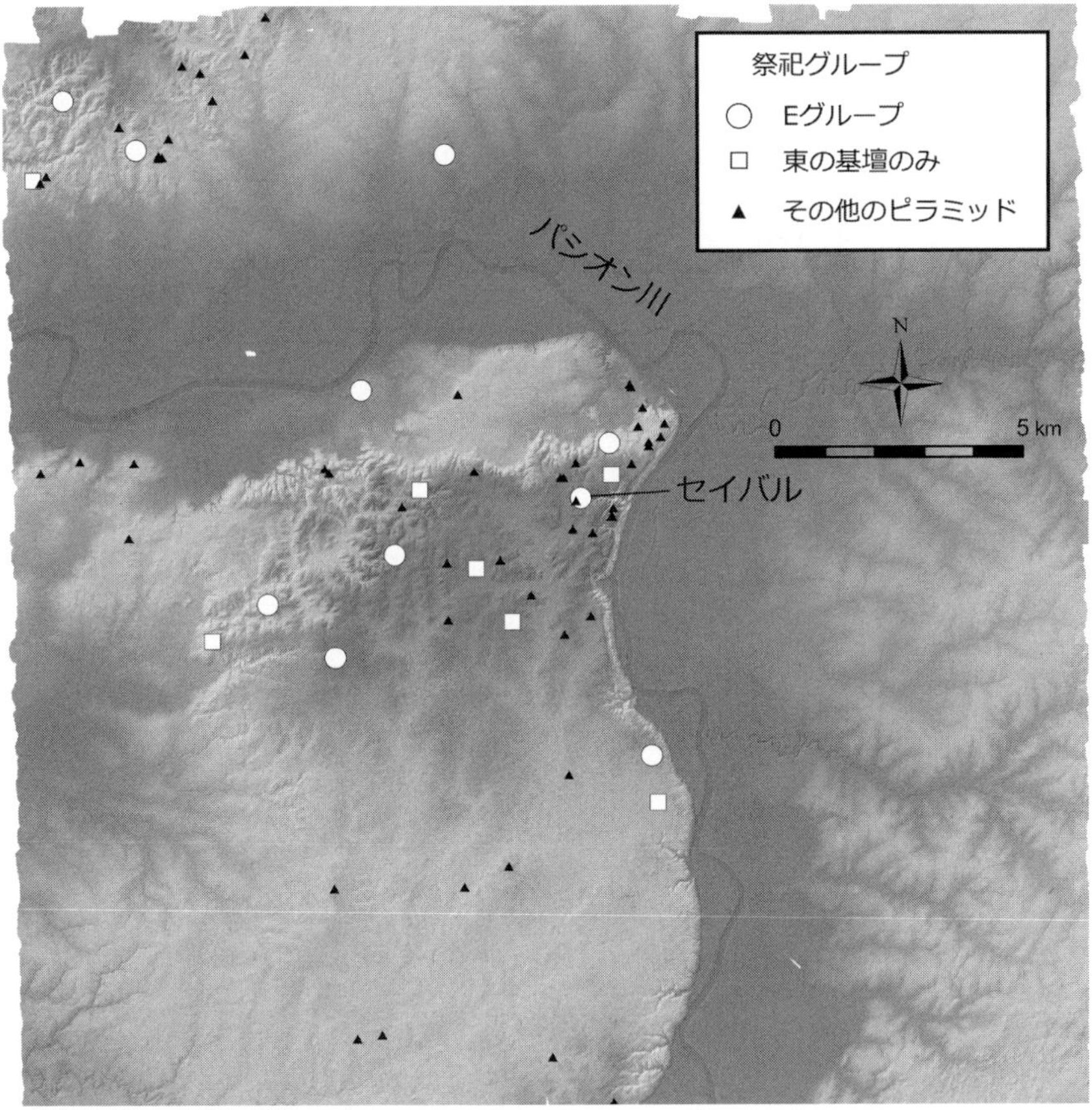

図2　航空レーザー測量全域における祭祀グループの分布

と、Eグループと東側の基壇のみを持つ祭祀グループはセイバル中心部から八キロメートル以内に分布しているのに対し、その他のピラミッドはその外側にも広がっている。今のところ十分な発掘データはないが、これらEグループを形成しないピラミッドの多くは、先古典期後期か古典期にかけて建造された可能性があり、その時期、新たな祭祀形態が生まれるとともに、定住集落がより広い地域に広がったことが推測される。

住居址では、中規模の基壇に複数の住居が建っていたものと、個々の住居址が別々の小規模な基壇を持っていたものとに大まかに分類される。セイバル中央部の発掘から、前者は主に

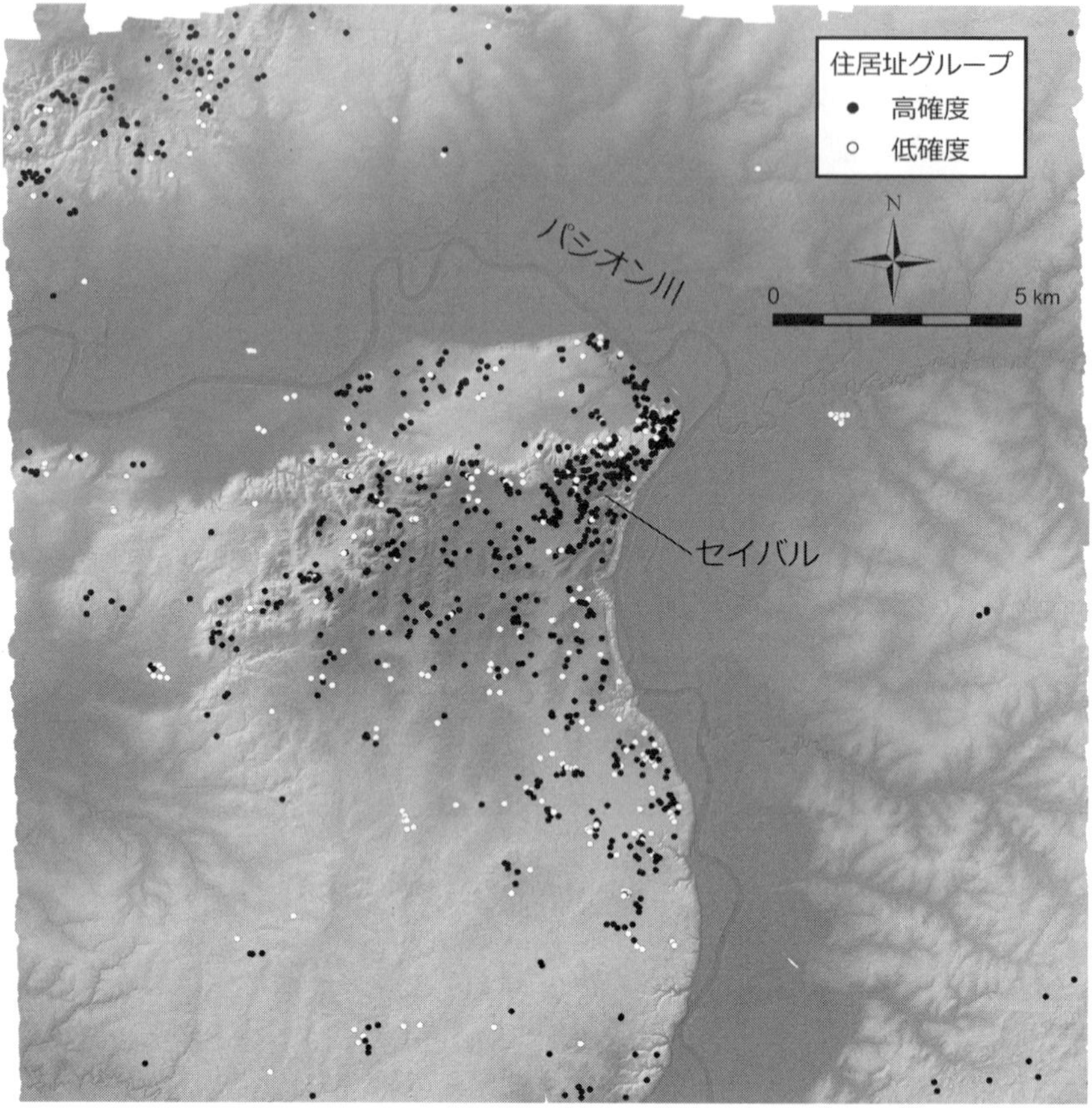

図3　航空レーザー測量全域における先古典期のものと推定される住居址グループの分布

先古典期の住居址、後者は古典期の住居址であることが推測される（図3）。しかし、三次元モデルの分析だけでは、これらの小型建造物は明確に同定できない場合も多い。そのため、比較的高い確度で住居址と同定できるものと、やや低い確度で同定されるものとを区別し、それぞれをサンプル地域の踏査で検証した。前述のように、植生の状態によって三次元モデルの信頼性が変わるため、植生のタイプごとにサンプル地域を選び、住居址同定の正確さを調べた。その結果、植生の状態により一六％から三〇％の住居址が三次元モデルの分析で見落とされていたうえ、高い確度で住居址と同定されたものの中にも自然の地形などを誤認したものが混じっていることが示された。航空レーザー測量は貴重なデータをもたらすとはいえ、踏査による検証が常に必要であることがわかる。さらに、地中に埋まっていて地表の形状を見ただけでは発見できない住居址もある程度存在することが推測される。とはいえ、見落とされた住居址の大部分は高さ五〇センチメートル以下のものである。特に密度の高い二次植生でなければ、高さ一メートル以上ある住居址は大部分が三次元モデルの分析で同定されると考えられる。

こうして推測される植生ごとの誤差を補正することによって、より蓋然性の高い住居址の分布と人口の推定値を導くことができる。先古典期の人口推定には特に大きな誤差が伴うと考えられるが、先古典期人口が最も増えた先古典期後期から終末期にかけての推定値としては、セイバル中心部で二六〇〇人、周辺部のうちパシオン川西岸の高台で六七〇〇人、航空レーザー測量全域で一万八〇〇人となる。人口密度で言うと、それぞれ一平方キロメートルあたり、四八九人、五三人、二三人という値が得られる。セイバル中心部の人口密度が特に高かったことがわかる。先古典期の終わりから古典期前期にかけてセイバルの人口は激減するが、紀元六〇〇年から九五〇年にかけての古典期後期と終末期には人口がまた増える。その時期の人口を推定すると、セイバル中心部で四二〇〇〜六五〇〇人、周辺部のうちパシオン川西岸の高台で二万一八〇〇〜三万三七〇〇人、航空レーザー測量全域で三万三六〇〇〜五万一八〇〇人となる。人口密度では、それぞれ一平方キロメートルあたり、七八一〜一二〇四人、一七一〜二六四人、七二〜一一〇人である。いろいろな時期の建物が混じったセイバル中心部では、先古典期の住居址を抽出することは難しく、この地区における実際の先古典期人口はこの推定値よりもかなり高かった可能性も考えなければならない。それでも、古典期には特に周辺部で先古典期よりも人口が増えたことがわかる。

湿地帯など居住に適さない土地を除いて比較すると、古典期後期と終末期のセイバル中心部と周辺部を合わせた人口密度は、ティカル（Tikal）やシュルトゥン（Xultun）などのマヤ低地中央部の大都市とその周辺部の四分の一か三分の一程度で、エル・ソッツ（El Zotz）やホルムル（Holmul）という中規模の都市とその周辺部の人口密度とほぼ同程度の推定値が得られている。マヤ低地中央部と東部の航空レーザー測量では、湿地での盛り土畑や高台での段々畑など、集約農耕の遺構が高い密度で見つかっているが、セイバル周辺ではこのような農耕遺構の数は少ない（Chase *et al.* 2011；Canuto *et al.* 2018）。マヤ低地中央部の大都市と比べるとセイバルの人口密度はそれほど高くなく、パシオン川東岸には人口密度の低い土地が広がっているため、農耕の集約度をそこまで上げる必要はなかったものと思われる。マヤ社会における農耕の形態は長年議論の対象となってきたが、地域ごとの環境と人口密度に応じて多様な農耕のやり方があったことが明らかになりつつある。このように航空レーザー測量は、以前には考えられなかったほどの広域かつ精緻なデータをもたらした。これらのデータをさらなる発掘と地上踏査の成果と組み合わせることによって、マヤ文明についての新たな知見が開かれるであろう。

参考・参照文献

Canuto, Marcello A., Francisco Estrada-Belli, Thomas G. Garrison, Stephen D. Houston, Mary Jane Acuña, Milan Kováč, Damien Marken, Philippe Nondédéo, Luke Auld-Thomas, Cyril Castanet, David Chatelain, Carlos R. Chiriboga, Tomáš Drápela, Tibor Lieskovský, Alexandre Tokovinine, Antolín Velasquez, Juan C. Fernández-Díaz, and Ramesh Shrestha（2018）'Ancient Lowland Maya Complexity as Revealed by Airborne Laser Scanning of Northern Guatemala,' *Science* 361（6409）：eaau0137.

Chase, Arlen F., Diane Z. Chase, John F. Weishampel, Jason B. Drake, Ramesh L. Shrestha, K. Clint Slatton, Jaime J. Awe, and William E. Carter（2011）'Airborne LiDAR, Archaeology, and the Ancient Maya Landscape at Caracol, Belize,' *Journal of Archaeological Science* 38：387–398.

Inomata, Takeshi, Flory Pinzón, José Luis Ranchos, Tsuyoshi Haraguchi, Hiroo Nasu, Juan Carlos Fernandez-Diaz, Kazuo Aoyama, and Hitoshi Yonenobu（2017）'Archaeological Application of Airborne LiDAR with Object-Based Vegetation Classification and Visualization Techniques at the Lowland Maya Site of Ceibal, Guatemala,' *Remote Sensing* 9（6）：563.

Inomata, Takeshi, Daniela Triadan, Flory Pinzón, Melissa Burham, José Luis Ranchos, Kazuo Aoyama, and Tsuyoshi Haraguchi（2018）'Archaeological Application of Airborne LiDAR to Examine Social Changes in the Ceibal Region of the Maya Lowlands,' *PLoS ONE* 13（2）：e0191619.

Tourtellot, Gair, III（1988）*Excavations at Seibal, Department of Peten, Guatemala：Peripheral Survey and Excavation, Settlement and Community Patterns.* Cambridge, MA：Harvard University.

Willey, Gordon R., A. Ledyard Smith, Gair Tourtellot, III, and Ian Graham (1975) *Excavations at Seibal, Department of Peten, Guatemala : Introduction : The Site and its Setting*. Cambridge, MA : Harvard University.

第6節

なぜ古代人はピラミッドを造ったのか
――メキシコ中央高原の古代都市に秘められた暗号

嘉幡　茂

1　ピラミッドは王の墓ではない⁉

古代メソアメリカ文明でも数多くのピラミッドが建造された。ピラミッドには、王の墓というイメージが付きまとう。しかしそれは、ピラミッドの用途の一側面を表しているに過ぎない。ピラミッドの本来の存在理由は別の所にある。

古代メソアメリカ文明の研究においても、ピラミッドという用語は一般的に使用される。しかし、研究者の間では、必ずしも王の墓というイメージと共には使用されない。このような誤解を与えないためには、「モニュメント建造物」という呼び方の方が相応しいが、長くなるため慣例上ピラミッドという用語が使用されている。確かに、古代メソアメリカ文明のピラミッドは、特にマヤ地域においては、王の墓として使用される事例がある。しかし、例え王の亡骸が安置されていたとしても、これだけの理由でピラミッドが建造されたのではない。

では、どのような理由があったのだろうか。

この節では、これをキーワードとして、第1章の共通テーマである「古代メソアメリカ文明とは何か」について、メキシコ中央高原（図1）の事例を基に答えたい。そして、ピラミッドの存在理由と都市化には密接な関係があり、

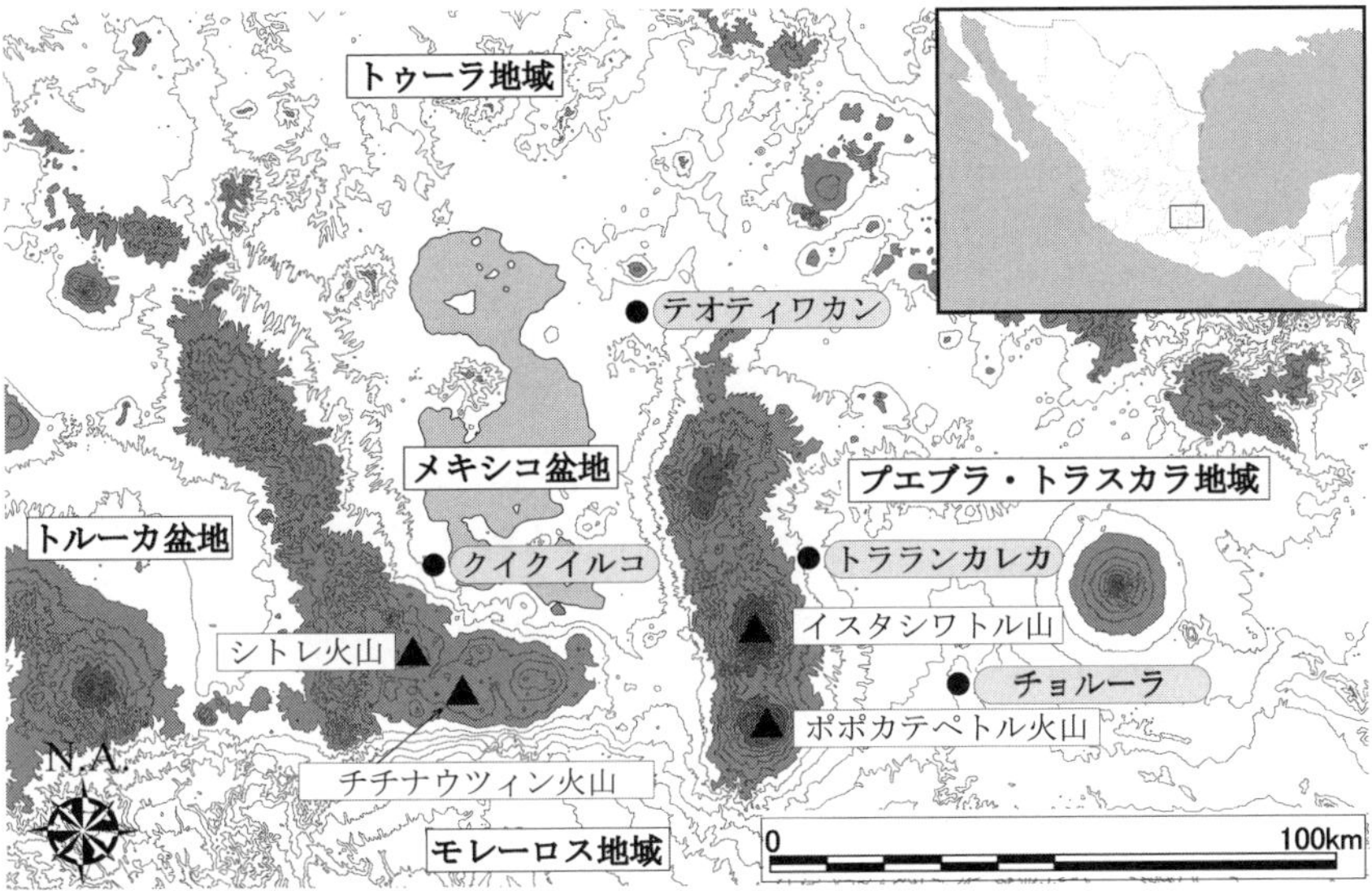

図1　メキシコ中央高原の地図

これもこの文明の大きな特徴であるため、都市の形成過程についても説明する。事例として、トラランカレカ（前八〇〇―後三〇〇年）、テオティワカン（前一五〇―後五五〇／六〇〇年）、そして、チョルーラ（前二〇〇―後六〇〇年）の三都市を取り上げる。これらの紹介を通して、古代メソアメリカ文明には数多くのモニュメント建造物が存在するが、なぜその大きさや形状そして壁面への装飾に多様性が認められるのかを理解していただけると考える。さらに、この違いが各都市の盛衰を左右した大きな要因であることも発見されることだろう。それは、ピラミッドと総称されるものには、都市ごとに異なった暗号が隠されているからである。ここには、建造を指揮した為政者らの思想が反映されている。どのように社会を導きたかったのか、どのように自身の社会的役割を人々に見せたかったのか、そして、どのように彼らは民衆の要望に応えようとしたのか。そうした営みにおける、方針の違いを読み解くことができる。

2　ピラミッドは「世界の平和を守るため」

しかし、多様性の中に一つ共通していることがある。ピラミッドの本来の存在理由である。一言で表すと、それは、

写真1　テオティワカンの「太陽のピラミッド」（西から撮影）

「世界の平和を守るため」であった。このように書くと滑稽さを感じさせる。現代の私たちにとって、どのようにピラミッドと世界の平和が結びつくのか想像することが難しいため、冗談のように聞こえてしまうからである。しかし、事実であることに違いない。この連想を妨げている原因は、古代人と私たちの世界観の違いにある。

古代人は神々と共に生きた。そして、古代メソアメリカの世界では、神々はそれぞれ意思を持ち、神々が世の中を成り立たせていると考えた。一方で、古代人はこのような世界で自分自身のことを無益でも非力な存在でもなく、いくつかの条件を満たせば、神々は人間の願望に応えてくれると信じていた。

その一つが、ピラミッドを建造することである。エジプトのピラミッドが四角錐の形状をしているのに対し、古代メソアメリカ文明では頂上は尖らずに四角錘台の形をしている理由は、ここにある。つまり、ピラミッドの頂上部で為政者や神官が儀礼を行い、神々と交信する必要があったからである（写真1）。これにより、ある特定の人間（為政者や神官）は、神々から超自然の力を得ることができ、自然現象をコントロールすることができると信じられていた（嘉幡二〇一九：一八―二二）。メキシコ中央高原では、ポポカテペトル火山を代表例とする噴火、そして地震や降雨がこれに相当する。

しかし、ピラミッドの建造のみでは、世界の平和を守ることはできない。それは、この文明では地上界と天上界そして地下界の三層で構成される世界観を持っており、古代人は地下界にも神々や先祖が住むと考えていたからである。そのため、彼らからも超自然の力を得る必要があった。天と地の両者からの恩恵が必要であると考えたのである。ここで一つ重要なのは、天上界は私たちが一般的に理解している天国でも、そして、地下界は地獄でもないと言うことである。地下界は生命が誕生し、また再生される場であると認識していた。

時の為政者はピラミッドを建造することで、天上界に住む神々と交信することが可能となった。では、地下界の神々や先祖とはどのように対話したのだろうか。

3　ピラミッドと洞窟はセット――「聖なる山」の完成

それは、ピラミッドの内部やその地中に人工的な空間（トンネルや羨道や墓室）を建造したり、天然の洞窟やユカタン半島北部ではセノーテ（陥没穴に溜まった泉）を利用したりして、地下界を再現することで対話を可能にした。ピラミッドの形状や大きさが各地域や時代によって異なっていたように、この地下界の復元にも多様性が認められる。特にメキシコ中央高原の形成期終末期（前一〇〇―後二〇〇年）から古典期前期（後二〇〇―四五〇年）にかけて重要だったのは、ピラミッドと洞窟を同じ場所に垂直に配列しないといけなかった点である（垂直性）。なぜなら、地上界から天上界に、そして地上界から地下界に繋がる道（軸）は、ピラミッドと人工洞窟を基にして垂直軸を造り出すことでのみ出現すると考えられていたからである（López and López 2009：93–127）。

この垂直性の観念としての起源は、おそらく形成期中期（前八〇〇―五〇〇年）のオルメカ文化に求めることができる（Reilly 1994）。特に、トウモロコシが主食であった古代メソアメリカ文明では、この穀物は生命のシンボルとして頻繁に用いられ、これと関連するモチーフは、なぜ彼らの世界は三層から成り立ち、垂直性が重要であったのかを理解させてくれる（図2）。養分が含まれた地中（地下界の恵み）にトウモロコシの種子を播き、太陽と雨（天上界の

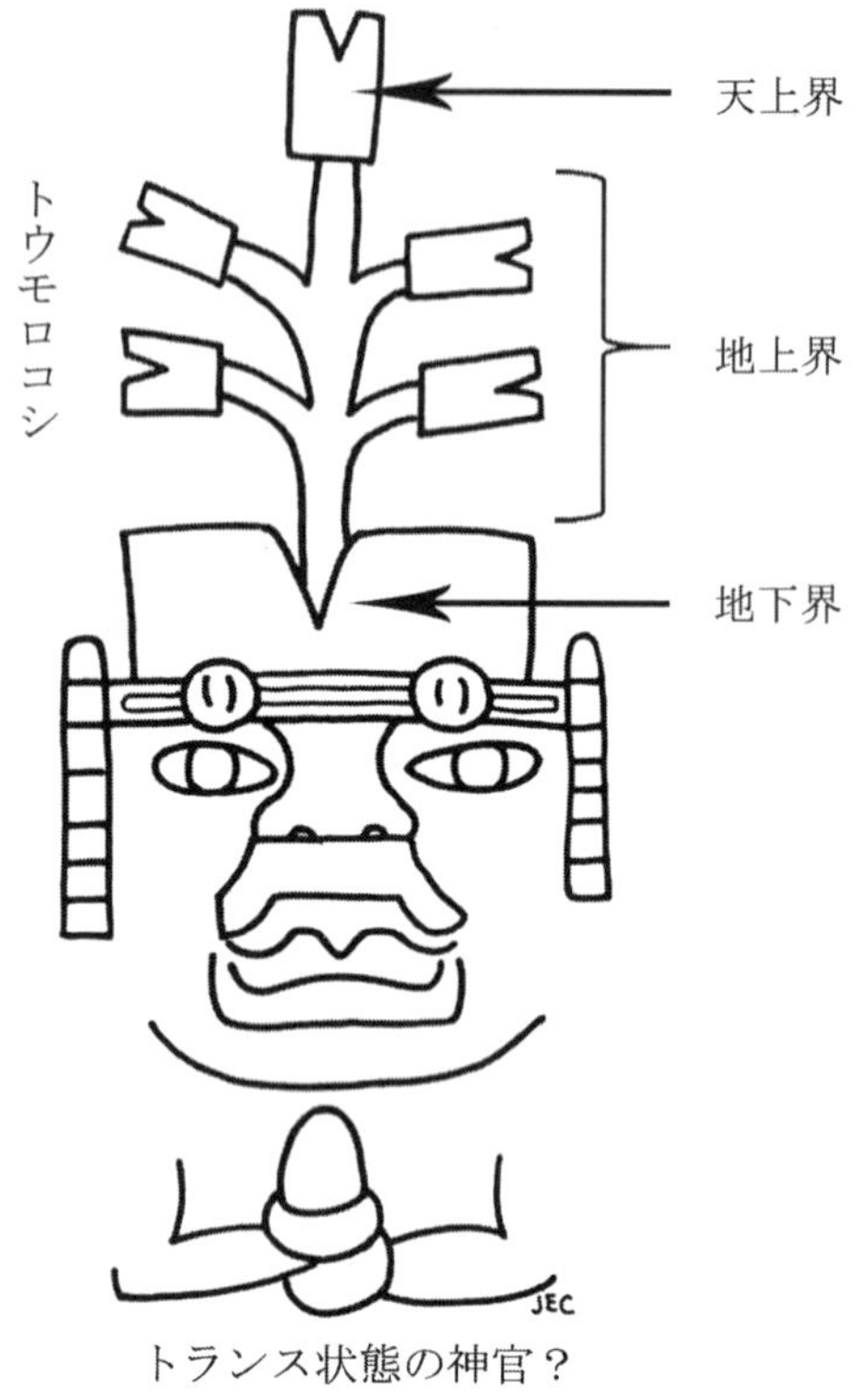

図2　垂直性を表現するオルメカ文化の図像の例
（Reilly 1994, Figura 15. 25を転用・加筆）

恵み）によって成長する一連の様相に、古代人は生命の神秘を感じ、ここに自然の摂理を発見したと考えられる。そして彼らは、トウモロコシだけでなく、自分自身が恩恵を受けるための垂直軸を求めた。

この観念としての垂直性のことを、メキシコ中央高原では「聖なる山」と呼ぶ。自然景観の中で多くの高山が存在感を示すメキシコ中央高原では、古代人はこれらの山を「聖なる山」として崇めた。重要なのは、「聖なる山」は決して一カ所にのみ存在するのではないと言うことである。各地域の古代人にとってランドマークとなる山であれば、それは「聖なる山」としてシンボル化されるため、複数存在することになる。

時が経つに連れ、古代人は、より直接的に恩恵を受ける目的で、集落の中心にこの垂直軸を物質化していった。このように、メキシコ中央高原のピラミッドは、王や権力者の墓ではないことが理解できる。現に、ピラミッドの内部から手厚く埋葬された権力者が発見されたことは、筆者が知る限り皆無である。

ピラミッドとは、地上界と天上界を繋ぐ舞台として機能していた。そして、人工洞窟などを基に地下界を物質化することで垂直軸が完成した。ピラミッドには軸の要としての重要な役割があったと言える。人工物に隠されたこの社会的役割が、古代メソアメリカ文明の大きな特徴の一つである。さらに、ピラミッドと洞窟を基に物質化されたこの垂直性の建設が、メキシコ中央高原において都市を発生させる原動力となったことも、この文明とは何かを理解する上で重要である。垂直性の完成は人々に社会秩序の安定（「世界の平和」）を約束し、特定地域に彼らを集中させる原動力となり、都市が誕生していったからである。古代の都市とは、単に自然景観から切り離され人工的に造り変えられた空間ではなかった。古代人の世界観を表現した象徴空間であったと言える（嘉幡ら二〇一七）。

4　メキシコ中央高原における都市化現象

都市化の動きは、メキシコ中央高原では形成期後期（前五〇〇—一〇〇年）に始まり、形成期終末期にはより大規模になっていった（Murakami *et al.* 2017）。なぜ都市化に拍車が掛かったのかは、社会組織の成熟といった側面のみならず、自然災害が大きな契機となった。この時期、主にメキシコ盆地南西部に位置するクイクイルコ（前八〇〇—後二七五年頃）と、プエブラ・トラスカラ地域西部にあるトラランカレカ（前八〇〇—後三〇〇年頃）が政治的・経済的に重要な役割を担っていた（図1参照）。しかし、次の一連の火山噴火によって両者の盛衰は大きく異なることになった。ポポカテペトル火山（七〇年頃）、チチナウツィン火山（一二五年頃）、シトレ火山（二七五年頃）が噴火したからである。

クイクイルコは、これら噴火の直接的・間接的影響により衰退へと向かう。特に、チチナウツィン火山とシトレ火山はこの都市の南部に位置していたため、都市に溶岩が直接流れ込みその機能を奪った。一方、トラランカレカは、被災地からの移民を吸収しさらに発展していった。両者の衰退年代には二五年の差しかないことから、トラランカレカも火山噴火の影響により放棄されたかのように見える。しかし、この都市の衰退要因はここにはない。なぜなら、一連の噴火の中で最も規模が大きかったポポカテペトル火山の大噴火は、プエブラ・トラスカラ州南西部に甚大な被害をもたらしたが、トラランカレカはこれを生き抜き、さらにチチナウツィン火山とシトレ火山の噴火はこの都市に直接被害を与えなかったからである。

一方、一連の火山噴火による移住や社会発展は、トラランカレカのみならず、これまで集落であったテオティワカンやチョルーラでも認められる。そして、紀元後二〇〇年頃からこれらの地域で大規模な都市が発展していった。反面、トラランカレカは凋落していく。三都市の社会発展には、特にポポカテペトル火山の大噴火が発端となっているため、その条件は同じである。では、なぜトラランカレカのみ衰退したのか。結論から言えば、台頭してきたテオティワカンとチョルーラの社会的影響力に対抗することができなかったからである。ここで重要になってくるのが、世界観の物質化の事業である。これをどのように実現させるのかの違いが、三都市の盛衰を左右した。

5　世界観の物質化と古代都市の発展

ピラミッドの大きさや形状や装飾に違いがあるように、世界観を垂直に物質化する事業においても各都市で特徴が認められる。もし、三層の世界を繋ぐためだけの目的で、ピラミッドや洞窟を基に垂直性を物質化すればいいのであったなら、これに大きな相違は認められなかっただろう。つまり、都市の発展には、単に世界観を物質化させればよかったのではないことを意味している。為政者らは、物質化の事業の完成後、垂直性を中心にどのように社会を運営していくのかを見据えて都市設計していたと考えられる。

トラランカレカ、テオティワカン、そしてチョルーラの順に都市設計を見ていく。

形成期終末期のトラランカレカでは、都市に八カ所の中心地区が存在していた（図3）。この中心地区は、ピラミッド群や単数または複数の広場で構成されているため、巨大建築複合と呼ばれる。同時期に栄えていたクイクイルコ、そして後に発展するチョルーラなどでは、都市に一つの巨大建築複合しか存在しなかったため、トラランカレカの大きな特徴である。一方、ポポカテペトル火山の大噴火後、当遺跡の最大規模である「セロ・グランデ建築複合」（図3の③）において、世界観の物質化を一極集中的に行った痕跡が認められる（紀元後約一二〇年）。「セロ・グランデ・ピラミッド（約五五×五三×高さ一七メートル）」を「聖なる山」の土台として、その地中に流れる地下水脈を利

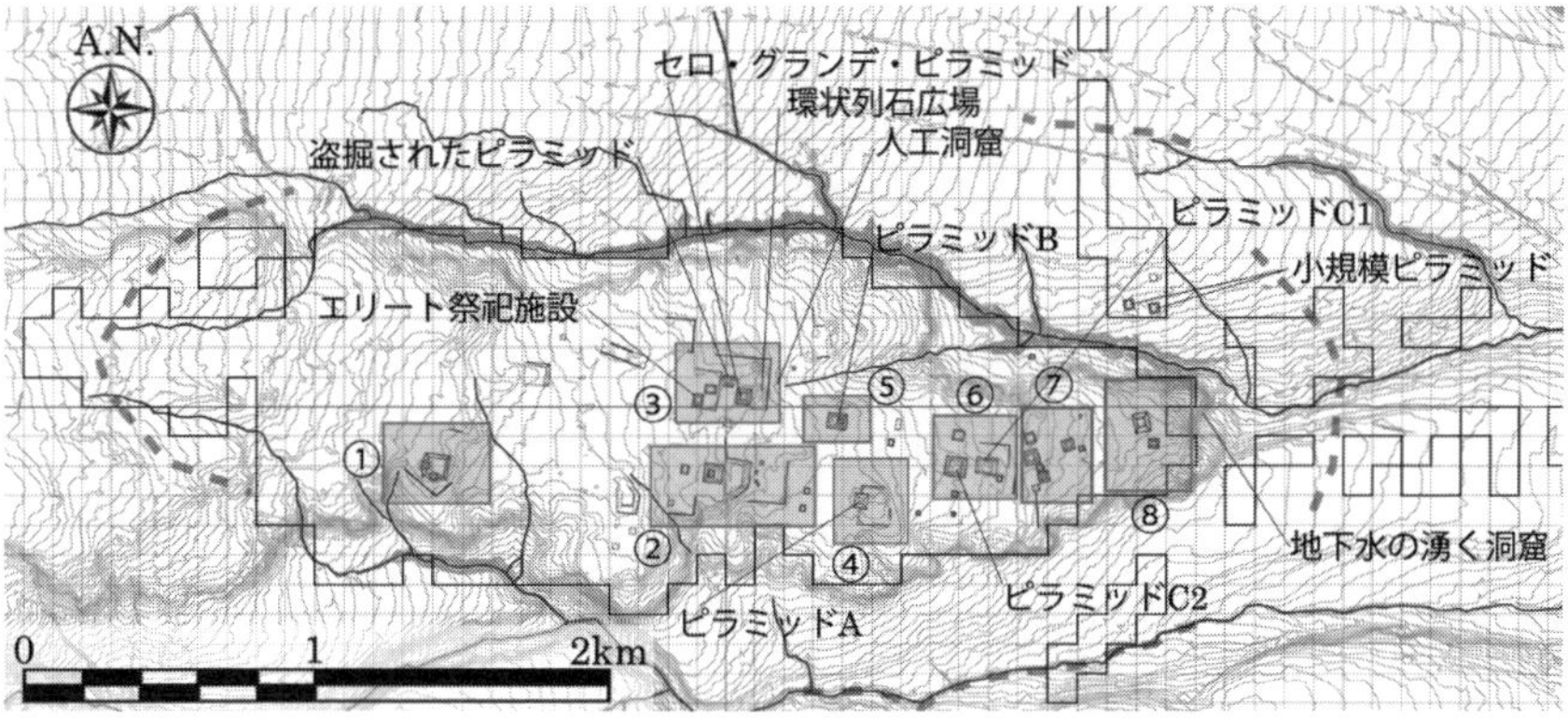

図 3　トラランカレカの建築複合の位置

用しながら地下界の物質化を行ったと考えられる。

テオティワカンでは、大噴火の直ぐ後ではなく、紀元後二〇〇年頃から世界観の物質化事業が開始される。どのように垂直性を物質化するのか綿密な都市設計の準備を怠らなかった戦略が読み取れる。噴火からおよそ一〇〇年の間に伝統的な都市のあり方を一新すると同時に、各地域の移民や被災者を受け入れながら、資材と人員をどのように確保するのか、そして事業開始までに経済基盤を整えていたと考えられる。現在確認されている限りでは、「太陽のピラミッド（約二二四×二二三×高さ六四メートル）」と「羽毛の蛇神殿（約六五×六五×高さ二〇メートル）」の地中で人工洞窟が発見されており、トラランカレカよりもさらに大規模に、かつ複数の建築複合においてこの事業を成功させた（図4）。

トラランカレカでテオティワカンよりも早い時期に物質化の事業が開始された理由は、この都市が形成期終末期に既に都市として発展しており経済基盤が整っていた点、そして、テオティワカンよりもポポカテペトル火山との距離が近く、噴火を神々の怒りと信じた古代人の心理的圧迫感により、為政者は「世界の平和を守る」事業を急ぐ必要があったためだと考えられる。さらに、この地理的な近さから、より多くの被災者を受け入れる体制は整ってはいたが、古参住民と被災者間の社会的ストレスが増すこととなり、物質化の事業によってこれを軽減する目的もあったのではないかと推測する。

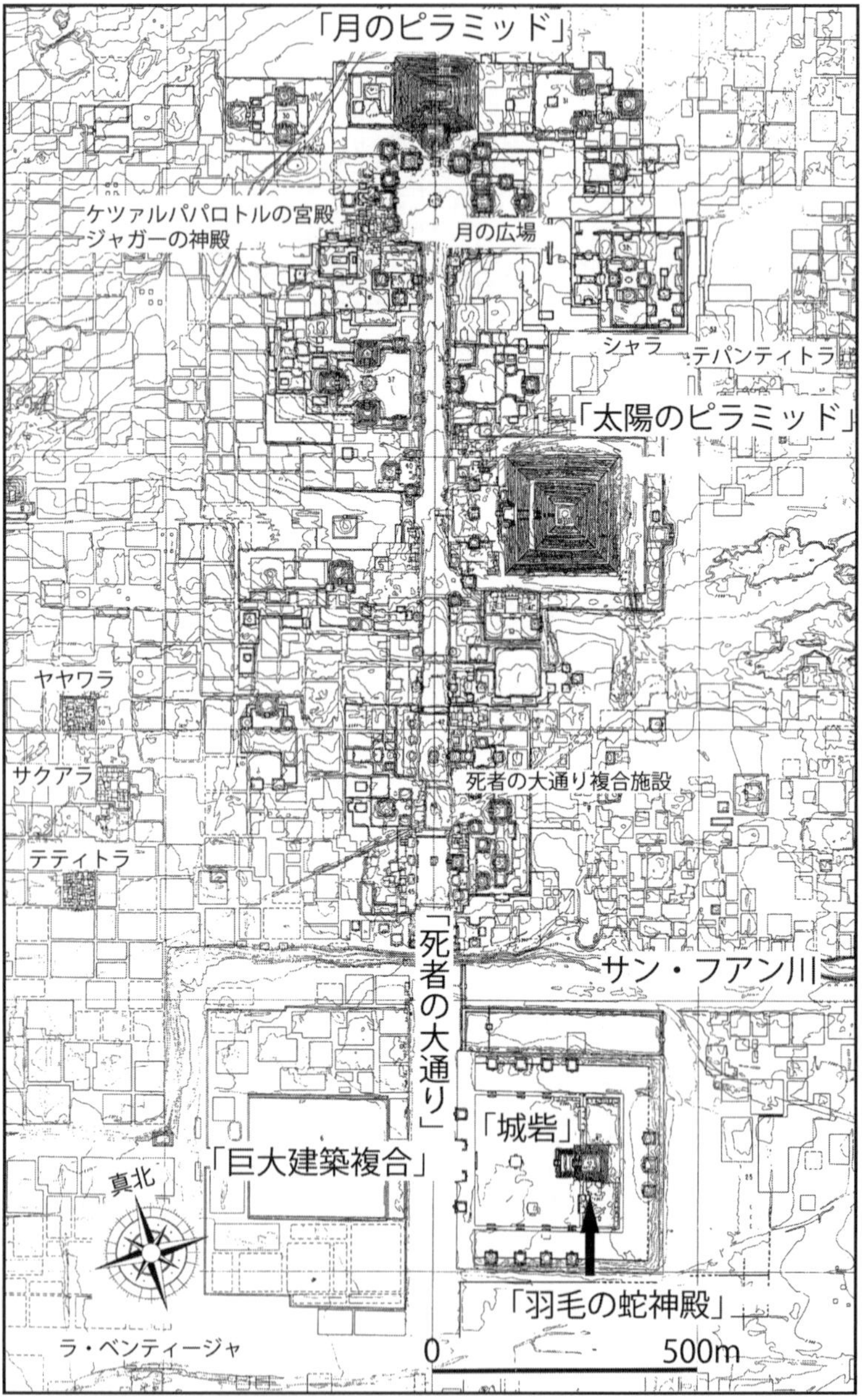

図 4　テオティワカンの都市中心部（Millon 1973, Map 1 を転用・加筆）

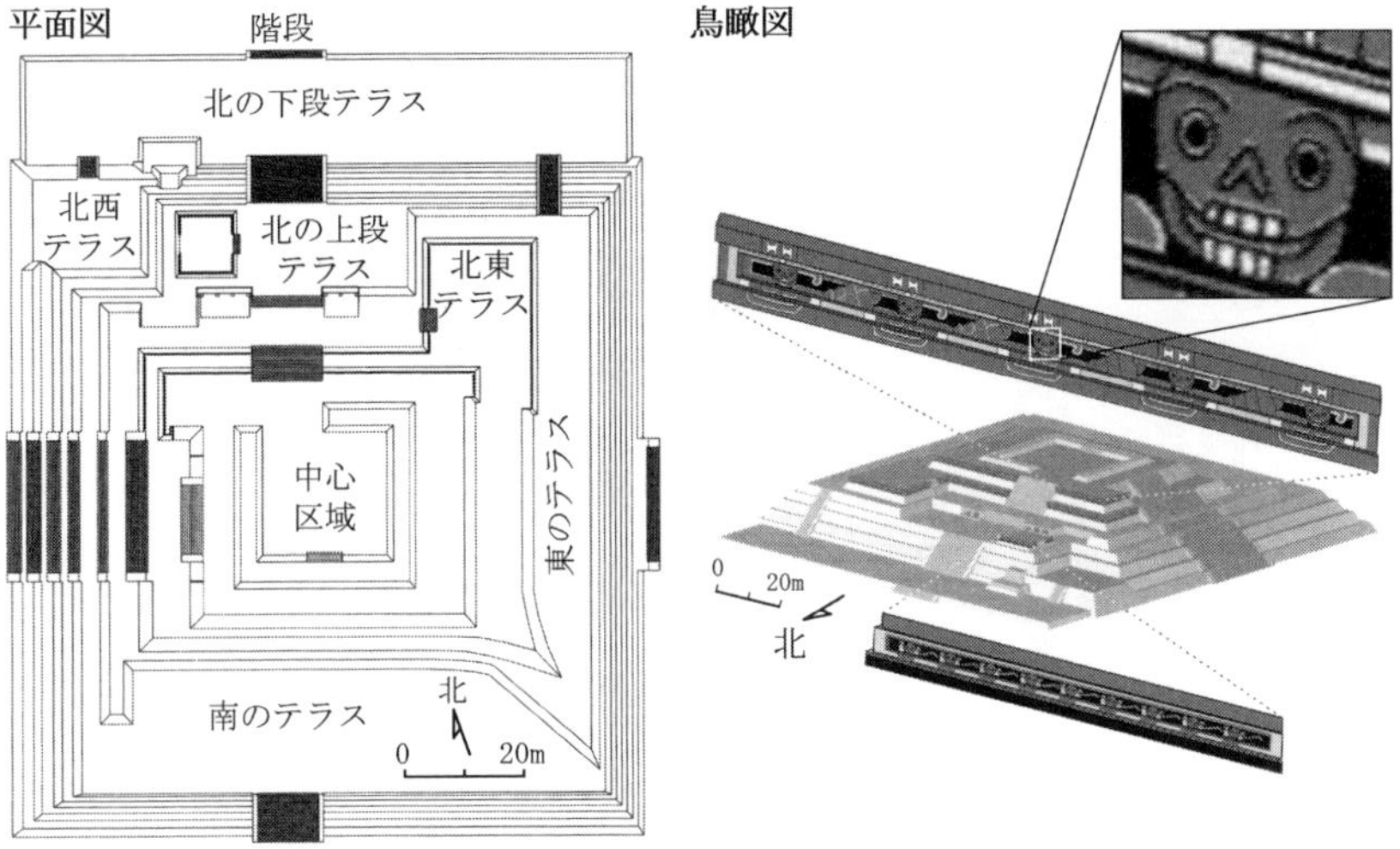

図5　「バッタの建造物」の平面図と鳥瞰図（Plunket and Uruñuela 2018, FIGURA IV. 3とIV. 4を修正・加筆）

チョルーラの都市設計は、トラランカレカともテオティワカンとも異なっているため、世界観の物質化の事業が各都市で独自に実施されていた仮説を裏づけてくれる。大噴火の影響が未だ治まらない紀元後一〇〇年頃、「バッタの建造物（約一三〇×一〇八×高さ一八・五メートル）」の建設が開始される（図5；Plunket and Uruñuela 2018：74–88）。噴火前、チョルーラでは規模の大きな集落が形成されていたが、クイクイルコやトラランカレカのような都市ではなかった。しかしながら、噴火後、避難民を受け入れながら巨大な都市へと変貌していく。この「バッタの建造物」の形状そして壁画のモチーフから、チョルーラの為政者がどのように都市を運営しようとしたのか理解できる。この建造物はピラミッドと言うよりも巨大な基壇であり、この中には数多くのテラスが存在している（図5）。さらに、これらにアクセスできる階段が数多く設置されている。これは、古参住民や被災者にとって開放された空間構造をしているため、為政者による彼らへの配慮の結果であったと考えられる。

さらに、この基壇の北面に描かれた壁画のモチーフに注目してもらいたい（図5の右上）。かつて、このモチーフはバッタや蝶であったとされていたが、現在では人の頭蓋骨であると解釈されている（Plunket and Uruñuela 2018：81–88）。また、頭蓋骨の作風に多様性が認められることから、多数によって描かれたと考えられている。大噴火後、多くの被災者を収容したチョルーラでは、為政者はこの社会混乱を乗り切るために、そして、古参住民と被災者の融合を図るために、誰もが死者を弔う場（「バッタの建造物」）と頭蓋骨（先祖のシンボル）を描く共同作業の場を提供した。地下界の物質化に関しては、これを目的とした調査が実施されていないため、現状では理解できない。しかし、地下界を壁画の頭蓋骨として可視化することで、社会の成員全体で「聖なる山」を共有する目的があったのかもしれない。

6　古代都市の盛衰を決定づけるイノベーション能力

このように、一連の噴火によって引き起された社会混乱から立ち直るため、三都市では世界観を物質化する事業が開始された。しかし、三者三様の異なった戦略が取られていたことが分かる。①大噴火前までと同様の伝統的な思想を基に垂直性を確保する戦略（トラランカレカ）、②垂直性を物質化するのに、自然の地形を利用するのではなく、すべてを人工的にそして大規模にかつ複数の地点で建造した、先行社会の思想を刷新する戦略（テオティワカン）、③新たな垂直性を模索し、一般階層にとって身近な存在を目指した戦略（チョルーラ）と要約することが可能だろう。

この中で、なぜ唯一トラランカレカは衰退したのだろうか。筆者は、自然災害の結果によって新たな社会構築が求められた時代に、世界観の物質化を中心とした社会変革（イノベーション）が人々に受け入れられたかどうかがカギであったと考える。そして他の二都市と比較し、トラランカレカではこのイノベーションが弱かったと考える。異なる出自を持つ人々同士の紐帯となった世界観の物質化において、為政者は神々と自身との関係だけではなく、為政者と人々との関係について新たな方針を打ち出し、そして実現することが充分ではなかったのではないだろうか。

メキシコ中央高原における形成期から古典期社会への移行は、世界観の物質化を自然景観のみに頼るのではなく、より人工的に物質化する時代への過渡期として理解できるだろう。この動きは、噴火（神々の怒り）が引き起した社会混乱を収斂させるために、人間がより積極的に神々の世界に介入し、現世に恩恵をもたらしたいという希求の表れだったのかもしれない。ピラミッドは、この枠組みの中で、社会的に重要な役割を果たした。

参考・参照文献

嘉幡茂（二〇一九）『テオティワカン――「神々の都」の誕生と衰退』雄山閣。

嘉幡茂、村上達也、フリエタ・マルガリータ＝ロペス・ファアレス（二〇一七）「自然景観を取り込んだ古代都市：トラランカレカ」『古代文化』第六八巻第四号、七五―八三頁。

López Austin, Alfredo, and Leonardo López Luján (2009) *Monte Sagrado-Templo Mayor: El Cerro y la Pirámide en la Tradición Religiosa Mesoamericana.* México, D.F: Universidad Nacional Autónoma de México e Instituto Nacional de Antropología e Historia.

Millon, René (1973) *Urbanization at Teotihuacán, México,* Vol. 1, Part 1: The Teotihuacan Map: Text. Austin: University of Texas Press.

Murakami, Tatsuya, Shigeru Kabata, Julieta M. López J., and José Juan Chávez V. (2017) 'Development of an Early City in Central Mexico: Preliminary Results of the Tlalancaleca Archaeological Project,' *Antiquity* 91 (356): 455-473.

Plunket Nagoda, Patricia, and Gabriela Uruñuela Ladrón de Guevara (2018) *Cholula.* México, D.F.: Fondo de Cultura Económica.

Reilly, F. Kent, III (1994) 'Cosmología, Soberanismo y Espacio Ritual en la Mesoamérica del Formativo,' in John E. Clark (ed.) *Los Olmecas en Mesoamérica,* pp. 239-259. México, D.F.: Equilibrista.

第7節

火山活動と人の動き
——メキシコ中央高原、初期国家テオティワカンの形成過程

福原弘識
原口　強

1　初期国家の形成

メキシコ中央高原地域において初期国家と呼べる複雑な政体は、メキシコ盆地北東部のテオティワカン（Teotihuacan）で後二〇〇年頃に成立した（Cowgill 2015：7）。テオティワカンは前二世紀から後六世紀まで栄え、多様な民族集団が複雑な社会階層を形成し、複数の大型公共建造物が計画的に配された都市として発展した。二三平方キロメートルを越える都市域には二三〇〇戸以上の規格化されたアパート式住居複合建築が建設され、最盛期の人口は一〇万を超えた（Cowgill 2015：144）。

なぜテオティワカンにおいて初期国家が形成されたのか。近年は、テオティワカンにおける国家形成をメキシコ盆地だけから考えるのでなく、メキシコ中央高原全体における社会変動の結果として位置付ける研究が試みられている。中でもプエブラ・トラスカラ（Puebla・Tlaxcala）地域の調査は進展しており、トラランカレカ（Tlalancaleca）やラ・ラグーナ（La Laguna）、テティンパ（Tetimpa）、チョルーラ（Cholula）などの調査の進展により、形成期終末期（前一〇〇―後二〇〇年）から古典期前期（後二〇〇―四五〇年）にかけてみられる社会組織の成熟や交換ネットワークの発達、タルー・タブレロ（Talud-Tablero）建築様式や世界観の物質化といった知識の継承などの点で連続性があ

り、テオティワカンの初期国家形成やチョルーラの大都市形成が先行社会の歴史の上に成立していることが明らかになりつつある（青山ほか二〇一七：Carballo 2016；Plunket and Uruñuela 1998, 2018）。

一方で、形成期社会と古典期社会の間には、自然災害による社会の大きな断絶も指摘されている（Cowgill 2015：48；Carballo 2016；Plunket and Uruñuela 1998, 2018：58；Siebe *et al.* 1996；Siebe and Macías 2004）。テオティワカンで初期国家が成立する直前の形成期終末期に、メキシコ中央高原では火山活動が活発化し、火山活動による災害で既存の社会が壊滅または散開するなど大きな人の移動がおきていた。

本節では、火山活動と人の動きに着目し、テオティワカンにおいてなぜ初期国家が成立したのかについて考察をおこなう。

2　「煙を出す山」

メキシコ市は四方を山に囲まれた盆地だが、海抜二二〇〇メートルの盆地から見上げて二〇〇〇—三〇〇〇メートル級の山が複数ある。特に東側のトラロック山（Tláloc）は四一二〇メートル、南東のイスタシワトル山（Iztaccíhuatl）は五二七二メートル、ポポカテペトル火山（Popocatépetl）は五四五二メートルなど、真夏であっても時に雪を冠するほどの高山が並んでいる。中でもナワトル（Náhuatl）語で「煙を出す山」の名を持つポポカテペトル火山は、その名の通り現在でも活発な活動を続けており、美しい円錐形をした成層火山の火口から昇る噴煙も日常的な光景である（写真1）。

現在のポポカテペトルの火山活動は一九一九年から活発化し、これまでの一〇〇年間に断続的に無数の小噴火を繰り返す活動期を迎えている。降灰や溶岩流を伴う噴火が観測されているものの、これまでのところ広範囲の人的被害は起きていない。だが歴史的にみればポポカテペトル火山は、壊滅的な被害をもたらす大噴火を一〇〇〇年から三〇〇〇年の周期で繰り返してきたと理解されている（Siebe *et al.* 1996）。

写真1　ポポカテペトル火山

3　ポポカテペトル火山の噴火とその影響

　ポポカテペトル火山が引き起こした大噴火の中で、後八二三年頃と後一世紀頃に起きた大噴火は、先スペイン期のメキシコ中央高原社会に深刻なダメージを与えた。スミソニアン研究所自然史博物館のグローバル火山プログラムによれば、噴火規模の指標となる火山爆発指数（Volcanic Explosivity Index）[1]は後八二三年の噴火が火山爆発指数四、後一世紀頃の噴火が火山爆発指数五とされる。一方、後一世紀頃の噴火に関しては、メキシコの火山学者C・シエベ（Siebe）らが、さらに規模の大きい火山爆発指数六と推定している（Siebe and Macías 2004）。火山爆発指数の値は一つ上がるごとに噴出物の量が一〇倍になるため指数差は非常に大きいが、とにかく初期国家成立直前の形成期終末期社会において、火山爆発指数五以上の噴火が起きたことの影響は計り知れない。

　火山噴火は降灰や降下軽石、溶岩流、火砕流といった噴火直後の一時的災害のみならず、泥流や土石流、山崩れ、さらに多雨や旱魃といった気候変動など長期的災害や環境変動をも引き起こす。特に火山爆発指数五以上の噴火では、巻き上がる火山灰が偏西風に乗り大気中に拡散し、地球規模の異常気象を引き起こすことすらある。また噴火後の降雨などにより土石が斜面を流下するラハール（Lahar）は、広域を長期にわたり居住不可能な土地にしてしまう。

　後一世紀頃の噴火時のラハール到達推定範囲は広大である（図1）。ポポカテペトル火山の周囲の斜面のみならず、北方のイスタシワトル山へ降り注いだ

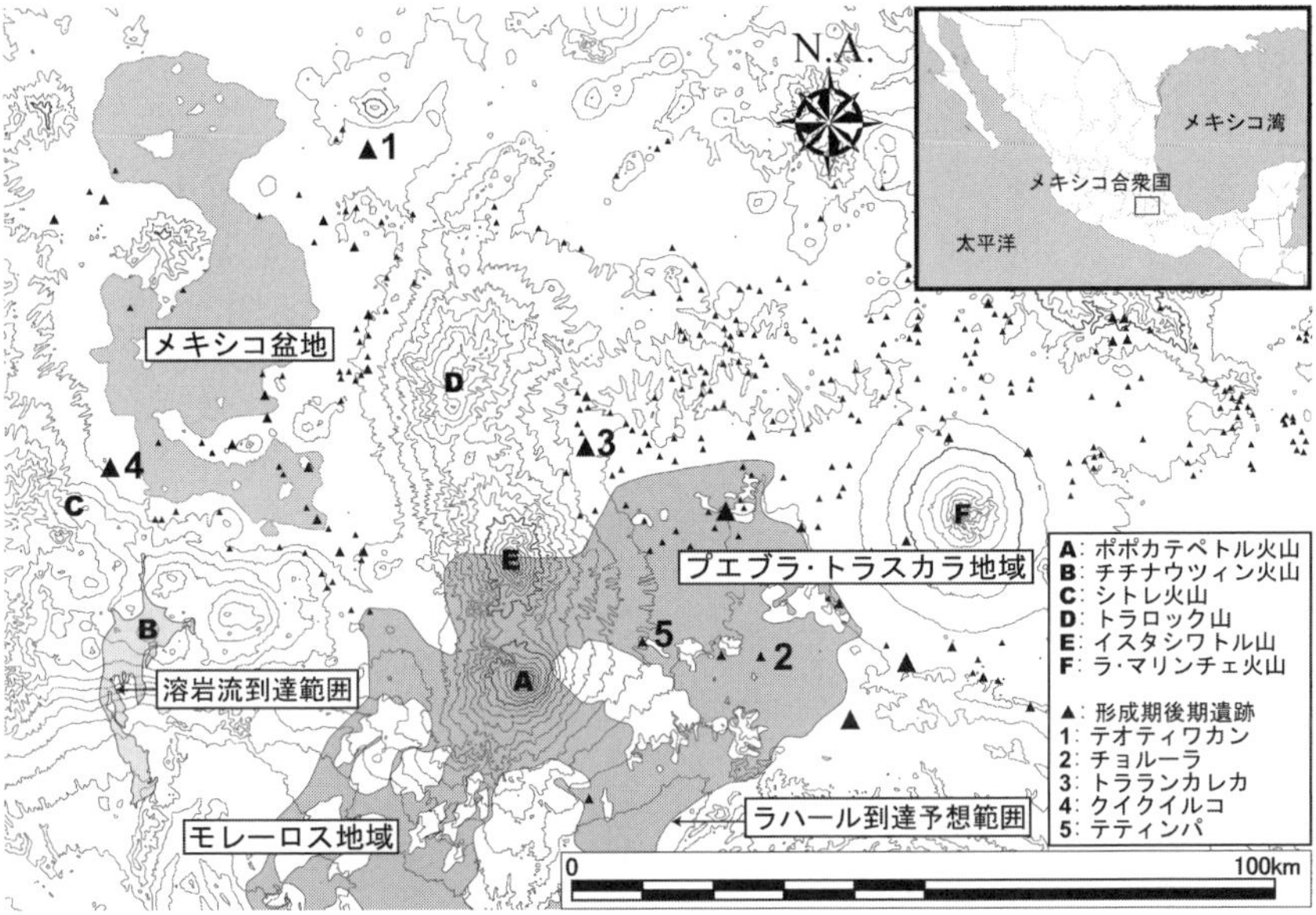

図1　メキシコ中央高原形成期終末期遺跡の分布と火山活動の影響範囲（Carballo 2016；Siebe *et al.* 1996を基に筆者作成）

火山砕屑物もその東斜面を数一〇キロメートルにわたって流れた可能性が指摘されている（Siebe *et al.* 1996）。

考古学的に確認できる後一世紀頃の噴火の影響としては、テティンパ遺跡における降下軽石による埋没やメキシコ盆地における集落分布の変化が挙げられる。ポポカテペトル火山の火口から北東一八キロメートルに位置するテティンパ遺跡は厚さ一メートルに及ぶ軽石によって完全に覆われ放棄された（Plunket and Uruñuela 1998：2018：58）。ポポカテペトル火山の北西に位置し、直接的被害は少なかったと考えられるメキシコ盆地でも、後一〇〇から前一〇〇年の間にメキシコ盆地の南部を中心に集落が放棄された（Sanders *et al.* 1979：107）。

このように、後一世紀頃に起きたポポカテペトル火山噴火は、火山近隣集落を壊滅させただけでなく、ポポカテペトル火山北西の直接的被害が軽微だったはずのメキシコ盆地まで、大きな範囲における人の移動を誘引した。

4　集落分布と人口の推移

次に、メキシコ中央高原における集落分布とテオティワカンにおける人口推移を具体的に概観する。先スペイン期のメキシコ盆地には五つの大きな湖があり、南部のショチミルコ湖（Xochimilco）とチャルコ湖（Chalco）は淡水湖であるため、メキシコ盆地南部には人々が古くから居住していた。

メキシコ中央高原地域における形成期終末期の遺跡分布（図1）によれば、メキシコ盆地のテオティワカンやクイクイルコ（Cuicuilco）など大集落と中小集落は湖の湖岸や山の斜面に分布し、特に盆地南部に集落が多数存在した。プエブラ・トラスカラ地域においても、火山噴火以前はポポカテペトル火山の東斜面を含む、傾斜地や丘陵部分に満遍なく集落が存在していたことが分かる。

しかし後一世紀頃に起きたポポカテペトルの火山噴火による災害が、プエブラ・トラスカラ地域の南西側やモレーロス地域（Morelos）を襲い、テティンパは壊滅した。P・プランケット（Plunket）らは、プエブラ・トラスカラ地域の人口が三割減少し、人口の多くがチョルーラへ集まったと試算している（Plunket and Uruñuela 2018：62）。ラハールが到達した範囲では集落を再建することが不可能だったが、チョルーラは集落の西側にある二つの丘陵がラハールの直接的流入を阻止したことで、大きな被害を免れたと考えられる。

形成期終末期の火山活動はポポカテペトル火山だけでなく、メキシコ盆地南部のチチナウツィン火山（Chichinautzin）でも確認される。その噴火年代は後一一五年頃と推定されている（Siebe and Macías 2004）。チチナウツィン火山の溶岩は南北数十キロメートルにわたり流れたが、流路に集落は少なく、メキシコ盆地南部への直接的な被害は軽微だったと思われる。しかしながらメキシコ盆地南部の集落は大半が放棄され、メキシコ盆地の人口の八―九割がテオティワカンへと移住したという推定もなされている（Sanders *et al.* 1979：107）。

古典期にはテオティワカンとチョルーラが大都市として発展し、プエブラ・トラスカラ地域では平野部の交易ルー

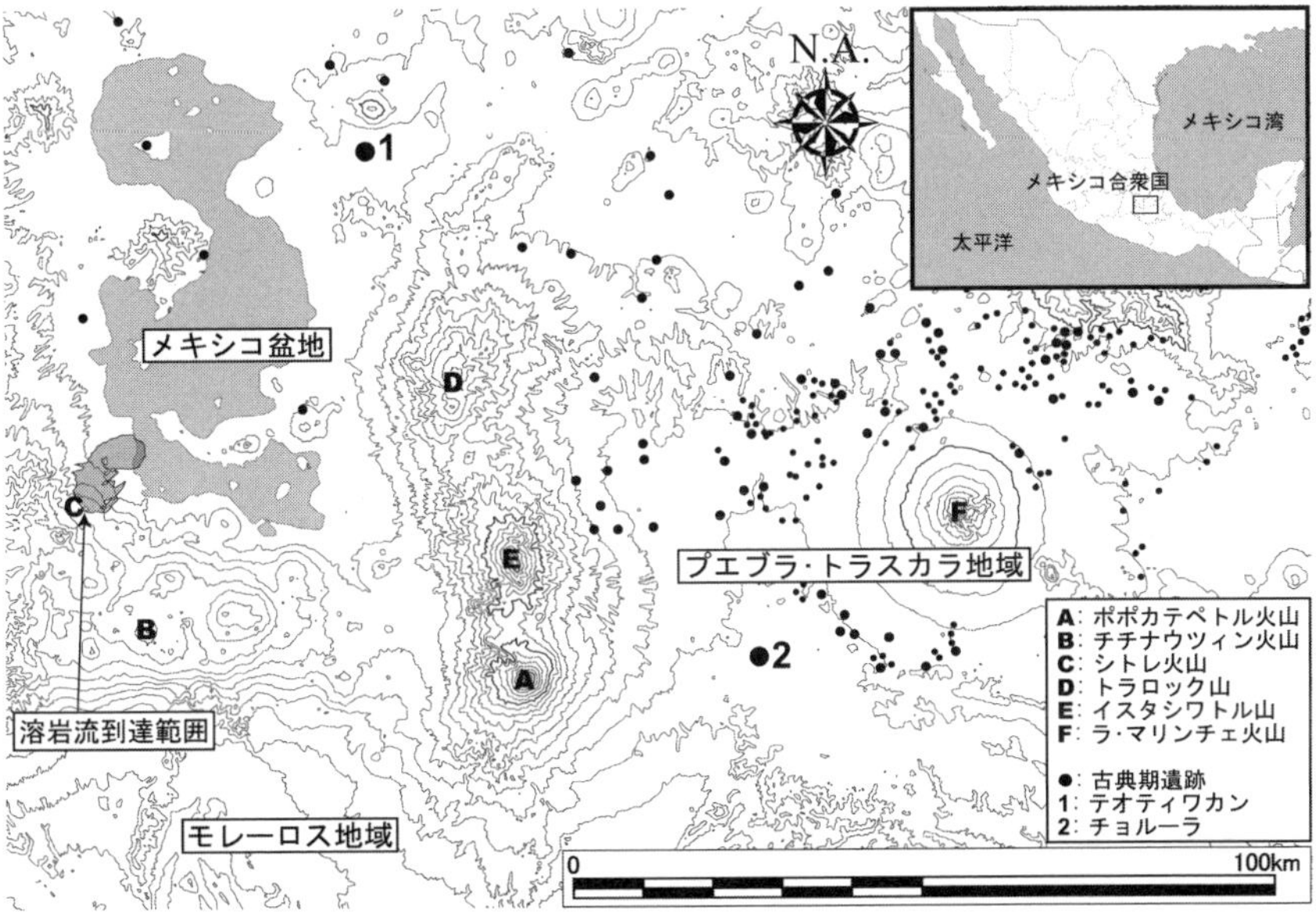

図2　メキシコ中央高原古典期遺跡の分布と火山活動の影響範囲（Carballo 2016；Siebe and Macías 2004を基に筆者作成）

ト上に集落分布が広がった（図2）。しかしながら、ポポカテペトル火山由来のラハール到達範囲には集落がなく、まだ居住に適さなかったことが伺える。

メキシコ中央高原の活発な火山活動は古典期においても引き続き確認され、後二七五年頃にはシトレ火山（Xitle）の溶岩流により、形成期の大集落であるクイクイルコが覆われた。クイクイルコの放棄年代はまだ良く理解されておらず（Carballo 2016：79）、溶岩流が押し寄せた際にどれだけの住人がいたか定かではない。だがとにかく、シトレ火山の噴火以降のメキシコ盆地南部はほぼ完全に放棄された状態になった。

では次に、テオティワカンの人口推移を整理してみる。前一〇〇―後一年頃のテオティワカンでは、セロ・マリナルコ（Cerro Malinalco）とセロ・コロラド（Cerro Colorado）の二つの丘陵の斜面を中心に集落が存在した（図3）。人口は二万人と推定され（Cowgill 2015：53）、定住開始当初から大きな集落が形成されていた。その後、テオティワカンの人口は後一〇〇年頃までに六万から八万人に達した（Cowgill 2015：61）。一〇〇年間で実に三倍から四倍の人口増加が起きたこ

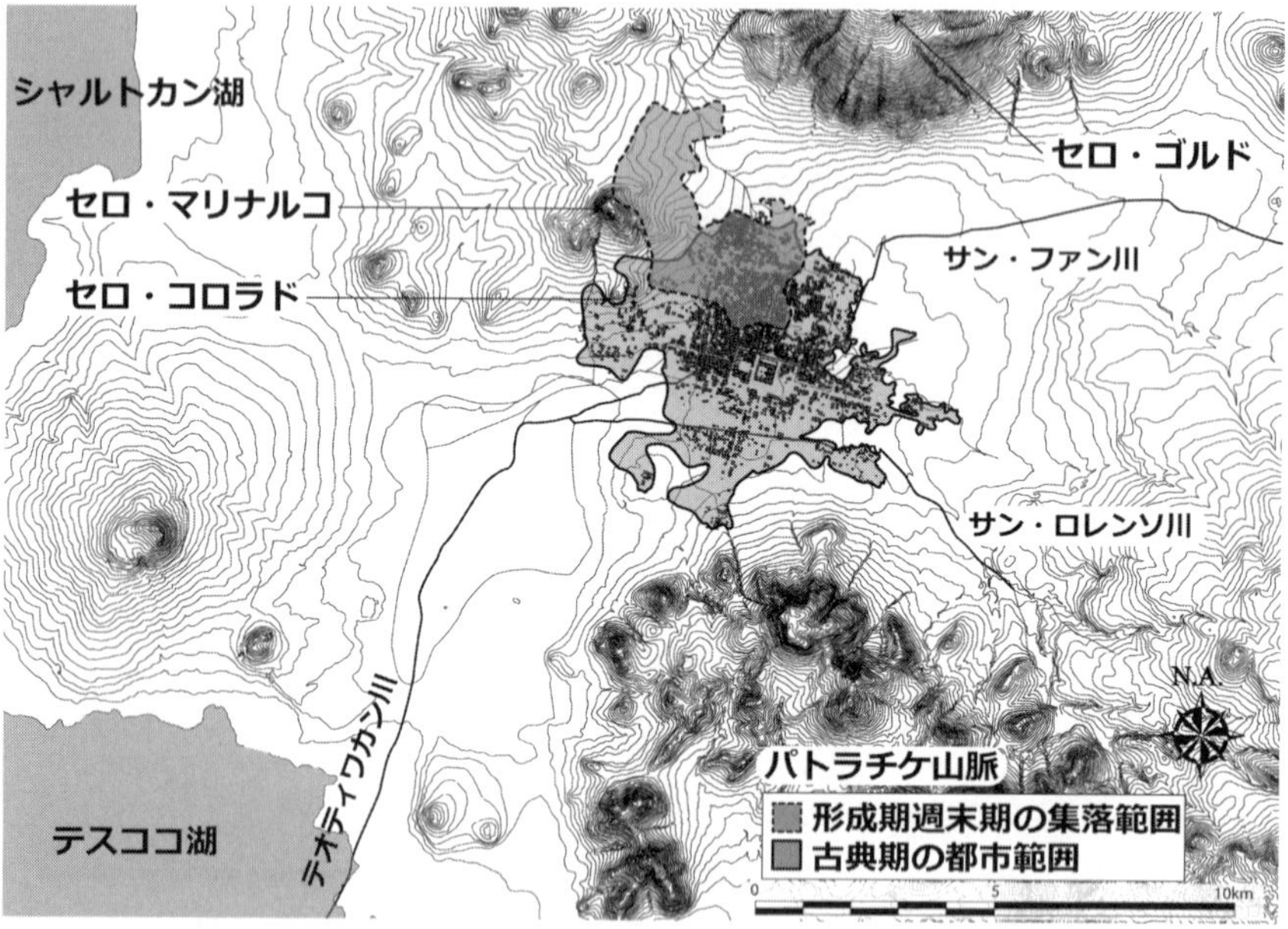

図3　テオティワカン遺跡の集落分布変化

とになるが、おそらくこの現象は後一世紀頃におきたポポカテペトル火山噴火と関連し、移民の流入が人口急増を引き起こしたと捉えることができる。この時期にテオティワカンでは平野部の開発が徐々に始まり、後の月のピラミッド（Pyramid）の原型となった公共建造物が建てられ始めた。その後、後二〇〇年頃までに、テオティワカンではその後の都市設計の基本となる公共建造物の配置がおこなわれた。太陽のピラミッドが建設され、月のピラミッドは四期目の改築により底面積が三期目のものの九倍に拡大し、死者の大通りが整備された（Sugiyama 2004）。都市計画に沿った大型公共建造物の建設には大きな権力による労働力の動員が必要とみられることから、後二〇〇年頃までにはテオティワカンで中央集権的な権力と国家体制が成立したと考えられる。そして後二五〇年頃までに人口は八万から一〇万人に達し、安定した発展を続けていった。

5　なぜテオティワカンへ人口が集まったのか

ポポカテペトル火山の噴火後、全ての被災民がテオティワカンを目指したわけでなく、プエブラ・トラスカラ地域においてはトラランカレカやチョルーラなどがその受け入れ先となった（青山ほか二〇一七：Plunket and Uruñuela 2018：62）。トラランカレカやチョルーラでは公共建造物がテオティワカンより以前から建設され、社会組織が発達しており、おそらく被災民の組織的な受け入れが可能だったと考えられる。

一方、後一世紀頃のテオティワカンには大きな公共建造物がほとんど見られず、階層化といった社会の複雑化もそれほど進んでいなかった（青山ほか二〇一七：八二）。被災民を組織的に受け入れられるほどの社会組織も未発達だったといえる。ところが、テオティワカンへは膨大な数の移民が流入し、定住した。その理由は何だろう。

テオティワカンへ移民が集まった理由の一つはテオティワカンの立地にある。テオティワカンはポポカテペトル火山の北西約八〇キロメートルに位置するため火山灰も届かない。また、テオティワカンの南側にあるパトラチケ山脈（Patlachique）が視界を遮るため、ポポカテペトル火山が目に入ることもない。火山噴火の恐怖を体験した人々にとって、テオティワカンは物理的にも心理的にも安心が得られる場所であった。

もう一つの理由は、食料供給能力の高さにある。後一〇〇年頃までのテオティワカンでは、主にセロ・マリナルコとセロ・コロラドの丘陵地帯が居住地として利用され、広大な平野部では灌漑農耕がおこなわれていた。この平野部では形成期後期から既に灌漑農耕がおこなわれており（Evans and Nichols 2016：29–30）、人口の急増時も食糧供給も担った。また、不足した食糧生産量を補うべく、テオティワカン谷の中部や南部、およびテスココ湖（Texcoco）の北部地方の河川流域もテオティワカンへの食料供給地として利用された（Sanders *et al.* 1979：387–389）。急増した人口を支えることが出来たテオティワカンの食料生産力の高さが、被災民をテオティワカンに留まらせたのだろう。

また、それまでのテオティワカン住人が社会組織の点で未成熟だったことが、被災民達にとっては在地民達の抵抗が少なく移住しやすい土地として魅力だったのかもしれない。

6　おわりに

後一世紀頃のポポカテペトル火山噴火後に、テオティワカンでの被災民の受け入れが全て平和的におこなわれたとは考えにくい。急激な人口増加によるストレスや資源争奪といった紛争の増加は、出自集団の結束を促し、社会の組織化と権力闘争を引き起こしたと考えられる。しかし住人間の緊張関係はそれほど長引かず、全住人の共通目標となるような、新しい都市の建設活動が後二〇〇年頃へ向けて開始されていった。

新しい目標を掲げ、多様な出自集団を纏め上げ、統合した支配者は、大噴火による被災の経験と記憶を公共建造物の中に織り込むことでもその権力強化をはかった。太陽のピラミッドの頂上は都市の中で唯一、ポポカテペトル火山を視認できる場所として造られており（Carballo 2016：134；Cowgill 2015：66）、支配者がピラミッド上から火山を制御する儀礼をおこなうことは、テオティワカン人たちの安寧を約束したのだろう。

注

（1）　火山爆発指数（Volcanic Eruption Index）は火山の爆発を示す指標であり、噴火による火砕物（火山灰や火山礫など）の量をもとに0～8の9段階に区分される指数である。スミソニアン研究所の自然史博物館が一般公開している世界中の火山情報に関するウェブサイト（http://volcano.si.edu）でデータベースを閲覧することが出来る。

参考・参照文献

青山和夫、嘉幡茂、市川彰、長谷川悦夫、福原弘識、塚本憲一郎（二〇一七）「メソアメリカ文明の通時的比較研究序論」『古代アメリカ』二〇号、七九―九四頁。
Carballo, David M.（2016）*Urbanization and Religion in Ancient Central Mexico*. New York：Oxford University Press.
Cowgill, George L.（2015）*Ancient Teotihuacan：Early Urbanism in Central Mexico*. New York：Cambridge University Press.

Evans, Susan Toby, and Deborah L. Nichols (2016) 'Water Temples and Civil Engineering at Teotihuacan, Mexico,' in Gonlin, Nancy and Kirk D. French (eds.) *Human Adaptation in Ancient Mesoamerica : Empirical Approaches to Mesoamerican Archaeology*. pp. 25–51. Boulder : University Press of Colorado.

Murakami, Tatsuya (2014) 'Social Identities, Power Relations, and Urban Transformations : Politics of Plaza Construction at Teotihuacan,' In Kenichiro Tsukamoto and Takeshi Inomata (eds.) *Mesoamerican Plazas : Arenas of Community and Power*. pp. 34–49. Tucson : University of Arizona Press.

Plunket Nagoda, Patricia, and Gabriela Uruñuela Ladrón de Guevara (1998) 'Preclassic Household Patterns Preserved under Volcanic Ash at Tetimpa, Puebla, Mexico,' *Latin America Antiquity*. 9 (4) : 287–309.

Plunket Nagoda, Patricia, and Gabriela Uruñuela Ladrón de Guevara (2018) *Cholula*. Ciudad de México : Fondo de Cultura Económica, El colegio de México and Fideicomiso Historia de las Américas.

Sanders, W. T., Parsons, J., and Santley, R. S. (1979) *The Basin of Mexico : Ecological Processes in the Evolution of a Civilization*. New York : Academic Press,

Siebe, Claus, Abrams Michael, Macías José Luis and Obenholzner Johannes (1996) 'Repeated volcanic disasters in Prehispanic time at Popocatépetl, central Mexico : Past key to the future?,' *Geology* 24 (5) : 399–402.

Siebe, Claus, and Macías José Luis (2004) 'Volcanic hazards in the Mexico City Metropolitan Area from Eruptions at Popocatépetl, Nevado de Toluca, and Jocotitlán Stratovolcanoes and Monogenetic Scoria Cones in the Sierra Chichinautzin Volcanic Field,' In Siebe, C., Macías, J. L., Aguirre, G. (eds.) *Neogene-Quaternary Continental Margin Volcanism : A Perspective from Mexico*. Boulder, Colorado : Geological Society of America, 402 : 253–329.

Sugiyama, Saburo (2004) 'Governance and polity at Classic Teotihuacan,' In Hendon J. A., Joyce, R. A. (eds.) *Mesoamerican Archaeology*. pp. 97–123. Oxford : Blackwell Publishing.

Smithsonian Institution National Museum of Natural History Global Volcanism Program http : //volcano.si.edu/volcano.cfm?vn=341090&vtab=Eruptions（二〇一九年二月二八日閲覧）

第8節

饗宴の政治性
——古代マヤ都市エル・パルマールを事例として

塚本憲一郎

1　はじめに

本節は、古典期（二〇〇—一〇〇〇年）のマヤ社会における政治に着目する。その際に、これまでのような碑文に依拠した王朝史からではなく、時代や社会を超えて広く共有されている「饗宴」という視座から古典期マヤ社会の政治を考察する。第1章第1節にあるように、古典期のマヤ社会では、さまざまな都市王朝が興亡した。本節では、筆者が十年以上調査を続けている、古代マヤ都市エル・パルマールの調査によって得たデータから、饗宴の社会政治的意義を論じる。

饗宴は、社会関係の形成にどのような役割を果たしたか。現代社会からも明らかなように、饗宴は人々が集団として社会的生活を営むために欠かすことのできない対面交流であり、地域社会の文化を反映するのみならず、社会関係の形成と変化に大きな影響を及ぼす行為であるため、考古学において重要な研究分野と言える。しかし、考古学における饗宴の理論化・方法論化は、比較的新しい。二〇〇〇年以降から、ようやく饗宴の社会的役割が着目されるようになり、異なった理論的視座が提唱され、残存物から饗宴を復元する方法が発展し始めた（Dietler and Hayden 2001）。しかし、饗宴と宗教や儀礼との共時的関係については広く研究される一方、古代社会における饗宴と社会・

政治の通時的な変化については、依然として不明な点が多い。考古学という学問が持つ特性を生かした長期的視座から、饗宴と政治変化の関係性を明らかにする理論、それを裏付ける実証的データを体系的に収集するための方法論は、さらなる発展を必要とする。本節では、考古学の特性を生かしつつ、残存物から社会変化と饗宴との関係について考察する。

2　饗宴とは

歴史学の視座に立つと、饗宴に関する史料は枚挙に暇がない。過去にさかのぼらず現代においても、皇位継承儀式における饗宴の儀は、よく知られている。饗宴は日本国内のみならず、世界中のあらゆる指導者や支配層にとって、その人物の政治的立場が変わる際に、重要な通過儀礼として用いられてきた（倉持一九六五）。同時に、支配層に限らず、被支配層にとっても饗宴は、地域内の社会関係を形成する上で重要な行事である。しかし、文献資料の乏しい古代社会における饗宴の研究は、容易ではない。饗宴をある特定の日時に催された一つの行事として、遺構や遺物から復元できるケースは非常に稀である。例外として、イタリアのポンペイや中米エル・サルバドル国にあるセレンに代表される、火山などの不測の事態によって短時間に放棄された良好な保存状態の遺跡では、歴史上の一つの出来事としての饗宴を特定できるかもしれない。しかし、ほとんどの都市や町は緩やかに放棄されたために、発掘調査によって饗宴が催された場所からの遺物の出土を期待できない。なぜなら、現代社会と同様に、古代社会においても、饗宴の催された場所は清掃されるのが一般的で、使用された賓客用の椀や壺は、再び元の保管場所へ移動されるからである。また、居住地を放棄する際には、それらの容器は高い確率で新たな居住地へと持ち運ばれる。すなわち、考古学調査において、一つの出来事としての饗宴を検出することも歴史の復元として重要ではあるが（Hayden 2001）、考古学の特性を生かした長期的視点から、饗宴と社会変化の関係を考察できる別の理論的・方法論的手法を発展させるほうが、段階的に放棄された遺跡に応用できるために、汎用性は高い。

一つのアプローチとして、本章では饗宴を政治プロセスと捉える。実践理論やパフォーマンス理論の視座から、繰り返し催される饗宴の行為と対面交流は、参加者の政治関係をどのように生成、変化、再生産したのかに着目する。ディートラーとハイデン（Dietler and Hayden 2001：7-8）は、考古学研究における交易や農業と同様に、一つの歴史的出来事として特定せずとも、饗宴の研究は可能であると論じている。重要なのは、饗宴の社会的役割を理論的に理解し、考古データの中からそれに関連する基準を見出すことである。考古学調査における饗宴の復元方法として、以下の三点が挙げられる。

（1）日常生活とは異なる量的・質的な食料消費の識別
（2）日常生活の空間とは異なる饗宴の空間の特定
（3）劇場的効果を生み出す建築の識別

1に関して、饗宴では日常において摂取されない動植物や、使用されない奢侈品などが挙げられる。しかし、熱帯雨林のような、有機物の良好な保存状態を期待できない環境では、たとえ饗宴が繰り返されていたとしても、動物骨植物片が出土する可能性は低くなる。しかし、食物に関する直接的な証拠が無くとも、日常ではめったに使用されない賓客用の洗練された大皿や大椀などが多数出土すれば、饗宴を裏付ける間接的証拠となる。また、それらの大型土器の内側を理化学的に分析して、どのような食物・飲料が消費されたのかを特定する方法もある。2に関しては、一定数の参加者を収容できる空間の構築などが考えられる。3の特徴的な建築物は、空間形成と密接に関係しており、賓客をもてなすと同時に、主催者側の社会的、経済的、政治的地位を表象する舞台装置としての建物などが挙げられる。これらの物質文化に加えて、歴史上のどのような社会的背景において饗宴が催されたのか、また社会における饗宴の重要性は、どのように変化したのかも考慮しなければならない。例えば、その社会のどのような歴史的背景の中で、饗宴が政治性を帯びたのか。饗宴の舞台装置としての建物の変化と饗宴に使用された食器、茶器、酒器に、因果関係はあるのか、などである。これらの理論的・方法論的視座を踏まえて、メキシコのユカタン半島に位置するエ

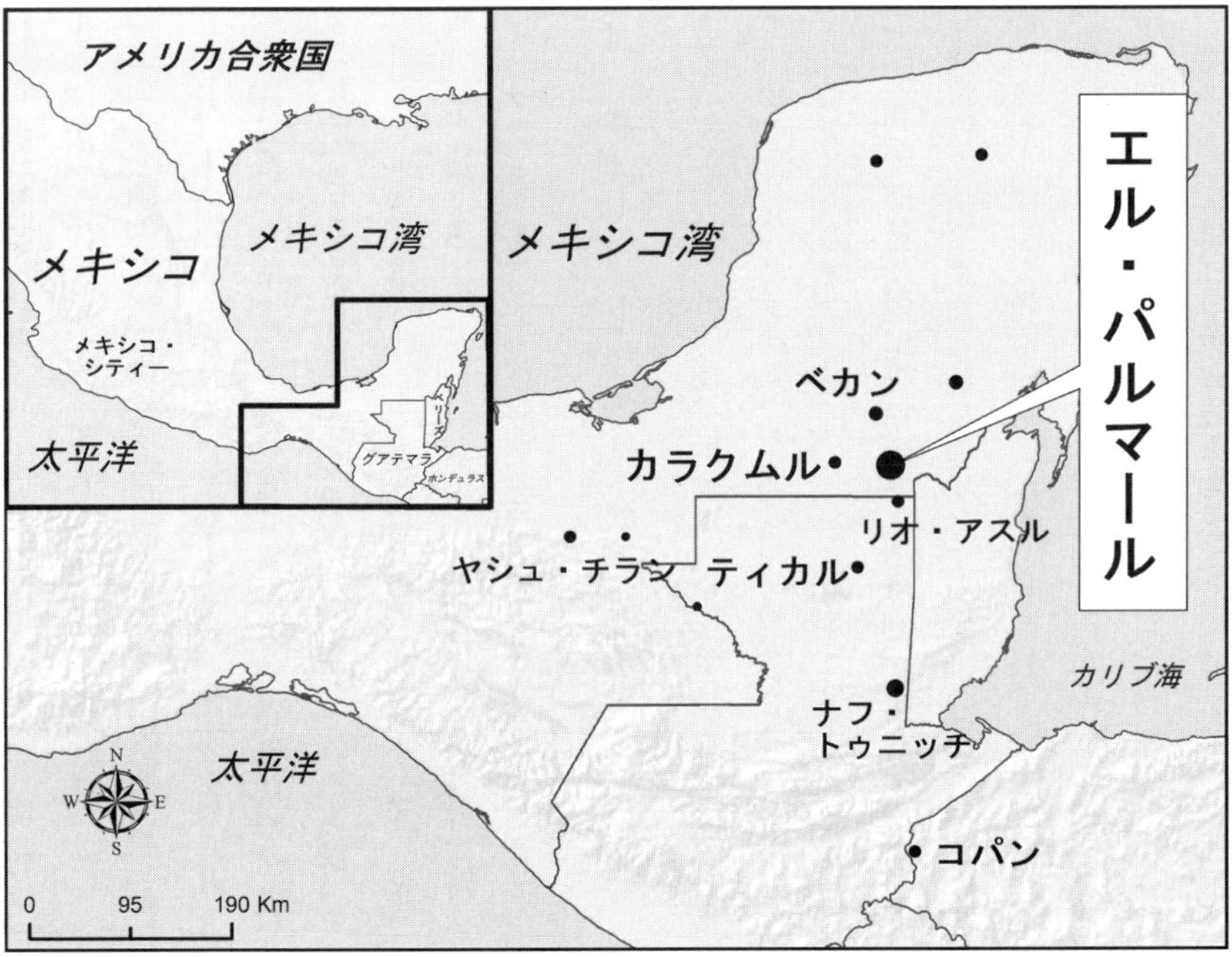

図1　エル・パルマール遺跡とマヤ遺跡群

ル・パルマール遺跡北周縁部の調査成果から、古典期後期（後六〇〇—八五〇年）のマヤ都市周縁部における饗宴の政治性について考察する。

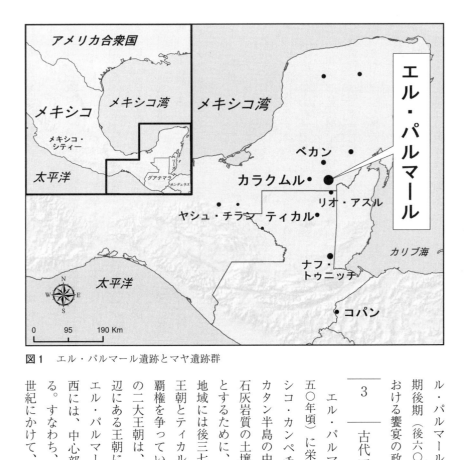

3　古代マヤ都市エル・パルマール

エル・パルマール遺跡は、古典期（後四〇〇—八五〇年頃）に栄えたマヤの都市であり、現在のメキシコ・カンペチェ州南東部に位置する（図1）。ユカタン半島の中心部よりやや南にあるこの地域は、石灰岩質の土壌に熱帯雨林が広がる自然環境を特徴とするために、有機物の保存状態は良くない。この地域には後三七八—七三六年にかけて、カーン（蛇）王朝とティカル王朝という強大なマヤの二大王朝が覇権を争っていた（Martin and Grube 2008）。これらの二大王朝は、四—六世紀頃にエル・パルマール周辺にある王朝に政治的介入を果たしている。また、エル・パルマールから直線で約五〇キロメートル北西には、中心部を堀で囲んだベカン遺跡が存在する。すなわち、エル・パルマールは、四世紀から八世紀にかけて、王朝間の政治的な緊張関係が重なる特殊な地政的状況に置かれていたことがわかる。実際に、発掘調査の成果は、エル・パルマールの中心部における都市景観が劇的に変化したことを示唆している。後四〇〇―六〇〇年頃になると、五万人以上の人々を一度に収容できる二つの公共広場が隣接して建設された。同時期に、王宮の南には地上一〇メートルの基壇上に、周囲からの視界を遮断し、人の出入りが極端に制限された広場も設けられている（塚本二〇一七）。さらに後五五四年を境にして、少なくとも後八二〇年まで、碑文をともなう石碑や祭壇が継続的に建立されたことが明らかになっている（Esparza Olguin and Tsukamoto 2011）。七世紀頃に建立された石碑一二号の碑文は、カーン王朝のユクノーム・チェン二世王とエル・パルマール王との政治的関係を示唆している。その頃エル・パルマールでは、称号を持つ役人たちが政治の表舞台に登場する。とりわけ、ラカム「旗手」の称号を有する役人たちは、後七二六年に都市の北周縁部建造グループ（グスマン・グループ）に居住して、饗宴を繰り返し催していたようだ（Tsukamoto 2017）。

4　グスマン・グループの発掘成果

グスマン・グループは、エル・パルマールの中心部から約一・三キロメートル北にある小規模な建造グループである。中心部とはサクベ（マヤ語で白い道）と呼ばれる舗装道路で結ばれており、その先に南北へ細長く伸びた逆台形の広場が七基の建造物群によって形成されている（図2）。二〇一〇～一六年までの発掘成果から、これまで広場の形成過程と四基の建造物についての詳細が明らかになっている。広場の東側にある石造神殿は、上部に天井が持ち送り構造によって支えられた部屋とマヤ文字の刻まれた碑文階段から成る。出土した外壁の断片から判断すると、外壁は切り石を漆喰で覆ったあとに赤く塗られていたようだ。部屋の内部の南北には低いベンチがあり、入口付近の左右の壁には、カーテンを固定するために円形の穴が穿かれている。部屋の正面から階段に至るまでには、長さ八メートル、幅一・九メートルのテラスが備えられており、儀式や政治的スピーチの際に利用されていたことを示唆できる。

碑文階段には、ラカム役人の末裔であるアフパチ・ワールが、ティカル王朝に対抗する蛇王朝を後ろ盾にして、同

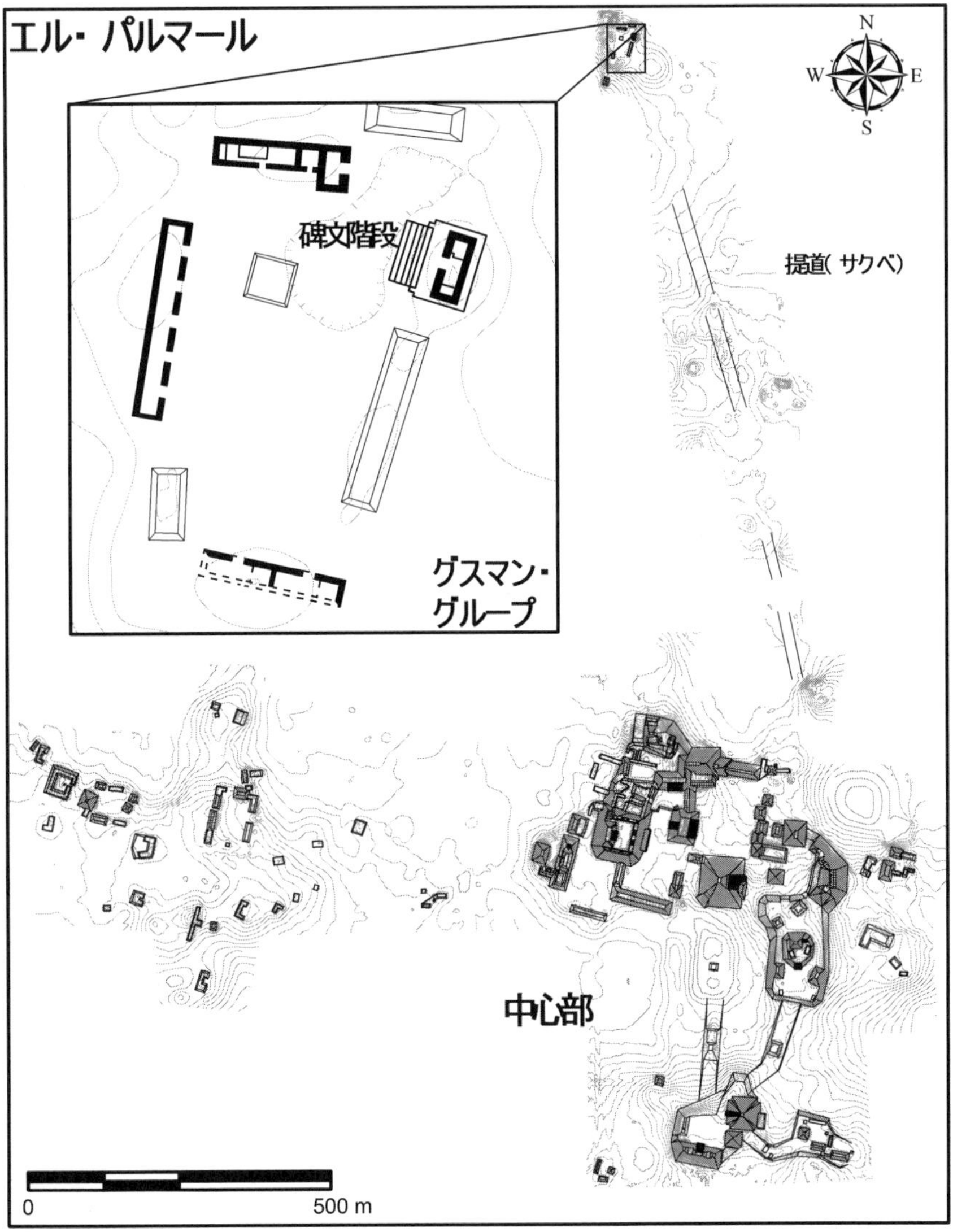

図2　エル・パルマール実測図

盟を結ぶためにコパン王朝を訪れた内容から始まる。続いて、碑文にはアフパチ・ワールの父親や祖父などの歴代のラカム役人と彼らの仕えたエル・パルマール諸王の名が記されていた（Tsukamoto and Esparza Olguín 2015）。

神殿内部と広場の層位的発掘によって、グスマン・グループの通時的な変化を明らかにした。とりわけ、碑文が刻まれた階段のブロックを取り除くと、その下から前時代の階段が検出された。その前時代における各段の踏み面の幅は二三センチメートルであったが、これは幅が七七センチメートルに達する碑文階段の踏み面と比べると、あきらかに狭い。おそらく、碑文階段の建設時に踏み面の幅を前時代の階段よりも意図的に広く設計し、それによって改築以前は昇降にのみ使われていた階段を、政治舞台へと変化させたのであろう。また階段の変化に伴って、祭祀空間としての広場も変化したようである。神殿の正面に当たる広場の北側を発掘した結果、神殿前には後六〇〇年頃に建てられた底辺五・八メートルの方形建造物が存在していたが、後七二六年の碑文階段建立と同時に破壊されて、埋められたようである。それによって、階段前の視界を遮るものがなくなり、聴衆は、踏み面の広い碑文階段とその上段に設けられたテラスでの儀礼や政治演説を正面から視聴できるようになった。すなわち、それまでにはなかった聴衆を意識した政治空間がグスマン・グループに設けられたのである（塚本二〇一六）。

広場を囲むグスマン・グループの建造物群は、部分的に重複しながらも互いに異なる機能を有していたようである。広場の北側にある建造物は、三部屋からなり、西側の部屋には正面と部屋の突き当りにベンチが設けられていた。正面ベンチは広場から見えるために、外部の人々との面談に使われたと考えられる。広場の東側を占める建物は南北に二五メートルあり、広場に面した部分には五か所の入り口が設けられていた。屋内にはベンチなどの日常生活を想起させるような設備は確認されず、また空間を仕切る壁がないために、建造物は、私生活よりも公的活動に関係する機能を有していたと推測される。広場の南側を占める建造物は、南北に二つの部屋が設けられ、それぞれの部屋に広場への出入り口が設けられていた。しかし、東西の部屋を繋ぐ内部通路は存在しない。いずれの部屋も東側に石造のベンチが設けられ、カーテンを固定する穴に壺の頸部がはめ込まれていた。ベンチは広場から見えないため、寝台としても使われていた可能性があり、訪問者に応対するような公的活動に加えて、私的空間としても使われていたと考えられるために、複合的機能を有した建造物であった蓋然性が高い。

建造物内部の層位的発掘によって、これまで一〇基の墓が出土している。その内の五基は副葬品を有していたが、いずれも土器であった。ラカム集団は、墓の副葬品を土器に限定する行為で集団内のアイデンティティーを形成した一方、異なった土器の質と数に集団内の社会的差異を反映させたのであろう。

5　土器接合による饗宴の復元

グスマン・グループの発掘調査によって、これまで約三万四千点の土器が出土している。そのほとんどが土器片であるが、墓の副葬品として、もしくは接合作業によって復元した、完形土器も含まれる。日本考古学では、分析の初期過程として、遺物の接合作業が当然のように行われているが、メソアメリカ考古学においては、猪俣や青山のアグアテカ遺跡の分析を例外とすると、研究者の数も少ない為、それほど重要視されてこなかった（青山二〇一三）。本調査では、グスマン・グループにおける饗宴の有無を調べるために、完形の土器を実測するだけでなく、土器片も口縁部が五%以上残っている個体三一一点を、全て実測してその特徴を調べた。接合した土器の中には、千点近くの土器片から復元されたものもあり、土器片数と個体数の持つ印象の違いを際立たせた（写真1）。これは、接合作業が遺物分析においていかに重要であるかを示している。

写真1　接合作業によって復元した大椀

民族調査によって、饗宴では小型の食器に加えて、口縁部の直径が三〇センチメートル以上の大皿や大椀が頻繁に使われることが分かっている（Crown 1994；Pauketat and Emerson 1991；Spielmann 1998；Mills 2007；Nelson 1991）。料理用の土器も饗宴に使われた蓋然性は高いが、日常生活用との違いを区別することが困難なために、分析から除外した。また、飲料用の円筒形土器や口縁部から土器の大きさを判断できない壺形の土器も分析からは除外した。それらに該当しない一八二点の土器を精査した結果、以下のような通時的変化が明らかになった。古典期前期（後二五〇―六〇〇年）に使われた二三点の中で、口縁部の直径が三〇センチメートル以上の土器は僅かに一七％（四点）しか特定されず、口縁部の直径は最大でも三三センチメートルしかなかった。ところが、後六〇〇年以降に製作された土器の実測可能な一五九点のうち、口縁部の直径が三〇センチメートルを超えるものは三七％（五九点）に達し、その中に直径五〇センチメートル以上の大皿や大椀が一一点含まれていた（図3）。これらのほとんどが、広場と碑文階段が整備された後七二六年以降に製作されたものであるが、それ以前の層位からも、直径五〇センチメートルの大皿が複数見つかっているため、後六〇〇年以降から七二六年以前までにも饗宴が催されていたようである。また、墓の副葬品として供えられた三点の皿は、いずれも直径三〇センチメートルを超え、そのうちの一枚を含む墓は、後六七四―七二四年に埋葬された。僅かではあるが、動物骨も出土している。しかし、エル・パルマール遺跡は、高温多湿な熱帯雨林に位置するために骨の保存状態が非常に悪く、動物種の特定には至っていない。

メキシコ国立大学人類学研究所のルイス・バルバ教授との共同研究において、これらの大皿や円筒形土器を含む他の副葬品土器の表面に付着した残滓の化学成分を分析した。その結果、リン酸、脂肪酸、タンパク質、炭水化物が検出されたために、これらの土器は副葬品としてのみに生産されたものではなく、饗宴などの他の活動にも使用されていたことが明らかになった。また、いくつかの円筒形飲用器には、高濃度の脂肪酸と炭水化物が検出された。カカオの豆を挽いたものに、水を加えて泡立てた飲み物の容器には、これらの残滓が付着する傾向にある。古代マヤ社会においては、カカオは饗宴などの重要な行事の際に服されていた（LeCount 2001）。

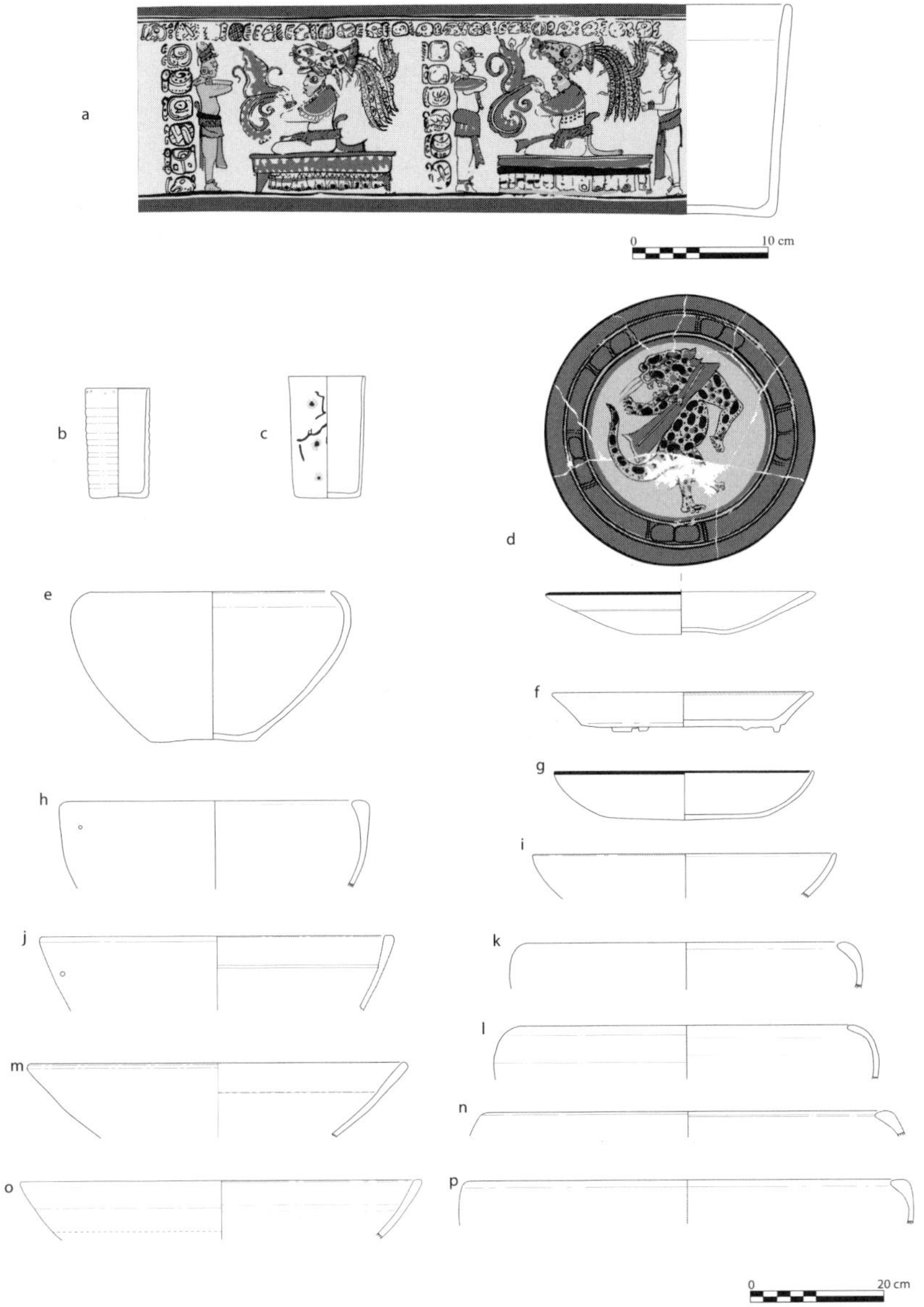

図3　饗宴に使われた土器

6　新大陸の古代社会における饗宴の重要性

古代社会における饗宴の重要性は、さまざまな地域で報告されている。例えば、メソアメリカでは、前九〇〇―八〇〇年頃になると、メキシコ南部のソコヌスコ地域にあるクワウテモック遺跡で饗宴の儀が社会の階層化の過程に重要な役割を果たしていたと報告されている（Rosenswig 2007）。古典期のマヤ社会では、ホンジュラスのコパン遺跡において、エリート集団の政治的地位を確立する手段として饗宴が催されていた（Hendon 2003）。同時代に制作されたマヤの彩色土器には、饗宴の様子も描かれている（Reents-Budet 2000）。一六世紀以降の植民地時代に入っても、メソアメリカの各地で饗宴が催されており、エスノヒストリーの事例として報告されている（Tozzer 1941; Farris 1984）。また現代のマヤ社会においても、饗宴は農業や暦の周期に密接に関係している（Vogt 1976）。

古代アンデス文明における饗宴は、形成期（前三〇〇〇―五〇年）までさかのぼる。カンパナユック・ルミやサハラパタクなどの遺跡において、神殿更新の過程として饗宴を催し、その際に用いられた土器と骨などの食べ残しを新たな建築の床下に埋めるという行為が繰り返されていたようである（松本二〇一三：一五；Vega-Centero 2007：166）。パコパンパ遺跡では、貴族墓に隣接した方形の中庭において饗宴の痕が発見されている（関二〇一六）。松本は、アンデス文明において繰り返し行われていた饗宴と神殿更新は、そこに参加した人間集団の神殿に対する記憶と関係を強化・維持したと解釈し、さらに中央アンデス地域におけるこれらの行為と社会階層化の相関関係を指摘している（松本二〇一三：一八―一九）。

7　結論

このように、饗宴は古代マヤ社会だけではなく、新大陸のさまざまな地域の異なった時代において催されてきた。これまで饗宴の政治的役割における解釈は、民族調査や現代社会の視座から、支配層の政治的権威の正当化や、社会秩序の再確認を強調してきた（Dietler and Hayden 2001；Farris 1984）。しかし、エル・パルマール遺跡のグスマン・グループや、アンデス文明の形成期の事例から饗宴を通時的に考察すると、これまでとは異なる饗宴の政治的役割が浮かび上がる。グスマン・グループにおける饗宴は、政治の舞台装置としての広場の整備や碑文階段の建設以前から、徐々にその規模を拡大して催されていた。すなわち、饗宴は碑文階段の建設後に、ラカム集団の政治的地位の正当性を表象するために利用されただけではなく、彼らの政治的地位の向上や集団内の社会関係に影響を及ぼしていたと考えられる。饗宴は、単に飲食を共にするだけではない。グスマン・グループの広場は、エル・パルマール王朝内の他のエリート集団を一度に収容できる空間である（Tsukamoto 2014）。後六〇〇年以降に催された饗宴は、何らかの形でエル・パルマール内におけるラカム集団の地位向上を促したのであろう。饗宴や饗宴の儀は、参加者を一時的に主催者側と賓客側に分ける不均衡な社会関係を生み出す。ラカム集団は、他の支配層集団に飲食を振舞うことによって、王朝内における地位を徐々に確立していったと考えられる。後七二六年頃における広場の整備と碑文階段は、ティカルと蛇王朝の歴史事変の結果だけではなく、それまでの饗宴が成功を収めていたことも、重要な要因であったはずである。その上で、碑文階段は、饗宴とともに繰り返された政治演説に、劇的な視覚効果を生み出す役割を果たしたのであろう。そして、新たな空間における饗宴は、さらにその政治性を増していった。形成期におけるメソアメリカのソコヌスコ地域やアンデス中央地域においても、饗宴が社会的差異を生み出す一助を担ったと考えられる。

本節は、エル・パルマール遺跡の北周縁部における饗宴を通時的に検討し、また新大陸の他地域における事例との比較によって、饗宴の政治性に着目し、その行為が社会に与える影響を考察した。饗宴は、古代社会だけではなく、現代においても政治的関係を生成・変化・再生産するのに重要な役割を果たしている。しかし、現代社会や過去の出来事の一つとして、共時的に饗宴を捉えてしまうと、饗宴をその社会の政治的状況を表象するものとしてとらえてしまい、饗宴という行為そのものが社会や政治に与える影響を見落としてしまう。饗宴のように、過去から現在に至るまで世界のさまざまな地域で繰り返し行われてきた行為を、考古学の得意とする長期的視点から通時的に理解することで、これまで見落としてきた人々の共同行為によって生み出される社会変化の過程を浮き彫りにできるであろう。

参考・参照文献

青山和夫（二〇一三）『古代マヤ　石器の都市文明［増補版］』京都大学学術出版会。

倉持正次（一九六五）『饗宴の研究──儀礼編』桜楓社。

関雄二（二〇一六）『古代文明アンデスと西アジア──神殿と権力の生成』朝日新聞出版。

塚本憲一郎（二〇一六）「古典期マヤの都市国家におけるイデオロギーのせめぎあい──メキシコ合衆国エル・パルマール遺跡の考古学調査と碑文解読から」『考古学研究』第六二巻第四号、七一─九〇頁。

──（二〇一七）「古典期マヤ文明の広場と政治権力」『古代文化』第六八巻第四号、六六─七四頁。

松本雄一（二〇一三）「神殿における儀礼と廃棄──中央アンデス形成期の事例から」『年報人類学研究』3、一─四一頁。

Crown, Patricia L.（1994）*Ceramics and Ideology : Salado Polychrome Pottery*. Albuquerque : University of New Mexico Press.

Dietler, Michael and Brian Hayden（2001）'Digesting the Feast-Good to Eat, Good to Drink, Good to Think : An Introduction,' In M. Dietler and B. Hayden（eds.）*Feasts Archaeological and Ethnographic Perspectives on Food, Politics, and Power*, pp. 1–20. Washington and London : Smithsonian Institution Press.

Esparza Olguín, Octavio and Kenichiro Tsukamoto（2011）Espacios de la escenografía ritual. En *Los Mayas : Voces de piedra*, editado por Alejandra Martínes y Maria Elena de la Vega, pp. 393–399. Mexico : Ámbar Diseño.

Farris, Nancy M.（1984）*Maya Society : Under Colonial Rule*. Princeton : Princeton University Press.

Hendon, Julia A.（2003）'Feasting at Home : Community and House Solidarity among the Maya of Southeastern Mesoamerica,' In Tamara Bray（ed.）*The Archaeology and Politics of Food and Feasting in Early States and Empires*, pp. 203–233. New York : Kluwer Academic/Plenum Publishers.

Hayden, Brian（2001）'Fabulous Feasts : A Prolegomenon to the Importance of Feasting,' In M. Dietler and B. Hayden（eds.）*Feasts : Archaeological and Ethnographic Perspectives on Food, Politics, and Power*, pp. 23–64. Washington and London : Smithsonian Institution Press.

LeCount, Lisa J.（2001）'Like Water for Chocolate : Feasting and Political Ritual among the Late Classic Maya at Xunantunich, Belize,' *American Anthropologist* 103（4）: 935–953.

Martin, Simon and Nikolai Grube（2008）'*Chronicle of the Maya Kings and Queens : Deciphering the Dynasties of the Ancient Maya*,'［2nd ed.］London：Thames & Hudson.

Mills, Barbara J.（2007）'Performing the Feast：Visual Display and Suprahousehold Commensalism in the Puebloan Southwest,' *American Antiquity* 72（2）：210–239.

Nelson, Ben A.（1991）'Ceramic Frequency and Use-Life,' In W. A. Longacre（ed.）*Ceramic Ethnoarchaeology*, pp. 162–181. Tucson：The University of Arizona Press.

Pauketat, Timothy R. and Thomas.E. Emerson（1991）'The Ideology of Authority and the Power of the Pot,' *American Anthropologist* 93（4）：919–941.

Reents-Budet, Dorie（2000）'Feasting among the Classic Maya：Evidence from the Pictorial Ceramics,' In Justin Kerr（ed.）*The Maya Vase Book, No. 6*, pp. 1022–1038. New York City：Kerr Associates.

Rosenswig, Robert M.（2007）'Beyond Identifying Elites：Feasting as a Means to Understand Early Middle Formative Society on the Pacific Coast of Mexico,' *Journal Anthropological Archaeology* 26：1–27.

Spielmann, Katherine A.（1998）'Ritual Influences on the Development of Rio Grande Glaze A Ceramics,' In K. A. Spielmann（ed.）*Migration and Reorganization：The Pueblo IV Period in the American Southwest*, pp. 253–261. Tempe：Arizona State University Anthropological Research Paper 51.

Tsukamoto, Kenichiro（2014）'Multiple Identities on the Plazas：The Classic Maya Center of El Palmar, Mexico,' In K. Tsukamoto and T. Inomata（eds.）*Mesoamerican Plazas：Arenas of Community and Power*, pp. 50–67. Tucson：The University of Arizona Press.

——（2017）'Reverential Abandonment：A Termination Ritual at the Ancient Maya Polity of El Palmar,' *Antiquity* 91：1630–1646.

Tsukamoto, Kenichiro and Octavio Esparza Olguín.（2015）'Ajpach' Waal：The Hieroglyphic Stairway at the Guzmán Group of El Palmar, Campeche, Mexico,' In Charles Golden, Stephen Houston, and Joel Skidmore（eds.）*Maya Archaeology* 3, pp. 30–55. San Francisco：Precolumbian Mesoweb Press.

Vega-Centeno, Rafael S.（2007）'Construction, Labor Organization, and Feasting during the Late Archaic Period in the Central Andes,' *Journal of Anthropological Archaeology* 26：150–171.

Vogt, Evon Z.（1976）'*Tortillas for the Gods*,' Cambridge：Harvard University Press.

第9節

周縁から見る古代メソアメリカ文明

市川　彰

1　はじめに

古代文明の盛衰について語る際、「中央」「周縁」という用語がしばしば用いられる。この際、「中央」は「周縁」よりも常に優位な立場にあり、中央が周縁に対して影響を与える、または政治的に支配するという見方が一般的であろう。ここでいう「周縁」とは単に中央からの地理的距離だけではなく、「文化的社会的に遅れた存在」として認識されてきた傾向が強いところに注意が必要である。

こうした状況は、調査や研究が大都市遺跡を中心に展開されてきたことと無関係ではない。古代メソアメリカ文明でいえば、メキシコ中央高原のテオティワカン、オアハカ地域のモンテ・アルバン、マヤ地域のティカルを代表とする大都市遺跡を例として挙げることができる。もちろん大都市遺跡の研究による功績は数多くあり、学術的価値のみならず、現在では一国の経済を支える観光資源として、遺跡の重要性が色褪せることは決してない。しかし、いわゆる「周縁」と位置づけられてきた社会が受動的・静的ではなく、より能動的・動的な存在であったことは明白になりつつある。古代文明の動態を中央から周縁という単純な動態としてみるのではなく、古代文明は多様な社会集団の相互交渉を通じて、形成、発展、衰退、崩壊、再生するという認識が肝要である（Joyce 2009）。

本節は、いわゆる「中央」に比定されるようなテオティワカンやティカルといった大都市遺跡の研究だけではすくい上げることのできないデータを提供することを目的とする。周縁という視点から古代メソアメリカ文明の特質としてなにが見えてくるか、考えてみたい。

2　チャルチュアパ三〇〇〇年の歴史

本節では古代メソアメリカ文明圏の南東端に位置するチャルチュアパに焦点を当てる。メソアメリカ全体のなかのチャルチュアパ、メソアメリカ南東部（現在のエルサルバドルとその周辺）のなかのチャルチュアパというように、マクロ・ミクロの地理的枠組みからチャルチュアパの動態を探っていこう。

▼チャルチュアパ遺跡の概要

チャルチュアパ遺跡は、古代メソアメリカ文明圏の南東端に位置する（図1）。遺跡は、東西に伸びる火山帯の北側裾野、標高約七一〇メートルのところに立地している。メソアメリカ文明圏というマクロな見方をすれば、チャルチュアパなどが位置する地域は「周縁」と位置づけられてきた経緯がある（Schortman and Urban 1984）。いわゆる「中央」と分類されるような遺跡としては、カミナルフユやコパン（いずれもチャルチュアパから直線距離で約一〇〇キロメートル）が挙げられる。とはいえ、チャルチュアパでは、約三平方キロメートルの範囲に視認可能なものだけで大小百基以上の建造物が確認されている（Sharer 1978）。なかには高さ二〇メートルを超える神殿ピラミッドもある。さらに建造物だけでなく、権力の象徴ともいえる石造記念物も三〇基以上確認されている。同様な遺跡が、チャルチュアパの周囲で見つかっていないことを考慮すれば、ミクロな地域レベルのなかではチャルチュアパを「中央」と比定することもできる。

筆者がこの遺跡に注目する理由のひとつは、先スペイン期（先古典期前期から後古典期後期まで）を経て、植民地時

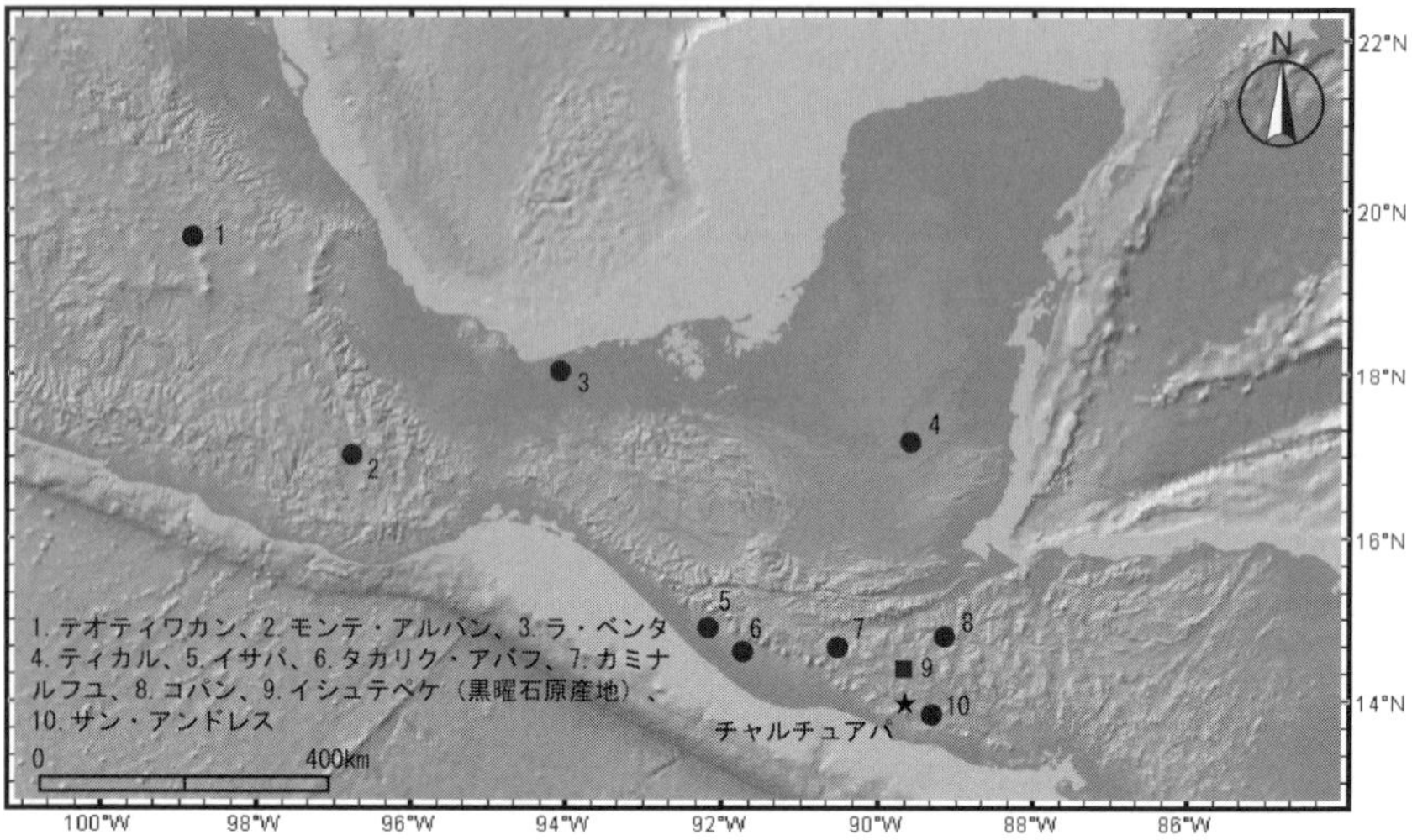

図1　チャルチュアパの位置と主な遺跡

代、そして近現代までの約三〇〇〇年にわたり歴史が連綿と続いてきたことにある。周縁地域における社会動態を通時的に見るには格好の対象であるといってよい。

▼通時的変遷

最初の居住は前一二〇〇年頃から始まる。メキシコ、グアテマラ太平洋岸に類似する土器を生産していた。前九〇〇—六五〇年頃には、突如、高さ二〇メートルにも達する土製ピラミッドがエル・トラピチェ地区に建造された。またオルメカ的な顔つきの有力者がチャルチュアパに到来したことを想起させる石造記念物が彫られた（図2①）。同時期のメソアメリカでは、メキシコ湾岸、チアパス高地、マヤ低地などで公共建築の建設・増改築、さらには公共祭祀が繰り返し実践され、複雑社会が形成されていった。

前四〇〇—後二〇〇年頃にチャルチュアパは、一回目の繁栄期を迎える。「南部都市国家文化」を形成したとされるカミナルフユ、タカリク・アバフ、イサパなどともに多くの文化要素を共有した（Love 2016）。カサ・ブランカ地区では、トウモロコシ畑に囲まれた大基壇上に公共建築群が造られ、公共建築の中心軸線上には石造記念物が配置されるなど、聖なる空間が創出された。石造記念物は、文字や暦が刻まれたもの、太った神様、石碑・祭壇

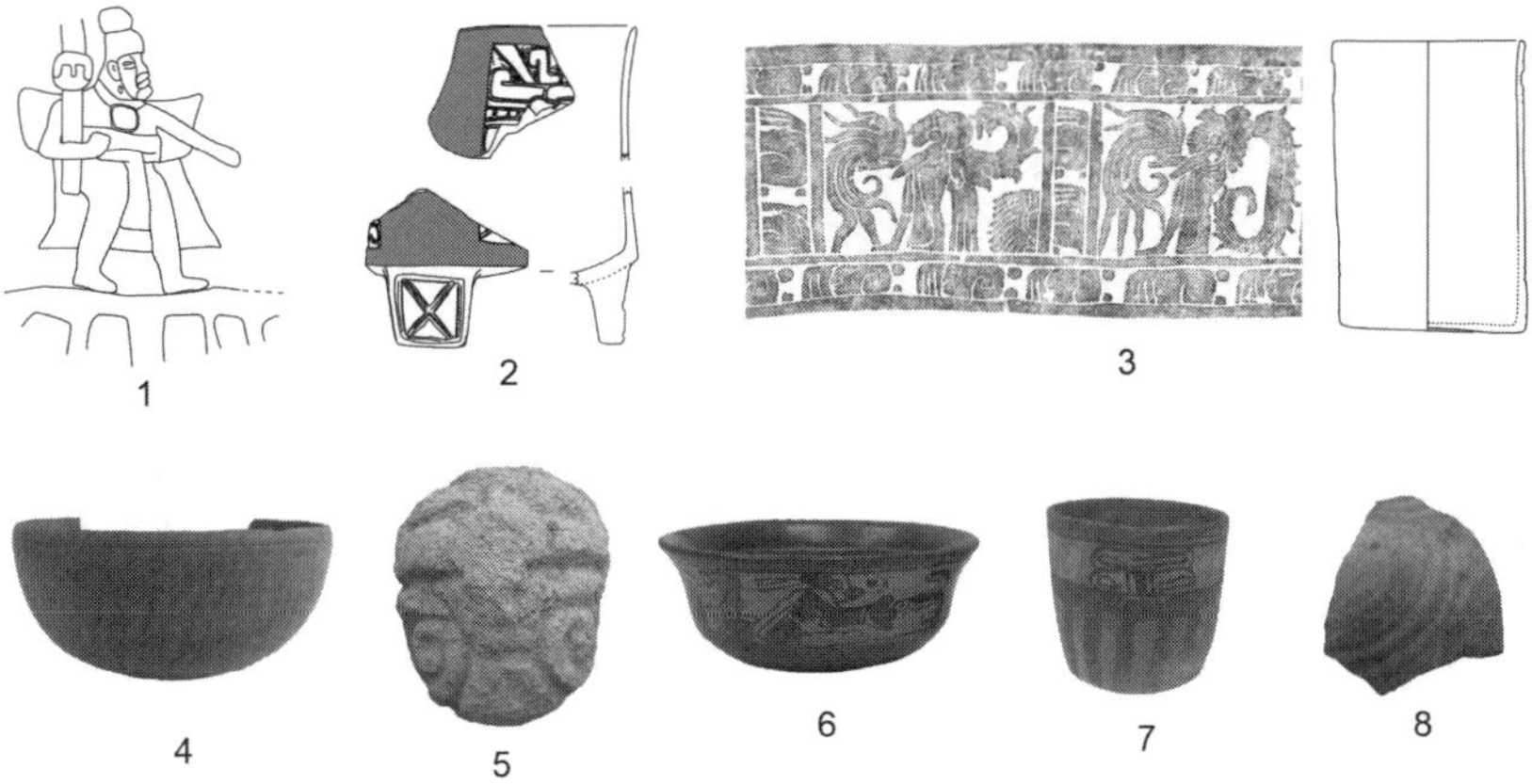

図2　外来系遺物と在地系遺物

石複合に加えて、通称「様式化されたジャガーヘッド」と呼ばれる地域独自の様式も生み出した（図2⑤）。また宗教的な側面だけではなく、経済的側面においてもチャルチュアパは地域内外にその存在感を示した。装飾性に優れたウスルタン様式土器やイシュテペケ産黒曜石製品の生産と流通は、まさにチャルチュアパ経済を支えた一大産業であったに違いない（図2④）。ただし、後代のような厚葬墓の存在など権力や資源の集中はみられず、時の為政者は共同的性格の強い戦略を用いて民衆をコントロールしていたようである。

後一五〇—二〇〇年頃になると南部都市国家文化は一斉に衰退する。この頃のチャルチュアパでは、破壊された公共建築や石造記念物、捕虜と考えられる後ろ手にされた土偶が見つかっており、他地域の社会的混乱により抗争が生じた可能性がある。その後、後二〇〇—四〇〇年の間には、社会活動の中心となる公共建築群がタスマル地区に遷移した。同時に、公共建築、石造記念物、土偶、土器、埋葬などの文化要素に変化が生じた。他地域の社会は衰退していたようであるが、チャルチュアパは社会を再編しながら、社会活動を継続したのである。

その後、イロパンゴ火山の巨大噴火が後四〇〇—四五〇年頃に起きる（第1章北村・伊藤コラム参照）。旧説では、この噴火によってチャルチュアパをはじめとする多くのセンターが壊滅・衰退するといわれてきた。しかし筆者らの最新の研究成果によれば何らかの影響はあったとはいえ、むしろ噴火災害に直面したことで、その後の社会の再編や発展が促進されていった可能性が高い（市川二〇一七）。噴火後に、多数のヒスイ製品、鏡、土器などの豊かな副葬品をともなう厚葬墓が出現することは、その傍証ともいえよう。また公共建築には出入りや視認性が限定された空間が作られるようになる。こうした厚葬墓や閉鎖空間の創出は、先代と比べて為政者の社会統治の戦略がやや独占的性格の強いものになってきたことを示唆している。さらにはイロパンゴ火山の噴火前後に出土するテオティワカン系器物の存在も権力の正当化や強化に寄与したものと思われる（図2②）。

後六〇〇—八〇〇年頃には、二回目の最盛期を迎える。タスマル地区で大型の建造物複合（B1—1建造物大複合）が完成し（図3）、メキシコ湾岸や中間領域、そしてマヤ地域との地域間交流を通じて知識・情報の共有、経済活動が展開された。しかし、同時期に隆盛を誇っていたマヤ地域の都市国家群とはかなり異なる社会であった。権力表象の装置であった石造記念物や文字は重要視されなかったのである。ただし当時、コパン王朝十二代目王（後六二八—六九五年）からチャルチュアパの為政者に下賜品が送られていることから、チャルチュアパはマヤ地域有数の王朝からも一目おかれる存在であった。その背景は、チャルチュアパにおける土器生産の技術力にあったと筆者は想定している。在地色の強い化粧土削り文土器の生産とマヤ南東地域広範に流通していたコパドール多彩色土器の生産という地域内外用の土器生産と流通の拠点であったと考えている（図2⑥〜⑧）。

後八〇〇—九〇〇年頃になると、マヤ低地南部の都市国家群が次々と衰退の一途をたどる。チャルチュアパでは、これまで使用されていた大型の建築複合の中央階段が破壊され、その前にメキシコ中央高原トゥーラに起源がたどれるような建造物壁面に突起を有した建造物（B1—2建造物）が建てられた（図3）。

さらに後九〇〇—一二〇〇年頃には、先古典期に建立された石碑が切断され、異常なまでに大量の黒曜石で埋納されるという、いわば伝統の破壊・刷新がおこなわれた。メキシコ中央高原に起源が求められるチャック・モールやシペ・トテックの石造記念物、メキシコ・グアテマラ太平洋岸に中心的な生産地があったとされる鉛釉土器、メキシコ

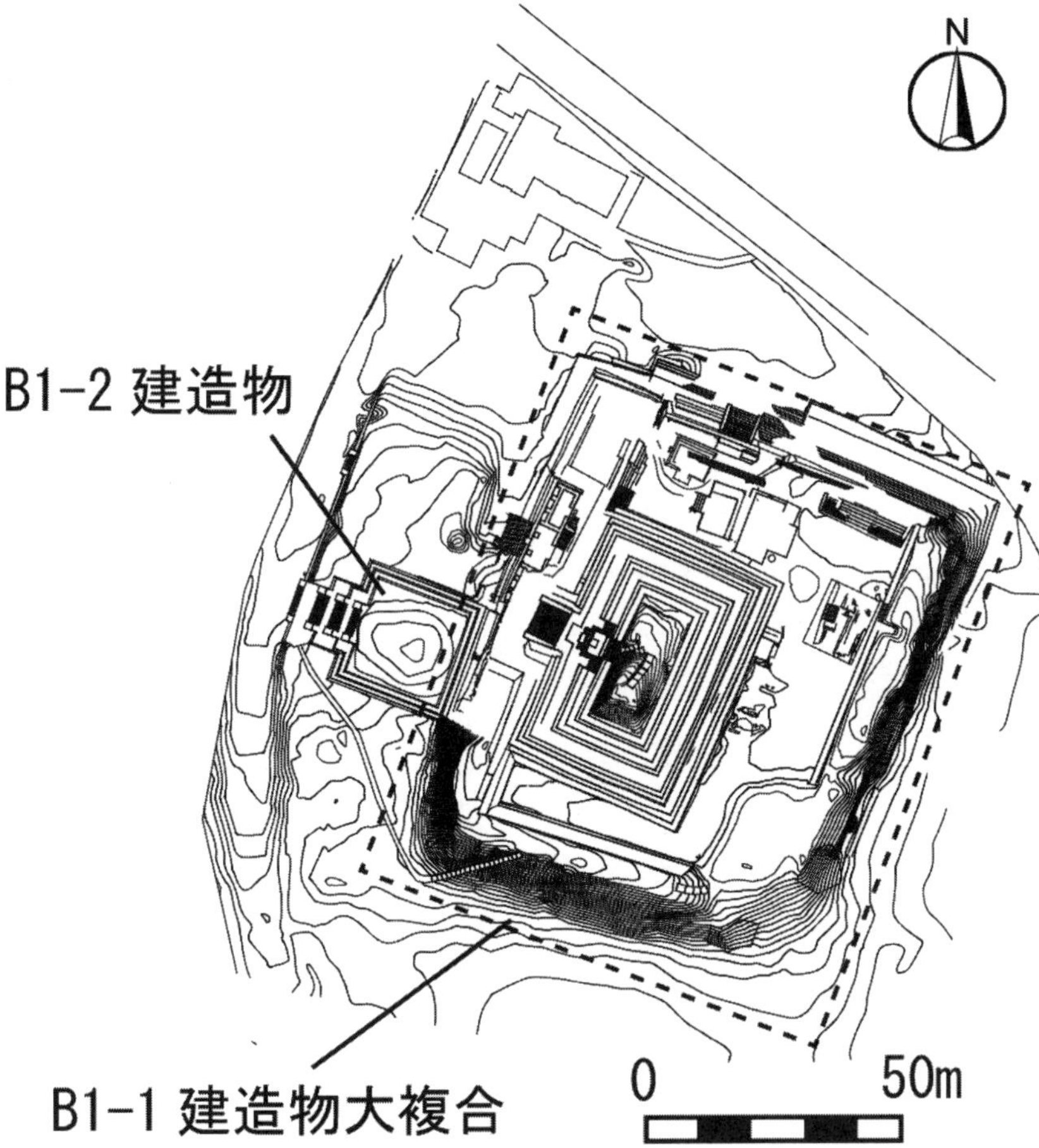

図3　タスマル地区主要建造物複合

中央高原または西部に起源が求められる銅製品や土製パイプが出土することは示唆的である。鉛釉土器にもケツァルコアトル神、トラロック神といったメキシコ中央高原の影響がうかがえる。

後一二〇〇年頃からスペイン人がやってくる一六世紀までは、少なくとも前代まで社会統合の核であった公共建築群は機能していなかったようである。言語学的研究によれば、チャルチュアパにはグアテマラ中央高地からのポコマム語系住民、チャルチュアパ周辺にはメキシコ中央高原からのピピル語系住民が居住していたようである。

3　社会情勢や流行を察知し、適応する能力

チャルチュアパでは、オルメカ、マヤ、テオティワカン、トゥーラといった、いわゆる汎メソアメリカ的な枠組みのなかで「中央」と比定できる文化や社会との何らかの関係が通時的に見られる。

筆者は、チャルチュアパの人々、とくに各時代を牽引した為政者が、他地域の社会情勢や流行を的確に把握しながら、それらの知識・情報・世界観または器物自体を選択的に受容し、社会統御に活用していたのではないかと考えている。中央の影響が周縁に見られるというと、中央の支配や統御といった形態を思い浮かべるかもしれない。しかし、チャルチュアパ社会が外部集団による支配や統御を受けていたことを示す痕跡はむしろ見当たらない。チャルチュアパの為政者たちは、「中央」的な外部要素を直接的であれ間接的であれ、能動的に入手し、社会統合の手段のひとつとして受容していった。外部要素を取り入れた器物の洗練さを見る限りでは、チャルチュアパの人々が模倣した可能性が高いと筆者は考えている。一方で、地域に根ざした信仰体系や趣向の融合、社会成員間の調和、技術力を駆使して、独自の土器生産体制を維持するなどして経済的基盤も整えつつ、社会を状況に応じて再編させながら、長期持続を可能にしてきたと筆者は考える。少し、具体的に見てみよう。

まず先古典期中期のオルメカ様式の石造記念物である。このひしゃげた口をもつ人物表現は典型的なオルメカ様式の表現方法である。オルメカ人か、実物を見たことがある在地の人物が彫った可能性が考えられる。この判断は困難だが、往時の中央ともいえるオルメカ文化との接触が、チャルチュアパの人々を突き動かし、当時のメソアメリカのなかでも規模の大きいピラミッドの建設事業を可能にしたと考えられる。

先古典期後期には、カミナルフユらと同様に南部都市国家文化圏の一翼を担った。公共建築の方位軸、石造記念物の様式とその配置、土器や土偶などの基盤となる物質文化は共有されていた。とはいえ、チャルチュアパは、様式化

されたジャガーヘッドの石造記念物やウスルタン様式土器など地域独自の信仰体系や工芸品を創造しつづけた。

古典期前期になると三脚円筒形土器や劇場型香炉などテオティワカンに特徴的な器物が見られるようになる。しかし、土器の観察によれば、在地特有の技術（化粧土削り文）や器形で製作されているのである。つまり、製作者は、どこかでテオティワカン由来の土器を実際に目にして、それを在地の技術をもって模倣して製作した可能性が高い。テオティワカンの強い影響力（ただし直接的支配ではない）のもとに興隆した大都市カミナルフユやコパンとの交流を通じて、その周縁に位置するチャルチュアパの人々は間接的にテオティワカン文化を受容したようである。

古典期後期になると、マヤ地域の諸都市が繁栄を極めた。古典期のチャルチュアパの人々はしたたかである。先古典期まではカミナルフユなど主にマヤ南部高地または太平洋岸の諸都市との交流を密にしていた。しかし古典期にそれらが衰退すると、マヤ地域、主にコパン王朝との交流を密にし始めるのである。そしてマヤ地域で製作されていた儀礼の様子などが描かれている円筒形土器を生産するようになる。しかし、マヤ文化圏の周縁に位置するチャルチュアパの円筒形土器にみられる表現・彫刻技術はやや粗雑な印象を受ける。さらに文字は擬似文字が用いられている。土器に示された文字の内容は重要視されず、文字が読めなくとも視覚的に認知が容易な儀礼の表現が、チャルチュアパの人々にとっては意味をもったのかもしれない。

興味深いのは、メソアメリカにおける支配層の権力表象の手段のひとつであった文字・暦が刻まれた石造記念物の利用である。チャルチュアパは先古典期には、文字・暦が刻まれた石造記念物をいち早く導入し、為政者はそれらを社会統合に利用していった。しかし、古典期にマヤ地域の諸都市が石造記念物を権力表象の装置として積極的に利用する一方で、チャルチュアパは石造記念物の利用や文字を使った表現を放棄してしまった。放棄の理由は定かではないが、少なくとも為政者と民衆に石造記念物や文字の利用が社会統合にとって重要ではなくなったことが想定できる。

古典期終末期から後古典期前期にかけては、メキシコ中央高原またはメキシコ西部に起源をたどることのできる外来系の器物や建築が見られるようになる。この時期には実際に言語系統の異なる集団の移動があったとされており、実際に人々がチャルチュアパにやってきた可能性が高い。とはいえ、社会が一新するほどではなく、在地の人々や文化が移住者や外来文化を受容し、次第に融和していった可能性を考えておきたい。

4　地域内にみられる独自性

次にもう少し地理的にミクロな範囲内におけるチャルチュアパの動態を検討する。ここでは筆者が二〇一五年から調査をおこなってきたサン・アンドレスとチャルチュアパの関係を見てみよう。

サン・アンドレスは、チャルチュアパから東に約三五キロメートル、四方を山々に囲まれたサポティタン盆地に位置する。居住自体は前六〇〇年頃に開始される。その後、複数の公共建築群が造られ、後六五〇—九〇〇年に最盛期を迎える。アクロポリスや盆地内最大の建造物ラ・カンパーナなど複数の公共建築群が建てられた（図4）。その後、後一二〇〇年頃に放棄された。

前六〇〇—後二〇〇年頃のサン・アンドレスにはまだ公共建築は建てられておらず、小規模な集落であった。この時期に相当する土器型式は、チャルチュアパの土器と類似点が多い。ただし、チャルチュアパではウスルタン様式の土器が大量に出土する一方で、サン・アンドレスでは太めの刻線文様が装飾された土器が頻出する。ウスルタン様式土器の生産と流通をチャルチュアパが統御していたために出土量が少ないということも考えられるが、こうした土器様式を共有しながらも細部における趣向性の違いは後代にも認められる。チャルチュアパが先進的な土器技術やデザインを創造・発信しながら、サン・アンドレスの人々はそれらを取捨選択し、受容していたのかもしれない。

イロパンゴ火山の巨大噴火後、サン・アンドレスでは火山灰を建築材の一部として用いて土製の公共建築群が造られるようになる。古い建築を覆って新しい建築を造るというメソアメリカ建築に特徴的な要素がみられる。土製建築の上には、この時期には珍しい切石積み技法が用いられた。サン・アンドレスの人々は社会統合の核であった公共建

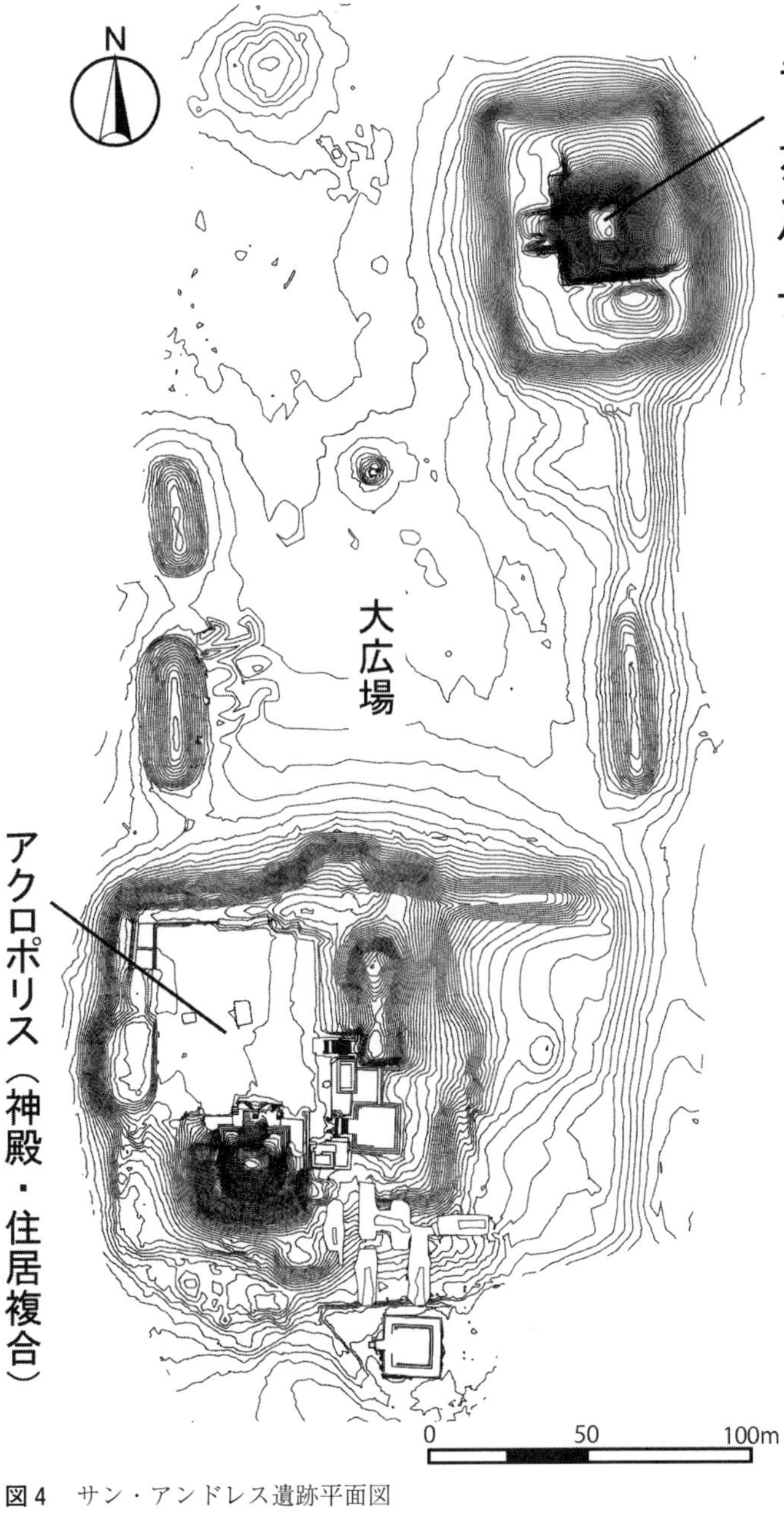

図4　サン・アンドレス遺跡平面図

築群を造りはじめるとはいえ、その建築技法はチャルチュアパとはかなり異なっていた。

後六五〇―九〇〇年は、サン・アンドレスの最盛期である。この最盛期には、アクロポリスとよばれる建築複合や高さ約二〇メートルのサポティタン盆地最大規模を誇る建造物ラ・カンパーナなどの公共建築群が威容を誇った。これらの公共建築群は大量の日干しレンガによって造られる。ただし日干しレンガの製作技術や公共建築の配置などは同じく最盛期を迎えていたチャルチュアパとは異なる（図3―4を参照）。エキセントリック形石器や権力の象徴と考えられる双頭の蛇がデザインされたヒスイ製品が出土していることから、マヤ地域、おそらくはコパンとの関係性を強化して、独自に発展を成し遂げていった。土器にもサン・アンドレスとチャルチュアパの趣向性の違いが見られる。この時期には化粧土削り文を施した土器がチャルチュアパとサン・アンドレスの双方で大量に生産されるが、文様が施される器形や施文方法に違いがうかがえる。またチャルチュアパはコパドール様式と呼ばれる多彩色土器、サン・アンドレスはサルア様式と呼ばれる多彩色土器の交易に重きを置くなど、多彩色土器の趣向性や地域間関係もかなり異なっていたことが想定できる。

このようにチャルチュアパとサン・アンドレスは、地理的に近く基本的な文化要素の多くを共有しつつも、両者の文化的特徴、地域間関係はかなり異なっていた。遺跡の規模や出土遺物の質量で判断するならば、チャルチュアパは地域内の「中央」と比定されるが、近隣社会は支配されていたわけではない。確かにチャルチュアパ発と考えられる文化要素が他に影響を与えていたことはあろうが、その受け手は、相互交渉のすえに、独自に解釈・受容をしていったようである。

5　自律した集団による相互交渉が生み出す社会の多様性

ここまで地理的にマクロ・ミクロの双方からチャルチュアパの通時的動態を詳述してきた。筆者が主張しておきたいことのひとつは、いわゆる「周縁」と比定されるような集団においても、かなりの程度に主体性や独自性が認められる、自律した集団であったということである。チャルチュアパは、古代メソアメリカ文明のマクロな動態においては、常に戦略的に外部と接触し、時代の変化や潮流に柔軟に対応する集団であった。こうした状況はメソアメリカ南東端というよりミクロな地域内の社会関係においても看取できる。サン・アンドレスとチャルチュアパは多くの文化要素を共有しつつも、自律した集団として、独自の物質文化や地域間関係を育んだ。本節では、地域間の比較にとどまっているが、第8節塚本によるエルパマール北周縁部の饗宴の様相に鑑みると、各都市の内部にもさまざまな自律した集団が存在し、各々の思惑で社会活動を営んでいたことは明白である。

そうした自律した集団による様々な相互交渉の結果として、古代メソアメリカ文明の社会の多様性が形成・維持されたのではないだろうか。中央・周縁という二分法を用いてしまうと中央から周縁という一方向的な関係性や中央を上位とする階層的な関係を想像しがちである。しかし、中央・周縁に関係なく、いずれも主体性をもった自律した集団であり、それぞれが独自の戦略や意思をもって行動していた。こうした特徴こそが、古代メソアメリカ文明が政治的に統一されることのなかった背景のひとつにあるのではと筆者は考える。もちろん碑文や墓の研究などから、王や貴族を上位とする社会階層は存在し、主従関係も存在したことは間違いない。しかし、階層間でも常に相互交渉があり、通時的にみれば、階層間関係は常に固定的なものではなく、形成・瓦解・再編が繰り返された。

現在も、遺跡の規模や大型公共建造物の有無を指標として、いわゆる「中央」と比定されるような遺跡の調査が主流である。こうした遺跡の調査は、都市や国家の形成過程など考古学的に重要なテーマをいくつも有している。とはいえ、中央だけではなく、その周縁に存在した数多のセンターや集落の調査研究も含めることで、より豊かな古代メソアメリカ文明の理解、ひいては人類史の理解に貢献できると考える。

6 おわりに

本節では、ステレオ・タイプの中心・周縁関係を乗り越え、自律した集団による相互交渉が生み出す社会の多様性を明らかにし、それが古代メソアメリカ文明の特質のひとつであることを論じてきた。

　多様性の維持は、自然環境だけではなく人間社会のレジリアンスを高めることにつながるとされる。しかし現代社会では多様性を強調するあまり、それが対立の火種になることも少なくない。多様であることはそれぞれが排他的な関係にあることではないはずである。もちろん古代メソアメリカ文明にも戦争や抗争といった暴力をともなう対立が全くなかったわけではない。とはいえ、本節で示したようにチャルチュアパは、多様な古代メソアメリカ文明のなかにおいて、マクロ・ミクロの社会動向に目配りしつつ、長期間持続することができた。このことから我々が学ぶべきことは少なくないだろう。

参考・参照文献

市川彰（二〇一七）『古代メソアメリカ周縁史——大都市の盛衰と大噴火のはざまで』渓水社。

Joyce, Arthur（2009）'Theorizing urbanism in ancient Mesoamerica,' *Ancient Mesoamerica* 20：189–196.

Love, Michael（2016）'Early States in the Southern Maya region,' In Traxler, Low and Robert Sharer（eds.）*The Origins of Maya States*, pp. 271–327. Philadelphia：Pennsylvania University Press.

Urban, Patricia and Edwin W. Schortman（1986）*The Southeast Maya Periphery*. Austin：University of Texas Press.

Sharer, Robert J.（1978）*The Prehistory of Chalchuapa*. Philadelphia：The Pennsylvania University Press.

第10節

移民たちは何をもたらしたのか？
——後古典期ニカラグア太平洋岸の社会変容

長谷川悦夫

1　はじめに

ニカラグア共和国太平洋岸は、北西から南東に連なる火山と湖に特徴づけられる。最大のニカラグア湖は八〇二九平方キロメートル、次に大きいマナグア湖は一〇四九平方キロメートルで、湖の南岸に首都マナグア市が広がる。ニカラグア太平洋岸とコスタリカ北西部はメソアメリカ南東辺境とされ、言語学と歴史文書によれば、同地域にはニカラオ（Nicarao）とチョロテガ（Chorotega）という民族が居住しており、これらの集団が北から移民して同地域に居住し始めたのは比較的新しい時代と考えられている（Chapman 1960）。当該地域の編年でいうと、サポア（Sapoa）期（八〇〇—一三五〇）が概ねメソアメリカ後古典期前期で、「チョロテガの移住によって幕を開ける」とされる。白地に多彩色で文様が描かれたニコヤ（Nicoya）多彩色土器と呼ばれる一連の土器型式がこの時期の標識遺物であり、さらに後古典期後期にあたるオメテペ（Ometepe）期（一三五〇—一五五〇）が「ニカラオの移住によって始まり」、いくつかの新しい土器型式と関連付けられる（Vázquez *et. al.* 1994）。

エルサルバドルとその周辺では、先古典期からすでにメソアメリカ的文化要素が現れ始め、それらの出現と消失パターンから、周縁に置かれた社会が、中心との関係を能動的に構築しつつ民族集団の交代を経ながらも長期にわたって持続したとされる（本章第9節市川論文）。ニカラグア太平洋岸は、その周縁からさらに南に下った辺境である。本節では、マナグア湖岸の二つの遺跡の発掘調査を軸に、先スペイン期の民族移動と、この地がいつ、どのようにメソアメリカ化されたのかという問題を見てゆく。比較対象としてコスタリカ北西部にも言及する。

2　マナグア湖畔の遺跡の発掘調査

ここでは、筆者が二〇一四年から行ったマナグア湖畔の二つの遺跡の発掘調査（長谷川二〇一六）について紹介する。チラマティーヨ（Chilamatillo）遺跡は湖の東岸に所在し（以下遺跡の所在地については図1を参照）、湖岸から低い台地上にかけて広がる。ここで良好な堆積を探して四平方メートルの試掘坑を発掘した。緩やかな地表面の盛り上がりがあったが、土中に建築遺構は確認されなかった。遺物包含層は約一メートルで、三七四一点の土器片と石器（発掘品と表採品をあわせて一〇〇点以上）、魚類の骨、亀の甲羅などが出土した。

土器分析の結果、一五九八点が既知の土器型式に分類された。そららのうちサポア期の土器片が五一九点、オメテペ期が一〇三二点で、ほぼ全てである（写真1）。重要なことは、これら二つの時期の土器は、試掘坑の下層から上層まで全ての層で混在しており、層位的前後関係が認められないことで、これは後述の議論に影響を及ぼす。第六層と第八層からのC[14]年代が得られ、それぞれ一二一〇―一二七一年、一二二〇―一二七五年である。また、両側に抉りが入った土器片が数多く発見された。漁具の網や釣り糸に付ける錘であろう。大量の石器も出土し、石材も多様である。遺跡近辺では採れない玄武岩が大多数であり、チャート、玉髄、黒曜石の小剥片三点も含まれる。

以上から、この遺跡にはサポア期以降の人間居住があったと言える。魚骨、亀の甲羅、錘として用いられた土器片から、漁労に依存する生活が窺える。遺跡周辺には、湖で漁をする人々が寝泊まりする仮小屋が現在も存在する。様々な石材の石器は、湖の水上交通を通じた石材の交易や石器製作が行われていた可能性を示唆している。

もう一方のラ・パス遺跡（La Paz）はマナグア湖東岸チルテペ（Chiltepe）半島の付け根にあり、湖岸に沿って広範

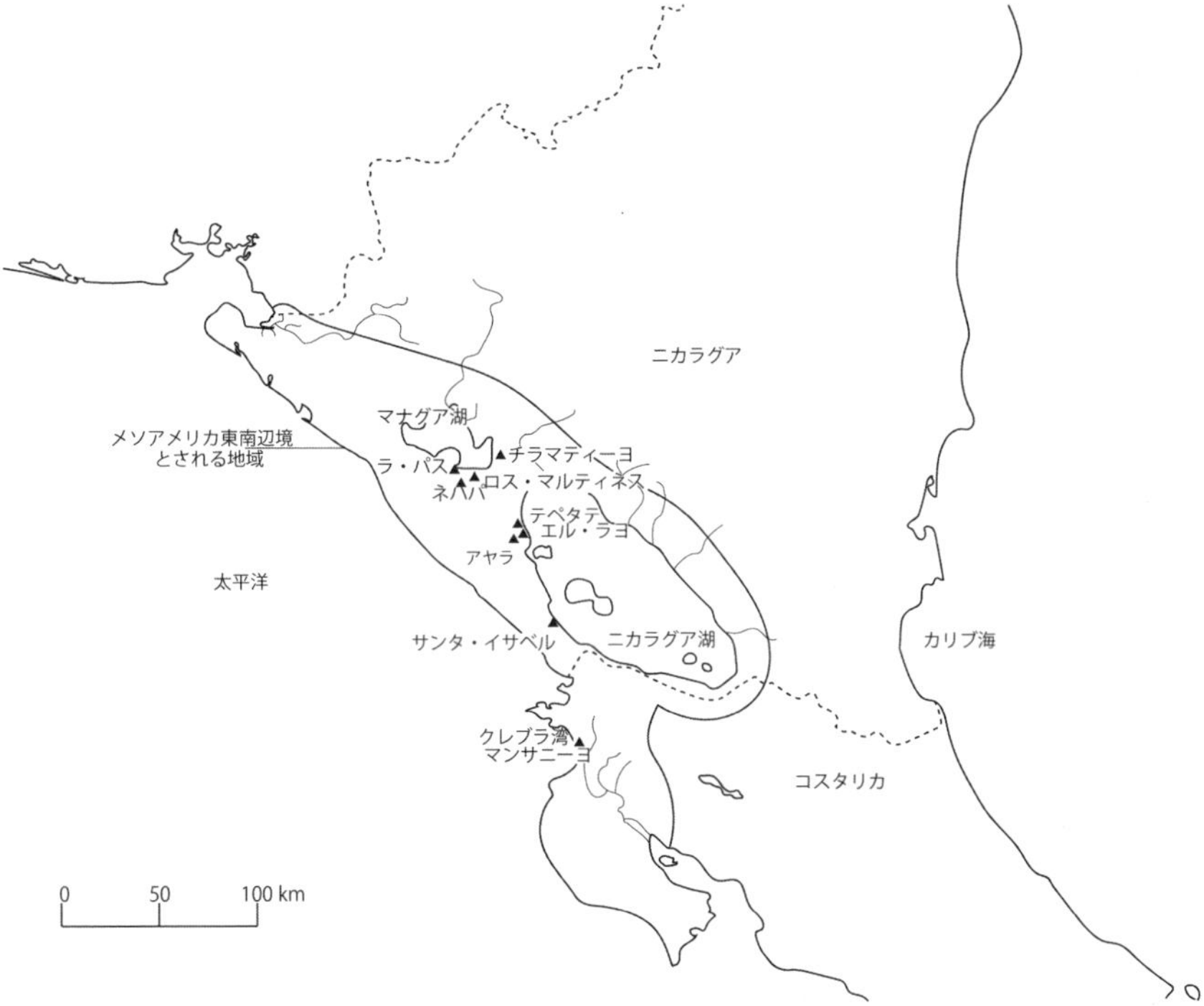

図1　ニカラグア太平洋岸とコスタリカ北西部の遺跡

囲に土器、石器が地表に観察される。特筆すべきは直径約二〇メートル、高さ二・八メートルのマウンドが残存しており「マウンド1」と名付けられた。ニカラグア太平洋岸では、このように地表面にある程度の高さを保つ先スペイン期の建築遺構は例外的である。

　マウンド1の西側を発掘した結果、内部に方形石造基壇が埋まっていることが確認された（写真2）。高さ五〇センチメートル程度、石材は未加工で粗いながらも明確な面を持つ壁である。この建築様式は、当該地域では類例を見ない極めて稀なメソアメリカ的文化要素と言える。基壇に対応する床面上からは、上部構造の建物が焼け落ちたとみられる、植物圧痕を持つ焼土塊が大量に出土した。マウンド1の発掘では土器その他の生活廃棄物の出土は少なく、消極的推論であるが祭祀用遺構と考えられる。基壇に対応する床面のC^{14}年代は一二二四―一二八〇年である。

　方形石造基壇から三〇センチメートル下に

は古い床面が確認され、直径一〇—三〇センチメートルの柱穴らしき掘りこみがみられ、C^{14}年代は一〇四六—一二一一年であった。マウンド東側でも発掘を行ったが、壁は発見されず、方形石造基壇は小規模なようである。なお、石造方形基壇を覆う粘土の盛り土のC^{14}年代は一二八〇—一三八八年である。

　マウンド1から一〇〇メートル東では埋葬地が発見され、六つの蓋つき甕棺が出土した。これまで内部を確認した三つの甕棺からは、保存状態が悪い人骨が発見された。特筆すべきは「埋葬六」の共伴遺物であり、小型の完形土器、多彩色土器の口縁部分の破片が各一点、魚の脊椎が一点出土した。完形土器はムリーヨ（Murillo）土器、口縁破片はバジェホ（Vallejo）多彩色土器と呼ばれ、共にオメテペ期の土器である。ところが、埋葬六の人骨のC^{14}年代は八九二—一一四七年であり、オメテペ期の絶対年代とされる一三五〇—一五五〇年よりもはるかに古い。なお、残り二つの甕棺の骨と炭化物のC^{14}年代は、一〇四五—一二六二年、一〇四七—一二四一年である。

　出土土器は、ほぼすべてがサポア期とオメテペ期である。全般的に遺物の出土は少ない。石器も少量であり、すべて不定形の剥片で、黒曜石

写真1　チラマティーヨ遺跡出土多彩色土器

写真2　ラ・パス遺跡、マウンド1

の剥片は一センチメートル以下のものが十個に満たない。動植物遺存体については、マウンド東面の発掘で最深部から残存状態が良いマメ科植物遺存体が出土したことが目を引く程度であり、トウモロコシはない。

3 土器編年の問題

筆者がマナグア湖畔で行ってきたチラマティーヨとラ・パス遺跡の発掘調査の成果を、当該地域の考古学の全体的枠組みの中に位置づけるとどうなるだろうか。まず、土器編年の問題である。チラマティーヨ、ラ・パスともに、オメテペ期の土器の年代が大幅に古くでている。上述のように、両遺跡の年代測定を総合すると、一三五〇―一五五〇年とされるオメテペ期に対して、実際には一〇世紀から一三世紀の年代が得られているのである。

実はこの問題は、二〇〇〇年代に既にニカラグア湖周辺での遺跡の調査で提起されていた。カルガリー大学がオメテペ期とされる三つの遺跡を発掘したが、リバス県のサンタ・イサベル（Santa Isabel）で得られた一二のC^{14}年代からは、居住があったのは八九〇―一二八〇年であった（McCafferty and Steinbrenner 2005）。

これがニカラグアの局地的な現象でないことは、実はコスタリカのクレブラ湾岸の発掘で一九九〇年代から示されていた（Hernández 1997）。グァナカステ県、クレブラ湾岸のマンサニーヨ（Manzanillo）遺跡の埋葬で、ムリーヨ土器がサポア期のパパガヨ多彩色土器と共伴しており、C^{14}年代は九七五―一二三五年である。調査者はこれについて「ムリーヨ土器の初期に現れるバラエティが、一部サポア期にまで入り込んでいる」として、現行編年と現実の調査結果の間で何とか整合性を保とうとしている。

しかし、ラ・パス遺跡の埋葬で出土したムリーヨ土器は八九二―一一四七年であり、C^{14}年代はマンサニーヨよりもさらに古い。加えて、チラマティーヨではオメテペ期の土器とサポア期の土器には、層位的な前後関係が認められない。両者は大部分並行しているのではないかと考えられる。またその帰結として、「真に一四、一五世紀の土器や遺跡」はどこにあるのかという問題もある。現在の土器編年が確立されたのは一九九〇年であるが、当時オメテペ期に一三五〇年から一五五〇年という絶対年代を与えた根拠は六つのC^{14}年代だけであり、わずか四つの遺跡から得られたものに過ぎなかった（Vázquez *et. al.* 1994）。オメテペ期の絶対年代が少数のC^{14}年代をもとに設定されたことには留意するべきであり、その後の発掘調査の蓄積とともに、修正が迫られていることは明らかである。

4 メソアメリカ的な文化要素の出現

上記ニカラグア湖周辺の発掘調査の結果から提起された問題として、土器編年の再検討ともう一つ、メソアメリカ的文化要素の欠落があった。つまりメソアメリカ系民族の居住地と想定される遺跡を掘っているにもかかわらず、それらしき痕跡が発見されないのである。そして、これもマナグア湖畔の二遺跡で得られた知見と符合している。メソアメリカ的文化要素とは、トウモロコシ農耕、文字と暦、階段状ピラミッド、黒曜石製石器などであり、これらが共有されている地域に、マヤ、サポテカ、アステカなどの文明が興亡した。

ニカラグア太平洋岸がメソアメリカの一部とされる根拠は言語学と歴史文書であり、複数の年代記が後古典期にメキシコからの移民があったことを述べている。ところが考古学的にみると、まず、マナグア湖畔の遺跡ではトウモロコシの植物遺存体は出土していないし、トルティーヤを焼く土製フライパンであるコマルも出土しない。コマルの不在が必ずしもトウモロコシの不在の証明とはならないとはいえ、これがメキシコの後古典期の遺跡では広範に出土する遺物である以上、メキシコから後古典期に移民があったとされる場所で出土しないのは不自然と言える。植物を加工する石棒マノと石皿メタテは、ラ・パスのマウンド1の葺き石として、少数の破片が出土するのみである（表採品を含めて一〇点以下）。両遺跡ともに、黒曜石はわずかで、石器が数多く出土するチラマティーヨでも、発掘では小剥片が三点得られたのみであった。マヤ地域では、全ての社会階層で日常的に使用され、交易品としての経済的役割のみならず宗教儀礼的意味すら持ち、文明の発展に重要な役割を果たした黒曜石製石器（本章第1節青山論文を参照）が、わずかしかないことは特筆すべきである。また、土偶や香炉などメソアメリカらしさをもった遺物も見当たらない。

ニカラグア湖周辺の遺跡の発掘調査でも、サンタ・イサベルのマウンドは、日干しレンガや木舞壁の質素なもので、その他の遺跡でも、トウモロコシの痕跡も見当たらず、黒曜石の出土も少なく、魚類をはじめとし、野生動物、豆、ヤシが多く消費されていたことが分かった（McCafferty 2010；McCafferty and Steinbrenner 2005）。

つまり、メキシコから民族移動があったという時期の遺跡にもかかわらず、その生業はトウモロコシ農耕民というメソアメリカ的生活様式から遠ざかっているように見える。これはコスタリカの太平洋岸でも見られる現象である。クレブラ湾の湾岸では、以下のような事実が明らかになった（Gómez 1997；Hernández 1997）。前時期には石積みの埋葬マウンドが建設されたが、サポア・オメテペ期には貝塚で埋葬を覆うようになる。サポア・オメテペ期に入り、潜水、銛、仕掛け網などの技術と道具を用いなければ獲れないタイ科などの魚類の骨も出土し、水産資源への依存が増したことがわかる。そして、多彩色土器の図像の他には、これといったメソアメリカ的な要素は見られない。

ニカラグア湖とマナグア湖の湖岸、クレブラ湾岸で後古典期に入って漁労・採集への依存が増し、トウモロコシ農耕民という生活様式から離れてゆくとしても、湖岸や海岸の遺跡である限り、水産資源に依存するのはごく自然なことにも思われる。しかし、ここで一九八〇年代に行われたアヤラ（Ayala）遺跡をはじめとしたグラナダ地域の調査（Salgado 1990）に注目したい。アヤラはニカラグア湖から約八キロメートル内陸に入った丘陵地帯に位置し、アヤラ期（六五〇—九五〇）には地域の中心的村落であり、トウモロコシの遺存体が出土している。ところが、コシボルカ（Cocibolca）期（九五〇—一一五〇）になると、アヤラは衰退してトウモロコシは出土せず、代わって湖岸のテペタテとエル・ラヨが繁栄する。

そういったなか、注目すべきはラ・パス遺跡である。一三世紀、それまで掘っ立て柱式の建物があった場所に盛り土がされ、方形石造基壇が建設されるという画期的な出来事が起こる。方形の建造物はメソアメリカ的であり、それ以南の地域では円形の建造物が主流である。ただし、この特筆すべき建造物も一三世紀終わりから一四世紀に盛り土で覆われ、円形マウンドに造り変えられてしまう。

5 メキシコからの移民は来たのか

以上のように、考古学的にはメキシコからの移民が来たようには見えない。一方で、言語と歴史文書は移住があったことを明確に述べている。現状では、考古学と言語学およびエスノヒストリーの間に乖離が生じている。

考古学的文化におけるメソアメリカ的要素の希薄さからは、八〇〇年頃チョロテガが移住し、在地の人々を征服または駆逐してニカラグア太平洋岸をメソアメリカ化したという図式は成り立たない。また一三五〇年頃に遅れてやってきたニカラオが新しい土器型式をもたらしたという図式も成り立たない。そもそも、サポア期とオメテペ期に年代的な差はない。大規模な移住が二度起ったというような証拠はなく、編年の問題はいまだ混とんとしている。

マナグア湖周辺では、この時代の考古学文化は多様である（長谷川二〇一六）。建造物は、ラ・パスのように大規模円形の石造マウンド、方形石造基壇、マナグア市のネハパ（Nejapa）遺跡の小規模円形石造マウンドがあり、チラマティーヨのように地表に建築遺構が見られない居住跡もある。また、埋葬様式は、この時期のニカラグア太平洋岸では甕棺埋葬が多いものの、マナグア市のロス・マルティネス（Los Martínez）遺跡のように、石郭墓、甕棺埋葬、副葬品を伴う直葬が混在する例もあり、多様性が見受けられる。物質文化を民族と同一視することの是非はさておき、異なる物質文化を持つ人々が共存していた可能性がある。

後古典期ニカラグア太平洋岸に北からの移住があったとして、それはメキシコからの直接的な民族移動ではなく、中継地を通しての間接的なもので、小規模、漸次的な移住だったのであろう。その移民たちも、在地の人々と共存、混淆して、現地の社会に与えた影響力は限定的だった。そして、移民たちは、湖の水産資源の利用など独自の生業形態を発達させて、環境に適応していった。ラ・パスではメソアメリカ的な方形石造基壇が建設されるが、それはチョロテガが移住したとされる八〇〇年頃ではなく、一三世紀である。そして、それがやがて埋められて、同じ建築様式では更新されず、円形マウンドに造り変えられることは、移民たちと在地の人々の共存、混淆という過程を象徴しているように思われる。

6 比較文明論的な視点から

先スペイン期アメリカ大陸では言語の分布は概してモザイク状である。これは征服活動や民族移動が少なかったためと思われる。メソアメリカを見ると、チョロテガは、サポテカ、ミシュテカなどとともにオトマンゲ語族を形成する。ニカラオはナワトル語を話し、アステカ王国を建国したメシーカと同じくユト・アステカ語族に属する。さらに北を見ると、ユト・アステカ語族はメキシコ北部からアメリカ合衆国の西部にまで広がり、広範な分布を持つ、例外的に「よく動く民族」である。そして、その中で最も南下してメソアメリカ最南端を形成したのがニカラオだった。

南米でこれに匹敵するのは、クスコ盆地から広がって北はコロンビアから南はチリに至る大帝国を建設したケチュア語族のインカであろう。ただし、両者を比べると、他民族を直接統治して帝国支配を行ったインカに対して、アステカの支配は地方自治を許して貢納品を取り立てる間接統治だった。メソアメリカ南端まで到達したニカラオやチョロテガが、少なくとも物質文化の面でメソアメリカらしさを失ってしまうのは、これと関連しているように思える。何がインカとアステカを分けているのかは興味深い設問である。

前近代において世界有数の道路網であったインカ道の建設がインカの帝国支配を可能ならしめた。そして、その背景には大量輸送の手段となるリャマというラクダ科家畜動物の存在があったのだろう。製鉄技術も、車輪も構造船も欠いた先スペイン期アメリカ大陸で、さらに家畜と言えば犬と七面鳥だけだったメソアメリカでは移動と輸送手段の制約は大きく、ニカラグアまで南下したチョロテガやニカラオも、時とともに故郷とのつながりを弱めていったように見える。

このように書くと、あたかもチョロテガやニカラオが「中央」から隔絶された「辺境」でとり残されたかのような印象を受けるが、一六世紀の年代記はマナグア湖岸の町々の稠密な人口と繁栄を描いている。それを信じるならば、彼らは中央とのつながりや固有の文化伝統には固執せず、思い切った生存戦略で成功した開拓者だったとも言える。

参考・参照文献

長谷川悦夫（二〇一六）「中央アメリカ、ニカラグア共和国マナグア湖畔の考古学調査」『埼玉大学教養学部紀要』五一巻二号、二三三―二四一頁。

Abel-Vidor, Suzane *et. al.*（1990）'Principales Tipos Cerámicos y Variedades de la Gran Nicoya,' *Vínculos*, Vol. 13, pp. 35–317. San José, Costa Rica：Museo Nacional de Costa Rica.

McCafferty, Geoffrey and Larry Steinbrenner（2005）'Chronological Implications for Greater Nicoya from the Santa Isabel Project, Nicaragua,' *Ancient Mesoamerica*, 16（1）, pp. 131–146. Cambridge University Press.

McCafferty, Geoffrey（2010）'Ten Years of Nicaraguan Archaeology,' California：Paper prepared for the 2010 Meeting of the Society for American Archaeology.

Chapman, Anne（1960）*Los Nicarao y Los Chorotega según las Fuentes Históricas*, San José, Costa Rica：Publicaciones de la Universidad de Costa Rica, Serie Historia y Geografía, No. 4.

Gómez, Ivonne（1997）'El Conchal：Reflejo de la Vida Cotidiana,' *Vínculos*, Vol. 22, pp. 45–78. San José, Costa Rica：Museo Nacional de Costa Rica.

Hernández, María（1997）'Manzanillo：Sitio Costero Multicomponente en la Bahía Culebra,' *Vínculos*, Vol. 22, pp. 79–123. San José, Costa Rica：Museo Nacional de Costa Rica.

Salgado, Silvia（1996）*Social Change in a Region of Granada, Pacific Nicaragua*（*1000B.C.–1522A.D.*）, PhD dissertation, Albany：State University of New York.

Vázquez, Ricardo, *et al.*（1994）'Hacia Futuras Investigaciones de Gran Nicoya,' *Vínculos*, Vols. 18–19, pp. 245–277. San José, Costa Rica：Museo Nacional de Costa Rica.

Zona Arqueológica de Chalchuapa -Proyecto Arqueológico de El Salvador-, p. 371, San Salvador: Secretaría de Cultura de la Presidencia.
Sheets, P. D. (1983) *Archaeology and Volcanism in Central America: The Zapotitan Valley of El Salvador*, p. 318, Austin: Univ. Texas Press.

多くの家屋は破壊を免れ、また、主要な作物であるトウモロコシも根が火山灰の下の栄養を含んだ土壌まで届いて、農業を維持できた可能性が高い。チャルチュアパ遺跡タスマル地区の発掘では、複数の地点で建物の中に一次堆積の細粒火山灰が見出され（写真1C）、噴火で建設が中断しなかったことが判明している（Ito 2016）。また、エルトラピチェ地区では、噴火後に建物の建設等は見出されないものの、火山灰層を直接覆う粗い砂の舗装ないしは床面が見出された（写真1D）。こうしたことからみて、チャルチュアパでは、降灰など噴火の影響はあったものの、その影響は最小限で、文明の中断や都市の放棄に至らず、その後地域の中心都市として更に発展していった（第1章第9節参照）と考えられる。このように、自然災害における被災状況の差異は、災害後の地域社会の変革や地域間のパワーバランスに影響する可能性があり、今後のメソアメリカ研究では、こうした点を具体的な事実から明らかにすることが、ますます重要になってくるだろう。

（北村　繁・伊藤伸幸）

参考・参照文献

北村　繁（2009）「イロパンゴ火山4世紀巨大噴火がメソアメリカ先古典期文明に与えた影響の再評価」2006～2008年度科学研究費補助金（基盤研究（C）：研究課題番号18510159）研究成果報告書「イロパンゴ火山4世紀巨大噴火がメソアメリカ先古典期文明に与えた影響の再評価」（研究代表者：北村繁）、1－6頁。

Dull, R. A., J. R. Southon, and P. Sheets,(2001) 'Volcanism, ecology, and culture: A reassessment of the Volcan Ilopango TBJ eruption in the southern Maya realm.' *Latin American Antiquity* 12: 25–44.

Dull, R., J. Southon, S. Kutterolf, A. Freundt, D. Wahl, and P. Sheets (2010) 'Did the Ilopango TBJ Eruption Cause the AD 536 Event?' Poster presentation in Ame. Geophys. Union conference, San Francisco.

Kitamura, S., A. Ichikawa, S. Shibata, and N. Ito (2015) 'Indirect Impact of Gigantic Eruption from Ilopango Caldera to Ecology and Human Activities in the Downstream of Lempa River, Southern Coastal Lowland of El Salvador, Central America,' Poster presentation in INQUA (International Union for Quaternary Science) 2015, Nagoya.

Kutterolf, S., A. Freundt, and W. Peréz (2008) 'Pacific Offshore Record of Plinian Arc Volcanism in Central America: 2. Tephra Volumes and Erupted Masses,' *Geochem. Geophys. Geosyst.* 9 (2) (doi: 10.1029/2007GC001791)

Ichikawa, A.(2011) *Estudio Arqueológico de Nueva Esperanza, Bajo Lempa, Usulután*. Dirección de Publicaciones e Impresos, Secretaria de Cultura de la Presidencia: 134.

Ito, N.(2016) *Informe Final de las Investigaciones Arqueológicas en el Área de Tazumal de la*

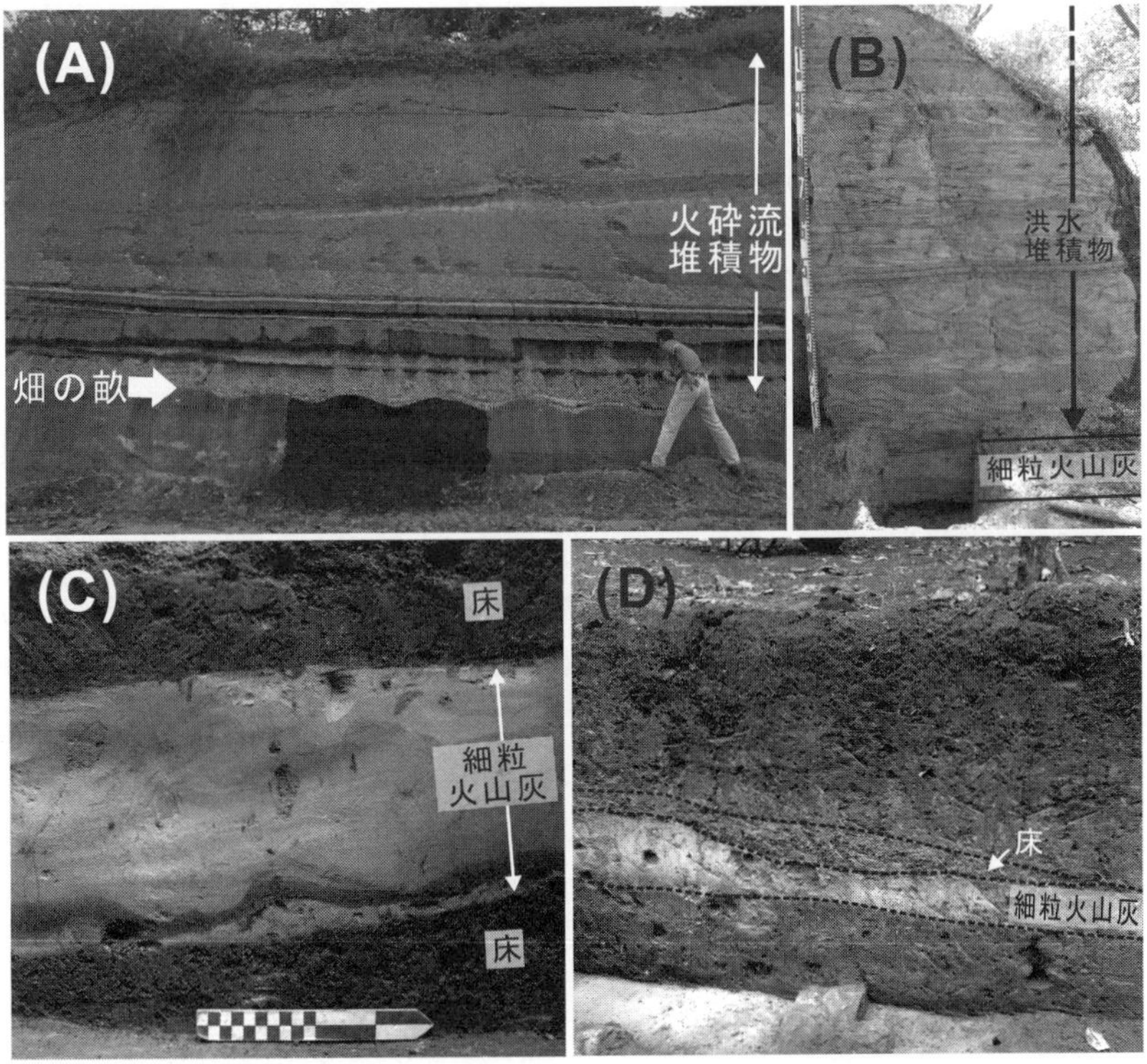

写真１　A：厚い火砕流堆積物に埋積された畑の畝（図１・地点１）、B：レンパ川下流の海岸平野（図１・地点２）ではイロパンゴ噴火で降下堆積した細粒火山灰（TBJ テフラ）と、噴火後生じた洪水による堆積物が見られる、C：チャルチュアパ遺跡（図１・地点３）タスマル地区で建物の中に見出された一次堆積の TBJ テフラ、D：チャルチュアパ遺跡エルトラピチェ地区で見出された TBJ テフラを直接覆う粗い砂の舗装ないしは床面

流域で洪水などの際に川から溢れ出している。ヌエバエスペランサ（図１の地点２）では、洪水堆積物（写真１B）により埋積された埋葬が見出された（Ichikawa 2011）。また、イロパンゴ噴火で広く降下堆積した細粒火山灰（TBJ テフラ）や洪水の影響によりマングローブ林が荒廃し、薪炭材の不足から塩の生産が行われなくなった可能性がある（Kitamura *et al.* 2015）。

チャルチュアパ（図１の地点３）には、火砕流は到達しておらず、降下堆積した細粒火山灰の厚さも30cm に満たない（北村2009）。したがって、

Column

巨大噴火を生き延びた古代都市

甚大な自然災害が文明の盛衰にどんな影響を及ぼすかという問題は、文明論のひとつのテーマである。メソアメリカは、太平洋岸に数多くの活火山が立ち並び、特に火山災害と文明の盛衰を議論するには絶好のフィールドである。

エルサルバドル共和国のほぼ中央、首都サンサルバドル市の東に位置するイロパンゴ・カルデラは４～６世紀に巨大噴火を生じ（Dull, *et al.* 2001；Dull, *et al.* 2010；Kutterolf, *et al.* 2008；Sheets 1983）、その影響でメソアメリカの広い範囲で都市の滅亡や放棄が生じたと考えられてきた。しかし、噴火の影響は火山からの距離や方向などによっても変化し、巨大噴火といえども一概に破局的な影響が生じるとは限らない。

イロパンゴの巨大噴火では、火砕流（pyroclastic flow：膨大な量の高温の軽石や火山灰が高速で流動する現象）が到達した範囲（火山から半径40キロメートル）は壊滅的な影響を受けたと考えられる（北村2009）。サンサルバドル（図１の地点１）では、軽石と火山灰によって厚く埋積された畑の「畝」が見出された（写真１A）が、近傍にあったはずの村落も火砕流に破壊されたと考えられ、住居跡や遺体も火山灰に埋もれた可能性が高い。

噴火で山岳地域に堆積した軽石や火山灰は、大雨などで押し流され、下

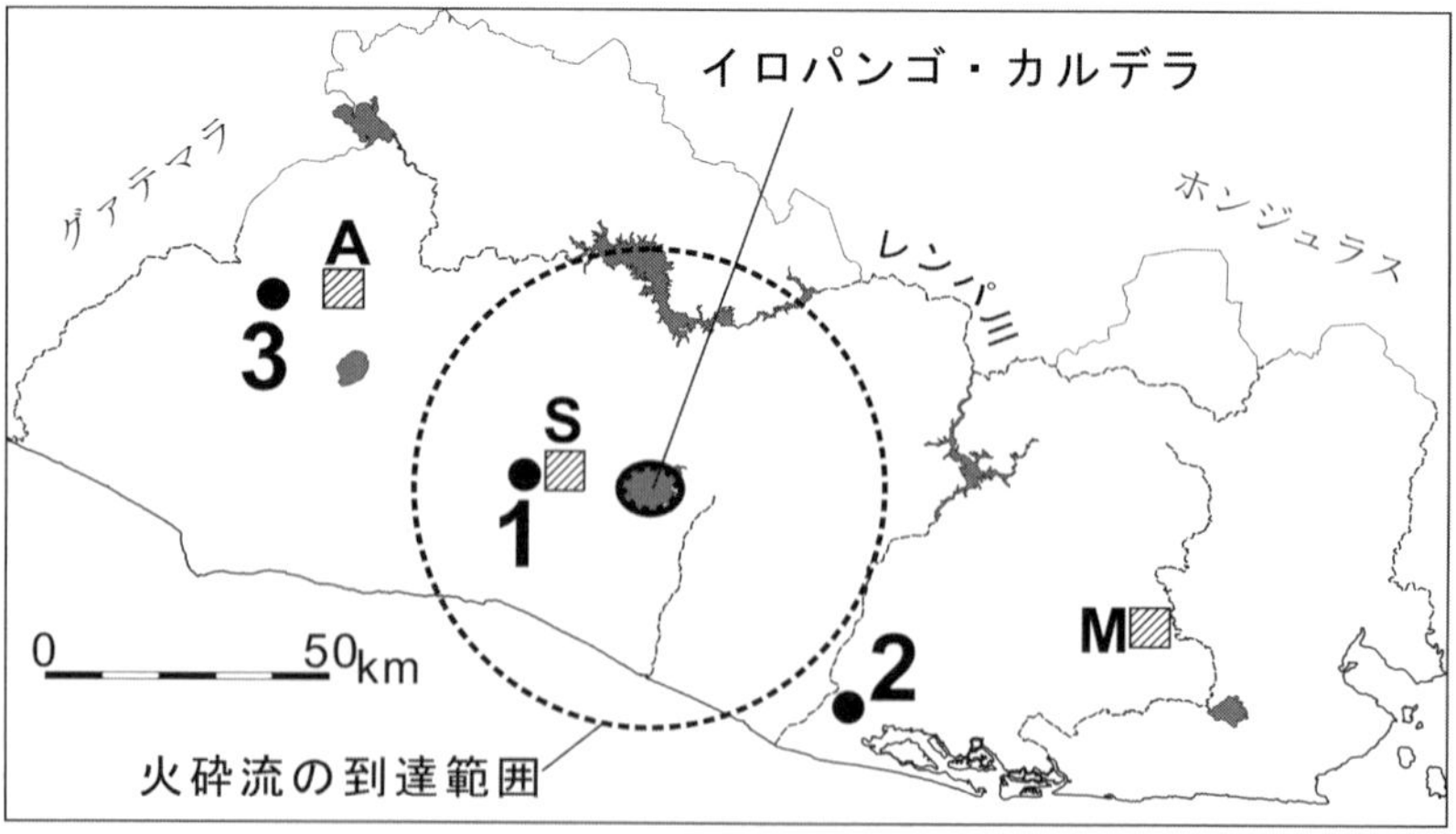

図１　イロパンゴカルデラおよび断面観察地点の位置
S：サンサルバドル市、A：サンタアナ市、M：サンミゲル市、１～３：断面観察地点（図２参照）

第2章

アンデス比較文明論

アンデス文明の展開と調査成果

1　アンデス文明と環境

アンデス文明は多様な環境を有する中央アンデス地帯に成立した。この多様な環境を形づくる上で、ナスカ・プレートの存在は無視できない。ナスカ・プレートが沈み込みことによって、南アメリカ大陸プレートが圧縮され、アンデス山脈が隆起したのである。アンデス山脈は現在も隆起し続け、その影響で険しい斜面や深く狭い谷が形成された。中央アンデス地帯はシエラ、コスタ、モンターニャという三つの環境地帯に分けることができる。シエラはアンデス山脈のある山岳地帯のことで、コスタは太平洋岸に面する海岸砂漠地帯、モンターニャはアマゾンの熱帯雨林地帯である。

山岳地帯は南米大陸の西端にそってそびえている。ただし、北部と南部では姿を異にする。北部では山脈に沿って山間谷が広がっているが、南部では広い起伏のある平原が広がっている。また太平洋側の西斜面では深く切り込んだ険しい谷は多いが、アマゾン地帯につらなる東斜面では西斜面ほど切り立っていない。海岸地帯には居住に適さない砂漠地帯が広がり、岩だらけであり横断が困難である。一方、アマゾン地帯にはアンデス山脈から多くの河川が流れ込み、大西洋まで緩やかな斜面が続いている。河谷にそった上下移動は比較的容易なため、同じ河谷内の交流は促進される傾向にある。一方、隣の河谷への移動は難しい。斜面部よりも移動しやすい高地部や海岸部を通るのが現実的である。

アンデスの気候はアンデス山脈の西斜面と東斜面で大きく異なる。西斜面は南アメリカの西岸に沿って北上するペルー海流の影響を強く受ける。この海流はフンボルト寒流とも呼ばれる。この寒流の影響で冷却された西風が、陸地に入り熱を持ち、水蒸気を含んだ大気となる。水蒸気を含んだ大気はアンデス西斜面にそって上昇するため、海岸部では滅多に雨が降らない。一方、山地では大気中の水蒸気が凝結し、アンデス高地に雨が降る。この降雨が川に水を供給し、砂漠地まで下降し海に至る。

一方、東斜面にはアマゾン地帯から東風が吹き込む。この大気は、暖かく水蒸気を含んでいる。この大気はアンデス東斜面にそって上昇する。この湿った大気は、山頂に達する前に雨や雪となり、東斜面の降雨や雪をもたらす。そのため東斜面は、湿地・緑地が広がっている。中央アンデス地帯における降雨は季節によって大きく異なる。多くの海岸の主要河川は季節によってほとんど水が流れなかったり、逆に激流になったりする。年によって川の水が多かったり、ほとんどなかったりする。こうした川の水量の変化は、農耕活動に大きな影響を与える。

特に著しい気候変動は、エルニーニョ現象が発生したときに見られる。エルニーニョは南米の西海岸沖の海水面の異常な温度上昇が一年程度続く現象であり、不規則に発生する。発生頻度は、エルニーニョの規模によって異なる。大規模なエルニーニョ現象の中には、数百年に一度の割合で発生するものがある。ひとたびエルニーニョ現象が発生すると、各地に大きな影響を与える。ペルー北海岸では豪雨になることが多く、普段は乾燥している川底に鉄砲水が流れ込む。ワイコと呼ばれる巨大な土石流が生じ、町、農地、道は水浸しになり、破壊されることがある。

エルニーニョ現象は、魚や貝の種類や数にも影響を与える。寒流の魚や貝が生息するペルー北海岸では、エルニーニョ現象が発生すると、普段は生息していない暖流の魚や貝が出現する。また砂漠地が緑地になり、そこに狩猟可能なラクダ科動物、シカ、キツネ、鳥などの動物が集まることがある。なお、ペルー北海岸に比べるとペルー南海岸の影響は少ないと考えられる。一方、南高地において、エルニーニョ現象の影響で干ばつ、不作、飢饉を引き起こす場合がある。

上述のように、中央アンデス地帯はシエラ、コスタ、モンターニャという三つの環境地帯に分けられるが、そこに住む人間の活動を視野に入れて、さらに細かくは八つ（チャラ、ユンガ、ケチュア、スニ、プーナ、コルディエラ、ルパ・ルパ、オマグア）に分類されることがある（Pulgar Vidal 1981）。このうち比較的人口が密集したのはチャラとケチュアであり、両地帯はアンデス文明の成立と展開に深く結びついている。

チャラは太平洋岸の砂漠地帯で、海抜五〇〇メートル以下である。年平均気温は一九度とあまり高くない。極端に乾燥した砂漠が広がるが、アンデス山脈から流れ込む川を中心にオアシスが形成された。海岸地帯では農耕と漁労採集という二つの生業活動が見られた。ペルー海流はプランクトンが豊富で、豊富な海産資源を提供している。この豊富な資源を利用して、漁労採集活動は六千年前から行われた。海岸沿いでは網漁、糸釣り、貝の採集活動が行われる一方で、小さな葦船や丸太船を用いた網漁も先スペイン期から実施された。

海岸河谷に肥沃な砂漠土壌が広がり、トウモロコシ、唐辛子、ピーナッツ、綿花などが先スペイン期から栽培された。海岸地帯にはほとんど雨が降らないので、肥沃な砂漠土壌に川の水を供給できるかどうかが重要になる。ペルー北海岸では海岸河谷が広く、先スペイン期から大規模な灌漑化が進められ、生産性の高い農耕地帯となっている。モチェ王国、チムー王国などの先スペイン期の代表的な社会が成立した。一方、ペルー南海岸では海岸河谷が狭く大規模な灌漑化は行われなかった。ここにはパラカス、ナスカ、イカ王国などが成立した。

ケチュアは海抜二三〇〇〜三五〇〇ミリメートルで、降雨量は二五〇〜五〇〇ミリメートルである。年平均気温は一一〜一六度とやや低くなる。アンデス高地の大農作地帯であり、トウモロコシ、豆、ジャガイモなどが先スペイン期から栽培された。農業生産性が高いケチュア地帯で、広域国家であるインカとワリは誕生した。

2　アンデス文明の展開

一万年以上前に北米大陸から南下した狩猟採集民が南米アンデス地域に本格的に定住して、神殿を建設し始めたのは紀元前三〇〇〇年以降のことである。それは土器がまだ製作されない先土器時代であり、土器の製作後に公共祭祀建築が建造されたメソアメリカと大きく異なる特徴といえる。神殿を中心とした社会が中央アンデス各地で成立した。アンデス文明の形成期のはじまりである。その後、アンデス文明は地方発展期、ワリ期、地方王国期と展開し、最後にインカ期がくる。この編年で登場するワリ期とインカ期は、ワリとインカという広域国家が成立した時期である。両者はケチュア地帯を基盤にして、中央アンデスに広く影響を与えた。この時期に山地と海岸地帯の交流が活発化した。一方、地方発展期と地方王国期は、地域色の強い社会が展開し、山地と海岸地帯の交流が減少した時期である。

形成期にはアンデスの各地で大規模な祭祀建築が造られた。しかし紀元前後には祭祀センターを中心とする緩やかに統制された社会は崩壊して、代わりに政治的な権力のもとに統合された新たな社会システムが生まれた。このような権力の出現は、地方発展期にペルー北海岸に成立したモチェ社会において顕著である。大規模な潅漑水路が建設され、巨大な建築群や豪華な副葬品を伴う墓が造営されたことは、このことを裏付けている。地上絵で有名な古代ナスカ社会がペルー南海岸に成立したのも地方発展期である。地上絵の近くには約四〇の台形ピラミッドおよび広場によって構成された大遺跡カワチが広がっている。このためナスカは南海岸一帯を支配した本格的な行政システムをもった国家と考えられたこともある。ところが発掘の結果、この遺跡は儀礼用の祭祀センターにすぎないことが判明して、ナスカ河谷を中心に多少の広がりを示す、比較的小さな社会と考えられるようになった。

七、八世紀になると、ペルー南高地のアヤクーチョ付近を中心に、ワリ様式の土器がアンデス各地でかなり広く見られるようになる。ワリ期の開始である。この時期には、大きな壁で囲まれた区画の中に広場・小部屋・通路を含んだ、計画性に富んだ建築群がつくられた。こうした遺物の広がりと複雑な建築プランの存在によって、ワリを帝国とする考えが示された。一方、この広がりは宗教的な理由によって生じたとする意見もある。

その後ワリの影響力が弱まり、一一世紀頃から各地に地方勢力が勃興する。地方王国期の登場である。なかでもチムー王国は、度重なる征服活動によってペルー北海岸全域を支配した。首都チャンチャンには歴代の王たちによって建設された王宮や神殿が約二〇平方キロメートルの範囲に広がり、各王宮の内部には王墓、広場、倉庫群、貯水池などが建てられた。

当時、南海岸はイカ王国およびチンチャ王国の支配下にあった。一方、南高地には小王国が乱立していたが、一五世紀になるとクスコ地方のインカ人が台頭して急激な領土拡張が始まった。そして百年たらずの間に、コロンビア南部からチリ中部まで、南北約四〇〇〇キロメートルに達する大帝国となった。人口は一〇〇〇万人以上で、公用語はケチュア語であったが、その他にアイマラ語（ペルー・ボリビア）、ムチック語（ペルー北海岸）をはじめとするさまざまな言語が用いられた。これらの住民は一万人組、五千人組、千人組……という単位で把握され、それぞれに組長が任命され、さらにその上に地方長官や巡察官が置かれた。

3　本章の目的

第2章ではペルー南海岸のナスカ地域における社会の展開について考察する。アンデス文明を議論するためにナスカ地域を研究の対象に選んだのは、地上絵というモニュメントを中心に一五〇〇年以上にわたって社会が展開した地域である点に注目したからである。またこの地域にアンデス文明を代表するパラカス、ナスカ、ワリ、インカ社会が次々と盛衰した点が挙げられる。このことによってペルー南海岸のローカルな社会に関する研究に終始することなく、ナスカ地域の展開をアンデス文明全体の動態の中に位置づけることが可能となる。

坂井正人（第1節）は、地上絵が集中的に描かれたナスカ台地およびその周辺部に注目することによって、地上絵を中心として一五〇〇年以上にわたって展開した社会の動態について現地調査にもとづいて考察する。どのような地上絵がいつどこに描かれたのかを明らかにした上で、地上絵で行われた儀礼活動について議論する。またそれらが制作された目的を検討するとともに、モニュメントとして当該社会において地上絵がどのような意味をもち、どのように利用されたのかについて議論する。

山本睦・オラーノ（第2節）は、動物の地上絵のすぐ近くに建設された大神殿ベンティーヤに注目する。ここでは地上絵を制作した人々の神殿活動とその動態について議論する。松本雄一（第3節）は、ナスカ台地に隣接するインヘニオ谷を扱う。この谷に分布する居住地、儀礼場、墓に注目することによって、地上絵を描いた人々の生活を多面的に議論するとともに、その動態についてペルー南高地との関係を視野に入れて議論する。伊藤晶文・阿子島功（第

4節）は、地上絵を描いた人々が生活していた環境とその動態について、砂と水に焦点を当てて議論する。瀧上舞（第5節）は、人骨や髪の毛の同位体分析によって、当時の人々が何を食べていたのかについて明らかにするとともに、食性の変化について議論する。

地上絵というモニュメントが一五〇〇年以上にわたってペルー南海岸社会において変貌するプロセスに注目することによって、メソアメリカ文明との比較を試みたい。そのためには、このモニュメントのあり方を多角的に理解する必要がある。そこで認知心理学、鳥類学、情報科学との学際的な研究を推進してきた。渡邊洋一・本多明生（第6節）は、地上絵を制作した人々が動物の地上絵をどのように認識していたのかについて、認知心理学的知見から考察する。江田真毅（第7節）は、地上絵として描かれた鳥に注目して、現実の鳥類と比較することで、地上絵にはいったい何が描かれたのかについて考察する。本多薫・門間政亮（第8節）は、直線の地上絵に注目して、これらが何のために制作され、どのように利用されたのかについて情報科学的な視点から議論する。最後に大森貴之・米延仁志・星野安治・大山幹成（第9節）は、社会の動態を明らかにするために必要な年代測定法について、ナスカ産材の年輪を解析することで検討する。

（坂井正人・青山和夫）

参考・参照文献

Pulgar Vidal, J. (1981) *Geografía del Perú: las ocho regiones naturales del Perú.* Lima, Peru: Editorial Universo.

第2章

ナスカ台地の地上絵——ナスカ早期からインカ期までの展開

坂井正人

第1節

1 はじめに

世界遺産ナスカ（Nasca）の地上絵が集中的に描かれたナスカ台地およびその周辺部を対象として、ペルー南海岸のナスカ地域における社会の展開について考察する。ナスカ台地の地上絵は、ペルー、ドイツ、米国の調査団によってこれまで繰り返し調査されてきた（Aveni 1990；Clarkson 1990；Mejía Xesspe 1942；Reiche 1993）。しかし、ナスカ台地が南北一五キロ以上、東西二〇キロ以上と広大なため、地上絵の分布調査は不十分であった。山形大学では二〇〇四年に共同調査を開始して、人工衛星画像および航空写真の分析に加え、二〇一〇年から二〇一九年に実施した現地調査によって、どのような地上絵がいつどこに描かれたのかについて、その概要を把握することができた（Sakai *et al.* 2014, 2015, 2017, 2019；Sakai and Olano 2017b）。また地上絵で当時の人々が実践した行為についても多くの事実が判明した（Sakai and Olano 2016, 2017a）。これらの成果を用いて、地上絵が制作された目的を検討するとともに、当該社会の人々にとって地上絵がどのような存在であり、それがどのように変化したのかについて本論では議論する。

地上絵の変貌については、古代アンデス文明の展開を抜きには語れない。ナスカ台地の周辺には、アンデス文明を代表するパラカス、ナスカ、ワリ、イカ、インカなどの社会が次々と成立した。本論では、これらの社会の盛衰が、

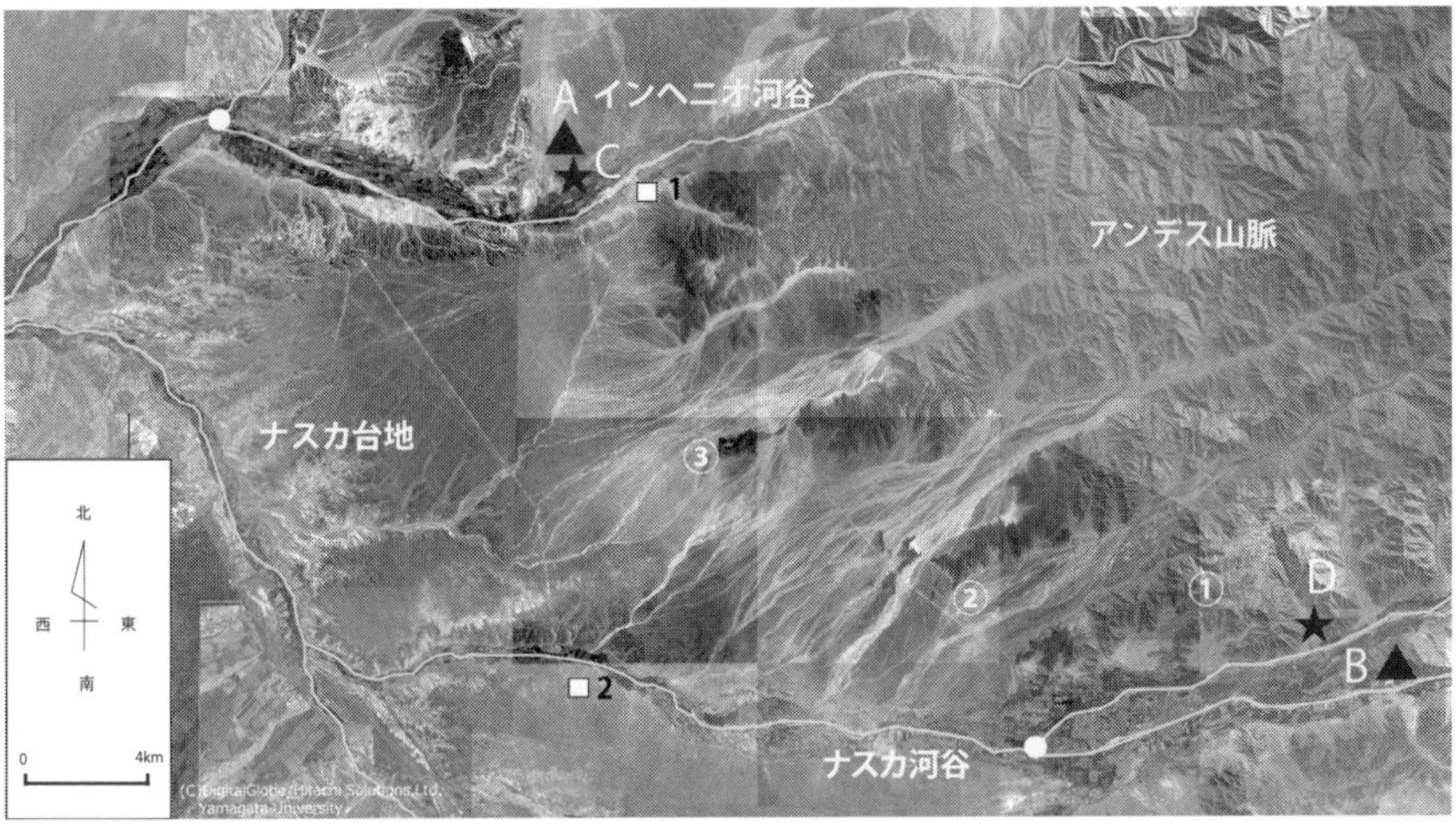

A カレーラ山、B ポンク山、C エストゥディアンテス居住遺跡、D ティーサ居住遺跡、
１ベンティーヤ神殿遺跡、２カワチ神殿遺跡、
①ラクダ科動物の地上絵、②アヒルの地上絵、③フクロウ人間の地上絵

ナスカ台地周辺の諸社会に与えた影響について視野に入れている。それによって、ペルー南海岸のローカルな社会に関する研究に終始することなく、地上絵というモニュメントを中心に一五〇〇年以上にわたって展開した社会を、アンデス文明全体の動態の中に位置づけることを目指している。

　地上絵の時期については、地上絵に共伴する土器の分析結果に依拠する。地上絵が使用された時期は、共伴する土器の時期にもとづく。一方、地上絵が制作された時期は、最も古い時期の土器によって想定した。後者については、現時点で入手できる資料の限界による。なお、土器と絶対年代の対応関係について、ナスカ台地の北と南では異なる（Vaughn *et al.* 2014）ので、どちらの編年を採用するのかについては判断が必要である。山形大学ナスカ調査団の発掘調査が台地北のインヘニオ谷で実施しているため、本論では同じくナスカ台地の北における調査に基づく編年（Unkel *et al.* 2012）を暫定的に採用する。つまり、ナスカ早期が前二六〇—後八〇年、ナスカ前期が後八〇—後三〇〇年、ナスカ中期が後三〇〇—四四〇年、ナスカ後期が四四〇—六四〇年、ワリ期が六四〇—七九〇年、イカ期が一一八〇〇―一五六〇年である。この編年に従い、パラカス末期の考古遺物は、ナスカ早期に含めた。

2　地上絵の成立――ナスカ早期

これまでの山形大学の調査によって、ナスカ台地の地上絵の制作はナスカ早期に開始されたことが判明した。ナスカ台地の地上絵を調査した結果、土器を伴う地上絵が多数確認できた。地上絵に共伴する土器は全てナスカ早期以降のものなので、地上絵の制作が開始された時期はナスカ早期まで遡れることになる。

ペルー南海岸最大規模の神殿カワチ（Cahuachi）でも、ナスカ早期に大規模な建築活動が開始された（Orefici 2012）。「大ピラミッド」の建設がカワチ神殿ではじまったのもこの頃である。「大ピラミッド」の正面真北にはカレーラ（Calera）山がそびえる。カレーラ山はインヘニオ（Ingenio）谷にあり、その麓にはナスカ早期の集住居住地エストゥディアンテス（Estudiantes）が分布している。一方、カワチ神殿の「大ピラミッド」の真東方向はポンク（Pongc）山の頂上部と一致する。ポンク山はナスカ谷にあり、この山の麓付近にナスカ早期の集住居住地ティーサ（Tiza）遺跡（Conlee 2016）およびプンティーヤ（Puntilla）遺跡（Van Gijseghem 2004）がある。つまりインヘニオ谷とナスカ谷の集住居住地付近の山を基準にして、カワチ神殿の「大ピラミッド」が設定されたことになる。おそらくカワチ神殿の儀礼活動には、両谷の集住居住地から参加したのであろう。

動物の地上絵は、図像表現の類似にもとづいてナスカ早期とナスカ前期に分類されている。ナスカ早期に分類された地上絵（Carmichael 2016：76–77）を、ここでは「面タイプの動物の地上絵」と呼ぶことにする。

「面タイプの動物の地上絵」は岩絵と図像表現が類似しているため、その起源は岩絵であるという指摘がある（Reindel *et al.* 1999：375）。ナスカ台地周辺にも多数の岩絵が存在する。ナスカ谷沿いではマフエロス（Majuelos）地区、ポンゴ・グランデ（Pongo Grande）地区、サン・マルコス（San Marcos）地区、インヘニオ谷沿いではインヘニオ地区、パルパ川沿いではチチタラ（Chichitara）地区で岩絵の存在が報告されている（Orefici 2016：Reindel *et al.*

1999：375）。これらの岩絵は地区内や谷内などの限られた空間に集中的に分布する傾向がある。

「面タイプの動物の地上絵」は、これまでの現地調査で九〇点以上確認されている。全長一〇メートル以下の小さなものが大部分を占めるが、全長約三〇メートルの比較的大きな地上絵も含まれる。

ナスカ台地の表面には黒石が広がっており、その下に白い砂層がある。この白黒の色のコントラストを利用して、「面タイプの動物の地上絵」は制作された。その制作手法は四つのタイプ（A～D）に分類することができる。Aタイプでは、白面と黒面を組み合わせて、動物の図柄が作られている。その際に、白い面を描きたい部分に分布していた黒石を除去して、下地の白い砂面を露出させる一方で、除去した黒石を、黒面を描きたい部分に積み上げる手法が用いられた。Bタイプは、絵柄の外側に広がる黒石を面状に除去して、白い砂面を露出させる一方で、除去した黒石を絵柄の上に積み上げることで、内側の黒い地上絵を浮き上がらせる手法が用いられた。Cタイプは、絵柄の輪郭部分の黒石を狭い範囲除去する一方で、除去した黒石を絵柄の上に積み上げる手法が用いられた。Dタイプは絵柄の内側の石を全部除去して、白抜きにすることで描かれた。

BタイプとCタイプは、絵柄の外側の黒石を除去し、それを内側の絵柄の上に積み上げるという点でよく似た制作方法である。ただし、黒石を除去する際に、Bタイプは面状に除去したのに対して、Cタイプは線状に除去した点が異なる。なお、Cタイプは、線状に黒石を除去した点が、後のナスカ前期に制作された「線タイプの動物の地上絵」と類似している。ただし、前者は山裾に描かれているのに対して、後者は平らな地面に描かれている点で大きく異なる。

「面タイプの動物の地上絵」の分布に関して、二種類の谷間移動ルートを想定することができる。第一の移動ルートは、ナスカ台地の東端に広がる山々の麓に描かれた地上絵によって構成される。これらの地上絵は、集住居住地ティーサとエストゥディアンテスの間に分布している。第二の移動ルートは、インヘニオ谷とナスカ谷の間に設定された一〇本以上の小道沿いに描かれた地上絵によって構成される。

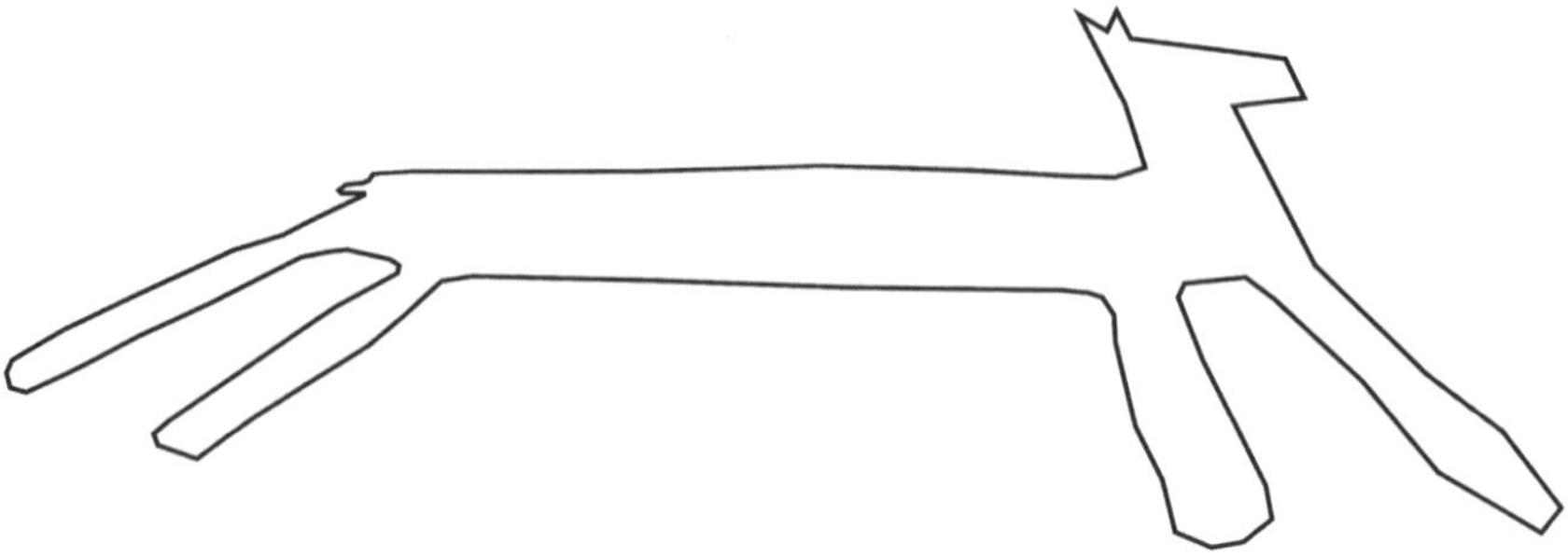

図1　ラクダ科動物の地上絵

写真1　ラクダ科動物の地上絵

第一の谷間移動ルートの南東端にあるティーサ遺跡はナスカ谷の集住居住地（ナスカ早期）であり、北西端にあるエストゥディアンテス遺跡はインヘニオ谷の集住居住地（ナスカ早期）である。両谷の集住居住地の間に、三つの「面タイプの動物の地上絵」が比較的等間隔に分布している。それは「ラクダ科動物群の地上絵」（全長約五〜二〇メートル）（写真1、図1）と「アヒルの地上絵」（全長約二五メートル）（写真2）と「フクロウ人間の地上絵」（全長約三〇メートル）（写真3）である。「ラクダ科動物群の地上絵」はDタイプである。一方、「アヒルの地上絵」と「フクロウ人間の地上絵」はCタイプである。これらの地上絵は、ナスカ台地の東端にそびえる山々の斜面部に描かれている。そこで山の麓に沿って集住居住地の間を移動する人たちにとって、これらの動物の地上絵は道標として用いられていた可能性が高い。

「ラクダ科動物群の地上絵」は四〇点以上の動物の地上絵によって構成され、幅一・五キロの範囲に広がっている。これらの地上絵が描かれた山々はナスカ台地の南東の端にある。この地区はナスカ河谷に接しているとともに、集住居住地ティーサ遺跡に隣接している。「ラクダ科動物群の地上絵」の東端から北西約九・五キロの位置に「アヒルの地上絵」がある。「アヒルの地上絵」からさらに約九．五キロ北西に「フクロウ人間の地上絵」がある。「フクロウ人間の地上絵」から約一〇キロ北西にインヘニオ谷のエストゥディアンテス遺跡がある。

これらの距離はすべて直線距離なので、実際に歩いて移動した場合にかかる距離については検討が必要である。三つの地上絵の間には小山が分布しているため、直進することはできない。隣の地上絵に行くためには迂回する必要がある。そこで三つの地上絵の間を実際に歩いた場合の歩行距離は、直線距離である九・五キロを超えることになる。今後、集住居住地と地上絵の間を歩いて、実際にかかる移動距離と時間を計測する予定である。

写真２　アヒルの地上絵

第二の谷間移動ルートの「面タイプの動物地上絵」は、ナスカ谷とインヘニオ谷の間を南北に移動するための一〇本以上の小道沿いに描かれている。小道は台地上だけでなく、台地から谷へ降りる斜面まで伸びている。このタイプの地上絵は、台地の平坦部だけなく、緩やかな斜面部にも描かれている。小道は直線ではなく、蛇行している。これらの小道にはナスカ早期からイカ期の土器が分布しているので、約一五〇〇年にわたって使い続けられたことになる。まだ調査中なので最終的な結論が得られていないが、現時点ではAタイプとBタイプの地上絵が多く、Dタイプも少数であるが確認され

写真3　フクロウ人間の地上絵

ている。地上絵の規模は小さく、一〇メートル以下のものが多い。

小道沿いに地上絵が均等に分布している訳ではない。特に地上絵が集中しているのは、ナスカ台地の北西部とそれに隣接するインヘニオ谷である。ナスカ台地の北西部は雨水の浸食をほとんど受けていないので、「面タイプの動物の地上絵」だけでなく、後述する「線タイプの動物の地上絵」も集中的に描かれている。この地区の東端にはマフェロス小谷（Cangana Majuelos）がある。この小谷は普段は枯れ谷である。しかし、ナスカ台地の東端に広がる山々に雨が降った際には、雨水は台地上を流れた後、この谷に流れ込む。そのため、この谷の東側に広がる台地上には水流跡が多数見られる。一方、この谷の西側には水流跡がほとんど見られない。この谷に雨水が流れ込んだお陰で、台地北西部に広がる平地は、雨水による浸食をあまり受けていない（阿子島二〇一〇）。

「面タイプの動物の地上絵」と同様に、「直線の地上絵」もナスカ台地を縦断する谷間移動ルートを構成していた。この第三の移動ルートの両端にはベンティーヤ神殿とナスカ川の始点がある。ベンティーヤはナスカ早期にインヘニオ谷に建設された巨大神殿である（山本ほか二〇一七）。ナスカ川はアハ川とティエラス・ブランカス川が合流する地点からはじまる。川の合流地点はケチュア語でティンクイ（Tinkuy）と呼ばれ、儀礼的に重要な空間だとみなされることがある（Silverman and Proulx 2002: 190）。つまり両谷の神殿と儀礼空間を結ぶ道として「直線の地上絵」は位置づけられる。前述の「面タイプの動物の地上絵」による第一の谷間移動ルートでは両谷の居住地の間を結んでいるのに対して、「直線の地上絵」は両谷の神殿と儀礼空間を結んでいる点が大きな違いである。

「直線の地上絵」による谷間移動ルートは、複数の「直線の地上絵」によって構成される。その中で特に目立つのは、幅約二〇～四〇メートルの「直線の地上絵」である。このタイプの地上絵は三本あり、それぞれの全長は約一〇キロ、約三・五キロ、約一・五キロである。ここからナスカ早期の土器が見つかったので、ナスカ早期に制作された可能性が高い。

全長約一〇キロの地上絵は、ナスカ川の始点付近の台地上から北西方向に伸びている。終点は台地中央部の山の麓である。同じ山の麓から、全長約三・五キロの地上絵が北西方向にある山裾まで伸びている。この地上絵の方向は、全長約一〇キロの地上絵の方向よりも左に約一〇度傾いている。この地上絵の到達地点である山裾から、さらに北西方向にある小さな丘に向かって全長約一・五キロの地上絵が伸びている。この地上絵の方向は、全長約三・五キロの地上絵よりもさらに左に約一〇度傾いている。この地上絵の到着地点である小丘から四〇本以上の「直線の地上絵」が放射状に広がっている。そのうち、少なくとも二本はナスカ早期のものである。二本のうち短い方の「直線の地上絵」は幅約一メートルである。この直線の地上絵に沿って移動すると、約三キロでインへニオ谷側の台地の端まで到着する。この到着地点のすぐ下にベンティーヤ神殿は位置する。つまり、ナスカ川の始点からベンティーヤ神殿に行くためには、四本の「直線の地上絵」に沿って移動すればよいことになる。その場合の移動総距離は約一八キロである。このようにナスカ谷から伸びている巨大な「直線の地上絵」は、インへニオ谷の放射状直線の地上絵と連結して、谷間移動ルートを形成していることになる。

ナスカ早期の土器は、幅約二〇～四〇メートルの「直線の地上絵」だけでなく、放射状直線の地上絵でも見つかっている。ナスカ台地で見つかったナスカ早期の土器は、皿や鉢などの装飾土器が半分以上を占める。土器の分布状況を見る限り、装飾土器を意図的に破壊する儀礼行為が「直線の地上絵」で行われたと判断できる。「直線の地上絵」が神殿と儀礼空間を結びつける巨大な道であったと考えると、単なる移動用の道ではなく、儀礼的な性格が強い「谷間儀礼道」として設定されたと言えよう。

3　地上絵の展開

▼ナスカ前期

ナスカ前期になると、カワチ神殿は規模および影響力を拡大した。この神殿の影響でナスカ社会が再編成されたと考えられている（Conlee 2016：133）。この時期に多彩色土器が広範囲に分布するようになる。カワチ神殿は多彩色土器の生産分配のセンターであり、この土器の再分配によって地方の首長は名声と権力を維持したと論じられている（Vaughn 2009）。

この時期に「線タイプの動物の地上絵」が制作された。鳥（写真4）、サル、クモ、鯨などがよく知られている。全長五〇～三〇〇メートルと巨大であり、ナスカ台地に二〇点以上確認されている。規模が大きい上、ナスカ台地の

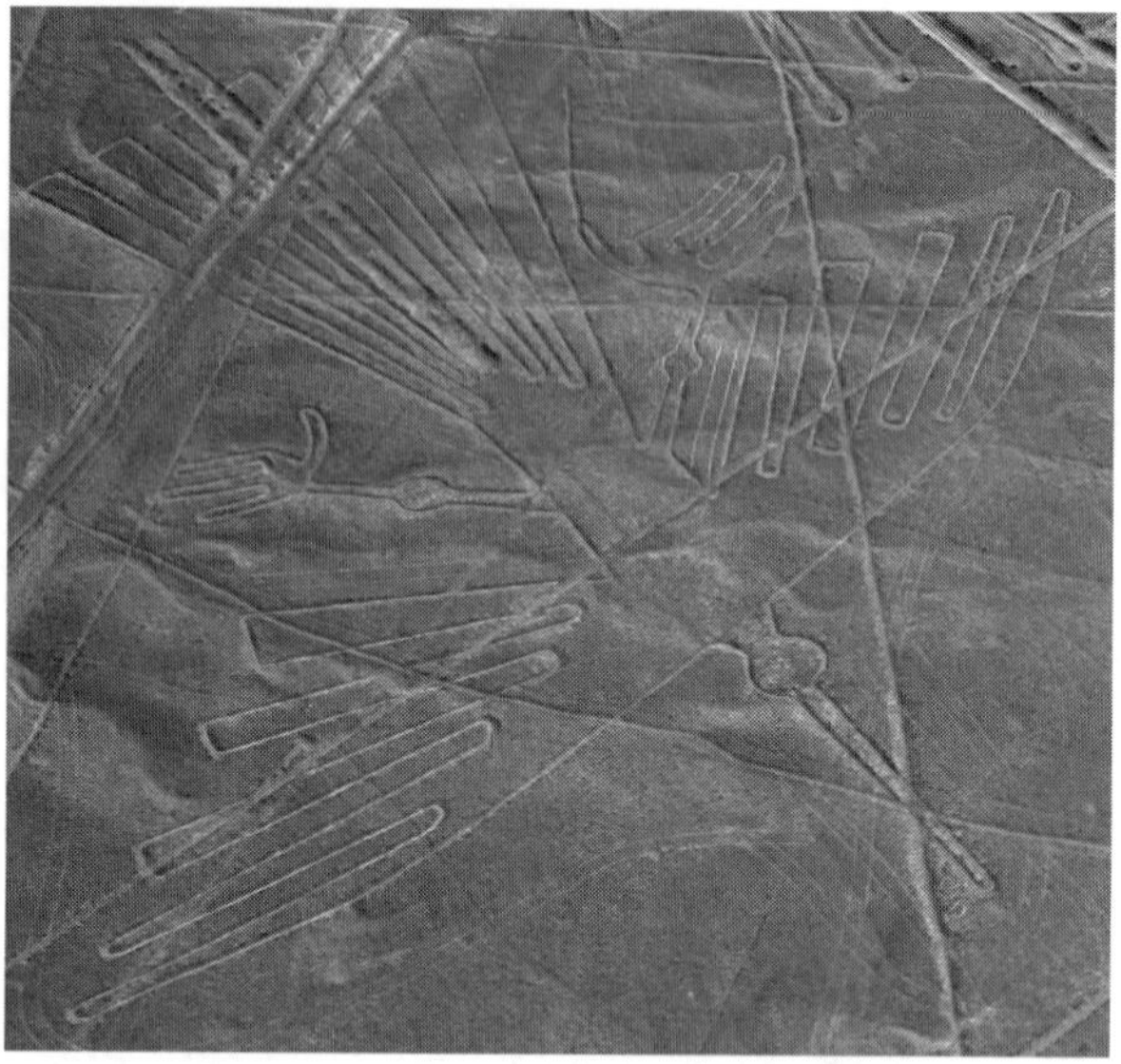

写真4　鳥の地上絵

平坦部を選んで描かれたため、人間の目の高さから地上絵を一望することは難しい。このタイプの地上絵は土器の図像表現と類似しているので、ナスカ前期に制作されたと考えられている（Reiche 1993）。またこのタイプの地上絵の上に、破壊されたナスカ前期の土器が分布している場合がある（Aveni 1990：140）。これらの土器の存在は、動物の地上絵において土器破壊儀礼が実践されたことを示唆する。つまり、このタイプの地上絵は動物の形をした儀礼広場だと考えられる。

ベンティーヤ神殿とナスカ川の始点の間に設定された第三の移動ルートである「谷間儀礼道」において、土器破壊

儀礼がナスカ前期にもおこなわれた。「線タイプの動物の地上絵」は、谷間儀礼道の出発点付近に集中している。インヘニオ谷側の出発点付近には、鳥、シャチ、クモ、トカゲなどの地上絵が分布している。一方、ナスカ谷側の主発点付近には、鳥と鯨の地上絵が分布している。つまり、線タイプの動物の地上絵は、谷間儀礼道の入り口に設定された儀礼広場と理解できる。

▼ナスカ中期と後期

ナスカ中期になると、カワチ神殿で大規模な建築活動は行われなくなった（Orefici 2012）。この時期に乾燥化が進んだことを受けて、ナスカ川沿いに地下水路プキオが建設された（Schreiber 2003）。一方、インヘニオ谷ではプキオは建設されなかった。プキオが建設されたのは、ナスカ台地よりも南の地域であり、北の地域には建設されていない。カワチ神殿の影響力が弱まったナスカ中期には、ナスカ台地の南北の川筋集団の関係が変化した可能性が大きい。ベンティーヤ遺跡付近から台地中央部の山の麓までの「谷間儀礼道」では、土器の破壊儀礼がナスカ中期にも行われたことが現地調査によって明らかになった。一方、台地中央部の山の麓からナスカ川の始点付近まで伸びる全長約一〇キロの直線の地上絵では、ナスカ中期に土器破壊儀礼が行われた確実な痕跡がない。全長約一〇キロの直線の地上絵と「線タイプの動物の地上絵」を切断する直線の地上絵がこの時期に設定されたことは注目に値する。ナスカ谷とインヘニオ谷の川筋集団の間で行われていた儀礼活動がナスカ中期に停止したことを示唆する。

カワチ神殿を中心とする社会的なネットワークは機能しなくなり、それに伴って、ナスカ谷とインヘニオ谷の川筋集団間の連帯は失われたのであろう。一方、ナスカ中期には、ナスカ谷とインヘニオ谷に隣接する台地上で、土器破壊儀礼が頻繁に行われた。谷間儀礼道の北半分での土器破壊儀礼は、インヘニオ谷付近の台地上の土器破壊儀礼の一部だと理解できる。これらの土器破壊儀礼は、それぞれの谷の川筋集団による儀礼活動であり、川筋集団内部の連帯のために行われたと考えられる。

ナスカ後期には高地のワリ社会の影響がナスカ地域に及んだことが指摘されている（Schreiber 2003）。また以前よりも頻繁に土器に戦士の図像が描かれるようになった。谷間儀礼道の南半分に相当する全長約一〇キロの地上絵は、この時期に少なくとも二本の直線の地上絵によって切断された。そこで、谷間儀礼道として機能しておらず、インヘニオ谷とナスカ谷の集団間の連帯は失われたままだと考えられる。ナスカ後期には、谷に隣接する台地上において土器の破壊儀礼がほとんど行われていないので、川筋集団間の連帯だけでなく、川筋集団内部の連帯に関しても社会的な関心が失われた可能性が高い。

▼ワリ・イカ・インカ期

ワリ期になると、ナスカ期に「谷間儀礼道」として使われた第三の移動ルートで土器破壊儀礼が再開された。この時期にワリ政体の建築様式を有する公共センターがインヘニオ谷とナスカ谷で確認されている。その中には、第三の移動ルートの北端と南端付近に分布する公共センターが含まれる。つまり、第三の移動ルートは、ワリ期における主要な活動の場のひとつであったと考えられる。

イカ期にはナスカ台地の周辺に複数の政体が並存していたと考えられている（Conlee 2016）。この時期にも第三の移動ルートで土器破壊儀礼が行われた。この時期にはインヘニオ谷とナスカ谷の間を縦断する小道の数が増大した。小道の中には、ナスカ期の「放射状直線の地上絵」を延長して建設されたものが含まれる。

インカは第三の移動ルートを使わず、ナスカ台地を縦断するインカ道を新たに建設した。インカ道と第三の移動ルートは台地中央部の山の麓で交差している。インカ道を調査したところ、インカ期の代表的な土器であるアリバロを含む装飾土器がインカ道上で見つかった。これらの土器の詳細な分析を通じて、インカ道で何か行われたのかについて、今後検討する必要がある。

▼地上絵の成立

地上絵が描き始められたナスカ早期には、ナスカ谷とインヘニオ谷の間にあるナスカ台地において、三つの谷間移動ルートが設定された。第一の移動ルートでは居住地間を山裾に沿って歩きながら「面タイプの動物地上絵」を見ることができた。第二の移動ルートでは蛇行する小道群に沿って歩きながら「面タイプの動物の地上絵」を見ることができた。第三の移動ルートでは巨大な「直線の地上絵」の上を歩くことができた。つまり、ナスカ早期には、ナスカ台地を歩く行為が繰り返し行われるとともに、同時に動物の地上絵を見るという行為が繰り返し行われた。

「面タイプの動物の地上絵」は山の斜面に描かれたものと、台地に描かれたものに分けることができる。前者はナスカ台地東端の山裾沿いに描かれており、前述の第一の移動ルートに相当する。後者はナスカ台地を縦断する小道沿いに描かれており、前述の第二の移動ルートに相当する。山の斜面に描かれた面タイプの地上絵は、平地に描かれたものよりも地上で認識しやすい。また前者は比較的大きいので、遠方からでも認識できる。そのため道標として用いることができる。一方、後者は比較的平坦な地面に描かれている上、規模が小さい。そこで、近づかないと認識できないので、単独では道標にならない。しかし、小道と組み合わせることで、道標として用いることができる。

面タイプの地上絵と岩絵は図像表現が類似しているので、前述のように面タイプの地上絵の起源は岩絵だと主張された（Reindel *et al.* 1999：375）。そこで、「面タイプの動物の地上絵」の性格を明らかにするために、岩絵と比較してみたい。その際にまず「岩絵」と「山の斜面に描かれた面タイプの地上絵」を比較する。人間の目の高さから見ることを前提に制作されたという点で両者は類似している。ただし、岩絵はキャンパスとして岩を選んだため、岩の大きさによって描くことができる図像の規模に関して制限を受ける。こうした制限は山の斜面に描かれた地上絵も受けるが、岩よりも山の斜面の方が広いので制限は比較的小さい。実際に山の斜面に描かれた地上絵の方が大きい。つまり、図像を描くキャンパスの選択が、描かれる図像の大きさを左右したことになる。山の斜面に描かれた地上絵は大きい。そこで遠方からでもよく見えるので、単独で道標になりえる。一方、岩に描かれた岩絵は図像が小さいので、近づかないと岩絵の存在を認識できない。そこで単独では道標になりえない。

次に「岩絵」と「小道沿いに描かれた面タイプの地上絵」を比較する。前者は岩に描かれ、後者は平らな台地に描かれた。後者の方が図像を描くキャンパスの規模による制限が少ない。実際に「小道沿いに描かれた面タイプの地上絵」の方が大きく、「岩絵」ほど近づかなくても認識できる。しかし、「山の斜面に描かれた面タイプの地上絵」とは異なり、どちらも遠方から図像を認識することはできない。そのため、両者は単独では道標になりにくい。

最後に「岩絵」、「小道沿いに描かれた面タイプの地上絵」、「山の斜面に描かれた面タイプの地上絵」を比較する。「山の斜面に描かれた面タイプの地上絵」は単独で道標になりえるが、「小道沿いに描かれた面タイプの地上絵」と「岩絵」は単独では道標になりえない。しかし、小道沿いに描くことによって、面タイプの地上絵は道標になることができる。つまり道と組み合わせるというハイブリッド化によって、新たな物質性を担わせられた地上絵は、移動の際の道標という新たな機能を獲得したことになる。岩絵についても、道や谷と結びつけることによってハイブリッド化は可能である。

単独で道標になることができる「山の斜面に描かれた面タイプの地上絵」によって、約三〇キロ離れている居住地同士を結びつける谷間ネットワークが形成された。一方、道とハイブリッド化した面タイプの地上絵によって、インヘニオ谷とナスカ谷の間で、最大二〇キロ離れた地点を結ぶネットワークが一〇本以上も築かれた。これらの面タイプの地上絵は、長距離の移動の際の道標として積極的に利用された。谷間の移動ルートを視覚化するモニュメントであったと理解できる。

これに対して、ナスカ台地周辺にある岩絵は地区内や谷内などの限られた空間に集中的に分布しているので、狭い範囲内を移動する際の道標として利用されたことになる。つまり、これらの岩絵は限られた空間の中を移動する際のルートを視覚化したモニュメントであったと考えられる。

第三の移動ルートである「直線の地上絵」はナスカ台地を縦断するルートとして、ナスカ早期に設定された。「山の斜面に描かれた面タイプの地上絵」が居住地同士を結びつける谷間移動ルートであるのに対して、「直線の地上絵」は約二〇キロも離れた神殿と儀礼空間を結びつけるための谷間移動ルートである。この移動ルート上には、幅二〇〜四〇メートルで、全長一〇キロもある巨大な「直線の地上絵」が設定された。

▼地上絵の展開

ナスカ早期に三つの谷間移動ルートが設定された。そのうち二つの移動ルート（第一と第二）では「歩く」行為と「動物の地上絵を見る」という行為が繰り返し行われた。この経験はナスカ早期以降も継承された。ただし、第三の移動ルートにおいては異質な経験が創造された。

第三の移動ルートで、巨大な「直線の地上絵」の上を歩くという経験がナスカ早期には可能であった。ナスカ前期になると、第三ルートの南北の入り口付近に「線タイプの動物の地上絵」が描かれた。このタイプの地上絵はナスカ台地の平坦部に描かれた。全長約五〇メートル以上もあるため、人間の目の高さから地上絵を一望することは不可能である。しかし、地上絵の付近を歩き回れば、そこに描かれた地上絵が上空からどのように見えるのかを容易に想像することができる。つまり、第三の移動ルートでは、「動物の地上絵を想像する」という経験が新たに付け加えられたのである。ナスカ前期に描かれたのが「線タイプの動物の地上絵」であることは注目に値する。ナスカ早期に制作された「面タイプの動物の地上絵」と制作方法が異なるので、差異化を図った可能性は否定できない。それ以上に重要なのは、大きな地上絵を制作する場合、「線タイプの動物の地上絵」の方が容易であるという点である。全長五〇メートル以上の「面タイプの動物の地上絵」を制作するには、広大な範囲の石を移動しなければならない。しかし、線タイプの動物の地上絵であれば、直線状に石を除去するだけなので、比較的作業量は少ない。つまり、ナスカ前期の人々は、巨大な地上絵を描くのに適した技法として、「線タイプ」を導入したことになる。

なお、「地上絵を想像する」という新たな行為は、ナスカ早期以来繰り返し行われた「地上絵を見る」という行為と切り離して考えることは不適切であろう。第一の移動ルートおよび第二の移動ルートで繰り返し経験された「地上絵を見る」という行為が基盤となって、「地上絵を想像する」という新たな行為がナスカ前期になって創造されたと理解することができる。

ナスカ中期になると、第一の移動ルートと第二の移動ルートはおそらく利用されたが、第三の移動ルートは使われなくなった。その上、第三の移動ルートの両端にある「線タイプの動物の地上絵」が直線の地上絵によって「切られた」。動物の地上絵を意図的に否定する行為だと考えられる。この時期に、カワチ神殿を中心とする広域社会が崩壊したことが、両谷の神殿と儀礼空間を結びつける第三の移動ルートを否定する行為を生み出した可能性は高い。つまり、歩いて地上絵を見るという行為は継承されたが、歩いて地上絵を想像するという行為は否定されたことになる。こうした傾向はナスカ後期にも続く。

第一の移動ルートと第二の移動ルートの利用は、少なくともイカ期まで継続した。一方、第三の移動ルートは、ワリ期に入ると再び使われるようになった。またワリ期には第三の移動ルートの両側に新たな公共センターが建設された。ナスカ台地周辺が高地ワリ社会の影響下に入ったことが、第三の移動ルートの再活性化と密接な関係にあると考えられる。イカ期にも第三の移動ルートは使われたが、第三の移動ルートの一部を構成する放射状直線の地上絵に、蛇行する小道が接合された点は重要である。それまで明確に区別されていた直線の地上絵と小道の間の垣根が取り払われ、従来の直線の地上絵のあり方が否定されことになる。このことは、イカ期に入ると、ナスカ台地の周辺に複数の小規模な政体が誕生したことに加えて、イカ社会がインカ帝国の影響下に入ったことと関係する。インカはナスカ台地にインカ道を建設した。このインカ道は、ナスカ台地中央部において第三の移動ルートと交差するように設定された。つまり第三の移動ルートはインカ道によって「切られた」ことになる。さらに第三ルートが蛇行する小道と接合された事実を考慮すると、「直線の地上絵」が担っていた「ナスカ台地を縦断する真っ直ぐな巨大な道」の役割は、インカ道に取って代わられたことになる。

5　おわりに

地上絵の制作活動が開始されたのは、ナスカ早期である。カワチ神殿で大規模な建築活動が開始された時期でもある。この時期にナスカ台地を縦断する三つの谷間移動ルートが設定された。第一の移動ルートはインヘニオ谷の集住居住地エストゥディアンテスとナスカ谷の集住居住地ティーサの間に設定された。このルート上の三カ所の山の斜面に「面タイプの動物の地上絵」が描かれた。これらの地上絵は目の高さから見るのに適した地上絵であり、ほぼ等間隔に分布しているので、道標として利用されたと考えられる。第二の移動ルート上にも面タイプの動物の地上絵が分布している。これらの地上絵はナスカ台地を縦断する一〇本以上の小道沿いに描かれた。このルート上の動物の地上絵は平坦部にも描かれているので、必ずしも目の高さから見るのに適しているとは言いがたい。ただし、小道と組み合わせるというハイブリッド化によって、地上絵を見る地点が限定されることで、道標として用いることが可能となった。小道に分布する土器を分析したところ、ナスカ早期からイカ期まで小道は継続的に利用されたことが判明した。第三の移動ルートはインヘニオ谷の神殿とナスカ谷の儀礼空間の間に設定された。このルートは、「放射状直線の地上絵」と幅二〇～四〇メートルの巨大な「直線の地上絵」によって構成されている。後者は合計三本あり、総距離は約一五キロである。単なる移動用の道ではなく、儀礼的な性格が強い「谷間儀礼道」として創設されたと考えられる。このルート上にはナスカ早期には動物の地上絵は描かれなかった。

地上絵の展開期は、ナスカ前期からインカ期である。ナスカ前期は、カワチ神殿の影響力でナスカ社会が再編された時期である。この時期になると、第三の移動ルートの両端に「線タイプの動物の地上絵」が描かれた。このタイプの地上絵は五〇メートル以上もあるため、目の高さから見るのには適していない。しかし、地上絵の周囲を歩き回れば、そこに描かれている地上絵を想像することはできる。なおこの地上絵において、土器の破壊儀礼の痕跡が確認できた。そこで、「線タイプの動物の地上絵」は動物の形をした巨大な広場だったと考えられる。ナスカ中・後期になると、カワチ神殿の影響力が弱まり、ナスカ台地の南北の谷に住む川筋集団間の関係が変化したと考えられている。ナスカ中期と後期に制作された「直線の地上絵」によって、第三の移動ルートである「谷間儀礼道」は切断された。また「谷間儀礼道」の両端に分布する「線タイプの動物の地上絵」も、「直線の地上絵」によってこの時期に切断された。「谷間儀礼道」と「線タイプの動物の地上絵」を「直線の地上絵」で分断することによって、両谷の川筋集団間の連帯が否定されたことになる。ワリ期になると、ナスカ台地周辺は高地ワリ社会の影響下に入った。この時期に第三の移動ルートは再利用されるとともに、この移動ルートの両端付近にワリの公共センターが設立された。その後、ナスカ台地の付近に複数の政体が並存するイカ社会が成立した。イカ社会はインカ帝国の影響下に入った。この時期に「インカ道」が建設された。インカ道を建設するために、第三ルートの巨大な道は半分に分断された。また第三の移動ルートの一部である放射状直線の地上絵に、蛇行する小道が接合された。つまり、第三の移動ルートが担っていた「ナスカ台地を縦断する直線の巨大道」の役割は、インカ道に取って代わられたことになる。

地上絵の成立期には、地上絵を描いたり、歩いたり、目視したり行為が重視された。ところが展開期になると、これらに加えて、地上絵を想像したり、切ったりする行為が導入された。地上絵を描いたり、歩いたり、目視したり、想像したり、切断する行為は、ナスカ台地周辺の諸社会の関係を単に表象する行為というよりも、この地域の社会関係に積極的に関与するとともに、その社会関係に影響力を与えるために実践された行為だと考えられる。

ナスカ早期に描かれた地上絵は、一五〇〇年以上にわたってナスカ台地付近に住んでいた人々に影響を与え続け、人々が台地を移動することを促してきた。また新たな地上絵を作らせたり、地上絵付近で土器の破壊儀礼を行わせるように促してきたと言えよう。またその一方で、人々は地上絵を描いたり、歩いたり、目視したり、想像したり、切ったりする行為を通じて、これまでの社会関係を継承したり、否定したり、また新たな社会関係を作ったりしたのであろう。つまり、地上絵はナスカ台地の人々にとって、自分たちと切り離すことができない存在として一五〇〇年以上にわたって生き続けていたと言えよう。

参考・参照文献

阿子島功（二〇一〇）「ペルー、ナスカ台地とその周辺の耕地と水」『季刊地理学』六二号、二二三―二二八頁。

坂井正人（二〇一七）「ナスカの地上絵と神殿：アンデス文明のイデオロギーと権力をめぐって」『古代文化』六九（一）号、六三―七二頁。

山本睦、坂井正人、ホルヘ・オラーノ、松本雄一（二〇一七）「ペルー南海岸、ラ・ベンティーヤ遺跡の発掘調査」『古代アメリカ』二〇号、九五―一〇六頁。

Aveni, Anthony F.（1990）“Order in the Nazca Lines,” in Aveni, Anthony F.（ed.）*The Lines of Nazca*, pp. 41–113. Philadelphia：American Philosophical Society.

Carmichael, Patrick H. 2016 Nasca origins and Paracas progenitors. *Ñawpa Pacha.* 36（2）: 53–94.

Clarkson, Persis（1990）“The Archaeology of the Nazca Pampa,” in Aveni, A.F.（ed.）, *The Lines of Nazca*, pp. 117–172. Philadelphia：Amer Philosophical Society.

Conlee, Christina A.（2016）*Beyond the Nasca Lines：Ancient Life at La Tiza in the Peruvian Desert*, Gainesville：University Press of Florida.

Mejía Xesspe, Toribio（1942）“Acueductos y caminos antiguos de la hoya del Río Grande de Nasca,” in *Actas y trabajos científicos del XXVII Congreso Internacional de Americanistas*（*Lima, 1939*）I, pp. 559–569. Lima：Librería e Imprenta Gil.

Orefici, Giuseppe（2012）*Cahuachi.* 2 vols. Lima：Universidad de San Martín de Porres Fondo Editorial.

Orefici, Giusepe（2016）“Petroglyphic Images and the Sacred Valleys.” In R. Lasaponara *et al.*（eds.）, *The Ancient Nasca World*, pp. 197–215. Springer International Publishing.

Reiche, Maria（1993）*Contribuciones a la geometría y astronomía en el antiguo Perú*. Lima：Asociación María Reiche para las líneas de Nasca.

Sakai, Masato, Y. Ccoyllo, J. Olano, Y. Matsumoto y A. Yamamoto（2015）*Informe final del proyecto de investigación arqueológica de las líneas y geoglifos de la Pampa de Nasca*（*Séptima Temporada*）. Lima：Ministerio de Cultura del Perú.

Sakai, Masato Y. Ccoyllo, J. Olano, Y. Matsumoto y A. Yamamoto（2017）“Avances del Proyecto de Investigación Arqueológica Líneas y Geoglifos de las Pampas de Nasca, Campaña 2014,” *Actas del II Congreso Nacional de Arqueología* 2：31–35.

Sakai, Masato, y Jorge Olano（2016）“Resultados Preliminares del Proyecto de Investigación Arqueológica Líneas y Geoglifos de las Pampas de Nasca,” *Actas del Congreso Nacional de Arqueología* 1：283–290.

Sakai, Masato y Jorge Olano（2017a）“Líneas y Figuras de la Pampa de Nazca,” in Pardo, Cecilia y Peter Fux（eds.）*Nasca*, pp. 124–131, Lima：Asociación Museo de Arte de Lima y Museo Rietberg.

Sakai, Masato y Jorge Olano（2017b）*Programa de investigacion arqueologica de las lineas y geoglifos de las Pampas de Nasca, Plan bianual n°1, años 2015—2017. Informe Final 2016—2017*, Lima：Ministerio de Cultura del Perú.

Sakai, Masato, Jorge Olano, Yuichi Matsumoto and Hiraku Takahashi（2014）*Centros de líneas y cerámica en las Pampas de Nasca, Perú, 2010*. Yamagata：Yamagata University Press.

Sakai, Masato, Jorge Olano and Hiraku Takahashi（2019）*Centros de líneas y cerámica en las Pampas de Nasca, Perú, hasta el año 2018*. Yamagata：Yamagata University Press.

Schreiber, Katharina J., and Josué Lancho Rojas（2003）*Irrigation and Society in the Peruvian Desert*, Lanham：Lexington Books.

Van Gijseghem, Hendrik（2004）*Migration, Agency, and Social Change on a Prehistoric Frontier：The Paracas-Nasca Transition in the Southern Nasca Drainage, Peru*, Ph. D. Dissertation, Department of Anthropology, University of California, Santa Barbara.

Vaughn, Kevin. 2009 *The Ancient Andean Village*. Tucson：The University of Arizona Press.

Vaughn, Kevin. J., Jelmer W. Eerkens, Carl Lipo, Sachiko Sakai and Katharina Schreiber（2014）“It's about Time? Testing the Dawson ceramic seriation using luminescence dating, South Nasca region, Peru”, *Latin American Antiquity* 25（4）：449–461.

Unkel, Ingmar, Bernd Kromer, Markus Reindel, Lukas Wacker, Gunther Wagner（2007）“A Chronology of the Pre-Columbian Paracas and Nasca Cultures in South Peru Based on AMS 14C Dating”, *Radiocarbon* 49（2）：551–564.

第2章

第2節

ベンティーヤ神殿――形成期とナスカ期

山本　睦
ホルヘ・オラーノ

1　はじめに

ベンティーヤは、ペルー南海岸インヘニオ谷中流域に位置する、形成期からナスカ期（紀元前一三〇―紀元後六四〇年：表1）にかけて築かれた神殿遺跡である（図1）。また、インヘニオ谷は、地上絵の存在で知られるナスカ台地のすぐ北側にあるため、地上絵およびそれと関連するナスカ社会の実態解明に向けて、重要な地域とされている。そのなかでベンティーヤは、東西約四キロメートルにおよぶほどの広がりを持ち、基壇（土砂を積み上げて三面、あるいは四面を壁で支えた直方体の構造）、広場、部屋状構造物、テラス（地面を均すか盛り土をして整地し、土留め壁で支えられた段状の構造）、墓地、地上絵などで複合的に構成されている。そして、インヘニオ谷で最大規模を有し、ナスカ台地の縁のすぐ下に位置していることもあって、ナスカ社会において中心的役割をはたした遺跡の一つとも考えられてきた。

つまり、ベンティーヤ遺跡の利用年代や機能について新たな知見をえることは、単に一遺跡の研究データを充実させるだけでなく、地上絵を描いた人々の生活やナスカ社会全体を考察するうえで、非常に重要な意味を持つといえる。そこで、山形大学の調査チームは、二〇一五年から二〇一七年にかけてベンティーヤ遺跡で発掘調査を行った

表1　ベンティーヤ遺跡の編年

年代	時期 (Unkel *et al.* 2012)	土器編年 (Unkel *et al.* 2012)	ベンティーヤ	ベンティーヤ出土土器(土器編年との対応)
AD 640				
AD 640–AD 500	ナスカ後期	ナスカ7期 (ナスカ6期?)		
AD 500–AD 440			ベンティーヤ後期b	ナスカ5期 (ナスカ3期)
AD 440–AD 300	ナスカ中期	ナスカ5期 ナスカ4期		
AD 300–AD 100	ナスカ前期	ナスカ3期 ナスカ2期	ベンティーヤ後期a	ナスカ3期-5期
AD 100–AD 80			ベンティーヤ前期	ナスカ1期 (ナスカ2期)
AD 80–BC 100	ナスカ早期	ナスカ1期 オクカヘ10期		
BC 100–BC 130				

(山本ほか二〇一七)。

以下、本節では、先行研究を概観して発掘調査の意義を明らかにしたうえで、その調査成果を記し、ベンティーヤのナスカ社会における役割について論じてみたい。

2　先行研究とその問題点

ナスカ研究においてベンティーヤは、地政学的に重要であるにもかかわらず、インヘニオ谷で実施された学術調査はほとんどない。特筆すべきはH・シルバーマンが一九八〇年代後半におこなった遺跡分布調査のみである(Silverman 2002)。ここでは本論と深く関連するベンティーヤ遺跡とカワチ遺跡の解釈を概観する(セトルメントの研究に関しては本章第3節を参照)。

シルバーマンは、遺跡規模、建造物の多様性や複雑さなどから、ベンティーヤを居住・行政・祭祀センター(活動の中心となる場所)と推測し、流域内でも特別な遺跡であったと

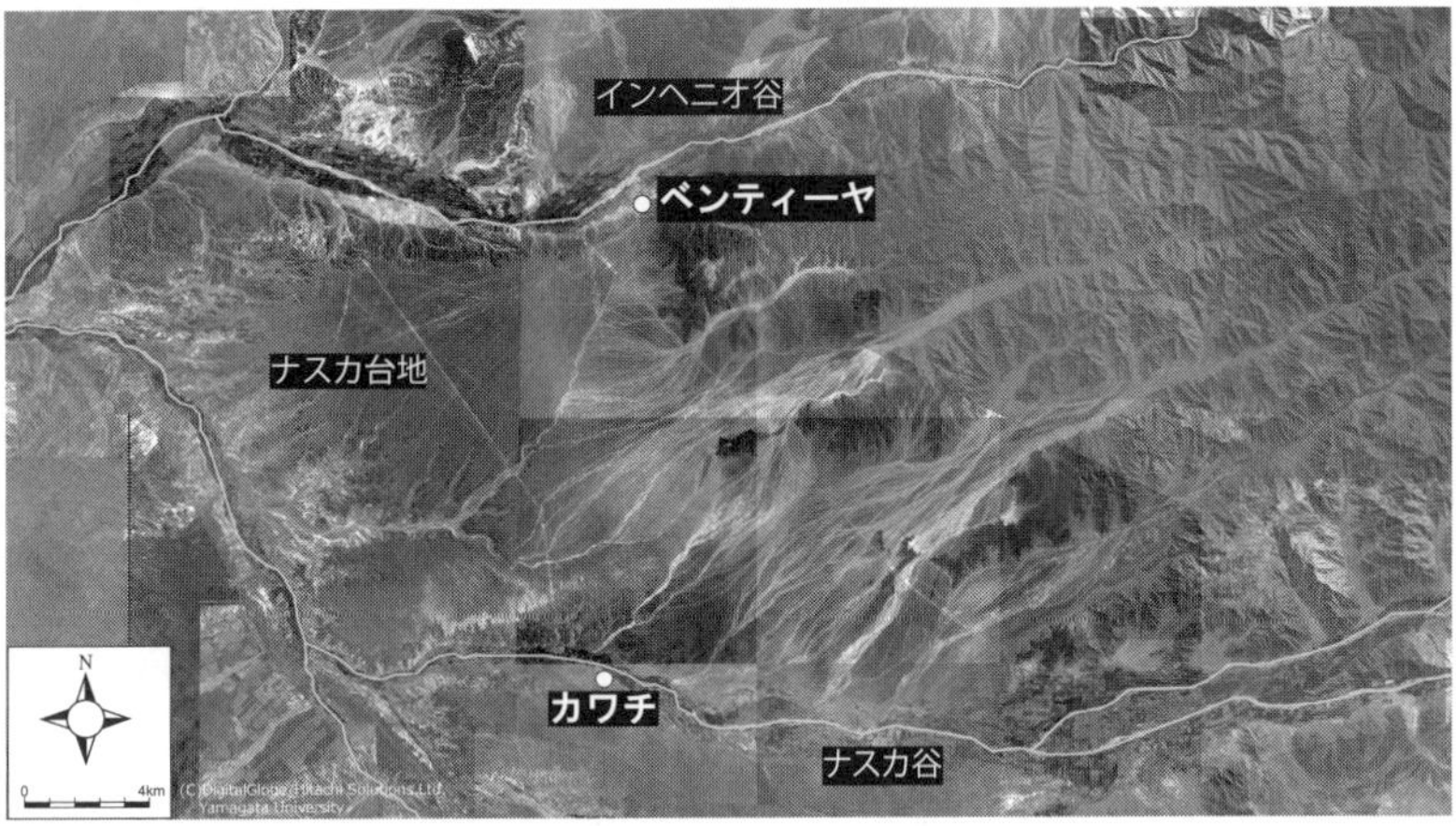

図1　ベンティーヤ遺跡の位置

位置づけた（Silverman 1993, 2002；Silverman and Proulx 2002）。また、分布調査時に遺跡で採集された土器の様式から、[2] ナスカ前期とナスカ中期にインヘニオ谷の人口が増大した際に中心的役割をはたした遺跡であったと結論づけた。

さらに、シルバーマンはナスカ社会全体を考えるうえで、ベンティーヤを、台地をはさんで南のナスカ谷に築かれたカワチと対をなし、異なる性格を有するセンターとしてとらえた。カワチとは、形成期からナスカ前期（紀元前四〇〇―紀元後四〇〇年ごろ）に栄えた、ナスカ社会における中心的な祭祀センターで（Orefici 2009；Orefici y Drusini 2003）、巡礼地であったとも考えられている遺跡である（Silverman 1993, 2002；Silverman and Proulx 2002；Vaughn and Van Gijseghem 2007）。

シルバーマンによれば、ナスカ社会において、まずカワチが祭祀センターとして社会的統合の中心となった。しかし、カワチにおける建築活動や儀礼活動が衰退しはじめた後には、北に約一五キロメートル離れたベンティーヤが、経済的・社会的・政治的に重要なセンターとなったという。

しかしながら、こうしたベンティーヤの機能やナスカ社会における役割は、あくまで遺跡分布調査の際に実施された地表面の観察データにもとづく仮説である。つまり、ベンティーヤに関しては、発掘調査が実施されていないため、研究や議論の基礎となる編年データを含めて、その詳細は明らかにされてこなかった。また、精緻な編年の構築は、ベンティーヤだけでなく、ナスカ研究全体の抱える大きな課題の一つである。なぜなら、盗掘などに由来する、出土状況の不確かな土器にもとづいて土器編年がうちたてられており、各土器様式の序列、継続期間や重複関係について不明な点が多いためである。[3]

以上のことから、インヘニオ谷およびナスカ社会の中心的存在であったと考えられるベンティーヤは、編年の問題をクリアしていくためだけでなく、ナスカ社会の実態解明に取り組んでいくためにも、最適な研究対象といえる。

3 山形大学による発掘調査とその成果

発掘調査の主目的は、各建造物の特徴や機能を明らかにすることを通じて、ベンティーヤ遺跡の全体像および建設時期を解明することであった。また、遺跡が広大なために全体を東からA～D区にわけ、詳細な分布調査をあわせておこなうことで、遺跡全体の建築配置を検討した。今回の調査では、このうちのA区とC区を集中的に発掘している（図2）。

調査の結果、ベンティーヤでは大きく二つの建築時期があることが判明した。古い方からそれぞれベンティーヤ前期、後期と名づけている。また、ベンティーヤ後期は、建造物が築かれ、利用された年代をふまえて、後期aと後期bに細分した。以下、各時期の特徴について簡潔に述べていく。

ベンティーヤ前期（紀元前一〇〇—紀元後一〇〇年）は、ベンティーヤで建設活動が始まった時期で、建造物はすべて石造である。また、河川やケブラーダ[4]から流れたこんだと考えられる堆積層を整地した上に、建造物が築かれているという特徴がある。さらに、この時期の建造物から出土する土器は、土器編年で形成期末期あるいはナスカ早期とされるナスカ一期のものである（写真1）。

ベンティーヤ前期では、A区よりもC区に建造物が密集している。なかでもとくにC区では、複数の低層基壇と広

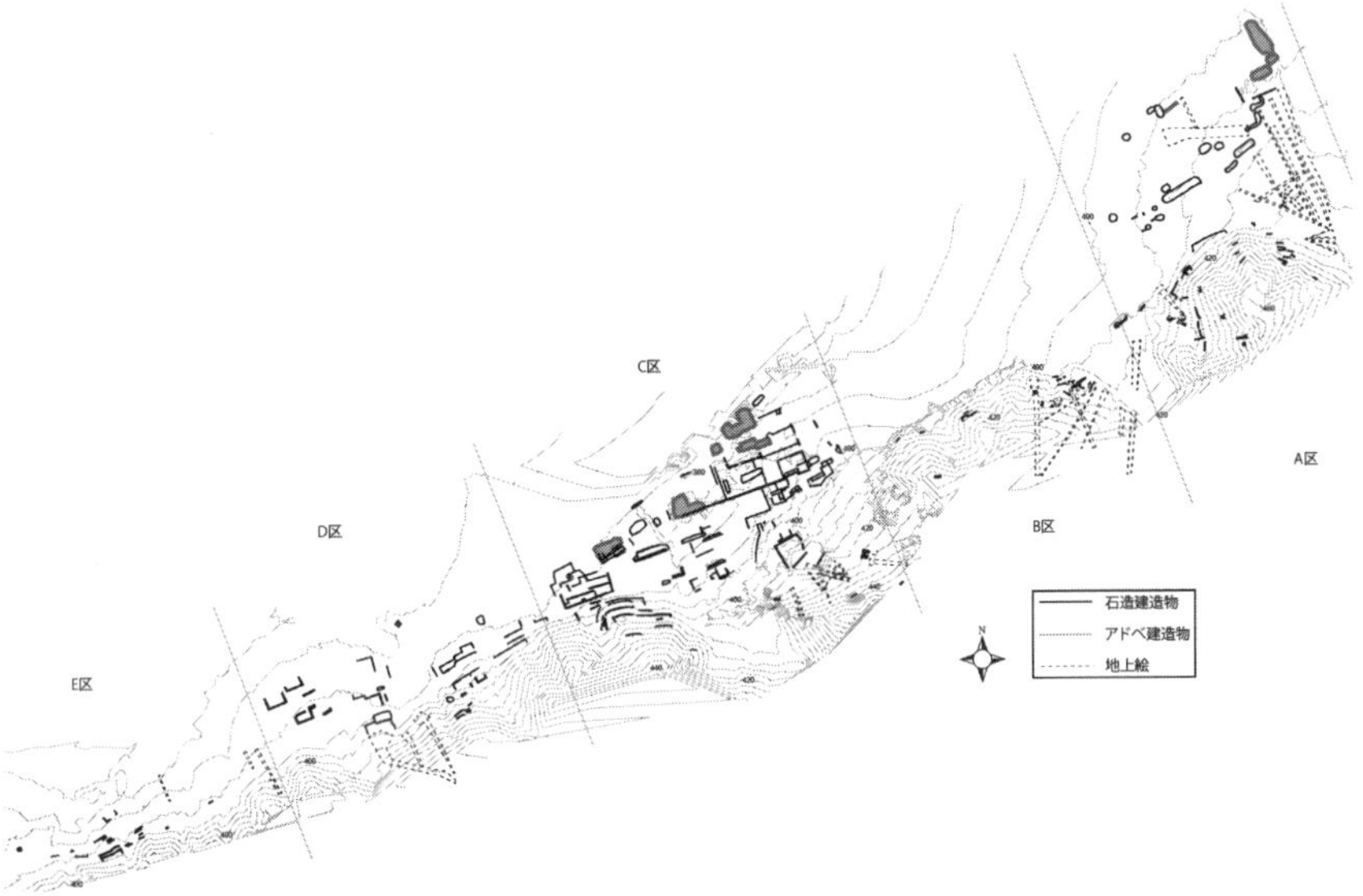

図 2　ベンティーヤ遺跡全体図

写真 1　ベンティーヤ前期の土器

場からなる建築パターンが認められている（写真2）。これらの基壇や広場では、壁のつけたしや床面の張りかえ以外に大きな増改築の痕跡はみられない。低層基壇のなかには、基壇が使われなくなった時に、大型の礫を含む土砂で完全に埋められたものもある。土砂で埋められる際に土器が埋納された例もあり、これらは建造物の放棄と関連した

写真2　ベンティーヤ前期の石造建造物

写真3　ベンティーヤ後期aのアドベ建造物

儀礼的手続きであった可能性がある。

全体として、ベンティーヤ前期の石造建造物は、ベンティーヤ遺跡の南側、つまり遺跡の範囲内でもナスカ台地に近い方でより多く確認されている。また、ナスカ台地に連なる斜面には、石壁で築かれた複数のテラスも存在する。

その一方で、ベンティーヤ後期a（紀元後一〇〇―三〇〇年）になると、大きな変化が生じた。石造建造物は姿を消し、かわりにアドベ（日干し煉瓦）で建造物が建てられるようになるのである（写真3）。A区とC区の両方でアドベ基壇が確認されるものの、発掘によってこの時期のものと特定できた基壇は現状では四つのみである。ただし、建造物自体はベンティーヤ前期のものよりも大規模で、高さが二メートルを超える基壇もある。基本的には、石造基壇と同様に河川堆積物を整地した上に築かれているが、C区のアドベ基壇には、ベンティーヤ前期の石造基壇を埋めて、その直上に建設されたものもある。いずれのアドベ基壇でも、基壇と広場からなる建築パターンが認められている。床面の張りかえ以外には、建築プランを大きく変化させるほどの、大規模な増改築は確認されていない。

ベンティーヤ前期の石造建造物とは異なり、アドベ建造物は主として遺跡範囲内の北側部分に築かれた。また、ナスカ台地に連なる遺跡南側の斜面にはアドベ建造物は確認されていないが、C区の北側ではゆるやかに下っていく地形を利用してテラスが建設されたようである。

この時期に属するアドベ基壇では、土器編年でナスカ前期とナスカ中期のものとされるナスカ三期とナスカ五期の土器が混在して出土しており、その出土割合もほぼ同程度となっている（写真4）。

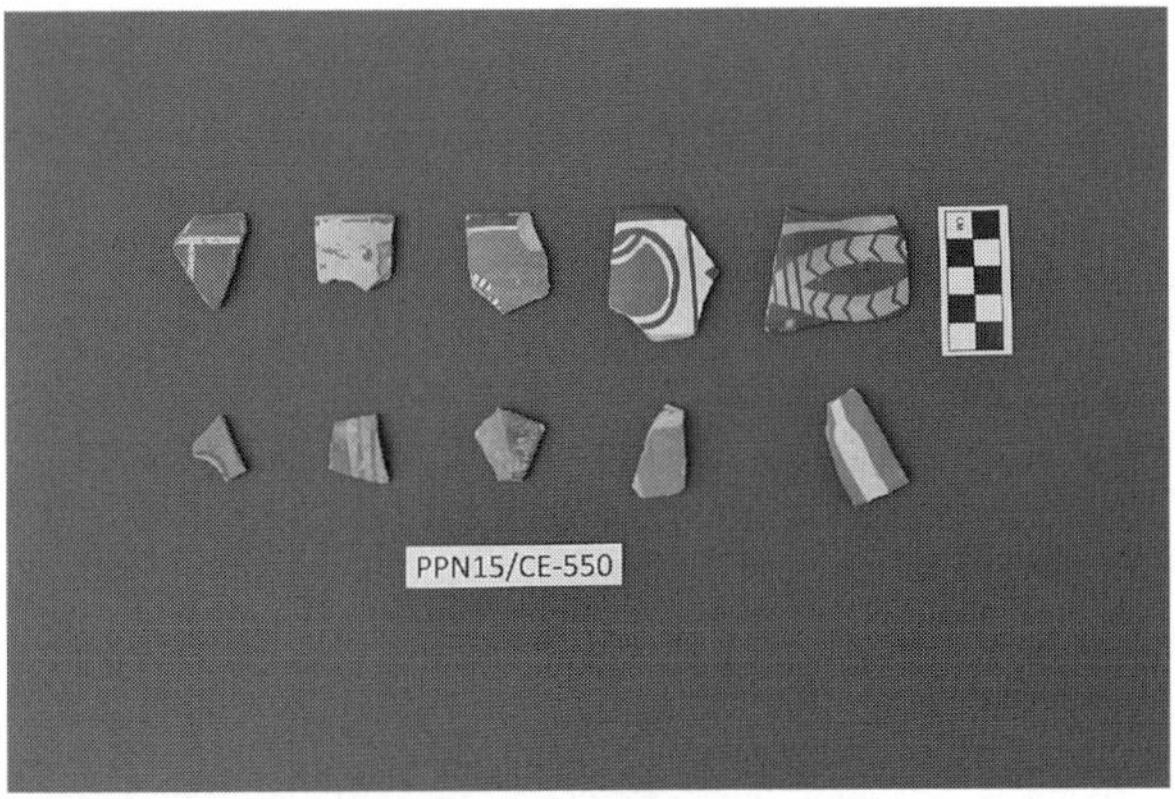

写真4　ベンティーヤ後期aの土器

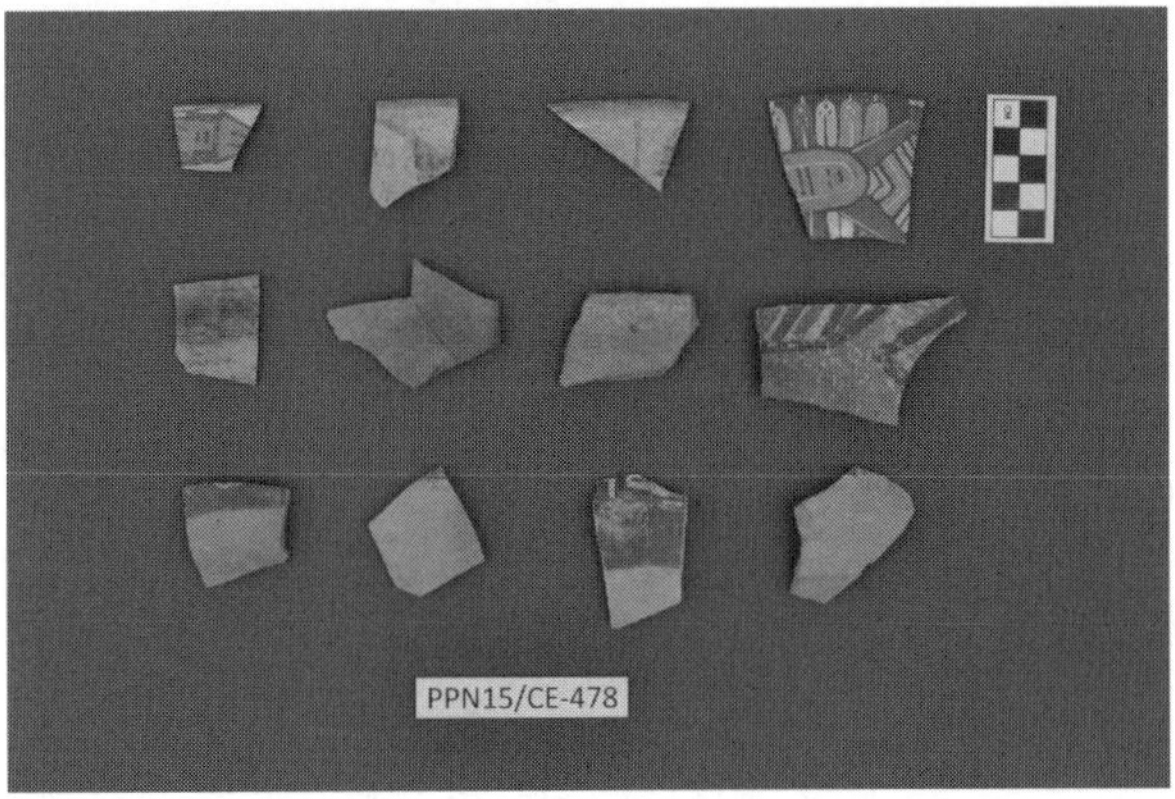

写真5　ベンティーヤ後期bの土器

ベンティーヤ後期b（紀元後三〇〇―五〇〇年）に入っても、引き続きアドベ建造物が築かれた。現時点でこの時期の建造物として特定できるものは、C区の一基壇だけである。建造物が建てられた場所や建築特徴などには、ベンティーヤ中期からの大きな変化はみられない。しかし、基壇はより大規模になり、少なくとも高さ三メートル程度の基壇が築かれている。

ベンティーヤ後期aと後期bのアドベ基壇では、ベンティーヤ前期の石造基壇でみられたように、建造物が放棄される際の儀礼的手続きは確認されていない。しかし、ベンティーヤ後期bの基壇には、最下部に炉が設けられ、その周囲に破砕された大量の土器が埋められたものがある。これは、基壇の建設時に、火を伴う儀礼がおこなわれたことを推測させるものである。

ベンティーヤ後期bに属する建造物から出土する土器は、土器編年でナスカ中期とされるナスカ五期のものが中心であるが、ナスカ三期のものも若干混ざっている。

ベンティーヤ後期における土器の出土傾向は、ナスカ研究の今後の展開を考えるうえで非常に重要である。なぜなら、従来、ナスカ研究で利用されてきた土器様式による編年は、時代を明確に分ける指標としては不十分といえる。しかし、ベンティーヤ後期aと後期bにおいて、ナスカ三期とナスカ五期の土器が混在して出土する一方で、それらの出土量の違いがある程度層位に反映されていることから、全く無効ともいえない。つまり、この編年に関する大きな問題の解決を図っていくためには、今後、双方の時期を分けるための新たな基準を、分析を通じてえていく必要があると考えられるのである。

4　ベンティーヤ遺跡の機能とナスカ社会における役割

ベンティーヤでは、石とアドベという異なる建材を用いて建造物が築かれたが、全時期を通じて、住居と思われるような建造物は検出されていない。また、遺跡南側の斜面にあるテラスや石あるいはアドベ建造物の隙間をぬって建設された部屋状建造物においても、居住の痕跡を明確かつ直接的に示すような遺構や遺物は、これまでに確認できない。主要な建築パターンは、基壇と広場の複合であり、そこには儀礼の存在を示唆するような遺構や遺物がみられるだけである。そのため、ベンティーヤは、先行研究で指摘されたような居住に関わるようなセンターというよりも、祭祀に特化したセンターであったことが推測される。

また、興味深いことに、ベンティーヤの南側にあるナスカ台地に連なる斜面には、複数の道が極めて丁寧に建設されている。このことは、ベンティーヤとナスカ台地あるいはその南にあるナスカ谷の社会との関係を示唆するものである。

ここで注目すべきは、ベンティーヤの変遷とナスカ谷にあるナスカ社会の中心的なセンターであるカワチとの関係である。

発掘調査と分布調査による地表面観察の成果をあわせて考慮すると、ベンティーヤで建設活動やそれに付随した儀礼活動が最も盛んだったのは、ベンティーヤ前期である。建造物の規模や複雑性から、この時期のベンティーヤはインヘニオ谷の中心的な祭祀センターであったと考えられる。また、この時期の石造建造物は、いずれもナスカ台地に近い場所（遺跡範囲の南側）に集中して建設されている。そして、時を同じくしてカワチでも祭祀建造物の建設が確認されていることなどから、ベンティーヤでは、常にナスカ台地およびカワチとの関係が重要視されていたことが推測される。

しかし、ベンティーヤ後期a、後期bとうつるにつれて、ベンティーヤでの諸活動は次第に限定的になっていった。この時期のカワチが最盛期を迎え、大基壇や広場複合が築かれたことを考慮すると、ベンティーヤとカワチの時期的変化は、非常に対照的である。さらに、ベンティーヤのアドベ建造物は、遺跡内でも台地からより離れた遺跡の北側部分に立地している。また、ナスカ前期やナスカ中期は、ナスカ台地に描かれた地上絵において頻繁に土器破砕儀礼がおこなわれた時期とされる。そのため、インヘニオ谷の人々によって執り行われた儀礼活動の中心が、ベンティーヤからナスカ台地あるいはカワチへと移行していった可能性もある。

以上のように、ベンティーヤとカワチの活動時期には重なりがあり、両センターは共存した。しかし、ベンティーヤは、カワチが最盛期を迎える前のナスカ早期に最盛期を迎えたのち、カワチの最盛期でもあるナスカ前期以降は、以前よりも小規模なセンターとなって、その役割を変化させた可能性がある。

5 おわりに

これまでのナスカ研究では、残念なことに、建造物と土器が発掘調査を通じて関連づけられたデータはほとんどない。そのなかで、山形大学の調査チームの発掘は、ナスカ研究の大きな課題である、より詳細な編年構築への足がかりとなりうるものである。とくに、アドベ建造物から出土したベンティーヤ後期aと後期bの土器は、インヘニオ谷に特有の出土状況を示している可能性もあり、今後は他地域の土器編年との比較検討が必要である。

また、ベンティーヤは、先行研究で考えられてきたような、居住を主としたようなセンターではないことが明らかとなってきているが、基壇間に存在する部屋状構造物で実施した小規模な発掘調査では、わずかではあるが食糧廃棄物や灰、炭化物が確認されている。こうした遺構や遺物が居住にともなうものであるのか、あるいは儀礼や祝宴にともなうものであるのかを明らかにするためには、さらなる調査が必要である。調査や考古資料の分析を続けていくことで、今後、ベンティーヤの特性をより明らかにすることができれば、ナスカ社会全体像の解明に向けて新たな展開がうまれることになるであろう。

注

（1） 編年に関しては、調査の充実しているパルパ谷のデータ（Reindel and Wagner 2009；Unkel *et .al* 2007）に基づいて作成した。

（2） 遺跡の地表面で採集された土器は、土器編年によれば（Menzel, Rowe and Dawson 1964：251-256；Proulx 1968；Roark 1965）、主としてナスカ一期～三期、五期に分類されるものであった。

（3） 土器様式の順序は層序にもとづくという言及がある一方で、様式の差は時期差だけではなく、地域差を示すという指摘もある（Charmichael 2013：Hecht 2013；Vaughn *et. al* 2014）。

（4） 一般に「涸れ谷」と称される河川だが、常に水が流れるものもある。

参考・参照文献

山本睦、坂井正人、ホルヘ・オラーノ、松本雄一（二〇一七）「ペルー南海岸、ラ・ベンティーヤ遺跡の発掘調査」『古代アメリカ』二〇号、九五―一〇六頁。

Charmichael, Patrick（2013）'Regionalism in Nasca style history,' *Andean Past* 11：215–231.

Hecht, Niels（2013）*A Relative Sequence of Nasca Style Pottery from Palpa, Peru*. Giessen：VVB Laufersweiler Verlag.

Menzel, Dorothy, John Rowe and Lawrence Dawson（1964）*The Paracas Pottery of Ica. A Study in Style and Time*. University of California Publications in American Archaeology and Ethnology 50. Berkeley：University of California Press.

Orefici, Giuseppe（2009）*Nasca：El Desierto de los Dioses de Cahuachi*, Perú. Lima：Apus Graph Ediciones.

Orefici, Giuseppe y Andrea Drusini（2003）*Nasca：Hipótesis y Evidencias de su Desarrollo Cultural*, Lima：Centro Italiano Studi e Ricerche Archeologiche Precolombiane.

Proulx, Donald（1968）*Local Differences and Time Differences in Nasca Pottery*, University of California Publications in Anthropology 5. Berkeley：University of California Press.

Roark, Richard（1965）'From monumental to proliferous in Nasca pottery,' *Ñawpa Pacha* 3：1–92.

Reindel, Markus and Günther A. Wagner（2009）*New Technologies for Archaeology：Multidisciplinary Investigations in Palpa and Nasca, Peru*（Natural Science in Archaeology）, Springer.

Silverman, Helaine（1993）*Cahuachi in the Ancient Nasca World*, Iowa：University of Iowa Press.

——（2002）*Ancient Nasca Settlement and Society*, Iowa：University of Iowa Press.

Silverman, Helaine and Donald Proulx（2002）*The Nasca*, Oxford：Blackwell.

Vaughn, Kevin. J. and Hendrik Van Gijseghem（2007）'A compositional perspective on the origins of the "Nasca cult" at Cahuachi A Relative Sequence of Nasca Style Pottery from Palpa,' *Journal of Archaeological Science* 34（5）：814–822.

Vaughn, Kevin. J., Jelmer W. Eerkens, Carl Lipo, Sachiko Sakai and Katharina Schreiber（2014）'It's about Time? Testing the Dawson ceramic seriation using luminescence dating, South Nasca region, Peru,' *Latin American Antiquity* 25（4）：449–461.

Unkel, Ingmar, Bernd Kromer, Markus Reindel, Lukas Wacker, Gunther Wagner（2007）'A Chronology of the Pre-Columbian Paracas and Nasca Cultures in South Peru Based on AMS 14C Dating,' *Radiocaron* 49（2）：551–564.

トシュにおける神殿の「誕生」に一歩近づいたのである。また60年代に発掘されず小高く残った区画に、頂上近くまで形成期早期の建築が積層していることも判明した。コトシュのマウンドは大規模だが、かなりの体積が形成期早期の間に盛られていたのである。2018年にはテーマを広げ、土器を伴う形成期前期から末期の建築群の重なり合いも調査した。コトシュはペルー全土で唯一、早期から末期まで形成期の全期間の層が、同一地点に堆積したマウンドであり、アンデスの形成期編年を確立するのに最適な遺跡なのである。2017年には比較のために、同じワヌコ盆地のハンカオ遺跡も発掘した。道路で断ち割られているが本来の規模はコトシュに匹敵し、しかも同様に形成期の全期間の土器が散布している遺跡である。発掘の結果、土器を伴わない大規模な基壇が中核部に埋もれていることが確認され、早期から末期まで、形成期のすべてが堆積したマウンドの2例目となった。破壊を逆手に取り、地面の上に神殿が建てられる、まさに「誕生」の様子もとらえることができた（写真1）。

写真1　ハンカオ遺跡の断面から炭化物を採取。白線は形成期早期の基壇と当時の地表。

本稿執筆時点で二つの遺跡の年代測定の結果がほぼ出揃い、膨大な出土遺物も分析の目処が立ってきた。いずれの遺跡においても、形成期早期における神殿の誕生と更新、そして形成期の全期間を通じた建設活動や土地利用の変遷を、具体的な年代とともに示すことができそうである。ワヌコ盆地における地域社会の変遷、そしてアンデス全体を視野に入れた形成期編年の新基準の提案など、多様な切り口から今後この成果を発表していく。

（鶴見英成）

参考・参照文献

加藤泰建、関雄二（1998）『文明の創造力』角川書店。

鶴見英成、セサル・サラ（2016）「コトシュ遺跡の測量と形成期早期の神殿研究の展望」『古代アメリカ』19号、35-46頁。

Column

神殿の誕生——コトシュとハンカオの発掘

古代アンデスでは神殿を更新する（造り替える）活動じたいが重要な儀礼であり、それを繰り返す中で、社会が大規模に複雑に発展した。そのため神殿の登場こそが、アンデス文明の「形成期」の始まりとされる（加藤・関1998）。各地の神殿遺跡に残された、建設・饗宴・工芸品製作などの活動の痕跡から、社会の性質とその移り変わりが論じられてきたが、議論の精度を上げるために解決すべき問題は多い。例えば神殿の更新は、より古い既存の神殿の存在が前提となるが、そもそも「最初の神殿」がそこにどのように誕生したのか、遺跡の最深部まで掘り下げて示した研究はきわめて少ない。また更新の頻度や規模を明確にし、老朽化や自然災害など差し迫った要因があったのか、それとも重要人物の死去など社会的な動機によるものか、といった考察も必要である。その突破口の一つとして、層位発掘と年代測定を入念に計画し、編年をより精緻にすることが有効であろう、と筆者は考えた。

コトシュはペルー北部山地のワヌコ盆地に位置する小高いマウンド遺跡で、1960年代に日本調査団による発掘が行われた。地方発展期の建築に覆われた表層の下から、形成期の「末期」「後期」「中期」「前期」の土器を伴う建築が上から順に姿を現した。さらにその下の土器を含まない層から、一辺４～９メートルの正方形の神殿が多数重なり合って発見された。アンデスでは神殿の始まりが土器の導入より古いということを、初めて明らかにした、学史的にも重要な調査であったとされる。今日では、先土器段階かつ神殿の存在する時期を、形成期の「早期」と呼ぶ。

それから50年が経過し、主として海岸部で形成期早期の神殿遺跡が多数発見され、年代が解明されていく中で、山地の代表格であるコトシュの編年研究の遅れが問題になってきた。当時は上部の建築を除去して下へ掘り進める発掘手法であったが、壁面装飾を持つ「交差した手の神殿」など、形成期早期の建築群を壊す訳にはいかず、掘り下げを断念したのである。そのため、より古い神殿がその下に眠っているかどうかを確認できず、また実用化されて間もない放射性炭素年代測定は不正確であった。コトシュは重要な遺跡として政府に手厚く保護され、調査許可のハードルも高い。それでも筆者が再調査を決意したのは、東京大学の導入したAMS（第２章第９節参照）があれば、発掘による破壊を最小限に抑え、的確な地点・層から採った微細な炭粒で、高精度な年代測定ができるからである。

2015年に測量をしながら建築や土層を詳しく観察し（鶴見・サラ2016）、2016年に調査許可を得て発掘を開始した。狭い発掘坑であったが、「交差した手の神殿」の床を掘り抜き、より下層に２枚の床面を掘り当てた。コ

第2章

第3節

インヘニオ谷の社会変動——形成期からイカ期までの展開

松本雄一

1 はじめに

ペルー南海岸のインヘニオ川は、地上絵が集中するナスカ台地の北側に位置しており、周辺を流れるリオグランデ川支流の中で最も水量が多い河川である（ONERN 1971：181）。豊かな水と耕作可能な広い土地を有するインヘニオ谷では、以前から数多くの遺跡が存在することが知られており、長期にわたる居住が想定されてきた。地上絵を製作・使用した社会の通時的動態を解明するうえで重要な地域と位置付けられるだろう。

山形大学チームの調査では、地上絵が一五〇〇年以上にわたって製作・使用され続けていたことが明らかとなった（本章第1節坂井論文を参照）。しかし一方で、地上絵をめぐる活動を支えた社会に関しては詳しいデータが得られておらず、社会の具体像に迫るための基礎的データを収集することが課題となっていた。そこでナスカ台地周辺の遺跡に関して、その機能的差異と時代ごとの分布パターン（セトルメント・パターン）をとらえるための調査を行った。どのような機能（住居、儀礼場、墓域など）を有した遺跡が、いくつ、どのような場所に分布していたか、そしてその分布が時期ごとにどのように変化しているのかを理解することで、環境利用や社会組織と規模の変化を通時的に考察することができるからである。このような視点から二〇一三年九月以降、インヘニオ谷全域とそのさらに下流に位置するグランデ谷の一部で網羅的な踏査を行い、地上絵の製作・使用の時期と対応するパラカス後期（形成期末期）からイカ期（後期中間期）に至る活発な人間活動の痕跡を確認した。

本節では、この踏査において得られたセトルメント・パターンの時期ごとの変遷を提示し、現在利用可能な考古学データと組み合わせることで、インヘニオ谷の社会変化を通時的に考察することとする。

2　先行研究

インヘニオ谷における考古学調査は一九五〇年代から行われていたが（Strong 1957）、最も網羅的なものはH・シルバーマンによって一九七八年から一九七九年にかけて行われたものである。グランデ谷中流域とインヘニオ谷の全域を踏査したシルバーマンは五五七遺跡の存在を確認し、パラカス後期からイカ期にいたるまでインヘニオ谷に居住が続いたことを確認した。その成果は二〇〇二年に『古代ナスカのセトルメントと社会』（Silverman 2002）と題された浩瀚なモノグラフとして出版された。しかし、データの詳細な提示がナスカ期に限られているうえ、そのナスカ期に関しても遺跡の時期同定の際に最も重要な指標となる土器様式が明確に提示されていないなどの問題点があった。そのため、セトルメント・パターンの通時的変遷をシルバーマンのデータをもとに考察することは不可能であり、新たな問題意識のもとで、網羅的な踏査をやり直すことが必要であった。

また、シルバーマンの調査以降、近隣の河谷においては活発な考古学調査が行われてきた。インヘニオ谷の北に位置するパルパ谷ではドイツ人研究者による学際的な調査チームが網羅的な踏査を含む大規模な調査を展開し（Reindel and Wagner 2009）、南のナスカ谷以南ではアメリカ隊が八〇年代から調査を続けている（Conlee 2016：Schreiber and Lancho 1995）が、インヘニオ谷の先行研究の問題点は、これらの新たなデータとの比較を困難にしてしまっていた。

3　調査の方法

踏査に際しては、シルバーマンのデータに加えて、航空写真によって遺跡をある程度特定した後に遺跡を踏査し、遺構の表面観察と遺物の分析を行った。さらに現地での観察に基づいて、既存のデータの空白地帯に関しても広く踏査を行った。遺跡の痕跡が見当たらずアクセスが不可能な険しい地形の場所は踏査範囲から外したが、インヘニオ谷両岸の段丘と谷に流れ込む支流の大部分を踏査し、五七三の遺跡を登録した。

その際遺跡の時期同定に関しては、遺跡表面の土器を様式的な視点から見て行う必要があったが、この点で指標にせざるを得ない土器編年は一九六〇年代に出土状況の不確かな土器を様式的に分類してその変化を想定すること（セリエーション）で作り出されたものであり、発掘調査による層位的裏付けを欠くものであった。この点を補完するため、従来代表的な指標として用いられてきたセリエーションに基づく編年（Menzel 1964, 1968, 1976；Menzel *et al.* 1964；Silverman 1993；Silverman and Proulx 2002）に加え、より近年の調査データ（Hecht 2013；Vaughn 2009）を加えた土器のデータベースを用いて相対編年上の同定を行い、最新の絶対年代データ（Unkel and Kromer 2009；Unkel *et al.* 2012）を用いて解釈を行った。

踏査において編年と並ぶ困難な点として、遺跡の機能的な分析が挙げられる。多くの場合一つの遺跡から異なる時期の遺物が同時に見つかることになるが、発掘を伴わない踏査においては、表面に見える建築と土器の対応関係を確定することは往々にして困難であった。このような事情から、分析に際しては遺跡を暫定的に三つのカテゴリーに分類した。すなわち墓域、居住地、公共センターである。この内最後の公共センターは、明らかに単なる居住を目的とした遺跡とは一線を画す規模と建築様式を有するものと定義され、いわゆる行政あるいは公共祭祀施設と呼ばれる特徴を有する。表面観察のみにもとづいた分類であるため、この区分は極めて暫定的なものと言わざるをえず、踏査においては時にカテゴリー区分を明確に行うことは困難であった。なお、本節では居住域の変化に焦点を当てるため、明らかに墓域以外の機能が想定できない遺跡や地上絵、道などの遺構は分析対象から外してある。

4　セトルメント・パターンの変遷

では以下で、時期ごとのセトルメント・パターンの変遷を論じる（図1〜図7）。その際に必要に応じて、近接するパルパ谷とナスカ谷以南の調査成果を参照し、ナスカ地域、あるいは中央アンデスというよりマクロな視点からその通時的動態を記述することを試みる。以下に示す遺跡分布図1〜7においては、公共センターを三角形の記号（▲）、居住地を四角形の記号（■）で表すものとする。

▼パラカス後期（紀元前三八〇—紀元前二六〇年、図1）

この時期がインヘニオ谷の広い範囲に人間活動の痕跡が確認できる最初の時期である。実際にはパラカス前期（紀元前八〇〇—五〇〇年）に描かれたと考えられている岩絵や、パラカス中期（紀元前五〇〇—二〇〇年）に建造されたと考えられる小規模な基壇建築など、わずかながら人間活動の痕跡が確認されており、パラカス後期がインヘニオ谷において最初に居住を開始した時期というわけではない。しかし、パラカス前期からより多くの居住遺跡とセンターが確認されている北のパルパ谷とは対照的であるといえよう（Sossna 2014）。

このような状況を踏まえた時に、パラカス後期の土器がインヘニオ谷の上流から下流にかけて広く確認されている点は大きな変化と位置付けることができる。多くの場合、明確な建築と土器との対応関係のデータは得られなかったが、新たな公共センターが全く確認できなかったことは特筆に値する。規模の小さな集団が分散して暮らしていたと考えることが妥当であろう。ただし、セトルメントがインヘニオ谷全域に広がる最初の時期であり、人口の急激な増加が起こったことは疑いがない。

この時期には北のパルパ谷、南のナスカ谷でも遺跡数の増加が確認されており、ナスカ谷のラ・プンティーヤ遺跡

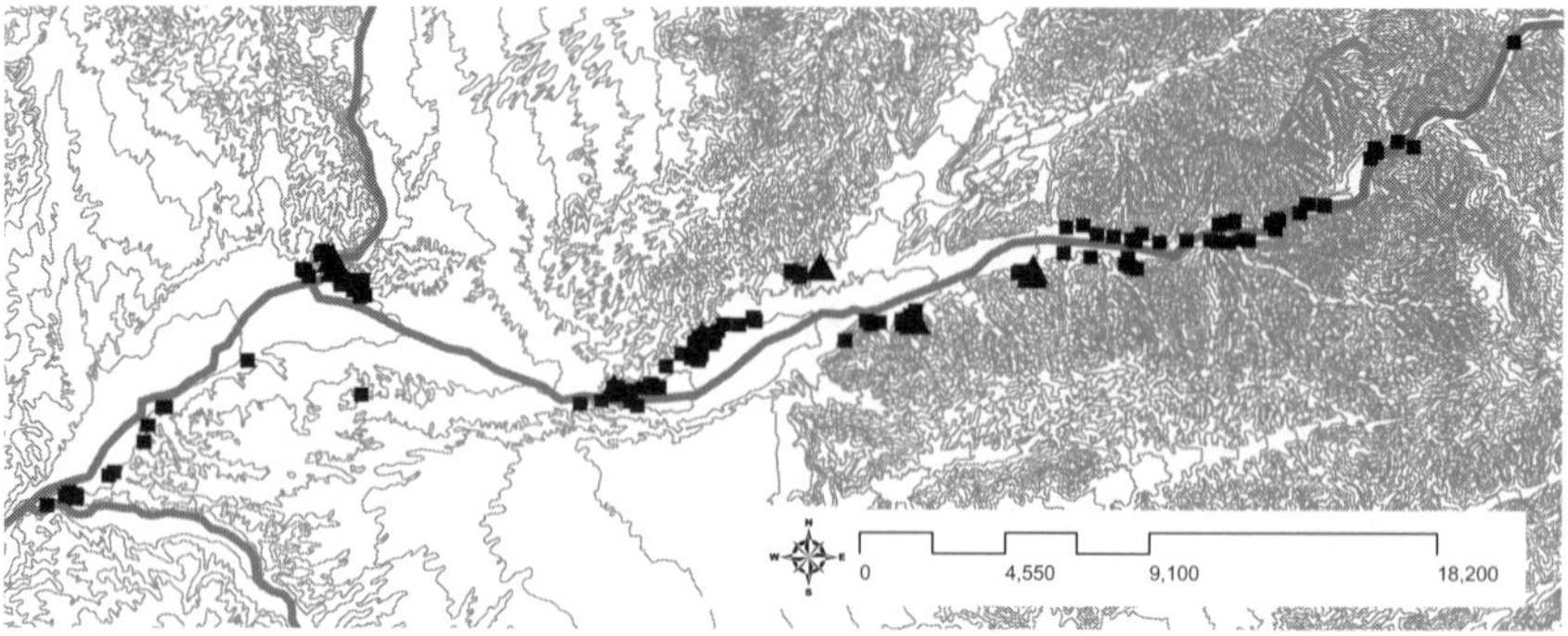

図１　インヘニオ谷におけるパラカス後期の遺跡分布

を発掘したH・V・ガイゼゲンは、パラカス文化の中心であるイカ谷やパラカス半島からリオグランデ水系流域への移住があったと考えている（Van Gijseghem 2006；Van Gijseghem and Vaughn 2008）。また、パルパ谷の調査からは標高二〇〇〇メートルを超える上流域に同時期の大規模な遺跡が集中することが確認されており（Isla and Reindel 2014；Sossna 2014）、パラカス文化の繁栄が山地との交流の中で起こったことが示唆されている。海岸部の河谷を超えた移住と、海岸と山地という異なる気候帯に住む人々の交流という二つの説が提示されているわけだが、両者は矛盾するものではなく相互補完的なものと捉えたほうがよさそうである。パラカス半島とパルパ谷から出土したこの時期のサンプルを用いたＤＮＡ分析においてもこれらの成果と矛盾しない結果が提示されており（Fehren-Schmitz *et al.* 2010）、インヘニオ谷の状況もこのようなペルー南海岸全域の動態の中でとらえる必要があるだろう。

特に、複数の公共センターが建造され、セトルメントの数が大幅に増加した北のパルパ谷とは対照的である点に注目する必要がある。パラカス文化の中心地であるイカ谷から小集団がパルパ谷を通ってインヘニオ谷に移住したと考えるなら、インヘニオ谷に居住するに至った集団は、イカ谷からパルパ谷に移住した場合に比べてはるかに少なかったのであろう。この時点で、インヘニオ谷はある意味文化の「周縁」だったといえよう。

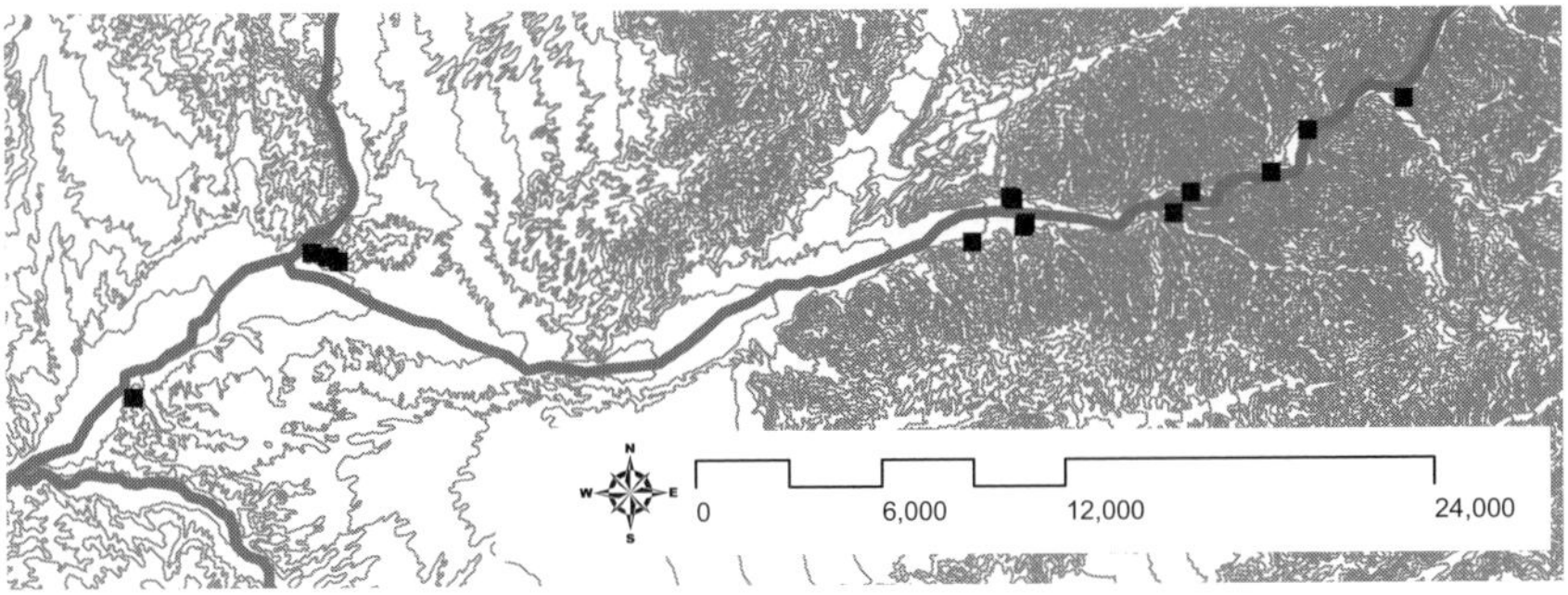

図2　インへニオ谷におけるナスカ早期の遺跡分布

▼ナスカ早期（紀元前二六〇―紀元後八〇年、図2）

パラカス後期からナスカ早期への移行は、遺跡数のみから見た場合は減少傾向にあるが、それぞれの遺跡に注目すると大きな社会変化が起こったことが示唆されている。この時期の変化は大まかに以下の二つにまとめられる。一つ目はセトルメントがインへニオ谷の下流域、さらにグランデ谷にもみられるようになる点であり、二つ目は大規模な遺跡が出現し、明らかな集住の痕跡が確認できることである。

パラカス後期から継続して使用され続けた遺跡は数が少なく、大部分はこの時期に新たに居住された遺跡であるため、前時期と異なる場所に新たなセトルメントを建造するという行為が行われたことになる。また、集住の痕跡に関しては、明らかにそれまで存在しなかった規模の建築が、インへニオ谷の中流域と下流域にひとつずつ確認される。

中流域のものに関しては、現在の地名に基づいてエストゥディアンテス遺跡と呼ばれており、シルバーマンによってナスカ早期の大センターとして言及されている（Silverman 2002：78–81）。約七ヘクタールに渡って丘陵の斜面がテラス状に成形されておりその上に石壁を用いた部屋状構造が多数配置されている。シルバーマンはこの遺跡に関して、公共センターであると定義すると同時に、エリート層とそれ以外の社会階層の居住域に明確な区分が見られるとしている。しかし、山形大学の調査チームによって二〇一七年に行われた発掘調査では、広場など公共的な空間の存在は確認されたものの、建築の多くが類似した家屋建築であり社会の階層化は確認されなかった。

　下流域では、インヘニオ谷とパルパ谷の合流点近くに、エストゥディアンテス遺跡と類似したテラス状の建築が集中する遺跡が存在する。その広がりは三ヘクタールほどであり、前者に比べれば小さいが、同時期の中・上流域に位置する他遺跡との間には規模の点で明確な差異があるといってよい。

　以上のデータからは、人口の増加に加え、人々が組織的に集住を選択したことがうかがえる。この現象を考察する際に重要なのが、ナスカ谷におけるカワチ遺跡（Orefici 2012）と、インヘニオ谷におけるベンティーヤ遺跡（山本ほか二〇一七）の出現である。この二つの大祭祀センターの出現は、インヘニオ谷における大規模な集住の開始と連動している。両遺跡以外に明確に祭祀に特化した遺跡が確認されていないことも特筆すべきであり、ベンティーヤを宗教的中心としてインヘニオ谷の社会がまとまりを見せていたということができるかもしれない。

　連動した動きは北のパルパ谷でも見て取ることができる。パルパ谷ではこの時期にインヘニオと同様にテラス状の建築が広く分布しており、全時期を通じて最も多くの遺跡が確認されている（Reindel 2009：450-451；Sossna 2014）。これに対して南のナスカ谷ではやはり同様の建築が確認されているものの、規模は小さい。ガイゼゲンがナスカ谷のラ・プンティーヤ遺跡の調査から述べている通り（Van Gijseghem 2006）、この時期には、北の河谷群からインヘニオ谷、ナスカ谷へと向かう前時期とは別個の移住の動きが存在した可能性がある。そしてインヘニオ谷においては、この動きが人々の集住とかかわり、ベンティーヤという中心的な祭祀センターを生み出したのだろう。

▼ナスカ前期（紀元後八〇―三〇〇年、図3）

　ナスカ前期は、インヘニオ谷のセトルメントの変遷の中で一つ目のピークと位置づけることができる。遺跡数は明らかに増加し、特に水へのアクセスが容易な中・上流域に多くの遺跡が集中している。さらにナスカ早期とこの時期の大きな違いは、遺跡数に留まらない。前時期における集住を示すエストゥディアンテス遺跡をはじめとするテラス

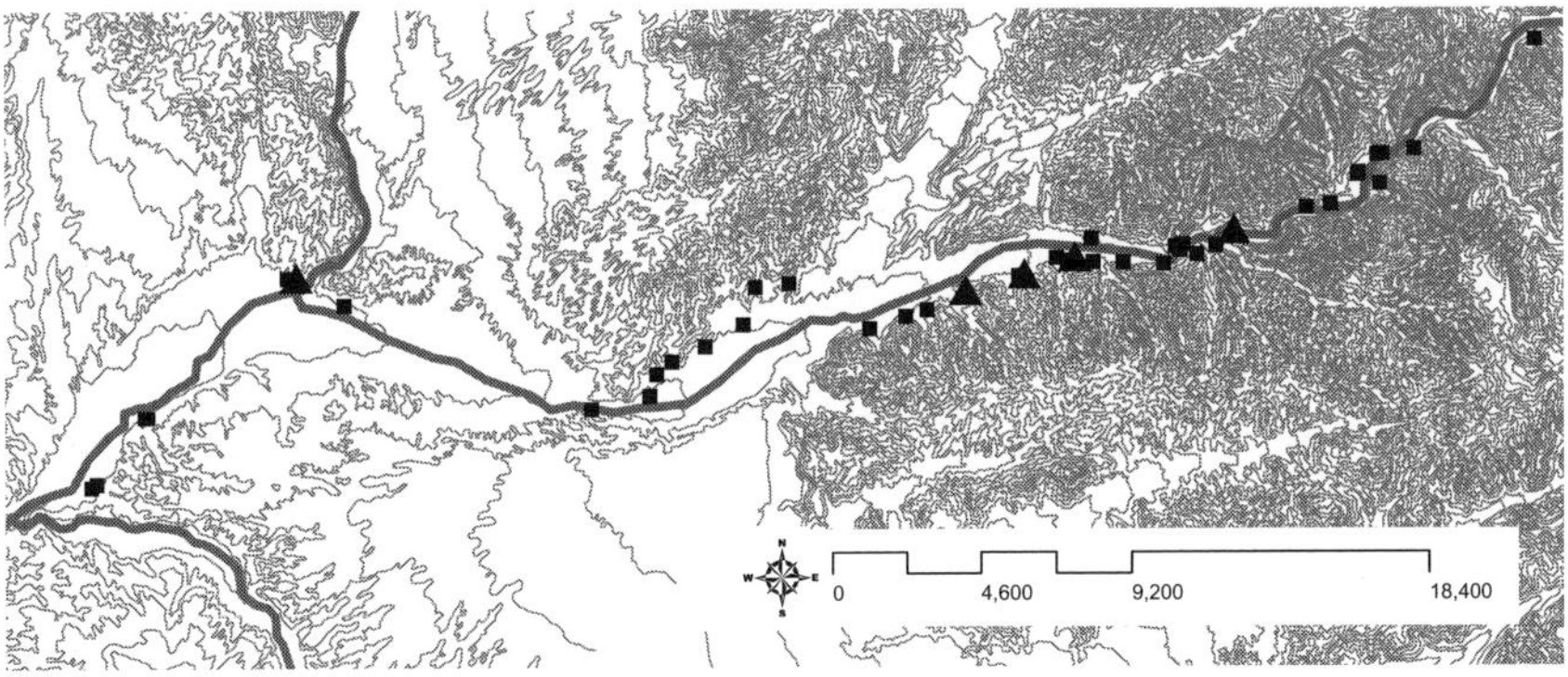

図 3　インヘニオ谷におけるナスカ前期の遺跡分布

状建築の遺跡が放棄される一方で。中流域を中心に少なくとも五つの公共センターが確認されるのである。これらの建築は小基壇や広場によって構成されており、近隣の居住遺跡に住んでいた集団が儀礼を行う場所であったと想定するのが妥当であろう。明確に村落遺跡とは一線を画した公共センターがベンティーヤ遺跡以外に確認できない前時期とは異なり、宗教祭祀の場が分散されたことになる。更に、それぞれの遺跡の規模自体も早期の集住の痕跡を示す遺跡とベンティーヤ遺跡に比べればはるかに小さい。このような状況からは、単純な人口の増加だけではなく、集住から小集団への分散が起こった可能性を指摘できるだろう。類似した変化はパルパ谷でも起こっており、農業に適した位置へのセトルメントの移動と遺跡の階層化に伴う公共センターの増加が確認されている（Reindel 2009：451）。この時期は、ナスカ谷下流においてカワチ遺跡が南海岸を包括するナスカ文化全体の中心として栄えた時期とされており、同遺跡は地域的な巡礼センターとして機能していたと考えられている（Silverman 1993；Silverman and Proulx 2002）。ナスカ谷においてナスカ前期の村落として機能したマルカヤ遺跡を調査したK・ヴォーンは、独立した小社会が谷内に並存し、それぞれがカワチへの巡礼を行っていたと論じたが（Vaughn 2004, 2009）、この視点はインヘニオ谷の状況とも符合する。公共センターの増加は、インヘニオ谷内にいくつかの小政体が並存していたこと、そのような社会がカワチを中心とした宗教的信仰により緩やかに結びついていたことを示唆している。

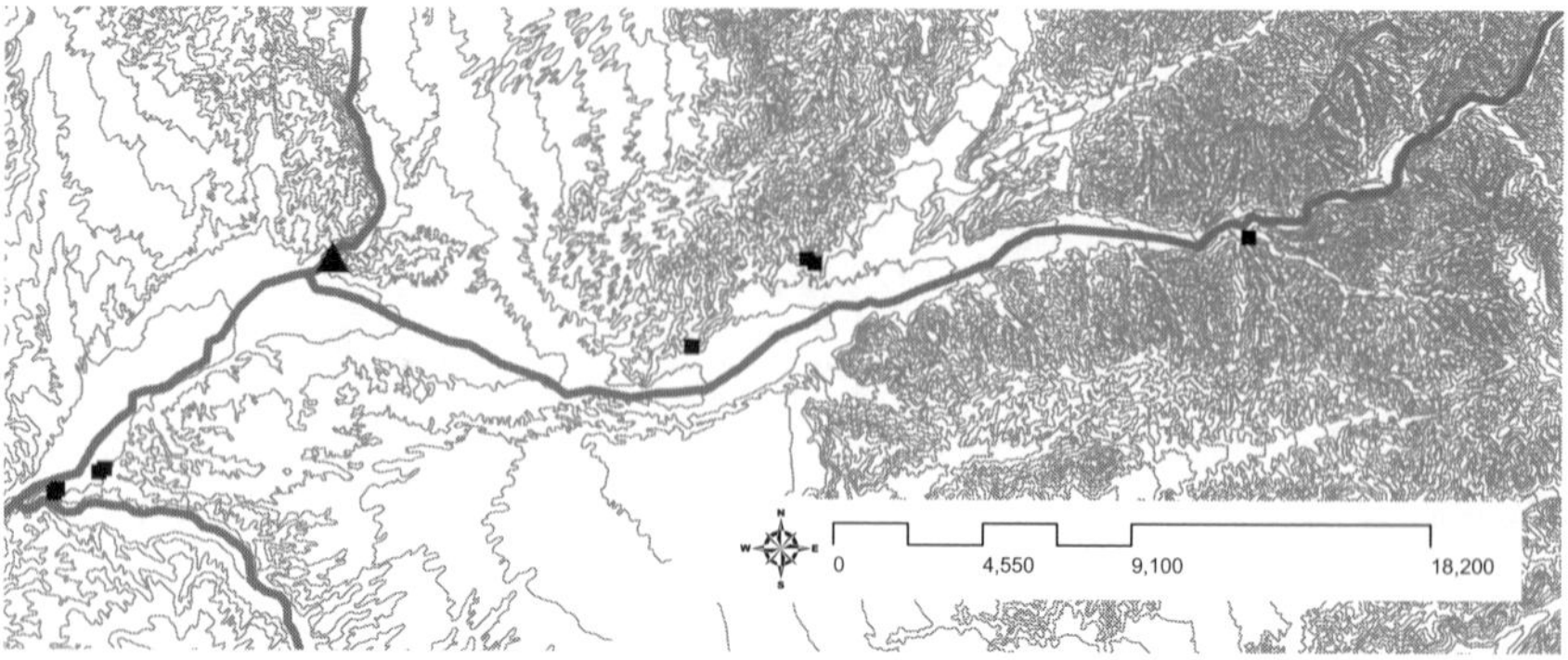

図4　インヘニオ谷におけるナスカ中期の遺跡分布

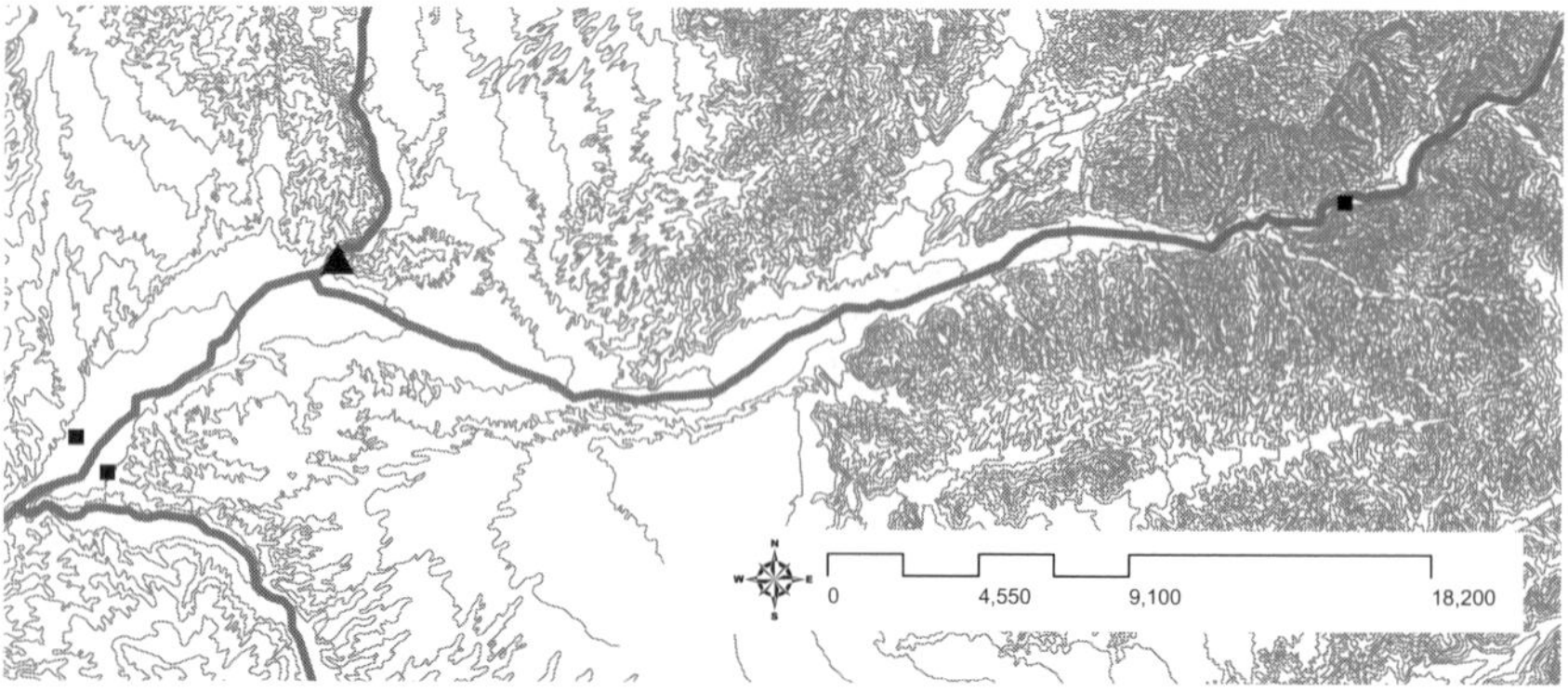

図5　インヘニオ谷におけるナスカ後期の遺跡分布

▼ナスカ中期／ナスカ後期（紀元後三〇〇—四四〇年／紀元後四四〇—六四〇年、図4・5）

ナスカ文化のピークであった前期に対してナスカ中期と後期には一貫して遺跡数は激減の一途をたどる。特に後期に入ると、ほとんどの遺跡が放棄されたと言って差支えがない状況に陥る。居住遺跡の減少と同時に、公共センターと考えられる遺跡までもがほとんど放棄されてしまっており、前期に存在したローカルなセンターを中心とした社会はほぼその姿を消したと考えられる。

ここで近隣の河谷に目を向けてみると、パルパ谷におけるV・ゾスナによる詳細な踏査からは、ナスカ中期から後期への遺跡数ならびに人口減少という点で、本調査の成果と類似するデータが提示されている（e.g. Sossna

2014：254–255）。一方で、ナスカ谷以南の三河谷を踏査したK・シュライバーの論は若干異なる（Schreiber 1999, 2001）。この地域におけるナスカ前期から中期にかけての遺跡数の減少はインヘニオ谷のデータと符合するが、彼女は中期から後期にかけては遺跡数が減少するもののそれぞれの遺跡の規模は増大しており、人口自体は若干増加したと考えている。一方でこのシュライバーの議論を踏まえたうえでゾスナは、ナスカ河谷以南においてある程度の人口の増加があったとしても、それはパルパ谷における人口の激減を説明しうるものではないとして、より北の河谷のデータを検証し、パルパをはじめとするグランデ水系の北側に位置する河谷群からより北のイカ河谷への人口の移動があったと考えている。また、両者ともより高地の側、すなわちプーナと呼ばれる気候帯への移住が存在した可能性を指摘している。このような近隣河谷のデータを考慮に入れるならば、ナスカ期を通じて人口が激減の一途をたどったと考えられるインヘニオ河谷およびグランデ谷の中流域においても、北のイカ河谷、ナスカ谷以南の下流域、あるいは高地への移住というシナリオはすべて検討の価値があるだろう。

▼ワリ期（紀元後六四〇―七九〇年、図6）

ワリ期は一般に、高地アヤクチョ地方で出現したワリと呼ばれる政体が中央アンデスの広い範囲に影響を及ぼした時代と定義される。インヘニオ河谷単体で見た場合、遺跡数が約四倍に増加しており、ナスカ期を通じて起こった遺跡数と対応する人口の減少からの回復期に当たると考えてよい。

この時期の特色として、ワリ政体の建築様式を有する公共センターがインヘニオ谷の上流域、中流域、グランデ谷中流域にそれぞれひとつずつ分布し、居住の痕跡もその周囲に限定されていることが挙げられる。高地のワリ政体との関わりの中で戦略的にセンターが配置されていると考えることも可能であり、ワリ政体による直接支配の痕跡であるかのような印象を受ける。しかし、踏査で明らかとなった遺物と建築様式の多様性を考慮に入れると、より複雑な状況が浮かび上がってくる。それが最も端的に表れているのが、グランデ谷中流域で登録されたトレス・パロス遺跡

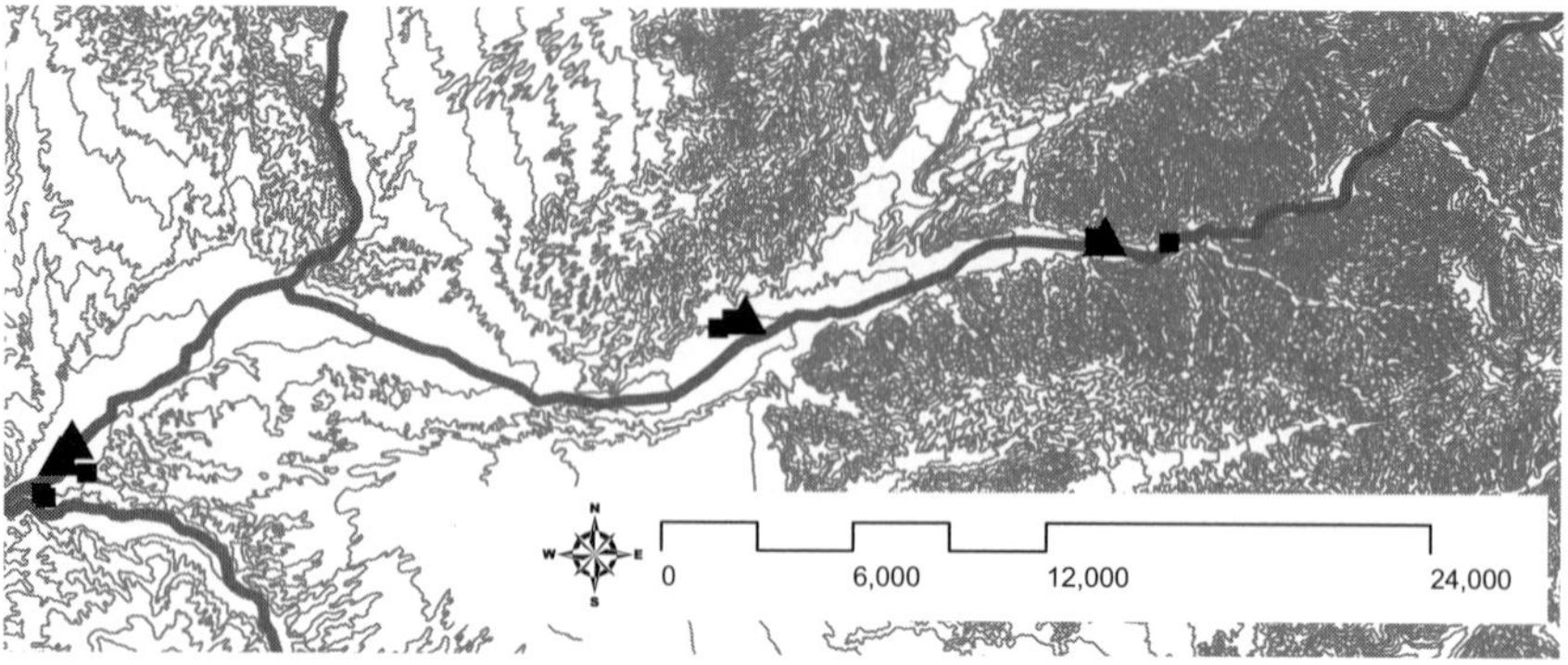

図6　インヘニオ谷におけるワリ期の遺跡分布

である。この遺跡は一九五〇年代の調査によってその存在が知られていた（Strong 1957）ものの、その後の調査では断片的な痕跡が確認されたのみであり半世紀以上に亘ってその実態は謎に包まれてきた。二〇一六年の山形大学チームの調査によってはじめて、同遺跡が二〇ヘクタールを超える面積を有するワリ期の大公共センターであったことが明らかとなったのである。ただし、トレス・パロス遺跡はワリの行政センター、ワリの祭祀建築とされる建築と同時に在地様式の祭祀建築を有しており、在地様式の土器が数多く表面に散乱している。このため同遺跡を「ワリ帝国の直接的支配」の証拠とみなすことは適切ではない。地域の側から自発的にワリの要素を受け入れて、在地の伝統と両立させた可能性もあるだろう。

ここで近隣の河谷に目を向けてみよう。パルパ谷では上流域の標高二〇〇〇メートルを超える地域に行政的な機能が想定されるセンターが複数建築され、その周囲に多くの居住域が出現する（Isla and Reindel 2014；Sossna 2014）。これに対し、中流域ではナスカ期の重要なセンターあるいは居住域が軒並み放棄されて比較的小規模の村落遺跡と墓域が中心となり、上流域から高地にかけての地域との間に明確なコントラストが見られるとされている（Isla and Reindel 2014：196–197）。調査者たちは、このような変化をパルパ谷の中・下流域からより標高の高い地域への移住が起こったためと解釈している（Isla and Reindel 2014：221）が、パルパ谷とインヘニオ谷の合流点より下流においてトレス・パロスの建造と集住の痕跡が見られるため、前者から後

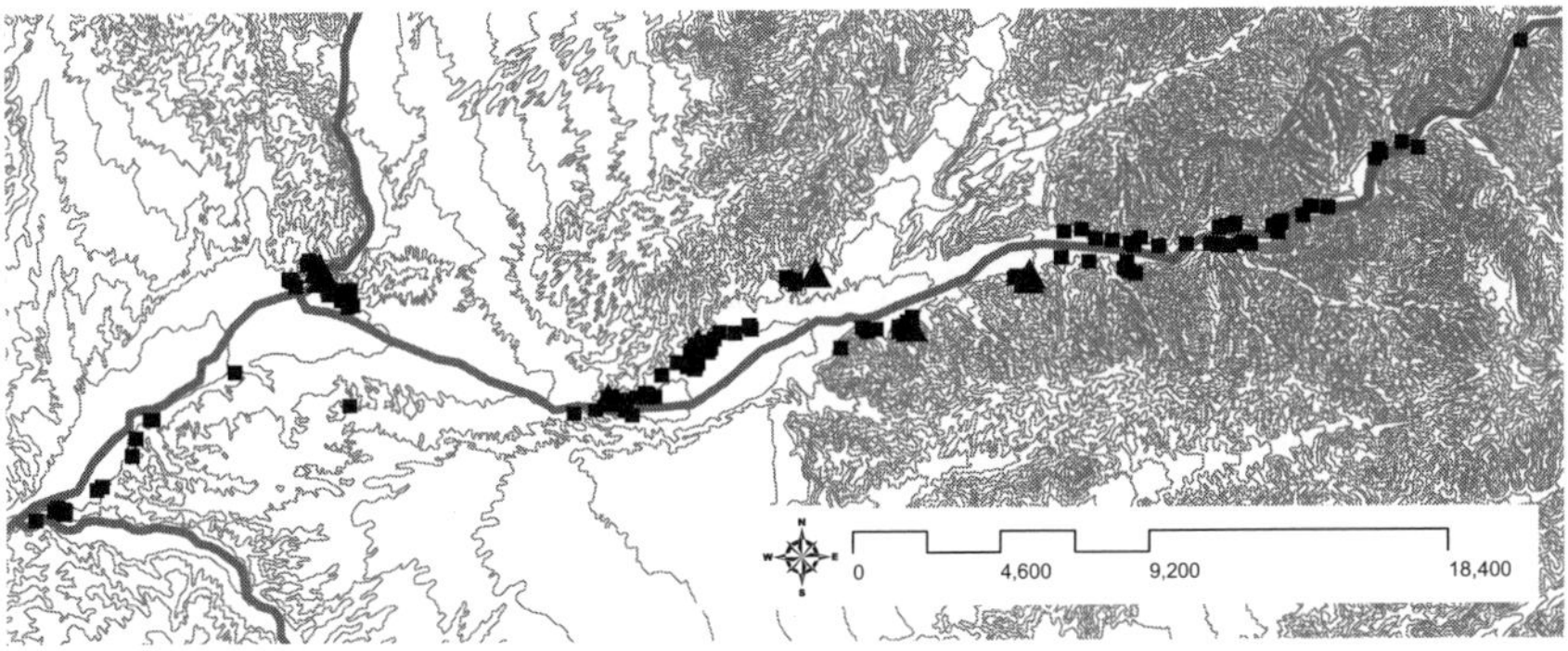

図7　インヘニオ谷におけるイカ期の遺跡分布

者への移住が起こった可能性も指摘できるだろう。一方ナスカ谷では詳細は不明ながらパチェコというセンターがその中流域において確立され、ワリのより直接的な支配が強まった可能性が指摘されている（Schreiber 2001）。

このようなデータは、それぞれの谷において、ワリの影響が異なる形で受容されたこと、さらには海岸と山地という東西軸の交流と同時に、河谷間をまたいだ人の移住が起こったことを示唆している。

▼イカ期（紀元後一一八〇—一五六〇年、図7）

この時期は中央アンデスにおいて、ワリ政体の衰退とそれに対応する地域文化の再構築という脈絡で捉えられる時代に対応する。インヘニオ谷に関して考察する前にまず地域的な編年の前提を確認しておこう。最も重要な点は、パルパ谷においてもナスカ谷においても最初の数百年は居住がほとんど放棄された空白期となってしまうことである（Unkel *et al.* 2012；Conlee 2016）。実際のところ、この空白の理由は明らかとはなっていない。現時点でインヘニオ谷からはこの時期の絶対年代資料が得られていないが、土器様式と建築の類似性から考えて同様の状況であった可能性が高い。

インヘニオ谷のセトルメント・パターンを見る限り、前時期を通じてこの時期が最も居住の密度が高く、人口の増加という点では二度目のピークであったと考えられる。また一方で、これまでになかった規模での集住の痕跡が確認され、パルパ谷とナスカ谷の場合と同様に、一つ、あるいは複数の丘の斜面を、テラス状の建築とその上に築いた部屋状構造物、広場などで覆った広さ数十ヘクタール以上にも及ぶ遺跡が確認されている。この種の複合的な遺跡は調査範囲全域にわたって一九確認されており、その規模は五ヘクタール前後から、五〇ヘクタールを超えるものまで多岐にわたるが、特に大きな五〇ヘクタール前後のもの三つが、インヘニオ谷中流域に一つ、インヘニオ谷とパルパ谷の合流点近くに二つ位置している。この時期の遺跡間の関係に関してははっきりしたことは分かっていないが、遺跡間の階層差を想定する必要があるだろう。この時期に関してはエスノヒストリーのデータから、インヘニオ谷とナスカ谷には双分制に基づいた半族集団がそれぞれ存在していたという説が提示されているが（Urton 1991）、インヘニオ谷のセトルメント・パターンがこのような二つの半族集団の中の差異を表すのか、それともエスノヒストリーの描き出した社会像を批判的に検証するためのデータとなるかは今後の調査にゆだねられている。また、本調査で明確なデータを得ることができなかったイカ期社会のインカ帝国による征服というテーマに関しても新たなデータを得る必要がある。この点に関しても、主要な遺跡の発掘調査を通じて、イカ期社会の変遷にインカ帝国の征服がどのように関わっていたを明らかにしてゆく必要があるだろう。

5　おわりに

本節ではここまで、インヘニオ谷の社会変動をセトルメント・パターンから通時的に描き出すことを試みた。アンデス文明の展開の中でパラカス文化の周縁として始まったインヘニオ谷の歴史は、ナスカ文化の勃興と繁栄を経て、その衰退の後に再びワリ政体との関係で重要な位置を占め、その崩壊後の再居住に当たるイカ期に人口増加と人間活動のピークを迎えるという経過を辿ったという見通しが得られた。本節で示したシナリオは、発掘データと絶対年代データを伴わない仮説的なものであると認めざるを得ないが、上述の社会変動が常に近隣のグランデ水系の河谷群、ペルー南海岸、そして中央アンデスという異なる空間的スケールでの社会変動と密接に関わっていることは指摘しておきたい。本節で示したセトルメント・パターンの変遷は、パラカスからナスカに至る宗教、あるいは儀礼を中心として統合された社会の発生、宗教的なナスカ社会の崩壊に伴って起きた中央集権的なワリ政体の地方進出、そしてワリ政体の崩壊後の地域的再編成、というアンデス文明の展開と明確に連動している。今回の踏査データに基づいてそれぞれの時代において鍵となる遺跡を選び出し、発掘調査を行うことで上記のテーマを地域的な視点から考察していくことが今後の課題となる。

参考・参照文献

山本睦、坂井正人、ホルヘ・オラーノ、松本雄一（二〇一七）「ペルー南海岸、ラ・ベンティーヤ遺跡の発掘調査」『古代アメリカ』二〇号、九五—一〇六頁。

Conlee, Christina A.（2016）*Beyond the Nasca Lines : Ancient life at La Tiza in the Peruvian Desert.* Gainesville : University Press of Florida.

Fehren-Schmitz, Lars, Markus Reindel, Elsa Tomasto Cagigao, Susanne Hummel, and Bernd Herrmann（2010）'Pre-Columbian population dynamics in coastal southern Peru : A diachronic investigation of mtDNA patterns in the Palpa region by ancient DNA analysis,' *American Journal of Physical Anthropology* 141（2）: 208–221.

Van Gijseghem, Hendrik.（2006）'A frontier perspective on paracas society and Nasca ethnogenesis,' *Latin American Antiquity* 17 : 419–444.

Van Gijseghem, Hendrik, and Kevin J. Vaughn（2008）'Regional integration and the built environment in middle-range societies : Paracas and early Nasca houses and communities,' *Journal of Anthropological Archaeology* 27 : 111–130.

Hecht, Niels（2013）*A Relative Sequence of Nasca Style Pottery from Palpa, Peru.* 2 volumes. Inauguraldissertation（doctoral dissertation）, Bonn : Rheinische Friedrich-Wilhelms-Universität.

Isla, Johny and Markus Reindel（2014）'La Ocupación Wari en los Valles de Palpa, costa sur del Perú,' *Arqueología y Sociedad* 27 : 193–226.

Menzel, Dorothy（1964）'Style and Time in the Middle Horizon,' *Ñawpa Pacha* 2 : 1–106.

——（1968）'New Data on the Huari Empire in the Middle Horizon Epoch 1A,' *Ñawpa Pacha* 6 : 57–114.

——（1976）*Pottery Style and Society in Ancient Peru. Art as a Mirror of History in the Ica Valley, 1350–1570.* Berkeley : University of California Press.

Menzel, Dorothy, John H. Rowe, and Lawrence. E. Dawson（1964）*The Paracas Pottery of Ica : A Study in Style and Time.* Berkeley : University of California Press.

ONERN（Oficina Nacional de Evaluación de Recursos Naturales）（1971）*Inventario, evaluación y uso racional de los recursos naturales de la costa :*

Cuenca del Rio Grande de Nazca. 2 tomos. Lima : ONERN.

Reindel, Markus (2009) 'Life at the Edge of the Desert—Archaeological Reconstruction of the Settlement History in the Valleys of Palpa, Peru,' In Markus Reindel and Gunter Wagner (eds.) *New Technologies for Archaeology : Multidisciplinary Investigations in Palpa and Nasca, Peru,* pp. 439–461. Berlín Heildelberg : Springer-Verlag.

Reindel, Markus and Gunter Wagner (2009) *New Technologies for Archaeology : Multidisciplinary Investigations in Palpa and Nasca, Peru.* Berlín Heildelberg : Springer-Verlag.

Schreiber, Katharina (1999) 'Regional Approaches to the Study of Prehistoric Empires : Examples from Ayacucho and Nasca, Peru,' In Brian Billman and Gary Feinman (eds.) *Settlement Pattern Studies in the Americas : Fifty Years since Viru,* pp. 160–171. Washington, D. C. : Smithsonian Institution Press.

—— (2001) 'Los Wari en su Contexto Local : Nasca y Sondondo,' *Boletín de Arqueología PUCP* 4 : 425–447.

Schreiber, Katharina J. and Josué S. Lancho Rojas (1995) 'The Puquios of Nasca,' *Latin American Antiquity* 6 (3) : 229–254.

Silverman ; Helaine (1993) *Cahuachi in the Ancient Nasca World.* Iowa City : University of Iowa Press.

—— (2002) *Ancient Nasca Settlement and Society.* Iowa : University of Iowa Press.

Silverman ; Helaine and Donald Proulx (2002) *The Nasca.* Malden/Oxford : Blackwell.

Sossna, Volker (2016) *Climate and Settlement in Southern Peru : The Northern Río Grande de Nasca Drainage between 1500 BCE and 1532 CE.* Wiesbaden : Verlag Dr. Ludwig Reichert.

Strong, William D. (1957) *Paracas, Nazca and Tiahuanacoid Cultural Relationships in South Coastal Peru.* (Memoirs of the Society for American Archaeology 13). Salt Lake City.

Unkel, Ingmar and Bernd Kromer (2009) 'The Clock in the Corn Cob : On the Development of a Chronology of the Paracas and Nasca Period Based on Radiocarbon Dating,' In Markus Reindel and Günther A. Wagner (eds.) *New Technologies for Archaeology. Multidisciplinary Investigations in Palpa and Nasca, Peru.* pp. 231–244. Berlin, Heidelberg : Natural Science in Archaeology.

Unkel, Ingmar, Markus Reindel, Hermann Gorbahn, Johny A. Isla Cuadrado, Bernd Kromer, and Volker Sossna (2012) 'A Comprehensive Numerical Chronology for the Pre-Columbian Cultures of the Palpa Valleys, South Coast of Peru,' *Journal of Archaeological Science* 39 : 2294–2303.

Urton, Gary (1991) 'Andean social organization and the maintenance of the Nazca lines,' In Anthony F. Aveni (ed.) *The Lines of Nazca,* pp. 175–206. Philadelphia : American Philosophical Society.

Vaughn, Kevin J. (2004) 'Households, crafts, and feasting in the ancient Andes : the village context of early Nasca craft consumption,' *Latin American Antiquity* 15 : 61–88.

—— (2009) *The Ancient Andean Village : Marcaya in Prehispanic Nasca.* Tucson : University of Arizona Press.

第4節

地上絵の作成当時から現在までの変化と当時の人々の水利用を探る

伊藤晶文
阿子島功

1　はじめに

世界遺産ナスカの地上絵が描かれた土地は世界でも有数の乾燥地である。このような環境の下で長期間消えずに残ってきた地上絵をこれからどのように保存すればよいのか？　また、地上絵を描いた人々は著しく雨の少ない環境でどのようにして水を得ていたのであろうか？　本節では、地上絵の保存活動への情報提供を目的として、現在のナスカ台地における風による岩屑の移動の特徴を明らかにし、地上絵の作成時から現在に至るまでの変化を考察する。また、ナスカ盆地に特有の利水施設であるプキオ・システムが発生した理由を、微地形との関係、構造の変化、分布状況から考察する。

2　ナスカ台地の地形概観

ナスカ台地は、北縁をインヘニオ川（Río Ingenio）およびグランデ川（Río Grande）に、西縁および南縁をナスカ川（Río Nazca）にそれぞれ限られ、南北幅約一五キロメートル、東西幅約二五キロメートルの広がりを持つ（図1）。台地面は、主に厚さ数メートルの砂礫層に覆われ、東北東から西南西に傾斜角約一度で下る。台地の地表面はデザート

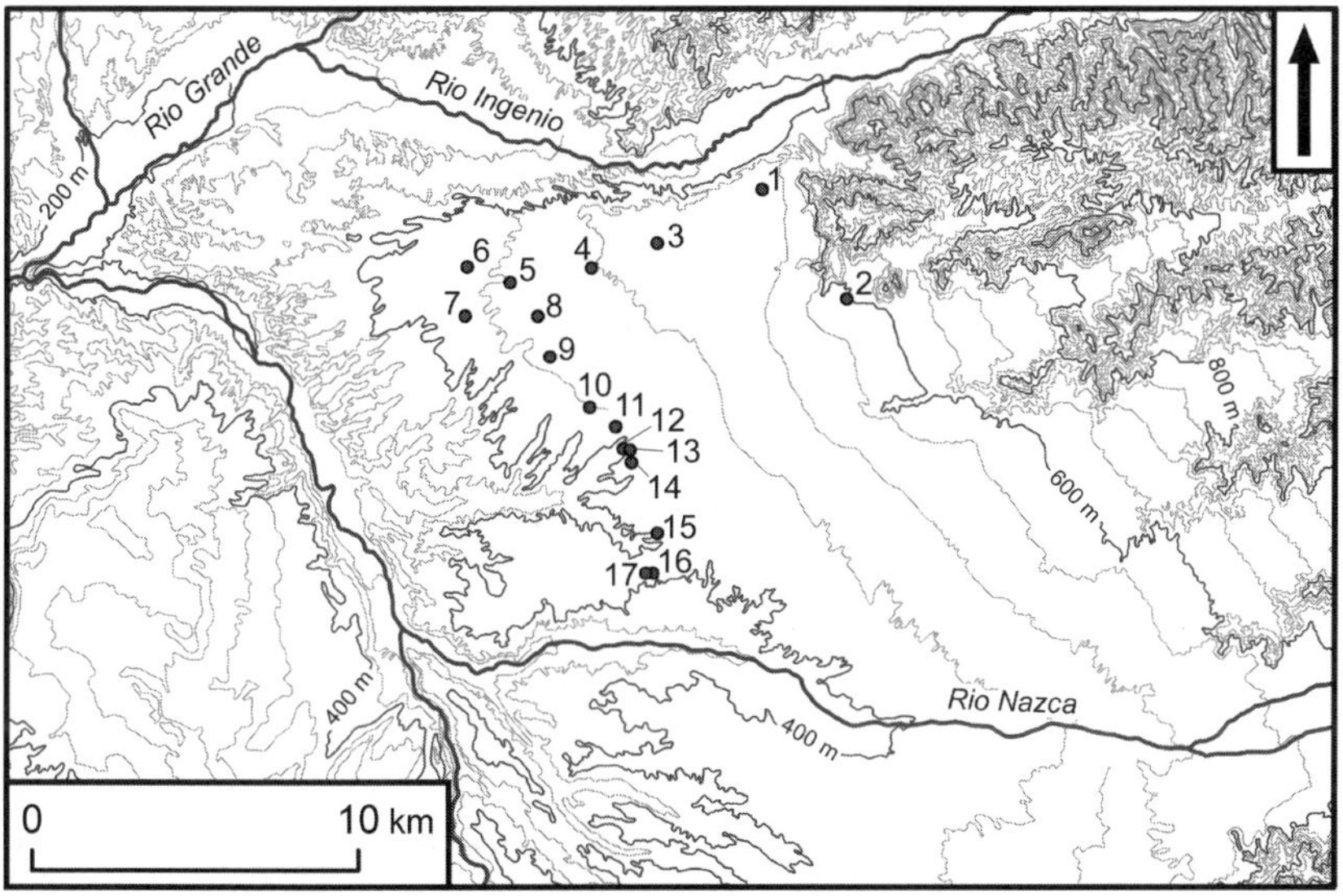

図 1　ナスカ台地の地形概観。等高線間隔は50 m（一部25 mのところあり）。ペルー国のInstituto Geográfico Nacional 作成のディジタル地形図を用いた。

ペーブメント（desert pavement）に覆われた平坦面とケブラダ（quebrada）と呼ばれる涸れ谷に大別され、さらにケブラダは現在もたびたび流水がみられる活発なものと、流水がとだえて久しい不活発なものに分けられる。前者のケブラダは台地面を深く刻む場所にみられることが多く、数年に一度の流水による地表の更新が進んでいる。一方、後者のケブラダは、深さ数メートル程度で、まばらに分布する礫の間に風成砂が厚く堆積している。台地南部では地表面に基岩の堆積岩の露出するところやグラニュール・リップル（granule ripple）が発達するところがある。

3　ナスカの地上絵のキャンバスと近年の風による岩屑のうごき

ナスカの地上絵のキャンバスは、主に砂漠ワニス（desert varnish）により変色した暗色の礫が分布するデザートペーブメントである（写真1）。デザートペーブメント表面の礫は、ケブラダに分布しているものと比べると細かい角礫が多い。礫間には一般に厚さ数ミリメートル程度の砂が堆積している。地表付近にはペーブメン

写真1　デザートペーブメントで生成されるpavement soilの断面。14°45′09.4″S、75°08′48.3″W付近で撮影。

ト土壌（pavement soil）が生成されており、最上位の礫の下には、明色のシルト質砂で主に構成され、径数ミリメートルの小球状の穴が多くみられるAv層と、その下位に炭酸塩の集積がみられるB層が確認される。ナスカ台地の北方約一五キロメートルのパルパ（Palpa）でも同様の地下構造が報告されている（Eitel *et al.* 2005）。これをキャンバスとして、地表の暗色の礫を取り除いた凹みで線が表現され、いくつもの線タイプの地上絵が描かれている。

ナスカ台地周辺は極乾燥気候下にあるために、風による地表付近の岩屑の移動が頻繁に起きている。現在生じている風による岩屑のうごきの特徴を検討するために、二〇一五年一二月から二〇一八年八月にかけて定点調査を行った（伊藤二〇一九）。定点調査は図1に示した一七地点の三五ヶ所で実施し、その内訳はデザートペーブメント（二二）、ケブラダ（一一）、堆積岩の露出部（一）およびグラニュール・リップル（一）である。各調査箇所に方形区（約一メートル四方）を設定し、長さ九センチメートル程度の侵食ピン上端と地表との比高から、調査期間における地表の上下変化量を測定した（図2）。また、岩屑捕捉用のるつぼ（直径約三センチメートル、深さ約二センチメートル）を埋設し、捕捉された岩屑量を計量するとともに、粒度組成を明らかにした。さらに、赤色のカラーサンドを直径約三センチメートルの円内に元の地表が見えなくなる程度に敷いて、それらの移動状況を

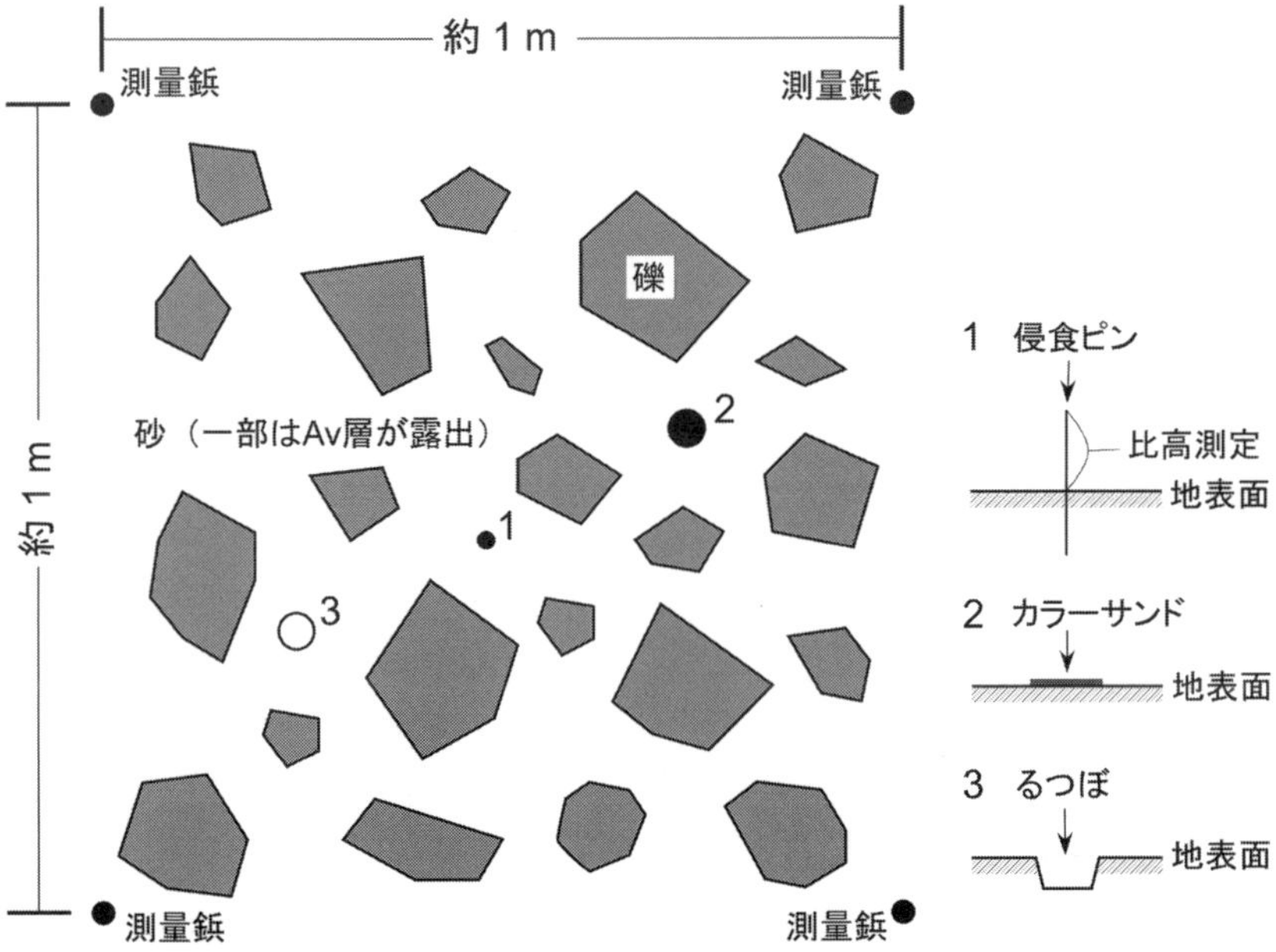

図2　定点調査の概略図

観察した。

各調査箇所で捕捉された岩屑量をみると、デザートペーブメントで少なく、ケブラダで多い傾向が認められる（表1）。岩屑捕捉量が六〇グラムを超えたケブラダ（地点3、4および6）に近接するデザートペーブメントの岩屑捕捉量が相対的に多いことから、ケブラダにおける岩屑移動量が一定量を超えると近接するデザートペーブメントの岩屑移動量に影響を与えると考えられる。上下変化量は三ヶ所で三ミリメートル以下であり、礫間のAv層を覆う砂の厚さとほぼ同じであることから、地表はほぼ動的平衡状態にあるとみられる。また、上下変化量は最大でも一三ミリメートルを超えないことから、主に深さ数センチメートルから一〇数センチメートル程度の地上絵の線を埋めるほどの変化は生じていないことが明らかとなった。デザートペーブメントで捕捉された岩屑は粒径一ミリメートル未満の粒子が大半を占めており、特に多い極細粒砂〜中粒砂が頻繁に動いているとみられる。粒径の異なる二種類のカラーサンドを敷いたところ、デザートペーブメン

表1　定点調査結果。調査箇所の位置（数字）は図1を参照。各地点（数字）で近接する二つ以上の箇所がある場合は、数字の後にアルファベットを付した。なお、上下変化量については、デザートペーブメントの11cでは2016年夏季以降、ケブラダの2では2017年夏季までのデータを、それぞれ示している。

調査箇所の地形と位置		岩屑捕捉量 (g)	上下変化量 (mm)	粒径（重量%）						
				礫 ≧2 mm	極粗粒砂 1－2 mm	粗粒砂 0.5–1 mm	中粒砂 0.25–0.5mm	細粒砂 0.125–0.25mm	極細粒砂 0.063–0.125mm	シルトおよび粘土 <0.063mm
デザートペーブメント	1	15.49	0.0	0.00	0.06	0.64	22.20	49.70	20.83	6.57
	2	8.70	2.5	0.00	0.37	0.76	5.33	50.74	33.03	9.76
	3a	46.19	0.0	0.05	0.10	5.02	48.02	36.05	8.89	1.87
	3b	22.02	12.5	0.00	0.10	5.35	45.52	36.57	10.04	2.41
	4a	31.96	5.0	0.00	0.01	0.63	19.01	61.73	15.33	3.30
	4b	30.41	2.5	0.62	0.04	0.54	12.58	55.08	24.12	7.02
	5	20.63	0.0	0.00	0.18	4.85	21.46	48.32	20.04	5.14
	6a	17.46	−1.0	0.22	0.16	0.77	9.65	64.10	21.08	4.03
	6b	27.04	0.0	0.00	0.17	1.13	11.73	61.05	21.22	4.70
	7a	11.75	1.5	0.31	0.02	0.18	6.21	52.94	31.93	8.42
	7b	9.79	0.5	7.99	3.35	3.26	12.02	48.83	19.48	5.07
	8	20.52	−5.5	0.00	0.19	1.15	14.70	58.93	20.56	4.46
	9	9.10	0.0	0.35	0.18	0.57	8.39	54.95	27.56	7.99
	10a	4.81	−0.5	0.00	0.00	0.38	14.52	50.11	26.90	8.09
	10b	9.82	−0.5	1.09	0.12	0.72	13.30	51.51	27.08	6.18
	11a	19.51	1.0	0.00	0.20	1.64	19.75	49.86	22.24	6.31
	11b	17.56	2.5	4.50	0.37	1.61	15.35	44.82	25.93	7.40
	11c	8.02	0.0	1.05	0.15	3.12	17.04	40.56	27.78	10.30
	12	11.96	0.0	2.65	1.56	11.58	20.92	33.49	23.73	6.07
	13	39.68	0.5	0.35	0.22	2.74	16.05	57.03	21.36	2.26
	14	18.22	−0.5	0.08	1.13	14.23	24.55	33.02	22.57	4.42
	15	19.10	1.0	2.07	4.75	10.67	16.27	40.23	22.02	4.00
ケブラダ	1	43.83	5.0	0.08	0.76	1.32	26.87	49.47	16.14	5.36
	2a	22.71	−1.0	2.03	9.19	17.06	14.53	30.95	19.82	6.43
	2b	27.74	2.0	0.51	1.70	4.67	13.89	42.90	24.95	11.37
	3	65.49	1.5	0.25	1.01	17.11	47.21	23.40	8.48	2.54
	4	64.84	1.0	0.27	0.68	7.20	30.79	47.26	10.75	3.06
	6	63.49	−2.0	0.00	0.03	1.74	17.58	65.10	13.06	2.49
	7	37.34	−0.5	0.72	0.82	1.14	10.68	53.84	25.27	7.54
	10	52.12	0.5	0.00	0.05	2.65	35.98	43.60	14.44	3.29
	11	11.32	1.5	0.17	1.70	7.42	17.51	43.65	22.73	6.82
	12a	21.75	2.0	2.72	2.30	5.79	11.97	25.02	18.44	33.76
	12b	12.82	−0.5	8.97	10.17	22.16	12.59	23.32	17.89	4.89
グラニュール・リップル	16	10.52	0.5	26.68	20.03	8.86	8.86	16.14	13.94	5.48
堆積岩の露出部	17	8.04	2.5	4.64	6.94	8.21	15.18	39.40	20.49	5.13

トの多くの箇所で粒径一ミリメートル以上の極粗粒砂が目立って周囲に残っているのが観察されており、前述した砂の移動の推定と調和的である。一方で、デザートペーブメントの複数箇所（7bおよび11b）では、粒径一〇ミリメートル以上の礫が捕捉され、このサイズの粒子も動くことが確認された。全ての調査個所でシルトおよび粘土が捕捉されており、デザートペーブメントではこれらの粒子がAv層の発達に寄与していると推定される。

4　地上絵の作成当時から現在に至るまでの変化

前項までに示した結果から、地上絵の主なキャンバスであるデザートペーブメントでは、風によって粒径一ミリメートル未満の砂（特に細粒砂~中粒砂）が跳動で頻繁に動き、極粗粒砂から粒径一〇ミリメートル程度の礫が匍行で動いていると考えられる。また、風化による礫の破砕等で細かい礫が生産されたとみられる様子や、地上絵の線の表面に粒径一〇ミリメートル程度の礫が点在している様子が現地で頻繁に観察される。これらのことから、線タイプの地上絵が描かれた当初は、表面の礫の除去によって明色のAv層が露出されたために、暗色の礫とのコントラストが大きくなり、地上絵が見えやすかったものの、時間の経過とともに、相対的に暗色の砂と細かい礫が風で移動してAv層を被覆し、地上絵を見えにくくして現在に至っていると推定される（図3）。

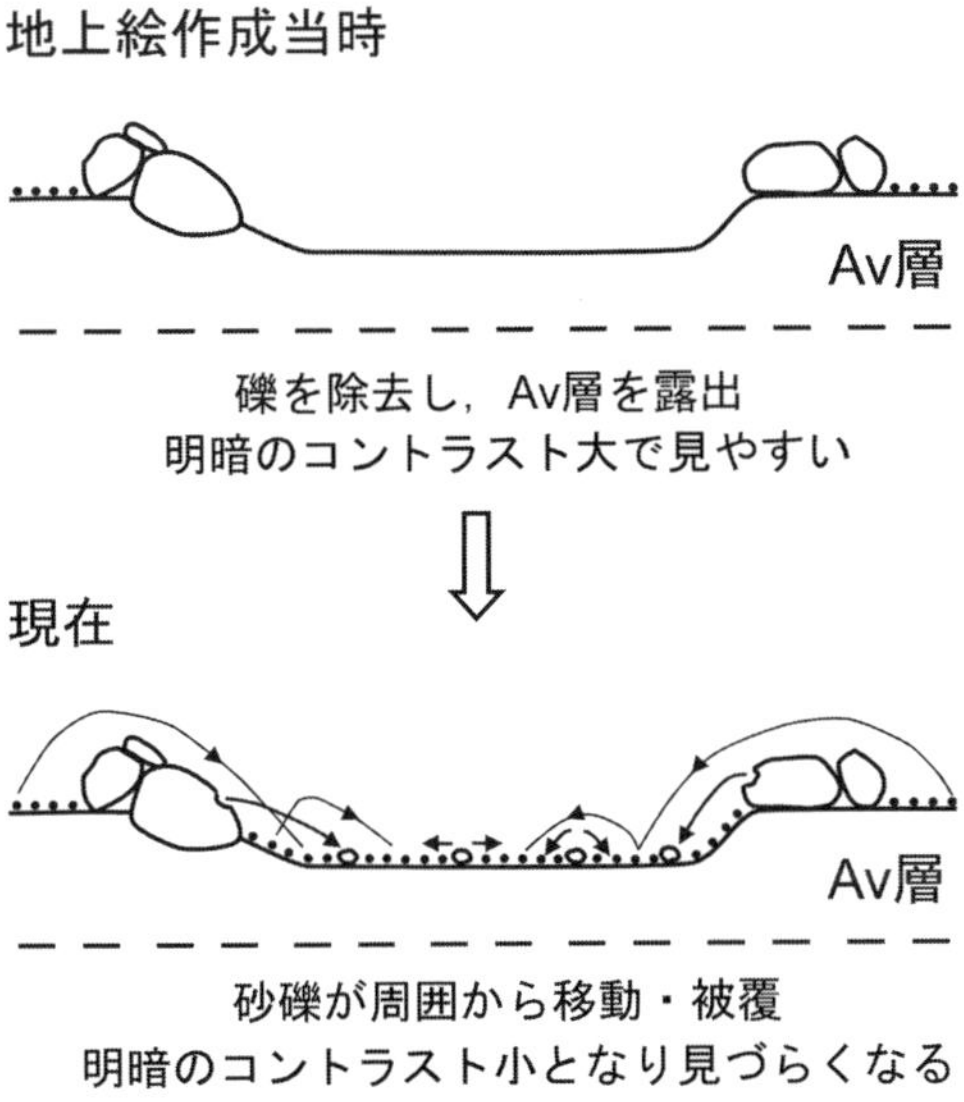

図3　地上絵の変化の概念図

5　ナスカ盆地の水事情

ナスカ盆地はペルー南部海岸砂漠の一画にあり、海岸から約五〇キロメートル奥にある。南緯一五度前後だから熱帯に属するが、降水量が年間平均二ミリメートル未満と極端に少ない。中緯度海岸に広がるアタカマ砂漠の北端である。中緯度高気圧帯にあること、沿岸を低温のフンボルト海流が流れること、海岸から高さ七〇〇—一七〇〇メートルの山脈に隔てられているためである。盆地からアンデス西斜面が立ち上がり、東北に約六〇キロメートルで高度四〇〇〇メートルに達する。盆地の幅は三〇キロメートルほどで、その中に海岸から連なる台地が広がる。盆地の原形は厚い鮮新更新統（内陸側は扇状地礫層、海側は河口性砂礫層）でできている。台地を刻むナスカ川やインヘニオ川の狭い谷底だけにリバーオアシスの緑地がある（図4）。台地と谷底との中段に墓地・集落遺構があり、乾いたナスカ川の氾濫原に耕地、農園（スペイン時代の伝統をもつアシエンダ）がある。

エルニーニョの年にペルー北海岸では前線帯によって夏の大雨（ペルーのクリスマスは真夏）がもたらされるが、南部海岸まで前線帯が南下することは稀である。稀に砂漠に強い雨が降ることがあるが雨域は局所的であり、ナスカ市の観測点を外れることもあり、隣り合う川の一方にだけ洪水流の痕が観察されたこともある。ナスカ川の水は盆地の外のアンデス山脈から流れてくる。盆地内で天水農業は不安定でまったく望めず、台地の縁にあるわずかな湧水は数地点のみであり、飲用水も農業用水も谷底の伏流水を利用している（阿子島二〇一〇）。河川の表流水はアンデス山脈に降る夏雨が麓に届く一二—二月に限られる。突然に河流がやってくると川岸の水門を開いて乾いた畑に水を導く。通年の飲用水や農業用水は伏流水を動力揚水しているが、ナスカ市街の井戸は夏季には水不足気味となる。

6　プキオ・システム

水遊びする川の淀みも湧水も現地ではプキオと呼ばれるが、古くから伏流水を動力なしで通年灌漑できる一連の施

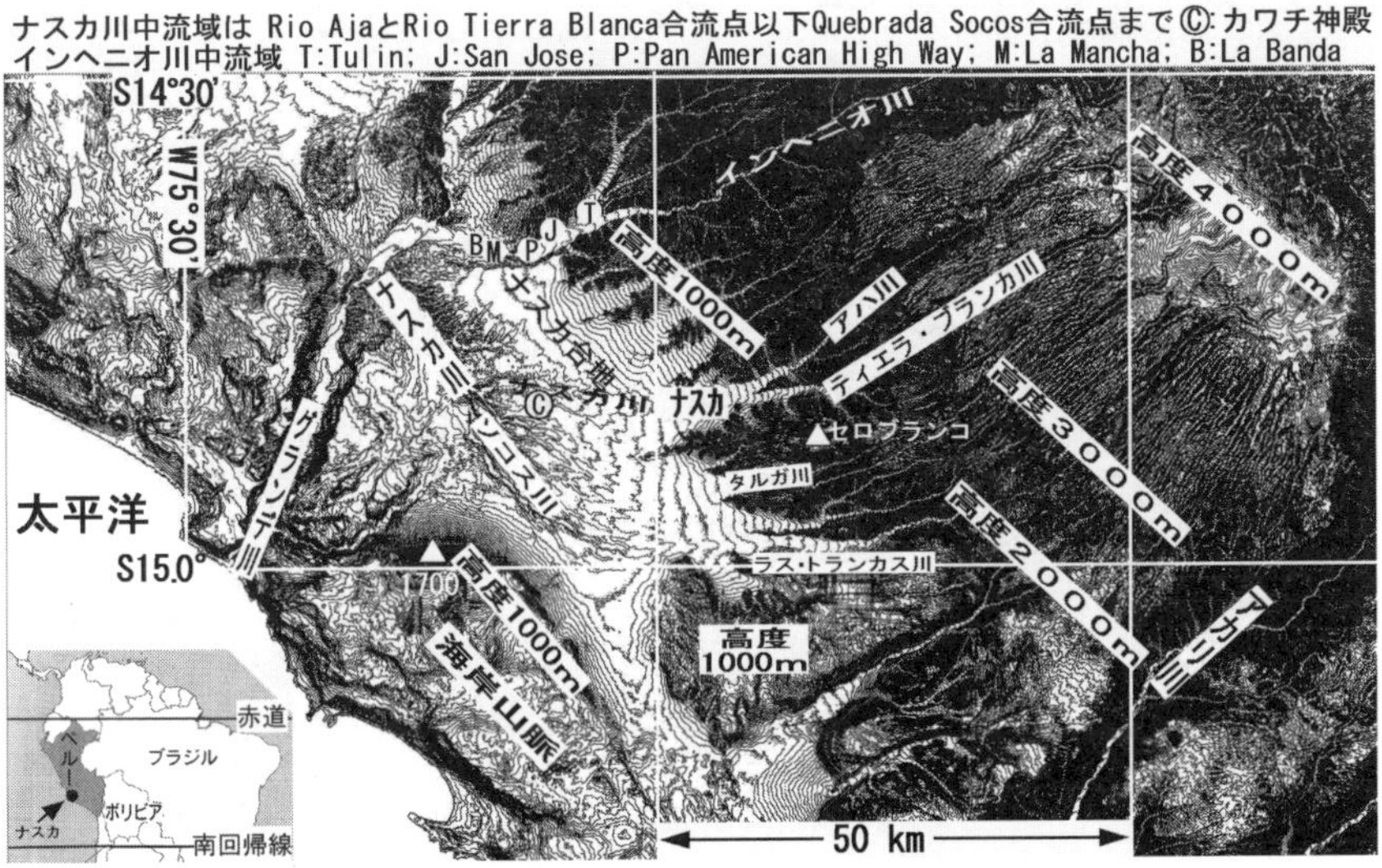

図４　ナスカ盆地と周辺の地形。等高線間隔は20 m。SRTM３より作成。

設があった。地下トンネルで取水して、暗渠や、開渠で溜池へと導いて、畑ごとにその都度溝を使って配るしかけである（図5。プキオは主に取水部分、マイマイ井戸のような管理用縦穴がオホ、水路がアセキア、溜池がコチャ）。動力なしでも地表へ導水できるのは氾濫原の縦断傾斜が大きいからである。台地に切り込んだナスカ川の氾濫原は広がりが帯状で扇型ではないが、扇状地河川の堆積作用のそのもので、縦断勾配が大きく、礫が大きく、河道のなかの表流水は水量がなければ地下へ浸透してしまう（わが国でも同様の例は多い）。

農業を支えるプキオ・システムがいつから使われ始めていたかはまだ確定していない。施設は使われつづけてきた。石材表面の風化殻中の微量な有機物から放射性炭素一四ＡＭＳ法で年代測定できた（Dorn *et al.* 1992; Clarkson and Dorn 1995）というが、風化皮殻の最初の年代のみが測定される理由が説明できない。プキオ・システムの形成年代はナスカ時代中期から（紀元後五〇〇年頃〜）、地下水道方式はスペイン時代とする説がある。その悉皆調査を行ったシュライバー・ランチョは、ナスカ川中流カンタヨク・プキオ（図5、図6①、観光名所）付近にナスカ時代中期の遺物が多い地点があり、この時期の遺跡の分布と調和的であるとした（Schreiber and Lancho 2003）。それを基

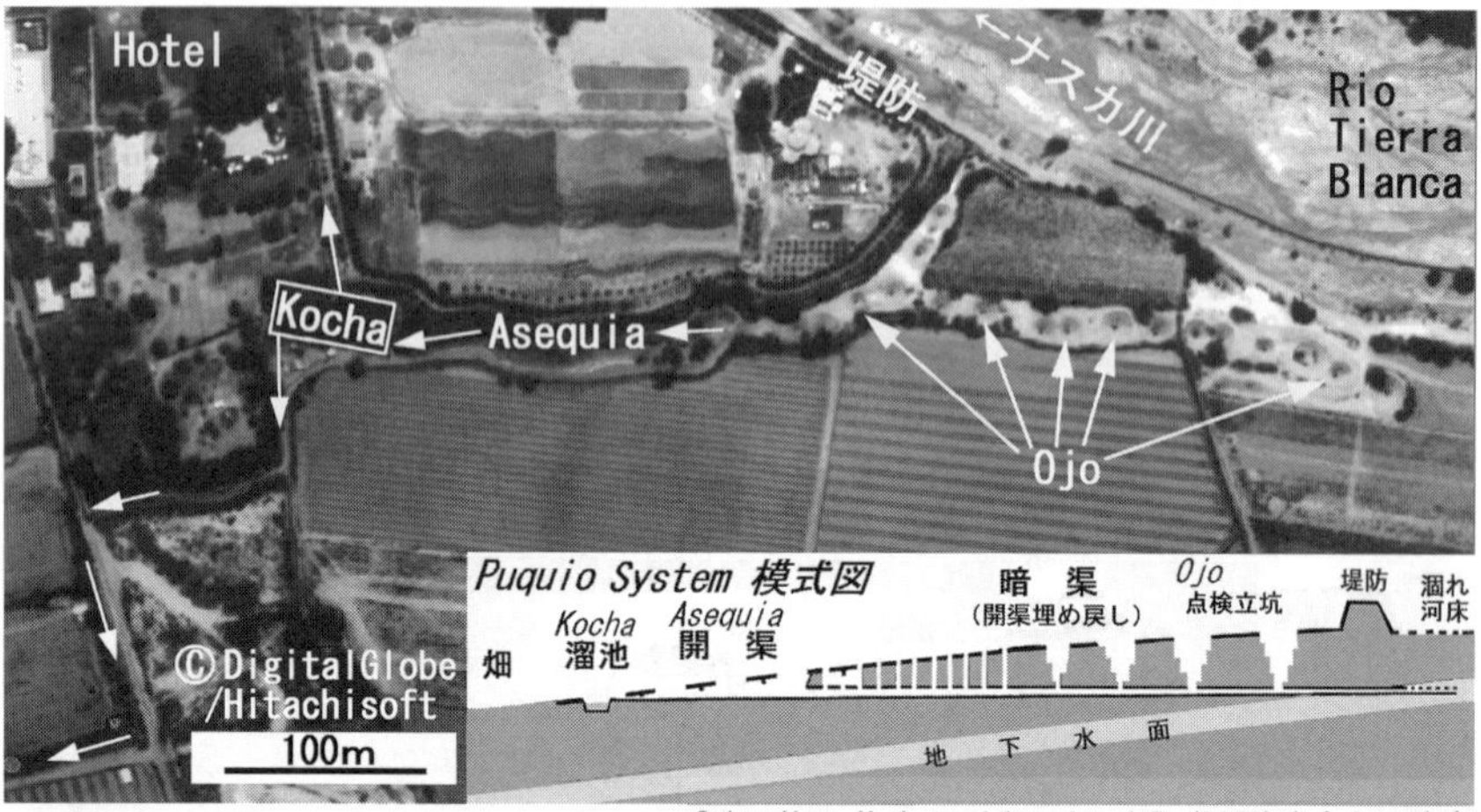

Schreiber, K. J. and Lancho, J. R. (2003) をもとに改変

図5　プキオ・システム。分解能0.8 m の Quick Bird 画像によるカンタヨク・プキオ

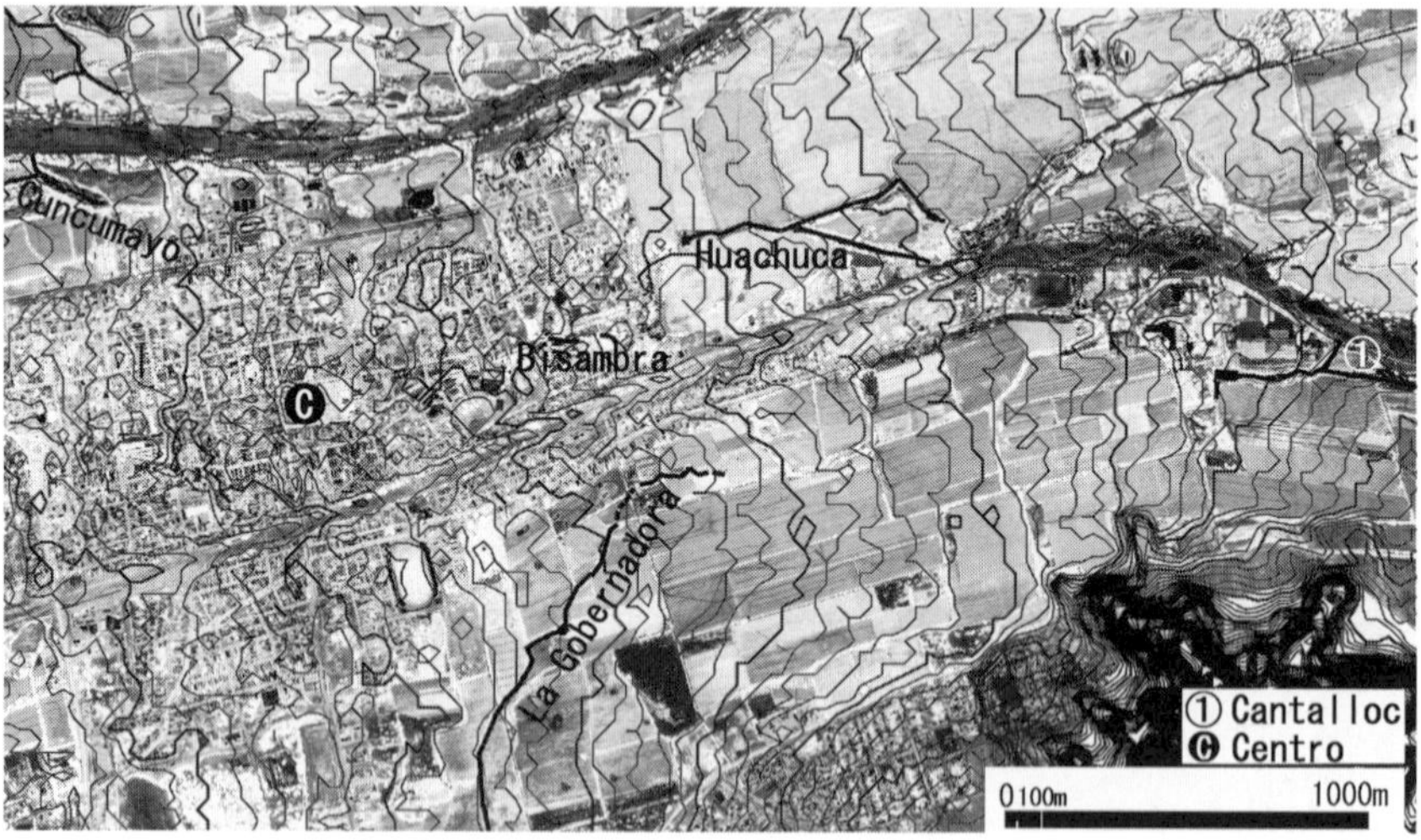

図6　プキオと微地形。等高線間隔は 2 m。ALOS 30 m 格子標高による。プキオ・システムを太黒線、土地割りを Quick Bird の明暗反転画像で示す。

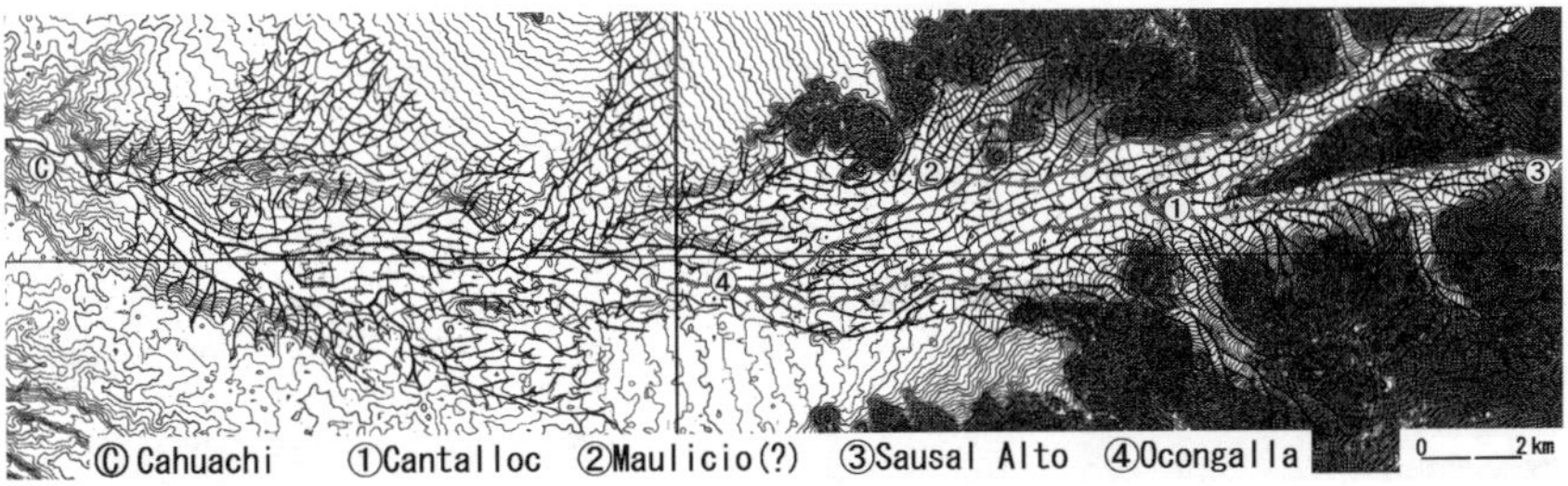

図7　ナスカ川中流域の河道跡

にプキオ・システム技術によってナスカ中後期にナスカ川中流域でも乾燥化に耐えたというストーリーができた。また地下水道方式はスペイン時代の可能性を述べているが、小堀（一九六二）はスペイン人を通じてイランの地下水道カナートがもたらされた予想を述べ、アセキアという語はアラビア語系であることを指摘した。阿子島はプキオ・システムの成立に関して、従来述べられていない「氾濫原の微地形との関係」に注目して、その成因仮説を得た（阿子島二〇一六）。

▼微地形とプキオ・システム

プキオの位置を現地調査と人工衛星画像（Quick Bird, Google Earth 画像）によって読み取り、約三〇メートル格子標高（ALOS 30）から作成した二メートル間隔の等高線図と重ねた。その結果、プキオの多くは（堤内地の）旧河道に沿っている（図6）。約一〇〇メートル格子標高による間隔二〇メートル等高線図によって中流域の旧河道を図7に示す。すなわち「無堤であったナスカ時代などには出水後に旧河道に沿って一時（季節）畑が作られ、渇水時には水を求めてさらに掘り下げたことがプキオの始まり」と考えることができる。現在でも渇水年にプキオを掘り下げた例は図7の②、トレンチの壁からトンネル状に掘り進めようとした例③、取水部を手指形に複数掘りこんだ例④が観察できる。

▼プキオ・システムの構造の変化

プキオ・システムは砂礫層を掘削し野面石積みで壁が作られている。地下水位に季

図8　プキオの構造から想定される形成順

節変化があり、ナスカ川中流のオコンガラプキオ④（観光名所。取水部は深さ約六メートルの開渠、通常の水深は〇・三—〇・五メートル程度）では、二〇一四年一二月には底がみえたが、二〇一五年一月にナスカ川に流水がくると水位が一メートル以上上昇して上部の壁が崩壊した。開渠の深い素掘りの壁面は不安定であり、安定を図るために埋め戻して地下トンネル方式に改造したと考えられる（図8）。①では先頭のオホ部分でもトンネルの石積壁を覆う天井石が見えるから埋め戻しである。従来「地下水道は砂塵や蒸発を避けるため」と説明されてきた。日常的に午後に竜巻が起きるが、リバーオアシスの開渠に飛砂は脅威ではない。

▼プキオ・システムの分布

盆地南部のナスカ川、タルガ川、ラス・トランカス川沿いにあるが盆地北部のインヘニオ川にはない。自然状態でインヘニオ川中流はナスカ川中流に比べれば水を得やすいようである。インヘニオ川中流の表流・伏流区間は途中からの導水もあって断続的で複雑であり、図4のTでは表流、Jでは伏流、P（パンナム道路橋では通年表流、二〇〇四—二〇一五年の間にときどき観察）、Mから伏流、Bで再び表われる。ナスカ川の中流の伏流区間にプキオ・システムが多いが、下流のカワチ神殿（Ⓒ付近、扇端部以下に相当）にもプキオがあることがわかったので、水不足が神殿のナスカ前期での廃絶、中流への集落移動をもたらしたという従来の考えは成立しにくい。

7　水源地アンデス山脈の降水量の歴史的変化

ナスカ川の水源地であるアンデス山脈西斜面の気候の歴史的変化は、①山岳氷河、②氷河湖の堆積層（粒度、化学分析から水位変動を推定する）、③高地の泥炭地の花粉分析（Schittek *et al.* 2015）、④アンデス山脈西斜面の風成砂層（盆地底が砂漠化すれば砂が飛ぶ）、⑤盆地底から山脈西斜面の間の風成砂に埋もれたカタツムリの遺骸の年代―高度関係（阿子島二〇一四）などから研究が行われてきた。しかし、確実な環境変動史の復元や盆地底の文化の変遷との対比は確定していない。⑤の現在のカタツムリの下限高度は一四〇〇メートルであり、高度七五〇メートルで約一万年前の遺骸が見つかるので当時は湿潤だった。それ以降―一〇〇〇年前までの間（ナスカ時代を含む）の遺骸はまったく見つからないから乾燥していたと考えられ、一〇〇〇年前以降は現在より湿潤ないし同じだった。④は砂の供給条件なのか、風成砂層が定着する環境条件（植被の存在）なのかの解釈に課題がある。現在のところ比較的細かな変動が復元されているのは③であり、厚さ約一〇メートルの泥炭層から三五の年代値を得て、約八〇〇〇年間の気候変化を論じている。ナスカ川の水源である高地では一八〇〇―一二〇〇年前は比較的安定した湿潤期（盆地はナスカ文化期）、一二〇〇年前から急激な乾燥化、七五〇年前まで強い乾燥、七五〇年前から湿潤化したという。

8　おわりに

数年間の観察と計測から、地上絵の線が消えるほどの地形変化が風では生じていない一方で、小さな砕屑物の移動によって地上絵の線が作成当時と比べて見えにくくなった可能性を明らかにした。ナスカの地上絵は文化遺産であるとともに観光資源でもあることから、地上絵の保存と利用を両立させる上で有用な情報のひとつになると考えられる。

プキオ・システムは極乾燥地で農耕を可能にする伏流水利用技術であるが、季節的短期かつ不安定な河流と扇状地河川の性格を帯びた氾濫原の地形（縦断方向の傾斜と横断方向の波状の微起伏）における自然発生的な技術と考えられる。盆地の底の伏流水はアンデス山脈に降る雨の量に支配される。その歴史的変化と盆地の底の遺跡の盛衰の対応は、人間の生活技術を介するためそれほど単純ではないであろう。

参考・参照文献

阿子島功（二〇一〇）「ペルー、ナスカ台地とその周辺の耕地と水」『季刊地理学』六二巻、二二三—二二八頁。

阿子島功（二〇一四）「ナスカ盆地周辺でカタツムリを探す」青山和夫、米延仁志、坂井正人、高宮広士編『文明の盛衰と環境変動』岩波書店、一四八—一五六頁。

阿子島功（二〇一六）「ペルー南部海岸ナスカ盆地のプキオ・システムの成因仮説」『日本地理学会予稿集』八九号、二二五頁。

伊藤晶文（二〇一九）「ペルー、ナスカ台地における現在の地形変化と岩屑の移動（第2報）」『季刊地理学』七一巻、一九—二〇頁。

小堀　巌（一九六一）「中央アンデスにおける水の問題」東京大学アンデス地帯学術調査団『アンデス』美術出版社、七四—九七頁。

Clarkson, P. B. and Dorn, R. I.（1995）'New Chronometric Dates for the Puquios of Nasca, Peru,' *Latin American Antiquity* 6（1）: 56–69.

Dorn, R. I., Clarkson, P. B., Nobbs M. F., Loendorf, L. L. and Whitley, D. S.（1992）'New Approach to the Radiocarbon Dating of Rock Varnish, with Examples from Drylands,' *Annals of the Association of American Geographers* 82（1）: 136–151.

Eitel, B., Hecht, S., Mächtle, B., Schukraft, G., Kadereit, A., Wagner, G. A., Kromer, B., Unkel, I. and Reindel, M.（2005）'Geoarchaeological Evidence from Desert Loess in the Nazca-Palpa Region, Southern Peru: Palaeoenvironmental Changes and Their Impact on Pre-Columbian Cultures,' *Archaeometry* 47（1）: 137–158.

Schreiber, K. J. and Lancho, J. R.（2003）*Irrigation and Society in the Peruvian Desert: The Puquios of Nasca*, Maryland: Lexington Books.

Schittek, K., Forbriger, M., Mächtle, B., Schäbitz, F., Wennrich, V., Reindel, M. and Eitel, B.（2015）'Holocene Environmental Changes in the Highlands of the Southern Peruvian Andes（14°S）and Their Impact on Pre-Columbian Cultures,' *Climate of the Past* 11: 27–44.

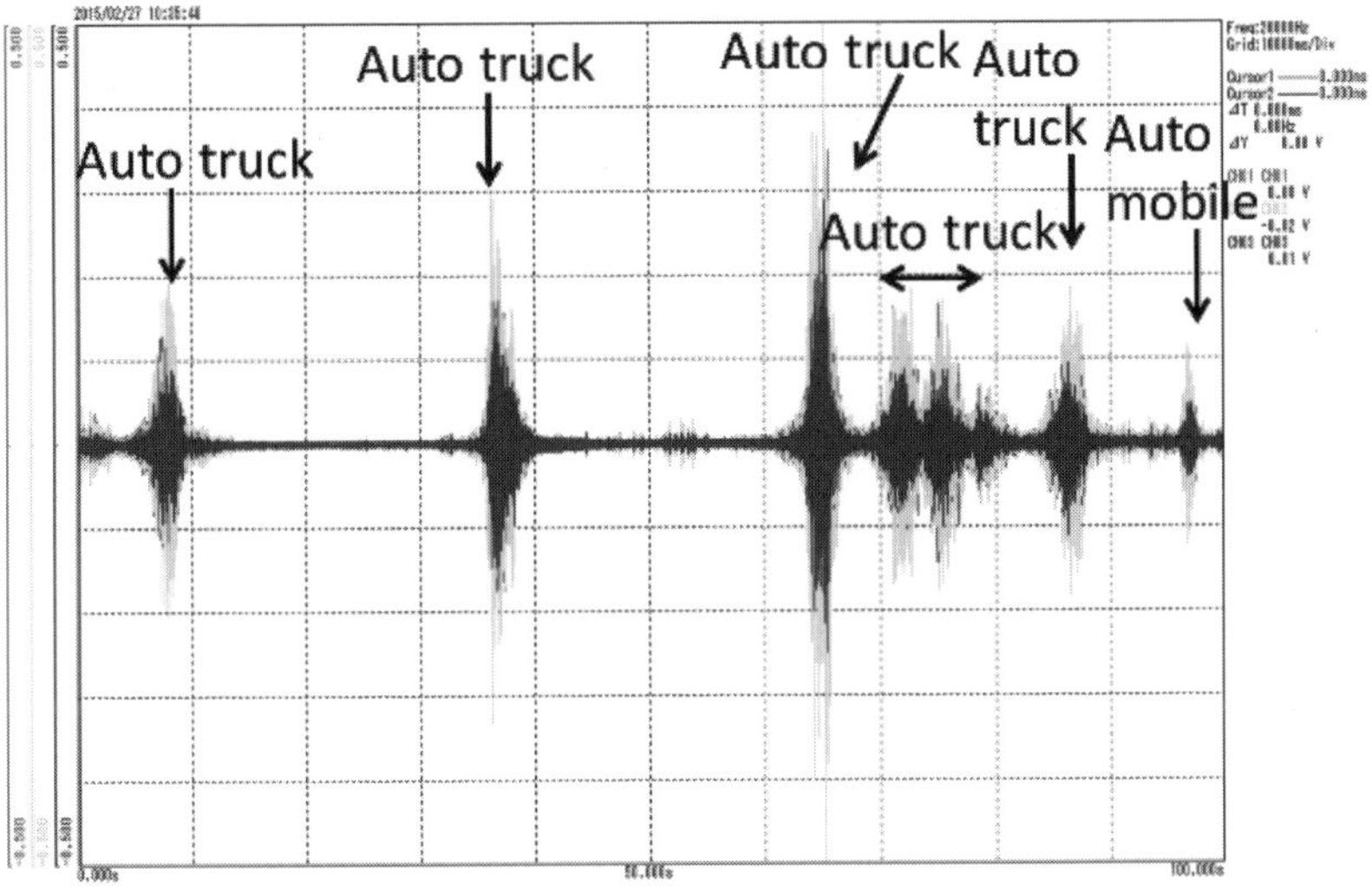

図 1　車両通行時の地上絵での振動

めに上空を旋回するセスナによる振動も含めて今後注視すべきであろう。

このような調査以外にも、保存の方法を試していかなければならない。保存の方法とは残したい状態をどうやって保存するかであり、日本の場合にはその多くが遺構を土で埋め戻す方法が取られる。そうなるとせっかくの遺跡がリアルな状態で鑑賞できなくなる。そこでいまは地上絵の石をできるだけ動かないようにする（遺跡が乱れないようにする）ことと視認性を上げることに焦点を当てて調査を行っている。視認性が上がると、そこに遺跡があることが分かり、知らずに遺跡を壊すことは減るであろう。それには保存に用いる薬剤の効果や耐候性、そのメンテナンス、そして工法についても現地で継続的にできる方法が望まれる。これらの調査の後に、いまの地上絵を保存する方法が見えてくる。

（松井敏也）

写真1　きれいに割れた石

②気候の影響

雨がふらず、日中は高温となり夜は寒い。水分は少ないが、夜の気温が低く相対湿度は高いときで80%RHにまで達する。温かい空気が急に冷やされると結露することは、冬に暖房された部屋の窓に水滴が見られることからも明らかである。この結露水が石の表面の隙間に入り、塩類風化による劣化を促進させている。また、大気中の水分が結露するとき、大気に含まれる成分が水滴に溶け込む。大気に酸性成分が多いと結露水も酸性となる。現地では排気ガスなどの規制はまだ無いが、今は地球規模で大気環境が変動しており、この事も含めてこれからは空気の成分にも気を使っていかねばならない。

③社会環境の影響

日本でもネット通販の影響で輸送量が増えているが、それは世界でも同じようなことが起こっている。世界的に輸送量が増加し、交通量が増えると②の述べた大気汚染以外にも次のような影響がある。ナスカの地上絵はその遺跡の中をハイウェイが通っており、大型車の通行も多い。これらが引き起こす振動が地上絵のある大地に伝わっているかどうか調査した結果、大型トラックの通行によってある周波数のみが遺跡によく伝播することがわかった（図1）。この周波数成分はハイウェイが通る以前には遺跡にはなかった振動でもあり、いまの地上絵の破壊にどのようにつながっているのかはまだ明らかになっていないが、地上絵観光のた

Column

地上絵の保存活動

地上絵は、他の遺跡の保存とは異なりその構成素材が人工物ではなく、積み重ねるような構造物でもなく、そこにあった石とその下の白い地面だけである。その大きさも、一つの絵だけでも巨大であり、近くではもちろん全体像を観察できず、ある程度の距離を隔てて鑑賞できる。そのような地上絵の保存にあたっては、整備の方法と保存材料・工法の選択、そしてメンテナンスの方法の主に3つの課題がある。整備の方法はその地上絵をどのように見せるかである。新たに見つかった地上絵では、その絵がどのような絵なのかわかりにくく、視認性が良くない。しかし、視認性を上げるために「きれいに」することは必ずしも地上絵を保存することにはならない。地上絵を構成する石が、長い歴史の中で原位置を保っているかどうかの判断をしなければならない。きれいにするために石を取り除く場合、その石はⅰ）その絵が描かれた当初からその場所にあったかどうか、ⅱ）当初の位置から動いている場合、どこから動いてきたのか、ⅲ）動いたのは地上絵の範囲の外からなのか、ⅳ）そうすると地上絵の範囲の外にある石もそもそもは地上絵の範囲の中にあったかもしれない、などなど多くのことが想定できる。きれいにするために石を安易に動かしてしまうと、もしかしたら遺跡の状態を乱す（＝壊す）ことにつながる。これらの問題が解明されれば整備の基準が作りやすくなり、もし地上絵が何らかの破壊を受けてしまっても、もとの状態に復帰させることが容易である。

そこでどうすればこれらの問題が解明できるのかを調べる必要がある。その為には遺跡の来歴を調べなければならない。でも2000年におよぶ長い間に何があったかをつぶさに調べることはできない。なので、地上絵を取り巻く環境はいまが一番悪いと考え、その環境がどのようなものかを調べることから保存の活動はスタートする。

①石の状態

地上絵を構成する石はその殆んど茶褐色や黒色である。だが石の裏側を見てみると灰色がかった色をしており、表面だけが日射などの影響で焼けているような状態である。またよく観察すると石がきれいに割れていることが多い（写真1）。一見、健全に見える石でも手で割れるほど脆いものがある。割れた石の断面には炭酸カルシウムの堆積物が確認でき、塩類風化の影響が考えられる。

第5節

食べ物から探るナスカ地域の資源流通

瀧上　舞

1　はじめに

寒い地域、暑い地域、湿潤な地域、乾燥した地域など、人類は様々な環境に適応した生活様式を編み出し、社会を発展させてきた。ナスカ地域もまた非常に乾燥した砂漠環境にあるが、紀元前三世紀には既に人々が生活していた痕跡が残されている。そして巨大で数多い地上絵の形成や維持、その利用には多くの人々が関わっていたことが推察され、決して快適とは言えない環境下で多数の人々が生活し、高度な技術を有する社会を形成していたことを窺わせる。そこで地上絵に関わった人々の生活や社会を調査することで過酷な環境下での人類社会の発展を追及しようと、ナスカ地域に多くの研究者が注目してきた。

これまでの先行研究では、主にナスカ南部の遺跡で調査が進み、過去の人々の生活や、その社会の変遷が研究されてきた。一方で、地上絵の描かれた台地を挟んで北側の地域では調査が乏しい状況であった。そのため、南側地域での調査結果を基に、一括りにナスカ地域としてその社会や生活が語られることが多く、北側地域と南側地域の社会の差異について焦点をあてた研究はそれほど多くなかった。地上絵を通して谷間の活発な交流があったと考えられているが、砂漠環境で大きく隔てられたナスカの北側と南側が同じような社会を形成していたと仮定するには検証が不十分だと思われる。そこで我々の調査団は北側地域の詳細な調査を進め、これまで「ナスカ地域」として議論されてきた一つの社会の中の多様性・類似性に注目した。北側地域の考古学的調査の報告は他の節を参照して頂くとして、本節では北側地域の人々の生活史復元を行う。さらに両地域の食生活や資源流通を調べることで、地上絵を利用した人々の一様ではない生活状況を描き出してみたい。

2　ナスカ地域の生態環境

まず背景として、ナスカ地域の特徴的な自然環境について説明しておく。アンデス地域は大きくわけると四つの生態環境が存在する。乾燥した海岸地域、湿潤温暖なアンデス西斜面の地域、冷涼乾燥のアンデス高地、高温多湿なアンデス東斜面とアマゾン地域である。ペルーの太平洋沖には寒流のフンボルト海流が通っているため、海水温が冷たく、海面から蒸発する水が少なくなっている。海岸地域では大気中の水分量が少なく、雨を降らせる雲が形成されにくい。そのため海岸地域は乾燥した砂漠のような環境になっている。わずかな水分を含む気体は、アンデス内陸部に入り、アンデス山脈にぶつかって上昇することで気圧と気温が下がり、雲が発生し、雨を降らせる。アンデス西側斜面は適度な降雨により、緑豊かな農耕牧畜地帯となっている。山に降った雨は川を伝って海岸地域に運ばれ、海岸地域ではこの河川水を利用して生活している。

海岸地域に位置するナスカも乾燥した砂漠環境になっており、作物が栽培できるのは河川沿いの水がある場所や、井戸と地下水路により伏流水を確保できる場所に限られている。砂漠の上には植物がほとんど生えないため、草食動物の家畜飼育も河川沿いの地域に限られる。有名な動植物の地上絵は主に、谷と谷の間の乾燥した台地に描かれている。また谷と谷を結ぶように、多くの直線の地上絵も作られている。

現代のナスカの街と海岸は直線で約五〇キロメートル離れている。海岸線と平行に海岸山脈がそびえており、台地も海岸山脈も非常に乾燥した環境であることから横断することは難しく、海へのアクセスは河川沿いに歩くルートが

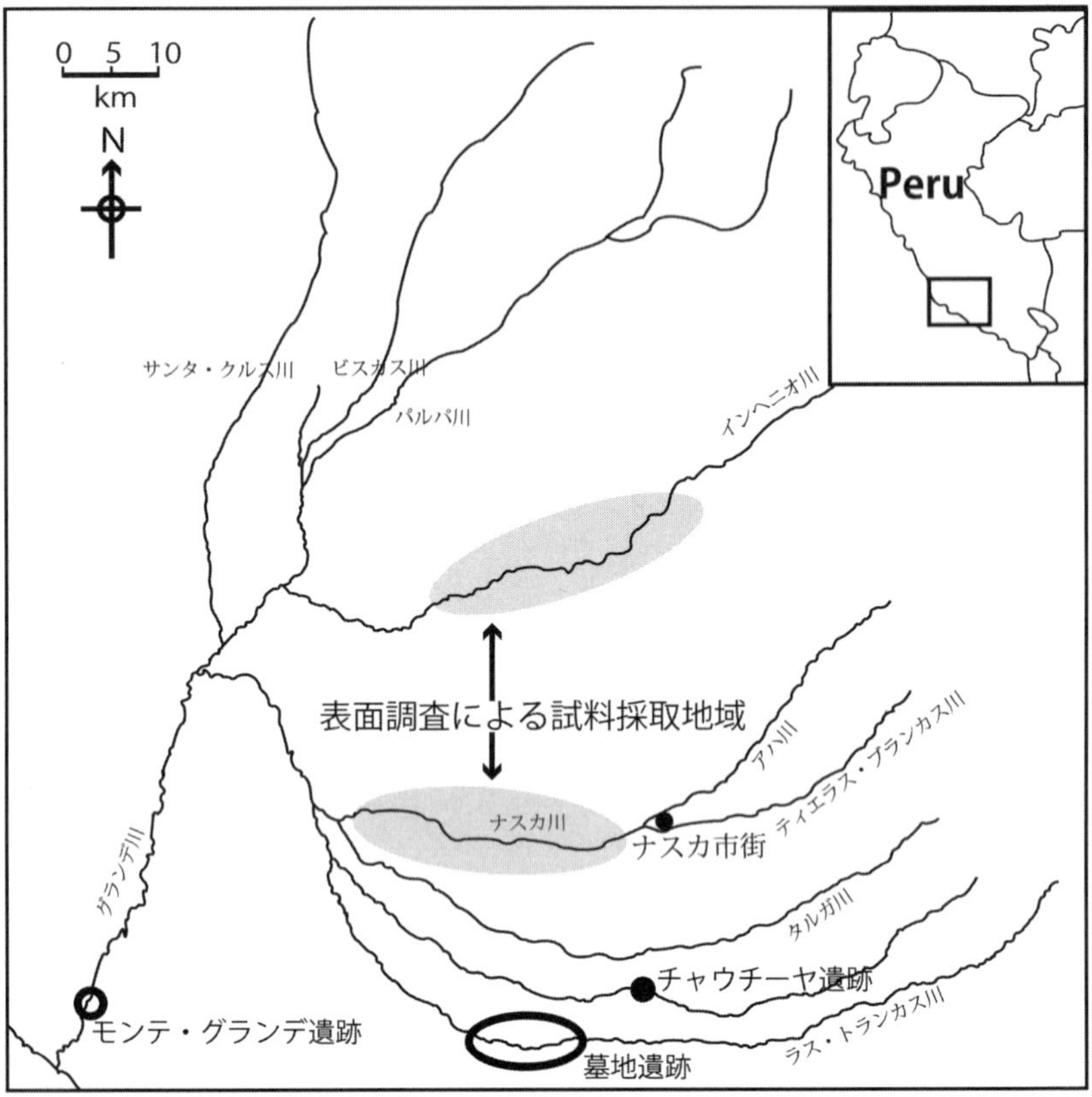

図1　ナスカ地域の地図。食性推定用試料を採取した地域をグレーの楕円で示している。白抜きの円（モンテ・グランデ遺跡）・楕円（南部墓地遺跡）は、図3で示す先行研究の遺跡である（Horn *et al.* 2009；Kellner and Schoeninger 2012）。

無理のない行程であったと考えられる。河川沿いルートでは現代ナスカの街と海岸は約八〇キロメートルの距離となる（図1）。ナスカの街からさらに五〇キロメートルほど内陸に進むと、ユンガと呼ばれる温暖湿潤な環境が出現し始める。さらに標高が上がると、ユンガと似た降水量で少し気温が下がる気候をもつケチュア帯と呼ばれる生態環境が存在する。標高約五〇〇メートルから始まるユンガ帯から、標高約三五〇〇メートルまでのケチュア帯の間が、植物栽培や家畜飼育に最も適した環境となっている。

　現代のように資源流通が発達していなかった時代のナス

カでは、どのような食物が利用されていたのであろうか？　幸運にも、ナスカの乾燥した大地が過去の様々な食物遺物を腐らせずに保存していてくれた。ナスカ期（前三～後七世紀）の遺跡から出てくる食物遺物には次のようなものがある。トウモロコシ、カボチャ、ピーナッツ、アボカド、サツマイモ、ジャガイモ、クズイモ、インゲンマメ、ライマメ、トウガラシ、マニオク、ルクマ、グァバ、ワランゴフルーツ、魚（コルビナ、スズキ）、貝類（イガイ、ツタノハガイ、タカラガイ、イタヤガイ、カンムリボラ）、オオバフンウニ、ギニアピッグ（食用モルモット）、ラクダ科動物（リャマ、アルパカ）、鳥類、等々（Vaughm 2009；Silverman and Proulx 2002）。現代の市場にも似た、多様な食物ラインナップである。さらに、昔のナスカの人々がこれらの食物をどのくらいの割合で摂取していたのかを科学的に調査してみた。

3　ナスカのミイラを測る

ヒトの体は食べた物から形成される。摂取した食物は体内で小さく分解され、アミノ酸となって肝臓や血液中に貯えられ、必要に応じて血管を通じて体内の各組織に運ばれる。体の各組織を構成する細胞は、運ばれてきたアミノ酸を化学的に結合させて新しいタンパク質を形成する。筋肉はもちろん、爪や髪を構成するケラチン、骨や皮膚を構成するコラーゲンもタンパク質の一種である。

この時、形成されたタンパク質には、それが元々どんな食物であったのかという情報が記録されている。それが同位体比である。同位体とは、同じ元素で陽子数は同じであるが、中性子数が異なることで僅かに質量数が異なっている元素のことである。さらに、同一元素の重い同位体と軽い同位体の割合を同位体比と呼ぶ。

炭素同位体比と窒素同位体比は、食物の光合成回路の違いや食物連鎖に伴う栄養段階の違いから食物によって異なっている。図2はアンデス地域で先スペイン期に食べられていた食物のデータを示している。横軸に炭素同位体比、縦軸に窒素同位体比をとってプロットすると、食物がいくつかのグループに分かれている様子が見て取れる。ア

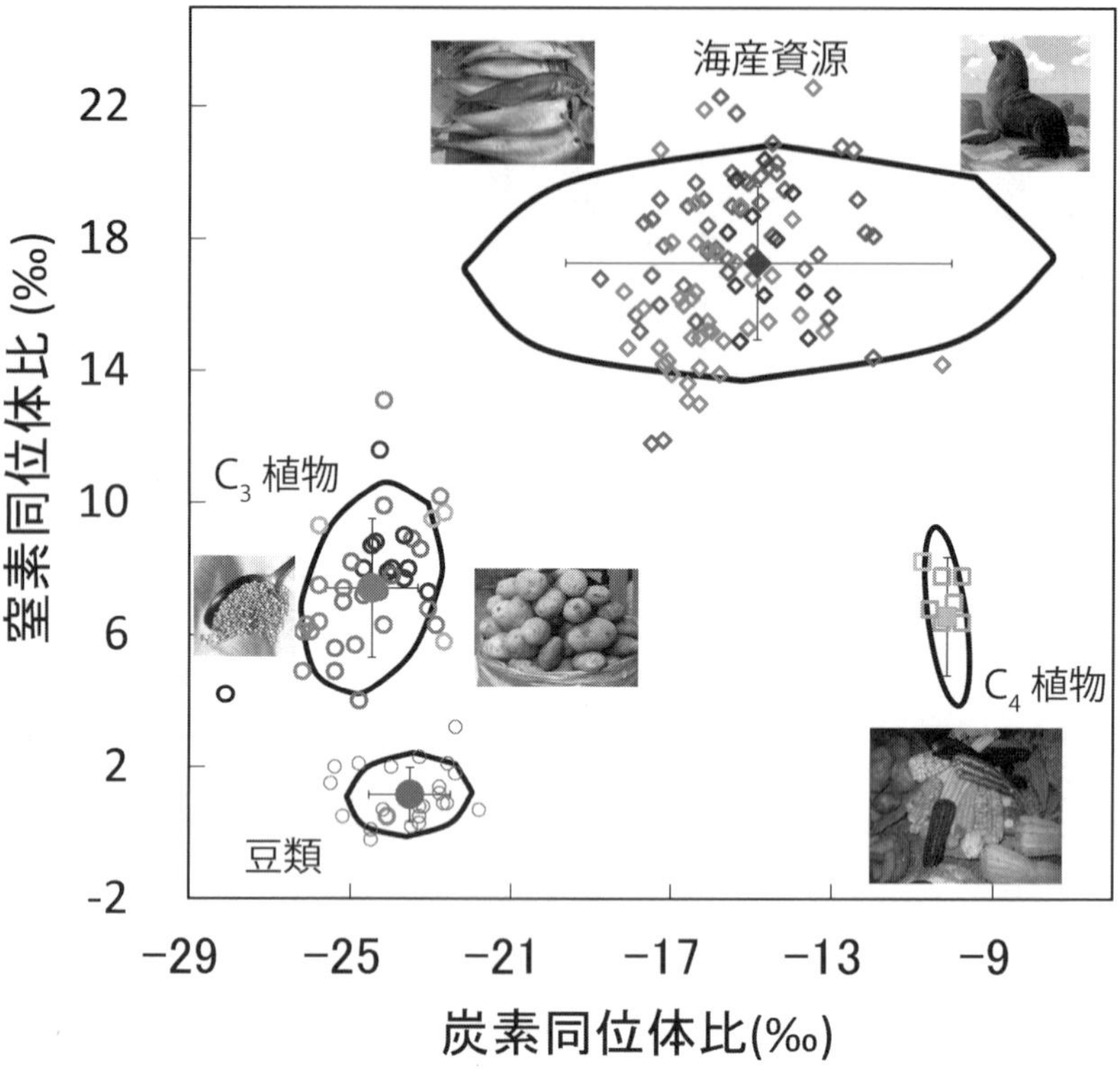

図2　アンデス地域の食物の炭素・窒素同位体比

ンデス地域で栽培化された植物のほとんどはC_3植物と呼ばれるグループに分類され、低い炭素・窒素同位体比を有している。それに対し、栽培化された植物の中でトウモロコシとアマランサスだけはC_4植物と呼ばれるグループに入り、高い炭素同位体比と低い窒素同位体比を有している。豆類はC_3植物の仲間で低い炭素同位体比を示すが、さらに窒素固定菌を有するために窒素固定経路が他の植物とは異なっており、窒素同位体比が少し低い値を示す。陸生草食動物は摂取した植物の値で体組織の同位体比が異なってくるため、C_3植物を食べた陸生草食動物は低い炭素同位体比を、C_4植物を食べた陸生草食動物は高い炭素同位体比を体組織に記録している。一方、海生生物は食物連鎖が陸域よりも長いため、重い同位体比が濃縮する傾向があり、炭素・窒素同位体比共に高い値を示す。ヒトがこれらの食物を摂取すると、より多く摂取した食物に近い値が体組織に記録される。したがって、ヒトの骨コラーゲンや毛髪の同位体比分析をすることで、「何をどのくらい食べたか？」という食性推定ができる。

ナスカ地域は乾燥しているため、ヒト遺存体の軟部組織が比較的良く残っている。すなわち、「ミイラ」である。地下には綺麗な状態で眠っていたミイラが多く存在していたはずであるが、現在の先スペイン期の墓地遺跡は惨憺たる有様である。綺麗な布や土器を求めた盗掘者によってミイラは身ぐるみをはがされ、投げ捨てられている。墓地遺跡は掘り返された穴だらけで、その穴の周囲にバラバラになったミイラないし人骨が散乱している。筆者はそのような遺跡を歩き回り、分析に適した毛髪試料や骨試料を採取する。それらの資料は輸出申請を経て日本に持ち帰り、研究室で分析を行う。表面についた土壌を落とし、脂質成分や外来有機物を除去する。さらに骨試料の場合は無機成分を除いて、有機成分の中から水溶性のコラーゲンだけを抽出する。しかし、地表に露出している間に曝されたナスカ地域の過酷な環境の影響で、骨の保存状態は総じて良くない傾向にあった。一〇年間に亘る調査で得られたデータ数は次の通りである。ナスカ北部のインヘニオ谷で人骨四点、毛髪七点、ナスカ南部のナスカ谷で毛髪一一点、また同じく南部のチャウチーヤ遺跡で一〇点の毛髪を分析できた。

まずナスカ北部地域の食性の時代変遷を見てみよう（図3―A）。ナスカ期からワリ期にかけては低い炭素・窒素同位体比を示しており、陸生資源の寄与が高かったことが推測される。C_3資源とC_4資源の間に位置することから、両方の資源を摂取していたと考えられるが、全体的にはC_3資源の利用が多かったのかもしれない。イカ期には、食性の個体差が大きくなる。一個体は河口付近の遺跡であるモンテ・グランデ遺跡の個体と似た高い炭素・窒素同位体比を示し、C_4資源や海産資源の寄与の高さを表している。同様に、ナスカ期やワリ期よりも高い炭素同位体比を示す別の一個体でも、C_4資源利用の増加が示唆される。一方で、ナスカ期やワリ期よりも低い炭素・窒素同位体比を示す個体もあり、C_3資源への強い依存が示されている。イカ期は個体によって摂取した食物が大きく異なっていたと考えられ

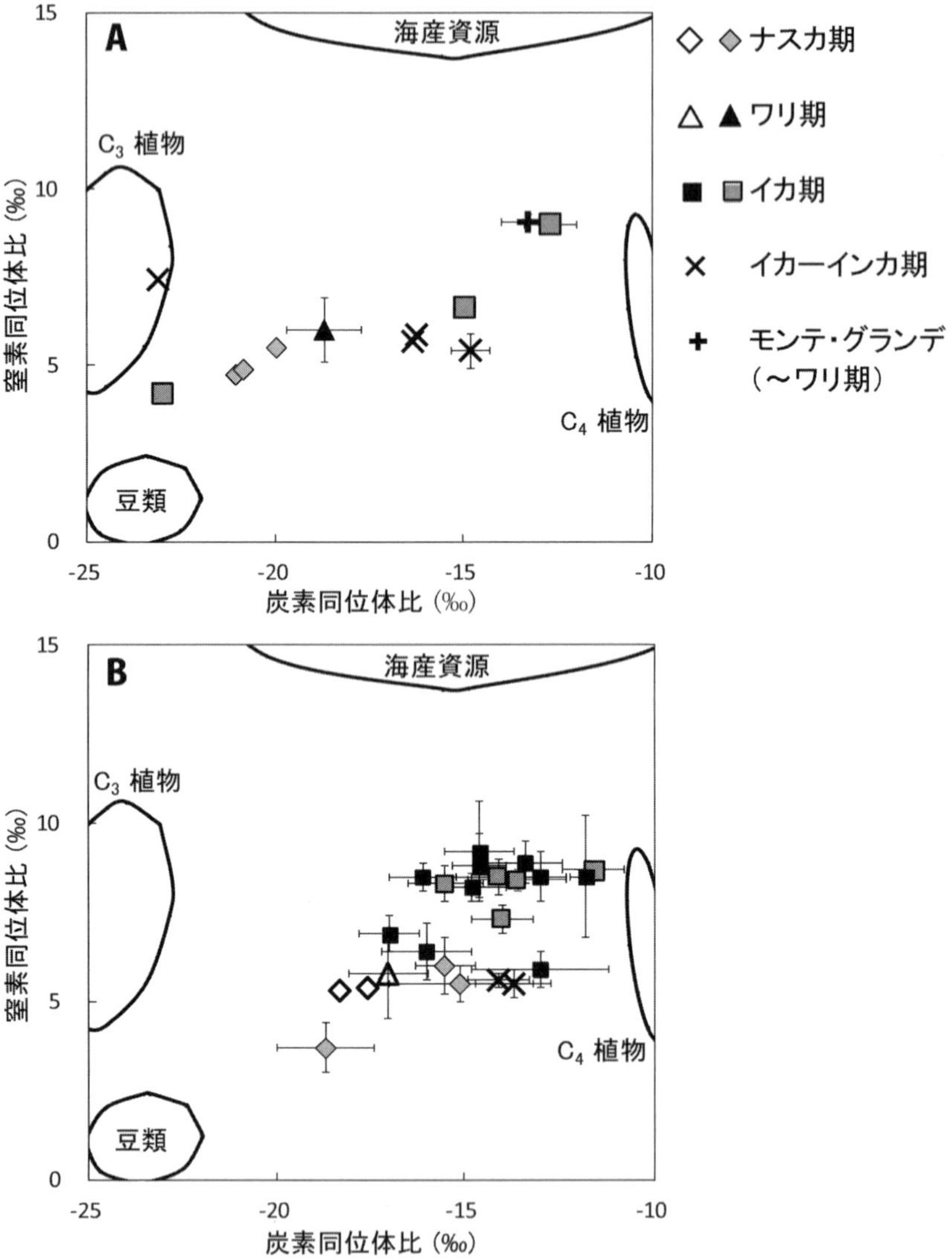

図3　ナスカ地域の食性の時代差。図３Ａはナスカ北部地域、図３Ｂは南部地域の食性を示す。図３Ｂの黒塗りの四角は、チャウチーヤ遺跡のデータを表している（瀧上・米田 2014）。図３Ｂに示す白抜きの菱形と三角は、先行研究で報告されているナスカ期とワリ期のデータをプロットした（Kellner and Schoeninger 2012）。モンテ・グランデのデータも先行研究からの引用である（Horn *et al.* 2009）。

る。イカ―インカ期になると三個体が高い炭素同位体比と低い窒素同位体比の組み合わせを示すようになる。イカ期の個体よりも低い窒素同位体比を示すそれらの個体は、C_4資源の寄与は依然高いままであるが、海産資源の摂取量が減っていたと考えられる。

さらに、特徴的なC_3資源依存の食性を示す個体がナスカ北部だけで検出された。ナスカ地域では全体的に、低い炭素・窒素同位体比から、高い炭素・窒素同位体への直線的分布がみられるが、ナスカ北部のイカ―インカ期の一個体は低い炭素同位体比で高い窒素同位体比を示している。この個体はナスカとはかなり異なった食物利用の地域からやって来たのかもしれない。

次にナスカ南部地域の食性を読んでみよう（図3―B）。ナスカ期とワリ期の個体はC_3資源とC_4資源の間にプロットされている。全体的にややC_4資源寄りに位置する個体が多い。イカ期には多くの個体で炭素・窒素同位体比が高く示されている。海産資源やC_4資源を多く利用したと考えられるが、窒素同位体比のばらつきから、海産資源利用の個体差が推測される。イカ―インカ期になると窒素同位体比が下がり、海産資源利用の減少が示唆される。一方で、炭素同位体比は高い値を維持しており、C_4資源の高い寄与が推測される。イカ期のチャウチーヤ遺跡の毛髪の分析結果からは、季節的なC_4資源の利用と、海産資源利用の個体差が確認されている（瀧上・米田二〇一四）。

ナスカ北部と南部の食性の差異に注目すると、いくつかの特徴に気が付く。まず共通した特徴として、北部地域も南部地域も、ナスカ期、ワリ期と徐々に炭素同位体比が上昇していき、イカ期に炭素・窒素同位体比が共に上昇し、イカ―インカ期になると高い炭素同位体比はそのままに窒素同位体比だけ下がるという傾向がある。これは徐々にC_4資源利用が増加し、イカ期にはC_4資源利用と海産資源利用が上昇し、イカ―インカ期には海産資源の利用は減少し、高いC_4資源利用だけが継続したと読み取ることができる。しかし異なる特徴として、ナスカ期、ワリ期、イカ―インカ期のいずれでも、ナスカ南部地域の方が北部地域よりも高い炭素同位体比が示されており、より多くのC_4資源を利用していたと考えられる。イカ期だけは北部地域と南部地域にほとんど差異がみられず、ナスカ地域内全体で食性が共通するような活発な資源流通が存在していたと推測される。

一方で、北部ナスカ地域にはこの傾向に当てはまらない低い炭素同位体比を示す個体、すなわち高いC_3資源の寄与があった個体が存在している。これには幾つかの可能性が考えられるが、一つは北部地域内では利用できる資源に大きなばらつきがあり、集団内、あるいは集団間でC_4資源や海産資源へのアクセスが異なっていた可能性が考えられる。あるいは、北部地域にはナスカ地域とは大きく食性の異なる地域の人々が交流しに来ていた可能性も考えられる。そこで次に、ナスカ北部のヒトと動物の移動に注目してみた。

4　ヒトと動物の出身地を探る

ヒトや動物がある地域から別の地域に移動したという情報も体組織に記録された同位体比から推定することができる。それがストロンチウム同位体比である。ストロンチウムには四つの安定同位体が存在する。安定同位体であるため、ストロンチウム自体は減少しないが、ルビジウム87が約四百九十億年の半減期でストロンチウム87に変化するため、ストロンチウム87は時間が経つほどに量が増えていく。従って、元々岩石中にあったストロンチウム同位体の割合、ルビジウムの割合、それから岩石形成後の経過時間によって、ストロンチウム87とストロンチウム86の割合が決まる。地域によって地層の形成時期やルビジウムとストロンチウムの初成値が異なっていることから、ストロンチウム87とストロンチウム86の同位体の割合も地域によって異なっている。ストロンチウム同位体比は水を通じて有機物内に入っていくため、植物、植物を食べる動物、植物と動物を食べるヒトにまで伝わっていく。従って、生物の摂取したストロンチウム同位体比は、食物が生産された場所の地質の値に由来する。言い換えると、動物の体組織には、食べた植物が生えていた土地の同位体比が反映されている。このストロンチウム同位体比は体内の無機成分にカルシウムの代わりに組み込まれており、骨や歯のハイドロキシアパタイトに記録されている。特に歯のエナメル質は組織の代謝回転が起こらず、幼いころに形成された時そのままの成分を維持している。そのため、エナメル質中のストロ

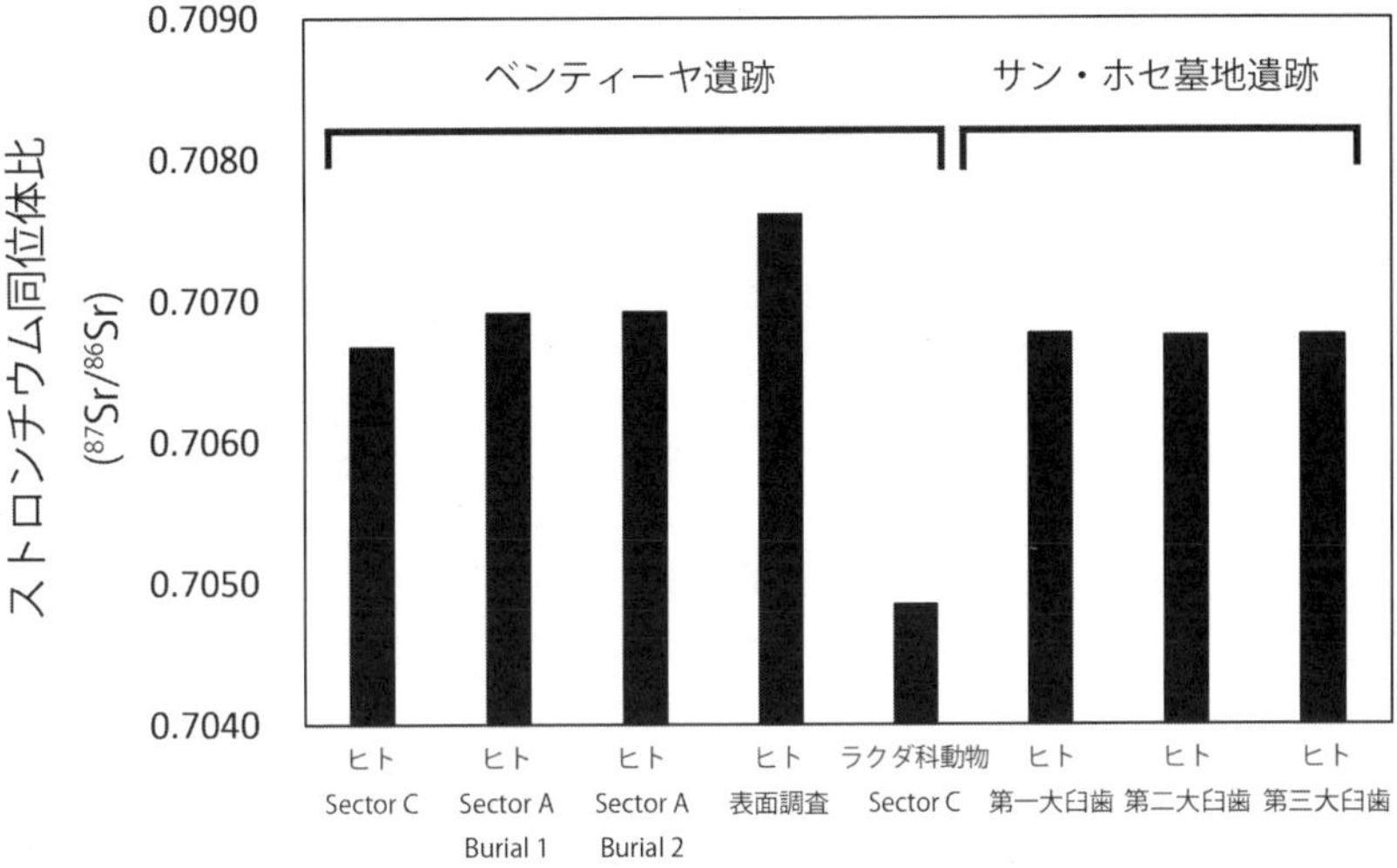

図 4　ベンティーヤ遺跡とサン・ホセ墓地遺跡の人骨とラクダ科動物のストロンチウム同位体比

ンチウム同位体比を調べることで、その個体が幼少期に育った場所を推定できる。また、その個体が亡くなった場所のストロンチウム同位体比と一致するか否かで、その個体の移動履歴を推定できる。

ナスカ北部の谷であるインヘニオ谷の人骨とミイラから採取した大臼歯を用いて、ストロンチウム同位体比を分析した。分析試料はベンティーヤ遺跡の発掘調査で出土した人骨三体とラクダ科動物一体、ベンティーヤ遺跡の表面調査で得られた人骨一体、そしてベンティーヤ遺跡の対岸に位置するサン・ホセ町に近い墓地遺跡で散乱していた人骨一体から採取した。サン・ホセ墓地遺跡の個体は顎に歯がしっかり配置されていたため、同一個体から第一・第二・第三大臼歯を入手できた。

分析の結果、ベンティーヤ遺跡の人骨とサン・ホセ墓地遺跡の人骨は、年代が異なっているにも関わらず、比較的近いストロンチウム同位体比を示した（図4）。また、サン・ホセ墓地遺跡の個体は、三点の大臼歯がとてもよく一致した値を示した（第一大臼歯〇・七〇六七七、第二大臼歯〇・七〇六七五、第三大臼歯〇・七〇六七六）。それぞれの歯は形成時期が異なっており、第一大臼歯は〇―三歳、第二大臼歯は三―

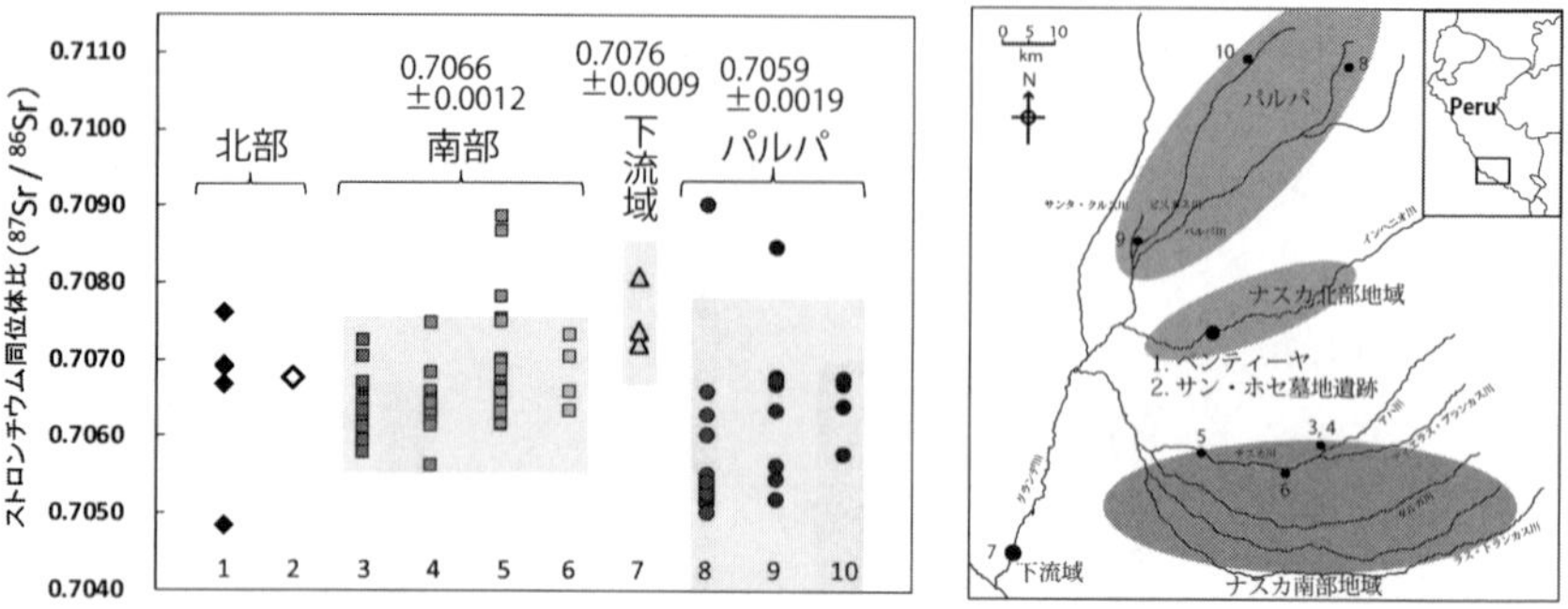

図5　ストロンチウム同位体比の地域内比較。右図はナスカ地域の遺跡マップ、左図は報告された各遺跡のデータを示す。右図の3−6はナスカ南部地域の遺跡（ラ・ティサ、カワチ、カンターヨ、マホロ・チコ）(Conlee *et al.* 2009; Knudson *et al.* 2009)、7は下流域のモンテ・グランデ (Horn *et al.*, 2009)、8−10はパルパ地域の遺跡（クタマヤ、ハウランガ、コヤンコ）(Mader *et al.*, 2018) を示している。左図の番号は、右図の各遺跡の番号に対応している。地域名の上に記載した数字とデータ上の薄い帯は、各地域のデータから計算したストロンチウム同位体比の平均値±2標準偏差の範囲を表している。

七歳、第三大臼歯は九―一三歳に形成され、徐々に萌出する（Hillson 1996）。したがって、この個体は生まれてから、少なくとも第三大臼歯が形成される九―一三歳ごろまでは、同じ地域で生活していたと考えられる。また、サン・ホセ墓地遺跡の個体の三点の歯と、ベンティーヤ遺跡の人骨の四点の値が類似していることから、サン・ホセ墓地遺跡の個体が第三大臼歯形成期まで生活していた地域は、ベンティーヤ遺跡の四個体とおそらく同じ地域であると推測され、それはインヘニオ谷中流域である可能性が高い。言い換えれば、これらの個体はインヘニオ谷中流域の地質のストロンチウム同位体比を反映しているのであろう。一方、ラクダ科動物はヒトとは異なる低い値を示した（〇・七〇四八五）。そのため、このラクダ科動物は歯が形成される幼獣の時期に、インヘニオ谷中流域とは異なる地域にいたと考えられる。いったいどこから来たのであろうか？

そこで次に、ナスカの他の場所で報告されているストロンチウム同位体比との比較を行った（図5）。残念ながら時代を統一した比較はできず、また各遺跡で報告されているデータにも異なる地域から来ていた可能性のある個体が含まれている。したがって、必ずしも先行研究の値がその遺跡の立地する地域のストロンチウム同位体比を正確に反映しているわけではないが、ナスカ地域内のストロンチウム同位体比の大まかな分布は読み取れるであろう。

ナスカ北部のインヘニオ谷の人骨は、ナスカ南部地域やナスカ下流域で報告されているヒトや動物の同位体比と重なる値を示している。したがって、ナスカ北部中流域、ナスカ南部中流域、ナスカ下流域はストロンチウム同位体比で区別することが難しく、ベンティーヤ遺跡やサンホセ墓地遺跡の個体もナスカ南部中流域や下流域の出身である可能性が含まれている。ナスカ南部と北部、河口部の人々の交流程度を推測するには、食性情報や共伴する遺物などの情報を合わせた総合的な判断が必要となってくる。

一方、低いストロンチウム同位体比を示したベンティーヤ遺跡のラクダ科動物は、ナスカ北部中流域とも下流域とも異なっていることが明らかとなった、最も近い値を示しているのはパルパ地域で報告されたラクダ科動物の値である。パルパ地域はインヘニオ谷より北側に位置するパルパ川やビスカス川の上流域地域である。この地域はユンガ環境が始まるあたりで、ナスカ地域よりも湿潤なため、植物が多く存在している。パラカス期からラクダ科動物の飼育が行われていたと推測されており、さらに山岳地域に位置するアヤクーチョ地域で飼育されたラクダ科動物もパルパ地域へ連れて来られていたと考えられている（Mader *et al.* 2018）。ナスカ期のベンティーヤ遺跡のラクダ科動物が、パルパ地域のラクダ科動物と似たストロンチウム同位体比を示していることから、ベンティーヤ遺跡にパルパ地域、あるいはアヤクーチョや他の山岳地域で飼育されたラクダ科動物が連れて来られていた可能性が考えられる。ヒトの食性の特徴として、ナスカ北部では、ナスカ南部地域では見られないC_3資源に依存した個体の存在が確認されているのは前述した通りである。様々な同位体分析の結果を総合的に考えると、ナスカ北部では時代に関わらず、山岳地域との交流が南部地域よりも盛んであったのかもしれない。今後、さらなる発掘調査から地域間交流について考察できるデータが集まれば、同位体分析の結果と照らし合わせて考えることができるであろう。

5　おわりに

ナスカ地域では同じような乾燥した環境下にありながら、北部地域と南部地域で入手できた食資源に違いがあったことが同位体分析から明らかとなったが、その要因はなんであったのだろうか？　河川の水量に注目すれば、インヘニオ谷を中心とする北部水系の方が南部水系よりも水量が多く、耕作地に適していると考えられる。しかし同位体分析からは、南部水系で生活していた人々の方が、多くのC_4資源を摂取していた。先行研究によれば、ナスカ南部ではナスカ期に水路や螺旋状井戸が建設されたことで、トウモロコシ栽培が増加したと報告されている（Kellner and Schoeninger, 2012）。農耕・牧畜において、自然に形成される環境というハンデを乗り越えて、ヒトの技術の発展により、厳しい環境を克服してきたことを我々のデータは示しているのかもしれない。また地域間交流が、資源の供給に大きな役割を果たしていることも描き出された。ヒトは資源輸送・資源流通を発展させることで、過酷な環境でも生きられる生活様式を作り上げたのかもしれない。その生活様式には個人差もあれば、遺跡差、谷差もある。ひとまとめにナスカ社会と言っても、様々なレベルの地域内多様性を含んでいる、それらを一つ一つ丁寧に読み解くことが新しい知見をもたらす。

また、本節で示したように、人類社会の発展を追及するにあたり、社会構造だけでなく、衣・食・住といった過去の人々の実生活にもライトを当てることで、より深く掘り下げた議論が可能となる。学際的研究や総合資料学と呼ばれる多分野の専門家による研究を統合するような調査形態が、今後更なる研究の進歩へと繋がっていくだろう。

参考・参照文献

瀧上舞、米田穣（二〇一四）「ナスカ砂漠に生きた人々と食性の変化」青山和夫、米延仁志、坂井正人、高宮広士編『文明の盛衰と環境変動――マヤ・アステカ・ナスカ・琉球の新しい歴史像』岩波書店、一五七―一七一頁。

Conlee, Christiana A., Michele R. Buzon, Aldo Noriega Gutierrez, Antonio Simonetti, and Robert A. Creaser（2009）'Identifying foreigners versus locals in a burial population from Nasca, Peru : an investigation using strontium isotope analysis,' *Journal of Archaeological Science* 36 : 2755–2764.

Hilson, Simon（1996）*Dental Anthropology*, Cambridge : Cambridge University Press.

Horn, Peter, Stefan Hölzl, Susanne Rummel, Göran Åberg, Solveig Schiegl, Daniela Biermann, Ulrich Struck, and Andreas Rossmann（2009）'Humans and camelids in river oases of the Ica-Palpa-Nazca region in pre-Hispanic times : Insights from H–C–N–O–S–Sr isotope signatures,' In Markus Reindel and Günther A. Wagner（eds.）*New Technologies for Archaeology : Multidisciplinary Investigations in Palpa and Nasca, Peru*, pp. 173–192. Berlin : Springer.

Kellner, Corina M., and Margaret J. Schoeninger（2012）'Dietary correlates to the development of Nasca social complexity（A. D. 1–750）,' *Latin American Antiquity* 23 : 490–508.

Knudson, Kelly J., Sloan R. Williams, Rebecca Osborn, Kathleen Forgey, and Patrick Ryan Williams（2009）'The geographic origins of Nasca trophy heads using strontium, oxygen, and carbon isotope data,' *Journal of Archaeological Science* 28 : 244–257.

Mader, Christian, Stefan Hölzl, Karin Heck, Markus Reindel, and Johny Isla（2018）'The llama's share : Highland origins of camelids during the Late Paracas period（370 to 200 BCE）in south Peru demonstrated by strontium isotope analysis,' *Journal of Archaeological Science : Reports* 20 : 257–270.

Silverman, Helaine, and Donald A. Proulx（2002）*The Nasca*, Oxford : Blackwell publishing.

Vaughn, Kevin J.（2009）*The Ancient Andean Village : Marcaya in Prehispanic Nasca*, Arizona : University of Arizona Press.

第6節

地上絵に関する認知心理学的研究

渡邊洋一
本多明生

認知心理学は人の知的活動を科学的に研究する学問である。その知的活動とは、知識（情報）を獲得し、組み立て、次の行動に利用することを指す。このとき、一連の過程を方向づける枠組み（図式）が重要な役割を果たす（ナイサー一九七八など参照）。人の空間行動を導く枠組みに関しては、頭が上で足が下という身体的基本から、特定の場所や方位が特異な意味を持つような文化的背景まで幅広く考えることができる。

私たちの出発点は、地上絵を作った人々はどのような空間認知の枠組みのもとでナスカの広大な砂漠に地上絵を作ったのかという疑問であった。通常は飛行機からしか観察できない地上絵を足下で綿密に調査することを通して、認知心理学的に妥当な知見を積み重ねることで、地上絵を作った人々の空間認知に迫った。その結果、地上絵を作った人々の空間認知の枠組みに大きな変化が起こった結果として巨大な地上絵が作られた可能性がある、という結論に至った。

1　地上で見る地上絵

これまでのところ、ナスカの地上絵を作った人々は空を飛ぶ技術を持っていなかったというのが、研究者間では定説となっている（アヴェニ二〇〇六など参照）。今日、ナスカの地上絵と聞けば、誰しも飛行機から撮影された映像を思い浮かべてしまうが、人々は地面を歩きながら地上絵を作ったのである。我々も、地上で見ることのできる姿を基本として、地上絵について考えていきたい。

▼地上絵を見つける

まず、地上絵は、砂漠に石を並べて作成された図像や直線であることを確認することから、考察を始めよう。ナスカの地上絵は、南米ペルーの南部海岸地帯に位置するナスカ台地周辺の砂漠地帯に石で作られた図像や幾何学模様そして直線である（Reiche 1949）。ナスカ台地の景観的な特徴は、一般的に「砂漠」という言葉から連想されるような、細かい砂の山が広がるような場所ではなく、石が散乱する礫砂漠であるという点である。

図1は、代表的な地上絵の写真である。この写真で見るように、ほぼ平らな地面に一面に散乱している黒褐色の石を、規則的に並べて（除けて）作られたのが、ナスカの地上絵である。この石を除けた下地は少し明るい色の砂地となっている。この明暗コントラストが地上絵を形作る輪郭や面を構成している。

図1　ナスカの地上絵（以下、写真は全て撮影 渡邊洋一）

人が形を知覚するためには対象と背景の区別が必要である。心理学では、知覚の対象となって前面に浮かび上がる部分を「図」、後ろで背景となる部分を「地」とよぶ（Vecera 2004など参照）。

草木がほとんどなく、平らな地面に一面に石が散乱するナスカ台地では、石を積み上げたケルンやマウンドのような突出部が地平線上では目につく。そして地面では、地上絵のような人工的に形成された工作物や地上の痕跡が、周囲と区別された「図」として知覚されやすい。荒れ果てた砂漠に石で作られた模様の認知は、従来の視覚心理学で主として用いられてきた、コントラストの明瞭な線や図の知覚とはまったく様相が異なる。粗雑な輪郭で形作られた図像である。それでも適切な距離から観察すれば、図として十分に成立する。

心理学的な図の成立過程は、古くはゲシュタルト心理学などで論じられてきたが、最近は、構成要素間の関係に着目して「創発特徴（emergent features）」や「全体あるいは配置優位効果（configural superiority effect）」という捉え方から研究されている。たとえばポメランツら（Pomerantz and Portillo 2011）は、一個から四個の点で構成された刺激図を用いた心理学実験に基づいて、創発特徴の成立過程を定量的に研究した。

点の数が一個だけなら位置の情報しかもたらさないが、点の数が二個になると、近接性や方向の情報を伝えることができる。点の数が三個になれば、対称性や線形性の情報を、そして四個になれば囲まれている状態の情報を伝えられるというのである。これらは、従来から図になりやすい特徴とされてきたものである。

ポメランツらの見解をナスカ台地での景観観察にあてはめてみよう。

ナスカ台地では、地面から突出した丘や人工的なマウンド、ケルンなどを、一個の地点情報と考えることができよう。これらと観察者との関係だけでは、自身の位置の特定には不十分だが、ケブラダ（普段は水のない大小の谷）など台地上の地形的な特徴や遠くに見える山など他の地点情報を入手することで、正確な位置と方向を特定することができる。

二点を結べば線が形成され、長さと方向の情報が加わる。ナスカ台地の地上絵でもっとも数が多いのは直線の地上絵である。人の歩いたトレースとは異なり、定規を当てたように真っ直ぐで、様々な幅と長さを持つ一〇〇〇を越す直線が、様々な方向で分布している。その多くはラインセンターとよばれる場所で他の直線と接している（Aveni 1990）。ラインセンターのランドマークとして有効な情報に加え、直線の地上絵をガイドラインとして利用することによって、認知地図の形成を促し、広大なナスカ台地を移動することが可能になるという点については、すでに別の場所で論じた（渡邊二〇〇七、二〇一六）。

石の列は、それだけで三個以上の情報ということもできる。規則的に石を並べた線が発見されれば、直線か曲線かも重要な情報となろう。複数の線（石の列）が組み合わされれば、奥行きや幅の次元が加わり、面の情報となる。もはや単なる線ではなく形となって、独特の意味を担うことができる。

▼立って見る地上絵

人が地上で地上絵を見る場合には、平らな地面に描かれた図像を、直立して斜め横から見ることになる。図2に示す通り、地上の図像は観察者から遠ざかるほど縮小して見えるが、横幅に比べて奥行きが大きく圧縮されるように、透視図法的に変形する。そして、図像が垂直面に提示された場合と斜面や水平な地面に置かれた場合とでは、観察者に見える図像の大きさ（視角）が大きく変化する。視角が小さいほど形の識別は困難になる。

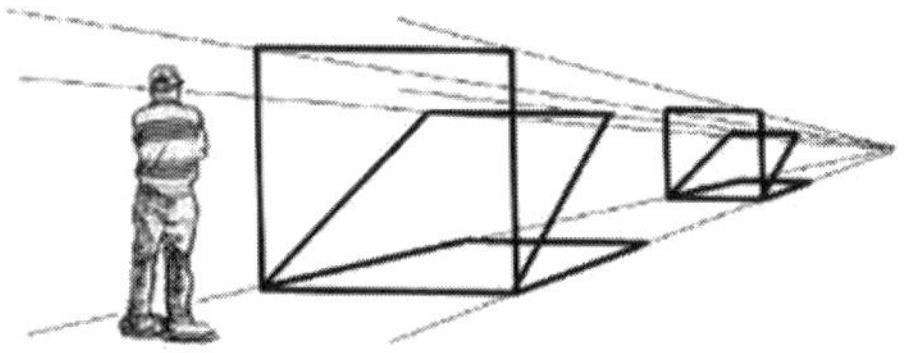

図2　距離と提示面による図像の見え方の違い

この観察距離とともに見え方が変わる状況を正方形を例に考えてみよう（表1）。観察距離が遠くなるとともに、特に奥行き方向の視角が小さくなり、図像の認識が難しくなることがわかる。逆に近距離では、大きな図形ではむしろ近すぎて一部分しか見えず、全体像をとらえるのが難しくなる。

人が直立して自然な状態で景観を見るとき、その視線は水平線より視角にして一〇度ほど下を中心とするといわれている。直立した人の目の高さを一六五センチメートルとすると、一〇メートルほど先の地表を見る角度に相当する。また、そのときの視野は、水平・垂直とも視角六〇度程度の範囲といわれる（樋口一九七五）。

なお、直線の地上絵については、観察距離による形の歪みの影響をほとんど受けない点に注

表1　地面に平らに置かれた正方形を見た場合の奥行き（図２の手前の辺と奥の辺の作る視角）と横幅（手前の辺の視角）の見え方の変化

大きさ	観察距離（m）	奥行き（度）	横幅（度）
縦横10mの正方形	10	4.65	52.5
	50	0.31	11.42
	100	0.09	5.7
	500	0.01度以下	1.1
縦横30mの正方形	10	7.01	111.9
	50	0.71	33.38
	100	0.22	17.1
	500	0.01	3.4
縦横90mの正方形	10	8.42	154.6
	50	1.21	83.94
	100	0.45	48.4
	500	0.03	10.3

（注）ここでは、観察者の目の高さを165cmと仮定している。視角とは見る観察対象が網膜に投影される大きさ。

意しよう。直線の地上絵は、もっぱら方向について非常にわかりやすい情報を提供するといえる。

▼地上絵の主題を知る

それでは、動植物を模したと思われる地上絵について、さらに検討しよう。

地上絵には様々な大きさがあるが、一瞥では何が描かれたものか把握できない大きさのものも少なくない。図3は、「コンドル」または「黒い鳥」とよばれる、縦横七メートルほどの小型の地上絵である。この地上絵は、ナスカ台地西部の広大な平地に位置しており、小さいために簡単には発見できない。ただし、見つけて、周囲を一巡すれば容易に鳥の形を模したことがわかる。全体が視野におさまる大きさの場合には、地上絵の認識は容易である。

図4は、有名な「ハチドリ」の地上絵である。この地上絵は縦横九〇メートルを越す大きさなので、一瞥しただけでは全体像が見えない。しかし、少し移動すると、くちばしに相当する突出部や似たような形の繰り返しで構成された翼や尾など、特徴的な

図 3　「コンドル」または「黒い鳥」とよばれる地上絵

図 4　「ハチドリ」の地上絵

パターンが見えてくる。なかでも最も特徴的なのは、だいたいの形として左右対称に近いという点かもしれない。構造として左右対になった同じ要素を持ち、鳥の形とわかる。長いくちばしをもつ特徴と統合されれば「ハチドリ」と認識されよう。

対称性は、形の知覚にとって非常に重要であり、すぐに知覚されて、しかも完璧な鏡映像的合致は必要としないとされている（Treder 2010など参照）。また、透視図法的な歪みがあっても、対称性の認知は可能という（van der Vloed, *et al.* 2005）。

図5は「クモ」の地上絵の一部である。この地上絵は、

図5　「クモ」の地上絵

幅約四〇メートル、高さ約五〇メートルで、一瞥で全体像を把握することは難しい。しかし図に見るとおり、腹部に相当する円形はきわめてわかりやすい。円は、あらゆる方向に軸をもつ対称的な図形ということもできる。ちなみに、円形や花形そして渦巻き型などの特徴を持つ地上絵は数多く存在する。クモの地上絵に関しては、この円形以外にも、特有の似た形の繰り返しを持つ左右の対称性で主題をわかりやすくしている。

それでは、対称性に乏しい大型の地上絵の場合はどうだろう。実は冒頭の図1は、有名な「サル」の地上絵の尾の部分である（図1と図6をあわせて参照）。この地上絵も、縦横九〇メートルを越すので、一瞥で把握できるのは一部分に限られる。全体の形として対称性はない。しかし、特徴的なパターンで形成される尾や手足の情報を統合すれば、サルという答を導くことは難しい問題ではない。

ナスカの地上絵の主題と当時の土器の絵柄に対応があることは以前から指摘されている。地上絵を作った人々は、主題の原型を土器の絵柄を通して熟知しており、いくつかの特徴から主題を絞り込むのは難しいことではなかったと考えられる。地上絵は何らかの儀礼行為の場だったと考えられているが（坂井二〇〇八など参照）、何の地上絵のどこに立っているか、場所を特定できれば、儀礼行為を行うには十分だったと思われる。

図6　「サル」の地上絵　上：足の部分　下：手の部分

2　地上絵は誰がどこから見ることを想定して作られたか

我々が文字や図形を描く際には、誰がどこから見るか想定して、その大きさや方向を決める。例えば、我々が本や新聞を読む場合と、先生が教室で黒板に書く場合では、文字の大きさが異なる。屋外広告や道路標示では、さらに大きく表示する必要がある。ナスカの地上絵について、同じように、対象を見る最適な視点という観点から考えてみよう。

図7は、「フクロウ人間」とよばれる地上絵である。この地上絵は、高さが約三〇メートルの大きさであるが、ナスカ台地のほぼ中央に位置する丘の、角度一五度ほどの斜面に作られている。平面の地上絵に比べて上下関係が明白で全体像を把握しやすい。対象

図7　「フクロウ人間」の地上絵

図8　パルパの地上絵

の上下左右や向きがわかれば、部分的特徴を有機的に関連させることができるので主題は理解しやすくなる。この「フクロウ人間」の地上絵や冒頭の「黒い鳥」など比較的小型の地上絵は、作り方の特徴から、一筆書きのような線で描かれた大型の地上絵が典型とされるナスカ期の地上絵よりも、時期的に早く作られたと考えられている。

　図8は、ナスカ台地の北隣りパルパという地域の斜面に作られた地上絵である。パルパの地上絵は、ナスカ期に先行するパラカス期に作成されたとされている。同じ頃に作られたと考えられているものに、同地域で多数発見される岩絵がある（図9）。チチクタラの岩絵とよばれる、この岩に描かれた人物像は、それぞれ高さ約四〇センチメートルほどの大きさである。

　前段で述べたように、平面に描かれた巨大な地上絵も部分的特徴を統合することによって全体像を把握することはできるが、全体を一望できるなら認知は容易である。見るための最適な場所という点から考えると、岩絵や斜面に描かれた地上絵は、あくまでも地上に立った人間が見ることを想定していたと考えられる。それに対して、ナスカ台地の平原に描かれた巨大な地上絵は、むしろ空高い場所から見下ろすことを想定したと考えた方が妥当な大きさである。形も、正対したかのように歪みがない。

近くから見ることを想定する場合には小さな図形や文字を書き、遠くから見ることを想定する場合には、その距離に応じた大きさで提示するという工夫は、日常的に行われ、しかも古くから行われてきた人間の知恵である。この延長上にナスカの地上絵も存在し、時代を経る途中で、地上から空へと視点が変わった時に、巨大な地上絵が作られたと考えられるのではないだろうか。

人々が巨大な構造物を作るのは、観察距離の問題だけではなく、偉大さを表したいという意図を持つ場合なども考えられるが、視点の変換の方がより基本的な認知の枠組みの変化といえよう。

認知心理学的な考察から生まれたこのような考え方については、今後、考古学や人類学の研究との対応をふまえて、古代アンデス文明の大きな流れの中で検証されることが期待される。

図9　チチクタラの岩絵

参考・参照文献

アヴェニ、A・F（二〇〇六）『ナスカ地上絵の謎――砂漠からの永遠のメッセージ』増田義郎監修、武井摩利訳、創元社。

坂井正人（二〇〇八）『ナスカ地上絵の新展開――人工衛星画像と現地調査による』山形大学出版会。

樋口忠彦（一九七五）『景観の構造』技報堂出版。
ナイサー、U（一九七八）『認知の構図——人間は現実をどのようにとらえるか』古崎敬・村瀬旻訳、サイエンス社。
渡邊洋一（二〇〇七）「ナスカ台地の空間認知『特集　ナスカの地上絵に関する学際的研究（一）』」『山形大学大学院社会文化システム研究科紀要』第四号、一五一—一六三頁。
渡邊洋一、本多薫、門間政亮（二〇一六）「ナスカ台地の移動時における直線の地上絵とラインセンターの利用——ウェアラブルカメラを用いた分析」『山形大学紀要（人文科学）』第一八巻三号、一三九—一五四頁。
Aveni, A.（1990） *The Lines of Nazca*. Philadelphia： The American Philosophical Society.
Pomerantz, J. R. and Portillo, M. C.（2011） 'Grouping and Emergent Features in Vision： Toward a Theory of Basic Gestalts,' *Journal of Experimental Psychology： Human Perception and Performance*, 37, 5, 1331–1349.
Reiche, M.（1949） *Mystery of the Desert*, Lima.
Treder, M. S.（2010） 'Behind the Looking-Glass： A Review on Human Symmetry Perception,' *Symmetry*, 2, 1510–1543； doi： 10.3390/sym2031510.
van der Vloed, G., Csathó, A., van der Helm, P. A.（2005） 'Symmetry and repetition in perspective,' *Acta Psychologica*. 2005, 120, 74–92.
Vecera, S. P.（2004） 'The reference frame of figure-ground assignment,' *Psychonomic Bulletin & Review*. 11, 5, 909–915.

第7節

ナスカの地上絵の鳥類学

江田真毅

1　はじめに

ナスカの地上絵。それは世界中でもっとも興味深い古代ミステリーの一つといえるだろう。ペルー南部の海岸から内陸に約五〇キロメートルの砂漠台地に描かれたこれらの地上絵は、パラカス期後期からイカ期（紀元前四世紀～一五世紀）に作られたとされる（Sakai and Olano 2017）。直線、幾何学図形、動植物の図像が二〇〇〇点以上確認されており、『ナスカとパルパの地上絵』（Lines and Geoglyphs of Nasca and Palpa）としてユネスコの世界遺産（文化遺産）にも登録されている。これらの巨大な地上絵が何の目的で描かれたのか、またそのモチーフは何かなどはよくわかっていない。その最大の理由は、パラカス文化、ナスカ文化、ワリ文化、イカ文化からなるプレ・インカ期の文化には文字がなかったためである。地上絵の制作目的についての議論はまさに百花繚乱である。例えば、先コロンブス期の道であったとする説（第2章第8節参照）や、パフォーマンスの舞台であったとする説、農耕儀礼に関わるものであったという説や、天文暦であったとする説、さらには宇宙人との交信に関わるものであったとする説まで提唱されたことがある（Mejía-Xesspe 1942; Reinhard 1988; Aveni 1990; Reiche 1993; Lambers 2004; Ruggles and Saunders 2012）。

地上絵の中でも、動植物を描いたものはとくに注目されてきた。その理由は、地上絵の制作目的の理解につながると考えられたためである（Hawkins 1969；Aveni 1990, 2000；Lumbreras 2000）。世界遺産保護のためにペルー文化庁がユネスコに提出した報告書によれば、ナスカとパルパの地上絵に描かれた動植物でもっとも多いのは鳥類で、二〇点が知られている（Lumbreras 2000）。これらの地上絵は主にパラカス期後期からナスカ期（約二四〇〇―一三〇〇年前）に制作されたものと考えられている。地上絵制作の目的を考えるうえで、そのモチーフの特定が欠かせない。前述の報告書では、二〇点の鳥類の図像のうち一〇点を単に「鳥類」と呼び、残りをハチドリ（二点）、オウム、カモ科の雛、フラミンゴ、ペリカン、「グアノ鳥」、グンカンドリもしくはペリカン、グンカンドリもしくはクロヒゲマネシツグミと呼んでいる。さらに、いくつかの研究でも地上絵の鳥の同定が試みられてきた（Aveni 1990, 2000）。

鳥類の地上絵は、これまで図像の全体的な印象や、ごく少数の形態的な特徴を根拠に同定されてきた。しかし、同様な特徴が他の分類群に認められないか、また同定の根拠とした以外の特徴が同定された分類群と合致するかはほとんど検討されてこなかった。そこで、私は坂井正人氏（山形大学）と山崎剛史氏（山階鳥類研究所）との共同研究として、鳥類の図像を鳥類形態学の視点から研究している（Eda *et al.* 2019）。その手法は、各図像の形態的特徴を可能な限り抽出し、『Field Guides Birds of Peru』（Schulenburg *et al.* 2007）に掲載されているペルーに現在生息する鳥の形態的特徴と比較するものだ。本節では、私自身が実際にナスカの地上絵の通常遊覧飛行で観察した――つまり、皆さんもセスナに乗れば直に観察できる――地上絵について、その研究成果を紹介するとともに、地上絵がなぜ書かれたのか、その謎に鳥類学の観点からアプローチしたい。

2　“Hummingbird!!（ハチドリ）”

某年九月の晴れた日。私は初めての地上絵観察の遊覧飛行にナスカ市郊外の小さな空港から飛び立った。同乗者はドイツ人女性と、セスナの操縦士だ。低木がまばらにある空港周辺から地上絵のあるナスカ台地まではセスナで五分ほど。眼下に広がる乾燥した白い砂漠には、すぐに無数の直線や幾何学図形の地上絵が見えてくる。セスナのエンジン音はかなり強烈だ。地上絵の観察スポットに達すると、セスナの操縦桿を握るキャプテンが“Triangle!（三角形）”、“Whale!（クジラ）”、“Fox!（キツネ）”などとそれに負けない大声で叫ぶ。その叫びを頼りに、眼下に見えるはずの図像を探す。観光ガイドに載っているように必ずしも分かりやすい方向に見えるわけではないこと、そして観察スポットでは二―三回上空を旋回してセスナの左右両方の窓から図像が見えるようにしてくれることを徐々に理解していく。

キャプテンの何度目かの叫びが、“Hummingbird!（ハチドリ）”だった。お目当ての鳥の地上絵だ。慌てて目を凝らし、カメラに収める（図1a）。現在、ペルーの二ソーレス硬貨に描かれている、世界で最も有名な地上絵の一つだ。全長約九七メートル。白い砂漠台地に浅い溝を掘って作られている。この作りから、ナスカ期に描かれたと推定されている。嘴は非常に長く、嘴を除く頭部から尾の先端までとほぼ同程度である（図1b）。また頭部の太さに比べて嘴は細い。下肢は短く体幹から左右に伸び出し、水かきのない三本の趾が描かれている。ほぼ左右対称なこれらの形状は、認知心理学的に重要であったのかもしれない（第2章第6節参照）。尾羽は体幹とほほ同じ長さで、中央が長く突出している。

嘴がかなり長く強調して描かれているものと考えると、嘴と尾羽の両方が長く、下肢の短い分類群としては、ハチドリ科のほかにキリハシ科がある。ハチドリ科が三前趾足（四本の趾のうち三本が前向き、一本が後向き）であるのに対して、キリハシ科の含まれるキツツキ目は対趾足（四本の趾のうち二本が前向き、二本が後向き）である。そのため、三本の趾の描かれているこの図像はハチドリ科を思わせる。

ハチドリ科には、鮮やかな羽色のハチドリ亜科とトパーズハチドリ亜科、そして地味な羽色のカギハシハチドリ亜科が含まれる。そのうち、この図像のように中央が長く突出する尾羽を持つ種は、ペルーではカギハシハチドリ亜科の仲間にしかいない（図1c）。ハチドリ亜科とトパーズハチドリ亜科の鳥の尾羽は、二叉に分かれた燕尾型か、あるいは扇型だ。このため、この図像は、ハチドリ科の中でもとくにカギハシハチドリ亜科の鳥を描いたものと推定できる。カギハシハチドリ亜科の鳥は湿潤な森林の下層植生で採食する。現在、ペルーではアンデス山脈の東側斜面に

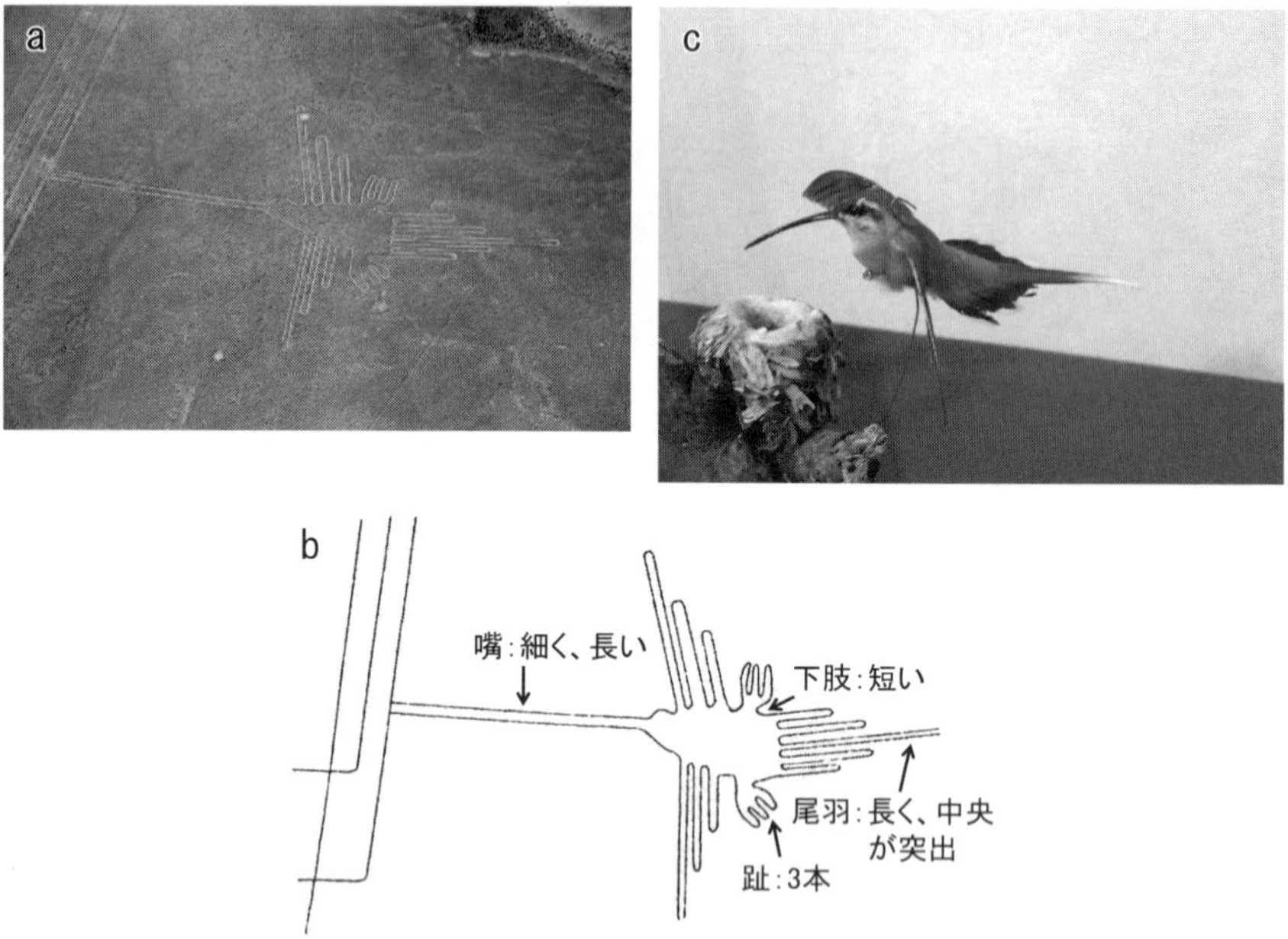

図1　「ハチドリ」の地上絵の航空写真（a）とその模式図（b）、およびカギハシハチドリ亜科の1種・チャイロユミハチドリ（c）；鳥取県立博物館蔵。

そのほとんどの種が周年生息しており、ナスカ周辺には分布しない（Schulenburg *et al.* 2007）。地上絵が描かれた当時にあっても、乾燥したナスカ台地周辺に分布していた可能性は極めて低い。サルやクモの地上絵のモチーフもアンデス山脈の東側斜面やアマゾニアに生息するものとの指摘があり（Aveni 2000）、ナスカ台地周辺には生息しない鳥がモチーフとなることもありうると考えられる。

3　"Condor!!（コンドル）"

次に出てきた鳥の名前は、"Condor（コンドル）"だった。こちらは全長が一三五メートルもある。ペルーで五ソーレス硬貨にデザインされているおなじみの図像だ（図2a）。コンドル（Aveni 1990, 2000）のほか、グンカンドリもしくはクロヒゲマネシツグミ（Lumbreras 2000）と同定されている。嘴は長く、頭部の約四倍の長さがある。頭部と頸部はほぼ同程度の長さだ。下肢は長く体幹から左右に伸び出し、足根の関節（脛足根骨の遠位端と足根中足骨の近位端の関節）が瘤状に明瞭に描かれている。左右の下肢ともに趾は四本が描かれており、三本は側方を、一本は後方を向いている。水かきは描かれていない。尾羽は体幹とほぼ同じ程度に長く、外側に広がった後、平坦な面をなして終わっている。

この図像はコンドルに見えるだろうか？ コンドルの嘴は太く短い（図2b）。これに対してこの図像の嘴は細く長い。また尾羽もコンドルでは短いのに対して、この図像ではかなり長い。グンカンドリを描いたものと仮定すると、尾が二叉に分かれていない点、下肢が長く、趾が水かきになっていない点で異なっている。またクロヒゲマネシツグミ（*Mimus longicaudatus*）と仮定すると、尾羽の長い点や、水かきになっていない比較的長い趾をもつ点で特徴は一致する。しかし、クロヒゲマネシツグミの嘴は嘴を除く頭部の長さとほぼ同程度である。この図像のように頭部の約四倍もの長さはない。またクロヒゲマネシツグミでは頸部はほとんど認識できない。

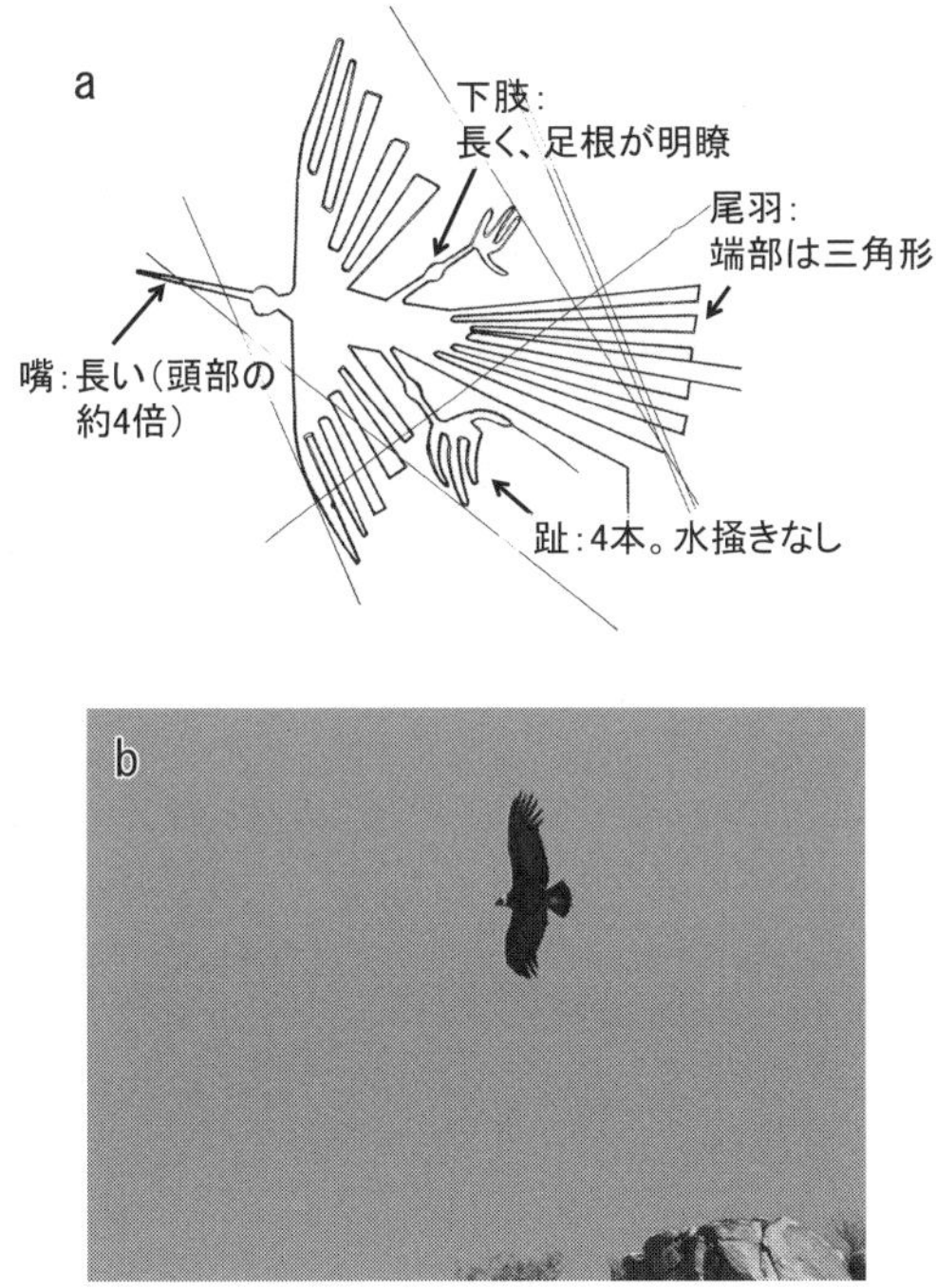

図2　「コンドル」の地上絵の模式図（a）とアンデスコンドル（b）。

嘴と下肢が長く、水かきが発達しない分類群としては、コウノトリ科やサギ科がある。しかし、両分類群とも頸が長く、尾羽が短い点では異なっている。また尾羽と嘴が長い分類群としてハチドリ科やキリハシ科も候補に挙がってくるが、これらの分類群の下肢は短い。ヘビウ（*Anhinga anhinga*）も尾羽と嘴、それに頸も長い種であるが、飛翔時に頸を曲げてもこの図像のように短くはならず、また発達した水かきをもつ。この図像の特徴のうち、下肢よりも長く扇型に広がる尾羽、水かきを持たない三前趾足、頭部に比べて相対的に長い嘴を併せ持つ種としてジャノメドリ（*Eurypyga helias*）がいる。しかし、この図像より頸部はずっと長く、さらに延ばしたまま飛翔する。この図像の特徴はコンドルや、グンカンドリ、クロヒゲマネシツグミと完全に一致するものではない。また、他の候補を考えた場合でも、完全に一致する分類群はみつからなかった。結論は出ないのか？とのご批判もあるかもしれない。しかし、分からないものを素直に分からないと答えることこそ、科学する姿勢ではないかと私たちは考えている。

4　"Seabird!!（海鳥）"

眼下に現れたこの図像はあまりにも長大だった（図3）。全長は約三〇〇メートル。とても素人のカメラに収められる代物ではない。これまでにフラミンゴ（Lumbreras 2000）やウの仲間（Aveni 1990）、グアナイウ（*Phalacrocorax bougainvillii*）もしくはヘビウ（Aveni 2000）と同定されている。嘴は非常に長く、嘴を除く頭部から尾の先端までとほぼ同じ長さである。頭部は非常に細い。頸部は長くジグザグに描かれている。下肢は長く体幹から左右とも後方に伸びだしており、足根の関節が瘤状に明瞭に描かれている。左右の下肢ともに趾は三本で、すべて後方を向いている。水かきはない。尾羽は体幹とほぼ同じ長さであり、後方にほぼ直線的に伸び、平坦な面をなして終わっている。

この図像の鳥の嘴は非常に長く細いのに対して、フラミンゴ科の嘴は太く、短く、湾曲している。そして、前者の下肢は尾羽より短いのに対して、後者の下肢は尾羽よりもかなり長い点でも異なる。一方、他の鳥類でもここまで嘴や頸部の長いものは存在しないことから、嘴と頸部は実際よりもかなり強調して長く描かれていると考えるべきだろう。嘴と頸部の両方が長い種としてはウ科、ヘビウ、サギ科、コウノトリ科が考えられる。ウ科やヘビウと考えた場合、尾羽の長さが下肢に比べて長い点では一致する。しかし、両者には発達した水かきがあるのに対して、この図像には水かきがない。一方、サギ科やコウノトリ科と考えた場合、水かきがあまり発達していない特徴は一致する。しかし、両者ではフラミンゴと同様に尾羽は下肢に比べて短く、ここでも特徴の不一致が認められる。他の分類群で

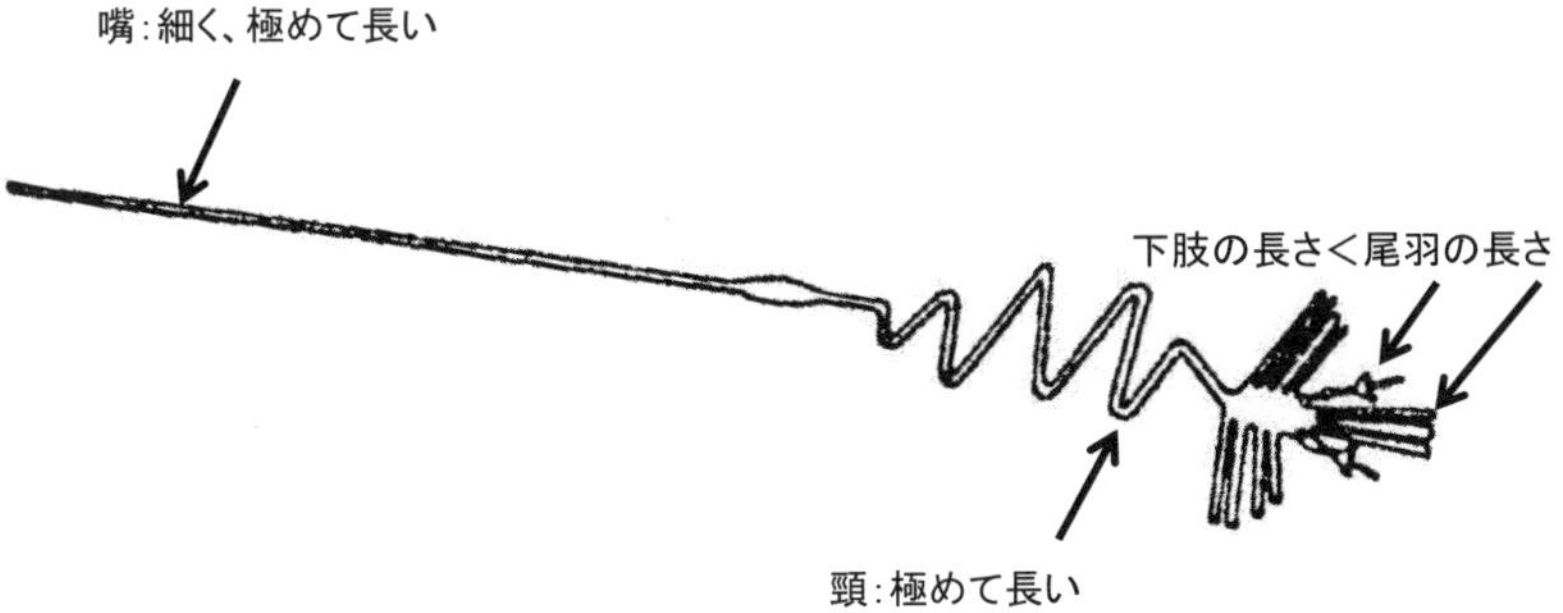

図３　「海鳥」の地上絵の模式図。

も、この図像と特徴が完全に一致するものは認められなかった。

5　“Seabird（s）!!（海鳥）”

キャプテンの叫びを聞いて、眼下を見回した。しかし、どこに海鳥がいるのか?は分からず、闇雲にシャッターを切ったのがこの写真である（図４a）。フライト後に見直したところ、二羽の鳥が映り込んでいたことが分かった。一羽は「グアノ鳥」（Lumbreras 2000）、あるいはディスプレイ中のグンカンドリ（Aveni 2000）と同定されている約三七〇メートルの図像である（図４b）。写真左側に嘴を上にした鳥の頭部が認められるだろう。鳥類学的にグアノ鳥という分類群はない。ペルーなど南米の国々でグアノ鳥と呼ばれるのは、ペリカン科やカツオドリ科、ウ科など。島嶼で繁殖し、堆積した糞や死骸などがグアノとして肥料に利用される鳥類の総称である。この図像は、鳥の頭部と頸部、突き出した胸部が側面から描かれている。その特徴は、発達した冠羽があること、嘴は先端が鉤状で、非常に長いことである。

冠羽は様々な分類群で認められる。ペルーに生息する鳥に限ってもペリカン科、ホウカンチョウ科、タカ科、アリドリ科、ヒタキ科で見られる。このうち鉤状の長い嘴をもつのはペリカン科だけである。また前方に突出した部分を胸部とみると、この図像の姿勢は岩礁上などで休んでいるペリカン科に良く似ている（図４c）。この姿勢の場合、ペリカン科の大きな特徴の喉袋はあまり目立たない。他のグアノ鳥についてみると、グンカンドリ科とウ科では嘴は鉤状で長いも

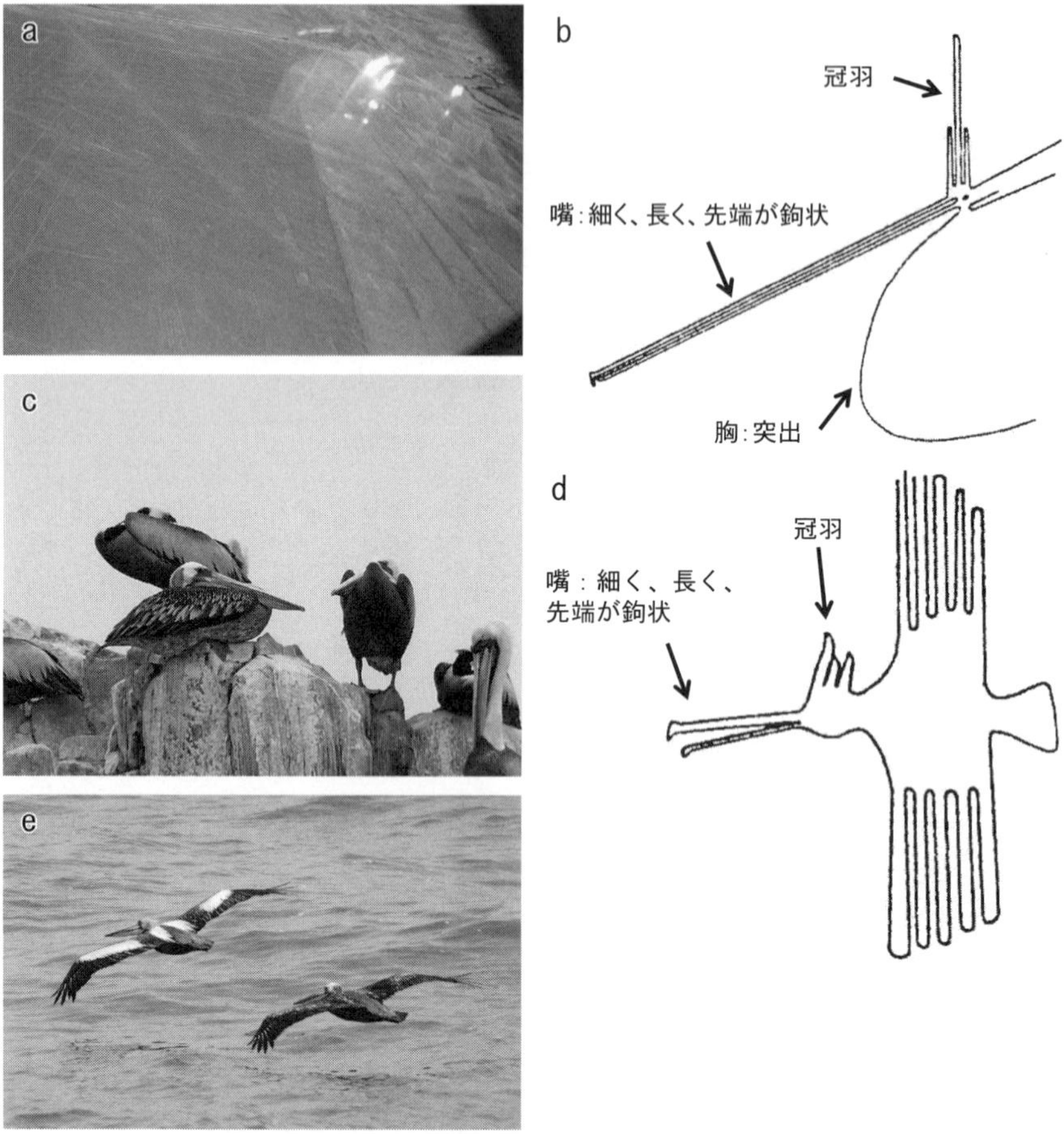

図 4　「海鳥」の地上絵の航空写真（a）とその模式図（b、d)、およびペルーペリカン（c、e)。

の の、冠羽はない。またカツオドリ科では嘴は長いものの直線的で、冠羽もない。

もう一羽は、単に鳥類としか同定されていない図像（Lumbreras 2000）だ（図4d）。こちらは前述の鳥の下に嘴の先端が少し映り込んでいる。全長は約九三メートル。こちらも細長く先端が鉤状の嘴と冠羽が認められる。また尾羽は短く、扇型で、下肢は描かれていない。前述のように、冠羽と鉤状の長い嘴をあわせもつペルーに生息する鳥は、ペリカン科だけである。ペリカン科の頸部は長いものの、飛翔時には折りたたまれて短くなり、喉袋もあまり目立たなくなる（図4e）。そして下肢は完全に尾羽の下に隠れる。これら二つの図像はペリカン科を描いたものと言えるだろう。

ペルーに生息するペリカン科の鳥は、ペルーペリカン（*Pelecanus thagus*）とカッショクペリカン（*P. occidentalis*）の二種。前者は周年、後者は九〜四月にナスカ台地から西に約五〇キロメートルの南太平洋の海岸や沿岸に生息する。カギハシハチドリ亜科と同様、地上絵が作られたころナスカ台地に生息したとは考えにくい。一方で、人々は海岸域で食料採取をおこなっていたことが指摘されており（Silverman 2002）、その際にこれらのペリカンを目にしていたことは想像に難くない。

6　“Baby duck!!（カモの雛）”

キャプテンの叫びを聞いて、赤褐色の山の斜面にこの鳥の図像（図5）があることを同乗のドイツ人女性越しに確認した。例によって旋回して自分側の窓の下に来た時がシャッターチャンスだ。その瞬間を待った。しかし、その瞬間は訪れなかった。飛行経路の関係か、それとも飛行時間の関係か、セスナは無常にも旋回せずにナスカ空港にとって返してしまったのだ。読者の皆さまには、“Baby duck!!”の叫びを聞いたら、旋回を待たずにシャッターを切ることをお勧めしておきたい。

これまでに紹介してきた鳥の地上絵が白い砂漠台地上に描かれていたのと異なり、この図像は赤褐色の山の斜面に

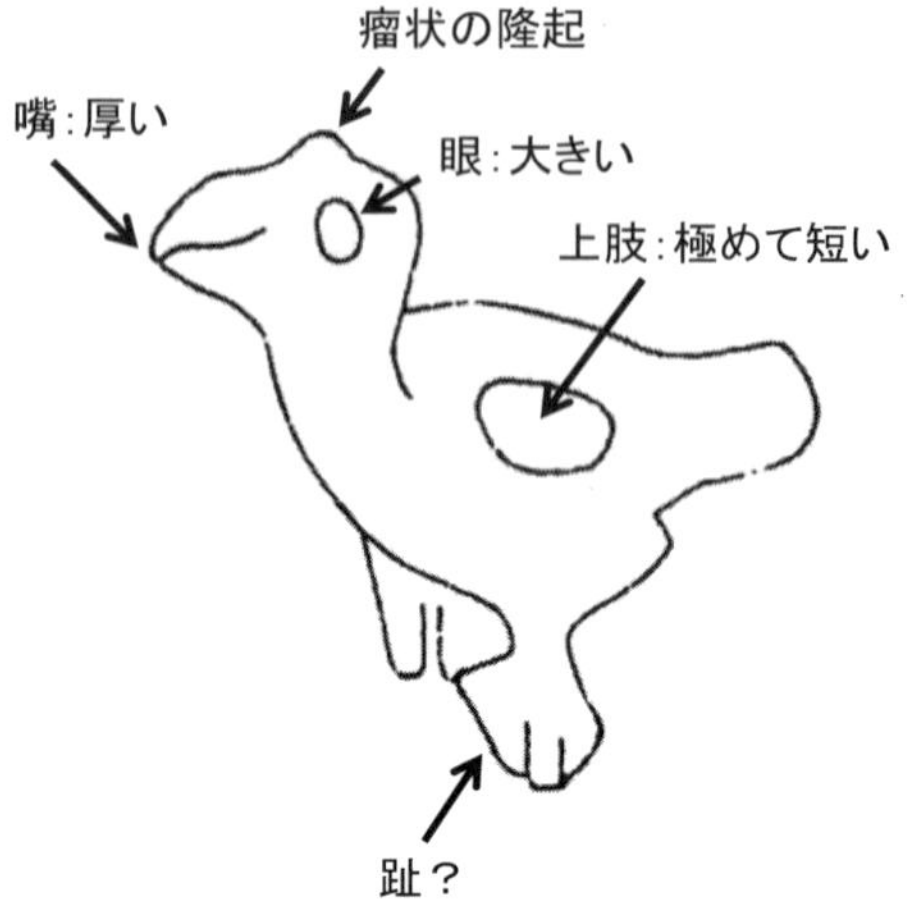

図5　「カモ科の雛」の地上絵の模式図

描かれている。その制作技法と制作場所から、パラカス期後期のものと推定される。カモ類の雛と同定されている（Lumbreras 2000）全長約二三メートルのこの図像は、立っている、あるいは横たわっている鳥を描いたものである。嘴は頭部と同程度に厚く、短い。また前頭部には瘤状の隆起が認められる。体幹の中央部に表現されているのが翼であれば、上肢はかなり短いことになる。下肢も短く、末端部は幅広で、趾と思しき表現もある。尾羽は嘴と同程度の長さである。

この図像の特徴は、翼と思われる構造の表現が極めて小さいことであり、これは飛翔できない、孵化後間もない幼鳥を思わせる。それにもかかわらず自立しているとみるならば、孵化後直ちに動きまわる能力を備えた早成性の鳥の可能性が考えられる。カモ亜科は早成性の鳥であるものの、その嘴はこの図像のものよりかなり薄い。翼が小さく飛翔できない分類群としてダチョウなどの走鳥類も考えられるものの、下肢が短いことから特徴は一致しない。一方、横たわっているとみるならば、孵化後しばらく巣で親の保育を受ける晩成性の鳥とみなせる。短く厚い嘴、前頭にある瘤状の構造、短い翼、下肢、尾といった特徴はオウムの雛と一致している（Dr. Scott Echols 私信）。この結論に至るには他の種の雛の形状を詳細に比較検討していく必要があるものの、この図像はオウムの雛を描いたものかもしれない。

7　おわりに――まとめと今後の課題

複数の形態的特徴の検討から地上絵に描かれた鳥の同定を試みたこれまでの私たちの研究では、描かれた図像にカギハシハチドリ亜科とペリカン科が含まれると考えられた。実は、本節では触れなかったナスカ台地の他の地上絵に検討対象を拡張しても、カギハシハチドリ亜科とペリカン科以外に同定できる図像は認められていない（Eda *et al.* 2019）。前者はアマゾニアに、後者は海岸部に生息し、ナスカ台地周辺には生息していなかったと考えられる。ナスカ台地周辺に生息するアンデスコンドル（*Vultur gryphus*）やキバシヒメバト（*Columbina cruziana*）、フタオハチドリ（*Thaumastura cora*）などの鳥ではなく、これらの外来の鳥が描かれた背景には、地上絵が描かれた目的が密接にかかわっていると考えられる。

ナスカの地上絵に描かれた鳥類のほとんどで下肢が明瞭に描かれている。とくに明らかに飛翔中と考えられるものでは、下肢が表現されていないのは図4dだけである。飛翔中の鳥類は、通常下肢を体の下に畳み込んで、空気抵抗を小さくする。地上絵の鳥のように下肢を外側に広げたり、下方に垂らしたりするのは、着陸の際などに空気抵抗を高め、飛行速度を落とすときに限られる。着陸しようとする鳥を描く意図があったのか、あるいはデザイン上、下肢を明瞭に表現する意図があったものと推察できる（Eda *et al.* 2019）。

図2や図3のようにたくさんの形態的特徴がありながら、現在ペルーに生息する鳥に特徴の一致する鳥がいない図像は何をモチーフとしているのだろうか？　三つの可能性が考えられる。第一に、モチーフの鳥が現在ペルーに生息しなくなった可能性がある。私たちはこの可能性を検討するために世界中の鳥類学者が集結する国際鳥類学会大会で発表し、広く意見を求めた（Eda *et al.* 2014）。しかし、前述した図5がオウムの雛に似ているといった知見などがもたらされた一方、図2や図3のモチーフについて有力な情報は得られなかった。第二に、モチーフは現在ペルーに生息する鳥ながら、その鳥の形態に関する知識・情報が不完全なために描かれた形態に誤りのある可能性がある。そして、第三に描かれた鳥に特定のモチーフはなく、複数種の特徴を集めた空想上の鳥である可能性も考えられる。第二の可能性では、現実の動物を細部まで忠実に描写しようとしていたことを前提としている。しかし、左右の四肢で指の本数が異なるサルやキツネの地上絵がある（Aveni 2000）ことを念頭に置けば、デザインなどが優先され、モチー

フとした鳥を細部まで描写しようとする意図はもともとなかったことも想起される。この場合、第三の可能性として挙げた複数種の特徴を集めた空想上の鳥とはほとんど不可分ということになる。

ナスカ期の遺物として、地上絵のほかに鮮やかな色彩を用いて様々な鳥類を含む動植物を描いた彩色土器が知られている。これまでの研究によれば、土器に描かれた鳥で最も多いのはハチドリ類であるものの、ハチドリ類の中にカギハシハチドリ亜科が含まれているかどうかは検討されていない（Proulx 2006）。またハチドリ類に続くのが、アマツバメ類、サギ類、カモ類で、ペリカン類はごく稀にしか描かれていない。ハチドリ類とペリカン類以外の分類群は地上絵では確認されておらず、大きな違いが指摘できる。さらに、地上絵の近傍にある形成期からナスカ期のベンティーヤ神殿（第2章第2節参照）やナスカ期のカワチ（Cahuachi）神殿（Silverman 1993；Orefici 2009）からは、宗教儀礼の供物とされる鳥類遺体が出土しており、その一部には羽毛も残存している。今後、地上絵に描かれた鳥類、彩色土器に描かれた鳥類、儀礼で捧げられた鳥類の分析結果を比較・統合することで、地上絵に描かれた鳥類の分類群を同定するだけでなく、なぜ鳥類の地上絵が他の動植物に比べて多数描かれたのか、さらに、そもそも地上絵は何のために描かれたのかなどの謎にも迫れると期待される。

参考・参照文献

Aveni, A. F.（1990）*The Lines of Nasca*, Philadelphia：The American Philosophical Society.
――（2000）*Between the Lines：The Mystery of the Giant Ground Drawings of Ancient Nasca, Peru*, Austin：University of Texas Press.
Eda, M., Yamasaki, T. and Sakai, M.（2014）"Let's Identify Birds in the Nasca Lines!," 26th International Ornithological Congress. Tokyo.
――（2019）'Identifying the Bird Figures of the Nasca Pampas：An Ornithological Perspective,' *Journal of Archaeological Science：Reports*（doi：10.1016/j.jasrep.2019.101875）.
Hawkins, G.（1969）*Ancient Lines in the Peruvian Desert*, Cambridge：Smithsonian Institution Astrophysical Observatory Special Report No. 906-4.
Lambers, K.（2004）"The Geoglyphs of Palpa, Peru：Documentation, Analysis, and Interpretation," Doctoral dissertation, University of Zurich.
Lumbreras, L. G.（2000）*Contexto Arqueológico de las Líneas y Geoglifos de Nasca*, UNESCO-INC.
Mejía-Xesspe, T.（1942）'Acueductos y Caminos Antiguos de la Hoya del Río Grande de Nasca,' *Actas y Trabajos Científicos del XXVII Congreso In-*

ternacional de Americanistas (*Lima, 1939*) *I*. pp. 559–569. Lima : Librería e Imprenta Gil.
Orefici, G. (2009) *Nasca : The Desert of the Cahuachi Divinities.* Lima : Graph Ediciones.
Proulx, D. A. (2006) *A Sourcebook of Nasca Ceramic Iconography*, Iowa : University of Iowa Press.
Reiche, M. (1993) *Contribuciones a la Geometría y Astronomía en el Antiguo Perú*, Lima : Asociación María Reiche para las Líneas de Nasca.
Reinhard, J. (1988) 'The Nazca Lines, Water and Mountains,' In Saunders N. J. and Montmollin O. (eds.) *Recent Studies in Pre-columbian Archaeology*. pp. 363–414. Oxford : BAR.
Ruggles, C. L. N. and Saunders N. C. (2012) 'Desert Labyrinth,' *Antiquity* 86 : 1126–1140.
Sakai, M. and Olano, J. (2017) 'Líneas y Figuras de la Pampa de Nazca,' In Pardo C. and Fux P. (eds.) *Nasca*. pp. 124–131, Lima : Asociación Museo de Arte de Lima and Museo Rietberg.
Schulenburg, T. S., Stotz, D. F., Lane, D. F., O'Neill, J. P., Parker, T. A. and Egg, A. B. (2007) *Birds of Peru*, New Jersey : Princeton University Press.
Silverman, H. (1993) *Cahuachi in the Ancient Nasca World*, Iowa : University of Iowa Press.
—— (2002) *Ancient Nasca Settlement and Society*, Iowa : University of Iowa Press.

第８節

地上絵に関する情報科学的研究

本多　薫
門間政亮

人間が活動すると様々なデータが残される。このデータには何らかの規則性や特徴があり、それらを明らかにすることが情報科学の基本である。例えば、携帯端末（スマートフォンなど）の電波から得られる位置情報などのデータを分析することで、行動パターン、移動経路、行動範囲などの情報を得ることができる。同様に遺跡から得られるデータを分析することで、当時の人々の活動の規則性や特徴を抽出することができるのである。

考古学と情報科学は縁遠い分野である。にもかかわらず、情報科学の研究者がどのようなアプローチでナスカの地上絵という謎の多い遺跡の研究に挑戦して来たのか、その一旦を紹介する。

1　直線の地上絵とラインセンターのネットワーク構造

南米のペルー共和国にあるナスカ台地には、動物、植物や幾何学図形などで有名なナスカの地上絵がある。ただし、動物、植物は少数であり、一〇〇〇個以上は直線の地上絵である（Sakai y Olano 2011）。また、複数の直線の地上絵が放射される（又は集まる）「ラインセンター」と呼ばれているものがある（写真1）。米国考古学者のＡ・アヴェニらは、ナスカ台地とその周辺における六二箇所のラインセンターを取り上げ、その分布と、ラインセンター間の接続関係を調査している（Aveni 1990）。しかし、ナスカ台地全体を調査しておらず、台地の南北をつなぐためのラインセンターと直線の地上絵が存在するのかどうかなど不明な部分が多くあった。そこで、私たちはQuick Birdというアメリカの商用衛星から撮影されたナスカ台地の高分解能人工衛星画像を分析した。この商用衛星は、地上分解能〇・六一メートルであった。地上分解能とは、その大きさ以上であれば画像に写る基準であり、Quick Birdの画像であれば、六一センチメートル×六一センチメートルの範囲が一点として見えるということである。分析の結果、アヴェニらが取り上げたラインセンター以外にも、ナスカ台地全体に直線の地上絵とラインセンターが数多く存在するとともに、ナスカ台地の北端と南端がラインセンターと直線の地上絵でつながっているということが明らかとなった。ナスカ台地は、北側を流れるインヘニオ川と南側を流れるナスカ川に挟まれており、これらの川岸には、居住地跡や当時最大の祭礼センターであったカワチ神殿などが点在している。これらの事実から、当時の人々が居住地間での交流やカワチ神殿への巡礼を行っていたと考えても不思議ではない。これまでにナスカ台地の直線の地上絵やラインセンターの制作目的については、様々な見解が示されてきたが、前述のアヴェニはラインセンターから放射された直線の地上絵が「道」として使われたのではないかと考えている（Aveni 2000）。人間社会の中では、人間の行動や情報の交換などがスムーズに行われるためにネットワークが形成される。そのため、情報科学におけるネットワークの視点から、ナ

写真1　ラインセンターと直線の地上絵。写真中央の直線が集まっているところがラインセンターである（矢印）。

スカ台地に人が移動したり、情報を伝達する道（ネットワーク）が存在したという仮説を立てて、ラインセンターの分布と、ラインセンター間をつなぐ直線の地上絵の構造の分析を行った（本多二〇一一）。

情報科学におけるネットワークの構造は、点（装置）とそれを結ぶ線（伝送路）によって表すことができる。図1のようなネットワーク構成図を描いたとき、点を「ノード」、任意の二点をつなぐ線を「リンク」と呼ぶ。また、ノードとノードをつなぐリンクの種類には、向きが無く双方向の「無向グラフ」と、一方向にのみ向きがある「有向グラフ」がある。

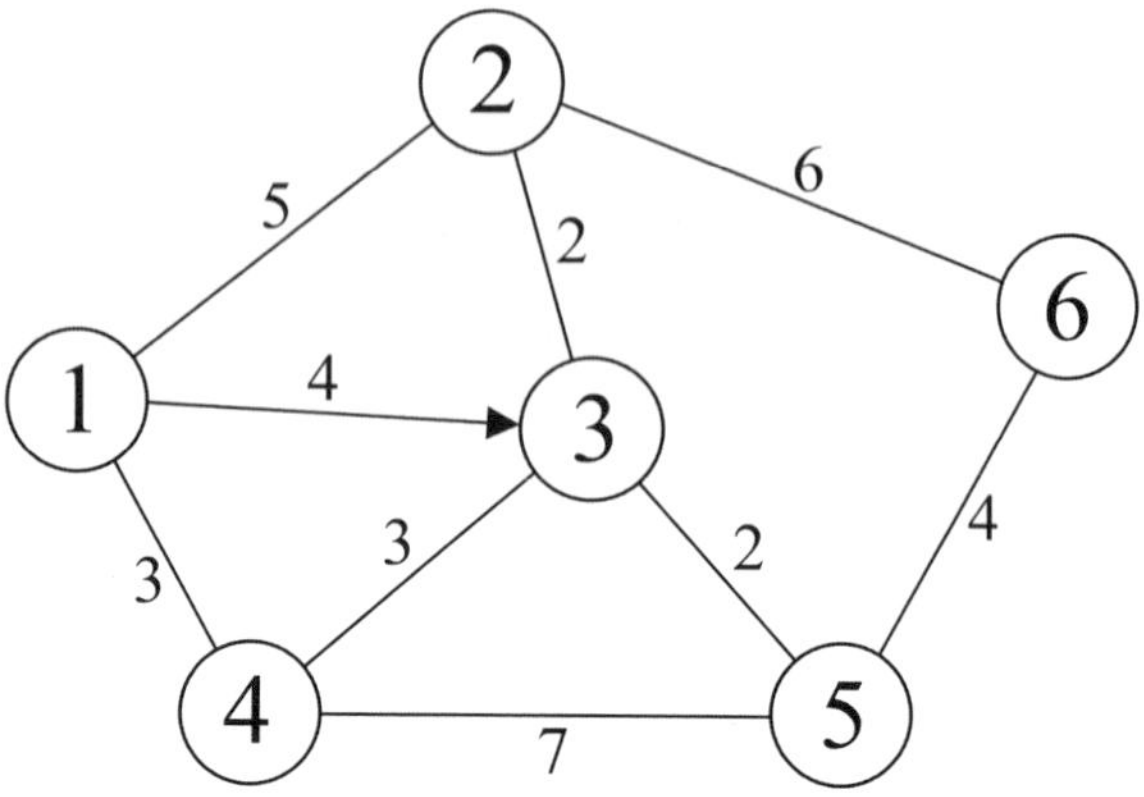

図1　ネットワーク構成図（リンクの数字は距離を示す）

ネットワークにおける最適な経路を検討し、効率的な情報や人、物などの流れを考える場合には、グラフ理論における最短路（最短距離）と経路選択（経路変更）などのネットワーク構造の分析が必要となる。グラフ理論の考え方では、図1でのスタート地点を①、ゴール地点を⑥とした場合の最短路は、ノード①→③→⑤→⑥となる（距離は4+2+4=10）。次に、スタート地点を⑥、ゴール地点を①とした場合には、有向グラフであるノード①と③間は逆に進むことができない。そのため、経路を変更しながら最適な経路選択を行うと、最短路はノード⑥→②→①となる（距離は6+5=11）。また、ネットワークをどのように構築するかは、安定性・効率性・信頼性などの観点から検討が行われる。最短路と経路変更の場合には、移動距離（効率性）、複数経路の存在（安定性）、ノードやリンクの無故障（信頼性）などが重要な要素となる。このような情報科学の視点から、ラインセンターをノード、直線の地上絵をリンクに見立てて、ナスカ台地のラインセンターと、ラインセンターをつなぐ直線の地上絵のネットワーク図を作成した。

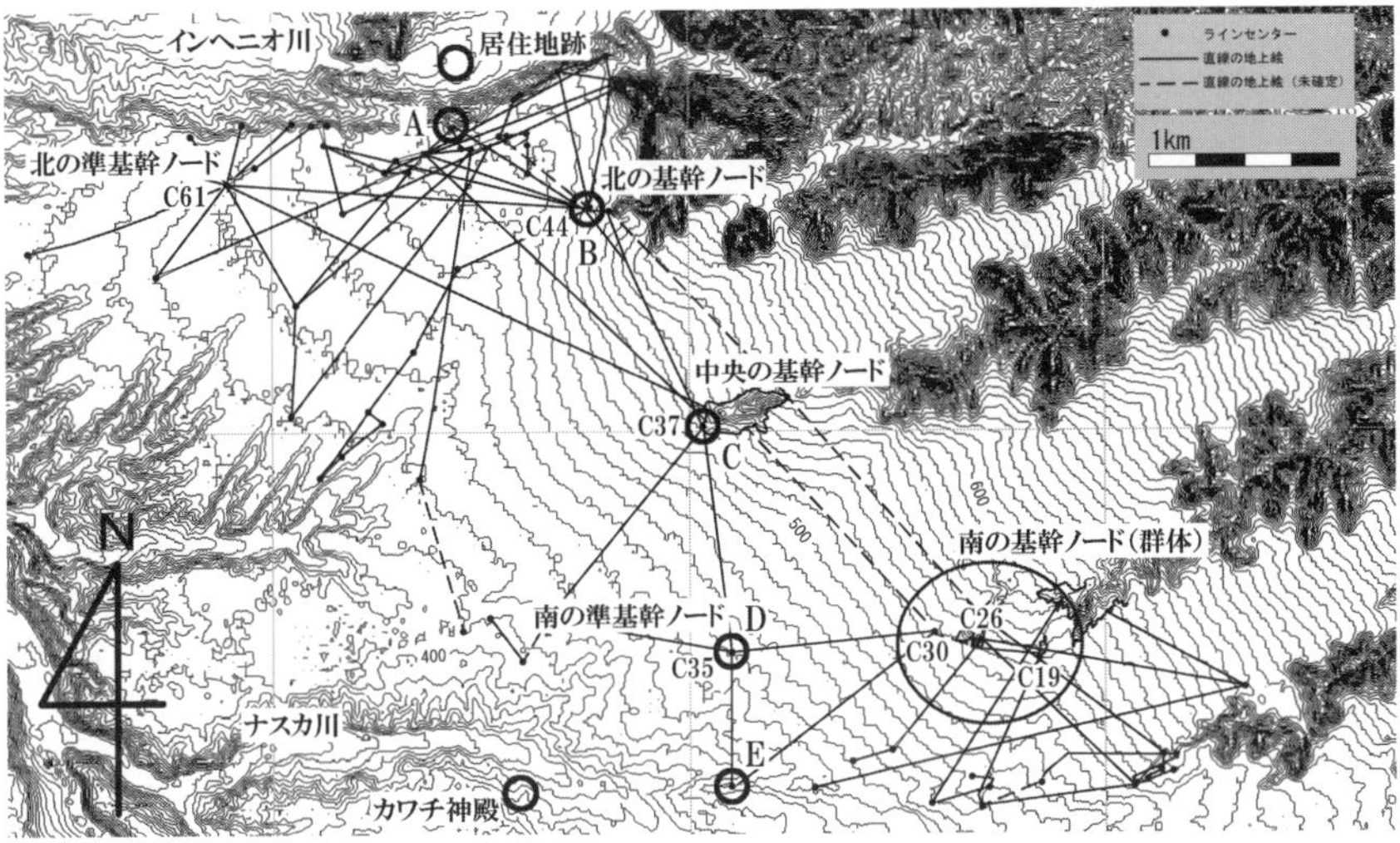

図2　ナスカ台地のネットワーク図（ナスカ台地の地形図（等高線間隔10m））

ネットワーク図を図2に示す。一見、複雑に見える。しかし、基幹ノード（極めて重要なノード）、準基幹ノード（基幹ノードから放射された直線の地上絵を中継する重要なノード）、ハブ（基幹、準基幹ノード以外で直線の地上絵を分ける分配器）に分類してみると、ネットワーク構造がわかる。ナスカ台地の南北を繋ぐネットワークとして、北側、中央、南側の三か所に基幹ノードがある。この基幹ノードは、三か所ともに山や丘の自然物を利用したラインセンターである。北の基幹ノード、南の基幹ノードは、平坦な台地にある丘であり、遠方からも視認できる。中央の基幹ノードはナスカ台地に突き出した山であり、北の基幹ノード、南の基幹ノードと同様に遠方からも視認できる。なお、南の基幹ノードは三つのラインセンターが短い直線の地上絵で相互に接続されており、丘が連なっていることから、まとめて一つのノードと考えた。北と中央、中央と南の基幹ノード間の距離は近似しており、台地の南北をつなぐ場合には、最短路（最短距離）となる。この三か所を基幹ノードと判断した理由は、①南北をつなぐ場合に直線上にある（効率性）、②基幹ノードを利用して南北を結ぶ複数経路がある（安定性）、③山や丘がノードとして利用されている（信頼性）、の三つである。この三か所の基幹ノード以外のノードを見ると、南北二か所に重要な準基幹ノードがある（図2）。北の準基幹ノードと南の準基幹ノードは、ナスカ台地の南北を結ぶ場合において、複数のリンク（直線の地上絵）を中継して他のノードに接続する役目を果たしている。また、ナスカ台地の南北を移動する経路中に、双方向（無向グラフ）を確保できない箇所が存在した場合でも、往路と復路で使用するラインセンターを変更することが可能である（安定性）。

このように、ナスカ台地のラインセンターの分布には、情報科学におけるネットワークの特徴（安定性・効率性・信頼性）が見られるとともに、その構造が周囲の地形（特に山と谷）と密接な関係にある。そして、人々がナスカ台地を移動するために重要なラインセンターが七つあると考えられる。

2　ナスカ台地の南北を迷うことなく移動することができるのか

ナスカの地上絵が制作された当時のアンデス社会では、文字が存在しなかったことは有名な話である。ナスカ台地は南北一五キロメートル、東西が二〇キロメートルもある広い台地であるが、南北間の人の交流があったと仮定すると、文字が無ければナスカ台地を歩き、直接に会って情報を伝える必要があったとも考えられる。では実際にそのようなことが可能だったのだろうか。私たちはナスカ台地のラインセンターと直線の地上絵からなるネットワークを利用して、台地の南北間を迷うことなく移動できるのかを確認するために、実証実験を行った（本多・門間二〇一三）。実証実験では、ナスカ台地の北側の端のスタート地点A、中継地点のラインセンターB（C44）、C（C37）、D（C35）、および、ナスカ台地の南側の端のゴール地点Eを経路として設定し、この経路を歩行した経験のない三名の現地ペルー人を歩かせた（図2）。なお、C44やC37などのC番号の表記はアヴェニが付与した整理番号である。

実証実験では、三名ともにスタート地点Aからゴール地点Eまで迷うことなく到着できた。歩行軌跡（Global Positioning System：GPS）データの分析から、途中のラインセンターBとCの間では、被験者一名が他の被験者と大きく異なる歩行軌跡をとったが、最終的にはラインセンターCに到着したことを確認できた。ナスカ台地には、洪水等

写真2　実証実験の様子。ラインセンターB（C44）からラインセンターC（C37）に向かって歩いている場面である。洪水で直線は確認できないが、遠方にラインセンターC（C37）が見える（矢印）。

の影響を受ける場所と受けない場所があり、動植物、幾何学図形の地上絵の多くは、洪水等の影響を受けにくい安定した場所に描かれている（阿子島二〇〇七）。移動する距離が短く効率的な道を建設する場合には、迂回などはせずにできるだけ真直ぐな道を作るのが一般的である。ナスカ台地の南北をつなぐ効率的な歩行路を建設しようとすると、どうしても洪水等の影響を受ける場所を通らなければならない。ラインセンターBとCの間にも、洪水の影響により直線の地上絵が一部消えている場所がある。しかし、歩行中の様子を記録した動画データを確認したところ、洪水で直線が消えている場所でも、遠方にラインセンターCが見えていることがわかった（写真2）。認知心理学者の渡邊は、台地上の移動および台地の空間認知にとって、直線の地上絵とラインセンターが参照点としてきわめて有効に機能することを明らかにしている（渡邊二〇〇七）。参照点となるラインセンターを置くことで、それをつなぐ直線の地上絵が洪水等で失われても、ネットワークを利用して、台地の南北間を迷うことなく移動できるのである。

3　ラインセンターの配置には、理由があるのか

ラインセンターには、山や丘の自然物を利用したものと、マウ

ンド（盛り土）やケルン（石積み）などの人工的に制作されたと考えられるものがある。特に人工的に制作されたものは、計画的にその場所に置かれたのではないかとの疑問が残る。すなわち、ラインセンターは無秩序に配置されたのではなく、何らかの理由でナスカ台地上に配置されたのではないかということである。私たちは、人々がナスカ台地を移動するために重要なラインセンターが七つあることを述べたが、この七つのラインセンターのうち、山や丘などの自然物を利用したものが六つ、残りの一つは人工的に制作されたマウンド（盛り土）である。先にも述べたが、渡邊は台地上の移動および台地の空間認知にとって、ラインセンターが参照点としてきわめて有効に機能していることを明らかにしている。仮に七つのラインセンターが、ナスカ台地上の移動および台地の空間認知のための参照点として利用されていたのであれば、ナスカ台地上のどの位置からでも、いずれかのラインセンターが見えるように配置されている必要がある。このことを検討するために、情報科学のツールの一つであるコンピュータ・シミュレーションによる可視領域解析を行った（本多・門間二〇一九）。

可視領域解析とは、標高データである数値標高モデル（Digital Elevation Model：DEM）を用いて、観測点から眺望点の可視、不可視を判別し、可視領域を求める手法である。図3に示すように、地面上の地点（観測点）から参照点（眺望点）まで可視線を投射し、可視線上に障害物がある場合、その地点は不可視と判別される。この可視領域解析を用いて、前述の七つのラインセンターの可視領域の範囲を求めた。解析に必要なDEMは、小型飛行機にレーザー測量機を積み込み、上空から地表へとレーザーを照射することで得られる標高データから作成した。また、眺望とは人間の目で見ることであるため、観測点は地表ではなく、目線の高さとなる。当時の男性の平均身長が約一五〇センチメートルであることから、目線の高さを考慮して地表から観測点までの高さに一四〇センチメートルの補正を行った。

可視領域解析の結果を図4に示す。黒枠で囲われた部分が解析範囲である。ナスカ台地の大部分はこの黒枠の中に収まっている（但し、おおまかに範囲を指定しているため、谷などの台地以外の部分も一部含まれている）。可視領域の範

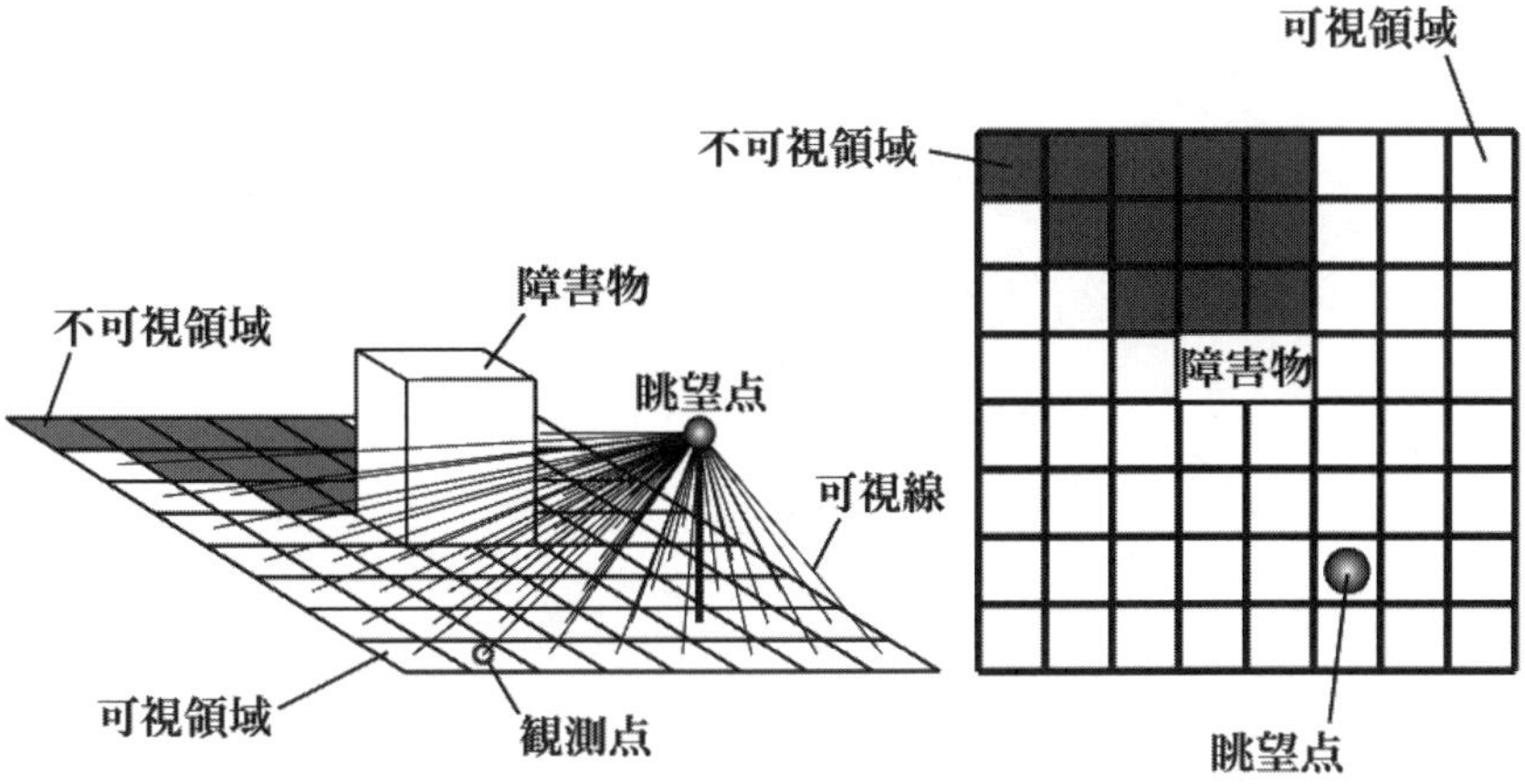

図3　可視領域解析のしくみ

囲については、ラインセンターが自然物を利用したもの（C19、C26、C30、C35、C37、C44）であるか、あるいは人工的に制作されたもの（C61）であるかの二種類に分類してまとめた。図中の灰色の範囲が前者、濃灰色の範囲が後者である。なお、両者が重複する範囲については、前者を優先して表示している。図4の七つのラインセンターの可視領域を見ると、ナスカ台地の北西部（矢印a、丸で示した箇所）と西側の谷の部分を除いて、ナスカ台地のほぼ全域からいずれかのラインセンターが眺望できていることが確認できる。特に人工的に制作されたラインセンターC61のある地点よりも南東部は不可視領域が少ない。ナスカ台地の北西部は図像や線が多く集中しており、河道跡が少なく土地表面が安定した地域であるが、南東部は河道跡が多く土地表面が不安定な地域である（阿子島二〇〇七）。そのため、ナスカ台地の北西部を移動する場合には、直線の地上絵を参照点として活用することが可能である。しかし、実証実験で述べたが、南東部は洪水等の影響により直線の地上絵が消えている場所があり、遠方に見えるラインセンターを利用して移動する必要がある。可視領域解析の結果からナスカ台地の南西部では、七つの内のいずれかのラインセンターが可視でき、台地上を移動するための参照点などとして利用することが可能であると考えられる。

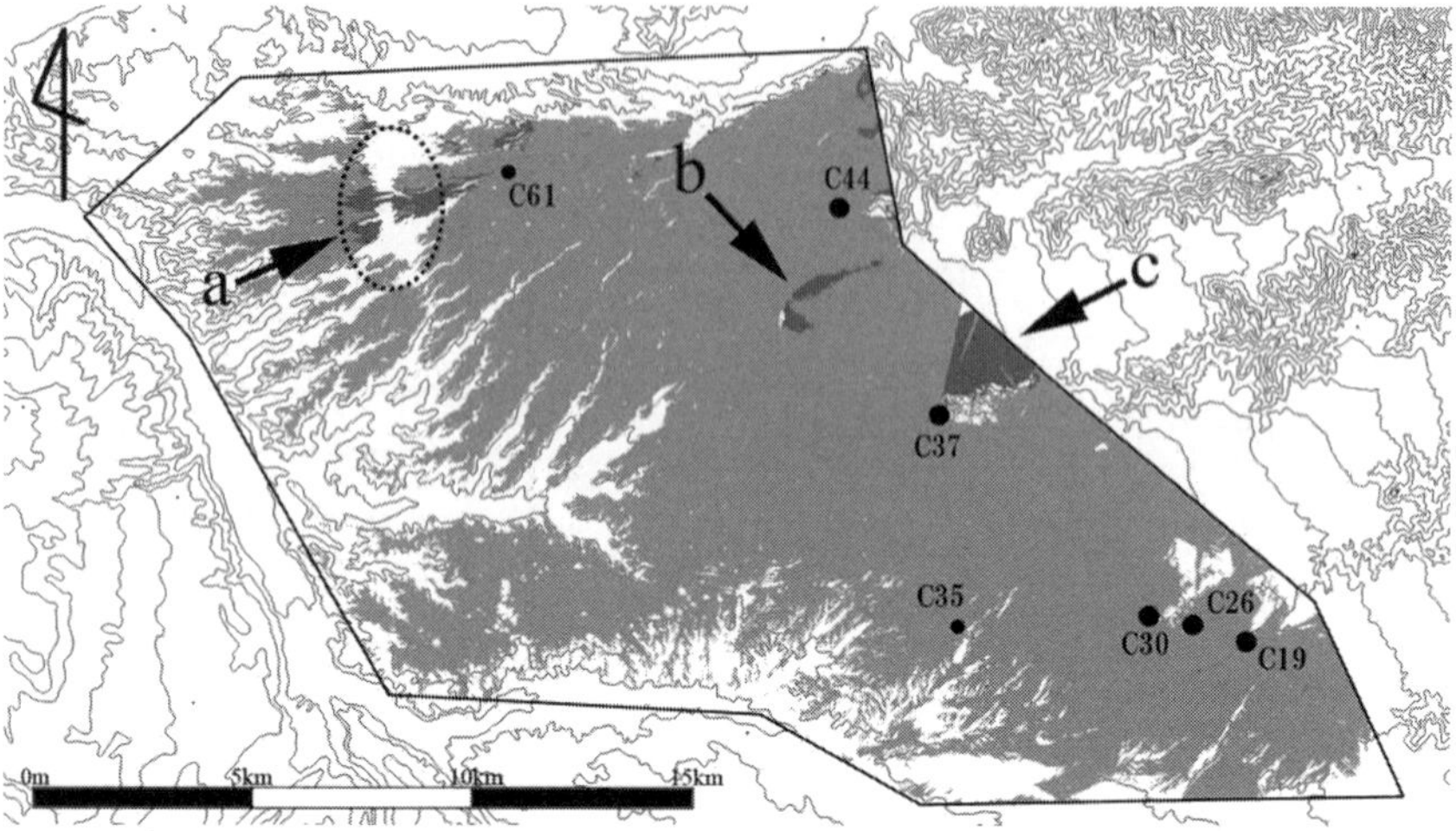

図４　可視領域解析の結果。灰色の部分が自然物のラインセンター（C19、C26、C30、C35、C37、C44）の可視領域であり、濃灰色の部分が人工的に制作されたラインセンター（C61）の可視領域である。

さて、ここで最初の疑問である「ラインセンターは無秩序に配置されたのではなく、何らかの理由でナスカ台地上に配置されたのではないか」に戻ろう。もし、人工的に制作されたラインセンターC61が無かった場合には、台地の東部中央の二地域（図4の矢印b、c）にラインセンター（自然物を利用した六つの山や丘を利用）の不可視領域が存在する。ラインセンターC61の可視領域はこの空白の大部分を補っている。確認のため、ラインセンターC61の現在の位置から疑似的に南北五〇〇メートル間隔で五カ所に動かし、可視領域解析を行ってみたが、現在の位置が不可視領域を最も補う位置であることがわかった。つまり、人工的に制作されたラインセンターC61は、山や丘の自然物のラインセンターの不可視領域を補い機能する場所に配置されたと思われる。このように、計画的にラインセンターと直線の地上絵を制作するには、多くの時間と労力を費やして協同する必要があり、秩序と連携の社会が存在したと考えられる。

情報科学の研究者によるナスカの地上絵研究の一旦を紹介した。今後も、遺跡にまつわるデータをまとめ、加工し、分析することで、当時の人々の活動の規則性や特徴を抽出し、さらに、考古学・人類学・心理学・地理学等の研究者に意見を求めて意味づけを行っていくことで、ナスカの地上絵に隠された「情報（謎）」を解明していく。

参考・参照文献

阿子島功（二〇〇七）「ナスカ台地の地形分類図と地上絵」『山形大学大学院社会文化システム研究科紀要』第四号、一三九―一四九頁。

本多薫（二〇一一）「ナスカ台地におけるラインセンター間のネットワーク」『季刊地理学』第六二巻四号、二三四―二三八頁。

本多薫、門間政亮（二〇一三）「ナスカ台地におけるラインセンター間の移動について（第2報）南北歩行実験による検証」『山形大学大学院社会文化システム研究科紀要』第一〇号、三三―四七頁。

本多薫、門間政亮（二〇一九）「ナスカ台地におけるラインセンターの可視領域の範囲と配置について　可視領域解析による可視・不可視領域からの分析」『山形大学人文社会科学部研究年報』第一六号、三一―四二頁。

渡邊洋一（二〇〇七）「ナスカ台地の空間認知」『山形大学大学院社会文化システム研究科紀要』第四号、一五一―一六三頁。

Aveni, F. A. (1990) *The Lines of Nazca*, Philadelphia: The American Philosophical Society.

―― (2000) *Between the Lines: The Mystery of the Giant Ground Drawings of Ancient Nasca, Peru*, Texas: University of Texas Press.

Sakai, M. y J. Olano. (2011) *Informe Final del Proyecto de Investigación Arqueológica de las Líneas y Geoglifos de la Pampa de Nasca* (*Segunda Temporada*), Perú: Ministerio de Cultura del Perú.

になろうからである。——そう考えてみれば、「考古学は何を目指すのか？」という問いは、無害でも周辺的な問題でもないことが理解されよう。《考古学にはこうした意義も期待できます》といったことは、求められている答えではない。考古学の存在意義を規定するようなその本質的目標設定こそが問われているのだ。

あるいは、はじめは自明に思われた「過去の解明」という答えそのものが不適切であったかのかもしれない。過去を扱う歴史的科学の眼目は、過去との対話を通じて、現代社会に対する批判的視座を獲得することにこそあるのかもしれない。こうした答えは意外に思われるかもしれないが、歴史学理論においてはこのような見解が実際に提唱されてもいる（例えばジェンキンズ2005を参照）。

こうした問いは、たんに哲学的関心をひくだけのものではない。これらは、考古学者自身が、自らの研究の基礎を理解するにあたって避けられない問いであり、事実、「プロセス考古学」（1970–80年代）「ポストプロセス考古学」（1980–90年代）といった標語のもとで、理論的側面を重視する考古学者自身によって問われてきた（例えばトリッガー2015：第八章を参照）。さらに近年、「パブリック・アーケオロジー」の潮流において、考古学の社会的意義への問いがクローズアップされるにつれて、《考古学的研究は何を目指すのか》という基礎的な問いは、単なる理論的関心にとどまらない、実践的意義をも得つつある。

こうした考察のために必要となるのは、実際の考古学者との緊密な共同研究である。もはや哲学が個々の学問の客観性や使命についていわば「上から」物申す時代は終わった。哲学者の役割は、考古学者が実際に行なっている学問的実践に寄り添い、考古学者自身の自己理解とその実践の全体を整合的な仕方で理解するための手助けをするにとどまる。哲学者の専門性は、関連する諸部門（例えば科学哲学や歴史学の哲学）の成果を援用しつつ、考古学者の自己理解を体系化する枠組みを提案したり、その際生じうる諸問題を指摘することにおいて発揮されることになろうし、それは考古学者に対しても有意義な貢献となり得るだろう。

（千葉清史）

参考・参照文献

ジェンキンズ、キース（2005）『歴史を考えなおす』法政大学出版局。
トリッガー、ブルース（2015）『考古学的思考の歴史』同成社。

Column

考古学と哲学

考古学と哲学はさまざま仕方で関係を結び得る。具体的なレベルでは、考古学研究には、諸データの解釈あるいは理論構築において、例えば現象学やマルティン・ハイデガーの「現存在分析」等の個々の哲学理論を用いるものがある（クリストファー・ティリー、ジュリアン・トーマス等）。哲学もまた、考古学による人類・文明・文化についての発見・洞察から多くのインスピレーションを受けてきた。

考古学に対して、哲学がより積極的な貢献をなすことが期待されるのは、抽象的なレベル、ちょうど科学哲学や歴史学の哲学に対応するような、考古学という学問的営為の哲学的分析であろう。科学哲学の基本的問題設定に対応させれば、その課題は次の二つの問いに大別される：（1）考古学は何を目指すのか？（2）考古学はそれをどのようにして実現するのか？――後者の問いは、考古学の方法論的基礎を扱う。例えば、考古学において実証・解釈・説明・理論化はどのように行われるのか、さらに、そのそれぞれにおける妥当性・正当性・客観性はいかにして確保されるのか、といったことが問題となる。考古学における「客観性」とは何か、ということもこの問いのうちに含まれよう。

前者の問いは奇妙に思われるかもしれない。さしあたり自明に思われる答えがあるからだ。曰く、《考古学が目指すのは過去の解明である》。しかし、何のための「過去の解明」なのか？　それによって考古学は何を目指すのか？　これに対する再び比較的素直な答えは、《過去を明らかにすることはそれ自体で価値がある（したがって、それがさらに何の役に立つかは問われる必要がない）》というものである。（実のところ私自身は、この素朴な答えには無視できない重要性があるのではないかと考えているのだが）こうしたいわば「居直り」のように響く回答に満足しない論者は、過去の解明が目指すさらなる目的を模索することになる。

一つの方策は、過去の解明がもたらす実際的利益を挙げることである。例えば、《過去の解明を通じて人類・文明・文化等についての一般的洞察が得られる》あるいは《旧きに学ぶことを通じて、我々が現代に直面している諸問題の解決のヒントを得られる》といったような。こうした回答は非常に理解されやすいアピール力を持つが、考古学者にとっては諸刃の剣でもある。というのも、考古学者がこうしたことを自らの学問的営為の本質的目標として掲げるならば、個々の考古学的研究の成功・不成功は、自らが立てたこうした目標の実現の度合いに照らして評価・判定されること

第9節

南米の年代を測る
――放射性炭素年代の較正とナスカ産材の年輪解析

大森貴之
米延仁志
星野安治
大山幹成

ものごとを正しい年代順に並べること、それは歴史を紐解く上で最も根源的な作業であり、過去を辿るための道しるべを描いてゆくことに等しい。本書をはじめ、普段、私たちが目にする歴史書籍には、先人たちが経験した様々な出来事が確かな時系列と共に綴られている。史実の重層的な積み重ねやその変遷に触れることで、私たちは、その背景にある社会の成り立ちや仕組み、文化の多様性についての見識を広げ、ときに大きな教訓を獲得することができるのである。

ものごとに年代を付してゆく方法には、様々な切り口がある。第1章で取り上げられたメソアメリカ文明では、マヤ文字に代表される文字記録や天体運行に基づく古代暦の存在が知られており、これらが記された碑文やレリーフを解読することで、私たちは正確な日付を知ることができる。また、メソアメリカやアンデスを含む新大陸に共通する史料として、第3章でも議論されるスペイン人入植者らの記録文書、クロニカが知名である。一六世紀から一七世紀のスペイン期に書き残されたクロニカには、征服・植民活動記録のほか、先住民文明の風俗や社会、歴史に関する記述がみられ、歴史学的あるいは文化人類学的観点からの精査を通じて当時の様相を生々しくも鮮やかに読み解くことができる。これら歴史の一次史料がもたらす絶対年代は、過去を復元するための確かな時間のタイポイントとして広く受け入れられている。

それでは、スペイン期以前のアンデスについてはどうだろうか。アンデス文明は、文字を持たなかった。もちろん、日付の入った史料も存在しない。頼れるものは、考古学資料だけだ。アンデスには、文化の盛衰を物語る古代の確かな痕跡が数多く残されている。特に、砂漠が広がる沿岸部のコスタやアンデス山脈に抱かれる高山地帯のシエラでは、極端な乾燥あるいは蒸発から、驚くべき保存状態で遺跡や遺物が現存している。それらはまるで、人びとがつい最近まで生活を営んでいたかのような錯覚さえ覚えるほどだ。アンデス文明の中心に相重なるペルー共和国では、早くから考古学者らの手によって科学的な発掘調査が導入され、今日に到るまでに膨大な考古学研究が蓄積されている。相対的年代観に基づく古代建築史や土器をはじめとする遺物の編年は、アンデス文明がいかに豊かで成熟していたかをはっきりと浮き彫りにしてくれるのである。

ただ一方で、数値を伴わない相対年代のみの歴史考証には、超えられない壁があるのもまた事実であろう。文化期の継続性や変遷のタイミング、地域間交流などを詳細に探求するためには、数値で表現される共通の時間軸が重要な役割を果たす。自然科学的手段を用いた理化学年代法は、物質の物理的あるいは化学的な属性に着目し、歴史学や考古学とは全く異なった文脈から数値年代をあぶり出すことを可能とする。とりわけ本節の主役である放射性炭素年代測定法は、その汎用性の高さと正確性から、今日の歴史科学には欠くことのできない年代決定手段として位置づけられ、歴史研究者らにとっての強力な武器となっている。

1　天然のストップウォッチ

原子番号12の炭素（元素記号C）には、重さが異なる三種類（質量数12、13、14）の原子、同位体が存在する。天然に存在する炭素同位体は、九九％の炭素12（^{12}C）と一％の炭素13（^{13}C）、そして一兆分の一というほんの僅かな炭素14（^{14}C）で組成されている。一兆分の一という数字は、具体的なイメージをなかなか掴み難いかもしれないが、例えて言うなら、砂つぶで満たした標準的な二五メートルプールから一粒の砂を拾い上げるスケール感におおよそ近い。

^{14}Cの存在割合の少なさは、同位体自体の不安定さに由来している。同位体には、原子の核がひどくいびつなものが存在する。核の構成要素がいびつだと、そのうちにバランスを崩して自発的に崩れ、別の原子に変化してしまう。このような性質を持つ同位体を放射性同位体と呼び、放射性炭素である^{14}Cはベータ線という放射線を撒き散らしながら窒素へとかたちを変えてゆく。ここで重要なことは、放射性同位体の壊変する確率は常に一定で、その過程が指数を使った数式で正確にあらわせる点にある。端的に言えば、同位体の減ってゆくスピードが完全に把握できているのである。そして、その性質は、機械式時計の規則的なゼンマイの動きのように、正確な時の刻みへと変換することができるのだ。

体重七〇キログラムの人体は、約一六キログラムの炭素で構成されているので、^{14}Cをおよそ一・六マイクログラム、個数にしておよそ一〇〇〇兆個持っている計算になる。炭素同位体の母数が大きいので、^{14}Cも大した数だ。ヒトが生きている間は、食事から常に炭素を取り込んでいるため、たとえ^{14}Cが壊変しても新たな^{14}Cが供給されて体内の総数に変化はないが、死亡すればあとは減ってゆくのみになる。放射性同位体が壊変するスピードは、半減期という元々の量から半分になるまでの経過時間で表現され、^{14}Cの場合は五七三〇年と決まっている。そのため、もし体内の^{14}Cが五〇〇兆個になっていれば死後五七三〇年が経過していることになるし、二五〇兆個であれば一万一四六〇年が経過していることになる。つまり、^{14}Cの残存量から、物質の年代を正確に知ることができるのである。まさに、天然のストップウォッチだ。

第二次世界大戦終戦直後のアメリカでウィラード・F・リビーは、^{14}C年代測定法を生み出し、その功績から一九六〇年のノーベル化学賞受賞者となった。当時の年代測定法は、壊変によって生じる放射線を計測し間接的に^{14}C量を見積もるもので、グラム単位におよぶ大量試料と日単位の長時間計測が必要とされたが、それでも考古学や古生物学の世界を一変させるには十分であった。七〇年代後半からは加速器質量分析計（Accelerator mass spectrometry：AMS）を応用した^{14}Cの直接計測が可能となり、ミリグラム単位の試料量と分単位の測定時間から、より幅広い研究分野で応用が進み、今日も活発な研究開発が進められている。

前述した学術的背景からアンデス考古学と^{14}C年代測定との関係性も古くから密接で、年代測定の黎明期から世界中の測定機関を巻き込んだ積極的な分析が進められている。アンデス考古学における研究・調査で実施された^{14}C年代測定結果を集成する放射性炭素データベース Andes ^{14}C（Ziółkowski *et al.* 2013）には、四〇〇〇点近い^{14}Cデータが収録され、その約七〇％がペルー共和国に集中している。

2　立ちはだかる南米

^{14}C自体は、物理法則に基づく極めて正確なストップウォッチとして機能するが、得られた数値年代を正確な暦年代として解釈するためには、実はいくつかのハードルが残されている。特に、南米はそのハードルがほかの地域と比べてとても高く、正確性の高い暦年代の探求者たちにとって立ち入ることを容易には許さない地域だったりする。その最大の理由は、「ものさし」の欠落である。

半減期から計算される^{14}C年代の算出過程には、重大な前提が潜んでいる。それは、地球上の^{14}C存在割合が過去から現在まで変化しない、より正確に表現すれば、変化することを想定していないのである。実際のところ、地球上の^{14}C存在割合は絶えず変動しているから、その影響を補正して^{14}C年代を暦年代へと翻訳する必要がある。この操作を暦年較正という。

宇宙空間には宇宙線という高エネルギーの放射線が飛び交っており、それらは地球にも絶えず降り注いでいる。^{14}Cは、この宇宙線と大気中の窒素とのぶつかり合いで生み出され、二酸化炭素のかたちで地球の大きな炭素循環の輪の中へと取り込まれてゆく。仮に、宇宙線の照射量が変化しなければ、生成量と壊変量が釣り合ったところで^{14}Cの存在割合も一定に保たれるが、宇宙線の降り注ぐ量は地球磁場や太陽活動、遥か遠い銀河の天体イベントによって絶え間なく変動しているので、生成と壊変の均衡はぐらぐらと常に揺れ動いているのである。^{14}Cの存在割合が変動しているとなると、私たちは、分析対象が生前持っていた^{14}Cの量を正確に知ることができない。つまり、いつ、どうやって、ストップウォッチの針を進め始めたのかわからぬまま、正確なタイムを計測するようなものなのである。

この問題を解決するため、私たちは、^{14}C年代と暦年代を対比する「ものさし」を利用して数値年代の翻訳を行う。自然界には、時を刻みながら成長するシロモノがそれなりに存在する。季節の移り変わりによって一年ごとに形成される樹木の年輪はイメージが湧きやすいだろう。また、第1章で紹介されたペテシュバトゥン湖の湖底堆積物も年々成長する天然の貴重なレコードだ。これら自然界の縞々を過去に遡って一枚ずつ数えながら暦年代を与え、そこに保存される^{14}C年代を調べれば、当時の^{14}Cがどの程度存在したかを明らかにできる。今日では、樹木年輪をはじめ、湖底堆積物、鍾乳石、サンゴや海底堆積物などを用いて、^{14}C年代測定法の限界である五万年前までを網羅する膨大な^{14}Cデータが用意されている（Reimer *et al.* 2013）。考古学資料から得られた^{14}C年代は、この「ものさし」と対比することで正確な暦年代へと読み替えが可能なのだ。

さて、ややこしい話はここからである。過去五万年に及ぶ「ものさし」の中身を少し掘り下げたい。過去五万年、と言わずとも大過去へ遡ることができる「縞々」は、世界中を血眼で探し求めてやっと見つけられる貴重品たちだ。例えば、福井県若狭町にある水月湖は湖底の堆積物に過去七万年分の年縞を保存し、「ものさし」の骨格となる膨大な高品質^{14}Cデータを生み出したが、これは奇跡的とも言える自然環境の賜物であり世界でも類を見ない。また、樹木年輪についても、数千から一万年以上を遡れるものは、現在のところ北米大陸や欧州の河川湿地帯からがほとんどである。このように、暦年較正のための基礎^{14}Cデータは、分析素材の発見が集中する北半球を中心とし、南半球に至ってはオセアニアの一部にほぼ限られているのである。そして、そこには南米の姿がないに等しい（図1）。

このような調査地域の偏りは、暦年較正された年代の正確性を大きく揺さぶる要因へと繋がってくる。生成されたばかりの^{14}Cは、まず大気の大きな循環の中で拡散が進んでいくが、大気の流れにも偏西風や貿易風などの恒常風や季節風があり、地域ごとの特徴が見られる。また、大気循環の先には、陸域生態系や海洋大循環、そして海洋生態系な

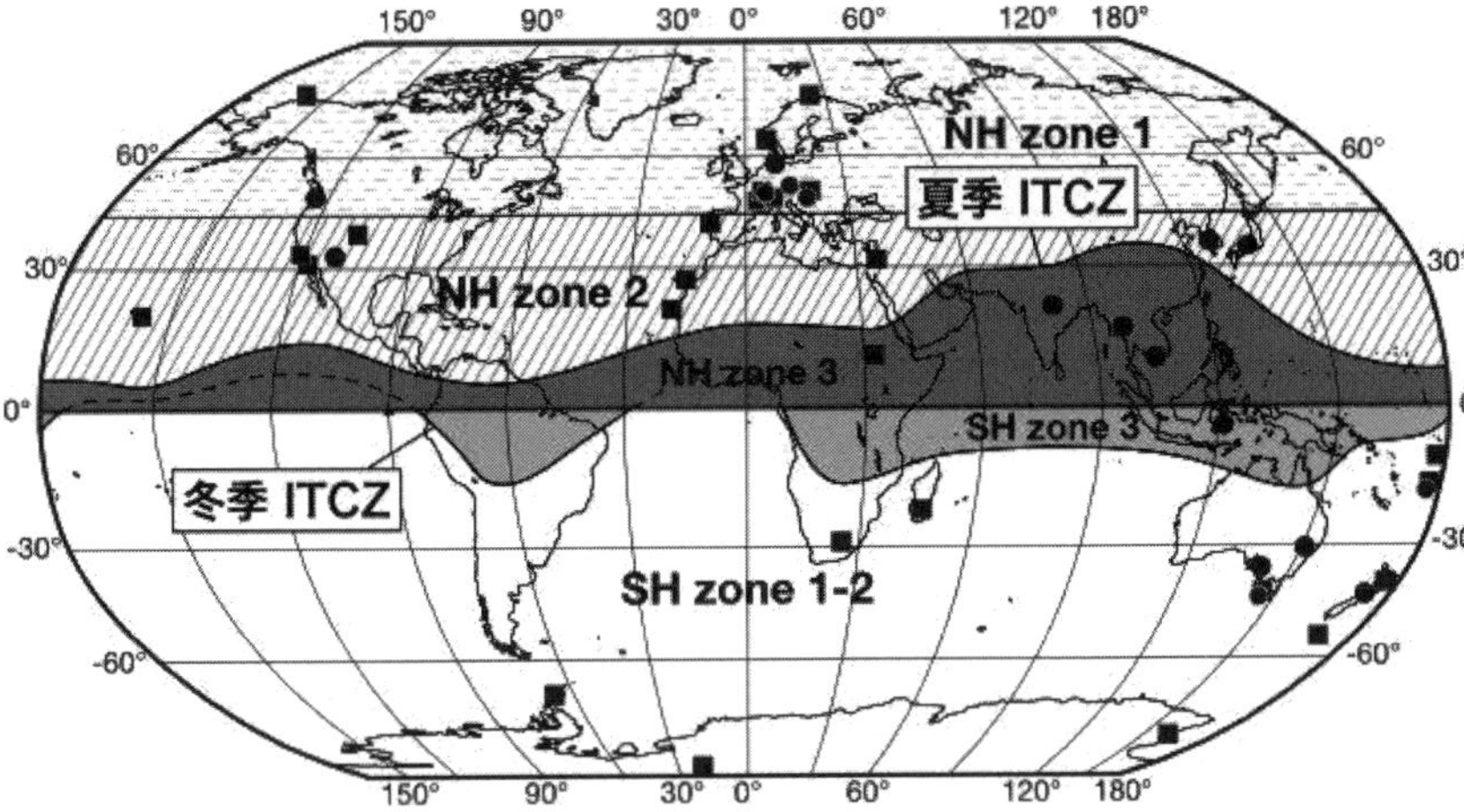

図1　特徴的な^{14}C濃度を示す地域区分と主な調査地域（^{14}C Bombシリーズ；対象時期は、1950–2010年）の分布。図中プロットは分析資料の種類を示す（年輪資料：●、大気CO_2：■）。

ど、多様な炭素循環系が待ち構えている。このような複雑な循環系、あるいはその複合によって、^{14}C濃度には地域性が生まれ、暦年較正の際にも注意が必要となってくる。^{14}C年代で認識できる顕著な地域性には、^{14}Cがより多く生成される極域から拡散先の低緯度側に向かって見られる緯度勾配や陸域・海洋面積の違いによって生じる南北半球間での差異が知られており、それぞれで暦年較正用の「ものさし」が用意されている。つまり、暦年較正は、研究対象の地域ごとに適した「ものさし」を使用しなければ正確な年代を知ることはできないのである。例えば、1,250±30BPという^{14}C年代が得られた場合、これが北半球産資料であれば六八％の確率でAD六八五―七七五年と推定されるが、南半球産資料とするとAD七七〇―八八〇年となる。同じ^{14}C年代からでも一〇〇年程度、解釈のズレが生じる場合があるのだ。

^{14}C濃度の地域性は、定常的なものだけでなく、気候変動などを背景とした一時的な炭素循環の変化によっても顕在化することがある。特に、熱帯収束帯（Intertropical Convergence Zone：ITCZ）と呼ばれる南北半球の大気塊がぶつかり合う境界域では季節により南北両方の大気が入り乱れ、時代によっても境界範囲と乱れ具合が大きく変化する（図1）。ITCZ北限の縁

辺域にかかる日本でも、この影響による^{14}C年代の地域性が指摘され、卑弥呼との関係が示唆される箸墓古墳や纏向遺跡の年代が^{14}C年代測定法で断定しきれない原因の一つとされている。

暦年較正の「ものさし」は、^{14}Cの循環プロセスが明確に異なる南北半球と海洋をそれぞれ対象とし、なるべく多くの地域、多くの素材を用いて作り上げられている。もちろん、地域や時代を限定してみれば古環境の変化を背景とした^{14}Cの地域性はどこにでも存在するものだが、全球スケールにおける^{14}C存在割合の評価、暦年較正の利便性や年代解釈過程の画一化といった観点から考えれば、それぞれの地域性から伝搬されるばらつきを内包させたとしても、統一された規格の持つ意味は極めて大きい。

しかし、南米はどうだろう。アンデス考古学における現状では、^{14}C年代の多くが南半球用の「ものさし」を利用して暦年代が議論されているが、その「ものさし」には、チリ産のブナ（南緯五五度）から得られたたった三〇〇年分のデータしか反映されていないのだ。その他は、オセアニアなどからの樹木年輪や北半球の「ものさし」を南半球用に補正したデータであり、多様性に富む南米大陸の地域性はほぼ考慮されていないと言って等しい。しかも、アンデス考古学の中心であるペルー共和国の場合、ＩＴＣＺ南限の縁辺が、ペルー北部やアンデス山脈、アマゾンなどにかかる可能性があるため、^{14}C濃度の地域性や北半球の影響が強くあらわれることも十分に想定される。実際、一部のアンデス考古学者は、南半球用の「ものさし」をあえて採用せず、北半球用を利用して年代を個別に議論するくらいであり、年代の正確性に対する認識、考え方の違いで様々な年代モデルが乱立してしまっているのだ。現時点では、実証するデータが存在しないため、私たちは本当のところなにが正解なのか知るすべがない。まるで、目隠しをしながら、年代という的を目がけて、ダーツをしているようなものだ。

南米、特にペルー周辺地域で^{14}Cの基礎データが欠落している原因は、いたってシンプルである。適切な分析素材がないのだ。「ものさし」作りには、樹木年輪のような「縞々」が最適だが、ペルー海岸地帯では極度に乾燥した気候で樹木の成長が悪く、一方のアマゾンでは熱帯雨林特有の年輪を形成しない樹種が主となる。そのような中、私たちは、目隠しをはずすひとつのチャンスと遭遇したのである。
「ワランゴを分析しては、どうだろうか?」
ナスカ台地の考古学遺跡から出土する樹齢の長い樹木年輪素材との巡り合わせだった。

3 一級品、のはずの分析素材

炭素さえ含まれていれば基本的になんでも分析できる^{14}C年代測定にも、研究対象のT(時期)、P(場所)、O(目的)に合わせて、素性の良い分析素材とそうでないものがある。正確な年代決定を目的とした場合には、種子や葉っぱ、樹木などの植物資料が最適だ。素材によっては暦年代の導出までに暦年較正以外の補正処理を必要とするものもあるが、植物資料の場合、大気中の^{14}Cを基本そのまま保存し、また、考古学的に見てもその用途が明確な場合が多いことから、得られた年代をシンプルに解釈できる。特に樹木の年輪は、^{14}C年代測定だけでなく年輪年代測定の分析対象にもなり、これら年代測定手法を組み合わせることで非常に高精度な年代決定が可能となる。さらに、蓄積された樹木年輪の^{14}C年代は暦年較正の「ものさし」としても利用できるほか、年輪の形成パターンや含まれる化学組成をもとに一年時間解像度の古環境データを抽出することもできるのだ。まさに、一級品の分析素材である。

樹木の切り株に広がる同心円状の縞模様は、幹を構成する植物細胞の肥大成長とその休止の繰り返しによって生じる。肥大成長の度合いは、降水量、気温や土壌の栄養状態など、生育環境要因によって決まり、温帯産樹木の場合では、四季の移り変わりによって一年に一層のいわゆる年輪が形成されている。一方、樹木成長にとって不順な気候や季節性が不明瞭であると、不規則な成長輪や成長輪自体が形成されず、年輪が形成されないことも少なくない。

ナスカ台地周辺の考古学遺跡で見られるワランゴとは、マメ科ネムノキ亜科(*Prosopis sp*)に属する南米原産の灌木であり、乾燥した地域でも自生するためペルー海岸地帯をはじめ随所で目にすることができる樹種だ。樹齢が長く、一〇メートル以上の樹高に達することもあるワランゴは、建材、燃料や食品などの幅広い用途から現在でも日常的に重宝されている。そして、年代測定資料として採取されたナスカ台地のワランゴ古材には、乾燥地帯特有の顔つきを持ちながらも、しっかりとした成長輪が刻まれていたのである。これを精密に分析できれば、頑強な遺跡年代の決定はもとより、南米の「ものさし」というデリケートな問題に対して実証データを与えることができ、さらには一年時間解像度で地上絵が描かれた当時の環境復元にも繋がるかもしれない。ワランゴを目にした私たちは、突如として膨れ上がる希望に色めきだったのである。

樹木年輪資料の一般的な分析手順はこうだ。まず、木材を小口で裁断し、切断面にヤスリをかけて面調整を行う。次に実体顕微鏡を用いて、成長輪の組織構造を観察しながら年輪を同定する。年輪の同定ができた樹木試料は、スライスしたのち樹脂や木質素が洗い流され、年輪ごとに切り出される。採取された年輪試料は、^{14}C年代測定のための試料調製が施され、ＡＭＳでの^{14}C測定を待つのみとなる。順を追ってみれば難しいことはないと思う。

さて、ワランゴである。私たちは、ワランゴ材にノコギリの刃をあてた瞬間、衝撃を受けることになる。切れない、固すぎるのだ。ワランゴの比重は、黒檀や紫檀のように比重が大きく一グラム毎立方センチメートル近い。さらに厄介なことに個体内にも比重のばらつきが見られ、一般的なノコギリの刃がまっすぐ入って行かないのだ。大型の帯鋸を使用して、なんとか材の切り出しに成功しても、次の工程であるヤスリがけでは樹脂の多さから研磨面が焦げ付き、観察可能な状態までには、通常の何倍もの時間を要することとなった。そして最大の難関に直面する、年輪同定だ。

年輪同定とは、基本的には縞数えである。縞数えという響きは、ひどく単純で単調な作業に聞こえるかもしれないが、モノをきちんと数えるということは意外と奥が深い。親指の指紋を見てほしい。指先から第一関節まで、指紋のシワが全部で何本あるか正確に答えることは、果たして簡単だろうか？　素直なシワもあれば、ひどく蛇行していたり、途中で途切れたりするものがあって、正確に数えようとすればするほど頭を抱えるのではないかと思う。年輪同定の作業もこれに近い。細胞壁の成長の変化を顕微鏡下で読み取りながら成長輪を一枚ずつ判別してゆき、その成長輪の出現パターンや個体間との同調性を加味して何度も比較検証しながら慎重に年輪を同定してゆく。一連の作業は複数の研究者で取り組み、通常、全員の答えが合わない限り同定結果が採用されることはない。

ワランゴの年輪同定は、まさに混沌の一言に尽きる。成長輪は異常なほどに歪み、非現実的なほどの細かさを持つワランゴの樹木組織構造は、私たちの判断を大いに狂わせたのである。結局、著者ら四名が出した解答が合致することは一度もなく、一級品のように見えたワランゴが、分析素材としてなぜ採用されてこなかったかを深く理解する結果となったのだ。

4　先端研究はものづくりと共に

「時を刻む先端研究」、これは東京大学総合研究博物館の常設展示室内に居を構える放射性炭素年代測定室ＡＭＳ公開ラボのキャッチコピーである。先端研究というと、高価な最新大型装置を華麗に操り、思いも寄らない資料から決定的なデータを、それはスマートに引き出しながら研究を進めている印象を持つ読者は多いかもしれない。確かに加速器質量分析計は高価だ。分析装置自体の能力も数十年前と比較すれば比べものにならない。しかし、不可能を可能にするような本当の意味での先端性は、他にはない技術を地道に模索、積み上げることでしか創出されなかったりする。

実際、ワランゴによって突きつけられた困難な現実は、様々な新しい技術開発の大きなきっかけとなっている。写真1は、その代表的なものづくりの産物たちだ。

試料の切り出しに用いる薄片切削装置は、ワランゴを精密かつ迅速に切り出すために設計されたものである（写真1A）。比重の大きい材にも耐えるカッター刃や適度な加重をかけ自動的かつ精密に試料を送り出す機構を持ったこの装置は、数日を要したワランゴの試料調製を数十分から数時間という極めて短時間で完結させることができ、手作業よりも質の高い切削を可能とする。また、日本の年輪年代学では一般的な分析対象であるヒノキ（比重〇・四グラ

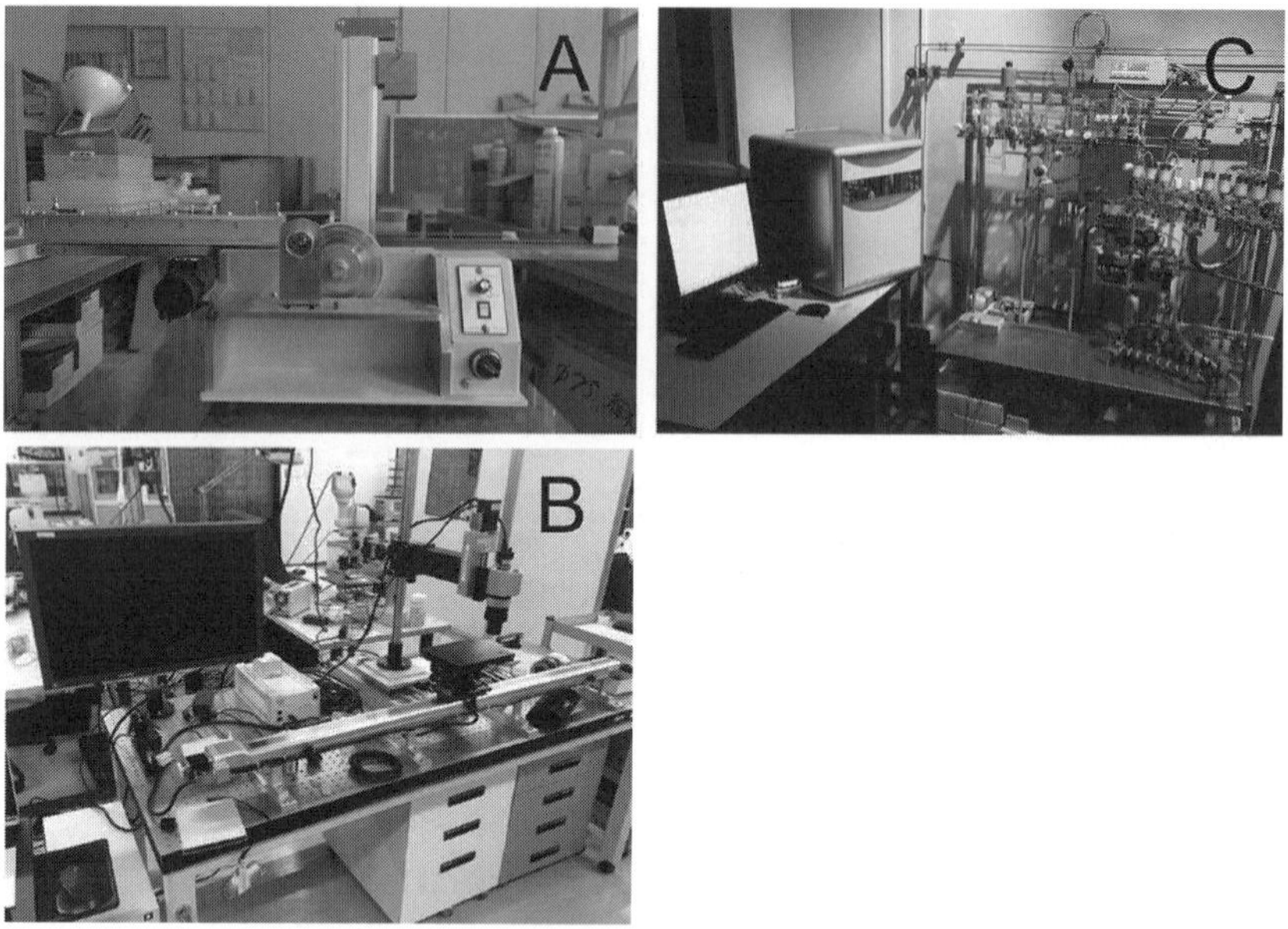

写真1　（A）薄片切削装置、（B）年輪画像連続撮像システムCONTRIAS、（C）自動資料調整システム

ム毎立方センチメートル程度）の場合では、これまで丸一日仕事になるような三〇センチ長、一ミリ厚の薄片切削をものの数分で完了することができる。年輪分析における試料調製の大きな作業律速が確実に打開されたのだ。

樹木組織構造の詳細な観察を可能とするのは、年輪画像連続撮像システムCONTRIASだ。このシステムは、デジタルマイクロスコープによって高倍率の顕微画像を連続的に撮像し、それらを自動的に一つの画像に合成するものである。取得された画像は、一見するとただの木材試料写真にも見えるが、どこを拡大しても細胞ひとつひとつが確認できる程の解像度となっている（写真1B）。同様のシステムは理化学分析メーカでも製造、販売されているが、本システムは、個別の顕微画像がフルHDの高画質であること、また最大一メートルの長軸試料に対応できることが最大の特徴になる。顕微画像自体が極めて高画質で画像合成時にもデータ圧縮を行わないため、一枚の写真としては非常識的なデータサイズにはなるものの、拡大した像には細胞だけでなくその含有物までを視認できるレベルに達する。グーグルマップを全球表示から市町村スケールまでズームできる感覚と近い。また、デジタルマイクロスコープの可動範囲を一メートルまでに拡張したことで、ほぼ全ての樹木試料、また堆積物コアの撮像までもが可能となった。おそらく他分野では不要になるであろう、これら過剰なまでの性能追求は、樹木組織構造の観察と年輪同定における作業のハードルを確実に下げ、より正確性の高い分析を可能とした。

^{14}C年代測定においても、重要な技術の進歩がある。自動試料調製システムと微量^{14}C分析の確立だ。

AMSによる^{14}C年代測定では、分析試料を純度一〇〇%のグラファイトに変換しなければ分析できない。グラファイトは、試料を燃焼して発生した二酸化炭素を用い、これを純化したのち還元させることで得られる。化学的なプロセス自体はそう複雑ではない。しかし、試料調製中における外来からの汚染を防ぎ、化学反応を高収率で品質の高いグラファイトとして合成するためには、煩雑で時間のかかる操作プロセスや作業の熟練度を必要とし、これが^{14}C年代測定における作業律速となる。また、樹木年輪をターゲットにした分析には、一度の測定で多くの試料を分析する必要もあり、作業の効率化が肝心になってくる。自動試料調製システムは、その問題をいっきに解決する装置だ。試料の燃焼と二酸化炭素の純化を元素分析計という装置の機能で代用し、排出される二酸化炭素を自動的に補足してグラファイト生成の準備を行うシステムは、実験廃部材から材料をかき集め、秋葉原電気街へ通い詰めて作り上げたお手製品だ（写真1C）。これにより、作業効率は劇的に改善し、グラファイトの準備が間に合わないことを理由に分析進捗の停滞を口にすることができなくなった。

また、ワランゴに見られる微細な成長輪を分析するためには、分析試料の微量化も欠かせない。通常、AMS測定で使用されるグラファイトは、一ミリグラム程度である（樹木年輪の重量に換算すると約二ミリグラム）。このサイズ感は、多くの考古学資料で受け入れてもらえていると信じているが、さらに一〇分の一以下のサイズとなると否応なしに見える世界が変わってくる。高精度な微量分析を実現するため、^{14}C業界で二〇年以上継承されてきたグラファイトの生成プロセスを見直し、最適なAMS測定条件を模索しながら、〇・一ミリグラム以下の炭素であっても通常の分析精度と変わらない新しい測定手法を手に入れることができた。このサンプルサイズは、グラニュー糖の結晶一粒、あるいはその半分くらいの量である。

これら新しい分析技術は、樹木年輪の分析にとどまらず、本章で紹介されるナスカやコトシュ、ハンカオの考古学遺跡をはじめ、第1章で取り上げられたグアテマラやメキシコの堆積物やエルサルバドル、ニカラグアなどの考古学遺跡でも応用され、確かな年代の道しるべを描き始めている。

5　南米の年代を測るための大きな一歩

私たちは、様々な新しい技術を携え、改めてワランゴと対峙する。リベンジである。

年輪同定の検証を確実に行うために現生ワランゴ材を用い、薄片切削装置によって面を完璧に調整、加工し、CONTRIASによって非常識的な解像度の樹木組織画像を撮像した。鏡面に仕上がったワランゴ材の小口面を超高画質の画像データの上で観察し、細胞の構造からワランゴの成長輪とされるターミナル柔細胞を確かに捉え、その特徴から年輪を判別する。そして、^{14}C年代結果が年輪同定結果を裏付けた、今度は見失わなかった。

これに加え、もう一つの新たな武器、炭素や酸素の安定同位体比測定から、年輪同定結果に対してクロスチェックを試みた。樹木年輪に含まれる、炭素や酸素の安定同位体比（δ^{13}Cやδ^{18}O）は、生育環境中の相対湿度の指標となる

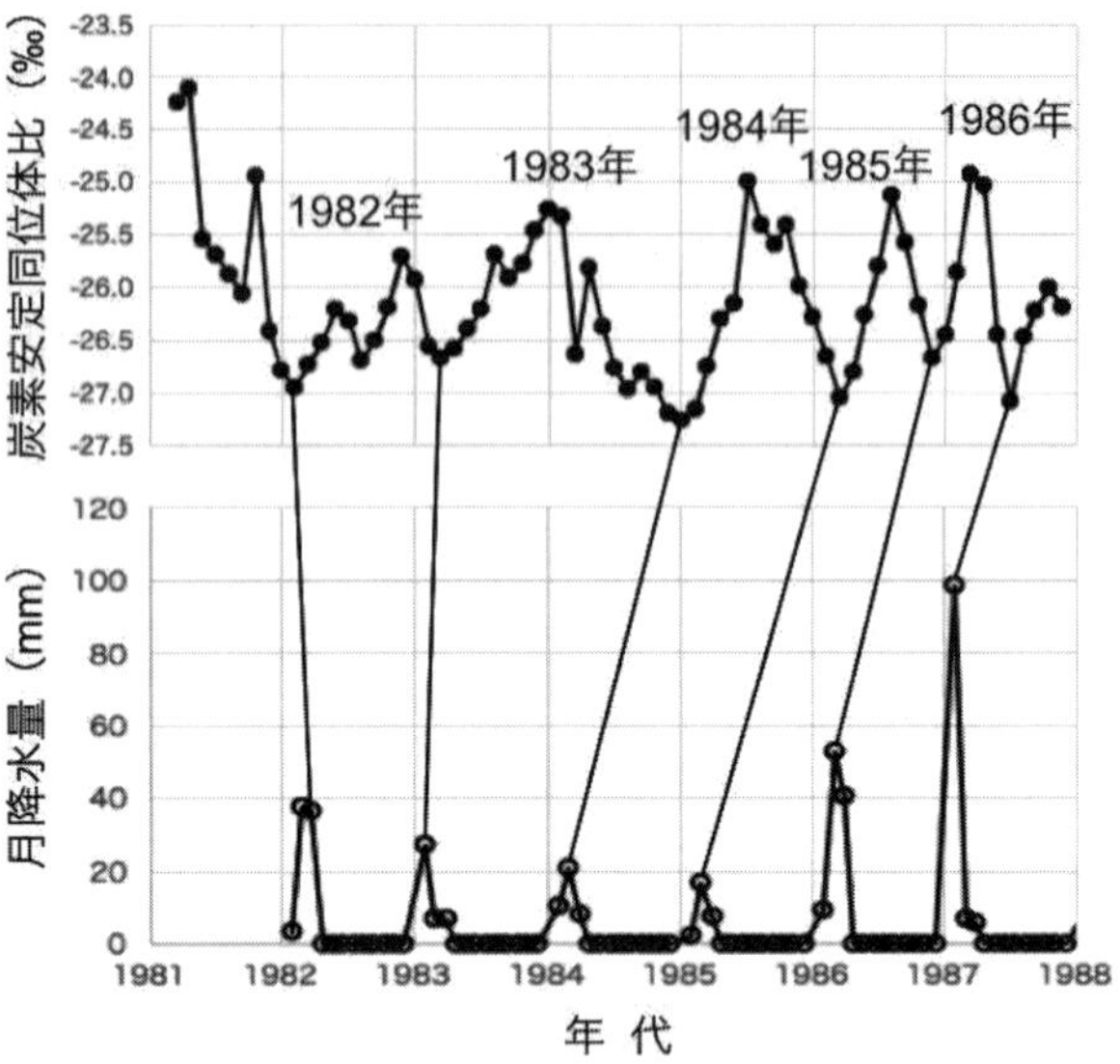

図2　ワランゴ樹木年輪中の炭素安定同位体比と降水量の比較

ことが知られている。一層の年輪を細分して安定同位体比を調べれば、降水量や土壌水の季節性変化を調べることができるため、ワランゴ材の年輪にもその痕跡があるはずだと予測したわけだ。結果は図2のとおりとなり、一年ごとの見事な周期性がそこにはあったのだ。この結果は、私たちの年輪認定に間違いがないことを示しているだけでなく、安定同位体比の変化を当時の環境変動として読み替えることも可能であることを示唆している。つまり、年輪年代測定・^{14}C年代測定・安定同位体比測定の合わせ技で見れば、ワランゴは、高精度年代を可能とする試料であり、欠けた南半球用の「ものさし」を補完する分析素材であり、古環境変動の記録媒体なのである。やはり、一級品の分析素材だったのだ。

ナスカでは、インカ期から一五〇〇年間以上にわたって断続的にワランゴ材の出土が確認されており、高解像度データの抽出も進められているが、いまだ道半ばだ。技術開発によって急激に分析効率は向上し、データ生産の安定化も図られたが、ワランゴの場合、一般的に用いられる針葉樹など明瞭な年輪を持つ樹種とは異なり、分析には多くの労力が必要となってくる。しかし、乾燥地帯のナスカの地で発見されたこの材は、高精度な年代決定や暦年較正の「ものさし」を語る上でカギになってくることは間違いないだろう。また、チリ産樹木の樹木年輪についても数千年スケールに及ぶ^{14}Cの基礎データの拡充も近いという。南米の年代を測る明るい未来は確実にそこまできている。

参考・参照文献

Ziółkowski, Mariusz S., Mieczysław F. Pazdur, Andrzej Krzanowski, Adam Michczyński (2013) 'Radiocarbon Database for Bolivia, Equador and Peru.' http://andes-c14.arqueologia.pl

Reimer, Paula J., Edouard Bard, Alex Bayliss, J. Warren Beck, Paul G. Blackwell, Christopher Bronk Ramsey, Caitlin E. Buck, Hai Cheng, R. Lawrence Edwards, Michael Friedrich *et al.* (2013) 'IntCal13 and Marine13 Radiocarbon Age Calibration Curves 0–50,000 Years cal BP,' *Radiocarbon, 55* (4): 1869–1887.

カンに跨る五つの連続する居住面において全16体の生贄遺体が出土した。骨学分析の結果、遺体はすべて男性で、死亡年齢には比較的幅（17～50歳）があることが判明した。栄養状態が悪く、重労働に従事していた痕跡も見つかった。遺体間の形質的な多様性は、彼らが異なる民族集団に属していた可能性を示唆している。また、窪地の西側では、地表面から約30センチメートルの深さで中期シカン期のテラス付き低基壇が見つかった。窪地内での儀礼を見下ろすための物見やぐらのような役割を果たしたのではないか。

窪地内の地層断面には、大雨や洪水の度に土砂が流れ込んだことを示す分厚い水性堆積が見られた。堆積学的分析によって、少なくとも数回に渡って大洪水が起こり、一時期には水塊が存在したことも判明した。遺棄された遺体は、大量の遺物を巻き込んで流入した緑色の土砂の中に埋まっていた。組成分析の結果、この土砂にはヒ素や鉄が多く含まれていることも分かった。年代測定の結果は、土砂の流入が中期シカン期末の比較的短期間に起こったことを示唆している。現在は、窪地内の水性堆積が河川由来であることを証明するため、ラ・レチェ川から採取した水サンプルと窪地内で採取した土壌サンプルの珪藻分析を実施中である。

こうした学際的共同研究の結果をもとに、我々は窪地内での人身供犠は急激な気候変動に対する儀礼的抵抗だったのではないかと推測する。今後はさらに、気候変動の前後でどのような社会的変化が生じたのかを探っていきたい。

（松本　剛）

参考・参照文献

Shimada, Izumi（1995）*Cultura Sicán : Dios, Riqueza y Poder en la Costa Norte del Peru.* Lima : Edu-Banco Continental.

Thompson, Lonnie G., Ellen Mosley-Thompson, J. F. Bolzan, and B. R. Koci（1985）'A 1500-Year Record of Tropical Precipitation in Ice Cores from the Quelccaya Ice Cap, Peru,' *Science* 229（4717）: 971-973.

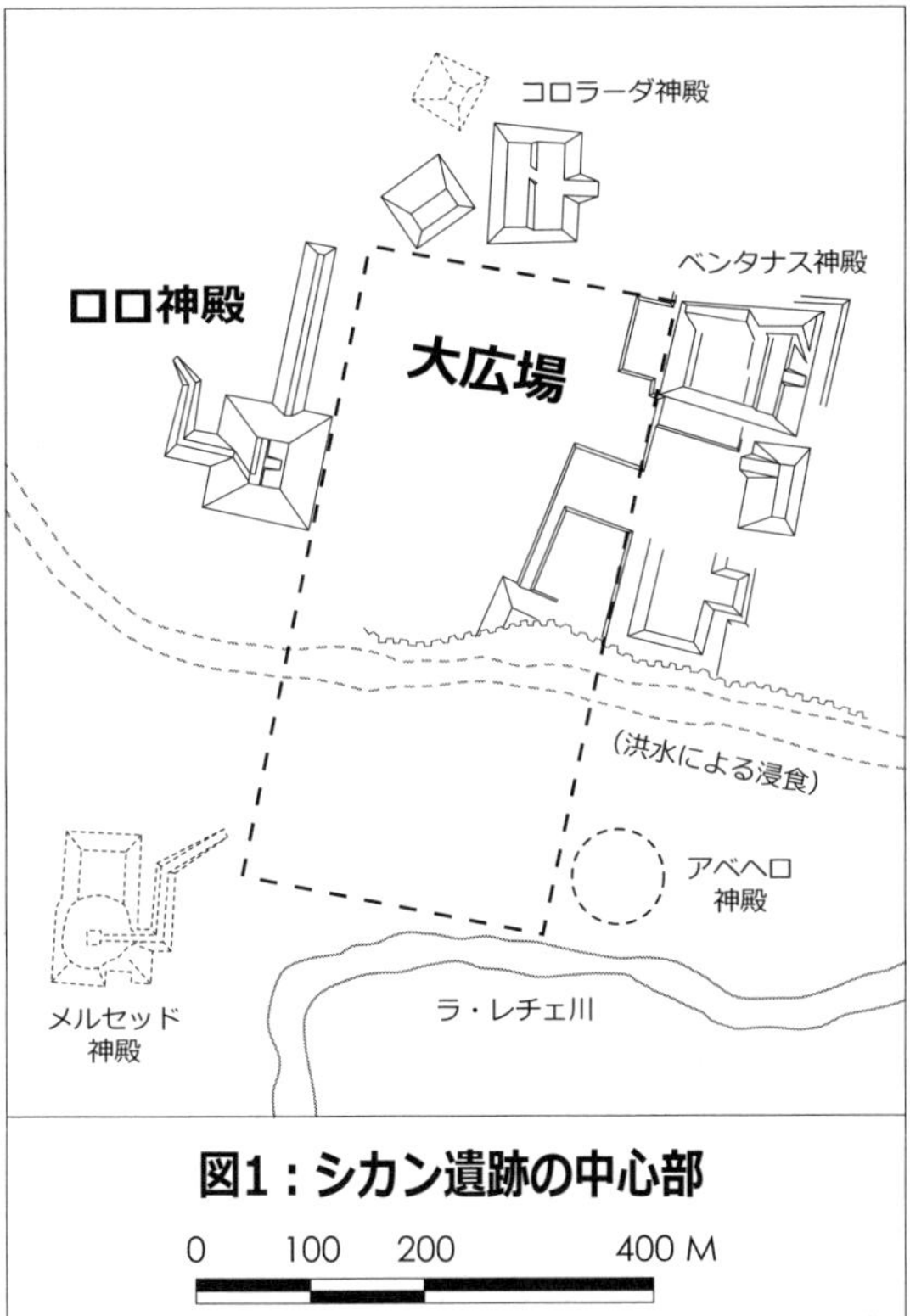

図1　シカン遺跡の中心部

学的分析によって洪水堆積層そのものを特定し、含有遺物の年代測定によって発生年代を明らかにする必要があった。我々の調査は、中期から後期シカン期にかけての社会と環境の相互作用とその通時的変化を明らかにすることによって、従来説を検証することを主眼とした。

発掘調査は、2016年の調査を継続する形で、大広場の中心部において2017および2019年の二度に渡って行われた。これにより、島田が主張するように中期シカン後期に大洪水が起こったが、それ以降もしばらく遺跡は放棄されなかったことが明らかになった。大広場の中心には深さ約７メートル、直径約70メートルの大きな窪地があり、2016年の調査で見つかった饗宴跡は、この周縁で中期シカン期の埋納や埋葬の後に行われたものであることが分かった。窪地の最深部では人身供犠が行われ、中期から後期シ

Column

気候変動への儀礼的抵抗――シカン遺跡における人身供犠

これまで、ペルー北海岸ラ・レチェ川中流域のシカン遺跡（図1）を中心に繁栄した中期シカン政体（紀元後950～1100年）は比較的短命で、11世紀末には終焉を迎えたと考えられてきた。島田泉は主要神殿が燃やされていることに注目し、火が放たれた年代を測定した。いずれの年代も1100年頃であり、土器の装飾からシカン神の表象が消失する時期と一致する。貴族にとって最大の権力資源であった神の消失は、彼らによる支配体制の終焉と捉えられた。さらに神殿放棄のタイミングは、トンプソンら（1985）によるケルカヤ氷河のコアサンプルの分析結果が示唆する大規模な気候変動とも一致した。そこで島田（1995）は、約30年続いた大旱魃とそれに続く大洪水による大打撃で自然を司るシカン神への信仰が揺らぎ、灌漑農耕や冶金活動などによって負担を負わされていた一般民衆が反乱を起こし、神殿に火を放ったと説明した。追われた貴族は南西に約7キロメートル離れたトゥクメ遺跡に都を移し、シカン政体は後期シカン期（紀元後1100～1375年）において二度目の繁栄を迎えた。

ところが近年、新しい発見の蓄積や過去データの見直しの結果、島田による説明は必ずしも現実を反映していないかもしれないという疑念が高まっている。まず、シカン遺跡は気候変動による経済不安や社会混乱を乗り越え、放棄されずに持ち堪えた可能性がある。2016年に我々が行った遺跡中心部・大広場（図1）での発掘では、後期シカン期に入っても大規模な饗宴や儀礼活動が継続して行われた痕跡が見つかった。また、トゥクメ遺跡は中期シカン期から居住されており、シカン遺跡からの移住者が建設したことを示す直接的な物証は皆無である。さらに、神殿に放たれた火の解釈についても疑いの余地がある。この地には古くから儀礼において火を使用する風習があり、ロロ神殿麓の墓地で行われた発掘でも埋葬の後、地表面や供物が繰り返し燃やされた痕跡が多く見つかっている。つまり、神殿に火を放つ行為も終結儀礼などの一部であった可能性がある。

ケルカヤのコアに含まれる砂塵や化学成分、氷の同位体の分析は、アンデス地域における1500年の気候変動を1年の時間分解能で示すことを可能にした。しかし、これによってラ・レチェ川流域における洪水そのものの年代が測定されたわけではない。ペルー南部高地のケルカヤ氷河と北海岸のシカン遺跡の間には直線距離にして約1280キロメートル、高低差にして約5400メートルもの隔たりがある。ラ・レチェ川流域での洪水の有無や発生時期、その影響をより正確に把握するためには、まず考古学発掘と堆積

第3章

植民地時代から現代の中南米の先住民文化

古代アメリカ文明の資源化

1　古代アメリカ文明はいつ終わったのか

古代アメリカ文明は、しばしば「謎の文明」といわれてきた。しかし本書第1章と第2章から明らかなように、メソアメリカ文明とアンデス文明の形成と発展のプロセスは、考古学的研究によって着実に解明されてきた。謎と言って思考を停止させるのではなく、きちんと問いを立て、科学的な方法論に基づいて考えていけば、古代アメリカ文明の学問的な謎はかなりの程度、解明することができる。

ところが古代アメリカ文明に関して、ほとんど手つかずで、解明されていない問題が実は一つ残っている。それはこの文明がいつ終わったのかという問いである。その答えは一見自明である。だからこの問いは、かえって真剣に検討されてこなかった。古代アメリカ文明の終焉に関しては以下のような想定が存在するが、はたして本当だろうか。

第一に、古代アメリカ文明はスペイン人の征服によって滅亡したというものである。確かにスペイン人は一五二一年にアステカのクアウテモク王、一五三三年にインカのアタワルパ王を捉え、両国家を解体させた。これにより王族や貴族など有力者の多くは地位を失い、没落の憂き目にあった。しかしそうした支配者層の下に暮らしていた庶民たちはどうだろうか。征服とともに全員が捉えられたり、殺されたりしたわけではない。二一世紀の現在、アステカの公用語だったナワトル語の話者はメキシコに一五〇万人、インカの公用語だったケチュア語の話者はペルーだけでも三二〇万人ほど存在すると推定されている。つまりスペイン人の征服により先住民国家はなくなったが、先住民族が消えてしまったわけではない。一六世紀から現代まで先住民族の人々は、かつての文明をどのように保持しているのだろうか。

第二に、スペインによる植民地時代以降に、古代アメリカ文明は西洋文明に吸収されたという見方も可能かもしれない。植民地時代のメキシコとペルーには、スペイン王の代理となる副王が君臨し、スペイン式の統治が行われた。しかしこのことは、植民地のすべての人々がその権威を認めていたことを意味しない。小集団に分かれてスペインに抵抗していたマヤ民族が最後に軍事的に平定されたのは、植民地時代も半ばを過ぎた一六九七年である。ところが、その後も先住民族の抵抗は続いた。ペルーでは、インカの末裔を自認するトゥパック・アマル二世が大規模な反乱を起こしたのは一七八〇年である。メキシコ東部で、マヤ民族の一集団は、一九世紀半ばから二〇世紀の初めまでメキシコ政府に敵対した。このようにスペイン植民地体制や、それ以後の近代国家に対しても、先住民族は執拗に抵抗を試みた。

第三に、キリスト教の布教によって、先住民族の精神文化が失われたという説はどうだろうか。植民地時代の初期には、キリスト教の宣教師らによって、先住民族の文書が焼却されたり、偶像が破壊されたりしたことは事実である。しかしキリスト教に改宗した先住民族は、自身の世界観や信仰をすっかり否定したわけではない。筆者は、一九八〇年代のメキシコで、マヤ民族の雨乞儀礼を観察したことがある。彼らは敬虔なカトリック教徒であったが、雨の神チェックを天使と言い換え、鹿肉を供物として捧げた。そして木々のそよぎを森の精霊の囁きと感じながら、トウモロコシ畑を潤す雨の到来を祈願した。

こうした事実は、先スペイン時代の文化が現在も残存していることの証拠である。しかし、本章で展開するのは、もっと積極的な意味で、古代アメリカ文明が存続していることを示唆する研究である。植民地時代から現代まで、ラテンアメリカの人々は、折に触れ、古代アメリカ文明を想起し、自分たちとその文明との繋がりを主張してきた。古代アメリカ文明の遺産やそれに関する知識は、国家の政治的資源、企業や個人の経済的資源、および地域や民族コミュニティの社会的資源として、活用されている。そうした過去を資源化する試みは、すでに終わった文明の断片的な利用にすぎないと考える立場もあろう。しかし、この立場をさらに逆転させて、後世における断片的な利用こそが文明が継続していることの証拠だと議論することも可能だろう。少なくとも、本章に収められた論考は、総体として、古代アメリカ文明はいつ終わったのかと改めて問うことの重要性を訴えている。

2　過去の資源化

本章の各論考の理論的な枠組みは、資源人類学（内堀二〇〇七）の「資源化」概念に依拠している。資源人類学とは、人間の行動を資源という点から捉え直す試みである。資源とは「環境の中にあって人間にとって役立つもの、利用に供されるものの全て」である（内堀二〇〇七：四一）。また資源化とは「あるものが資源になっていくこと」と定義される（内堀二〇〇七：二四）。こうした平易な定義により、さまざまな時代と場所の人間の行為を資源化の諸相として比較、分析することが可能となった。

本章では、とりわけ過去を資源化する行為に着目する。過去の資源化とは、過去において作られた物、技術、知識や、生じた出来事、記憶等を役立つものとして活用することである。こうした過去の事物は、モノ、すなわち物理的な存在として役立つ場合と、意味、すなわち象徴的な存在として役立つ場合がある。資源人類学では、資源は生態系と象徴系の二領域をもつと考え、その間で前者からは材料の提供、後者からは意味の付与という関係が想定されている（内堀二〇〇七：二六―二八）。例えば、古代文明の遺跡の建造物は、形あるモノという点では生態資源である。しかしそれは同時に、文化遺産や観光アトラクションといった意味をもつという点では象徴資源である。

過去の資源化に着目する際に留意すべきなのは、過去の客体化という概念である。これは、過去から受け継いだ文化を客観的に見直し、役立つものとして再評価する態度のことである。したがって、古い習慣を日常生活の中で繰り返しているだけでは、積極的な意味で過去の資源化とは呼べない。

過去の資源化を分析する視点として、本章では、次の三点を設定する。第一は、資源化の政治学である。これは過去を資源化しようとする者の動機、関心、方法の分析である。複数の者によって資源化が試みられる場合には、その関係性を問題とする。そうした人々の間の利害対立とその原因や、資源共有の可能性を考えることが、資源化の政治学の重要な問いとなる。

第二は、資源化の解釈学である。これは、資源化を試みる者がその資源に対して見出している意味を、研究者が読み解く作業である。その際に留意すべきなのは、過去の意味は常に一定ではなく、時間の経過や、他の資源化の試みとの関係で、新たな意味を帯びる可能性があるということである。したがって資源化の解釈学は資源化の政治学と組み合わせて考える必要がある。

第三は、資源の想像である。過去の資源化は、明確な過去の事物ばかりを対象に行われるとは限らない。むしろ資源化すること自体が目的で、資源となる過去が曖昧な場合には、過去が想像されることもあるだろう。政治的な影響力を増すために、歴史上の英雄との系譜関係が捏造されたり、観光客にアピールするために先スペイン時代風の土産物が作られたりするような場合である。この視点の目的は、もちろん、想像された過去に事実の歪曲を認め、それを批判することではない。むしろ、どのような状況下に、いかなる想像力が駆使され、史実として受け止められるようになるのかを考察することである。

3　事例研究

本章では、植民地時代から現代まで、メソアメリカとアンデス地域、およびその周辺部における、過去の資源化の事例研究を九編、コラムを五編収録する。以下に事例研究の概要を述べる。

▼植民地時代における過去の資源化

井上幸孝は、メキシコの植民地時代初期の一六世紀後半から一七世紀にかけて書かれた記録文書（クロニカ）に着目する。中には先住民族のエリート層に属する者がスペイン語を用いて、先スペイン期のアステカ等の歴史を書いたものもある。それ自体、文書による過去の資源化の一例といえるが、注目すべきなのは、そうした文書が後世の歴史家に参照されることにより、再資源化されたことである。このことは、現代人が知る先スペイン期の歴史は、このような過去の資源化の連鎖の結果として立ち現れているという可能性である。

一方、佐藤正樹は、古代アンデス文明の栄えたペルー北海岸地方の一七世紀の状況を報告する。地元の首長たちは、自分たちの地位と権益をスペイン人に対して主張するため、先スペイン時代に遡る出自を強調した。しかしそれは必ずしも明確な証拠や根拠に基づくものではない。むしろ政治的な関心から過去との繋がりが戦略的に重視され、資源となる過去そのものは多分に想像されたものだったといえる。

▼現代メキシコにおける先スペイン期遺跡の資源化

現代のメキシコで先スペイン時代の遺跡が資源化されることは珍しくない。遺跡の規模が大きく、建造物が多数残されている場合は、政治、経済的に有力な資源として注目されることが多い。杓谷茂樹の研究は、メキシコ、ユカタン州のマヤ遺跡チチェン・イツァをめぐる資源化の政治学を扱っている。研究の焦点は、遺跡周辺の集落に居住し、遺跡公園内に不法侵入して土産物の販売を行う露店商たちである。遺跡の管理をめぐっては、ユカタン州政府、メキシコ国立人類学歴史研究所、および隣接するキンタナ・ロー州の観光産業等が強い影響力をもつ。杓谷によれば、露店商たちの継続的な遺跡侵入が可能になっているのは、これら関係者の利害関係の中で一定の均衡が生じているからだという。興味深いことに、露店商の多くはマヤ・ユカテコ民族であるにもかかわらず、遺跡を自分たちの文化遺産として主張する動きが見られないことである。チチェン・イツァがおかれた高度なマスツーリズム状況下では、地元住民の民族としての主張など簡単に無視されてしまう。だから彼らは、遺跡を生活の糧を得る場所として他の関係者と同じ土俵に立ち、利害関係のバランスを崩さないようにうまく立ち回ることで、遺跡内での露店商売の維持に成功しているのである。つまり彼らは、チチェン・イツァをマヤ民族国有の象徴資源として語りながら、その利害対立を優位に導くという戦略をとらず、チチェン・イツァの場所を生態資源として争っていくことを選択しているのである。

小林貴徳はメキシコ、プエブラ州のチョルーラ遺跡の資源化の政治学の事例をあつかっている。チョルーラには、メキシコでも最大規模の先スペイン期のピラミッド遺構が存在する。これを生態資源として、プエブラ州政府と観光産業はテーマパークの建設を計画した。一方、近隣二市の住民有志は、より環境保全型の開発を求め、テーマパーク建設に反対した。この官民の対立は、双方がチョルーラ遺跡に異なる意味を見出しているため、象徴資源としての対立ともいえる。前者は、メキシコ連邦政府の観光振興政策を利用し、魅惑的な町（プエブロス・マヒコス）をテーマに観光開発をおこなった。後者は、これに反対する社会運動を通じて、チョルーラ遺跡に市民連帯という意味を投影している。

▼現代のアンデス地域における古代文明の資源化

現在のアンデス地方でも過去の資源化の事例は枚挙にいとまがない。八木百合子は、ペルーのクスコ市にあるアルムデナ教会に奉納される衣装のデザインを分析した。奉納品の一部には、キリスト教とは無関係のアンデス地方の植物や、先スペイン時代のデザインをモチーフにした刺繍が見られる。これらを奉納するのは、主に二〇世紀後半に農村部からクスコ市に移住してきた人々であり、その動機は、聖母信仰の証というだけでなく、クスコ社会における自身の存在感の主張にもあった。つまりアンデス的な意匠は、信徒の社会的存在感を表現するための象徴資源であるといえる。

生月亘の研究は、エクアドルの公教育政策における先住民族の文化的表象を扱う。二〇〇八年憲法で多民族・多文化国家を表明したエクアドルでは、教育において文化間の相互理解を目的とするインテルクルトゥラリダ概念が重視されている。このため先住民族の教師たちの課題は、政策の動向を注視しながら、いかに自分たちの文化的伝統を認識し、それを生徒たちに教えるかということである。アンデス高原地帯にある生月の調査地では、これまでに先住民衣装やキチュア語の再評価が試みられ、農業や手工芸の振興も行われている。こうした試みは、教師らによる古代アンデス文明の資源化の試みといえるが、その文明の表象は一定しない。このことは、先スペイン時代の記憶が希薄であるため、資源化に際しては、自分たちの過去が想像される必要があることを示している。

▼先住民族文化の資源化

単に古い文化を保持しているだけでは、過去の資源化と積極的にいうことはできない。過去が客体化されていること、すなわち古くからの習慣として身につけている文化を価値あるものとして客観的に再認識し、あらためて資源として役立てようとすることこそ、資源化の意味するところである。

本谷裕子の研究は、グアテマラのマヤ民族の女性の間に伝わる織布の資源化の問題をあつかっている。彼女たちは、先スペイン時代に由来する後帯機の技術を用いて布を織る。従来は、その技術が先祖から受け継いだものと認識され、女性たちは世代間の継承を自然なことと考えていた。ところが近年は、グアテマラの民族衣装が世界的な注目を集め、そのデザインを外国の企業がパテントをとって管理する動きがでてきた。本谷の調査地では、これに呼応し、マヤ民族の女性たちも自分たちの親しんだデザインを集団的な知的財産として保護する必要に迫られている。これは先住民族の伝統文化が、第三者によって経済資源化された結果、先住民族自身もそれを経済資源として再認識したことを意味している。

一方、工藤由美の研究は、チリの先住民族マプーチェの伝統医療の資源化を扱っている。この事例では、第三者による資源化は、チリ政府の医療保険制度改革によってもたらされた。マプーチェ医療は、二〇〇六年から公的医療保険の対象となったため、現在は、都市の低所得層に属する非マプーチェ（一般チリ人）の利用が急増している。この政策は、マプーチェの人々に伝統医療の実践を制限するものではないため、チリ政府とマプーチェの間であからさまな衝突はおきていない。しかし、マプーチェにとって伝統医療は宇宙観や自然観と不可分の象徴資源である。そのため、そうした意味を共有しない非マプーチェ患者へのサービス提供には、同民族内部で異論もある。

▼過去を資源化する制度としての博物館

本章の事例研究の最後は、鈴木紀による博物館展示の比較研究である。古代アメリカ文明は、多くのラテンアメリカ諸国の博物館で展示されている。各博物館はそれぞれのミッションを果たすために古代アメリカ文明を資源として活用しているといえる。鈴木は、古代アメリカ文明の展示を見学する行為を過去への時間旅行に例え、六カ国の博物館で体験できる時間旅行の内容を比較する。その結果、旅行の目的地である先スペイン時代の文化だけでなく、旅行の帰路に立ち寄る植民地時代以降の先住民文化の表現方法が異なっていることを指摘する。そしてこうした違いは、博物館の過去に対する解釈が表出するキュレーションのレベルだけでなく、博物館の置かれている政治性のレベルでも生じていることを推測する。

4　事例の比較

最後に、上記の諸事例が示唆していることをまとめておこう。第一に、資源化の政治学という点では、いずれの事例でも、過去の資源化を試みる動機として政治、経済的な関心が認められることである。植民地時代の先住民族の有力者たちには、植民地社会で地位を確保する狙いがあった。現在の遺跡をめぐっては、観光開発と史蹟保護など相異なる関心が存在する。ペルー、クスコ市への移住者は都市コミュニティの中で自分たちの居場所を主張しようとし、エクアドルの先住民族教師たちは政府の教育政策に対して自律性を求める。グアテマラのマヤ民族の織布は国際資本による資源化の対象となり、マプーチェ民族の伝統医療はチリ政府によって資源化されている。そしてラテンアメリカ諸国の国立博物館における古代アメリカ文明の展示は、各国で支配的な歴史観によって影響を受けたものである。

第二に、資源化の解釈学という点では、過去の資源化が、同一の資源をめぐって並存する場合に、異なる意味が読み込まれる傾向があるといえる。チョルーラ遺跡を巡るプエブラ州政府と市民グループ、織布めぐる外国企業とマヤ女性、医療をめぐるチリ政府とマプーチェ民族、いずれも過去の資源化を競合する関係にあり、それぞれが過去に独自の意味を見出している。同様に古代アメリカ文明の多様な博物館展示は、さまざまな過去の解釈の結果である。

第三に、過去のイメージが曖昧であっても、資源化の効用が明らかな場合には、資源化に際して、資源が想像される。ペルー北海岸の植民地時代の首長や、現代のエクアドルの先住民族教師たちは、自分たちの関心に即して、先スペイン時代のアンデス文明像を想像しているといえる。しかし他の事例でも、資源とすべき過去が完全に明白であることはありえない。そのため、過去の想像は、程度の差はあれ、全ての事例で生じているといえるかもしれない。たとえば、博物館展示における古代文明の表象も想像の産物といえる面がある。それは、事実が捏造されているからではなく、来館者に分かりやすい展示を心がける際に、なにをどう展示すべきかをめぐって学芸員の想像力が駆使されているからである。

（鈴木　紀）

参考・参照文献

内堀基光（二〇〇七）「序——資源をめぐる問題群の構成」内堀基光編『資源と人間』弘文堂、一五—四三頁。

第3章

第1節

メソアメリカにおける古代文明像の継承——植民地時代の歴史文書から

井上幸孝

1 はじめに

メソアメリカ地域では、一五二一年にエルナン・コルテス率いる軍がテノチティトランを陥落させたことで、三世紀に亘るスペイン植民地時代が幕を開けた。「アステカ王国」[1]の中心部であったメキシコ盆地やその周辺地域では、とくに早くから聖俗両面でのスペイン化や西洋化が進んだ。先住民は人類史上まれに見る人口減少を経験したが、アンデス地域と並んで征服前から人口が集中していたメソアメリカでは、少数のヨーロッパ人入植者に対し先住民は圧倒的多数であり続けた。スペイン支配下に置かれたメソアメリカ先住民は、滅び去ったわけでもなければ、ただ一方的に外圧による受動的変化を被っただけでもなかった。都市部と農村部、元貴族層と一般の先住民などの間で変容の度合いは様々であったが、征服前の歴史はスペイン植民地時代にも受け継がれた。本節では、「先住民クロニカ」と呼ばれる史料をもとに、一見するとかなり「西洋化」した人々がどのように征服以前の歴史を描き出そうとしたのかを、具体的な事例から考察する。

2　先住民クロニカ

クロニカとは、大航海時代の西洋人が探検・征服や現地の歴史・自然など多様なテーマについて書き残した記録文書のことを言う。同様に現地の先住民や混血者が記したものは「先住民クロニカ」と呼ばれる[2]。とりわけメソアメリカ地域では一六世紀後半から一七世紀初頭に先スペイン期の歴史などについて多く書き残された。

先住民クロニカは、スペイン語もしくはアルファベット表記のナワトル語などの先住民語で書かれている。いずれも執筆された当時には印刷されず、一九～二〇世紀に公刊されるまで長らく手稿や写本の形で受け継がれた（表1）。これらの文書は、アステカ期を中心とした征服前の歴史を知るための史料としても重要視される一方、とりわけ二〇世紀末以降の研究によって個別の分析が進み、近年では各々のクロニカの記述内容やその作者の執筆動機、社会環境などが大幅に明らかになってきている。換言すれば、クロニスタ（クロニカの作者）たちは、「忠実な過去の伝統の継承者」ではなく、個々が置かれたスペイン支配下の状況に応じる形で情報の選択や解釈を行い、征服以前の歴史を再構築しようとした。これらクロニスタのうち、以下では、フェルナンド・デ・アルバ・イシュトリルショチトル（Fernando de Alva Ixtlilxóchitl, 以下、アルバと略記）を例にそうした歴史の再構築の一端を見る。

アルバは一五七八年におそらくはメキシコ市で生まれ、一六五〇年に同市で亡くなっている。父はスペイン人、母はサン・フアン・テオティワカン（古典期の大都市テオティワカンの近隣に位置する後古典期の町）の支配者の血を引くメスティソであった。この家系は、征服時にテスココに従属していたテオティワカンの町の支配者ケツァルママリツィンに由来し[3]、征服後にカシカスゴ（カシーケ領）を与えられていた。また、この家系にはテスココ王家の女性（アルバの曾祖母）が嫁いでおり、同王家の血も流れていた。このテスココ王家の血統をさかのぼるとメシコ征服戦争に参加したエルナンド・イシュトリルショチトル、さらにはネサワルピリやネサワルコヨトルにつながる。アルバ自身はテスココやチャルコといった先住民の町の統治官（フエス・ゴベルナドール）や先住民向け司法機関（フスガー

表 1　代表的な先住民クロニカ

クロニスタ名	クロニカ名	執筆時期(4)	主な使用言語
クリストバル・デル・カスティージョ（Cristóbal del Castillo）	『メシーカ人ならびに諸部族の到来の歴史』（*Historia de la venida de los mexicanos y de otros pueblos*）	1600年	ナワトル語
	『征服の歴史』（*Historia de la conquista*）	1599年	ナワトル語
エルナンド・デ・アルバラード・テソソモク（Hernando de Alvarado Tezozómoc）	『クロニカ・メヒカーナ』（*Crónica mexicana*）	1598年頃	スペイン語
	『クロニカ・メシカヨトル』（*Crónica mexicáyotl*）	1609年以前	ナワトル語
フアン・バウティスタ・デ・ポマール（Juan Bautista de Pomar）	『テスココ報告書』（*Relación de la ciudad y provincial de Tezcoco*）	1582年	スペイン語
ディエゴ・ムニョス・カマルゴ（Diego Muñoz Camargo）	『トラスカラ市ならびに同地方の描写』（*Descripción de la ciudad y provincia de Tlaxcala*）	1580年代前半	スペイン語
	『トラスカラ史』（*Historia de Tlaxcala*）	1599年以前	スペイン語
フェルナンド・デ・アルバ・イシュトリルショチトル（Fernando de Alva Ixtlilxóchitl）	『トルテカ人とチチメカ人に関する歴史報告書』（*Sumaria relación de todas las cosas...*）	1598年頃	スペイン語
	『テスココ王国史概要』（*Compendio histórico del reino de Texcoco*）	1608年以前	スペイン語
	『ヌエバ・エスパーニャの歴史（チチメカ人の歴史）』（*Historia general de la Nueva España o Historia de la nación chichimeca*）	1610年代以降	スペイン語
ドミンゴ・チマルパイン・クアウトレワニツィン（Domingo Francisco de San Antón Muñón Chimalpain Cuauhtlehuanitzin）	『歴史報告書集』（*Diferentes historias originales*）	1606年代～1630年代	ナワトル語
	『日記』（*Diario*）	1590年代～1620年代	ナワトル語
フアン・ブエナベントゥーラ・サパータ・イ・メンドーサ（Juan Buenaventura Zapata y Mendoza）	『高貴なるトラスカラ市の年代史』（*Historia cronológica de la noble ciudad de Tlaxcala*）	1650年代～1680年代	ナワトル語

ド・デ・インディオス）のナワトル語通訳官を務めた。また、彼は先住民の情報や史料を蒐集し、一五九〇年代末以降、複数の歴史的内容のクロニカをスペイン語で著した。代表的なものとして、『トルテカ人とチチメカ人に関する歴史報告書』（以下、『歴史報告書』）、『テスココ王国史概要』（以下、『王国史』）、『ヌエバ・エスパーニャの歴史』[5]（以下、『NEの歴史』）がある。

3　アルバによる歴史の資源化――「詩人王」ネサワルコヨトル

アルバは遠い先祖に当たるテスココ王のネサワルコヨトル・アコルミストリ（Nezahualcóyotl Acolmiztli, 一四〇二―一四七二　以下、ネサワルコヨトル）について、宗教や文化面に秀でた王としてのイメージを読者に提示しようとした[6]。アルバ以前には、一五八〇年代にポマールがネサワルコヨトルを文化的に優れた王であることを強調する記述を残していた。ポマールの意図は「野蛮な」メシーカ人と「文化的な」テスココ人を対比させることにあった（Inoue Okubo 2003：5-6）。アルバはポマールが書き残したネサワルコヨトル像を利用しつつ、征服以前の先住民が成し遂げた文化の隆盛を示すとともに、キリスト教の摂理史観の枠組みに沿って征服前の文明の意義づけを行おうとした。

ネサワルコヨトルに関する記述を具体的に見てみよう。アルバは『NEの歴史』の中で次のように述べている。

〔ネサワルコヨトルは〕テックコ市を出発し、テッコツィンコの森へ向かった。彼はそこで四〇日間の断食を行い、知られざる神、すなわち万物の創造者でありその源である者に祈りを捧げた。彼はその神を称える詩歌を六〇数編もつくった。それらは現在まで残されており、崇敬の念や気持ちが込められたもので、その神についての実に崇高な名称や形容が含まれている。（Alva Ixtlilxóchitl 1985：II, 125）

ここで言及されている詩歌とは、ポマールが編纂したとされる『ヌエバ・エスパーニャの君主たちのロマンセ』と呼ばれる史料に収められたものを指す（Garibay Kintana 1993）。ただし、現代の研究ではこれらすべてがネサワルコヨトルのものだったわけではないとされているのに加え、そもそもこれら詩歌の「作者」についての概念すら再検討が必要とされている（井上二〇一七：八九）。しかしながら、アルバは、ネサワルコヨトルによる唯一神探求は残された詩歌の中に見いだされるというポマールの見解を踏襲し、聖なる場所テツコツィンコでの「四〇日間の断食」や知られざる神に捧げた「六〇数編の詩歌」といった具体的数字をもって、ネサワルコヨトルがキリスト教と同じ唯一神信仰に近づきつつあった点を強調した。

さらに、アルバのクロニカでは、メソアメリカの創世神話を旧約聖書の記述になぞらえてアメリカ大陸の人間が旧大陸起源であることを示そうと試みたり、はるか昔にイエス・キリストの使徒の一人がメソアメリカで布教を行ったことを示唆するような記述がある。『歴史報告書』によると、高い建造物が崩壊し言語が変化した後に世界の各地へ散っていった集団の一つがトルテカ人であり、イエス受難の瞬間にはそのトルテカ人に天変地異が届いたという（Alva Ixtlilxóchitl 1985：I, 263–265）。一方、『NEの歴史』によれば、はるか昔、ケツァルコアトルもしくはウエマクなる人物が到来したという。この人物は「言葉と行いで有徳の道を説き、悪や罪から人を遠ざけ、法と良き教えを伝え」、最初の十字架を建立したが、布教の成果が不十分だったため、再来の予言を残して去って行った（Alva Ixtlilxóchitl 1985：II, 8–9；染田・篠原二〇〇五：一二）。その結果、キリスト教がスペイン人到来以前に定着することはなかったものの、そのような不利な条件の中でも、ネサワルコヨトルのような賢者が「唯一の神」を見出そうとしていたというのがアルバの提示するストーリーである。それゆえ、アルバは、使徒ケツァルコアトルの残した予言が「いずれものちに現実のものとなった」とも述べている（Alva Ixtlilxóchitl 1985：II, 8）。このように、アルバはキリスト教的な歴史観に沿った歴史叙述の枠組みを設け、その中で文化や宗教面に秀でた王としてのネサワルコヨトル像を描き出そうとした。

アルバが作り上げた文化的な王としてのネサワルコヨトルのイメージは、一定程度は的を射たものであろう。しかし、実際のネサワルコヨトルは、浸水に苦しむテノチティトランの町の状況を改善するために大規模土木事業を指揮した人物でもあれば、『イシュトリルショチトル絵文書』に描かれているような戦士でもあり、「アステカ王国」の一部を成すアコルワカン王国の多くの征服活動を指導した。また、先スペイン期の「詩作」に秀でていた王は、当然ながら他にもいたことだろう。つまるところ、アルバはネサワルコヨトルに付与され得た多様なイメージのうち、文化的な側面をクローズアップし、彼のクロニカの読者にそうしたイメージを強く印象づけようとしたのであった。

4　アルバによる歴史の資源化——征服戦争中のテスココ王

アルバによる「印象操作」が見てとられるのは、右で見た「詩人王」ネサワルコヨトルのイメージに限られるものではない。『王国史』の一部を成す『第一三報告書』は、アルバによるメシコ征服の経緯についての最も詳細な叙述である（Alva Ixtlilxóchitl 1985: I, 450–517）。このテクストの分析からも、アルバがクロニカの読み手に特定のイメージを付与しようと意図したことが明らかになる。

コルテス到来時のテスココ王であったカカマの死後、後継者となったのはコアナコチ（Coanácoch）であった。しかし、この王は征服戦争中にテノチティトラン陣営についた。コルテス軍に協力的だったテスココ王家内では、代わりにテココルツィンを擁立し、その死後はアワピクサツィン、さらにはイシュトリルショチトルが統治を行った。『第一三報告書』にはこの経緯の仔細が描写されているが、本来、トラトアニ（都市国家の王）は終身であり、テココルツィンやイシュトリルショチトルの「選出」にはおそらく継承上の法的な問題点があったものと思われる。アルバがスペイン語で書いたこの経緯の叙述を見ると、極めて慎重にスペイン語の用語を選択し、用いていることがわかる。具体的には、コアナコチに触れる際に「王（rey）」という単語を避け、テココルツィンやイシュトリルショチトルに言及するのと同じ「領主（señor）」という語を多用している。加えて、コアナコチが「領主の称号を持っていたに過ぎない」と述べている箇所すら見受けられる（Alva Ixtlilxóchitl 1985: I, 468）。また、テココルツィン以降の「継承者」には「統治する（gobernar）」という表現を繰り返し用い、実質的に都市テスココをコントロールしたことを印象づけようとしている。さらに、メシーカ人、アコルワ人を問わず、先住民の戦闘官には「武将（general）」という語を用い、コルテス麾下の「指揮官（capitán）」と区別しようとしている。すなわち、テスココ先住民を率いる「武将」は、コルテスの指揮下にあるのではないことを明確にしつつ、コルテス率いるスペイン軍とイシュトリルショチトル率いるテスココ軍が対等な関係にあって、共闘してテノチティトランを陥落させたとアルバは読者に理解させようとしている。

一五二一年八月の征服戦争終了後、一五二三年にはコアナコチとイシュトリルショチトルの間でテスココを中心とする王国（アコルワカン王国）の分割がなされたことをアルバは書き記している（Alva Ixtlilxóchitl 1985: I, 484）。これは、形式的に称号を有し続けたコアナコチと、実質的に「王」として振舞ったイシュトリルショチトルが同等の権利を有し、旧アコルワカン王国領に対する権威を保ったということを示そうとする記述であったと考えられる。史料不足のため、この歴史的経緯の真偽は不明である。しかし、イシュトリルショチトル側に分けられたとされる地域に位置するオトゥンバの町のカビルド（議会）の先住民要人たちは、一六〇八年に作成された文書において、アルバの歴史記述が「実に確かで真正なものであり、我々が父母や祖父母から伝えられた記憶の通り」と認定している（Alva Ixtlilxóchitl 1985: I, 519）。このように、アルバの歴史叙述は一七世紀初頭の地元先住民社会で受け入れられるものでもあった。

征服戦争におけるイシュトリルショチトルの功績をアルバが強調したことは、彼がイシュトリルショチトルの四世代下の子孫（玄孫）であった事実と切り離すことができない。というのも、テノチティトラン攻略の戦いにおける先祖の功績は、アルバ自身やその家族の社会的地位の保全と密接に関わっていたからである。それゆえ、彼が行った先スペイン期や征服期の記述は、総じて作り話というわけではないにせよ、特定のイメージや意図した印象を読み手に与えようとするものであった。右で見たように、アルバがスペイン語の表現や用語を慎重に選び使用したことは、そうした読者への特定の印象を与える手段の一つだったと言える。

5　ヨーロッパ系の歴史家による先住民クロニカの利用

アルバのクロニカの例からも明らかなように、征服後に多く作成された先住民史料は、先スペイン期の情報を必ずしも忠実に書き写したものというわけではなく、「過去の資源化」と呼ぶことのできるクロニスタ自身の解釈をしばしば含むものであった。これら「史料」が征服前の時代を研究する上で欠かせない情報を含んでいることは事実である。しかし、現代の基準からするとそこに描写された全てを字義通りに受け止めることは危険であり、スペイン人の「証言」（クロニカ等の記述）を読む際と同様に批判的な読みが必要とされる。

他方、植民地時代前半になされたアルバの記述がどのようにして現代にまで受け継がれていったかについて展望を示しておくことも必要だろう。例えば、ネサワルコヨトルについて、現行の一〇〇ペソ札[7]やメキシコ国内の各種モニュメントに見られるように、「詩人王」や「文化的な王」のイメージは現在まで長らく定着している（写真1）。また、この王に関連が深いテスココ郊外のテッコツィンコ（テスコシンゴ）遺跡については、神殿などの宗教的施設よりも普遍的な「文化」のイメージが強い「ネサワルコヨトルの浴場」というキャッチフレーズが多用される（写真

写真1　メキシコ市中心部の「三都市同盟庭園」のネサワルコヨトルのレリーフ（2014年10月、筆者撮影）

2)。さらに、現在のテスココ市中心部の文化施設は「ネサワルコヨトル文化センター」という名称で、館内の金属製プレートには「テスココの詩人、偉大な王に捧ぐ」と刻まれている。

こうしたイメージが現代まで継続したのは、アルバのクロニカが後世に繰り返し利用されたことと関係している。それゆえ、後世における彼のクロニカの利用が現代のネサワルコヨトル像に欠かせない要素であった点も簡潔に見ておきたい。

写真2　テスココ郊外のテツコツィンコ遺跡（2015年3月、筆者撮影）

植民地時代後半、アルバの著作を含む彼の蔵書はクリオーリョを中心としたスペイン系の知識人がアクセスできる形で伝わった。その始まりは、ソル・フアナと並び一七世紀を代表する知識人のカルロス・デ・シグエンサ・イ・ゴンゴラ（Carlos de Sigüenza y Góngora, 一六四五―一七〇〇、以下、シグエンサ）であった。この人物はアルバの息子を介してその蔵書を入手し、自身の著述に利用した。シグエンサはアルバを「ナワトル語のキケロ」と称え、アルバの著作を権威あるものと見なしてしばしば引用した（Sigüenza y Góngora 1995: 52）。さらに時代が下り、一八世紀のクリオーリョでイエズス会士のフランシスコ・ハビエル・クラビヘーロ（Francisco Xavier Clavigero, 一七三一―一七八七）は、スペイン領から追放された後に亡命先のボローニャで『メキシコ古代史』を出版した。この著作でクラビヘーロが描写したネサワルコヨトル像は、アルバの記述に見られる要素が多く再利用されたものであった（Clavijero 1964: 117–118, 145, 160）。

さらに独立後のメキシコでは、先住民の書き残したクロニカ類が二〇〇年以上を経て出版されるに至った。最初に公刊されたアルバの著作は

『第一三報告書』であった。メキシコ独立期の文筆家で政治家のカルロス・マリーア・デ・ブスタマンテ（Carlos María de Bustamante 一七七四―一八四八）によってサアグンの『ヌエバ・エスパーニャ総覧』が一八二九年に出版された際、アルバのこの報告書が付編として収録された。さらに、一九世紀の末にはアルフレド・チャベーロが『歴史著作集（*Obras históricas*）』の表題で、それまでに知られていたアルバの著作すべてを出版し、広くメキシコ国内で読まれることにつながった[8]。

このようにアルバの記述が直接的・間接的に利用され続けた事実は、先スペイン期文明の資源化が植民地時代前半だけの現象だったわけではないことを示している。言い換えれば、征服以前の歴史の資源化は、一七世紀後半以降も繰り返しなされ、そのアクターは先住民の血を引く子孫に限られなかった。それどころか、スペイン系の血を引くクリオーリョらもそうした再資源化の一端を担い、その結果が現代の歴史像に大きく影を落とすことになった[9]。

6　おわりに

「先住民クロニカ」や「先住民史料」といった表現を耳にすると、私たちはしばしばそこに何某かの「真正さ」を想起してしまう。しかし、こうした分類はあくまで研究上なされたものに過ぎない。本節を通して見たように、実際には征服後のある時点で先住民の血を引く人物が過去を解釈し、描写したものであった。さらに、こうした歴史の資源化は、アルバが著したような先住民クロニカだけに見られた現象ではなく、その後も異なるアクターによって繰り返し行われたという展望も前項で示した。植民地時代後半およびメキシコ独立後における先スペイン期文明像の再生産に関わる個別事例の詳細な分析は次なる課題である。

スペインによる征服の結果、「アステカ王国」という政体は終焉を迎えた。しかしこれはメソアメリカ文明の死を意味するものではなかった。多くの先住民が征服以前に由来する思考や生活様式を長らく維持し続けていることを「メソアメリカ文明の存続」と捉えることもできるだろう。しかし、それと同時に、征服以前の文明は現代に至るまで各時代における「現在」から断絶することなく、「繋がりを持った過去」として資源化され続けた。こうした次元においてもまたメソアメリカの古代文明は征服後も連綿と受け継がれてきたと言うことができるのではないだろうか。

注

(1) 実際には、テノチティトラン、テツココ(テスココ)、トラコパンという、それぞれに王を戴く三つの都市国家の連合による政治体制で、「アステカ王国」や「アステカ帝国」という呼称は一八~一九世紀以降に広まったものである。

(2) 先住民クロニカ(crónicas indígenas)のほか、先住民および混血のクロニカ(crónicas indígenas y mestizas)、先住民伝統に基づいた著作(obras de tradición indígena)なども呼ばれるが、ここでは総称として先住民クロニカと表記する。

(3) 本来はテツココ(Tetzcoco)と表記するのが正確であるが、煩雑さを避けるため本節では植民地時代以降の名称であるテスココ(Texcoco)で統一する。

(4) 各クロニカの執筆時期については、断片的な情報による場合が多く、その確定は容易ではない。チマルパインの例(篠原二〇一五)からもわかるように、とりわけ記述内容の相互関係を検証する作業は困難であるがきわめて重要である。

(5) 一般には『チチメカ人の歴史』の名で知られているが、ここではアルバが元来付した表題と考えられる『ヌエバ・エスパーニャの歴史』を用いる。

(6) アルバが想定していたクロニカの読み手は明示されていないが、スペイン語で執筆したことや出版を試みた形跡が認められることから、スペイン人を対象に先スペイン期や征服期の歴史を示そうとしたと考えられる。

(7) ネサワルコヨトルがデザインされた一〇〇ペソ札の発行は、若干のデザイン変更があったものの、一九九〇年代から現在まで続いている。そこには、西洋風なネサワルコヨトルの肖像画が大きくあしらわれ、この王が作ったとされる詩(ただしこの詩の原典は不明)のスペイン語訳が印刷されている。

(8) その後、一九七〇年代にはエドムンド・オゴルマンによる校訂版が出版され、現在ではこの版が学術的に使用されている(Alva Ixtlilxóchitl 1985)。なお、一九八二年にイギリス聖書協会で見つかり、二〇一四年にメキシコの国立人類学歴史学図書館所蔵となって一般に公開された『チマルパイン文書』(*Códice Chimalpahin*)にはアルバ直筆の手稿が含まれており、今後はこの原稿に基づいた校訂版の出版が待たれる。

(9) こうした資源化や再資源化の結果は、時に博物館展示(本章第9節参照)や現代先住民による過去に関わる言説にも反映されてきたことは言うまでもない。

参考・参照文献

井上幸孝（二〇一七）「植民地時代の先住民記録に見る先スペイン期の歴史像の形成」『古代文化』第六九巻第一号、八四―九五頁。
篠原愛人（二〇一五）「チマルパインと一六〇八年」『摂大人文科学』第二二号、一―二五頁。
染田秀藤（一九九八）「クロニカ研究への誘い」池田修監修『世界地域学への招待』嵯峨野書院、三三五―三四三頁。
染田秀藤、篠原愛人監修（二〇〇五）『ラテンアメリカの歴史――史料から読み解く植民地時代』世界思想社。
Alva Ixtlilxóchitl, Fernando de（1952［1891］）*Obras históricas*. Ed. de Alfredo Chavero, México：Editora Nacional, 2 tomos.
Alva Ixtlilxóchitl, Fernando de（1985［1975］）*Obras históricas*. Ed. de Edmundo O'Gorman, México：UNAM, 2 tomos.
Clavijero, Francisco Javier（1964）*Historia antigua de México*, México：Porrúa（"Sepan cuantos..." 29).
Códice Chimalpahin. Manuscrito en línea. https：//codicechimalpahin.inah.gob.mx/（Consultado：diciembre de 2015).
Garibay Kintana, Ángel María（1993）*Poesía náhutal I：Romances de los señores de la Nueva España. Manuscrito de Juan Bautista de Pomar, Tezcoco, 1582*. México：UNAM.
Inoue Okubo, Yukitaka（2003）'Pomar y Muñoz Camargo en el contexto histórico-historiográfico de la Nueva España,' *Históricas*, 66：2-14.
Romero Galván, José Rubén（coord.)（2003）*Historiografía mexicana I. Historiografía novohispana de tradición indígena*. México：UNAM.
Sigüenza y Góngora, Carlos de（1995）*Primavera indiana*. México：CONACULTA.

第3章

一七世紀ペルー北部海岸における先住民首長たちの過去認識

佐藤正樹

第2節

1　はじめに

過去が資源として用いられる現象を植民地期アンデスにおいて考える時、まず想起されるのはインカであろう。インカ帝国の旧都クスコに、スペインの征服後も暮らしていた先住民貴族たちは、インカに繋がることがもたらす権威や利益を意識し、これを制度化してきた（Amado Gonzales 2017）。一八世紀末に植民地を揺るがす先住民反乱を起こしたトゥパク・アマル二世こと混血のホセ・ガブリエル・コンドルカンキ（Tupac Amaru II/José Gabriel Condorcanqui）が、その反乱の直前までクスコでインカの系譜に連なろうとして叶わなかったことは近年の研究が明らかにしている（Cahill 2003）。

植民地期のインカ・イメージを均質で単線的なものとして想定する危険を回避するために、アンデス史家の網野徹哉は多様な「表象としてのインカ」のあり方を三つの層に整理している。すなわち第一の層として、植民地支配下でスペイン人・インディオの双方がそれぞれの動機・欲望に基づき、文字を通じて正当な歴史として書き残した「歴史化されるインカ」がある。この層の発生と並行するようにして、本来インカ的正統性とは歴史的に関係を持たない人々が、アンデス社会で権威を行使するための源泉としてインカに着目し、「歴史化されたインカ」をその時々のコンテクストにおいて再利用しようとする時に現れるのが「再・歴史化されるインカ」の層である。そして最後の層として、民衆の間で育まれていた、多くの場合正史的な伝統からは大きく逸脱したインカ像、すなわち「脱／非・歴史化されるインカ」がある（網野二〇一七）。

このように、インカを資源として用いる動きについては研究が進んでいる一方で、植民地期アンデスにおいてはインカだけが資源として想起されていたわけではない。また、研究が集中するクスコ以外の場所でも、過去を資源化する営みは生じていたはずである。そこで本節では、網野の整理を援用しながら、一七世紀半ばのペルー北部海岸地域における先住民首長カシーケ（cacique）らの過去認識の特徴を探る。当該地域で発生していたスペイン人による土地の収奪に抗議するカシーケらの主張を検討すると、彼らがスペイン人によって歴史化された先住民社会の像の中に留まっている様子が明らかになる。まず、カシーケらが声を挙げるに至った歴史的な背景を確認しよう。

2　ペルー北部海岸地域における土地整理

フェリペ四世統治下（一六二一—一六六五年）のスペイン帝国は、王がヨーロッパで再開した対外戦争に伴う出費により深刻な財政難に直面した。状況を打開するために様々な財政策が導入されたが、南米アンデス植民地で積極的に進められた政策の一つが土地整理（composición de tierras）である。これは、使用者不在の土地について検分し、その所有権を競売するというものである。征服期以降のアンデスにおいて先住民人口は減少の一途をたどっており、その過程で放棄された土地が少なくなかったことを考えると、土地整理は理に適った策のように見える。しかし蓋を開けてみると、政策のどさくさに紛れて、先住民がそれまで耕作してきた肥沃な土地がスペイン人によって奪われるという事態が多発した。

土地を奪われた先住民たちはアンデスの各地で抗議の声を挙げるが、最も早い時期から動いたのがランバイエケ（Lambayeque）を中心とするペルー北部海岸地域のカシーケたちであった。この動きを牽引したのが、「ランバイエケ村の筆頭首長、サーニャ（Saña）の先住民中隊長（sargento mayor de los naturales）にしてトルヒージョ（Trujillo）のチムー王の末裔」を名乗るカルロス・チモー（Carlos Chimo）なる人物である。土地整理に関して、チモーが他と大きく異なる点は、政策に対する抗議を植民地で展開するだけに留まらず、自身がスペインに渡って王に事態を告発したことにある。正確な時期は分かっていないが、チモーは一六四六年の半ばにはスペインで請願活動を開始していたと思われる。彼の行動を受けてこの時期、スペイン王室はアンデスでの土地整理の一時停止と、北部海岸地域で生じていた事態の調査を命じているからである。一六五〇年代に入ると政策は一転し、土地を奪われた先住民に対する賠償活動が始まる。チモーの行動は、アンデス全体に関わる植民地政策の展開に影響を与えるものだったと言えよう。チモーがスペイン王に提出した文書を読むと、土地整理の問題点を訴えるその議論において、先住民社会の過去が重要な役目を果たしていることが分かる。

3　カルロス・チモーの語る先住民社会像とその検討

チモーの文書は北部海岸地域の先住民の窮状を引き起こした諸要因について批判したものだが、その中で彼は当該地域の土地整理を担当したスペイン人役人ペドロ・デ・メネセス（Pedro de Meneses）を告発している。なぜメネセスの行為は不当なのか。チモーの議論は以下の通りである。北部海岸地域のカシーケたちは、スペインで言うところの長子相続制（mayorazgo）に相当する相続制度を持っており、それに従って土地は代々所有されてきた。こうして「極めて古くからの権利（tan antiguo derecho）」によって土地を所有してきたカシーケらに対し、メネセスは土地所有を証明する権利書（título）の提示を求め、それが出来なかった土地を召し上げては売却していった。この過程で不正と賄賂が横行し、メネセスは巨万の富を得たという。残されたのは、土地を失い困窮し、王への貢納義務を果たせなくなった先住民たちである。状況の告発に際して、チモーはある本質的な問題についても指摘している。すなわち、先スペイン期の先住民諸王国には文書が存在しなかったのだから、証書が無いことを理由に、カシーケたちが代々受け継いできた土地を取り上げるのは不当だ、というのである。先に述べた通り、チモーの請願を受けてスペイン王室は事態の調査と土地整理の一時停止を命じる。それだけの説得力を彼の議論は有していたのだと言えよう。だが、本節が注目したいのは、その議論の不正確さである。

アンデスの先住民社会は、スペインによる征服活動の後、それまでとは多くの面で異質なルールや価値観、世界観を強制されることになった。彼らは徐々にスペイン人社会の規範にみずからを適合させていくが、その過程で生じた様々な問題の分析を通じて、先スペイン期北部海岸の社会の特徴を明らかにしたのがスーザン・ラミレスの『逆しまの世界』である。ラミレスの研究からは、スペイン人の支配が始まるまで、当該地域には「土地を所有する」という概念が存在していなかったことが分かる。彼らにとって、土地は「耕されているか・いないか」で区別されるものだった。スペイン人の入植は、農地の収奪や、彼らが持ち込んだ家畜群による土地痩せといった実害を先住民社会にもたらしたが、この過程で、先住民たちは少しずつ土地の所有、ひいては私有財産という考えを理解していったのである（Ramirez 1996: chap. 3）。

加えて、チモーが「スペインで言うところの長子相続に相当する」と形容した相続制度も、先スペイン期北部海岸の社会には存在しなかった。アンデス古代文明史家のマリア・ロストウォロフスキは、カシーケの位が血よりも能力を重視して受け継がれていった様子を明らかにしている。インカに関して言えば、「女きょうだいの息子に継承がおこなわれたことが全面的に明らかになっている」ものの、カシーケのような民族集団の長について、北部海岸地域では長子相続制度は存在しなかった。特にランバイエケでは、権力は子どもたちよりも男女の兄弟に優先的に継承されていた（ロストウォロフスキ二〇〇三：一四八）。ただし、事実としての長子相続の有無とは無関係に、スペイン人の植民地役人たちがこれを規範としてインディオの社会に当てはめていたことも指摘しておく必要があろう。多くのスペイン人にとって「正しい血を引いた長子」以外はカシーケとは見なされず、先住民はそのような支配者の見方の下で暮らさざるを得なかったのである。

チモーの主張におけるもう一つの不正確さは、文書記録の有無を巡るものである。先スペイン期の社会には文書が存在しなかったのだから、権利証書が無いことを理由に土地を取り上げるのは不当であるとチモーは言う。先スペイン期アンデスに文字が存在しなかったことを考えると、この主張はもっともらしく聞こえるが、事実ではない。征服活動が完了して以降、北部海岸地域に限らず、折につけスペイン王室は先住民の土地使用状況を調査し、その所有を認める証書を付与してきたからである。

何故チモーはこのように不正確な主張を行ったのだろうか。考えられるのは、請願の読み手がスペイン人であることを意識して、彼らに対して説得力を持つように内容を調整した可能性である。チモーはスペイン人の世界観に、すなわち私有財産や長子相続が常識であるような世界観に沿って、また無文字社会という先スペイン期アンデス像を強調して、北部海岸の先住民社会を記述したのではないか。つまり請願が最大限の効果を持つように、いたずらに正確を期して支配者の抱く先住民社会像に挑むのではなく、あえて彼らスペイン人が歴史化した先住民社会像の枠内で議論を展開することを選んだのである。実際、スペイン王とその顧問官たちに、チモーの記述の不正確さを問題視する様子は見られない。

ところで、不正確なのはチモーの議論だけではない。ランバイエケから南に二〇〇キロメートルほど下った街トルヒージョの歴史文書館には、スペインに渡る数年前のチモーの動向を捉えた裁判記録が残っている。それによれば一六四一年、チモーは街の大聖堂から祭壇飾りを盗んだ疑いで逮捕され、二百発の鞭打ちと四年間の追放刑を下されている。チモー自身はこの時も変わらずランバイエケのカシーケにしてチムー王の末裔を名乗っているものの、裁判に召喚された証人たちはいずれもチモーのことをトルヒージョに居を構える刺繍職人として認識していた。

チモーの後に続くようにして、北部海岸地域のカシーケ達は連名で土地整理に抗議する文書をスペイン王に送付する。またチモーの陳情によって現地で調査が始まると、証人として呼び出された先住民たちは一様に土地整理を批判している。示唆的なのは、彼らの誰一人として、チモーの主張に含まれる不正確さについて、またその出自の怪しさについて言及していない点である。恐らく彼らの差し迫った目的を前にして、すなわち奪われた土地を取り戻すために、そうした不正確さは受容されたのではないだろうか。またチモーの正体に不審な点があったとしても、スペインに渡って王に声を届けることの出来た、その代弁者としての重要性・有用性が勝ったのかも知れない。チモーは陳情活動の後、スペイン王室からペルーへの帰還をたびたび促されながらも従うことなく居残り、一六四八年頃にスペインで死亡したことが分かっている。

4　おわりに

カルロス・チモーがスペイン王室に提示し、北部海岸地域のカシーケたちが追認した先スペイン期の先住民社会像は、その歴史的な実像よりも、支配者であるスペイン人の理解に即している。その意味で、彼らはスペイン人によって歴史化された先住民社会の枠内にとどまっていた。それは彼らの目的にとって、支配者の世界観に沿って行動することが効果的だったからであろう。同時に、私有財産制や長子相続制といった要素は、カシーケを中心とする現地の先住民にとっては拘るべき、あるいはゆずれない歴史的過去にはあたらなかったとも言える。恐らく、植民地期を通じてアンデスの各地でこのような先スペイン期の過去の利用と微修正が行われていたはずである。今後の課題として、個々の事例分析を通じてその実態を明らかにするのは勿論のこと、そうした実践の数々が集合的な記憶としての先スペイン期社会像の成型に与えた影響を検討することが求められよう。

参考・参照文献

網野徹哉（二〇一七）「インカ、その三つの顔——古代王権、歴史、反乱」『インディオ社会史　アンデス社会を生きた人々』みすず書房、二六二―二九〇頁。

ロストウォロフスキ、マリア（二〇〇三（一九八八））『インカ国家の形成と崩壊』増田義郎訳、東洋書林。

Amado Gonzales, Doato. (2017) *El estandarte real y la mascapaycha : Historia de una institución inca colonial*. Lima: Fondo Editorial PUCP.

Cahill, David. (2003) 'Primus inter pares. La búsqueda del Marquesado de Oropesa camino a la Gran Rebelión (1741–1780),' *Revista Andina* 37: 9–35.

Glave, Luis Miguel. (2008) 'Gestiones transatlánticas. Los indios ante la trama del poder virreinal y las composiciones de tierras (1646),' *Revista Complutense de Historia de América* 34: 85–106.

——— (2011) 'Memoria y memoriales: La formación de una liga indígena en Lima (1722–1732),' *Diálogo Andino* 37: 5–23.

Ramírez, Susan E. (1996) *The World Upside Down: Cross-Cultural Contact and Conflict in Sixteenth-Century Peru*, Stanford: Stanford University Press.

Archivo General de Indias, Audiencia de Lima, legajo 100.

Archivo Regional de La Libertad, Corregimiento, Causas Criminales, legajo 245, exp. 2518.

し、その権利を主張する時には、地区内に存在する先スペイン期の遺跡や植民地時代のカトリック教会に言及するのである。

また、彼らは「オリヒナリオ」を自称しても、「先住民（インディヘナ indígena (s)）」を自称しない。メキシコでは「インディヘナ」は貧困や無知のイメージと結び付けられることが多く、彼らはそれを避けたいのであろう。一方で、国際労働機関や国際連合によって明文化されている「先住民族の権利」は、オリヒナリオの権利主張の資源として利用されている。社会運動の資源として利用できるものはするが、利用したくないもの、できないものはうまく避けているように見える。

オリヒナリオ達が求める土地や自然資源の利用の自決権をめぐり、行政側と主張がぶつかり、葛藤を起こしているケースはすでにある。しかし、行政側が譲歩するとは考えられない。これは国家を維持する上ではむしろ当然なことと思われる。国にとって意味のある土地や自然資源を先住民に「返却」する、あるいはそれに関する自決の権利を渡すとなったら、どの国でも大きな問題が起きることは疑いがない。結局、先住民言語の使用、民族衣装の着用、「伝統」行事の遂行、差別のない多様性を認める社会の構築、教育機会の保障、医療機関の増設、街灯の設置、道路の舗装や、「もっともらしい景観」の創造、すなわち、建物にペンキを塗ったり、「古いプエブロ」であることを示すプレートやアーチを地区内に設置するといった、国にとっては当たり障りのない支援の活性化だけが、これまでも一部実現されているし、今後も充実するであろう。同時に、支援をめぐって行政側とオリヒナリ達が交渉することになるだろう。

もう一点意識しなければならないのは、ひとつの旧先住民村落のオリヒナリオ達が必ずしも一枚岩ではないということである。複数のライバル関係、あるいは敵対関係にあるグループが存在することもあり、それぞれのグループに異なる政党や政治家が絡んでいる。すなわち、自決の権利を求める社会運動の場は、決して「全オリヒナリオ VS 政府」とはなっていないのである。社会運動において過去を資源化する主体も複数のグループや政党の思惑と無縁ではない。

（禪野美帆）

参考・参照文献

禪野美帆（2018）「メキシコ市内旧先住民村落居住者の自決権をめぐる諸問題」『関西学院大学人権研究』22号、11-19頁。

Column

社会運動において資源化される／されない事象 ―メキシコ市内旧先住民村落の事例―

メキシコの首都であるメキシコ市内には、先住民村落としての歴史を有する地区が多数あり、2017年のメキシコ市政府の公表ではその数は約200である。そこには多くの場合、「元来の民」を意味する「オリヒナリオ（originario（s））」を自称する人々が居住しており、祭礼の遂行や、墓地、水資源、森林、土地の管理などにおいて中心的な役割を果たしている。

こうした地区や居住者の存在は、今世紀に入る頃まで、メキシコを対象とした文化人類学や民族学においてほとんど研究対象となることはなかった。その主要な原因は、すでに彼らが都市民となっていて、「いかにも伝統的な先住民」とみなされるライフスタイルを有していないこと、さらに、これらの地区は1929年に施行された法改正によって行政上の自治を失い、都市化にともなって外部から流入した居住者も多く、人口構成が多様であることである。また、オリヒナリオの配偶者も外部の者が多い。

しかし、今世紀に入る頃から、メキシコ市長および市内の区長が直接投票で選ばれるようになってから（前者は1997年、後者は2000年）、こうした地区の住人は投票行動の主体、言い換えれば票田の一部となり、メキシコ政府もその存在を尊重する動きを示し始めた。同時に、オリヒナリオ達も居住地区に関する自決の権利を、ちょうど同時期に発達したSNSなども積極的に使いながら訴えるようになった。オリヒナリオという用語が他称および自称としてよく使われるようになったのも今世紀以降である。

オリヒナリオ達が最も強く求めているのは、居住する土地や自然資源（農地や水源）の利用をめぐる自決の権利である。その際に権利の根拠として利用される資源は「先スペイン期、あるいは植民地時代から存在する古い村（プエブロ pueblo）である」ということである。しかし、実際のところ、古いのは地区であり、オリヒナリオ達が皆その地区に由来するとは考えられない。現在のオリヒナリオの３代上や４代上は他所の出身だということは珍しくはない。ただし他の先住民村落の出身である可能性は高い。また前述のように配偶者も外部出身の者が多い。しかし彼らはそのことにはほとんど言及しない。それは自決の権利を求める社会運動の資源にならない。つまりオリヒナリオとは、旧先住民村落がまだ農村の様相を呈していた頃から住んでいる人々であり、都市化が進んだ後に流入して豪邸をかまえる富裕層や、他州の農村から近年移住してきた人々とは自分たちは違う、と考えているところから生成されたアイデンティティである。しかり、その継承性は16～18世紀の歴史文書や図像との対比から、疑う余地はない。

ペルーで遺跡を見ていて、前から気になっていたことがある。異常ともいえるほど、残存状態が良好なことである。「生きた遺跡」を目の当たりにし、その理由の一つが理解できたように思えた。おそらく現代における遺跡利用は、希有なことではない。ただ、他者はそれに気付きはしない。そして彼らは、気付かれないようにしているし、気付いて欲しくもない。よって、たとえ尋ねたとしても、多くは完全に否定される。資本主義に根差した近代国家システムであろうが、キリスト教に根差した植民地時代の社会システムであろうが、都市の中で生まれる論理と自然の中で生まれる論理は相容れない。それが、500年近くにもおよぶ暴力性に満ちた歴史を経て、彼らの心の内奥に深く刻み込まれている。先住民性は、極力、覆い隠した方がよい。アンデスの多くの地域で、強く感じ取られることである。

日本において、これと同様の現象を考えてみれば、さほどの違和感もない。例えば、鎌倉時代初頭に再建された奈良の東大寺南大門は、現在にいたるまで保存・修復されながら、寺の門として同じ機能を果たし続けている。今では世界中の観光客がそこをくぐり抜け、表層的には日本人と同じように祈りを捧げる。ところがアンデスでは、その継承性はなかなか受け入れられない。研究者の多くは、スペイン侵入以後の歴史上のどこかで再生産された行為に違いないという眼差しをまず向ける。仮にその継承性が認められたとすると、それは驚嘆に値することとなる。

なぜ、日本では当たり前のように受け入れられる現象が、アンデスでは受け入れられないのだろうか。それは、スペイン人による「征服」・植民地化の過程で構築されてきた、先住民文明の滅亡、歴史の断絶・激変という言説・イメージが、強烈な影響を放ってきたからであろう。「遺跡」利用の継承は、先住民社会・文化・歴史をめぐる学問・学術行為に対して、様々な疑問を投げかけてくる。

（大平秀一）

Column

アンデスにおける「遺跡」利用の継承

「遺跡」は、時に廃墟とも呼ばれる。そこに生きた人々・社会・文化が忘却され、現在とは断絶した過去の物体・残骸と化していることが、「遺跡」の前提条件なのかもしれない。一見、「遺跡」としか見えないものが、当時と同様に利用され続けているとしたら、それは何と呼ぶべきなのだろうか。アンデスには、そのような事例が多数認められる。

筆者はエクアドル南部高地において、20年以上にわたり、インカ国家の遺跡の発掘調査を実施してきた。周辺域に点在する小さな村々では、伝統的な祭祀・儀礼は一切なされていない。皆スペイン語話者で、ケチュア語は「変な言葉」と称される。そこで、遺跡が無機物化した過去の物体であるという認識に疑念を抱かざるを得ない経験をした。

まったく人気のない山奥の尾根上で、インカ道が交差する場所を見つけたことがある。その周辺は、ウニオン（スペイン語で「合流点」の意）と呼ばれていた。土地主が森を切り開くと、遺跡が出てきた。調べるとそれはインカの広大な畑であった。森の中にもかかわらず、そこはサラ（ケチュア語で「トウモロコシ」の意）と呼ばれていた。周辺域には数千基にもおよぶ墓が散在している。その意味を探るべく、多様な場所で発掘を進めていると、言い争うような声が聞こえてきた。土地の破壊がまずいのかと思い、事情を聴いた。すると、「墓は肥料なのです。掘り過ぎると、作物が心配だという人がいましたが、この程度なら問題ありません」と答えた。

遺跡から得られる情報は、具体性が欠如している。先住民社会において遺跡の記憶を調べると、遺跡解釈のヒントが得られるのではないかと考え、いろいろな地域に赴いた。すると、記憶どころか、遺跡が利用され続けている事例・情報と数多く出会うこととなった。ペルーのクスコ周辺域では、インカの「ウスノ」と称される聖壇上で、山の神々に対する儀礼を行い、供物を焼いていた。しかし遺跡群が文化財に指定されると、それが禁じられ、聖壇脇で行うようになった。また別の村では、インカの壁の前で、その装飾性の意味も教えてもらったこともある。そこでは、ミイラが持ち出されて遺跡の上におかれ、儀礼が行われるという。ペルー南部高地では、インカの「ワカ」と称される加工された岩が、儀礼の場となっていた。「ワカ」は、山の神々の力を媒介する場所である。また同中央高地のある村では、今から少なくとも千年以上も前に遡る墓（チュルパ）が、祈りの場となっていた。近隣の村には、二つの神殿があり、何度も何度も修復され、使い続けられていた。そこでは重要な祭祀・儀礼が行われてお

第3章

第3節

観光開発と文化的景観をめぐるメキシコの聖なる都市チョルーラ

小林貴徳

1　はじめに

本節ではメキシコの地方都市チョルーラで展開される観光開発を、資源化の政治学という視点から検討する。舞台となるチョルーラは、スペイン人到来前から続く都市社会を基盤とし、古代遺跡と植民地期の建造物によって構成される街並みを特徴とする。その長い歴史から千年紀都市《ミレニアム・シティ》とも呼ばれるこの町は、それら有形遺産だけでなくカトリック祭礼を中心とする豊かな文化的伝統も有する。観光資源の創出と活用、いわば地域のブランド化を意図した連邦政府の地方振興事業に認定されたこの町では、官民連携での取り組みが始動したものの、文化の資源化をめぐってやがて行政と住民の間で利害が交錯するようになった。

「あるものが資源になっていくこと」と定義される資源化（内堀二〇〇七：二四）は、社会的主体による意味付与のプロセスを指すが、多様な社会的主体が参与する資源化の過程では、「誰が、何のために、誰のために、文化を資源化するのか」という問題や「ある主体にとっての文化の資源化は必ずしも他の主体を満足させるものではない」ことに留意しなければならない（山下二〇〇七：六〇）。本節は、過去の資源化という理論的枠組み（本章序論を参照）に拠りつつ、開発計画を支える行政の論理とそれに抗する住民による意味付与の行為についてその経緯を記し、文化資源の分配と共有をめぐって揺れる地域社会のあり様を考察するものである。

2　都市に響く不協和音

メキシコ中央部に位置するプエブラ州チョルーラには一片約四〇〇メートル、高さ六五メートルにおよぶ米大陸最大規模のピラミッド型建造物がある。古典期（西暦二〇〇～八〇〇年）に建設されたと考えられるこの遺跡は、サン・ペドロ・チョルーラ（以下、サン・ペドロと略記）とサン・アンドレス・チョルーラ（以下、サン・アンドレスと略記）という二つの自治体《ムニシピオ》の境界上に位置し、チョルーラの大ピラミッドとして知られる。

写真１　花畑越しに眺めたチョルーラの大ピラミッドと聖母寺院（筆者撮影）

遺跡の頂には一七世紀に建造された救済《レメディオス》の聖母の寺院がそびえ、敬虔な信者にとって信仰生活の中心地となっている。遺跡の周囲にはマリーゴールドやトウモロコシが栽培された畑が広がり、都市域にのどかな田園風景を生み出している。聖母寺院がそびえる古代遺跡とそれを取り巻く花畑、さらにポポカテペトルとイスタシワトルの秀峰二山を後景にしたがえる独特な都市景観は、地域住民のみならず多くのメキシコ人が心に描くチョルーラの原風景といえるものである（写真1）。

二〇一二年一〇月、その大ピラミッド中腹の広場に多くの役人と報道関係者が集まった。連邦政府観光省（ＳＥＣＴＵＲ）長官、プエブラ州知事、サン・ペドロとサン・アンドレスの両市長が一堂に会して催されたのは、チョルーラの「プエブロス・マヒコス（魅惑的な町）」

認定を記念する式典だった。プエブロス・マヒコスとは、持続的開発や地域住民の社会参加を促す事業として政府が進める地方振興事業である。同事業への登録に向け準備を進めてきた地元行政にとってこの式典は努力の結実を意味していたし、住民の間でもこの認定が官民一体による経済活性化につながるだろうとの期待感が増していた。

ところが、それから二年も経たない二〇一四年八月、大ピラミッド脇で遺跡周辺の土地を金網で囲い込もうとする警察隊とそれを押し返す住民との小競り合いが起きた。その数日前には、およそ二〇〇〇人が手を結んで遺跡を取り囲む「人間の鎖」が行われたばかりだった。ロウソクを手に祈る参加者にまぎれて「官有化反対」「土地は譲らない。伝統は売らない」「われらの遺産を守ろう」と記したプラカードを掲げる人も見られた。どうやらプエブロス・マヒコス認定に端を発する文化の資源化をめぐって、チョルーラでは行政と住民のあいだに不協和音が生じたようである。

3 聖なる都市の文化的景観

州内屈指の観光地であるチョルーラは豊かな観光資源を備えた町であり、「聖なる都市《シウダー・サグラダ》」との異名をもつ。とくに異彩を放つのは市街地にそびえる大ピラミッドの独特な姿である。太古より雨神に捧げる農耕儀礼の場として利用されていたという大ピラミッドは、スペイン人による征服後、その頂に聖母マリアが顕れたという奇蹟譚の舞台となる。一六世紀後半に最初の祠が建設されると一六六六年には礼拝堂が完成し、植民地期を通じて多くの巡礼者を集めるマリア信仰の聖地になった。

救済の聖母はチョルーラの守護者ともされ、聖母像が祀られた寺院はいまなお信仰生活の中心地である。古代遺跡とキリスト教寺院が融合したこの建造物は植民地期の「魂の征服」の記憶を留める複合的史跡であり、この町が有する歴史の奥行きを象徴している。ただしここを訪れるのは巡礼者や観光客だけではない。遺跡の周囲や寺院への坂道を散歩する住民の姿は日頃から多く見られる。地元民が「お山《セリート》」と呼び親しんでいるように、史跡全体が住民の日常と結びついた憩いの空間となっている。

とはいえ町の異名「聖なる都市」はなにも遺跡や聖母寺院など有形遺産にのみ由来するのではない。印象的な史跡の姿に目を奪われがちだが、この町を「聖なる都市」たらしめているのは、史跡を取り巻く市街地で繰り広げられる、数え切れないほど多くの祭礼が創りだす文化的景観である。

市内を見渡すとまず目に飛び込んでくるのは、植民地期初期の重厚な建築様式が特徴的な二つの修道院（サン・ペドロ側の聖ガブリエル修道院とサン・アンドレス側の聖アンドレス修道院）であるが、碁盤の目をした市街を少し歩けば行く先々で異なる教会や礼拝堂に出会う。それら大小あわせて五〇にもなる教会建築は、この町を「聖なる都市」として演出する装置であり、いずれも信仰生活を支えるバリオによって管理されている。

バリオとは地縁や血縁に基づく社会集団であり、その成員は祝祭運営を担う祭礼組織への参加や擬制親族《コンパドラスゴ》の結合を通じて信頼と互助のネットワークを強化する。成員とは数世代にわたってバリオ成員の家系であると他の成員から認められる者のことを指し、バリオは原則として成員以外よそ者の介入を許さない（小林二〇一四a：一二〇）。そうしたバリオがサン・ペドロ側に一〇、サン・アンドレス側には八つ存在している。各バリオはバリオの守護聖人を祀る教会をはじめ複数の教会を管理しつつ、それぞれ異なる祭礼で構成される祝祭暦をもつ。祭りのたびに祭礼組織の役職者はバリオ間で訪問し合い、互いの守護聖人像を担いで運ぶ儀礼的顔合わせを実施する。さらに、寺院から運びおろされた聖母像が一定期間をバリオの教会で過ごす祭礼「聖母の下山《ラ・バハーダ》」も定期的に行われ、やはりそこでもバリオ間の連携が図られる。

祭礼はバリオ間のネットワークが可視化される場であり、バリオは聖母信仰や祭礼という資源の管理と分配をめぐる調整メカニズムの機能を果たす。聖人像を担いだ行列が楽隊を連れ、悠然と街路をふさぎながら遺跡上の聖母寺院へ進む様子はこの町の風物詩といってもいい。そうしたバリオの成員が担う文化的伝統と有形遺産の組み合わせが「聖なる都市」の景観を構成しているのだ。

4　二つのチョルーラの対抗意識

ところが、サン・ペドロとサン・アンドレスは歴史と文化的伝統をめぐって競合関係にある。聖母信仰の聖地であり町の象徴でもある大ピラミッドが両者の境界上に位置していることもあり、双方の住民はこの史跡の帰属を主張して譲らない。例えばサン・ペドロ側のあるバリオの長老はこう語る。

> われらの祭礼に彼らを招待することもないし、彼らの祭りに呼ばれたこともない。お山はサン・ペドロにあって聖母の祭りもわれらが管理している。彼らが声高に叫ぶのは勝手だが、お山はわれらの遺産だ。

一方、サン・アンドレスに土地を持つ初老男性は「サン・アンドレスの人は物静かで、サン・ペドロの人とは容貌も異なる。歴史的に見てもよそ者との混血の度合いが違うからだ」と説明する。対抗意識や差異性を強調する語りのなかには、この意識は古代より受け継ぐものだとか、互いに系譜が異なるのだなどとその歴史性が補足されることがある。歴史研究によれば、たしかにトルテカ＝チチメカ系の民がチョルーラに移住した一二世紀ごろ、この地にはすでにオルメカ＝シカランカ系の民が居住していたようだ。ピラミッドの南（現サン・アンドレス側）に住んでいたオルメカ＝シカランカの民に対し、新参のトルテカ＝チチメカの民はピラミッドの北（現サン・ペドロ側）に居を構え、彼らの主神ケツァルコアトルを祀る神殿を建てたという（Reyes 2000：56–61）。

スペイン人による征服後まもなくその神殿は破壊され、その跡地に聖ガブリエル修道院が建てられた。植民地行政は一五三五年に「市《シウダー》」の称号を与え、チョルーラは一定の自治権をもつインディオ共同体《レプブリカ・デ・インディオス》として承認されたのだが、町を構成した六つの集住区《カベセラ》のうちサン・アンドレスの住民は出自の違いを理由にチョルーラ市からの離脱を訴え、自分たちの修道院の建設を要求した。こうして一六世紀末に完成したのがサン・アンドレス修道院であり、その後一七一四年にサン・アンドレスはチョルーラ市から行政上の分離を果たした（Gallegos 2010：67）。

両者の間の「われら」と「彼ら」という対抗意識はこのような歴史的背景からも説明される。文化的伝統の正統な継承者の座、および史跡という文化資源の管理・利用をめぐるせめぎ合いは、現在でも祭礼訪問の拒絶や聖人像行列の進路妨害といったかたちで表面化することがある。こうした一部の住民による近親憎悪に近い感情を尻目に、二つのチョルーラの役人は共通の目的達成のため手を組むことにした。その契機となったのは連邦政府が新設した地方振興事業である。

5　二一世紀型観光開発

今世紀の幕開けとともに政権奪取を果たしたフォックス大統領は、二〇〇一年五月に示した政策大綱『国家開発計画』のなかで、財源と権限の地方分権による観光の多様化および持続性をキーコンセプトに地域社会の自律性を担う人材育成や仕組みづくりの強化を戦略目標とした（Gobierno de los Estados Unidos Mexicanos 2001：120–122）。これにともない観光省は、自然と人間の共生や社会的調和を基本理念とする二一世紀型観光開発案を盛り込んだ『国家観光プログラム』を示した（SECTUR 2001：52, 121）。

そこで観光省が創設したのがプエブロス・マヒコス制度である。経済開発重視から社会開発重視へのシフト、そして地域住民の社会参加や資源管理によるまちづくりを主意とするこの制度は、有形無形を問わず地域社会《ロカリダー》に継がれる潜在的な資源を掘りおこし、持続的開発の振興に役立てる事業である。名称のプエブロ・マヒコとは、固有性や象徴的特性が際立つ資源、魅惑的な力を備えた地域社会を指し、ここでいう資源とは、遺跡や建造物といった有形遺産から、歴史や伝説、文化的伝統、祝祭や民俗芸能、工芸品、名産品や料理、街並みなど無形遺産、民俗遺産、文化的景観まで多様な対象を含む、いわば地域社会に伝わる遺産、すなわち地域遺産のことである（SECTUR 2007：5）。

プエブロス・マヒコスは国家が地域社会に認定を与える制度であり、認定を求める地域社会の自治体は州政府と連携して申請し、連邦機関の審査を受けなければならない。観光省が定める条件には地域遺産に関する規定のほか、自治体の立地やインフラ整備に関する項目も含まれる。さらに、景観整備計画書の作成にあたって地元行政や商工会をはじめ、国立人類学歴史学研究所（ＩＮＡＨ）や市民代表で構成される準備委員会を置く必要がある。つまり申請段階で、多様な社会的主体の連携が十全に図られていることが要求される。審査を通った自治体は、公認ロゴの使用許可とともに助成金の交付を受ける。州政府を通じて配分される助成金は主に景観整備と産業振興に充てられるが、認定後も関連省庁が構成する評価委員会の年次監査が入るため、事業計画の妥当性が維持されることになる（SECTUR 2007：15）。

観光省は、二一世紀型観光開発である本制度の最大の特徴として住民参加による観光資源の掘りおこしを挙げる。この制度を通じて地域社会に埋もれた遺産の活用、すなわち祝祭や郷土料理など日常のなかで見過ごされがちな文化的伝統に価値を見出し、地域で共有できる資源へと転化させようというのである（小林二〇一四ｂ：一一〇）。申請および認定件数は順調に伸び続け、初年度の二件を皮切りに二〇一八年末までに計一二一件のプエブロス・マヒコスが誕生した。

6　変容する街並み

観光政策の転回を機に二つのチョルーラは手を組むことになった。その発端はプエブロス・マヒコス認定を目指すという行政上の合意だったかもしれないが、歴史と伝統をめぐる競合関係を一時保留にした共同作業が始動した。行政の担当者とともに両市の市民代表が参与する代表者会議が置かれると、それに有識者による市民組織を加えた官民合同の準備委員会が発足した。観光省の条件を満たすべく始まった市街地整備では街路や中央広場が閉鎖されることもあり、市民生活への影響を案じた批判的な意見も出た。しかしそれでも住民は新たな事業に理解を示し、この試みがもたらすだろう経済活性化に強い期待を寄せるようになった。こうして迎えた二〇一二年一〇月の式典は、官民一体の取り組みの結実を意味する場だったといえる。

その後、市内中心部では助成金による変化が目に見えてあらわれた。サン・ペドロ側、サン・アンドレス側ともに街路沿いの建物の外壁が観光省指定のパステル色塗料で染められ、商店の看板も黄金色に統一された。飲食店やブティックなど新規店舗が次々と開業し、中規模ショッピングモールも建てられた。そうした景観の変化を横目に、観光客の増加による経済効果を肯定的に捉え「いずれわれらにも恩恵が届くだろう」と期待を向ける住民もいたが、「この事業の効果には偏りがある、われわれが直接恩恵を受けることはない」という批判や、「聖なる都市《シウダー・サグラダ》は魅惑的な町《プエブロ・マヒコ》に成り下がった」との皮肉も聞かれた。

そうしたなか二〇一四年七月、行政が示した事業案によって状況は一変した。遺跡周辺の二五ヘクタールを官有化し、そこに人工池や噴水、遊歩道、多目的ステージ、飲食店や売店が入る商業施設、さらには大型駐車場を備えたテーマパークを建てるというのである。それも、古代メキシコに栄えた七つの文明（オルメカ、テオティワカン、ミステカ、トルテカ、サポテカ、マヤ、アステカ）に因んだ名称「七文化広場」まで発表された。

行政当局の論理はこうだ。遺跡周辺は大半が細分化された私有の農地に過ぎず、地域資源としての利用が不十分である、それゆえ本案は住民の生活向上という公共の利益を導く資源の有効活用にほかならない（Gobierno Municipal de San Pedro Cholula 2014: 14–17）。それにともなって州政府は『プエブラ州官有化条例』第一条「公益を目的とする官有化」を持ち出し、該当区画の利権者に対し半ば強制的な用地接収を通達した。

州知事の肝いりで展開する事業案はその規模を拡大させ、遺跡脇の精神病院も官有化対象となった。メキシコの文豪カルロス・フエンテスの作品にも登場するこの歴史的建造物は地方博物館を併設する高級ホテルに改装されるという。プエブラ市中心部と大ピラミッドを結ぶ観光列車の敷設案も議会を可決し、資源の有効活用を果たす公益事業という大義名分のもと、チョルーラの都市景観はさらなる変貌を遂げることになった。

この事業案は地域社会を強く揺さぶった。まずメディアが問題視したのは、七文化広場の予定地が一九九三年発効の大統領令で指定された保護区にある点だった。これは遺跡保全のため土地利用の形態を厳しく制限する法令であり、そんな区域を大々的に開発しようというのだから法的不備が指摘されるのも当然である。

その一方、プエブロス・マヒコス認定に向け官民連携で発足したはずの準備委員会は、用地接収をともなう政府案を抑制する監視機能を失っていた。政府の方針に異議を唱える市民組織はすでに委員会から外され、事実上、民を排した行政主導の開発が展開されていたのである。そんななか登場したのが「チョルーラを守る連絡会」（以下、連絡会と略記）という連帯組織だった。史跡を取り巻く景観をこの町の守るべき遺産であると訴える有志による組織である。連絡会メンバーの一人は次のように経緯を振り返った。

誰かが止めねば町の景観が失われる、そう思った私たちは立ち上がりました。最初のうち誰も私たちを相手にしませんでした。この町に住んで一五年とはいえ、私はバリオの成員でもなければこの地の出身でもありません。それでも誰よりもこの町を愛している。そんな気持ちが伝わったのか、私たちの動きは人びとの共感を生んだ。みな手をとって遺跡に集まってくれました。

こうして二〇一四年八月二四日、大ピラミッドを囲む「人間の鎖」に二〇〇〇名を超える人びとが集まった。バリオの成員や市内の商店主、教員や学生を含む、サン・ペドロとサン・アンドレスの両市民が連帯組織の呼びかけに応じたのだった。しかし冒頭で示したとおり、用地接収はその二日後に強行された。州警察は遺跡脇に到着すると矢継ぎ早に荷台から金網フェンスの束を下ろし、対象区画を囲むように支柱を立てていった。これを知った住民は教会の

写真 2　遺跡を取り囲む「人間の鎖」(チョルーラを守る連絡会提供)

鐘を打ち響かせるとすぐさま現場に駆けつけ、金網と「官有地」を示す看板の撤去にかかった。このときも土地権利者や連絡会メンバーだけではない、多くの市民が警察の前に立ちはだかったのである(写真2)。

その一ヵ月後、七文化広場建設に対する意見を聴く市民フォーラム「危機にあるチョルーラ」が開催された。考古学や環境学をはじめ、人類学や都市社会学の専門家を集めたシンポジウムをつうじ、政府案をめぐる行動声明がまとめられた。フォーラムを主催した市民組織「チョルーラの活力と尊厳」はその声明を次のように公表した。

> われわれは七文化広場建設に断固として反対する。まず、われわれのアイデンティティにそぐわない、そのかけ離れた名称には賛同できない。そもそも学術的な観点からみても公共の利益を保障する事業計画の不在は明白である。〔中略〕チョルーラ市民として強化されたアイデンティティを享受するわれわれは、われらの大地や歴史、過去、伝統、生活文化に深刻な危機をもたらす脅威に対して毅然として立ち向かう。(Cholula Viva y Digna 2014)

一〇月三日、歴史的な「聖母の下山」が行われた。歴史的というのは、サン・ペドロ市とサン・アンドレス市の全バリオが参加する大規模な請願行列が実現したためである。危機的状況の打開を町の守護者に請願しようと連絡会が提案した「聖母の下山」に対し、当初、バリオの役職者は聖母信仰の政治化に難色を示していたという。それでも都市の救済という公共の利益を聖母に求める思いが町の慣習をつき動かした。

歴史と伝統をめぐって競合関係にある両市の住民はこのとき手を組み、一八バリオの守護聖人像が聖母像とともに市内をめぐった。政治的な示威行為やプラカードどころかいつもの楽隊もおらず、行列が進む街路には参加者の祈りの歌声だけが響いていた。そして遺跡近くの広場で挙げられた合同ミサでは、八〇〇〇人にのぼる信者の祈りが聖母へと向けられたのである（Ashwell 2015：163–164）。

これら「人間の鎖」、市民フォーラム、「聖母の下山」など集団的な意思表明には、歴史的な対抗意識を乗り越え、官による資源の専有に対する異議申し立ての連携を深める二つのチョルーラの姿があった。かつて「われら」と「彼ら」に分断されていた両者は、連帯組織を調停主体としつつ歩み寄り、文化や伝統という象徴資源を共有する「われわれ」として統合されたのである。

市民による抵抗の声が短期間で急速に高まったことを重く受けとめた州知事は、七文化広場の建設中止および用地官有化の差し止めを発表した。これを受けてチョルーラ両市の行政は、史跡周辺の開発が自然と文化の共生を最大限に尊重する事業になることを改めて確約した。景観保全を願う市民の声が行政に届いたかたちとなったといえる。

8　おわりに

認定式典から五年以上が経ち、チョルーラでは予定されていた造成工事は一応の区切りを迎えた。市内で重機を見る機会はほぼなくなり、代わって観光客の姿が以前にも増したようにみえる。それでも街並みはおおきく様変わりした。七文化広場の建設こそ立ち消えたものの、史跡周辺の農地は児童遊園や駐車場に姿を変え、コンクリートで覆われた遊歩道も作られた。なにより住民を驚かせたのは、病院から地方博物館への大改修と駅舎の新設をともなう観光列車の敷設が急ピッチで進められ、ともに州知事の任期満了直前に竣工を迎えたことだった。二〇一七年一月、退任が迫るなか挙げられた開業式典では、満悦の表情でペニャ・ニエト大統領を導く州知事の姿があった。

チョルーラを舞台とする観光開発では、史跡を取り巻く環境の有効活用、いわば過去の資源化をめぐって異なる社会的主体の論理が交錯した。官民連携で始動したはずだったが、都市景観の変容を不可避とするプロセスでは、公共の利益を導く資源化とは何かという課題をめぐり行政と住民は袂を分かつことになった。両者の主張を支えたのは過去の資源化を目指す異なる論理である。

行政の論理によれば、過去の資源化の中心にあるのは有形遺産、とくに古代遺跡であり、周辺の農地は公益を引き出す可能性を秘めた未開発の資源にすぎない。それゆえ官有化条例を持ち出してまで七文化広場の建設を強行した。実現はしなかったが、国を代表する古代文明に因んだその名称からは、地域遺産を国家史に包摂するねらいが窺える。全国民で共有される資源に転化させることで、訪問客数の増加や経済効果がより期待されるという筋書きだ。

ところが住民にしてみれば、行政の論理は公共の利益どころか資源の専有にほかならなかった。たしかに多くの市民は、古代遺跡や花畑、巡礼者や聖人像行列を生活に根ざした景観として、ふだんあまり意識して眺めていなかったかもしれない。しかし、市民による一連の抵抗から明らかなように、その当たり前の景観がひとたび脅威に晒され喪失の危機に瀕したとき、過去から継がれるわれらの遺産として守るべき対象に転化する。

特筆すべきは、歴史的対立を乗り越えた連帯を通じて景観に付与された意味や価値である。聖母への救済請願という宗教的伝統に踏み込むことにより、チョルーラの人びとは観光開発や産業振興に端を発する軋轢を生活文化の文脈に節合させたのだ。史跡をめぐる文化実践は、都市景観と生活文化が不可分な総体であるとの論理を編み出す、意味付与のプロセスにほかならない。チョルーラ住民としての自覚と誇り、町の歴史と文化の重要性への気づきこそが、官による圧倒的な介入との資源の獲得競争に推進力を与えたのである。

参考・参照文献

内堀基光（二〇〇七）「序――資源をめぐる問題群の構成」内堀基光編『資源と人間』（資源人類学01）弘文堂。

小林貴徳（二〇一四 a）「チョルラの都市祭礼コミュニティ――バリオのこどもの結束力」石黒薫、初谷譲次編『創造するコミュニティ――ラテンアメリカの社会関係資本』晃洋書房。

――（二〇一四 b）「メキシコにおける観光開発政策の転換と地域活性――「プエブロス・マヒコス（魅惑的な町）」プログラムの試み」天理大学アメリカス学会編『アメリカスのまなざし――再魔術化される観光』天理時報社。

山下晋司（二〇〇七）「文化という資源」内堀基光編『資源と人間』（資源人類学01）弘文堂。

ASHWELL, Anamaría（2015）*Cholula. La Ciudad Sagrada en la Modernidad*, Instituto de Ciencias Sociales y Humanidades-BUAP.

Cholula Viva y Digna（2014）*El Patrimonio de Cholula No Se Vende : Síntesis de Conclusiones del Foro Ciudadano Cholula en Riesgo, San Pedro y San Andrés Cholula*. Boletín impreso, México.

Gobierno de los Estados Unidos Mexicanos（2001）*Plan Nacional de Desarrollo 2001–2006*, Gobierno de los Estados Unidos Mexicanos.

Gobierno Municipal de San Pedro Cholula（2014）*Parque de las Siete Culturas. Rescate y Dignificacion del Entorno de la Zona Arqueologica, Estudio Económico, Social y Técnico*, Gobierno Municipal de San Pedro Cholula.

GALLEGOS Torres, Refugio（2010）*San Andrés Cholula. En Busca de una Identidad（1750–1810）*, H. Ayuntamiento de San Andrés Cholula.

REYES García, Cayetano（2000）*El Altépetl, Origen y Desarrollo : Construcción de la Identidad Regional Náhuatl*, Colegio de Michoacán.

Secretaría de Turismo（2001）*Programa Nacional de Turismo 2001–2006*, SECTUR.

――（2007）*Programa Pueblos Mágicos. Reglas de Operación, Secretaria de Turismo*, http : //www.sectur.gob.mx/work/models/sectur/Resource/99fbd793-a344-4b98-9633-78607f33cb8f/Reglas_de_operacion.pdf

第4節

チチェン・イツァの観光振興と長期化する地元露店商の不法侵入問題

杓谷茂樹

1　はじめに——遺跡公園への地元露店商の不法侵入問題

メキシコのユカタン州中部にあるチチェン・イツァは、古典期後期のプウク様式の建造物と後古典期のマヤ・トルテカ様式の建造物を持つ、古代マヤ文明を代表する遺跡である。一九世紀中頃以来、マヤ文明のイメージが語られる際に、常に中心的な存在のひとつでありつづけてきたこの遺跡は、一九八八年に「古代都市チチェン・イツァ」という登録名で世界遺産となり、二〇〇七年には「新・世界の七不思議」のひとつにも選ばれるなど、観光資源としての価値を高め、現在では年間約二〇〇万人もの訪問者を受け入れるメキシコを代表する観光スポットとなっている（写真1）。

チチェン・イツァ遺跡公園のメインエントランスを通って公園内に入ると、まず観光客は、巨大石造建造物が見える地点に至るまで、木に囲まれた直線の通路を歩くことになる。その通路の両側には「民芸品」の露店が並んでおり、訪問者の目を楽しませている。こうした露店は公園内の各所に見られ、遺跡公園の日常の風景を構成しているといっていい。現在では、旅行ガイドブックなどにも公園内散策の楽しみとして紹介されることがあるこの露店であるが、彼ら露店商たちの公園内での商売が、実は不法行為であるといっても、にわかには信じ難いだろう。

写真1　チチェン・イツァ遺跡公園

露店商たちは、遺跡公園が含まれるティヌム郡に所属する主に三つのコミュニティから毎日やって来る地元住民である。彼らは一九八八年末の世界遺産登録以降、公園外のサービスユニット横に設置された「民芸品市場」に集められてそこで商売をしてきた（Castañeda 1996：232–258）。それが、二〇〇四年末のこれからハイシーズンを迎えようとする時期に、突然公園内に侵入して無許可で露店を開くようになり、それが現在に至るまで未解決のまま続いているのだ。不法な行為である以上は、遺跡を管理している国立人類学歴史学研究所（ＩＮＡＨ）や観光当局などの行政機関が取り締まればすぐに解決しそうなものだが、実際には、事態は収束するどころか、徐々にエスカレートする形で現在に至り、いまでは公園内の露店商の数は、多いときには千人を超えるまでになっている（杓谷二〇一四：六）。

本研究でチチェン・イツァ遺跡公園における「地元露店商の不法侵入問題」と呼ぶこの事態は、なぜ発生から一五年ものあいだ解決することなく、そのまま継続しているのだろうか。この問題を明らかにすることが本研究のとりあえずの目的である。これを単純に取り締まるべき行政機関の怠慢によることと考えても、事の真相を理解できたことには全くならない。そのためには、まず遺跡公園を観光資源として活用して利益を得ようとする様々な立場の人たち（アクター）それぞれの思惑のぶつかり合いと、その力関係の均衡が、平穏そうに見える遺跡公園の日常を作り出していることを理解する必要があるのである（杓谷二〇一四）。だから、この問いへの答えは、本章で扱っている過去の資源化を巡る人々のまなざしのあり様を示すことにつながるはずである。以下では、そんなアクターたちの思惑に満ちたまなざしのぶつかり合いによって下支えされている遺跡公園の日常において、地元露店商が、自文化に関わる過去が資源化された遺跡という存在に対して、どのようなスタンスで対峙しながらそこに留まっているのかについて考えていきたい。

2　チチェン・イツァがある場所の特殊性

前述の通り、現在チチェン・イツァ遺跡公園は年間で約二〇〇万人もの訪問者を迎え入れている。その多くは遺跡のあるユカタン州ではなく、東隣のキンタナ・ロー州北部のカンクンやリヴィエラ・マヤといったカリブ海沿岸のリゾート地からやって来る。そこは二〇一七年には欧米を中心に一六〇〇万人を超える観光客を受け入れた北米最大の観光目的地である。単純に宿泊者ベースで比較しても、隣のユカタン州全体の一〇数倍の規模があるのだ。

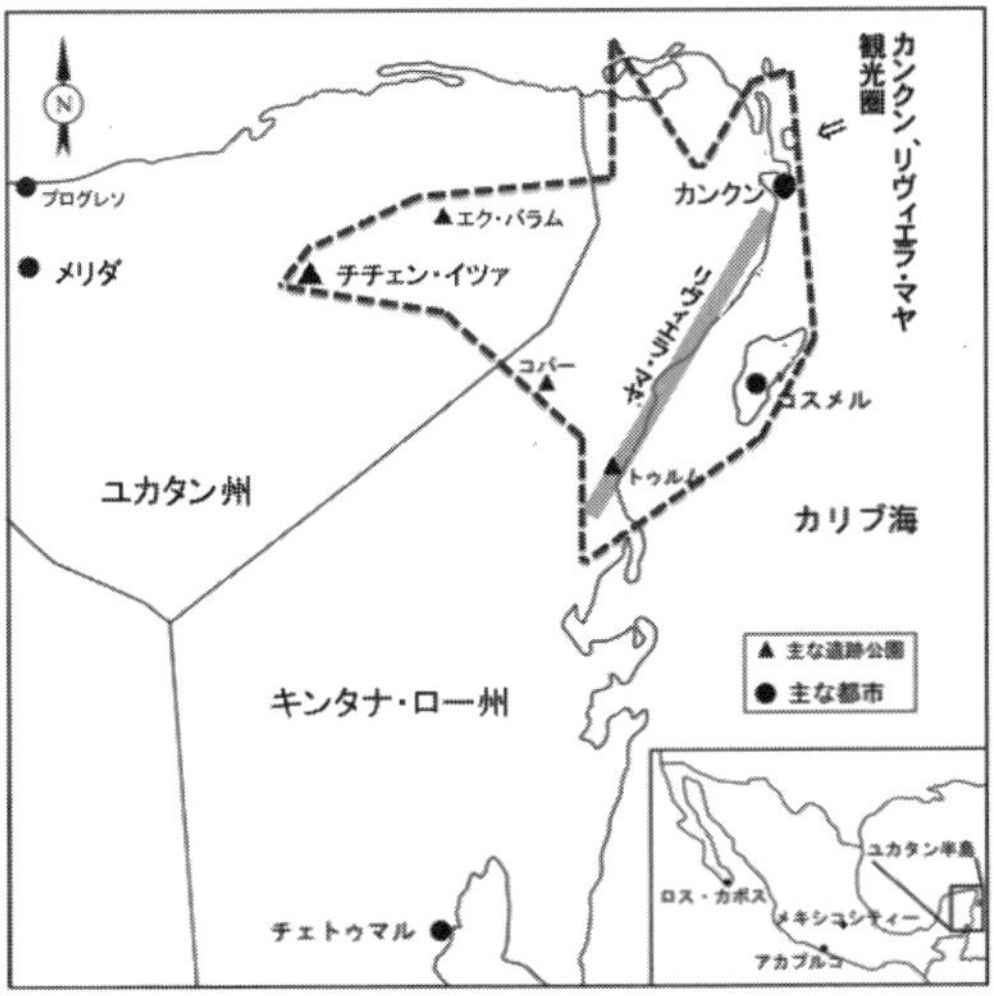

図1　カンクン、リヴィエラ・マヤ観光圏

このカンクンとリヴィエラ・マヤに滞在する観光客が日帰りで周遊できる領域を、筆者は「カンクン、リヴィエラ・マヤ観光圏」と呼んでいる（図1）（杓谷二〇一五：一一八）。そこでおこなわれているのは、まさに「超」マスツーリズムといってよく、この中では、自然や先住民のエスニシティすらも含めて、あらゆるものが観光客目線で商品化され、経済的なものさしで評価されてしまう。だから、ここを本拠とするホテル業界、ツアーオペレーター、交通運輸業界などは、その経済力を背景にチチェン・イツァの観光にも大きな影響力を持っているのだ。

ユカタン州に属し、観光振興を積極的に推し進めようとしている同州政府の行政的なコントロール下にある一方で、カンクン、リヴィエラ・マヤ観光圏の領域に含まれることでマスツーリズム的状況にあるというポジションの特殊性こそ、チチェン・イツァ遺跡公園における地元露店商の不法侵入問題長期化の根本的な地理的条件といえるのである。

3　チチェン・イツァ遺跡公園に関与するアクター

▼観光に関わる行政機関

現在、チチェン・イツァ遺跡公園内の考古学的な遺構や遺物などの修復や管理についてはINAHのユカタン支部が、公園内外での訪問者への観光に関するサービスはユカタン州の外郭団体である文化観光サービス施設協会（CULTUR）が担っている。これまでのところINAHは今回の露店商の問題の対応に積極的には関わろうとしていないように見えるが、一方のCULTURはチチェン・イツァ遺跡という文化遺産の観光資源、すなわち経済資源としての価値に責任を持つ立場にあって、州都メリダにあるCULTUR本部は遺跡公園内で地元露店商の不法侵入問題に関連して何かが起こるたびに、その対応の矢面に立たされてきた（杓谷二〇一五：一二五）。

二〇一八年八月の時点で、外国人観光客が公園に入場する際、二五四ペソの入場料を支払うことになっていたが、そのうちINAHは全国的に決められている七〇ペソをとり、残りの一八四ペソは州政府の取り分ということになっていた。この州政府分は、以前はCULTUR名義で徴収していたが、州内の観光文化振興のための域内統合政策である「チチェン・イツァ基本計画」が、当時のイボンヌ・オルテガ州知事のもとで策定されたことに伴う措置として、二〇一〇年以降これが州政府財務局に直接入るシステムに切り替わっている。このことは観光政策のイニシアティブが州政府に移ったということであり、下部組織で権限の限られたCULTURは、単なるこの計画の実施機関として、それ以後、常に州政府のプレッシャーを受けつつ、チチェン・イツァ遺跡公園の露店商の問題においては、様々な利害関係者との交渉を担うことになったのである（杓谷二〇一五：一二五―一二六）。

だから、州政府本体とCULTURとでは、この問題への対応について若干の温度差が見られることは否めない。

その意味では、CULTURはユカタン州としての観光振興を推し進める州政府とカンクン、リヴィエラ・マヤ観光圏の観光資本との経済資源を巡るせめぎ合いの板挟みになっているといった方が実態に近いかもしれない。

その一方で、CULTURでも、州政府の立場を代表するメリダの本部とチチェン・イツァ遺跡公園に置かれた同事務所とで認識が異なることは興味深い。二〇一四年一一月に筆者が遺跡公園事務所のL所長にインタビューをおこなった際、彼はメリダ本部が進めようとしている「チチェン・イツァ基本計画」については、「自分たちは無関係である」と明言している。そこにはCULTURという組織の論理とは別に、州都メリダに対する周辺地域という対立構造の元での地元社会の論理というものが色濃く感じられる。同氏はこの時、地元露店商の不法侵入について、「もともとここに住んできた人間の権利は尊重しなければならないという考え方もある」とも述べ、露店商の公園内での商売を容認するような発言もしているのである(杓谷二〇一五:一二六)。ただ、二〇一〇年以前にはCULTUR全体のスタンスも、いまよりずっとこれに近いものであったように思われる。

▼観光業界

一九二〇年代初頭以来、チチェン・イツァでは伝統的にバルバチャーノ家が観光産業で絶大な存在感を示してきた。メキシコにおける国際観光のパイオニアとされるこの一族が経営するマヤランド・ツアーズは、かつてはユカタン半島北部を舞台に広く観光事業を手がけており(Mayaland Tours 1940;杓谷二〇〇四:六—七)、現在でもチチェン・イツァ遺跡公園の近隣にホテル・マヤランド、ホテル・アシエンダ・チチェンなど複数のホテルを経営している。

もともとチチェン・イツァ遺跡周辺の土地所有者でもあったこの一族は、地元社会とは良好な関係を維持してきた(杓谷二〇一一:一六三)。だが、二〇〇〇年代に入ったころから、急速に勢力を伸ばしてきたカンクン、そしてリヴィエラ・マヤの新興観光資本の圧力に対抗するかのように、積極的な事業展開をするようになったことで、行政や地元社会との関係が崩れ、そのことが露店商の不法侵入問題の原因となったのであった（Castañeda 2009：274-275；杓谷二〇一〇：四五―四六）。そうした流れの中で、相対的にその存在感が小さくなったといわざるを得ないバルバチャーノ家は、ついに二〇一〇年には所有していた土地のうち、遺跡中心部の土地八三ヘクタールを州政府に譲渡することになるが、それでもいまだに地元社会では大きな存在ではあり続けている。

これに対し、一九七〇年代に開発されたカンクンや二〇〇〇年代になって新たに開発が進められたリヴィエラ・マヤを中心としたカリブ海沿いのリゾート（杓谷二〇〇四：九―一七）は圧倒的な経済力を誇り、いまやチチェン・イツァ遺跡公園においても最強のステークホルダーであるといえるだろう。ユカタン州内の観光業界の動向とは異なり、この地域のそれは非常にシビアに、そしてダイナミックに動いており、そこでは新興参入企業が次々と名乗りを上げ、各企業は生き残るために熾烈な闘いを日々繰り広げているのである。

そうしたカンクンやリヴィエラ・マヤの観光業界は、最近ではことあるごとにユカタン州政府に対して、公園内の露店商の存在がチチェン・イツァ遺跡の観光イメージを悪化させているとして、問題の早期解決を厳しく要求してくるようになった。先述の通り、その矢面に立つことになるのはＣＵＬＴＵＲである。だが、そこで露店商たちのしっかりした自己統制と巧みな対応がなければ、事態は全く違う結果に終わっていたはずである。

4　地元露店商の戦略的な立ち回り

▼露店商組合ヌエバ・ククルカンとＣＵＬＴＵＲ

二〇〇四年以前にも地元の人間が公園内に不法侵入してくることはあった。だが、その頃はＩＮＡＨやＣＵＬＴＵＲなどの行政機関とバルバチャーノ家が互いに譲歩し、協力しながら対応することで、問題を比較的早期に収束させてきた（Castañeda 2009：285；杓谷二〇一〇：四四―四五）。だが、両者の関係が悪化し、また強力な経済力を持つ新たなアクターが外から加わることで、それまで遺跡公園周辺で保たれてきたステークホルダー間のソフトな関係性は失われてしまった。その後、公園内に不法侵入してきた露店商たちは、ユカタン州政府とカンクン、リヴィエラ・マヤ観光圏の観光資本という新たに現れたふたつの強力な力のせめぎ合いを横目に、うまく立ち回って自らの地位を守っているのである。

一方、不法侵入問題が長期化する過程で、常に露店商たちは行政権力による強制的な排除の可能性を警戒し続けてもきた。そのために彼らは次第に組織化を進めて団結するようになり、自分たちの公園内での立場を強く主張するために露店商組合を結成したのであった。その最大のものはヌエバ・ククルカンと呼ばれ、メンバーは約七〇〇人にもおよぶという。彼らの中では厳しい決めごとがなされており、露店を置く場所も、観光客の迷惑にならないように、景観を損なわない配慮をして決めているようだ。また、彼らが出入りする通用口の自主管理も徹底している。

二〇一三年九月に起こった、ヌエバ・ククルカンの分裂騒動は、そうした掟の厳しさを物語っている。この事件は、ヌエバ・ククルカン前代表のS氏のグループのメンバーが、リヴィエラ・マヤの新興企業であるグルーポ・シカレのツアーガイドにコミッションを支払って自分たちの露店に観光客を連れてくるように依頼したことが組合の秩序を乱したと見なされて、当時の代表のP氏のグループによって公園外に強制的に追い出されたというものであった。

だが、実はこの事件は、その後の展開こそ注目すべきである。この事態を収めるために、P氏は当時のCULTURのV局長に対して、対立する両グループの仲介を要請している。当初は彼らの行為そのものが不法であることからこの要請を無視する姿勢を見せていたV局長も、メディアが注目する中、結局要請を受け入れざるを得なくなり、両者の仲介に直接乗り出すことになった。その結果、事態は収束し、公園内は何ごともなかったかのように普段の風景を取り戻していくが、結局はCULTURのトップが公園内の露店商の立場を公的に認めることになってしまったという事実だけが残ったのであった（杓谷二〇一五：一二七）。

その後も何か事が起こった際には、露店商たちはもっぱらCULTURのメリダ本部のみを交渉のカウンターパートとしており、州政府の上層部はもちろん、キンタナ・ロー州の観光資本とも直接対峙することを意図的に避けているようにみえる。

▼観光業界からの圧力

この出来事があってのことかどうかははっきりしないものの、その後のＣＵＬＴＵＲの問題への対応は、どちらかというと露店商寄りのスタンスをとる場面が多いように思われる。確かに、それまでに観光業界からの圧力に押される形でＣＵＬＴＵＲが露店商の公園外への排除について前向きな言及をしたこともあった（杓谷二〇一四：六）。だが、そうした発言に対してもヌエバ・ククルカン側は一歩も引かない姿勢を示して巧みに交渉に臨み、結局はＣＵＬＴＵＲの側が譲歩させられてしまう。州政府と観光業界双方からのプレッシャーを受けて、その対応を焦るあまりに、逆にＣＵＬＴＵＲは露店商の不法侵入問題の解決をますます困難にしてしまうという悪循環に陥ってきたのである。

それでもカンクン、リヴィエラ・マヤ観光圏の観光業界で、この問題の早期解決を求める急先鋒とでもいうべきメキシコ旅行代理店協会（ＡＭＡＶ）カンクン代表のＲ氏などは、ことあるごとに公園外への地元露店商の排除を、メディアを通して強硬に訴えてきている。二〇一五年末には一二月一七日付のエル・エコノミスタ紙に「公園内の露店商の存在のせいでチチェン・イツァが「新・世界の七不思議」から外される危機にある」という同氏の主張が掲載され、観光業界から、遺跡の「観光イメージ」の悪化を理由に、露店商の不法侵入問題の早期解決を求める声が高まるということがあった。これに対してもヌエバ・ククルカン側は、弁護士を通じてスイスの新世界の七不思議財団に自分たちの存在が原因でチチェン・イツァが登録から外されるような事実がないことの確認を求めた上で、ＣＵＬＴＵＲに協議を要請するなど迅速な対応を見せている。そして、その時は、ＣＵＬＴＵＲは露店商寄りのスタンスをとりつつも、あえて特段の対応をとらず静観を続けたのであった。そして、結局事態は次第に沈静化して、表向きは公園内の様子は何ごともなかったかのようにもとに戻っていった。

このように、最近のチチェン・イツァ遺跡公園では、観光業界からの発言を発端に、露店商側が反応して、一時的にステークホルダー間の緊張が高まるものの、行政側が取り立てて特別な対応をとらないうちに、時間とともに事態は収束してゆくということが何度か起こってきた。そうした場面を見るにつけ、CULTURと対峙したときのヌエバ・ククルカンの姿勢には、戦略的といってもいいような立ち回りの巧みさが感じられるのである。

▼自文化の資源化をあえて避ける

先述の通り、遺跡公園内で商売している露店商たちは、周辺のコミュニティからやって来る地元住民である。彼らは仲間とは互いにマヤ語（ユカテコ語）で話し、その生活ぶりにはマヤ的な要素が多分に含まれ、何より自分たちはマヤであるというアイデンティティを持ったマヤ系先住民である。だが、公園内の彼らにマヤ語で声をかけてみたときにパッと見せる、驚いたような人懐っこい顔に対して、スペイン語や英語で観光客と向かい合っているときの彼らの顔は商売人のそれでしかない。実際、彼らが売っているものを眺めてみると、アステカのカレンダーストーンのようなメキシコの他地域、あるいはヨーロッパに由来する文化要素が図柄の中に少なからず含まれていることに気付く（写真2）（杓谷二〇一〇：三五）。ビーチリゾートを楽しむことを滞在の主目的とする外国人観光客が、そうした商品をメキシコ旅行の楽しい思い出の品として満足して買っていくということもあるが、一方の露店商たちにも、公園内での商売にあたって自文化たるマヤの文化へのこだわりがそれほど見られるわけではない（杓谷二〇一五：一二四）。

そして、その姿勢はヌエバ・ククルカンという露店商組合のあり方にも通じているといっていい。CULTURとの交渉を実際に担うことになるヌエバ・ククルカンのリーダーたちや弁護士は、しばしば新聞やテレビ、ラジオなどのメディアに登場するが、そうした場で彼らが語るのは、もっぱら自分たちの生活の改善や保障の要求であったり、州政府の地方行政への不満であったりする。近年はユカタン州内でも、マヤの文化的背景をもった人びとによる、マヤ文化復興運動が行われるようになっている。だが露店商たちはそれをしようとしないのだ。ましてやチチェン・イ

写真2　アステカのカレンダーストーンが含まれた民芸品

ツァ遺跡は自分たちの物であるというような主張をするわけでもない。あくまでヌエバ・ククルカンは、地元社会の生活者としての自分たちの権利を主張するのみであり、そのあり方は地域住民によって結成された市民団体のそれである。

もし彼らが、マヤ民族として自文化の保護を訴えることを主眼とした主張を展開していたらどうなっていただろうか。カンクン、リヴィエラ・マヤ観光圏には、生きた先住民の生活ぶりを観光客に見せる「先住民村落ツーリズム」なるツアーが展開されている。そこではマヤの人びとが一般的なイメージ通りの「マヤ」を演じさせられている様子が展示されているのだが、この地域のマスツーリズム状況は、そうしたマヤのエスニシティさえもアトラクションのひとつとして商品化してしまうのである（杓谷二〇一一：一五一―一五四）。チチェン・イツァの露店商たちも、自分たちがマヤ文化の継承者であることを主張したところで、目の前のマスツーリズム状況に飲み込まれてしまうか、無視されてしまうだけであることをわかっているのだろう。だから、あえて自らのエスニシティを前面に出すことなく、遺跡公園を日々の生活の糧を得る場所である生態資源として割り切り、行政や観光資本とは同じ土俵で戦うことを選んだのだ。そして、この自文化の資源化を避ける戦略により、彼らはいつの間にか露店商売の不法性を地元住民の権利にすり替えてしまったのである。

5　まとめ

遺跡公園は過去をモチーフとして人が集まる場所である。チチェン・イツァで資源化される過去は、マスツーリズムゆえの流儀で客体化され、経済的価値のものさしにより評価されて商品化され、消費される。だから、利益を生む場所としての遺跡公園を活用しようとして向けられる様々なアクターのまなざしは、いずれもこれを生態資源として見ようとするものということになる。そうしたチチェン・イツァを取り巻く環境は、第3節で描かれたチョルーラにおけるアクターたちのスタンスとは全く異なる過去の資源化の様相を生み出している。

観光客がチチェン・イツァを訪れた時に身をおくことになる、一見平穏そうな遺跡公園の日常は、実はそうした思惑に満ちた様々なまなざしが交叉する空間で生じた力の均衡を土台に成立しているのである。不法侵入によってそのバランスが崩れるところを、露店商は他のアクターたちと同じ土俵に立ち、地元コミュニティの生活者として利益獲得の争いに参加して巧みに立ち回ることで、均衡状態を再生させながら平穏な遺跡公園内に存在し続けている。マヤ文化の継承者でありながら、あえて遺跡を象徴資源ではなく、生態資源として活用することを彼らは選択しているのだ。

だから、もし無理やり露店商を公園外に排除すれば、この均衡状態は崩れ、遺跡公園内外はおそらく平穏な状況を維持できなくなるだろう。長期化して、現状では収束の糸口さえ見つかりそうもないこの地元露店商の不法侵入問題が、今後解決することがあるとしたら、それはどんな形で終わることになるのだろうか。

参考・参照文献

杓谷茂樹（二〇〇四）「メキシコ、キンタナ・ロー州における観光開発の過去・現在・未来――北部海岸地域を中心として」南山大学ラテンアメリカ研究センター編『ラテンアメリカの諸相と展望』行路社、四―三六頁。
――（二〇一〇）「世界遺産チチェン・イツァは誰のもの？――地元露店商の侵入とその背景」『神戸市外国語大学外国学研究』七八（特集：中南米に

おける文化遺産の資源化とトゥーリスモ）神戸市外国語大学外国学研究所、三三―四九頁。
――（二〇一一）「カンクン、リヴィエラ・マヤ観光圏のマヤ系先住民――マスツーリズム状況下での自律性をめぐって」安原毅、牛田千鶴、加藤隆浩編『メキシコ　その現在と未来』行路社、一四七―一六九頁。
――（二〇一四）「ある日チチェン・イツァ遺跡公園で感じた違和感について――露店商不法侵入問題のいま」『古代アメリカ学会会報』第三六号、四―七頁。
――（二〇一五）「資源としての「古代都市チチェン・イツァ」――交叉するステークホルダーそれぞれの思惑と地元露店商」『古代アメリカ』第一八号、一一七―一三〇頁。
Castañeda, Quetzil E.（1996）*In the Museum of Maya Culture, Touring Chichén Itzá*, Minneapolis and London：University of Minnesota Press,.
――（2009）'Heritage and Indigeneity：Transformations in the Politics of Tourism,' In Baud, Michiel and Annelou Ypeij（eds.）*Cultural Tourism in Latin America-The Politics of Space and Imagery*, pp. 263–295, Leiden：Koninklijke Brill NV.
Mayaland Tour（1940）*In Yucatan with the Mayaland Tours*. Folder No. 22, effective on May 1st, 1940. Mérida：Mayaland Tours.

第5節

聖母の奉納品にみるアンデス的意匠——クスコのアルムデナ教会の事例から

八木百合子

1　はじめに

アンデスの町や村では、守護聖人の日になると、教会に祀られる聖人や聖母の像が、ひときわ艶やかな衣装に身を包む。それらの衣装は、聖像を飾り立てるだけでなく、その聖人や聖母のイメージを形づくる重要な意味をもつものである。また、聖人が身に着けるという意味で、衣装はとくに神聖性が高いものと考えられてきた。たとえば聖母であれば、壮麗なケープ（マント）を使用することが推奨され、世俗女性の衣服とは一線を画した、格式のある衣装が求められた[1]（Stanfield-Mazzi 2013：81）。そのため、デザインにおいても宗教性が重視され、聖像が纏う衣装には、神聖な場で着用される祭服と同様に通常、キリスト教的な意味合いを含んだ模様が用いられてきた。そこには、さまざまなモチーフを駆使して、教義に則ったかたちで宗教的な表現が施されたのだった（Victorio 2004：206, 2016：319）。

一方、聖像が纏う衣装の多くは信者たちが寄進した奉納品で、多くの場合、それらは寄進者の注文に応じて、一つ一つ作り上げられたものである。したがって、そこに施されるデザインや装飾には、贈り手となる人びとの信仰心やさまざまな思いも映し出されているのである。それはときに信心という宗教の枠をこえ、寄進者自身の世俗の権力や威信を示すものにもなってきた[2]。

本節では、こうした奉納品としての聖母の衣装に着目し、そこに描かれるデザインや模様について、贈る側の人たちとの関係から考察を行う。具体例としては、ペルー南部クスコ市のアルムデナ教会に祀られるナティビダの聖母の衣装を取り上げる。この聖母は現在、クスコのなかでもひときわ盛大な祭典が行われることで知られ、多くの信者を集めている。それゆえ、聖母にはこれまで多数の衣装が贈られてきた(3)。そのなかには、宗教的な表現だけでなく、アンデスの過去をモチーフにした独特なデザインが存在する。こうした非キリスト教的な紋様をあしらった衣装に焦点をあてることで、本章のテーマである現代の人びとによる過去の資源化の様態をとらえることが可能となると考えられる。そこでまずは、奉納の対象となる聖母について概観しておこう。

2 アルムデナ教会とナティビダの聖母

聖母が祀られるアルムデナ教会は、クスコ市の南西部サンティアゴ区に位置する。教会は植民地時代初期に建てられた石造りの荘厳な建物で、その主祭壇に守護聖人として安置されているのがナティビダの聖母である。この聖母像は、一七世紀にクスコ大司教マヌエル・デ・モリネドの命により、スペインのマドリードで崇められているアルムデナの聖母をモデルに、先住民出身の芸術家トマス・トゥパク・インカ（Tomás Tupaq Inka）が制作したものである（Benavente Velarde 2006：102–106）。地元の人びとのあいだで聖母は、「ママチャ・ナティ（Mamacha Nati）」や「ナティチャ（Naticha）」「マミータ・ナティ（Mamita Nati）」と呼ばれ、親しまれてきた(4)（Flores Ochoa 1992：300）。

ナティビダの聖母像は現在、二つの大きな祭典に登場する。一つは、アルムデナ教会で行われる守護聖人の祝祭である。九月八日に行われるこの祭礼は、ミサや聖像行列のほか、数々の踊りのグループが参列することでも脚光を浴びてきた。近年は、カパック・コリャ（Qapaq Qolla）やマヘーニョス（Majeños）など、クスコの民俗舞踊だけでなく、モレナーダ（Morenada）をはじめとするプーノ地方の舞踊集団の参加が増えつつあり、毎年三〇～四〇組のグループが聖母に踊りを奉献する。その規模はクスコ最大と目されている。

いま一つは、毎年六月頃に催される聖体祭である。クスコの聖体祭は、市内の教会に祀られる主要な聖人が集う祭典として有名である。この祭りでは、総勢一五体の聖人や聖母の像が、クスコの大聖堂に一堂に会し、中央広場で壮大な聖像行列が行われる。興味深いのは、ナティビダの聖母がこの祭典に参加したのは、一九五六年が最初である（Dela Cadena 2000：252）。すなわち、ナティビダの聖母は歴史的には古い聖人ではあるものの、主要な聖人の一つとして位置づけられるようになったのは比較的最近なのだ。よって、ナティビダの聖母に対して二つ目の祭礼が執り行われるのも、その年からになる。

3　聖母への奉納

アルムデナ教会では通常、二つの祭礼の日に合わせて、聖母の衣装が奉納されてきた。奉納には大きく二つのパターンがある。一つは、祭礼の主催者（マヨルドモ）と親しい間柄にある人物が奉納する場合である。これは、親族であったり、知人であったりするが、祭りの相互扶助の一つであるフルカ（hurk'a）[5]というやり方で、主催者から直接、祭礼への支援を要請された人のうちの一人である。形式的にはフルカではあるが、多くの場合、信仰心のある人物が、自ら衣装の奉納を申し出るとされている。もう一つは、個人の意思によって、聖母に直接、奉納を行う場合である。フルカが祭礼における互助のシステムであるのに対して、後者の場合は祭礼の主催者を介さずに、個人が個別かつ自発的に行うものである。したがって、後者の点に注目すれば、同じ年に複数の個人から奉納品が贈られることもある。

寄進された奉納品は[6]、聖母が祭礼で着用した後は、教会内に保管される。アルムデナ教会の聖具室には、聖母専用のクローゼットや衣装棚が用意され、かつて聖母が身に付けた衣装が収められている。筆者の調査から、現存する衣装は、ケープだけでも一三〇枚を数えることが判明した。聖母の衣装は、ケープのほかに、前掛けのように腰から下を覆う「スカート（falda）」、上半身の前面を覆う「飾り胸当て（pechera）」、「袖（manga）」から構成される。大抵、これら四点が一揃えとして、同じ素材やデザインであつらえられる。これらと合わせて、聖母には、輿で担がれる際に用いられる「天蓋（parasol）」が一緒に奉納されることもある。また、奉納品として作られた衣装の裏面または表面の下部分には、全てではないが、寄進者の名前や奉納した年月が刺繍で刻まれている。そこで、こうした奉納品に残る情報をもとにしながら、以下では衣装のデザインの変遷についてみていきたい[7]。

4　聖母の衣装の変遷

アルムデナ教会に現存する聖母の衣装のうち、もっとも古いケープは一九二九年に寄進されたもので、これに次いで一九三一年の奉納品が残っている。いずれも赤色のビロード生地が使われ、金糸の刺繍が施されている。これら二枚をはじめ、比較的古い年代のケープは、ところどころ花をあしらった蔓草模様がケープの裾にそって施される以外は、全体的に装飾は少ないのが特徴である。使われるモチーフは花や草木をイメージした植物類のほか、聖母マリアを表わすモノグラムがケープの背中の裾にあたる部分に刻まれる程度である（写真1）。また、伝統的な宗教刺繍の様式を用いて、個々のモチーフには浮き彫り刺繍が施されている。聖母のケープは、一九六〇年代までは、こうした素朴なデザインが主流になっている。

写真１　1929年に寄進された聖母のケープ。中央の下には聖母マリアのモノグラムが刻まれている。（2016年、筆者撮影）

これに対して、一九七〇年代からは、モチーフのバリエーションが増え、新たなデザインがみられるようになる。花や草木のほかに、聖杯や精霊を象徴する鳩のモチーフ、さらに天使のモチーフなどが使われ、また、聖母の飾り胸当てには、汚れなき聖母の御心を表わすハートや王冠が刻まれている。こうした、宗教的なモチーフに加えて、聖母の戴冠や受胎告知、聖体拝受などの場面を表現した装飾が、スカートやケープの両端（着用した際に前面になる部分）など、聖母像の正面にあたる部分に描かれはじめる（写真２）。そして、同じ頃から、クスコの古い紋章やアンデスの古代文化をモチーフにした図柄、アンデス地域に特有の植物の紋様をあしらった衣装も現れる。このように、メッセージ性がより高く、印象的なデザインの衣装がこの頃から奉納されるようになるのである。

写真２　「聖母の戴冠」が描かれた聖母の衣装（スカート）（2016年、筆者撮影）

さらに、素材や装飾において革新的な変化が観察されるのが、一九九〇年頃からである。それまで衣装に使われる布はビロードが定番であったが、より軽くて薄い素材のベルベットが主流となったほか、滑らかで光沢のあるサテンを使った衣装もみられるようになる。また、衣装の色も赤系統の色や聖母像本体に塗られた衣服の色である深緑系の色だけでなく、さまざまな色の布地が用いられるようになっている。

装飾においてはとくに、生地一面をたくさんの刺繍で埋め尽くした、華美な衣装が増加していった。これは、従来のように一つ一つ針をさす刺繍に代わり、モチーフをかたどったアップリケタイプの刺繍が使われ始めたことが影響している。また、装飾のなかには、聖母の写真や絵画が埋め込まれるなど、抽象的なモノグラムと比べると、より直接的かつ視覚に訴える表現が用いられている（写真３）。このように、時代が下るにつれ、聖母の衣装は宗教性に加えて装飾性や視覚性も重視されるようになっていったといえる。

写真3　2008年に寄進されたアップリケを使用したケープ。中央には聖母の写真が埋め込まれている。（2016年、筆者撮影）

また、こうした奉納品を見るかぎり、衣装のデザインは、聖母のオリジナルの姿と必ずしも一致するものではないことがわかる。つまり、衣装を纏わせることによって、人びとは自分たちがイメージする、思いのままの姿で聖母を飾り立てているのである。それは、上述のように、キリスト教的な表現の域にも留まらないのである。

つぎに、そうした非キリスト教的なモチーフ、とりわけアンデス固有のモチーフに注目しながら、衣装のなかにどのような意味合いが込められていたのかについてみていきたい。

5　アンデス的な意匠

聖母の奉納品のなかで、もっとも印象的なデザインの一つが、古代文化をモチーフにしたものである。一九八五年に寄進されたケープは、カントゥ（kantu）と呼ばれる花をあしらった蔓草にふちどられ、聖母像の前面の両脇と背中にあたる部分には仮面のモチーフが描かれている（写真4）。スカートには、顔が描かれた太陽、虹のようなアーチの下には、一羽の古風な鳥の姿が描かれ、その周りはカントゥで彩られている。カントゥは、別名インカの花とも呼ばれ、ニュクチュ（ñucchu）と同様、アンデス地域に特有の花である。いずれも聖母の衣装にしばしば描かれてきた。

また、一九七六年には、簡素なデザインながらも独特の意匠のケープが贈られている（写真5）。ゆるやかな曲線を描く蔓草に代わり、このケープの裾を彩るのは、幾何学的な紋様である。そのジグザグを縫うように配置された花のなかには、ニュクチュも描かれている。この裾は、トカプス（tocapus）を意識したデザインで、ニュクチュやトカプスはインカの皇女が身に着けた衣装にも用いられたモチーフである。こうしたアンデス固有のモチーフやデザインを用いた衣装からは、聖母像をキリスト教的なイメージとは異なる、独自の姿で形づくろうとする趣向がみてとれる。

それはまた、別のかたちでも表わされている。すなわち、アンデスの織物を衣装の生地に用いたものである。聖母

写真 4　古代文化をモチーフにしたデザインのケープ。仮面とカントゥの花があしらわれている。（2016年、筆者撮影）

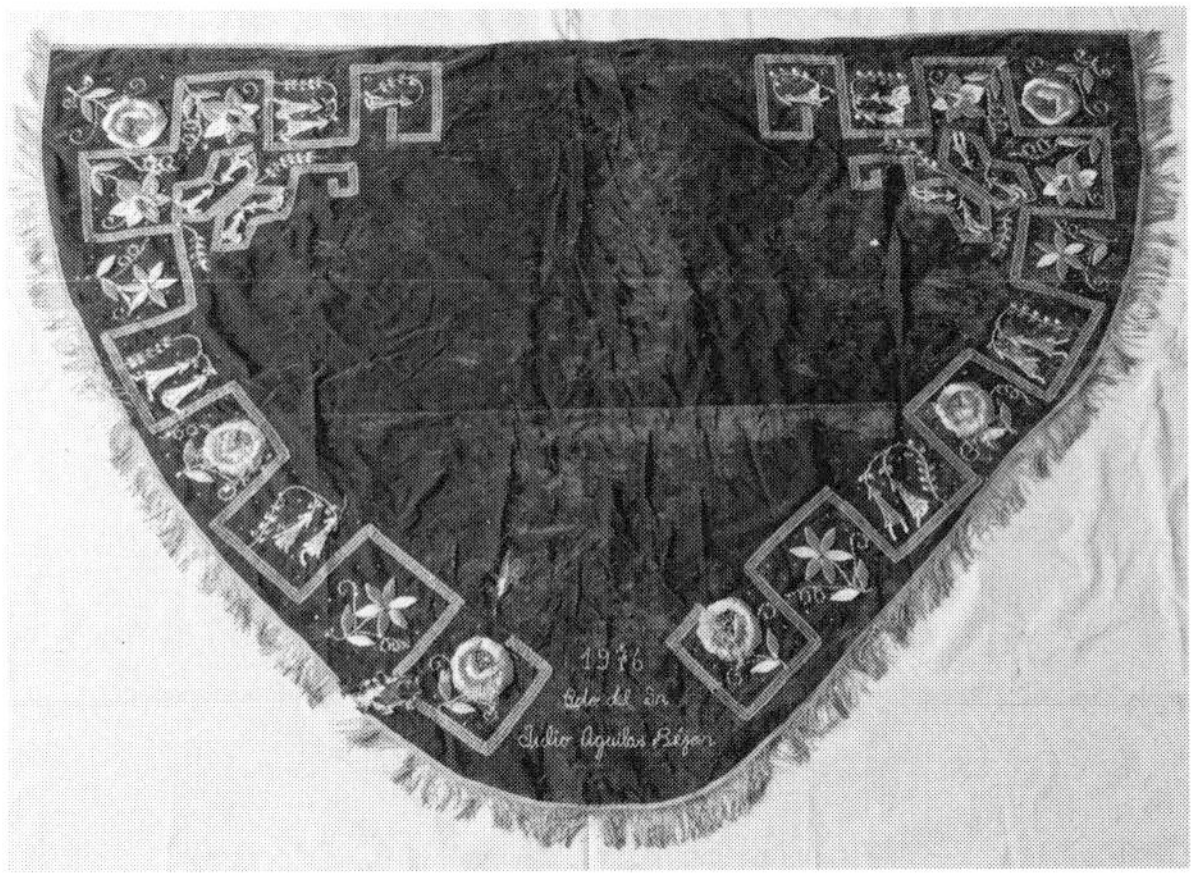

写真 5　トカプスをかたどったデザインのケープ（2016年、筆者撮影）

写真6　古いクスコの紋章を刻んだ衣装（スカート）（2016年、筆者撮影）

の衣装のなかには、アンデスの織物を使用したものが一点あり、これは人びとのあいだで「チンチェーロ」と呼ばれている。チンチェーロは、クスコでも良く知られた先住民の村で、織物が盛んなことで有名である。寄進者は、先住民とは直接関係はないが、こうしたデザインはクスコを意識したものと考えられる[8]。

また、一九八〇年頃まで聖母の衣装にしばしば描かれてきたのが、クスコの紋章である（写真6）。古城の周囲を黒いコンドルが囲んだこの図柄は、実際にクスコのエスクードとして一九八〇年代まで公式に使用されていたものである[9]。この紋章は主に、聖母の前面を覆い、もっとも目立つ部分でもあるスカートに刻まれてきた。クスコを象徴する存在であることを強く示すものといえよう。

こうしたアンデス的な意匠をともなった衣装は、一九七〇年代から登場し、この頃から聖母に新たな装いが与えられていったとみられる[10]。そこには、どのような人たちが関わっていたのだろうか。この点を探るためにつぎにアルムデナ教会の聖母崇拝を支えてきた人たちに目を向けてみたい。

6　聖母崇拝を支える人びと

ナティビダの聖母は、二〇世紀後半以降、クスコにおいてその存在感を増してきた。聖母がクスコの聖体祭に参列するようになったのもまさにこの頃からである。それを下支えしてきたのが、二〇世紀に入り、顕著となっていった地方出身者たちである。

近隣県につながる幹線道路が通り、交易の要衝にもなっていたアルムデナ教会周辺では、二〇世紀初め頃から、高地の村からやってきた交易商人や牧民たちが商活動を始めていた（Flores Ochoa 1992：282–283）。しだいに彼らは定住すると、その土地の教会の行事にも参画するようになった。とくに一九六〇年代からは、フリアカやプーノの出身者が増加し、一九七〇年代には、ナティビダの聖母の祭礼でも、プーノの舞踊のグループの参加が目立つようになっていた（Flores Ochoa 1992：290–293）。彼らの多くは、クスコの町で主に商人として生計を立て、経済力を蓄えてきたことで知られる（De la Cadena 2000；Huayhuaca Villasante 1998）。なかでも、市場に店を構えるプーノ出身の女性たちは、ナティビダの聖母の祭礼に大規模な踊りのグループを組織して参加する常連にもなってきた（Seligman 2004：175–177）。

彼らは都市住民として単に祭礼に参加するだけでなく、聖母に踊りを奉献し、ときに祭礼の主催者の役も担うことで、ナティビダの聖母崇拝を支えてきた。ナティビダの聖母の祭りに踊り手として参加する女性たちを調査した米国の人類学者セリグマンは、彼らはプーノ出身者でありながらも、もはや意識のなかではクスコの人間であり、プーノの衣装で踊りつつも、クスコ人として同化している点を指摘する[11]（Seligman 2004：175–177）。

実際、奉納品に残された情報からは、聖母の衣装の奉納者のなかにも、一九七〇年代以降は、とくにプーノからクスコに移り住んだ人物が数多く名を連ねていることがわかる[12]。その大半は経済的な安定を得た、新参の都市住民であるる。彼らは衣装の奉納を通じて、自分たちが帰依する聖母を、アンデス固有の姿で飾り立て、信仰を盛り立ててきたのである。こうして、ナティビダの聖母崇拝は、二〇世紀後半以降、クスコに根を張る地方出身者の力が原動力となり大きく成長し、他の聖人を凌ぐ大きな人気と存在感を獲得してきたのだった。

7　おわりに

アルムデナ教会は長らく、隣接する教区にあるサン・ペドロ教会の付属教会という位置づけにあったが、住民の増加にともなって、一九七六年に教区教会として独立すると、専属の司祭が常駐するようになった。教区内では、新参住民の力により、聖母崇拝が盛り立てられている状況に対して、旧来の住民による不満や祭りの世俗化を懸念する声はあるものの、一時は低迷していた聖母崇拝が住民自らの力により活性化している状況に対して、教会側はおおむね好意的である。

そうしたなか、地方からクスコへやってきた人たちは、新たな土地の祭礼に参加すると同時に、その土地の住民として、寄進を通じて自らの聖母像を創り上げていったのだった。クスコでは、世俗的な趣向の強い衣装の奉納を規制する教区が存在する一方で、アルムデナ教会では、多様な人びとの祭礼への関与や奉納品に対して寛容な姿勢をとることで、さまざまな住民を積極的に取り込んでいった(13)。このように、アルデナ教会の事例からは、奉納者たちによって過去が一つの資源として活用され、それが結果として聖母崇拝の発展に貢献している点がうかがえる。しかし、そこには過去の再解釈をめぐる矛盾や葛藤が存在するのも確かである。個々の奉納者の見方や思惑、そして異なる主体間の視点の相異についてては稿をあらためて論じることとしたい。

注

（1）一五七六年には第二回リマ司教会議のなかで、聖母像の衣装として、世俗の女性の衣服が禁じられ、壮麗なマントのみが許可された（Stanfield-Mazzi 2013：81）。

（2）たとえば、中世ヨーロッパでは、皇帝や王が教会に寄贈した衣装のなかに、威信を表わす紋章や銘が刻み込まれたものや、豪華な刺繍を施したものがある（濱崎二〇〇二）。

（3）奉納品の種類や数は、聖人信仰の動向を知るうえで重要な指標の一つになる（八木二〇一五）。また、衣装についていえば、ラ・リベルタ県のオトゥスコの扉の聖母が好例といえる。ペルー北部で、多くの信者を集めるこの聖母には、これまでに二〇〇〇枚以上のケープが寄進されている（Millones y Tomoeda 1996）。

（4）「ママチャ」は、ケチュア語で母を意味し、アンデスの人びとは聖母をこの名前で呼ぶ場合が多い。

（5）フルカは、隣県のアプリマックでは「クヤフ（kuyaq）」と呼ばれる。いずれも祭礼の互助を目的に、親しい者同士のあいだで行われる相互扶助である（c.f. Seligman 2004：八木二〇一五）。

（6）聖母の奉納品には、宝飾品や家具類などもあるが、ここでは衣装に特化する。奉納品の品目や情報は教会が台帳または財産目録（inventario）に記載して管理している場合もあるが、当該教会では記録が残されていなかった。そのため、本稿で取扱う奉納品の情報は、筆者が教会の許可を得て、一点一点実物を確認して記録した内容をもとにしている。調査は二〇一五―二〇一七年に実施した。

（7）ここでは、衣装のなかでもとくに中核をなすケープに焦点をあてみていくが、保存や管理の問題により、アルムデナ教会の聖母の衣装は、本体であるケープそのものが紛失し、付属の部位のみが残っている場合も少なくない。こうした問題を補うかたちで、それぞれの衣装の部位も補完的に用いながら考察を行うことにしたい。

（8）寄進者はクスコ市内で二軒のホテルを経営する若い夫婦である。親世代はもともとプーノからアルムデナ教会近くに移り住んだ人たちで、ナティビダの聖母に対する信仰心がとりわけ深い。

（9）カミンズによれば、中央の城はクスコの街とサクサイワマンの砦を象徴するという（Cummins 2002：276）。

（10）聖母の衣装にアンデス的な紋様が使われるようになった背景には他にも、クスコ市の刺繍職人の動向や、この時代のクスコ主義も影響していると考えられる（Yagi 近刊）。

（11）また、セリグマンは、かつてのようにプーノの人間あるいはプーノからの移住者としての意識も、彼らのなかでは今や影を潜めているとも指摘する（Seligman 2004）。

（12）たとえば、一九八〇年代にケープの奉納を行った六〇代の女性はプーノ出身で、四〇年前にクスコに移り住むと、市場での民芸品の販売から生活をスタートさせた。現在、彼女は二軒の家を所有するが、ナティビダの聖母崇拝の活性化のうえに重要な役割を果たした人物の一人として知られる。

（13）なお、聖母への衣装の奉納は、二〇一〇年をもって打ち切られた。これは、聖像自体に塗られた装飾の劣化を防ぐためで、文化庁の指示による。

参考・参照文献

濱崎千鶴（二〇〇二）「カトリック祭服における刺繍史（Ⅲ）世俗刺繍及び人々との関わりを中心に」『鹿児島純心女子短期大学研究紀要』第三二号、九三―一〇五頁。

八木百合子（二〇一五）『アンデスの聖人信仰――人の移動が織りなす文化のダイナミズム』臨川書店。

Benavente Velarde, Teófilo（2006）*Imaginería o Escultura Religiosa Cusqueña de los Siglos XVI, XVII y XVIII*, Cusco： Publicacio´n Familia Benavente-Gutiérrez.

Chara Zereceda, Oscar and Caparó Gil, Viviana（2004）*Iglesia del Cusco Historia y Arquitectura*, Cusco： Editorial Industria Gráfica Regentus.

Cummins, Thomas B. F.（2002）*Toasts with the Inca： Andean abstraction and colonial images on Quero vessels*, Ann Arbor： The University of Michigan Press.

De la Cadena, Marisol（2000）*Indigenous Mestizos： The Politics of Race and Culture in Cuzco, Peru, 1919–1991*, Durham & London： Duke University Press.

Flores Ochoa, Jorge（1992）'Mamacha Nati, Mamita Nati： devoción intercultural a la Virgen Natividad,' In Hiroyasu Tomoeda and Jorge Flores Ochoa（eds.）*El Qosqo： Antropología de la ciudad*, pp. 277–308. Cuzco： Ministerio de la Educación y CEAC.

Gisbert, Teresa（1980）*Iconografía y Mitos Indígenas en el Arte*, La Paz： CIA. S. A.

Huayhuaca Villacante, Luis A.（1988）*La festividad del Corpus Christi en el Cusco*, Cusco： Consejo Nacional de Ciencia y Tecnología.

Leonardini Nanda y Borda Patricia（1996）*Diccionario iconográfico religioso peruano*, Lima： Rubican Editores.

Millones, Luis y Tomoeda Hiroyasu（1996）'Los esclavos de la Virgen de la Puerta： historia y ficción del pasado,' In Millones Luis and Tomoeda Hiroyasu（eds.）*La tradición andina en tiempos modernos*, Osaka： National Museum of Ethnology.

Mendoza, Zoila（2000）*Shaping society through dance*, Chicago and London： The University of Chicago Press.

Seligmann, Linda（2004）*Peruvian Street Lives*, Urbana and Chicago： University of Illinois Press.

Stanfield-Mazzi, Maya（2013）*Object and apparition： envisioning the Christian divine in the colonial Andes*, Tucson： The University of Arizona Press.

Yagi Yuriko（近刊）'Estampando el pasado andino： cambio y creatividad en los diseños del bordado religioso cusqueño,' *Senri Ethnological Studies*, Osaka： National Museum of Ethnology.

Victorio Ganovas, Emma Patricia（2004）'Vestimenta para la Gloria del Señor', In Guillermo Lohmann Villena（ed.）*La Basílica Catedral de Lima*, pp. 205–238. Lima： Banco de Crédito de Perú.

――（2016）'Vestidos para el altar. Los ornamentos litúrgicos del Museo Señor de los Milagros,' En Wuffarden, Luis Eduardo y Mujica Pinilla, Ramón *et al.*（eds.）*El Señor de los Milagros： Historia, devoción e identidad*, pp. 319–328. Lima： Banco de Crédito de Perú.

Villanueva Urteaga, Horacio（1982）*Cuzco 1689： Informes de los párrocos al obispo Mollinedo. Economía y sociedad en el sur andino*, Cusco： Centro de estudios rulares andinos "Bartolomé de las Casas".

注

（1） ブラジルではsoles de Brasil/Naranjito、ベネズエラではsoles de Maracaiboと固有の名前がつけられている。19世紀半ばにはクロアチアやフィリピンにも同様のレース工芸が伝わっている。

（2） テネリフェ島にはCaladosという織物があり、それが木枠を使うことから、筆者はロセッタとCaladosがパラグアイのニャンドティに取り入れられたのではないかと考えている。

（3） パラグアイの伝統工芸品には、ニャンドティ（Ñanduti）のほかにアオポイ（Ao po'i）やエンカヘジュ（Encaje Ju）という衣類がある。それぞれの生産に特化した地区がいくつかある。

参考・参照文献

Amador González, Milagros（2016）'La roseta de Tenerife, origen y expansión', *Revista de Historia Canaria,* Año 2016（198）：167–178.

González, Gustavo（2008）*Ñandutí,* Adriana Almada, Asunción, Paraguay.

González, Gustavo y Plá, Josefina（1983）*Paraguay : El ñandutí.* Museo Paraguayo de Arte Contemporáneo, Argentina.

Fujikake, Yoko（2017）'Estudio sobre Ñanduti（hilo de araña）: Artesanías tradicionales del Paraguay y su explotación cultural', en la MESA HIST–5: Patrimonio Cultural y memoria: Nuevas tendencias en América Latina, XVIII CONGRESO DE LA FIEALC（Federación Internacional de Estudios sobre America Latina y el Caribe),（27 de Julio, 2017/en la UNIVERSIDAD MEGATREND, República de Serbia).

違い、今は注文されたものしか作らない、それ以外は家政婦として収入を得ている」と語るものもいる。

ニャンドティの作り手が自宅に看板などをあげることはほとんどなく、つつましい生活の中で生産している。技（わざ）は母から娘へ、また叔母や姉妹同士、ご近所同士で継承されている。完成した作品は、組合に販売したり、不定期で村を訪問する仲介人に売ったりする。近年、SNSを活用し、販売を行う若い世代の作り手が少ないものの出てきた。イタグア市にはニャンドティを販売する店舗が多く、観光客も訪れる。ニャンドティの作り手たちは、ニャンドティ製作で最低限の生活はできるものの、卸売り価格には満足していない。「経済的に苦しいがニャンドゥティ製作で生活ができるから助かる」と語るシングルマザー（30代の女性）もいれば、「組合に作品を安く買われてしまい糸を購入することができず、知人に借金し、糸を購入しニャンドゥティ作りを継続している」と語るものもいた。組合に手数料として売り上げの15%を支払う必要があるという。「ニャンドゥティを次世代に伝えたいが、ニャンドゥティ製作による利益があまりないことから、若者に継承できないし、興味も持ってもらえない」と語る高齢の作り手も多い。作り手の中に20代の聾唖の男性がおり、観光省からその技を表彰されたが、経済的に困窮したことから2017年3月に父親違いの兄に連れられブラジルに出稼ぎに出て、工事現場で働いている。価値ある文化や優秀な人材の喪失であると考える。

2010年、Instituto Paraguayo de Artesanía（パラグアイ国立伝統工芸院）が設立された。今後はこのような組織を通じ、ニャンドティの価値をさらに高めていくことが必要であるだろう。

ニャンドティの資源化を考えた際、作り手たちは自身が生み出すニャンドティが仲介者により搾取（資源化）されていることを認識していた。しかし、村やコミュニティから出ることが容易ではない女性たちは、家に買い付けにきてくれる仲介人に頼らざるを得ない状況にある。今後、パラグアイ政府がニャンドティを国の文化として戦略的に益々発信していくだろう。また、外国の企業がニャンドティを輸入する動きも増加することが予想される。複層にわたる「資源化」の構造をさらに分析し、底辺で生きざるを得ないニャンドティの作り手の「作品」と労働の価値を高めるための取り組みが火急に必要である。

（藤掛洋子）

写真1　テネリフェ島：ロセッタの作り手（2019年3月筆者撮影）

写真2　パラグアイ：ニャンドティ作り手（2014年9月栗山頌子（藤掛洋子研究室）撮影）

ターは3日程必要である。刺繍完成後は、キャッサバ芋のデンプンで糊付けし、天日干しする。近年は、簡易であるという理由から、市販のりを使用する作り手も増加している（2017年3月調査）。ニャンドティは乾燥後、輪郭を切り抜き、完成する。

作り手たちは、日常の光景からニャンドティの文様を編み出してきており、今でも新しいアイディアを加えるという。作り手たちの日常が紡ぎ出されている点がロセッタと違う点である。作り手たちはニャンドティを作ると、「気持ちが落ち着き、楽しい」「私の日常」と語る。同時に、「昔と

Column

パラグアイ伝統工芸品――ニャンドティの歴史と資源化について

パラグアイにはñandutí（以下、ニャンドティ）という伝統工芸品がある。スペイン領カナリア諸島にあるテネリフェ島のレース（La Roseta de Tenerife、以下：ロセッタ）が起源であるという説と先住民の文化と融合したという説である。スペイン人の宣教師や移民を乗せた船は、カナリア諸島（含むテネリフェ島）への寄航が義務付けられており、彼ら・彼女らが17世紀前後に南米に渡った際にロセッタは持ち込まれた[(1)]。植民者にロセッタを習ったパラグアイの女性たちが独自に新たな文様を生み出しながら引き継がれていったというものである。もう一つの説は以下である。パラグアイには先住民グアラニー人たちが有していた植物（カラグアタなど）の繊維を用いた籠編み文化などがあった。それらとロセッタが融合し、独自の文様を作り上げていったというものである。ロセッタは、幾何学模様であり、ニャンドティは、十字架、ランタン、ジャスミンの花などパラグアイの土着の文化が文様となっていることから、スペインやテネリフェ島、先住民の文化などが接合した結果、現在のニャンドティが生まれたということができるだろう。

ロセッタは、ピケの上に（写真１）、ニャンドティは木枠に布を張り、作り上げていく（写真２）[(2)]。ニャンドティの初期は、白色であり、宗教装飾に用いられてきた。三国同盟戦争（1864～70年）後、ニャンドティは女性たちの手仕事としてさらに発展していった。1915年のアルゼンチンの新聞記事にパラグアイの女性が創作したニャンドティのドレスに関する記事がでていることから、宗教装飾から服飾などへ応用されていったことがみてとれる。インタビューを行うと、1970代頃より複数の色を使用したカラフルなニャンドティを販売目的として制作しはじめたと高齢の作り手は語る。1970年代は、パラグアイが工業成長を目指した時期と重なる。他国との交流がさらに進み、国外向けにニャンドティを土産物として作り始められたと推察できる。

ニャンドティの作り手が多いイタグア市は、首都アスンシオンから東へ30キロメートルに位置する人口10.5万人（2016年）の都市である[(3)]。ここには2500人程の作り手がいると推定されていた（2002年）が、年々減少している。ニャンドティは、家の軒先や庭のマンゴーの木の下で風に吹かれながら作ったりする。一人で、あるいは祖母、母、娘、親戚、近所の作り手たちと集まり、輪になって作る。ニャンドティを15センチメートル程仕上げるのには約１日が必要である。直径45センチメートル程のテーブルセン

第6節

インターカルチュラル教育の中で模索されるアンデス文明

生月　亘

1　はじめに

本節では、エクアドルの事例から、インカ帝国、及びスペイン植民地時代からの「古代文明」がどのように受け継がれ、「現代アンデス文明」へと生成されているのかを考察していく。特に本章全体の「過去」をどのように「資源化」しているのかというテーマにおいて、エクアドルにおける「先住民教育」の「インターカルチュラル教育」、別名、「二言語・異文化間教育（Educación Bilingüe Intercultural）」の事例を通して、「過去」がどのように「資源化」され、「現代アンデス文明」が模索され、形成されようとしているのかを考察していく。

ここで、二言語教育とは、「スペイン語」と、主にアンデス高地の先住民言語の「キチュア語（Kichwa）」の二言語教育を指す。エクアドル高地の先住民言語は、言語学的にはペルーの「ケチュア語（Quechua）」の一方言と考えられ、文化的にもペルーのアンデス文化と共有している。しかし、エクアドルの先住民は、ペルーの「ケチュア語」との相違を明確に区別するために「キチュア語（Kichwa）」と表記、発音し、独自路線を進めている。以下、エクアドルにおける先住民言語、文化は、「キチュア語」「キチュア文化」と表記する。

一方、「異文化間教育（Educación Intercultural）」とは、エクアドルにおける主流派の西洋文明を中心とする「メスチーソ文化」と「先住民文化」との「異文化間理解教育」を指す。また、先住民教育だけでなく、エクアドルの多民族主義国家建設のキーワードとなる「インテルクルトゥラリダ（Interculturalidad）」概念については、日本語では一般的に「異文化間交流」を指すが、その重要な文化的文脈については、詳細に後述する。

第一に、この調査の重要な議論は、「先住民文化」を「文化資源」と捉え、「過去」と「現在」とのつながりを考察する点である。文化を「資源化」することにおいて、山下は、「意識的に操作され、資源として生成し、何らかの目的のために利用されるものとして現れる」と述べている（山下二〇一四：四八―四九）。すなわち、「文化資源」が単に「文化アイデンティティ」の表象となるだけでなく、意識的に価値づけられ、活用される過程の重要性を示唆している。

第二に、その「文化資源」をどのように活用し、「文化アイデンティティ」とどのように連動しているのかを考察していく必要がある。太田は、「政治的アイデンティティの問題」の考察で、「先住民というアイデンティティは、ローカルとグローバルの間にリンクをつける」（太田二〇一二a：二五）。そして、さらに太田は、文化的アイデンティティと政治的アイデンティティの差異について、政治的アイデンティティは、「文脈が変化すれば焦点化されるアイデンティティは変わる」（太田二〇一二b：六六）と述べている。

「過去の文明」は、消滅したのではなく、「過去の文化や歴史」の上に成立している。特に、「スペイン植民地政策」という歴史により、先住民文化は大きな打撃を受けたものの、完全に消滅したものではなく、むしろ、変化、変容を遂げながら現在に至っている。山下、太田の理論を援用しながら、この「資源化」の方法と「アイデンティティ」の活用の問題を交差させ、現在の先住民が「現代アンデス文明」をどのように模索しているのか考察を試みたい。

2　調査の課題と「先住民の定義」の問題

「現代アンデス文明」を考察する上で、アンデス高地を中心として、以下に焦点を当てる。（1）エクアドルの「多民族・多文化国家」建設の根幹となる「インテルクルトゥラリダ」概念、（2）先住民主導により、「インテルクルトゥラリダ」概念を応用し、実践している「二言語・異文化間教育（Educación Bilingüe Intercultural）」、（3）先住民教育の事例研究として、キト南部コトパクシ県を中心に先住民教育の活動を行っているSEIC（Sistema de Escuelas Indígenas de Cotopaxi）の参与観察から、現代先住民がどのように「過去」を「資源化」し、「現代アンデス文明」を模索しているのか分析を試みる。この三点のみで、先住民による「現代アンデス文明」の全てを一般化できないが、「資源化」のプロセスを分析していくことは文化人類学的に意義があると考える。

エクアドルの国土は、約二五万六〇〇〇平方キロメートル、人口は、約一四四八万人（二〇一〇年国勢調査）である。二〇一〇年の国勢調査（INEC 2010）では、先住民の人口は約七％、白人約六％、メスチーソ約七二％、アフリカ系約七％、モントゥビオ約七％となっている。先住民運動が活発であった九〇年代には先住民の人口は、約二五～三〇％（Chiodi 1990: 379-382）と考えられ、資料により相違はあるが、約三〇～四〇％前後と考えられていた。およそこの三〇年の間に先住民の人口が急減したとは考えられず、国勢調査に関しては、国や民族により、その定義を明確にし、正確に調査することは不可能である。エクアドルの先住民の国勢調査の問題に関しては、その正確性の問題、歴史や政治との力学の関係性が大きく影響している（新木二〇一四：一二三―一三〇）。

先住民運動が活発な時期は、「先住民性」を表象することに意味があった。コレア政権下（二〇〇七―二〇一七年）は、左派政権で、貧困層への対策や、国家全体の社会、経済向上の政策に重点が置かれたが、近代化政策の下に先住民運動は、この間に弾圧を受け、先住民教育も制限された。それ故に、偏見や差別、自己防衛の問題として、国勢調査による「先住民」という「アイデンティティ」のカテゴリーが減少したことも容易に察せられる。ただし、この結果が、すぐに先住民が先住民としてのアイデンティティを喪失したと断言できない。

3　「先住民教育（二言語・異文化間教育）」と「インテルクルトゥラリダ」概念

▼先住民運動と先住民教育の関係性

「現代アンデス文明」の生成を考える上で、エクアドルの場合、この過去三〇年余りの間、先住民組織における先住民の政治的、社会的、文化的地位向上を目指す先住民運動と先住民教育が一体化しているのが特徴である。重要な点は、エクアドルの「多民族・多文化国家」を推進するために、先住民運動及び先住民教育共に一貫して、「インテルクルトゥラリダ概念」を軸にして、先住民社会及び文化の向上を目指してきた点である。

一九八六年に「エクアドル先住民連合」、CONAIE（Confederación de Nacionalidades Indígenas del Ecuador）が、全国的先住民組織団体として設立された。この第一回目の総会にCONAIEは、先住民の政治的権利と農地改革の問題と同等に、「先住民教育」と「二言語教育」つまり、アンデス高地を中心とする先住民言語「キチュア語」と「スペイン語」との「二言語教育」の重要性を主張した（CONAIE 1989［1988］：269–272）。そして、一九八八年には、「異文化間二言語教育局」DINEIB（Dirección Nacional de Educación Intercultural Bilingüe）を設立し、一九八九年に、CONAIEは、教育省と「二言語・異文化間教育」のプログラムの共同開発において提携を結んだ。この重要な目的は、先住民文化のアイデンティティの強化と先住民言語の「キチュア語」の維持である（Ministerio de Educación y Cultura 1993：7–14）。

先住民は、一貫して「インテルクルトゥラリダ」概念を主張しながら先住民文化の維持、発展に努めてきた。その結果、エクアドルは、二〇〇八年コレア政権時代に憲法改正で公的に先住民の存在を認め、エクアドルを「多民族・多文化国家（Estado Plurinacional e Intercultural）と定義づけた。しかしながら、公的にエクアドルが「多民族・多文化国家」と認められると、コレア政権は、先住民運動の先鋭化を危惧し、弾圧を図った。教育省に併存されていた「異文化間二言語教育局」、DINEIBも教育省に一元化され、事実上、先住民による先住民教育の開発や推進において先住民教育の自治権は排除される形となった。

▼先住民教育の課題

先住民教育は先住民運動と連動しているため、常に政治的イデオロギーと現実の教育の質との間にギャップがあり、多くの課題を抱えていた。

第一に、教育の質の問題である。先住民教員による先住民教育は、先住民の子供たちにとり、村の事情が分かり、キチュア語で行うことで、子供たちも精神的に安心して教育が受けられる利点があった。一方で、急速に先住民の教員養成を行ったため、一定の教員の質を確保する教員養成が不十分であった。教育の近代化を推進するコレア政権では、教育の近代化の下に、先住民教育の統制を図り、多くの先住民教員は教員資格審査の段階で解雇となり、一部、「キチュア語」の指導に限定されて継続採用されるようになった。

第二に、「インテルクルトゥラリダ概念」を軸とした「インターカルチュラル教育」の具体的方法論の問題である。教育における「アンデス文化」の「資源化」という点では、共同体の発展のために「アンデス文化」の復興や、「アンデス文化」の知識や技術の正当性が教育内容に盛り込まれていたが、先住民教育は、先住民運動と連動していたため、「政治的」な理想論が強調されており、村人は現実的な経済発展のための近代化路線を望む声も多かった。慢性的な貧困に伴う都市への移住や出稼ぎが常態化している以上、教育の必要性を見出せない家庭があるのも当然であろう。

第三に、「キチュア語」のアルファベット化と学校でのキチュア語教育に対する心理的抵抗感である。キチュア語は家庭で話されているため、子供にはスペイン語の習得を望む声もある。現実にエクアドル社会では、スペイン語が出来なければ経済、社会活動での地位向上は困難である。また、キチュア語が無文字言語で「標準化」されておらず、アルファベット化に対する抵抗感があるのも事実である。

二〇〇八年にエクアドルが「多民族・多文化国家」として憲法上認められたことは、先住民にとり先住民の社会的、文化的地位向上の一歩として大きな意義がある。ただ、九〇年代から二〇〇〇年代初期の頃の活発な先住民運動に伴う、先住民教育の推進は、コレア政権下では統制されるようになったが、二〇一七年大統領選でレニン・モレノ氏が大統領に選出されると、先住民の現状を考慮し、従来の路線を踏襲しつつも、融和路線を進めるようになった。今後、先住民文化を尊重した形での「先住民教育」と「近代化」との融合がどのように進展していくのかは未知数である。

▼「インテルクルトゥラリダ概念」とは何か?

「インテルクルトゥラリダ」とは、エクアドルの先住民運動及び先住民教育の根幹をなす概念である。これは英語では「インターカルチュラリティ（Interculturality）」となり、日英共に、スペイン語からの言葉の翻訳だけでなく、その文化的概念を翻訳することが難しい。通称「インターカルチュラル教育」と言えば、異文化理解教育などと訳されている。「インテルクルトゥラリダ」と似た概念で「マルチカルチュラリズム（多文化主義）」があり、両者は同様に解釈されることが多い。しかし、エクアドルでは、「インテルクルトゥラリダ」と「マルチカルチュラリズム（多文化主義）」は明確に区別して定義されている。

二〇〇八年の憲法改正でエクアドル国は「多民族・多文化国家（Estado Plurinacional e Intercultural）」と定義され、その中にも「インテルクルトゥラル」と明記されている。どちらも日本語では「多民族・多文化主義」となり、同様に解釈されやすい。エクアドルの高校の哲学の教科書では、「インテルクルトゥラリダ」と「マルチカルチュラリズム（多文化主義）」の違いを明確に説明している。双方とも文化や民族の「多様性」の存在を認めているが、「インテルクルトゥラリダ」は、文化間の交流、文化間の平等性と互いの尊重が強調されている。つまり、全ての文化は平等で、文化の多様性があっても、一つの文化が全体を支配することがない点である。また、文化や民族が違っていても

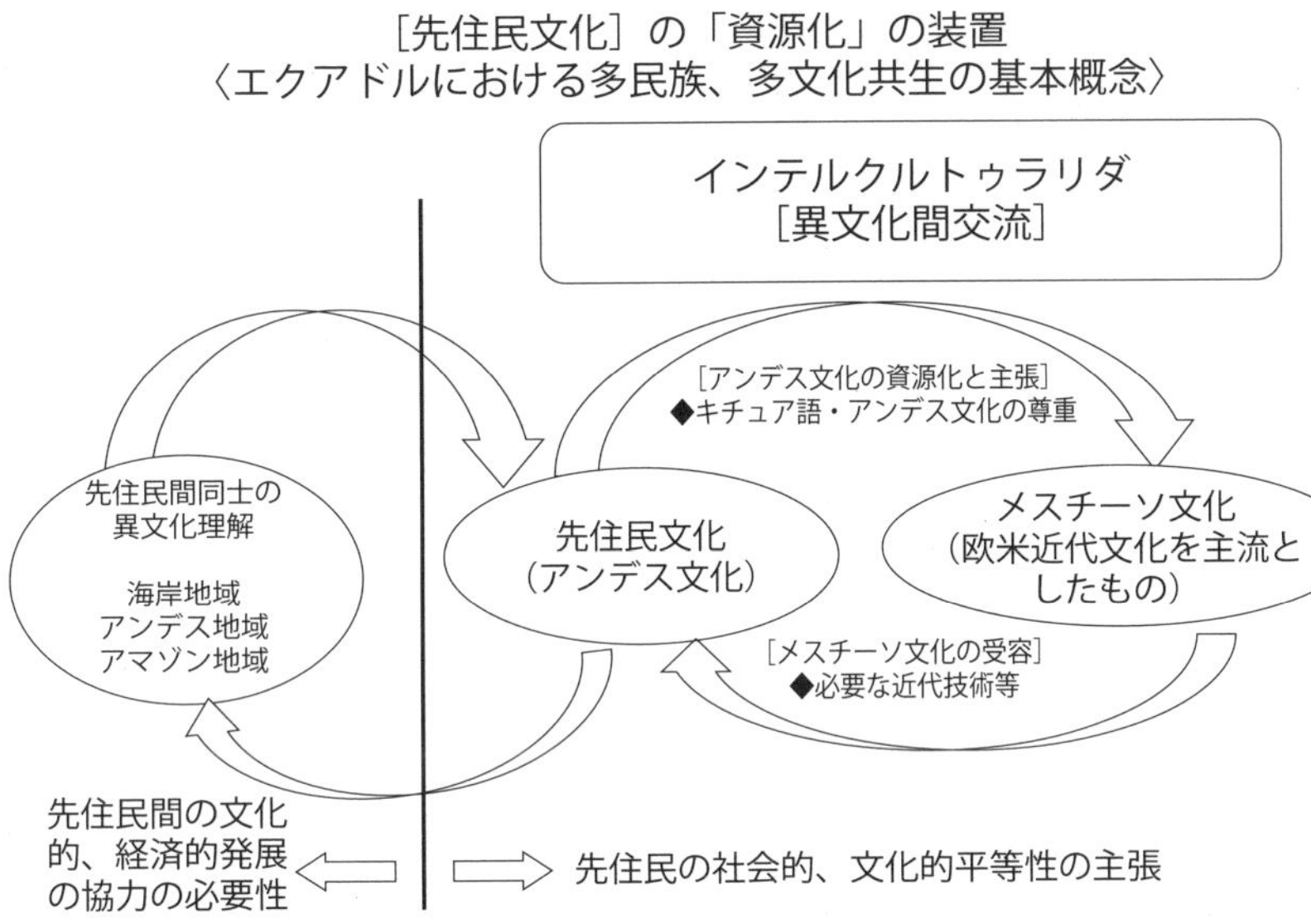

図1　「インテルクルトゥラリダ」の基本概念（筆者作成）

「エクアドル人」ということが強調されている。「マルチカルチュラリズム（多文化主義）」では、「文化の多様性」は認めるが、民族、文化間の関係性は強く強調されていないので、エクアドルでの文脈では、もし、各民族が自分たちの民族や文化を主張しすぎると、「自民族中心主義（エスノセントリズム）」になる危険性を指摘している（Editorial don Bosco obras Salesianas de Comunicación 2016：114–118）。

第一に、各文化間との平等性とは、「先住民文化」と主流の「メスチーソ文化」との平等性が強調され、先住民側は、自己の文化を強調するものの、「メスチーソ文化」や現代文化も尊重し、受容する姿勢があることを示している。一方、主流の「メスチーソ文化」の側にも「先住民文化」の尊重を望んでいる（図1を参照）。

第二に、「インテルクルトゥラリダ」は、差別や脱植民地化を図る政治的言説である（Guerrero Arias 2011：74–79）。つまり、先住民と多数派を占めるメスチーソとの民族、文化の多様性を認め、相互に補完しあうことにより、より文化的にも社会的にも平等な社会ができることを意図としている。

この「インテルクルトゥラリダ」は、いまだに先住民側からの一方通行であるが、高校の教科書にも記述された点や、文化の多様性と平等性が強調され、最終的に二〇〇八年の憲法改正で「多民族・多文化国家」という中に「インテルクルトゥラリダ」概念が盛り込まれたことは、先住民社会がエクアドル国家の中で、一定の政治的、社会的、文化的地位を確保できた点で重要である。

一方で、「先住民文化」とは何かと提示できるようにしていくことも重要な課題となる。山下（山下二〇一四：四八―四九）が、「文化の資源化」の問題で、「文化資源」を意識的に価値づけ、活用していくことの重要性において、エクアドルの「インテルクルトゥラリダ」概念は、まさに「先住民文化」を「資源化」し、活用していくための重要な「装置」として機能していることになる。一方、先住民側は、「先住民文化」と主流の「メスチーソ文化」、またはグローバル化に伴う、「近代技術、近代文化」を自分たちの経済的発展のために相互補完する形で積極的に受容する姿勢も示している。ただし、これは先住民のアイデンティティや価値観を持ちつつも、必要なところは取り入れていこうとする姿勢である。この点は、太田が「政治的アイデンティティの問題」の考察において「先住民というアイデンティティは、ローカルとグローバルの間にリンクをつける」と述べていること（太田二〇一二a：二五）を、戦略的に実践しているといえる。

4　SEIC（Sistema de Escuelas Indígenas de Cotopaxi）の先住民教育の事例研究

▼SEICのプロジェクトの概要

SEICのプロジェクトは、首都キト市南部のコトパクシ県スンバウア地方で一九八〇年代頃から、カトリックのサレジオ会やボランティアを中心に先住民村でキチュア語を用いた二言語教育を行い、教育を通して先住民村の貧困対策や経済発展課題に取り組んできた。教員養成や教育開発プログラムにおいてもサレジオ工科大学と連携しながら進めていた。後に公立化し、先住民運動の興隆やコレア政権の教育改革制度の中で、常に先住民運動と政府、教育とのはざまで紆余曲折をしながらも、独自に「インテルクルトゥラリダ」概念を軸に「インターカルチュラル教育」、すなわち「二言語・異文化間教育」を推進してきている。現在は、日本の中学、高校レベルの「コレヒオ・ハタリ・ウナンチャ（Colegio Jatari Unancha）」を運営している。コトパクシ地方では、「二言語・異文化間教育」の先駆的なモデルとなっている。

SEICの運営方針は、土、日のみ中等、高等教育を行い、高卒資格が取れるようにしている。村の若者の大半は、小学校卒業後、平日は都市へ移住または出稼ぎに行くか、家の農業の手伝いをするためである。貧困ゆえに中等、高等教育への進学は難しい。特にスンバウア地方は、三〇〇〇メートル以上の高地で、慢性的な水不足、耕作面積が少ないこと、農業中心だけでは経済的に困窮を極めている。社会的にも若者の出稼ぎによる先住民文化やキチュア語の喪失、共同体としての組織の維持の問題など、多くの課題を抱えている。

先住民の子供たちに教育の機会を与えるだけでなく、SEICが強調することの中に、先住民村に元来存在する「共同体」としての組織の意識に重点をおいている（SEIC 2017：19）。この精神はプロジェクトのプログラムにも反映され、先住民言語の「キチュア語」の指導、先住民文化の維持、復興、そして持続可能な農業、産業の育成の教育プログラムを推進している。

▼「アンデスの世界観」

「先住民文化」の「資源化」に関して、（写真1）が示しているように「アンデスのユートピアな世界観」がある。壁画に描かれている世界は、先住民共同体村の日常生活や、神話の世界である。調査地のワイヤマ村の近くのティグアは、このようなスタイルの絵画で有名である。しかし、現地調査によれば、このように村の生活や神話、世界観を描くのは最近のことで、エクアドルでは、全国レベルでメキシコのような壁画運動という形にはなっていない。しかし、このような壁画は村の学校や集会所などで多く見受けられる。これらの壁画や絵画が観光用または、個人的なものであっても、描かれている世界や表現スタイルは、明らかに彼らの「アンデスの世界観」「アンデス文化の日常」

であり、そこから先住民が理想と描くユートピアな世界観が読み取れる。

写真１　アンデス世界観の壁画（バーニョスにて2007年８月、筆者撮影）

▼キチュア語の教育

アイデンティティの核としてキチュア語教育は重要である。近代化や出稼ぎ等により、先住民言語の「キチュア語」の喪失を危惧する声は大きい。キチュア語を教えることの重要性は、先住民言語を維持するだけでなく、無文字言語であったが故に、「アンデス文化」を後世に伝えていくために、また、「先住民文化」を表象していく意味でも、文化の記述が重要である。ＳＥＩＣのプロジェクトでも彼らの伝統や知識を論文として書くことを実践している。これは、キチュア語の文化を守るだけでなく、文章化して社会に発信し、後世に伝えていく重要性を強調している。

若者が都市へ移住し、出稼ぎに出れば、都会的な生活やメスチーソ的な生活を追従していく側面は否めない。しかし、この過去一〇年余りに世界的に急速に進化したコンピューターによるＩＴ革命は、この問題を意外な方向へ導いている。ＳＥＩＣが土、日のみの授業を各先住民共同体村で実施できるのは、このＩＴ革命による進化の恩恵によるところも多い。都市に出稼ぎに来ている若者も、インターネットや、携帯電話の普及により、フェイスブック等を活用して、平日は通信教育のような形で課題を行うことが可能となった。インターネットを活用した学習が可能になったことで、教材不足の問題を補完できるようになったことは大きい。授業でも積極的にインターネット等のツールを活用している（写真２）。

また、都市への出稼ぎ先でも、インターネットや携帯電話でのコミュニケーションが可能となり、バーチャルな空間の先住民村の共同体を形成している。キチュア語でのコミュニケーションが可能になったことは、「先住民」としてのアイデンティティを再認識することにもなっている。また、エクアドルのアンデス地域は、交通網が比較的発達しているため、キト市等の都会へ出稼ぎに行っていても、土、日には、先住民村に戻りSEICのコレヒオ・ハタリ・ウナンチャの授業に出席することが可能である。週末に村に戻り、仲間や家族と過ごすことにより、教育の機会を得られる以外に精神的な安定の空間を得ているといえよう。家族や村の仲間とキチュア語を話すこと、アイデンティティを共有することにより、出稼ぎに出ること、近代化を追従すること、イコール、直ちに「先住民文化」を喪失することではなく、逆にアイデンティティの再認識につながっていると言える。

写真2　アンデス文化を再評価しながら農業、手工業、工業の発展のための実習プロジェクトに向けてIT機器を使い共同学習を実施（プヒリにて2019年2月、筆者撮影）

▼「インテルクルトゥラリダ」概念を軸とした、「インターカルチュラル教育」の実践例――「理想論」から「現実的」実践へ

SEICの取り組みの中で重要なのは、「インターカルチュラル教育」をどのように具体的に実践していくかである。どのように「先住民文化」を再評価し、近代性も取り入れ、持続可能な経済発展を促進していくかということがカギとなる。共同体の経済が持続可能な発展にならなければ、貧困対策も進まず、出稼ぎに依存し、共同体そのものの存続も困難となる。

キチュア語教育を重点に置きながら、コトパクシ地方の異なる生徒が、卒業論文のプロジェクトとして、村の経済活動の推進のための発展の農業、手工業、工業に関する共同研究を行っている。自分たちの村で日々、実践していることを調査することにより、同じキチュア文化、言語を共有していても村が異なれば多くの違いがあり、その多様性を認識することにつながる。

「インテルクルトゥラリダ」概念、「インターカルチュラル」とは、異文化間の交流、交換を意味している。例えば、農業では、亜熱帯地方出身の先住民教員と山岳地帯の生徒が互いに農業実習を通して、どのような作物や農業方法が効果的かなどを共同作業で学習している。このような相互コミュニケーションによる学習を通して、各村で実践されている「アンデスの知識や技術」は何か、また、気候、風土が違う状況で同じ農業は実践できなくても、地域に根差したより良い方法は何かを模索することが可能となる。

手工業の実習などでも、アンデスの織物や民族衣装のモチーフなどを基に現代的なファッションに応用できないかどうかを異なる先住民村の出身の学生が互いに意見を出し合い、洋服や日用品の試作品を作成する試みなども行っている。

このような作業を通して、彼らは自分たちの日常の「アンデス文化」は何かを模索し、再評価を試みている。ただし、ここで彼らが主張する「アンデス文化」は、「古代アンデス文明」から受け継いでいる伝統かどうか、「文化の本質主義」の観点からは科学的に証明することが困難である。J・エステルマンは、アンデス文化の「本質主義の問題」に関して、インカ帝国とスペイン帝国による植民地主義により、「純粋性」を問うこと自体が困難であり、「アンデス文化」というもの自体がすでに「相互異文化交流」の「インテルクルトゥラリダ」を実践し、異文化の混成の中で生成されてきたものであると述べている（Estermann 2015：97–99）。

SEICのプロジェクトも先住民のアイデンティティを維持しつつ、共同体の発展を目指しているが、「過去」に固執しているのではない。重要なのは、どのように「先住民文化」を表象しようとしているのか、そのプロセスに焦点を当てることが、「過去」と「現在」の接合となろう。また、他者は、「文化の本質主義」論に固執するのではなく、柔軟に彼らが日々、実践している中での「現代アンデス文明」というものを再評価していくことが文化人類学的に重要である。

5 まとめ

先住民共同体村にとり、「教育」という場面は、「共同体」の縮図として機能している。「インテルクルトゥラリダ」概念を軸とした「先住民文化」の「インターカルチュラル教育」は、その過程に「先住民運動」と連動していて、国家に政治的、社会的、文化的、平等性を求める「政治的」な側面もあるが、「先住民文化」とは何かという問いかけにおいて、先住民自身が「先住民文化」の再評価をすることが可能な点が重要である。「近代化」や貧困による出稼ぎ問題が、すぐに先住民文化の喪失になるとは限らず、自分たちの文化を再認識するところから、新たな「現代アンデス文明」を模索しているといえる。

「インターカルチュラル教育」は、SEICの取り組みも含め三〇年近くが経つが、理論として確立するにはまだ試行錯誤の段階である。「現代アンデス文明」は、「アンデスのユートピアな世界観」をアイデンティティとして持ち続けながらも新しく築き上げているといえる。科学的には、現在彼らが実践しているアンデス文化の純粋性を証明することは困難であるが、彼らの声と実践活動のプロセスを、文化人類学的にも「現代アンデス文明」のプロセスの一部として再評価していくことが重要であろう。

参考・参照文献

新木秀和（二〇一四）『先住民運動と多民族国家――エクアドルの事例研究を中心に』御茶ノ水書房。
太田好信（二〇一二a）「序章　21世紀における政治的アイデンティティの概念化」太田好信編『政治的アイデンティティの人類学――21世紀の権力

変容と民主化にむけて』昭和堂、一—二四頁。
——（二〇一二b）「第1章　政治的アイデンティティとは何か？——パワーの視点からアイデンティティを分析する批判理論に向けて」太田好信編『政治的アイデンティティの人類学——21世紀の権力変容と民主化にむけて』昭和堂、三六—七七頁。
山下晋司（二〇一四［二〇〇七］）「文化という資源」内堀基光編『資源と人間』弘文堂、四七—七四頁。
Chiodi, Francesco（1990）'Capitulo III Ecuador,' In Chiodi, Francesco（ed.）*La Educación Indigena en América Latina : Mexico, Guatemala, Ecuador, Perú, Bolivia*, Tomo I, pp. 329–543, Quito : Abya-Yala.
CONAIE（1989［1988］）*Las Nacionalidades Indígenas en el Ecuador : Nuestro Proceso Organizativo. Quito : Abya-Yala.*
Editorial don Bosco Obras Salesianas de Comunicación（2016）*Filosofía 2 BGU*. Quito : Editorial Don Bosco.
Estermann, Josef（2015）*Más Allá de Occidente : Apuntes Filosóficos Sobre Interculturalidad, Descolonización y el Vivir Bien Andino*. Quito : Abya-Yala.
Guerrero Arias, Patricio（2011）'Interculturalidad y Plurinacionalidad, Escenarios de Lucha de Sentidos : Entre la usurpación y la Insurgencia Simbólica,' Kowii Maldonado, Ariruma（ed.）*Interculturalidad y Diversidad*, pp. 73–99, Quito : Corporación Editora Nacional.
INES（2010）*Resultados del Censo 2010*. http : //www.ecuadorencifras.gob.ec/（二〇一九年二月二一日閲覧）
Ministerio de Educación y Cultura（1993）*Modelo de Educación Intercultural Bilingüe*. Quito : Ministerio de Educación y Cultura.
SEIC（2017）Sinchiyari. Latacunga : SEIC.

第3章

第7節

伝統織物の集団的知的所有権を守る
——グアテマラ高地先住民女性による織りと装いの文化運動

本谷裕子

1　はじめに

中米のグアテマラは世界でも有数の民族衣装の宝庫である。この国の国土の約四分の一を占める中西部高地では、いたるところで虹のようなきらめきをたたえた美しい衣装に身を包む人びとの姿が目にされる。その衣は先スペイン期起源の織機で織られた布から作られており、その布を織るのはマヤ先住民の女性たちである。彼女たちの織る色とりどりのさまざまな布が、衣にはじまり、テーブルクロス、タオル、ナプキン等々となって、日々の暮らしを取り巻いている。

そうした女性の手織り布とはひとたび使い古されると、これまでは赤ちゃん用のおむつとして再利用されたり、布地から丹念に糸を抜き取り、新たな布を織るための材料にされてきた。ところが、政府と反政府ゲリラ軍とのあいだで一九六〇年より続いてきた内戦が終息に至る九〇年代中頃ころから、全国規模の道路整備によってこの国の観光地化が進み、交通網の発達とともにマヤ先住民の村々に西欧的な生活様式が浸透していくのにともない、使い古しの手織り布の再利用法も以前とは明らかに変わってきたことがたどられる。たとえば、子供のおむつは市販のものへと移行し、女性たちは使い古しの織り糸ではなく、村の市場で売られている新しい糸で布を織ることを好む。現在、マヤ文明の代表的な都市遺跡の一つにあたるティカル遺跡やコロニアル都市のアンティグア市、世界一の透明度を誇るアティトラン湖といった主要な観光地では、マヤ先住民女性の手織り布を使ったさまざまな商品（手提げカバン、女性用の化粧ポーチ、靴など）が売られ、その材料として、古くなった衣や織布が使われている。

グアテマラのマヤ先住民たちは、かつてこの地が宗主国スペインの支配下にあった植民地時代から今日までさまざまな差別にさらされてきた。それが最も激化した時代として記憶に新しいのが、暴力を意味するスペイン語（Violencia ヴィオレンシア）で称される内戦の三六年間である。共産主義を敵視していた当時の政府は、マヤ先住民を反政府ゲリラ活動に加担する共産主義者と見なした。中には政府軍に焼き討ちされ、住民が虐殺された村もある。内戦当時とは、マヤという先住民性を誰の目にも明らかなかたちで示してきた「民族衣装」が、彼らをいわれのない暴力にさらす危険性をはらむ、極めて特殊な社会状況下にあった。そのため、この時代のあいだに、多くの男性が伝統的な衣を脱ぎ、シャツにズボン姿の洋装へとみずからの服装を変えたのだった。一方、日々の暮らしの中で村外へ出ることのなかった女性たちは、激しい暴力が横行する不安定な時代のあいだ、機織りに向き合いながら心の平静を保ちつづけていたという。

マヤ先住民にとってつらく厳しい冬の時代が過ぎ、内戦が終焉に向かうと、彼らの衣文化をとりまく状況が一転する。海外からの観光客が押し寄せ、美しい衣装に身を包むこの国の先住民女性の姿がマスメディア、インターネット、さらにはソーシャルネットワークサービス（SNS）を通じて頻繁に紹介されるようになった。この地を訪ねる観光客たちとは、エキゾチックな旅に更なる彩りを添えてくれるマヤたちの衣を好意的にとらえる存在であった。グアテマラ社会の中では侮蔑の対象となることはあっても、これまで関心の払われてこなかった衣の伝統文化を好意的にとらえる新たな他者の到来とともに、マヤ女性たちは、先祖からの文化遺産である自分たちの衣文化が、異なる価値観を持つ社会で賞賛されうる文化資本であることに気がついたのである。

しかしながら、そうした「好意的」な他者たちの中には、彼女たちの想像も及ばないような卑劣なやり方で、文化の越権行為を公然とおこなう人びとがいることが近年明るみになってきている。それは、マヤ女性の手織り布やそのデザインを盗用した製品を作り、それらを自社商品として販売する国内外のアパレル企業や商社である。彼らが取引・販売する商品の中には、現地の人びとにとっては信じがたいほどの高値で販売されているものもある。そこで、こうした違法な文化の越権行為の実態を危惧するマヤ女性の織り手たちが集結し、織りと装いのいとなみを継承し続けてきた文化の主体として、自分たちの文化資本を無断で搾取する剽窃行為や盗用を取り締まり、彼女たちの創造品（手織り布とその布から作られる衣）[1]とそのデザインの知的所有権を守るための活動を展開し始めている。

そこで、文化資本・経済資本としての織りと装いの文化とその資源化をめぐる諸問題という視座から、グアテマラ高地のマヤ先住民女性による、創造品の集団的知的所有権保護の実現を目指した、全国規模の文化運動の実態を見ていきたい。その中で、現在、この運動に関わる人びとが何を問題視し、この運動を通じて何を実現しようとしているのかを詳述しようと思う。

2　グアテマラ女性の織り手たちの全国運動

創造品の集団的知的所有権保護の実現を希求するこの文化運動をけん引する女性組織には、Movimiento National de Tejedoras（グアテマラ女性の織り手たちの全国運動、以下ＭＮＴと称する）というスペイン語での名称とともに、この国の先住民言語の一つであるカクチケル語でもう一つの名前がつけられている。"Ruchajixik ni qana'ojbäl" というその名称には、この語が意味する「私たちの知識を大切に扱ってください」という、この運動に関わる女性たちの切実な思いがこめられている。

この文化運動は、ＭＮＴの主要メンバーの一人、中央高地の一先住民村落サンティアゴ・サカテペケス在住のフロレンティナ・コン（Florentina Con）氏が、二〇一六年五月、グアテマラ憲法裁判所に、織り手たちの創造品の権利を守る法規範が不十分であることに対する訴状を提出したことから、その口火が切られた。翌年二〇一七年二月二三日には、先のコン氏も所属するサカテペケス女性の自立団体（AFEDES：la Asociación Femenina para el Desarrollo de Sacatepéquez、以下ＡＦＥＤＥＳと称する）が国内他地域の二五の先住民女性団体とともに、創造品の集団的知的所有権保護を求め、刑法ならびに著作権、著作権関連法、民芸品の保護と発展に関する知的所有権法に関する法改正の申し立てをおこなった。ＡＦＥＤＥＳ代表のアンヘリーナ・アスプアック（Angelina Aspuac）氏と先住民出身の弁護士フアン・カストロ（Juan Castro）氏らを中心におこなわれた法イニシアティブ五二四七という申し立ては、グアテマラ共和国議会の先住民委員会に預けられ、内容の精査がおこなわれたのち、同年四月一九日に同委員会の承認を得た。その後、大統領府差別委員会、立法機関や行政機関、文化スポーツ省、検察庁といった関係各所を交えた数回の審議を経て、同年八月二四日、グアテマラ共和国議会内の立法委員会において、マヤ先住民女性の創造品の集団的知的所有権保護を目指す特別法制定のための第一回審議がおこなわれた。現在はその審議の最中にある。

3　グアテマラのマヤ先住民による文化運動の沿革

これまでグアテマラで先住民が主体となっておこなわれた文化運動としては、一九六〇年より三六年間にわたり国内を分断した内戦が、一九九六年に政府軍とゲリラ軍との和平合意を経て終結したのち、米国の言語学者、先住民族の知識人や言語学者らが先導しておこなったマヤ運動が記憶に新しい。一九九〇年代のこの文化運動では、多民族・多言語・多文化国家の実現という目標のもと、マヤ言語学アカデミーや文部省、国内外のＮＧＯ団体などが協同し、先住民言語や先住民文化の尊重と保存を目的としたさまざまな社会・文化活動が展開された（Fischer 1996）。その結果、文化や教育関係の省庁ならびに国政の場に先住民族出身の人びとが進出する機会が格段に増えたことから、現在は、国内の公的機関に先住民文化を理解し、その重要性を認識する土壌が九〇年代よりもはるかに整ったといえる。九〇年代のマヤ運動がもたらしたこうした社会構造の変化は、今回の法改正がさまざまな公的機関に好意的に受け入れられる状況を生み出したと思われる。

今回の文化運動の中で、マヤ先住民女性が集団的知的所有権を主張するその手作り衣装は、見るものの視覚に彼女らの先住民性をダイレクトに訴えかける、いわば先住民文化の最も強烈な文化表象の一つにあたる。だが、布の織り手である女性たちが九〇年代の文化運動に「主体的に」関わることはほとんどなかった（Hendrickson 1996）。事実、今回の文化運動に関わる先住民女性の多くは九〇年代のマヤ運動の存在を知らない。それは、活動の大半が先住民言語の維持と復権を目指したものであっただけでなく、その活動内容を市井のマヤ女性たちが知る手だてが極めて乏しかったからである。

それに反して、九〇年代の運動の際は蚊帳の外に置かれていた数多のマヤ女性が、今回の文化運動に立ち上がったのは、携帯電話やコンピューターという新しい通信機器とインターネットという新たなコミュニケーション手段、さらにはフェイスブックやツイッターといったSNSによる影響が大きい。コミュニケーション手段の抜本的変化により、MNTを構成する個々の女性団体の活動ならびに文化運動をけん引するMNTの活動とその経過など、集団的知的所有権保護に向けたさまざまな活動に関する情報の拡散とその共有が、瞬時におこなわれている。グアテマラ高地の村々で携帯電話の使用が日常化した現在、彼女らはSNSでの情報発信と拡散、その共有を通じて、みずからの先住民性、すなわち機織りと手織り布の着装という先祖伝来のいとなみが、その主体である自分自身や日々の暮らしとは無関係な国内外の企業ならびに観光庁をはじめとする国内の公的機関によって無断で使用され、それらが商業化されている実態を知るようになった。MNTが展開する（あるいは今後展開していこうとする）さまざまな活動はSNSを通じて配信され拡散され共有されることで、新たなテクノロジーと無縁な老年世代には、彼女らの娘世代あるいは孫世代たちからその情報が伝えられている。

そうした活動の一方で、MNTの成員たちは機織りをおこなう先住民の村々へ足を運び、今回の文化運動の背景とその目標について話す場を設けるとともに、異なる村の織り手女性が一堂に集う全体集会、世界女性デーには大規模なデモ行進を首都グアテマラ市でおこなってきた。また、コミュニティレベルでの活動として、後帯機《こうたいばた》を使った機織りのいとなみがこれからも継承されていく文化環境を定着させるために、機織りの道具を無料で提供し、MNTのメンバーが教師となって先祖伝来の機織りを、同じ村の女性たちや次世代の子供たちへと教授する無償の織物学校が開校されている。MNTが中心となって先導するこうしたさまざまな社会・文化活動は人づてや口伝えだけでなくSNSという新たなやり方で人びとに共有されることで、年代の異なるさまざまな世代の、さまざまな先住民村出身の女性たちが一堂に会し、この運動に参加することのできる環境がおのずと形成されている。

4 マヤ先住民女性の織りと装いの文化

織りと装いの伝統文化の保護に向けた今回の運動に関わる人びととは、国土の四分の一を占める高地地域に暮らし、腰の機（telar de cintura）あるいは棒の機（telar de palos）と称される織機（染織の世界では後帯機と呼ばれる）で布を織り、その織布で自分たちの衣服や生活を取り巻くさまざまな布を自給する人びと、すなわち適当な太さや長さの複数の木の棒から作られる簡素な織機を使って布を織るという先祖伝来のいとなみを続けてきたマヤ女性一人ひとりである。先スペイン期の土偶や絵文書からは、女性たちが現在使っているのと同じ織機を使い、布を織るいとなみの源泉がたどられる。しかしながら、織り手の女性たちは自分たちの織機を先スペイン期起源ではなく、身近な先祖たち（例えば祖母や曾祖母）からの遺産であると考えている。後帯機の機織りが盛んな中西部高地では、現在も約八〇の先住民村（八杉一九九五）で、先祖伝来の織機を使った機織りによる独自の衣文化が育まれている。

グアテマラの総人口の約四割を占めるマヤ先住民が[2]、後帯機で布を織り、その織布から衣を作り装い続けているという事実は、それだけで十分、機織りと手織り布から作られる衣装が先住民文化の礎であることを示す。しかも、かつては後帯機での機織りがおこなわれていたものの、近代化の影響を受け、機織りのいとなみが消滅してしまった他のメソアメリカ地域とは対照的に、この地域では今も後帯機のいとなみが健在であり、独自の衣文化が展開されているため、機織りと手織り布から作られる衣が、この地域独自の経済市場を形成し、人びとの文化生活のみならず経済生活をも支えてきたといえよう。グアテマラ高地の先住民の村々で定期的に開催される青空市では、主要産品として、機織りの材料である糸、織布そのもの、織布から作られる衣が販売されている。

ゆえに、このたび女性の織り手たちが村落間の違いを越えて共に立ち上がったのは、国内外の企業や公的機関による織物の盗用やデザインの剽窃、さらには伝統衣装の無断使用などが、先住民性の冒涜行為であるばかりか彼女たちの経済活動をも侵蝕していることに対する激しい怒りによる。したがって、今回の文化運動においては、先住民性をめぐる文化問題とともに経済問題としての側面が強く問われている。

5　問題の所在

マヤ先住民女性の創造品が有する集団的知的所有権とその保護に関する問題点として、マヤの織り手女性たちが指摘するのは、主に以下の三点である。第一に、自分たちの着ている衣装のデザインを無許可で盗用している国内外の企業、第二に、自分たちの着ている衣装を別の商品（カバンや靴など）へと作り変えて、自社ブランドの製品として販売している国内外の企業、第三に、先住民村落にとっての特別な衣装（たとえば、カトリックの信徒集団「コフラディア」の衣装など）の無断使用である。

▼デザインの盗用

海外企業によるデザイン盗用の事例としては、米国のアパレル企業「ＢＣＢＧ」がサン・フアン・コツァル村のウイピルのデザインを剽窃したブラウスを販売（二〇〇米ドル）した例があげられる。

また国内の事例としては、複数の先住民村の女性用の上衣ウイピル（huipil）のデザインを無断使用し、ポリエステルの布にプリントした大量生産品の安価なブラウス、ならびにウイピルのデザインを盗用し、アジア製のコンピューター制御の織機を使って大量生産した安価なウイピルの二事例がある。機織りと衣装によって支えられてきた経済活動のサイクルとその規範を侵害する行為として、現在最も問題視されているのが、伝統衣装のデザインを盗用し大量生産されたブラウスやウイピルというファストファッション商品である。品質が悪く安価な商品が、近年グアテマラ高地のありとあらゆる先住民村で売られている。その生産・販売をおこなうのは先住民出身の商人たちであるが、苦情を申し出たところで、彼らの越権行為を罰するための法律が不備であることから、デザインの盗用がそのまま野放しになっている。

▼織布を使った商品生産と販売

先住民女性が日常生活で着装する衣装や手織り布を無断使用し、カバンや靴などを作り無許可で販売している事例として、海外企業としてはイタリアのブランド「SCALO」、国内企業では「MARIAS」というカバンのブランドがあげられる。いずれの企業も後帯機の織布を使用し製品を作りながらも、その布の製作地や製作者についてはー切触れておらず、それらをあくまで自社製品として販売している。この二社ほどの規模ではないが、数多くの小規模企業が、使い古しの織布や古着の衣装を利用して、靴やカバンなどを販売している事例も指摘される。そうした小規模企業の中には布の製作地について言及しているものもあるが、製作地そのものへ利益が還元されることはほぼないように見受けられる。しかも、こうした小規模企業の多くは、先住民たちの古着を再使用し、自分たちがエコロジカルな社会貢献をおこなっている点を強調する。だが、織布の製作者が暮らす先住民の村々では、後帯機で織られた布は裁断せずにそのまま使用すると考えられているがゆえ、商品開発と称して織布を裁断し、裁断した布を使って商品を作り販売することは、衣文化への冒瀆と見なされることもある。

▼伝統衣装の無断使用

二〇一一年のミスユニバース・グアテマラ代表のアンヘリーナ・バリージャス（Angelina Barrillas）氏は、同年開催のミスユニバース世界大会にて、中央高地の先住民村チチカステナンゴ（Chichicastenago）の男性用の特別な伝統衣装を女性用に作り変えたものを着装した。コンテストの場で彼女が着たその衣装は、グアテマラ人服飾デザイナーであるジョバンニ・グスマン（Giovanni Guzmán）氏による作品であると紹介された。しかしながら、この出来事は「先住民文化の冒涜行為」として、国内で大きな論議を呼んだ。なぜなら、特定の先住民村の、しかもその村の一部の役職者男性のみが着る特別な衣装をその村の役職者ではない人物が着たこと、さらには男性用の衣服を女性が着装したという二重の禁忌を、世界中の人びとの目が注がれている公の場でバリージャス氏がおこなったためである。手織り布を日常生活で着装する慣習を持たないグアテマラの人びとが、マヤ先住民の伝統衣装を「公式」の場で着装し「先住民文化の冒涜」だと批判された事例としては、二〇一七年三月に開催されたバンルラール（Banrural）銀行主催のイベントも記憶に新しい。

6　創造品の集団的知的所有権保護を目指す法改正案とその具体策

▼先住民文化保護に関する現行法

こうした経緯を踏まえ、MITの活動をけん引するAFEDES代表・アンヘリーナ・アスプアック氏は、二〇一六年一二月一九日、プレンサ・リブレ紙のインタビューの中で以下のように述べている(3)。

「織物というコミュニティの創造物は、それぞれのコミュニティで藝術作品だと考えられています。ゆえに著作権法と著作権関連法、知的所有権法、手工芸の発展と保護に関する法、刑法による恩恵が享受されねばならないのです。」

二〇一九年現在グアテマラの現行憲法や主要な法律には、先住民の文化を保護することが国家の義務であると明記されているものの、実際のところ、それらはほとんど機能していないといえよう。先住民文化の保護を言及するグアテマラ共和国一九八五年憲法、ならびに一九九六年の和平協定の条文は以下の通りである。

グアテマラ共和国一九八五年憲法

六二条　芸術、フォークロア、伝統的手工業の保護

真正さを守るため、国の芸術表現、民衆芸術、フォークロア、手工芸品、土地固有の産業は国家が特別に保護する対象である。国家は芸術家たち、手工芸者たちの作品をその生産と技術化を進めながら、それらを自由に商業取引するための国内外市場を開く支援をおこなう(4)。

先住民族のアイデンティティと権利に関する協定　一九九五年三月三一日、メキシコ市

Ⅲ　文化的権利

三　マヤ民族、ガリフナ民族、シンカ民族は文化的発展の創造者である。国家の役割とは、この権利の行使の障害となるものを取り除き、国家が関与するありとあらゆる領域において、先住民族の発展を強化するために必要とされる法的・行政的措置をとり、先住民機関や先住民組織がおこなう文化プログラムや文化プロジェクトの計画と実践を保証し、その発展を援助することである(5)。

▼マヤ女性の織り手たちが提示する解決案

先の二つの条文では、先住民文化の保護あるいは文化的権利が述べられているにもかかわらず、それらが全く機能していないことからマヤ女性の織り手たちがこのたび提示した法改正案は以下の通りである。

著作権ならびに著作権関連法　法令三三―九八の改正

コミュニティとは無関係の人物が商業目的でコミュニティの創造物である織物をコミュニティの承諾なしに再生産することを禁じる。織物を作る先住民と先住民コミュニティが知的所有権を有する著者であることを認める。

知的所有権法　法令五七―二千の改正

先住民族が使っている商標や商業名の登録を禁じる。

この法改正案を踏まえ[6]、女性の織り手たちが、この文化運動を通じて制度化していこうとするのは次の二点である。

1．企業が女性たちのもとへと足を運び、紋様やデザインを使用する許可を求めることの義務化

2．企業は紋様を再生産することへの対価、収益の一部を支払うことの義務化

そこで、創造物の集団的知的所有権を守るための取り組みとして、マヤ女性の織り手たちは、手織り布を使った商品の開発やデザインの借用に倍用に関し、企業や個人からの問い合わせに対応するための窓口として、個々の村に相談役（Consejo de tejedoras）を設置することを考えている。そして、この相談役というポストが村づきの正式な役職として村内で承認され、今後このシステムが承認され導入されていくことが、手織り布や衣の盗用やデザインの剽窃を解決する第一段階の処置だと主張する。二〇一八年五月現在、すでに七か所のマヤ先住民村でこのシステムが機能している。

なお、今後マヤ先住民女性の手織り布やそのデザインを使用したいと考える企業は、以下の手順を踏むことが求められる。

1．手織り布や衣、そのデザインの著作権はそれぞれの先住民村に帰属するものと見なす。ゆえに、その村で作られている手織り布や衣の使用、ならびにそのデザインの借用を求める企業は、相談役のもとを訪ね、事業計画とその具体的な内容を申し出ねばならない。その後、相談役の女性を中心に構成されたその村の女性の織り手組織が、その申し出を受けるか否か、受ける場合にはどのような条件を提示するかを話し合う。

2．企業側は、手織り布の使用料ならびにデザインの借用料のほか、その商品の販売によって得られた利益の一〇%を村側に支払うことが好ましいとされるが、その条件や金額はそれぞれの村の意向によって異なる。企業側から支払われた収益は、女性の生活改善や女性に関わる諸問題（ドメスティックバイオレンスや就学問題など）解決のために利用される。

7　おわりに

創造物の集団的知的所有権保護に向けた新たな挑戦として、二〇一八年二月二六日、コロンビアの首都ボゴタで開催された第一六七回米州人権裁判において、MNTは創造物の集団的知的所有権保護の訴えをおこなった。その結果、米州人権裁判所から「グアテマラでは先住民女性の衣や手織り布の保護が急務であると考える」との公式見解を得た。それを踏まえ、MNTはグアテマラ議会の人権問題行政政策コーディネート委員会から提示された「先住民女性の手織物の世界遺産化」案に応じない旨を表明した。

創造品の集団的知的所有権を守るという大義のもとでマヤ先住民女性が紡いでいく緩やかな連帯は、手織りの技術や知識が次世代へと引き継がれていく家族や親族内でのつながりが、やがて同一集落でのつながりへと広がり、さらには同一村落内のつながりを生みだしていく点で、機織りの技術とその知識の継承によって育まれてきた、これまでの女性間のインフォーマルなネットワーク形成過程と酷似している。MNTとしての活動を通じて、異なる村に暮らす見ず知らずのマヤ女性同士が織物の手仕事を自分たちの文化遺産と認知しあい、その文化的・経済的権利を守る同志となって、新たなつながりを築きつつある。家族・親族レベルからコミュニティ内、そしてコミュニティ間、さらには国家レベルへと広がりゆくこうした重層的な女性のつながりが、この運動を押し進めていく原動力となっている。現在、そのつながりはグアテマラという一国家の枠を越えて、他のラテンアメリカ諸国の先住民女性とのあいだに、さらに規模の大きな連帯を生み出しつつある。

グアテマラのマヤ先住民女性は、先スペイン時代に由来する後帯機を使い、今日までさまざまな手織り布を作りつづけ、それを装ってきた。その中で織りと装いの衣文化は先祖伝来の文化遺産と認識されていた。しかし、手織り布の盗用やデザインの剽窃といった違法な文化の越権行為が公然とおこなわれ、自分たちの衣文化が新たな経済的搾取の対象となったことから、マヤ女性たちは自文化を守る活動を次々と展開している。そこには、グローバル化の現代社会において、自分たちの衣文化とは文化遺産であると同時に「経済資本」でもあることを客観的に認識しつつ、自分たちこそが衣文化の主体者であるがゆえ、その権利を自らの手で守っていこうとする「資源化」のプロセスがたどられる。また、マヤ女性が今後実践していこうとする過去の「資源化」には、「文化資本」としての衣文化の役割を再構築するという明確な意図がこめられている。衣文化を守る戦いを通じて、彼女たちは「グアテマラ高地で、今もなお先スペイン期起源の機織りを継承し続ける自分たちは何者か」についての問いを繰り返しながら、先スペイン時代にルーツを持つ自分たちとその衣文化を今後どのように表象していくべきかを模索し、新しい先住民女性像を描きだそうとしている。それは、先スペイン期起源の織りの伝統を現代へと踏襲しながらも、その一方で現代的なテクノロジーを駆使し、世界規模の先住民女性の連帯を生み出していく、二一世紀の「マヤ」女性像である。そして、そこに織りなされゆく連帯とは、さまざまな人びととのつながりが経糸と緯糸のように絡みあいながら広がる、彼女たちの手作りの織布のように、柔軟でしなやかな連帯なのである。

注

（1）以後、本文で創造品と述べた場合、それはマヤ先住民女性が作った手織り布とその布から作られる衣や衣装のことを意味することとする。
（2）在グアテマラ日本大使館ホームページ、国立統計院二〇一四年の資料による。https://www.gt.emb-japan.go.jp/itpr_ja/BasicInfo.html
（3）https://www.prensalibre.com/ciudades/sacatepequez/tejedoras-reciben-respaldo-nacional/
（4）http://www.cervantesvirtual.com/obra-visor/constitucion-politica-de-la-republica-de-guatemala-de-1985/html/94f6b419-e6ee-44f6-a6f4-1d561687 4175_2.html#I_7_
（5）https://es.wikisource.org/wiki/Acuerdo_sobre_Identidad_y_Derechos_de_los_Pueblos_Ind%C3%ADgenas#III_DERECHOS_CULTURALES
（6）法改正案についてはＡＦＥＤＥＳから提供された資料により内容を確認した。

参考文献

八杉佳穂（一九九五）『現代マヤ――色と織に魅せられた人々』財団法人千里文化財団。
Fischer, Edward（1996）'Induced Culture Change as a Strategy for Socioeconomic Development: The Pan-Maya Movement in Guatemala,' In Ed-

ward Fischer and McKenna Brown (eds.) *Maya Cultural Activism in Guatemala*, pp. 51–78. Austin: The University of Texas Press.
Henderson, Carol (1996) 'Women, Weaving, and Education in Maya Revitalization,' In Edward Fischer and McKenna Brown (eds.) *Maya Cultural Activism in Guatemala*, pp. 51–78. Austin: The University of Texas Press.

第8節

文化遺産としてのマプーチェ医療
——国家・先住民関係を映すもの

工藤由美

1 はじめに

チリ（Chile）の首都サンティアゴ（Santiago）のある公立診療所の裏手に、先住民マプーチェ（mapuche）のルカと呼ばれる伝統家屋が建ち、レウェと呼ばれる祭壇が設えられた一角がある。入り口横の看板には「マプーチェ医療センター」とあり、ここでは、保健省の「先住民と保健に関する特別プログラム（以下、先住民保健特別プログラム）」による民族医療（以下、マプーチェ医療）が提供されている。マプーチェ医療の提供が開始された二〇〇六年以来、医療費は保健省が負担しており、ほとんどの患者は無料で受診することができる。

民族医療というと、一般的には、民族固有の世界観や知識体系に基づく医療、なかでも祈祷師やシャーマンによる非科学的な病気治しがイメージされるだろう。マプーチェ医療も例外ではなく、マプーチェ語でマチ（machi）と呼ばれる霊的職能者が診断と治療を担っている。マプーチェ医療のもう一つの柱は薬草から調製する煎薬の提供である。マプーチェ医療を受診する患者数は年々増加しており、しかも、二〇一四年以降は、患者の八〇％以上がマプーチェでも先住民でもない、チリ人たち（chilenos）で占められている。

スペイン人たちの到来以前から伝承されてきたといわれるマプーチェ医療が、今、新たな医療資源として認識され、活用されているわけだが、その非科学的と見なされる医療の費用を、チリ政府が負担しているのはなぜだろうか。先住民ではないチリ人患者が多く受診しているのはなぜだろうか。また、マプーチェ医療が公的医療の枠内で提供されることを、マプーチェの人びと自身はどう捉えているのだろうか。

本節では、チリ政府・保健省、チリ人患者たち、そしてマプーチェ医療を提供する先住民組織という三者が、マプーチェ医療を資源としてどう認識し、利用しているのかを紹介し、さらに、この状況に映し出されているチリ国家・先住民マプーチェ関係について考察する。そこから、民族固有の文化（マプーチェ医療）の尊重という表看板の陰で、文化の資源化における資源の領有と管理をめぐる葛藤が生まれつつあることがわかるだろう。

2　先住民マプーチェとマプーチェ医療

マプーチェは、広義には先スペイン期からチリ南部とアルゼンチンにかけて居住していた南米最大の民族集団である。(1) チリの歴史人類学者であるC・トコルナルは、一六世紀以降の征服期にスペイン人らにより残された記録から、マプーチェ医療に関して以下の三点を指摘している。それは、①当時のスペイン人学識者たちが、薬草の多さとマプーチェたちの薬草知識に驚嘆したこと、②ヨーロッパから来た外科医、瀉血師あるいは内科医たちの知識と能力は非常に低く、その威信は土着の専門家であるマチたちよりはるかに下だったこと、③マプーチェはヨーロッパからもたらされた新しい病気を除けば、すべての病気について精通しており、症候学や診断学についても博識で、脈についてもよく知っていたこと、である（Tocornal 2007：114）。スペイン人の到来以降、先住民文化はヨーロッパ文化・キリスト教との接触によって変容してきたが、マプーチェ医療も西洋医療の影響を受けながら少なからず変化してきたと言われている。(2) しかし、今日もマチが家系により巫病を経て継承されることや、治療に薬草を用いることなど、中核的部分は変わっていない。

今日、チリのマプーチェ人口の三分の一以上が、チリ南部の故地を離れて首都圏州に住んでいる。(3) しかし、首都で暮らすマプーチェの人びとも、原因不明の不定愁訴、繰り返し見る悪夢、家族内の問題などを抱えた時に、しばしば片道約六〇〇キロメートル以上離れた南部に住むマチの家を訪ね、診てもらう。これが意味するのは、首都で暮らすマプーチェの人びとの多くが西欧的な生活様式や考え方を身につけて来ているものの、同時に、西洋医療とは異なるマプーチェの世界観や身体を生きている人びとも少なくないということである。

マプーチェ医療は、先スペイン期以来現在もなおチリ南部を中心に、マチやラウェントゥチェフェ（lawentuchefe）と呼ばれる薬草師らによって担われている民族医療なのである。

3　資源の政治学Ⅰ——チリ政府・保健省とマプーチェ医療

この先スペイン期から続くマプーチェ医療を、チリ保健省は公的医療の枠組の中に取り入れた。具体的には、冒頭にあげた先住民保健特別プログラムに参加するマプーチェ先住民組織が、間文化医療プロジェクトとしてマプーチェ医療を提供し、その費用を保健省などが負担する形をとっている。以下、チリ政府側と先住民組織側が、どのような背景と目的でマプーチェ医療を提供しているのか、それぞれの立場からみていこう。

チリの保健省は、先住民保健政策として一九九六年に先住民保健特別プログラムを開始した。(4) このプログラムは、チリの建国以来、チリ社会内に構造化されてきた先住民差別により先住民の保健医療へのアクセスが阻害されてきたという認識に立ち、その克服を目的に策定された。具体的には、従来の公的保健医療サービスへのアクセスの改善（案内表示の二言語化など）やサービスの質の向上、「文化的適切性」を保障する先住民医療の導入、そして、保健医療への先住民自身の積極的参加を柱としている（MINISAL y CEPAL 2010）。

「先住民医療導入」の理由として、マプーチェの人びとが現在もなおチリ南部に住むマチにアクセスすることは、保健省の政策策定者らにも知られていた。とはいえ、実際には先住民以外のチリ人たちへの効果も期待されていることに疑いの余地はない。というのも、保健省は二〇〇九年に『伝統的薬草医薬：一〇三植物種』という冊子を刊行し、その前書きに、これらの薬草が「我が国の土着の文化遺産」であり、「科学的にも有効性が確認されている」これらの植物を含む「我が国の植物相」が「チリ国民の健康に大いに役に立つであろう」と記されているからである(Ministerio de Salud 2009: 5-6)。同書に収載された薬草は、マプーチェ医療で使用される薬草とほぼ一致しており、それらの薬草を使いこなすマプーチェ医療がチリ人一般の健康にも大いに役に立つと考えて当然なのである。

保健省が薬草に着目し、薬草を使いこなすマプーチェ医療を公的医療に組み込み、先住民以外のチリ人一般の健康問題に対しても薬草を利用しようとしている背景には何があるのだろうか。チリ全体の医療状況を概観すると、そこには疾病構造の変化と医療費高騰という問題がある。チリでは一九七〇年代の軍政下に始まった新自由主義経済政策により、医療施設の民営化が進み、ラテンアメリカ地域で高度な医療技術を提供できる国の一つになってきた。疾病構造の変化を死因から見ると、一九六〇年のチリ国民の死因の四四%は感染症と周産期死亡であったが、二〇〇一年には死因の六八%が慢性疾患に変化した(Szot Meza 2003)。また、二〇一三年に発表されたＯＥＣＤ加盟国の統計では、医療費の家計に占める割合で、チリはメキシコ、韓国と並び一位であった(Ministerio de Salud 2013)。一方で、マプーチェ医療で使われている薬草は、高血圧や糖尿病などの慢性疾患に効果のあるものが多い。また、薬草は国内に自生しており、採集後に乾燥させ、必要時に煎じるため、西洋医療の医薬品のように製薬化のコストを必要としない。

二〇一六年の実績を見ると、マチなどの人件費込みで、マプーチェ医療の受診一回当たりの経費は約一九〇〇ペソ(三九〇円程度)であり、その五年前に公表された私立医療機関の一回当たりの診察料九〇〇〇ペソから四万七〇〇〇ペソと比較すると、最低でも約五倍、最大で約二五倍の差になっている。マチなどの報酬が極めて低く抑えられている結果とはいえ、保健省が、チリ国民全体に対してもマプーチェ医療が「安価な薬草医療」として貢献できると期待するのは当然といえよう。薬草を、「我が国土着の文化遺産」、「我が国の植物相」と明記しているのも、保健省・チリ政府側のマプーチェ医療へのこうした思惑を示している。しかも、保健省の冊子にはその先がある。同じ一〇三種の植物を新たな農業資源と位置づけて、農業省がその栽培法などをまとめた冊子を同時期に刊行しているからである。

チリ政府・保健省は、マプーチェ医療を表向きは先住民政策の政治資源として利用しているが、薬草に焦点を当てると、それを医療資源であり、経済資源であるものとして利用しようとしている。しかも、「我が国の」という表現が示すように、薬草の領有権ないし管理権をも主張しているといえよう。

4　資源の政治学Ⅱ――マプーチェ先住民組織の狙いとマプーチェ医療

マプーチェ医療を実際に提供しているのはマプーチェ先住民組織「ティエラ（仮名）[5]」である。ティエラの成員たちも、先住民に対する保健医療サービスにおける差別の存在の認識や、「文化的に適切な」医療の必要性という認識を保健省と共有していた。

チリでは、先住民組織は半官半民の先住民開発公社（ＣＯＮＡＤＩ）[6]に「先住民協会」として登録することで、活動費等の補助を受給できる受益者組織となる。先住民組織の活動は、一般的にはマプーチェ語教室やマプーチェ文化教室の開催、地域の幼稚園、小学校等への訪問文化紹介、織物や銀細工の教室などが多い。実際、ティエラもこれらの活動を日常活動の一部として実施しているが、メインの活動はマプーチェ医療の提供である。この点について、ティエラのリーダーは、首都でマプーチェ医療を提供する意義を次のように説明する。

> 圧倒的に近代化したチリ社会のなかでも、先住民が自分の存在を主張できなければならない。それには継続的に先住民文化を表現できる何らかの空間を確保する必要がある。医療は人びとが生きるのに必要不可欠なものだ。だからこそ、マプーチェ医療の提供は継続的に先住民文化を表象するものになる。この点で他の活動に優先して実施する必要があるのだ。（先住民組織「ティエラ」のリーダーの語り）

このリーダーは、医療以外に同じ目的で利用できそうな先住民の文化資源である言語（マプーチェ語）について、マプーチェ語教室の継続的開催を考えたこともあったという。しかし、マプーチェ語はチリ人たちにとって必要不可欠なものではない。それゆえ、マプーチェ語教室はチリ人たちの出入りがほとんどない閉鎖的なものになってしまうだろう。しかし、医療は別である。医療はチリ人にとってもマプーチェにとっても日常的に必要不可欠なものであり、マプーチェ医療の提供をチリ人にも開放すれば、チリ社会における先住民の存在表明という点で、それを強力に具現化できるこの上ない素材になると考えた。しかも、その継続的な活動を支える資金は政府機関が支出してくれるのである。

そして、この考えは現実化し、首都におけるマプーチェ医療は、二〇一四年にチリの国営テレビで大々的に取り上げられ、また、二〇一五年八月二五日付ニューヨークタイムズにも長文の記事が掲載されるなど、国内外で注目を集めることになった(7)。

政府・保健省と先住民組織は、「先住民文化を尊重し、先住民に文化的に適切な医療を提供する」という先住民保健特別プログラムの表向きの目的を共有しつつ、それぞれ異なる別の意図も併せ持っていた。このプログラム下でマプーチェ医療が成り立っているのは、それぞれにその意図が一定の充足を得ているからこそなのである。

政府側は、マプーチェ医療のなかで科学的にその効果が実証されている「薬草」を、公的に医療資源に組み込んで有効活用し、その恩恵を先住民だけでなくチリ国民全体に及ぼすための土台作りを試みている。他方、マプーチェ側は、先スペイン期以来の自文化の一部であるマプーチェ医療を、医療としてだけでなく、首都で暮らす先住民の存在表明の強力な媒体として「資源化」するという、資源利用の新局面を開きつつあるのである。

5　資源の解釈学I――マプーチェ医療はなぜ、チリ人患者に好まれるのか？

マプーチェ医療の受診患者の八〇％以上を先住民ではない一般のチリ人が占めているという状況はどうして生まれ

たのか、その経緯を簡単に整理したうえで、チリ人がマプーチェ医療を選択する理由について見ていくことにする。

二〇〇六年のマプーチェ医療開始当初は、チリ人患者は全体の三割以下に、という保健省からの縛りがあった。しかし、先住民組織「ティエラ」が毎年、公立診療所の医師・職員向けにマプーチェ医療研修を実施してきたこともあって、主に公立診療所の医師が慢性疾患患者などにマプーチェ医療を紹介するようになり、チリ人患者の受診希望者が増加していった。結果として、患者の割合についての縛りはなくなり、診療日数も増え、マプーチェ患者数も漸増する一方で、チリ人患者数はそれ以上に急伸して現状に至っている。

マプーチェ医療を受ける理由についてのチリ人患者への聞き取り調査では、マチの診療への好意的な言及が多くあった一方で、薬草についても語りが集中した(8)。後者の多くは、「薬草は自然のものだから体にいい」という趣旨のものであった。

この「薬草は自然のもの」というチリ人患者の語りをもう少し掘り下げてみよう。多くの患者は、薬草に好意的なことの裏返しの経験として、西洋医学の医療機関で処方された薬の副作用に悩まされてきたことに言及する。マプーチェ医療を受診するチリ人患者の大半は、すでに現在の症状について西洋医学の医療機関を受診し、そこで処方された内服薬を服用した経験がある。抗うつ薬を服用して激しい頭痛に苦しんだという患者もいれば、ひどい立ちくらみやめまいがあったという患者、鎮痛薬を服用して、我慢できる程度に痛みを抑えようとすると眠気で普通の生活ができなかったという患者、高血圧や血糖値がまったく安定しなかった患者もいた。こうした経験を持つ、慢性疾患を抱える患者たちは、死ぬまで薬を飲まなければならないなら、薬草を選択したいと話す。こうした患者たちは、「西洋医学の薬は化学的に合成されたもの」と認識し、化学的なものは自分が経験した副作用のように、体に悪い影響を与えると理解しているからである。

チリ人患者たちが「薬草は自然なもの」というとき、薬草に対比しているのは「化学的なもの」である。この対比の中では、オーガニック野菜や水耕栽培作物も、化学肥料が使用されていないという点で、自然で、体によいものと認識されるのが一般的である。チリの薬局では、製剤化された薬草や、薬草が原料であることをアピールする軟膏なども販売されている。そうした薬草製剤も多くのチリ人にとっては、同じ論理で、一般の薬剤より自然に近いものとして認識されている。ここでは、「自然」は「化学物質不在」と同義であり、チリ人患者の多くは、「自然な医療資源」としてマプーチェ医療を選択しているのである。

6　資源の解釈学II――マプーチェの人びとと「自然」

チリ人患者が「薬草」を「自然」なものと認識する論理は、おそらく、日本人の読者にとっても理解しやすいものであろう。マプーチェの人びとも、「薬草は自然のもの」と認識しているが、彼らの「自然」の意味するものは、チリ人患者たちとは異なる。

マプーチェの人びとが薬草を「自然のもの」と語るとき、それが意味するのは「人の手が加わっていない」、「人工的でない」ものということである。マプーチェの世界観のなかで、人間や動植物はそれらが生きる土地の霊的所有主に帰属するものと考えられており、薬草の効能もこの霊的所有主に与えられたものである（Citarella *et al.* 1995：270–274）。しかも、薬草それ自体にもプジュ（püllü）という霊が宿っていて、薬草の採取者がこの霊への敬意を欠けば、災いをもたらすという（Citarella *et al.* 1995：271）。つまり、マプーチェにとって、自然界のものは人間が管理するものではない。だから、オーガニック野菜や水耕栽培作物などは人工的であり、彼らのいう「自然なもの」ではない。薬草製剤も薬草を原料とする軟膏も、その製造過程で多くの人の手に触れ、機械を通るため、それは「自然なもの」とは正反対のものと認識される。

マプーチェの薬草の扱い方を、薬草師を例に見てみよう。筆者が首都で活動する薬草師とチリ南部を訪れた時に、薬草師はある野生の薬草を発見し、採集した。そのとき薬草師は、薬草に向かってマプーチェ語で簡単に採集の意図を伝え、採集後、その薬草があった場所にコインを埋め、感謝を述べていた。マプーチェ語で土地のことをマプ

（mapu）と呼ぶが、マプという言葉は前述の霊的所有主も含んでいる。薬草師がしたのは、マプから薬草をいただき、その返礼にコインを差し出すという互酬行為だったのである。

一般に、マチは自分が生まれ育った土地ではじめて十全な能力を発揮できるといわれ、また、薬草もそれがどこで、誰が、どういう時間帯に、どのようなやり方で採集したかによって効能や効力が変わってしまうといわれている。その理由は、マチや薬草採集者とマプとの互酬関係にある。マチの場合は、日々の祈祷や、時に応じた供犠などを通じてマプとの互酬関係を確立しているかどうかが問題であり、薬草採集者の場合は採集時にいくつかの規範を遵守したかどうかが問題になる。互酬関係の確立が不十分であったり、規範を守らなかったりすれば、マチはその能力を発揮できず、薬草は効能を持たないか、場合によっては災いをもたらすものとなる。

マプーチェにとって、薬草はそれ自体の特性によって薬草であるわけではない。薬草は、それを利用する人間がマプや薬草の霊との間に良好な互酬関係を取り結ぶことができて、はじめて効能・効力を持つ薬草となり、医薬として利用できるのである。つまり、目の前の薬草は潜在的な資源にしか過ぎず、それを利用可能な資源とするのは、マプや薬草の霊と利用する人間との間の互酬関係の履行なのである。マプーチェにとっては、この互酬関係の履行こそがマプに存在する全ての資源を利用可能にするものであり、その意味で究極の資源であるともいえる。

互酬関係はこれだけでは終わらない。医療に関わっては、マプ、マチ、そして患者という三者のアクターが存在し、マプとマチ、マチと患者の間の互酬関係は、マチを媒介とした互酬関係の連鎖を形作ることになる。この連鎖のどこかが履行されないままになった場合、それは全ての互酬関係を破壊し、マプの資源が利用できなくなるだけでなく、いずれ災厄がもたらされることも避けられないとされている。ところが、現行のマプーチェ医療では患者が無償で受診できるため、この互酬関係の連鎖が完結しない事態が続いている。ティエラのリーダーやマチはこの問題を認識しているが、公的医療の枠内では患者に別途の請求はできず、解決不能な問題として残されている。

薬草の効力は、薬草そのものの特性だけで決まるわけではないが、首都でマプーチェ医療を行う場合、薬草を直接南部に採集に行く時間も労力も常に不足している。結局、薬草は首都にある特定の問屋から仕入れることになる。首都には薬草の問屋街があるが、ティエラの薬草師の場合、その中でも薬草の産地が特定できるものや店主が直接買い付けているもの、採集の時期や時間も店主が把握していること、「仲介者が少なく」人の手が多くは関わっていないことなどに注意を払って購入している。人の手が加わっていないほど「自然」であり、効能・効力が損なわれていないと認識しているからである。

チリ人とマプーチェの人びとが薬草を通して語る「自然」の解釈は大きく異なっている。そのことで彼らが衝突することはないが、チリ人には、マプと人間の間の互酬関係の重要性を理解することは求められている。

7　結論にかえて——チリ国家マプーチェ関係を映すもの

本節では、チリの先住民保健政策下で行われているマプーチェ医療を、先スペイン期以来マプーチェ民族のなかで伝承されてきた「過去」が、公的医療という枠組みのなかで資源化されたものと捉え、チリ政府・保健省、マプーチェ先住民組織、チリ人患者という三者の立場から、マプーチェ医療を資源としてどう認識し、利用しているのかを見てきた。そこで、最後に問うておかねばならないことは、チリ政府・保健省側とマプーチェ側の関わり方を両者の関係史のなかに位置づけたときに何が見えてくるかということである。

前提として押さえておかねばならないことは、首都でマプーチェ医療を受診する患者の八〇％以上が先住民ではない一般のチリ人だという事実である。このことから明らかなのは、先住民政策の一環として、マプーチェの人びとに対する医療を保障するために始まったマプーチェ医療ではあるが、現状はそれ以上に、薬草治療の効果を期待できる多くのチリ人に対する安価な代替医療の役割を果たしているということである。安価さは二つの面からもたらされている。第一に、医師による診療費と医薬品の費用が大幅に削減され、第二に、それを補完する代替医療の費用、つまりはマプーチェ医療を実施する先住民組織への給付額が非常に少額に抑えられていることである。多くの患者が無償で受診できていることは肯定的に捉えるべきかもしれないが、マプーチェ医療はその果たしている役割に相応しい評価を受けているわけではないのも明らかである。

保健省や農業省が薬草の冊子を刊行し、保健省の冊子の前書きにある「我が国土着の文化遺産」「我が国の植物相」といった文言を見て、そこにこれらの薬草に対する国家の意思、つまり、薬草を利用する文化を伝承してきたのが誰であれ、それが国土に自生しているものである以上、それは国家のものという、いわば領有の宣言のように感じ、危惧するのは行き過ぎだろうか。しかし、さまざまな薬草製剤の場合も、元々の知識を持っていたマプーチェに特許権料が支払われたという話しを聞かないという指摘もあることを考えれば、この危惧に理由がないわけではないのである。もし国家が薬草などの資源管理に参入してくるとしたら、その状況はどのように捉えられるだろうか。

マプーチェ医療をめぐるこうした状況は、どこか一九世紀の「平定」後の状況を思わせる。近代化されたチリ軍によってチリ南部を制圧した後にとられた先住民政策は、先住民の領土であった土地の一部をレドゥクシオンと呼ばれる先住民の居住地として確保しつつ、大半の土地はヨーロッパからの移民に対して安く売却するというものであった。

現在の先住民保健政策も、基本的にはこの構図に似ているといえるのではないだろうか。すなわち、先住民の権利の擁護、先住民文化の保護の名目で、確かに首都に住むマプーチェが、首都でマプーチェ医療を受けられるようになった。しかし、チリ人患者八〇%以上、一人一回当たりの総診療費がもっとも安価な私立クリニックの診察費（検査費用等は別）の約五分の一という状況は、まさに先住民のためにも利益の一部は確保するもの、より大きな利益は先住民ではない社会成員のために確保されるという構図に他ならないだろう。

もし同じ構図がマプーチェの伝承してきた文化遺産である薬草の資源管理にも拡大されていくのだとすれば、それはまさにチリ社会内に構造化された先住民差別を再生産することにつながる可能性は大きい。また、前述の互酬関係をめぐる問題が、その解決の道を鎖されたままに放置されれば、資源としてのマプーチェ医療、ひいてはマプーチェ文化の構造に破壊的な齟齬を生じさせていく可能性もある。

一民族文化としてのマプーチェ医療が公的領域において資源化されたことは、一方でマプーチェ文化の復興・再活性化に寄与してきたということができるが、他方では、マプーチェ文化への公的な論理による浸食を不可避にするものともいえる。マプーチェ医療の「これから」は、民族固有の文化が公的に資源化されるとき、元々の文化の保有者たちの権利はどのような形で保障されるべきかという問いに重要な示唆を与えてくれるであろう。

注

（1）「マプーチェ」は狭義・広義の二つの意味で使われ、「狭義にはチリ南部第八・九地域の共同体に帰属する民族集団の自称であり、広義には、狭義のマプーチェにチリ第一〇地域の共同体に属する『ウィジチェ（南の人）』、チリ南部アンデス山脈地域の共同体に帰属する『ペウェンチェ（ペウェンの人）』、アルゼンチン南部の居留地に帰属する先住民集団を含めた名称」（千葉二〇〇〇：六四五）である。

（2）マプーチェ医療にみられる先住民文化と西洋文化の混淆については、例えば、マチによっては患者を診断する際に、患者の尿や脈を使用することがあげられる。それが、西洋医学の尿検査や脈診の流用かもしれないという意見が、研究者同士の個人的対話のレベルでは語られることもある。しかし、これまでの文献で指摘されているのはむしろ、トコルナルの記述のように、スペイン人の到来時にすでに脈から何らかの異常を読み取る知識とスキルを持っていたということである。大事なのは、患者の身体の一部を診断材料にすることを、短絡的に西洋医学の診断方法と結びつけるのではなく、先住民の世界観のなかで尿や脈などの身体の一部がどのように扱われるかを考察することである。

（3）二〇一七年現在、チリのマプーチェ人口は約一七四万五〇〇〇人で、チリの総人口の九・九％を占める。また、首都圏州のマプーチェ人口は約七一万五〇〇〇人である（INE 2018）。

（4）チリでは、一九九〇年に一八年間に及ぶ軍政から民政に移行し、先住民政策も同化政策から先住民の権利の保障や文化の尊重を基調としたものへと方向転換した。一九九三年には先住民法が制定され、その流れで先住民の医療に関する問題もいち早く着手された。

（5）調査の承諾にあたり、組織名を実名としないことで組織と合意していること、また、別の論考で語りを紹介している患者もおり、そのプライバシー保護のために個人が特定される可能性を最大限排除する必要があること、この二つの理由で組織名を仮名とした。

（6）正式名は La Corporación Nacional de Desarrollo Indígena である。

（7）The New York Times 2015. https://www.nytimes.com/2015/08/20/universal/es/chile-health-care-indigenous-practices-seep-in.html?_r=0（二〇一九年二月八日閲覧）

（8）チリ人患者たちのマチに対する語りの詳細は、本節では省略する。

参考・参照文献

内堀基光（二〇〇七）「資源人類学の導入」内堀基光他編『資源人類学』放送大学教育振興会、一〇—二二頁。

千葉　泉（二〇〇〇）「マプーチェ」綾部恒雄監修『世界民族事典』弘文堂、六四五—六四六頁。

Citarella, Luca, Ana María Conejeros, Bernarda Espinosa, Ivonne Jelves, Ana María Oyarce, Aldo Vidal（1995）*Medicinas y culturas en La Araucanía*, Santiago, Editorial Sudamericana.

Instituto Nacional de Estadísticas（INE）（2018）Síntesis de Resultado Final Censo 2017. https://www.censo2017.cl/descargas/home/sintesis-de-resultados-censo2017.pdf（二〇一九年二月八日閲覧）

Ministerio de Salud（2009）*MHT Medicamentos Herbolarios Tradicionales: 103 especies vegetales*, Ministerio de Salud.

Ministerio de Salud（2013）Panorama de Salud 2013 Informe OECD sobre Chile y comparación con países Miembros. http://web.minsal.cl/sites/default/files/INFORME%20OCDE_2013_21%2011_final.pdf（二〇一九年二月八日閲覧）

MINSAL y CEPAL（2010）*Atlas sociodemográfico de la población y pueblos indígenas de la Región Metropolitana e Isla de Pascua, Chile, Santiago*, Ministerio de Salud de Chile y CEPAL.

Szot Meza, Jorge（2003）La transición demográfico-epidemiolóica 'en Chile, 1960–2001, *Rev Esp Salud Pública* 77: 605–613.

Tocornal, Constanza（2007）'Elementos para el Análisis del Encuentro entre Medicina Europea y Medicina Indígena en Tiempos de la Conquista en Chile,' *Actas del 6º Congreso Chileno de Antropología* 1: 112–119.

この状況を変えるため、考古学者たちは観光客よりも地域住民に焦点を当てた新たなアプローチを行っている。例えば、リマの北部にあるマンゴマルカ遺跡では、2017年より文化省が、遺跡の周辺に公園を建設した（Álvarez-Calderón *et al.* 2018：150–169）。遺跡を公園の一部とすることで、市民の憩いの場としての新たな役割が与えられた。また、地域住民に遺跡の重要性を伝えるため、考古学者と教師が連携して、教育プログラムやワークショップを行っている（UNESCO 2019：41–45）。この結果、学者と地域住民の対話の場が生まれ、考古学以外にも、現代社会の問題や遺跡の保存、活用について議論されている。例えば環境の問題については、遺跡の歴史から昔と現代の環境を比較することで、来る自然災害への対応を検討することができる。この新たなアプローチによって、遺跡はその社会的価値が高まり、その大小にかかわらず現代社会に貢献することで、過去と現代を結ぶ空間となった。この中で考古学者は、研究者としてだけでなく、古代と現代の橋渡しとしての新たな役割を担っていくのである。

（サウセド・ダニエル）

参考・参照文献

Álvarez-Calderón, Rosabella, Claudia Núñez, Kevin Malca, Paola Hernández, Akemi Higa, Joann Alarcón, Juan Villalón (2018) 'Activar la intangibilidad, repensar el valor: la experiencia de diseñar un espacio público en un sitio prehispánico en Mangomarca, Lima' In Carolina Carrasco, Acoyani Adame, José Gómez, Macarena Cima, Nicole Pumarino (eds.) *Placemaking Latinoamérica. La reconquista del espacio público*, pp. 150–169. Santiago: Espacio Lúdico.

UNESCO (2019) *Lima, muchas miradas. Catálogo de ideas y acciones para Lima*. Lima: UNESCO.

Column

保存活用すべき遺跡―中南米考古学者の新たな役割

中南米には有名な遺跡が数多く存在し、考古学的資源の豊かな地域であると考えられる。しかし近年では、インフラストラクチャー（線路、高速道路、病院、学校、など。以下、インフラとする）の開発が進み、遺跡の保存が困難になっている。未だ考古学的調査の済んでいない遺跡も多く、都市が拡大するにつれて、遺跡が破壊される可能性が高い。また、地域に遺跡があったとしても、インフラは必要なので、遺跡かインフラかの選択を迫られた場合、現地の人々はインフラを選択する。この理由で、とりわけ中南米の国々において、専門家（とくに考古学者）は、よく遺跡の観光資源としての価値を強調する。毎年中米の有名なテオティワカンとマヤの遺跡（メキシコのテオティワカン、グアテマラのティカル、ホンジュラスのコパンなど）や、南米のインカ遺跡（ペルーのマチュ・ピチュなど）には多くの観光客が訪れ、周辺地域に経済効果がもたらされている。しかし、ここにはいくつかの問題がある。

まず一つには、グローバル化に伴う観光客の増加によって、遺跡の保存状態や環境に悪影響を及ぼしていることが挙げられる。例えばマチュ・ピチュは、毎日数くの観光客がその上を歩くことで、古代建築物の沈下が進んでいる。また、ゴミも増えて、地域住民の日常生活も困難になっている。新自由主義の影響で、中南米の国々も観光開発に力を入れ始めた結果、地域住民よりも観光客に関心が集中し、地域住民の生活の質への関心が払われなくなった。もう一つは、観光開発と目立たない遺跡（古代集落とゴミ捨て場など）との関係性である。これらの遺跡には、観光客があまり興味を示さないため、地域政府も保存運動にあまり力を入れていない。この結果、都市開発が行われる際に遺跡が破壊され、知らないうちに地域の歴史が消えてしまうこととなる。

南米ペルーで最も人口が多いリマ市には、400個以上の遺跡がある（Álvarez-Calderón *et al.* 2018：151）。500年以上前この地域には、泥レンガの神殿と集落があったが、植民地時代から1960年まで農業開発が行われ、それらの遺跡はどんどん失われた。都市開発が始まってからの50年間で、特に小さい遺跡の破壊が進み、現在は古代神殿だけが、泥塚として住宅の中に残るのみである。一方で、観光開発のために考古学調査が行われた遺跡もあり、少しずつリマの歴史が取り戻されつつある。しかし、観光地以外の遺跡での研究があまり進んでいないため、そのような遺跡は破壊されるか、ゴミ捨て場として利用されてしまっている。

てきた歴史的な土地であったりしたことが明らかになった。この意味でレドゥクシオンは、先住民の文化や慣習を全否定し、彼らにとって全く異質なキリスト教を植えつける矯正装置だったという、かつて指摘されていた特徴とは異なる要素を内包していたことになる。

レドゥクシオンの物理的構造に着目した場合、そこには新旧両大陸で長期にわたり培われてきた都市建設にかかわる根本理念が凝縮されていたことに気づく。四角形の広場を中心にグリッドラインに基づく道路を整備する手法はアステカやインカが征服以前から行ってきたことであり、ヨーロッパにおいては古代のギリシア・ローマ人たちが理想とした都市の設計スタイルに等しかった。グリッドライン構造の計画都市をレドゥクシオンの根幹に据えたトレドの脳裏には、北イタリアを中心に花開いたルネサンスを媒介として広まったギリシア・ローマ時代の思想と、ヨーロッパに引けを取らない征服以前の先住民帝国が実践していた都市建設の技法がよぎっていたのかもしれない。

トレドの側近の一人であったイエズス会士ホセ・デ・アコスタは先住民文明を高く評価した人物である。アコスタが打ち出した方針は南米イエズス会の対先住民布教政策の基本となり、この方針を受け継いだ同僚たちによって各地に設立されたのがレドゥクシオンであった。特に現在のラプラタ地域に建設されたグアラニ語系先住民キリスト教化のためのレドゥクシオンは17世紀後半から18世紀にかけて繁栄し、その名声は遠くヨーロッパにまで伝わったことからよく知られている。このレドゥクシオンも広場を中心とする碁盤目状の構造を有し、その周囲に設けられた2種類の土地制度は、インカ時代のそれと似ている面がある。ラプラタ地域のレドゥクシオンの繁栄についても、従来はイエズス会士の類まれなる優れた手腕が強調されていたが、近年では先住民たちが古来より実践していた土地の管理にかかわる慣習や決まり事が巧みに活かされた結果だったという見方が強まってきている。こうした見解に立てば、スペイン植民地政策の根幹であったレドゥクシオンとは、新大陸の先住民の文明、文化、慣習の諸要素の一部が支配者によって再利用（すなわち資源化）されたことの帰結と言える。

（武田和久）

Column

先住民文明の資源化としての集住政策（レドゥクシオン）

スペインの新大陸征服。この言葉を聞いて思いつくのは、彼らが同地の先住民に行った限りない搾取と暴力である。事実この悲劇によってどれだけの命が奪われたか、正確な特定は不可能である。独立から200年が経とうとする今日のラテンアメリカが総体として「開発途上地域」と位置づけられ、貧富の格差や社会問題が蔓延しているのも、1492年から300年も続いたスペイン植民地時代の負の遺産に他ならない。

スペインは、アメリカの植民地化にあたり、先住民が幾世代にもわたって培ってきた文化や遺産を根こそぎ葬り去ろうとしたのか。答えは否である。そもそも近代初期という時代において、そのようなすべてを消滅させるかのような技術はこの地球上に存在しなかった。また技術の問題のみならず、新大陸には、スペイン人も目を見張るような高度な先住民文明が存在していた。そうした文明の幾つかの点はスペイン人たちが旧大陸で育み理想としてきたヨーロッパ・キリスト教文明よりも優れたものとされ、葬り去るべき対象どころか、むしろ植民地政策に積極的に活用しようという試みが真剣に議論された。

かつてのインカ帝国の領土を母体として1542年に設立されたペルー副王領においては、植民地政策に不満な先住民たちの反乱や暴動が頻発していた。こうした状況で1569年に副王に就任したフランシスコ・デ・トレドは、問題の総括的な把握と解決策を打ち出すために、前代未聞の大規模な巡察を1570–1575年に実施した。この巡察を経て実行に移されたのが有名なレドゥクシオン（reducción）である。意味は「集住政策」であり、その内容は副王領内各地に分散して暮らす先住民たちを四角形の広場を中心に碁盤目状に区画整理された通りを持つ計画都市に移住させ、「良きキリスト教徒」として生まれ変わらせるというものだった。この政策のもとで設立された計画都市そのものもレドゥクシオンと命名された。その数はおよそ1000に達し、政策の対象とされた先住民の数も1500万人と推定されている。

レドゥクシオンの実践にあたってトレドが留意した事柄は極めて興味深い。彼は学識豊かな側近たちと共にインカ時代の統治政策や経済システム、社会制度がいかなるものであったかを綿密に調査し、その中で可能なものを植民地政策に取り入れようとした。またレドゥクシオンが設置された元の場所も注目に値する。近年の考古学調査の結果、そうした場所がインカ時代には聖なる特別な空間であったり、インカの民が先祖代々継承し

第9節

時間旅行の楽しみ——博物館で学ぶ古代アメリカ文明

鈴木 紀

1 はじめに

世界には古代アメリカ文明について展示する博物館が多数ある。日本でも、マヤ文明展やアンデス文明展が博物館で開かれることがある。博物館は私たちが古代アメリカ文明について学べる場所である。博物館は通常、設立の趣意やミッションを持っており、それにしたがって文化財や学術資料の収集、保存、研究、展示、教育などの活動を行っている。ある博物館が古代アメリカ文明に関する情報を提供しているとすれば、それはその博物館が自らのミッションを遂行するために、古代アメリカ文明を資源として活用しているとみなすことができる。

博物館は、どのように古代アメリカ文明を資源化して、展示を作り上げているのだろうか。その答えは、一つの博物館の展示を見ているだけでは気づきにくい。むしろ複数の博物館の展示を比べ、展示方法の違いの理由を考えてみるとよい。そこで本節では、博物館の展示の比較を試みたい。そして、それを容易にするために、古代アメリカ文明の展示を見学する行為を、過去への時間旅行にたとえてみたい。この旅行の目的地はいうまでもなく先スペイン時代である。ところがこの旅行では、目的地だけでなく、その帰路にも留意したい。古代文明を訪ねたあと、どうやって現代に戻ってくるのか。古代文明と現代とはどのような経路で繋がっているのだろうか。

古代アメリカ文明は、さまざまなジャンルの博物館（美術館）で展示されている。たとえばロンドンの大英博物館やニューヨークのメトロポリタン美術館のように、世界の文化を集めた、いわゆるユニバーサル博物館といわれる大規模な博物館がある。その一方で、ペルーの天野博物館やエクアドルのアラバード博物館（Museo Casa de Alabado）のように私的なコレクションを集めた個性的な博物館もある。他にも、地域コミュニティに密着した博物館やエンターテイメントを目的とするテーマパークのような博物館も存在する。本節では比較が散漫にならないように、ラテンアメリカ諸国の政府機関もしくは自治体から支援をうけた公共性の高い博物館を対象とする。こうした博物館の展示は、その国や自治体が擁する歴史観が反映されている可能性が高い。したがってその展示の差異からラテンアメリカの地域的多様性を読み取ることも可能だろう。つまり本節で紹介する時間旅行は、同時にラテンアメリカの国々を縦断する旅でもある。

以下、メソアメリカとアンデスという古代アメリカ文明揺籃の地域と、その中間地域、の三地域から七つの博物館を取り上げ、読者を時間旅行へと誘いたい。その後、それらの旅を比較し、各地域、博物館における古代アメリカ文明展示の特色を示す。そして、こうした展示を成立させている各国の政治的な背景についても考察を加えたい。

2　時間旅行

▼メソアメリカ地域

メソアメリカは先スペイン時代に独自の文明が発達した地域である。現在のメキシコから中米のグアテマラ、ベリーズ、エルサルバドル、ホンジュラス、およびニカラグアの太平洋岸地方を含む。この地域の博物館としてメキシコ国立人類学博物館（Museo Nacional de Antropología）とグアテマラ国立考古学民族学博物館（Museo Nacional de Arqueología y Etnología）をとりあげよう。

メキシコ国立人類学博物館は、首都のメキシコ市の緑豊かなチャプルテペック（Chapultepec）公園の中にある。人類学博物館としては世界でも最大級のものの一つである。常設展示場は一階の考古学展示と二階の民族誌展示からなり、全二二の展示室でメキシコの先スペイン期文明と現代の先住民文化が展示されている。

考古学展示は、メキシコ中央高原地帯における文明の形成から始まる。主な展示内容は、先古典期（紀元前二三〇〇年頃—紀元一世紀）、テオティワカン（Teotihuacán）（紀元前一世紀—七五〇年）、トルテカ（Tolteca）（九〇〇—一一五〇年）と続き、この博物館の最大の見ものであるメシーカ（Mexica）（一三二五—一五二一年）[1]室に至る。さらにオアハカ（Oaxaca）、メキシコ湾岸、マヤ、メキシコ西部、メキシコ北部の各地方の文明が紹介される。

博物館の二階に上がると、現代の先住民文化が展示されている。大ナヤール（Gran Nayar）、プレエチェリオ（Puréecherio）、オトパメ（Otopame）、プエブラ（Puebla）高地、オアハカ、メキシコ湾岸、マヤ低地、マヤ高地、メキシコ北西部、ナワ（Nahua）の各展示室では、これらの地方に居住する先住民族の衣食住や信仰などに親しむことができる。中にはスペイン人の到来後の先住民族の経験が解説されている部屋もある。たとえばマヤ民族やウイチョル（Huichol）民族（大ナヤール展示室内）では先住民族によるスペイン文化への抵抗が強調され、ナワ民族の場合はスペイン文化との融合によって新たな文化が誕生したことが示唆されている。

グアテマラ国立考古学民族学博物館は、首都のグアテマラ市の南部、国際空港の近くにある。この博物館の展示はマヤ文明の通史といってもよい。展示場は、先古典期、古典期、後古典期、民族学の四つの部屋から成り、各時代のマヤ民族の文化が紹介されている。主な展示物は、先古典期の都市カミナルフユ（Kaminaljuyu）の石彫、古典期の都市ティカル（Tikal）のジオラマなどである。また古典期展示場の別室には、選りすぐりの土器や宝飾品が展示されている。後古典期は主に土器の展示からなる。この他、中庭にはマヤ文字や王の姿が刻まれた多数の石碑が並んでいる。

民族学展示室は、現代のマヤ系先住民族の衣装が多数陳列され、アティトラン集落の住居や、鹿踊りという芸能を紹介するコーナーもある。スペイン人による征服や植民地化に関する説明はないが、仮面、綿糸、機織などの資料には、その起源が先スペイン時代にあることが述べられており、現代の先住民族が先スペイン時代の文化を部分的に継承していることが示唆されている。

メキシコとグアテマラの両博物館における時間旅行の目的地はメソアメリカ文明である。メキシコの博物館がメキシコ中央高原の文明を中心に描き、グアテマラの博物館はマヤ文明に特化している。そこからの帰路は、現代の先住民族の文化へと至る。両博物館とも植民地時代に関する展示室はないが、先住民族はスペイン人のもたらした文化に時に抵抗し、時に受容しながら、先スペイン時代の文化を継承してきたという歴史観が提示されている。

▼アンデス地方

ペルー国立考古学人類学歴史博物館（Museo Nacional de Arqueología, Antropología e Historia）は、首都リマ市の住宅街プエブロ・リブレ（Pueblo Libre）地区にある。展示場は、先スペイン時代のアンデス文明を紹介する考古学展示場と植民地時代以降の歴史を示す歴史展示場から成る。アンデス文明の始まりは、紀元前三〇〇〇年から二〇〇〇年の古期後期とされ、コトシュ（Kotosh）の神殿などが紹介されている。その後は中央アンデス地域の文明発展をたどる形で、チャビン（Chavín）、パラカス（Paracas）、プカラ（Pucará）、モチェ（Moche）[2]、冶金技術、ワリ（Wari）、チムー（Chimú）、チャンカイ（Chancay）、インカ（Inca）の展示室が続く。さらに博物館の回廊には、ナスカ（Nasca）、ビクス（Vicús）、サリナル（Salinar）、ビルー（Virú）、モチェ（Moche）、リマ（Lima）、カハマルカ（Cajamarca）、レクアイ（Recuay）、チンチャ（Chincha）、ティワナク（Tiwanaku）などの地方文化の土器がガラスケースの中に展示されている。

歴史展示場は、植民地時代と独立後の共和国時代に分かれ、前者ではスペインの支配の確立、スペインからの技術や農作物の流入、先住民族・黒人・白人による社会構成の中から混血者が誕生したことなどが述べられる。後者では独立戦争と近代国家建設の軌跡がたどられる。この展示場の特徴は、一八世紀末に発生したトゥパック・アマル

写真1　ボリビア国立民族誌民俗学博物館。右手に植民地時代以降の布、左手に先スペイン時代の布を展示し、その技術の連続性と変化を示す。

（Tupac Amaru）の反乱を除いては先住民族に関する展示資料は少なく、総じて植民地時代以降の政治的支配者の視点から歴史が語られていることである。共和国時代の最初のパネルでは、社会経済的に先住民族の存在は他のどの時代よりも重要だという言葉が記されているが、そこにはそれを理由づける展示物はない。

ところが例外の部屋が一つある。考古学展示場の最後にあるアマゾン室である。そこでは、紀元前二〇〇〇年から始まるウカヤリ（Ucayali）川中流域の土器伝統やチャチャポヤス（Chachapoyas）文化が紹介される。同時に、シピボ（Shipibo）など現代の先住民族の工芸品が展示され、ペルー東部のアマゾン地域では、先スペイン時代から現代まで先住民族の文化が存続していることが示されている。

ボリビアの国立考古学博物館（Museo Nacional de Arqueología）と民族誌民俗学博物館（Museo Nacional de Etnografía y Folklore）（写真1）はともに首都のラパス市にある。考古学博物館は、考古学入門、旧石器時代／古期（紀元前三万年—紀元前二〇〇〇年）、形成期（紀元前二〇〇〇年—紀元三〇〇年）、ティワナク（二〇〇—一一〇〇年）、地域発展期（一一〇〇—一四五〇年）、インカ（一四五〇—一五三二年）の六つのセクションで構成されている。アンデス文明の中でも主に高地の文化が扱われ、とくに現在のボリビア領内にあるティワナク遺跡に重点が置かれている。常設展示場には植民地時代以降の展示はないが、展示場の最後に、先スペイン時代の諸社会がその文化を維持し、生存しようと試みた結果、現在のボリビアの多様な先住民文化が存在するという解説が書かれたパネルがある。また特別展示場では、筆者が訪れた二〇一八年二月には、ユネスコの世界無形文化遺産に登録されているアラシータ（Alasita）というラパス市の祝祭を紹介していた。したがってこの博物館は考古学専門の博物館ではあるが、先スペイン時代の文化と現代のボリビアの先住民族文化の連続性を提示する姿勢がうかがえる。

ボリビア国立民族誌民俗学博物館ではボリビア各地の工芸品の展示が見られる。展示品のジャンルは織物、帽子、仮面、土器、羽毛芸術、鉱山と金属、繊維（木と籠）、貨幣と多岐に及ぶ。各展示室では、概ね、先スペイン時代、植民地時代、共和国時代前期（一八二五―一九〇〇年）、共和国時代後期（一九〇〇年―現在）という時代区分が用いられ、工芸品の歴史的変遷が説明されている。たとえば織物の部屋では、左手に先スペイン時代の布、右手に植民地時代以降の布を展示し、その伝統の継続性と変遷が明らかになるよう工夫してある（写真1）。また帽子の部屋では、ワリやティワナクなど先スペイン時代の四角いものから、植民地時代のシンプルな形のもの、そして色鮮やかな現代のものまで、通時的変化が表現されている。鉱山と金属の部屋では、インカなど先スペイン時代の冶金技術や、植民地時代に始まり現代まで続く鉱山の神ティオ（Tio）への信仰が紹介されている。

ペルーとボリビアの博物館で体験できる時間旅行の目的地はアンデス文明である。しかしそこから現代へと戻る経路は、ペルーとボリビアでは異なる。ボリビアでは先スペイン時代の文化と現代の先住民族の文化が連続していることが前提になっている。考古学博物館と民族誌民俗学博物館では、前者が先スペイン時代の文化、後者が植民地時代以降の文化と、展示の重点は異なるが、一貫した先住民族の文化伝統が存在するという見解は共通している。これに対しペルーの国立考古学人類学歴史博物館は、異なる解釈を示す。展示場を一巡すると、現代のペルーでは、先住民族の文化はしだいに周辺化されたという見解である。植民地時代以降、流入した入植者の文化によって先住民族の文化はしだいに周辺化されたという見解である。しかしそのアマゾン地方には、独自の先スペイン期文化があったことが示されているので、来館者は、コトシュやチャビンに始まるいわゆるアンデス文明が植民地時代以降にどうなったのかよくわからない。かろうじて一八世紀の先住民族の反乱が紹介されているが、その後の先住民族の動向については不明である。つまり過去からの帰路は植民地時代の途中で途切れているのである。

▼中間地域

メソアメリカ文明とアンデス文明の間に挟まれた地域を中間地域と呼ぶ。現在のコスタリカ、パナマ、コロンビアなどの国々がその地域に該当する。この地域の博物館としてコスタリカ国立博物館（Museo Nacional de Costa Rica）（写真2）とコロンビア国立博物館（Museo Nacional de Colombia）をとりあげよう。

コスタリカ国立博物館は首都サンホセ市の中心部に位置する。建物は、かつて軍の本部だったものだが、一九四九年の常備軍の廃止に伴い、博物館に転用したものである。導入部は熱帯の蝶が舞う温室となっているが、主な展示内容は考古学と歴史学によるコスタリカの通史が中心で、美術関係の企画展が開催されることもある。

考古学展示は、採集狩猟の生活から農耕の開始、社会階層の形成などの過程を、作物、土器、石器、埋葬などの資料を示しながら紹介する。メソアメリカやアンデス地方とは異なり、コスタリカでは先スペイン時代の社会統合は首長制（cacicazgo）に留まっていたので、国家や都市という概念は登場しない。しかし、金細工や、独特の彫刻をほどこした大型の儀礼用メタテ（平らな碾き臼）などが展示され、洗練された工芸技術があったことが示される。またコスタリカ南部の太平洋岸のディキス（Diquís）地方から出土する大型の石の球体が、博物館のシンボルとして正面入り口や中庭に展示してあり、独自の先スペイン期文化が存在していたことを印象づける（写真2）。

歴史展示場は二〇一八年に全面更新されたもので、征服と植民地、独立と国防、コーヒー・鉄道・バナナ、自由主義と近代性、紛争と改革、頂点と危機、振り返りの七つのセクションからなる。導入部で、征服という行為はアメリカ・ヨーロッパ・アフリカの混血を意味したと説明され、その後、一八世紀のコスタリカの人口の三分の二はメスティソ（混血者）であったこと、そして展示場の最後のパネルでは、コスタリカは多様な人々が共住するメスティソの国であることが宣言されている。しかし展示場では先住民族への言及が頻繁にみられる。征服期にスペイン人が求めたのは先住民族の黄金であったこと、スペイン人に対する先住民族の抵抗、先住民族の宗教・交易・集落の特徴、「悪魔の踊り」や「エギータの踊り」などの先住民族の芸能、現代の先住民族といったテーマが扱われる。つまりコスタリカでは、メスティソ人口の増加にもかかわらず、先住民族が先スペイン時代から現在まで存在しつづけていることが明らかにされている。

写真 2　コスタリカ国立博物館。大きな石造の球体はディキス地方から出土する遺物。

コロンビア国立博物館は、首都ボゴタ市のサンタフェ（Santa Fe）地区にあり、考古学、歴史学、人類学、芸術などコロンビアの文化を幅広く展示している。現在、二〇一一年からはじまった長期的な展示場の改修が進行中だが、すでに新しいコンセプトにもとづいて「資源としての土地」という展示室などが公開されている。

「資源としての土地」展示室では、「住まわれた土地」「征服された土地」「利用された土地」「表象された土地」という視点が設定され、各視点に関連する事項が先スペイン時代から現代まで時代を超えて展示される。たとえば「住まわれた土地」では、一万四〇〇〇年前からの石器の使用、五〇〇〇年前から魚貝類の利用、二〇〇〇年前からの金の冶金術など、自然資源利用の歴史が示される。またスペイン人の到来により一六世紀からは新しい資源観が広まったものの、金の神聖性は連続したという。その証として、胴体内部に金やエメラルド、貝などが詰められたムイスカ（Muisca）文化（六〇〇―一八〇〇年）の供儀用の人形と、植民地時代に使用された金箔を被せたキリスト教の祭具が並んで展示されている。「利用された土地」では、先スペイン時代の生業としてトウモロコシ耕作が取り上げられ、紀元前一〇〇〇年頃から始まるサン・アグスティン（San Agustín）文化のメタテが展示されている。植民地時代以降に導入された農業としては、東部平原の牧畜、カリブ海沿岸地方のバナナ栽培、アマゾン地方のゴム採集などが紹介され、労働力を提供した先住民族の隷属や黒人奴隷の輸入など、負の歴史も明かされる。近代的な産業としては、一九世紀末から発展したビール醸造が取り上げられ、現代ではビールが先スペイン時代から飲まれてきたトウモロコシ酒のチチャをほぼ代替したことが示される。このようにこの展示室では、異なる視点から描かれたコロンビアの歴史叙述が併置されており、来館者はコロンビアの文化の時間的、空間的な多様性に出会う。同時にその多様性の中で、なにが変化し、なにが変化していないかを考えさせられる。

コスタリカとコロンビアの国立博物館は、来館者を先スペイン時代への旅に誘う。その目的地はメソアメリカ文明やアンデス文明ほど複雑な社会ではないが、金細工や石彫など工芸品の製作においては、両文明に勝るとも劣らない技術が存在したことが示される。その帰路の植民地時代以降の特徴として両博物館で強調されているのは、先住民族と白人、黒人、およびそれらの人々の混血によって形成された文化的に多様化した社会の存在である。展示から読み取れるのは、先スペイン時代の文化は、このような多様性の一つのルーツとして位置付けられていることである。

▼時間旅行の比較

これまで辿ってきた三地域の博物館における時間旅行を比べてみよう。どの地域でも時間旅行の目的地が先スペイン時代であることは共通だ。石器や土器などの遺物はメソアメリカ、アンデス、中間地域のどの博物館でも見ることができる。その上で、時間旅行の差異は、まず目的地である先スペイン時代の文化の違いから生じる。中でもメソアメリカとアンデス地域の先スペイン期文化は文明段階に達したものであり、技巧的、意匠的に洗練された遺物が展示されている。これらは高度に階層化した社会の上位にたつ支配者層が用いたり、その力を象徴したりするものである。またマヤ、アステカ、インカなど展示では、都市の風景をジオラマで眺めることができる。

古代からの帰路には、どの地域の博物館でも現代の先住民族文化を訪ねることになっている。しかし時間旅行の大きな差異はこの帰路で生じている。メソアメリカとアンデス地域では、先スペイン期文化から現代の先住民族の文化へと至る道が明示される傾向にある。例外はペルー国立考古学人類学歴史博物館である。その道が明瞭なのはアマゾン地方だけで、他の地方では、植民地時代の後半で途絶えている。中間地域のコスタリカとコロンビアの博物館でも、先スペイン期文化から現代先住民文化へと繋がる道が示されている。しかしコスタリカ国立博物館の場合は、植民地時代以降、これとは別に西洋人、黒人、混血者が利用する道が並行して走る。コロンビア国立博物館の場合は、その道を複数の視点から眺める仕掛けができており、視点を変えると、先住民族だけでなく、西洋人、黒人、混血者もまたその道を歩んでいる様子が見えてくる。

3　政治的背景

博物館における古代アメリカ文明の展示方法に差異が生じる理由として、各博物館が存在する国の政治的な背景を無視することはできない。

メキシコとボリビアでは、国民の中に多様な先住民族が含まれることを積極的に評価する価値観が存在する。メキシコは一九九二年および二〇〇一年の憲法改正で、メキシコ国民が先住民族に基づく多文化構成体であることを明記した。同様にボリビアは二〇〇九年の憲法改正により、国名をボリビア共和国からボリビア多民族国と改めた。このため両国では、豊かな先スペイン時代の文化遺産を、現在の先住民文化の起源として位置付け、先スペイン時代から現代までの先住民文化の一貫性を重視する関心が強いといえる。グアテマラでは、両国ほど先住民文化への政治的関心は強くない。しかし同国では、農産物などの一次産品輸出に依存した産業構造を転換するために観光業が重要な役割を担っており、マヤ遺跡やマヤ系先住民族の文化は貴重な経済資源となっている。こうした関心が、国立考古学民族学博物館におけるマヤ文明展示に反映されていると思われる。

事情が複雑なのはペルーである。先スペイン時代のアンデス文明を国民のアイデンティティ形成のために資源として利用しようとする関心はメキシコやボリビア同様に強い。遺跡が観光振興の資源として重視されているのはグアテマラと同様である。しかし現代の先住民族についてペルー政府は独自の立場を取ってきた。一九六九年にJ・ベラスコ（J. Velasco）大統領が農地改革法の中で、先住民族という言葉を農民に代替する方針を発表した。その意図は、先住民問題を文化の問題ではなく、経済の問題として捉えることにあった。その結果、ケチュアやアイマラなどのアンデス地域に固有の言語を話す人々は、独自の文化をもった民族というよりは、主として農作業に従事する労働者階級という位置付けになった。ペルー国立考古学人類学歴史博物館で、アマゾン地域を除き、現代の先住民文化の展示が存在しないのは、こうしたペルー政府の見解の反映なのかもしれない。もちろんその後、市井にはこの政策への批判の声は絶えないが、国立博物館の展示室に、その声はまだ届いていない。

コスタリカは、二〇一五年の憲法改正で同国が多民族多文化国家であることを宣言している。人口構成上、先住民族の比率が低いコスタリカでは、この多文化性は、先住民族文化の多様性というよりも、先住民族と非先住民族双方を含む国民の中の文化的多様性と理解すべきである。一方コロンビアは、二〇世紀後半から続いている内戦の終結と、国民相互の和解が喫緊の課題である。このため国立博物館も、国民の文化的多様性を前提とする改修が進行中である。従来の通時的な歴史叙述を改め、多様な視点から国民文化を提示する試みがつづいている。

4　おわりに

本節ではラテンアメリカで古代アメリカ文明を展示する博物館の展示の特色を、時間旅行にたとえて紹介した。最後に、本書第3章の冒頭で示した資源人類学の概念を用いながら、博物館における過去の資源化の仕組みを整理しておこう。

博物館の展示場に並ぶ個々の資料は、物質的に博物館の展示空間を満たし、それによって展示場を成立させているという意味で、博物館という制度を維持するための生態資源とみなすことができる。しかしこれらの資料は、展示場に置かれるやいなや、他の資料とともに一定の意味を紡ぎ出す象徴資源になる。たとえば土器や石器などの資料は、他の時代や他の場所の資料と呼応して、文化の伝播や変化に関する情報を生成する。

この意味で博物館は、資料を用いて意味を生成する制度であるといえるが、その意味は二つの異なる水準で生じている。第一に、博物館が一定の価値観に基づいて展示場を構成するキュレーションの水準である。展示資料の選択と配列、パネル解説の記述などを通じて展示のメッセージが出現する。第二に、博物館が置かれている政治的な水準である。公的な博物館であれば、それを統括する公共機関や国家が、私的な博物館であれば、それを経営する企業や財団が、固有の関心をもっており、それがキュレーションを方向づけたり、制約したりする場合がある。

本節で紹介した以外にもラテンアメリカには興味深い博物館が多数存在する。南米南部のコノスル地域（アルゼンチン、チリなど）、ブラジル、そしてカリブ海地域など、それぞれ固有の歴史過程を経験した地域であり、そこでの博物館展示もまた独自のものがある。読者が、そうした地域を訪問し、博物館を見学する機会があれば、本節で用いた時間旅行、およびその目的地と帰路という概念を活用していただきたい。それによってその博物館の展示の特徴がわかりやすくなるだけでなく、博物館における古代アメリカ文明の資源化という現象への理解が増すことだろう。

このような時間旅行を体験して明らかなのは、博物館という場所が古代アメリカ文明の通時的な展開を考えるのに最適な場所であるということだ。どんなに先スペイン期遺跡の発掘を進めても、現代の先住民族への文化的な繋がりは見えてこない。同様にどれだけ現代の先住民族の暮らしを観察しても、彼らの過去に遡れるわけではない。これに対し博物館は、個別の遺跡や、個別の民族の存在を越えて、文明の大きな流れを感じることができる場所である。古代アメリカ文明は消滅した文明なのか、それとも現代まで続いているのか。続いているとすれば、だれがどのように継承、発展させてきたのか。先住民族の抵抗のおかげなのか、混血者の文化的適応力の貢献なのか、それとも近代国家の文化政策の役割が大きいのか。そうした古代アメリカ文明の長期的な動態を考えるためには、多くの博物館で時間旅行を体験することが有力な方法である。

注

（1）メキシコ国立人類学博物館ではアステカの展示場はメシーカ室と呼ばれる。

（2）ペルー国立考古学人類学歴史博物館のモチェ室は、同館の案内板には存在するが、筆者が訪問した二〇一六年一月と二〇一七年五月の時点では閉鎖されていた。

第4章

メソアメリカとアンデスの比較文明論

青山和夫
坂井正人
鈴木 紀
米延仁志

メソアメリカとアンデスという二つの古代アメリカの一次文明の研究は、人類の文明の起源と形成を正しく理解する上で極めて重要である。前章まで古代アメリカ文明及び古代文明が先スペイン期から現在までどのように資源化されてきたのかについてつぶさに検証してきた。この最終章では、メソアメリカ文明とアンデス文明のそれぞれの特徴をより明確にするために、類似点（共通性）と差異（変異性）を多面的に比較する。次に両者の社会変化の過程を通時的に比較する。それらをもとに、本書の締めくくりとして、二つの文明を比較することで見えてきた古代アメリカ文明の今日的意義について示したい。

1 私たちの研究から見えてきた古代アメリカ文明の姿

「はじめに」でも述べたように、もともと何もないところから独自に生まれたオリジナルな文明、すなわち一次文明は、メソポタミア、古代中国、メソアメリカ、アンデスの世界に四つだけであった。メソアメリカ文明とアンデス文明は、旧大陸世界と交流することなく長い年月をかけて個別に発展を遂げた。両文明は、この点において世界史で重要かつ特異な位置を占める。メソアメリカとアンデスという二つの古代アメリカの一次文明の研究は、人類の文明の起源と形成を正しく理解する上で極めて重要といえる。

私たちはこれまでに見てきたように、従来の世界史研究で軽視されてきた古代アメリカの二大文明について、異なる分野の人文科学と自然科学の多様な研究者が集って共同研究を推進した。これらの研究は、正確な編年による過去の資源化から現代社会を考察する機会（文明のありかた、社会の持続可能な発展、都市化、多民族・多文化共生、移民・難民の受け入れ、文明と環境のかかわりなど）を提供する。本章では、旧大陸の文明の影響を受けずに発達した一次文明としての両文明それぞれの特徴を明らかにし、社会変化の過程を通時的に比較する。

まず、ここまでの各研究班の研究成果について、まとめておこう。自然科学班の調査（本書第1章）では、グアテマラのペテシュバトゥン湖で全長七・八メートルの完全に連続した年縞堆積物試料の採取に成功した。さらに、百点を超える放射性炭素年代に対して、年縞の精密な計数にもとづく制約を加えることで、誤差のほとんどない年代軸を構築することができた。ただし年縞がカバーした年代は過去約六〇〇年であった。セイバル遺跡でマヤ文明が盛衰した先古典期中期・後期・終末期（前一〇〇〇―後二〇〇年）や古典期（二〇〇―一〇〇〇年）については、さらに深く年縞堆積物試料を採取しなければならない。また植民地時代以降の年縞データの社会的な意味を考察するためには、気象に関する歴史文書の照合が不可欠であることが明らかになった。

さらに、ペルー南部・ナスカ台地では、代表的な遺跡出土材（ワランゴ、エスピーノ）の現生木植生調査を実施し、試料を収集した。その結果、ナスカ地域での樹木の年輪形成に関する知見が得られ、年輪解析が可能となった。複雑な組織構造を持つワランゴ材の年輪解析のために、世界最高水準の年輪撮像システムを開発し、高解像度の年輪画像の収集と炭素・酸素同位体比の測定試料を調整した。

メソアメリカの考古学調査（第1章）では、グアテマラのセイバル遺跡の大規模で精密な層位的な発掘調査、土器編年の細分化をはじめとする詳細な遺物の分析及びマヤ考古学では例外的に豊富な試料一八二点の放射性炭素年代を組み合わせて、二〇〇〇年にわたる高精度編年を確立した。高精度編年によって、精度の粗い従来のマヤ考古学の編年では復元できないマヤ文明の盛衰のプロセスを検証した。セイバル遺跡では前一〇〇〇年頃から居住の定住性の度合いが異なる多様な集団が、共同体の公共祭祀及び公共祭祀建築や公共広場を建設・増改築する共同作業によって社会的な結束やアイデンティティを固めたことが明らかになった。加えて、私たちは、グアテマラ考古学に航空レーザー測量を初めて導入した。その結果、熱帯雨林に覆われたセイバルの都市遺跡全体と周辺地域の地形やマヤ文明の遺構を四〇〇平方キロメートルにわたって探査することに成功した。

▼メソアメリカ社会を動かしたもの

私たちの比較研究から見えてきたのは、先スペイン期メソアメリカ社会を動かす仕組みとしての公共建築、公共広場や文字の役割である（青山ほか二〇一七）。メソアメリカという神々の意思が尊重される世界の中で、支配層と民衆のせめぎ合いが社会を動かす仕組みを更新させていったと考えられる（e. g., Tsukamoto and Inomata 2014）。このせめぎ合いの中心となる場が公共建築や公共広場であり、石碑などに刻まれた過去の儀礼や歴史を口頭で伝承する場であった。公共建築は「見る」人々を突き動かし、より巨大な公共建築を建造して社会を動かす仕組みを編み出した。公共建築に加えて、王族や貴族といった一握りの支配層だけが読み書きした文字は「語り」を物質化し、社会を動かす新たな仕組みを提供した。

マヤ支配層は、地域間交換ネットワークに参加して、重要な物資だけでなく、観念体系や美術・建築様式等の知識を取捨選択しながら資源化して権力を強化した。先古典期中期（前一〇〇〇—前三五〇年）には公共建築や公共広場を建設・更新する過程で、様々なイデオロギーが共有されながら物質化されていった。公共広場が公共祭祀の主要な舞台であり、供物や支配層の墓は主に公共広場に埋納された。公共広場で繰り返し行われた公共祭祀という反復的な実践は、集団の記憶を生成して資源化され、中心的な役割を果たす支配層の権力が時代と共に強化された。一方、古典期マヤ文明の神殿ピラミッドは王権を強化する神聖な山を象徴した。神殿更新が繰り返され、その内部に壮麗な王墓や供物が埋納された。古典期には、先古典期に公共建築の外壁を装飾した神々の漆喰彫刻（「見る／見せる」という効果）に取って代わって、個人の王の図像や諸活動をマヤ文字で記した石碑などの石彫（「語り／見せる」という効果）が公共広場に立てられるようになり、王権や宗教観念の表現手段の重点が移った。

メキシコ中央高原のトラランカレカやテオティワカンでは、「語り」よりも公共建築とその大型化を用いて「見せる」実践が優先された。対象者は民衆と神々である。これは、誰に対して公共建築を舞台として儀礼を行ったのか、そして「見せる」必要があったのかの度合いが、マヤ低地とは異なっていたからであろう。古典期マヤ文明では、王や貴族が公共広場に集まった大衆を前に公共広場や神殿ピラミッドで劇場型の儀礼を行っていた。そのような大衆を収容する公共広場は、トラランカレカやテオティワカンのピラミッドにも併設されている。このことから、メキシコ中央高原でも劇場型の儀礼を行っていたことは想像に難くない。つまり神々に「見せる」儀礼が、広場の参加者だけでなく、都市の全ての民衆から「見える」ことが重要であった。

メキシコ中央高原では、古典期マヤ文明のような王朝史を詳細に記録した文字が発達しなかった。トランカレカにおいて文字の存在は確認されていない。テオティワカンの公共建築を装飾する神々の石彫や壁画は、民衆に「見せる」ために大きな意味があった。人物像は、主に没個性的・抽象的といえる。古典期のマヤ低地では、王朝や歴代の王を称える碑文や特定個人の図像が石碑や神殿ピラミッドに刻まれ、他の支配層や民衆に誇示して「見せる」効果が発揮された。

トランカレカやテオティワカンでは、ピラミッドは特定の個人のためではなく、公共性が強かった。古典期マヤ文明では、王や王朝といった特定の個人・集団の利益を優先させる目的で「語り」や「見せる」行為が物質化された。対照的に、メキシコ中央高原の支配層は「語り」よりも「見せる」行為、つまり神々と交信する儀礼空間の視認性と大衆性により重点を置いたと言える。このことは、トランカレカやテオティワカンの社会が、人々の意思決定と共に、一連の火山噴火の文脈の中から誕生し発展したことと無関係ではないだろう。その自然環境は、火山がないマヤ低地とは大きく異なる。

メソアメリカの辺境に位置するチャルチュアパでは、先古典期には公共建築群によって作り出された空間の中で執り行われた公共祭祀が社会成員間の紐帯を強化した。公共建築群の正面に建立された石彫の図像や文字は、「見る／見せる」だけでなく「語り」という手段で民衆の支持を得るのに役立った。古典期には公共建築の文化的な意味が変化した。古典期前期には外見上は「見せる」ことを意識しているのかもしれないが、入口の限定された部屋や視認性に欠けた場所における葬送儀礼が行われるようになる。換言すれば、大勢に「見せない」という秘儀的・独占的側面が支配者の神秘性、そして権力を高めていく要素になっていったともいえる。先古典期には文字があったにもかかわらず、古典期には文字は社会を動かす重要な仕組みとして踏襲されなかった。個人の偉業を「語り」「見せる」ことによって王権を強化していった古典期マヤ文明の諸王とは異なる社会の仕組みだったのであろう。

中央アメリカ南部の社会に文字（表記体系）が伝播しなかったという事実は、これらの地域にあった政治的権力や宗教的権威が、古典期マヤ文明とは異なる形態をとっていたことを示唆する。中央アメリカ南部の社会では、世襲制の王権が存在した考古学・民族史料の証拠はない。文字の存在を知る人々がいたとしても、文字の必要性は意識されず、結果として受容されなかったと説明できよう。ニカラグア太平洋岸に見られるアルター・エゴと呼ばれる石造彫刻は、動物を背負った人物を表している。ニカラグア内陸部にも人物の石造彫刻が多く認められる。前者は没個性的、後者は抽象化されたものであり、古典期マヤ文明の石碑に表現された王のように特定個人を描写しているかは定かではない。これらは、トーテムのような共同体成員相互の紐帯の象徴の役割を果たしていたと考えられよう。

まとめると、マヤ低地やメソアメリカ南東部では、先古典期には主に社会の紐帯を促したイデオロギー操作が、古典期にはより独占的・排他的なイデオロギーに変遷したといえよう。マヤ文字、宗教体系や巨大な石造神殿ピラミッドなど、古典期マヤの王権のほとんど全ての要素が、先古典期後期（前三五〇―前七五年）に既に形成されていた。メキシコ中央高原やマヤ低地をはじめとするメソアメリカ文明を形成した社会は、従来考えられていたよりも早い段階から複雑化しており、先行社会の文化的蓄積と継承が後のメソアメリカの諸国家を誕生させたといえよう。

先古典期マヤ文明、メキシコ中央高原やメソアメリカ南東部では、文字よりもむしろ公共建築が「見る」人々を突き動かし、より巨大な公共建築を建造して社会を動かす仕組みとして重要な役割を担った。一方で古典期マヤ文明では、「見る」人々を突き動かした公共建築に加えて、「語り」が王や王朝といった特定の個人・集団の利益を優先させる目的に先鋭化し、「語り」を物質化した文字が社会を動かす仕組みを提供して王権を強化した。石碑や神殿ピラミッドには文字だけでなく、王など特定個人の図像が刻まれ、他の支配層や民衆に誇示して「見せる」効果が発揮された。中央アメリカ南部の首長制社会では、文字は使われず、首長自らの権威と権力の正統性を「見せる」大規模な公共建築は建造されなかった。

▼ナスカ台地で見出したものと古代アメリカ文明の資源化

さて、アンデス文明の学際的な研究（第2章）では、地上絵が集中的に描かれたナスカ台地及びその周辺部を対象とした。ナスカ台地の中心部では「舌を伸ばした動物」の地上絵を発見し、ナスカ市街地付近ではラクダ科動物の地上絵（四一点）を発見した。これらの地上絵は制作技法と規模によってナスカ早期（前二六〇年—後八〇年頃）のものと考えられる。この時期の具象的な地上絵は、ナスカ台地を縦断する道沿いに分布することから、ナスカ台地を移動する行為自体が儀礼的な性格を帯びていたと考えられる。またナスカ台地を縦断する道の中には、直線の地上絵が含まれていることが判明した。

さらに、ナスカ台地の北に隣接するインヘニオ谷を踏査し、五七三の遺跡を登録することができた。このうちエストゥディアンテス遺跡とベンティーヤ遺跡を発掘したところ、前者は居住遺跡（ナスカ早期）で、後者は祭祀センター（ナスカ早期—後期頃：前一〇〇年—後五〇〇年頃）であることが判明した。特に後者は単なる祭祀センターではなく、付近に居住域を含んでいることが明らかになった。またナスカ台地と周辺部において航空レーザー測量を実施し、建造物跡や地上絵を検出した。

第3章であつかった、植民地時代から現代の中南米の先住民文化の研究では、アメリカ大陸の先スペイン期に栄えたメソアメリカ文明とアンデス文明が、植民地時代から現代までの中南米の先住民族の文化表象に及ぼした影響を「古代文明の資源化」という概念を用いて検証した。ここでいう資源化とは、古代文明や先住民族文化を客体化し、それを功利的に利用することである。客体化とは、自分自身の事柄を客観的に認識し、操作可能な状態に変えること、つまり自分自身について語り、示し、演出することを指す。

私たちの研究は、植民地時代から現代まで古代文明やそれに由来する先住民族文化が先住民族の人々自身や、企業、国家によって文化・経済・政治的資源として活用されていることを示した。明らかなのは、植民地時代から現代まで、古代アメリカ文明は忘却されたわけではないことである。そして、このことは古代アメリカ文明の終焉に関する諸問題、すなわち、いつ終わったのか、どのように終わったのか、まだ終わっていないのか、そもそも文明は終わるのか、という問いを生み出した。

▼今も続く古代文明

第3章の個別研究は、以下のようにまとめることができる。まず、植民地時代における古代文明の資源化は先住民族エリートの戦略として行われた点である。植民地時代において先住民族のエリートたちは、自己の正当性や自集団の利益を確保するため、先スペイン期の過去（特定の人物、集団、場所）との繋がりを強調したり、捏造したりした。このような試みにより、古代文明に関する知識の忘却が妨げられる効果があった反面、現実とは異なる古代文明イメージが構築された面もある。

次に現代における古代文明の資源化についてみてみよう。第一に、最も分かりやすい事例として、先スペイン期遺跡の利用をあげることができる。巨大な建造物が残る遺跡は、観光振興・地域振興の目的で資源化される。その過程では、国家機関、観光資本、地域住民等のアクター間で様々な利害対立が発生し、各アクターは古代文明の意味に関する新しい解釈を生み出す。地域の共同体が遺跡を日常的に利用している場合は、資源として十分な客体化がなされておらず、積極的な資源化とはみなせないこともある。

第二に、先スペイン期に起源をもつ先住民族文化の商業的な利用を指摘できる。先スペイン期起源の文様や民族衣装のデザインが、商業的利益のために資源化される場合である。このような資源化は先住民族にとって両義的である。恩恵を受ける場合もあるが、利益が先住民族に還元されない場合は、先住民自身による資源化を促進することがある。たとえば、グアテマラの先住民族の衣装は、企業による商品開発によって注目され、かえって先住民族自身がその価値を再認識する結果になっている。また、先スペイン期起源が明確でない民芸品などの場合でも、商業的利益が見込めれば、先スペイン期起源が容易に想像され、「伝統的なもの」として扱われることもある。

第三に、先スペイン期に起源をもつ先住民族文化が政策的に利用されることがある。これは先住民族文化の国家による資源化といえる。このような資源化も先住民族にとって両義的である。先住民族文化の公的な承認という面がある一方、先住民族文化に対する自己決定権が蝕まれる場合は、先住民自身による資源化を促進することがある。たとえばエクアドル政府のインターカルチュラル教育政策は、先住民族の文化を教育カリキュラムに取り込む試みだが、先住民族教師の中には政府の方針に距離をおきつつ、自分たちのアンデス文明イメージを模索する動きがある。

第四に、博物館も現代において古代文明の資源化を推進する機関である。考古学・人類学・歴史学などの博物館では、その目的とミッションに応じて、古代文明の情報を資源化する。その結果、さまざまな展示が作られるだけでなく、古代文明の意味づけも多様化する。いくつもの博物館の展示を比較すると、古代アメリカ文明は、全人類の遺産、先住民族文化の伝統の源、国民の文化的多元性の一つの起源など、異なる意味が付与されていることに気づく。

2　メソアメリカ文明とアンデス文明の特徴

では、メソアメリカ文明とアンデス文明の特徴は何だろうか。それぞれの特徴をより明確にするために、メソアメリカとアンデスの類似点（共通性）と差異（変異性）をやや羅列的ながら多面的に比較してみよう。旧大陸との交流なしに独自に発展したメソアメリカとアンデスという二つの一次文明の比較研究は、文明とは何か、文明はなぜ、どのように興り変化したのかについて、旧大陸や西洋文明と接触後の社会の研究からは得られない、新たな視点を提供する。まず、メソアメリカとアンデスの類似点（共通性）（表1）についてみてみよう（Carmack *et al.* 2007；Moseley 2001；関・青山二〇〇五）。

（1）メソアメリカとアンデスの類似点

類似点としては、第一に極めて多様な自然環境があげられる。メソアメリカとアンデスでは、高度差による自然環

表1　メソアメリカ文明とアンデス文明の類似点

①極めて多様な自然環境
②初期の定住と季節的な移住が共存
③農耕定住の成立以前の非農耕定住社会
④土器の使用が比較的遅かった
⑤農耕定住社会
⑥車輪が実用化されなかった
⑦ミルクの香りのしない文明
⑧鉄器を必要としなかった石器文明
⑨公共祭祀建築の増改築
⑩支配層のものづくり
⑪主に非囲壁集落
⑫アンデス文明やテオティワカン文明の図像では、王など特定の権力者の人物像は少ない
⑬神聖王
⑭戦争や政略結婚
⑮階層社会
⑯多神教
⑰循環的な暦の概念
⑱二元論的な世界観

境の変化が顕著である。中央アンデスほどの高度差ではないが、メソアメリカの自然環境（熱帯雨林、熱帯サバンナ、ステップ、針葉樹林など）は多様であり、高地と低地に二分できる（Carmack *et al.* 2007: 8–12）。メソポタミア文明やエジプト文明の「乾燥地域の大河流域の平地」とは異なり、メソアメリカ文明とアンデス文明は極めて多様な自然環境で発達した。

初期の定住と季節的な移住が共存したことも類似する。先古典期前期（前一八〇〇―前一〇〇〇年）のメソアメリカや形成期早期（前三〇〇〇―前一八〇〇年）のアンデスでは、一部の人々が定住し、一部は季節的に移住した（Lesure 2011）。メソアメリカとアンデスでは、農耕定住の成立以前の非農耕定住社会が存在した。動植物遺体や人骨の同位体の分析によれば、先古典期前期のメソアメリカの定住社会ではトウモロコシなどの栽培植物はまだ生業の基盤をなさず、漁労や狩猟採集に依存した（Arnold 2009）。アンデス海岸部では、前五〇〇〇年頃から漁労定住が確立した。一方で、農耕定住が成立したのは、アンデスの高地や海岸部の河川地域では前三〇〇〇年頃からであった（関二〇一〇：四五)。メソアメリカでは、トウモロコシ農耕を生業の基盤とする定住は、先古典期中期（前一〇〇〇—前三五〇年）以降に確立した（Smalley and Blake 2003)。

また、土器の使用が比較的遅かった。土器の容器の起源は、メソアメリカとアンデスで前一八〇〇年頃であり、ほぼ同時期にあたる。メソアメリカとアンデスの土器は、日本列島で最古の縄文土器より一万年以上も後に製作され、南米アマゾン低地アメリカ大陸最古の土器（前五六〇〇年頃）(Roosevelt 1995）よりもかなり遅い。

メソアメリカとアンデスでは、高地の激しい起伏や熱帯雨林低地のジャングルなどが交通の障害となり、車輪が実用化されなかった（Sabloff 1997：21)。メソアメリカでは、車輪付きの動物土偶が示すように車輪の原理は知られていた。しかし、人や重い物を運ぶ大型の家畜がいなかったので、荷車や犂は発達しなかった。ミルクを飲んでバターやチーズを食べるメソポタミア文明やエジプト文明のような畑作牧畜民に対して、メソアメリカ文明とアンデス文明を含む環太平洋地域には動物のミルクを飲まず、乳製品を食べない「ミルクの香りのしない文明」があった（安田二〇〇九)。

このように車輪や大型家畜などは利用されなかったが、両文明は石器を主要利器とした洗練された「石器文明」であった（青山二〇〇七：二二)。石器を主要利器とする新石器段階の技術によって、多くの人間を動員して手間と暇をかけて基本的に手作業で築いた文明といえる。彼らは現代人のように、作業の効率にそれほど重きを置かなかった。金や銅製品など大部分の金属製品は装飾品や儀式器であって、作業に利用されることはなく、鉄は一切使用されなかった（Maldonado 2012)。

石器が主要利器であったことは、メソアメリカ文明とアンデス文明が金属器を用いた旧大陸の古代文明よりも「遅れていた」ことを必ずしも意味しない。インカはアンデスを統一し、北はコロンビア南部から南はチリ中部に至る南北四〇〇〇キロメートルを影響下に置いた。その統治機構の大規模な発達そのものがアンデス文明の発達を表す。マヤの支配層は、先スペイン期のアメリカ大陸で文字、暦、天文学を最も発達させ、六世紀の古代インドに先立ちアメリカ大陸でゼロの文字を最初に発明した（青山二〇一二、二〇一三）。

さらに両文明では共通して、公共祭祀建築（神殿ピラミッドや基壇など）に強い関心がもたれた。エジプトのピラミッドとは異なり、頂上部にキャップストーンがないので先端が尖った角錐状のピラミッドはない（大城ほか二〇一八）。基壇の上に神殿などのより小さな建物を建造したものが多い。エジプトの多くのピラミッドが一度に建造されたのに対して（大城二〇一八）、メソアメリカとアンデスでは儀礼的意味をもつ公共祭祀建築（神殿）の増改築（更新や刷新）が行われ、建造の時期にはばらつきがある（青山二〇一五；加藤・関一九九八；大貫ほか二〇一〇；関二〇一五、二〇一七）。

人々の住環境や社会階層に目を向けよう。メソポタミア、ギリシア、ローマ、古代中国の防御壁に囲まれた都市や集落とは異なり、メソアメリカとアンデスでは、例外はあるものの非囲壁集落が主流であった（Lamberg-Karlovsky and Sabloff 1995：349；Sabloff 1997：28）。メソアメリカとアンデスは階層社会が発達し、世襲による貧富・地位の差異が顕著になった（Adams 2005；Lamberg-Karlovsky and Sabloff 1995：346）。マヤ文明の王はクフル・アハウ（神聖王）であり、マヤ文明、インカやチムーでは王宮や王墓が建造された（Inomata and Houston 2001；Lamberg-Karlovsky and Sabloff 1995：359）。メソアメリカとアンデスでは、諸王国が戦争や政略結婚によって勢力を拡大した。有力な王国と同盟関係を結ぶために、政略結婚が行われることがあった（Kolata 2013：212；Scherer and Verano 2014）。またメソアメリカとアンデスでは、少なくとも一部の王族や貴族が美術品を製作する工芸家であった（Aoyama 2009；Inomata 2001；Morris and von Hagen 2011：160）。戦争は、主に支配層の間で行われた。近世日本の士農工商のように、支配層の武士、被支配層の職人という身分体系ではなく、王・貴族＝戦士を兼ねる身分の高い美術家・工芸家という図式が存在した。

アンデス文明やテオティワカン文明の図像では、王など特定の権力者の人物像は少ない。人物像は総体的に極めて非個人的であり、図像は動物、植物や神々が多い（Cowgill 2015）。多神教であり、太陽、山、ネコ科動物、蛇、鳥な

表2　メソアメリカ文明とアンデス文明の差異

メソアメリカ文明	アンデス文明
①海抜3000メートルを超える高地は居住されなかった ②海岸砂漠地帯なし ③非大河灌漑農業 ④トウモロコシを主食 ⑤牧畜のない人力文明 ⑥黒曜石製石刃を大量に製作・使用 ⑦洗練された石彫を多用 ⑧マヤ文明やサポテカ文明の図像では王や貴族などの特定の権力者の人物像が多い ⑨統一王国のない、ネットワーク型の文明 ⑩一部が王陵や王宮の神殿ピラミッド ⑪国家の食料倉庫が整備されなかった ⑫文字文明 ⑬20進法	①海抜3000メートルを超える高地で居住 ②海岸砂漠地帯 ③海岸平野に流れる複数の川の大規模な灌漑農業 ④多種多様なイモ類とトウモロコシ ⑤牧畜ラクダ科動物 ⑥主に不定形剥片 ⑦石彫が比較的少ない ⑧特定の権力者の人物像が少ない ⑨インカが中央アンデスを統一 ⑩頂上部が広い基壇状の神殿が多い ⑪インカが国家の食料倉庫を整備 ⑫無文字文明 ⑬10進法

どを崇拝した。メソアメリカとアンデスでは、二元論的な世界観や考え方があった（Miller and Taube 1993）。暦を直線的に捉えるよりもむしろ循環的な暦の概念を重視したとされる（Aveni 2015；Morris and von Hagen 2011：8）。

（2）メソアメリカとアンデスの差異

次にメソアメリカとアンデスの差異（変異性）（表2）についてみてみよう。

アンデスの人々は、海抜三〇〇〇メートルを超える高地で居住し続けている。アンデスでは海抜三五〇〇―四八〇〇メートルの高地で耐寒性の根菜類の栽培、リャマやアルパカの牧畜が行われた（関二〇一〇：八）。また、海岸砂漠地帯が広がっている。一方、メソアメリカでは、海抜三〇〇〇メートルを超える高地では居住されなかった。さらに、海岸砂漠地帯はない。メソアメリカ沿岸部では、人々は熱帯雨林、熱帯サバンナやステップに居住した（Carmack *et al.* 2007：16–18）。

メソポタミア文明やエジプト文明とは異なり、メソアメリカ文明は、半乾燥地域の大河流域で大規模な灌漑治水事業を発達させなかった。大河川は、メソアメリカ文明発祥の必要条件ではないということである。メソアメリカは、主に中小河川、湖沼、湧水などを利用した灌漑農業、段々畑、家庭菜園などの集約農業と焼畑農業を組み合わせて多様な農業を展開した非大河灌漑文明であった（青山二〇〇七：三四：Scarborough 2009）。メキシコ盆地やグアテマラ盆地では大河川はなく、湖水の大規模な灌漑農業が行われた。

アンデス文明は、エジプト文明のような一本の大河の利用とは異なり、海岸平野に流れる複数の川の大規模な灌漑農業が行われた。アンデス山地の斜面では段々畑に灌漑水路を巡らして集約農業が営まれ（増田・青山二〇一〇：三〇）、多種多様なイモ類とトウモロコシなどを組み合わせて栽培された（Quilter 2014：39）。一方でメソアメリカでは、トウモロコシが主食であり続けている。

牧畜についてみれば、アンデスでは荷駄運搬用のリャマやアルパカ（食料、毛織物）のような牧畜ラクダ科動物が活用され続けている。アヒル、クイや犬も家畜化された（Morris and von Hagen 2011：14）。メソアメリカは牧畜のない人力文明であり、家畜は七面鳥と犬だけであった（Zeitlin and Zeitlin 2000：96）。またミルクや乳製品を提供し、農耕地を耕し、人や重い物を運ぶ大型家畜はいなかった。結果的にメソアメリカは、大型家畜や荷車を必要としなかった人力文明といえる。メソポタミア文明ではウシ、イノシシ（家畜化されたのがブタ）、ヤギ、ヒツジなど、家畜化が可能な大型動物が豊富であり（常木二〇一四）、メソアメリカの犬や七面鳥よりも確実に多くの肉や脂肪を提供したという点から見ても対照的である。メソアメリカでは、動物性タンパク質は主に狩猟や漁労で確保された。

では、道具についても見てみよう。アンデスの打製石器では、主に不定形な剥片を製作し使用した。一方で、メソアメリカ文明を代表する石器は、黒曜石製石刃であった（Hirth 2003）。メソアメリカでは、定型的な黒曜石製石刃を大量に製作し使用した（第1章1節）。整形された黒曜石製石刃核から定型的な石刃を大量に押圧剥離する文化実践は、アンデス文明にはなかった。

メソアメリカの支配層は、洗練された石彫を多用した。メソアメリカのマヤ文明やサポテカ文明の図像では、王や貴族などの特定の権力者の人物像が多い（Miller 2012）。特に古典期マヤ文明は、特定の権力者の写実的な図像を刻んだ石彫を多用した文明であった。しかしながら、ペルー国立考古学博物館とメキシコ国立人類学博物館の展示の差異に顕著に示されているように、アンデス文明では、メソアメリカ文明と比べると石彫が極めて少ない。王や貴族など特定の権力者の人物像が少ないこともそれを示している。

政治的な統一形態から見ると、インカ（一五世紀半ば―一五三二年）は、決して一枚岩ではない多言語・多民族・多神教の「帝国」として究極的に中央アンデスを統合した。対比的にメソアメリカは統一王国のないネットワーク型の文明であった（Carmack *et al.* 2007：6）。メソアメリカでは諸王国が共存し、先スペイン期を通して広範な地域間交換ネットワークによって社会的・文化的な実践を創り上げ共有した（Joyce 2004：3）。この点では、ネットワーク型のインダス文明（長田二〇一三）と類似点があり、統一王朝こそが文明であるという中央集権的な文明観を覆す。

さて、両文明共通に建造された公共祭祀建築であるが、相違点も多い。アンデスでは、石や日干しレンガなどを積み上げて築いた壁を支えとする基壇の上に、さらに小型の基壇を建設し、階段状に高さを持たせる公共祭祀建築が多い（関二〇一八）。メソアメリカの神殿ピラミッドと比べると、高さに比して頂上部の面積が広い基壇状建造物が多く、上部で宗教儀礼を執行する神殿であった。一方、メソアメリカのピラミッドは、上部を切った形状のピラミッド状基壇の上に神殿を配置して神殿ピラミッドを構成した。主に石造の宗教建築であり、その一部が王陵として機能した。古典期マヤ文明では、神殿と王宮の両方を兼ねる石造ピラミッドも存在した（青山二〇一八）。一方でアンデスの一大特徴として、インカが国家の食料倉庫を整備した（Morris and von Hagen 2011：61–62）。メソアメリカでインカのような国家の食料倉庫を整備した地方センターは建設されなかった。

最後に文字についてであるが、アンデスは無文字文明、メソアメリカは文字文明であった。無文字社会であった形成期（前三〇〇〇年―紀元前後）の諸社会、モチェ、ナスカ、ワリ、ティワナク、チムーやインカといったアンデスとは対照的に、マヤ文明やサポテカ文明などで文字が発達した（Houston 2004）。テオティワカンでは、発達した文字体系なしに古典期のアメリカ大陸最大の都市を発展させた（杉山二〇一五）。アンデスでは手の指を数える一〇進法、メ

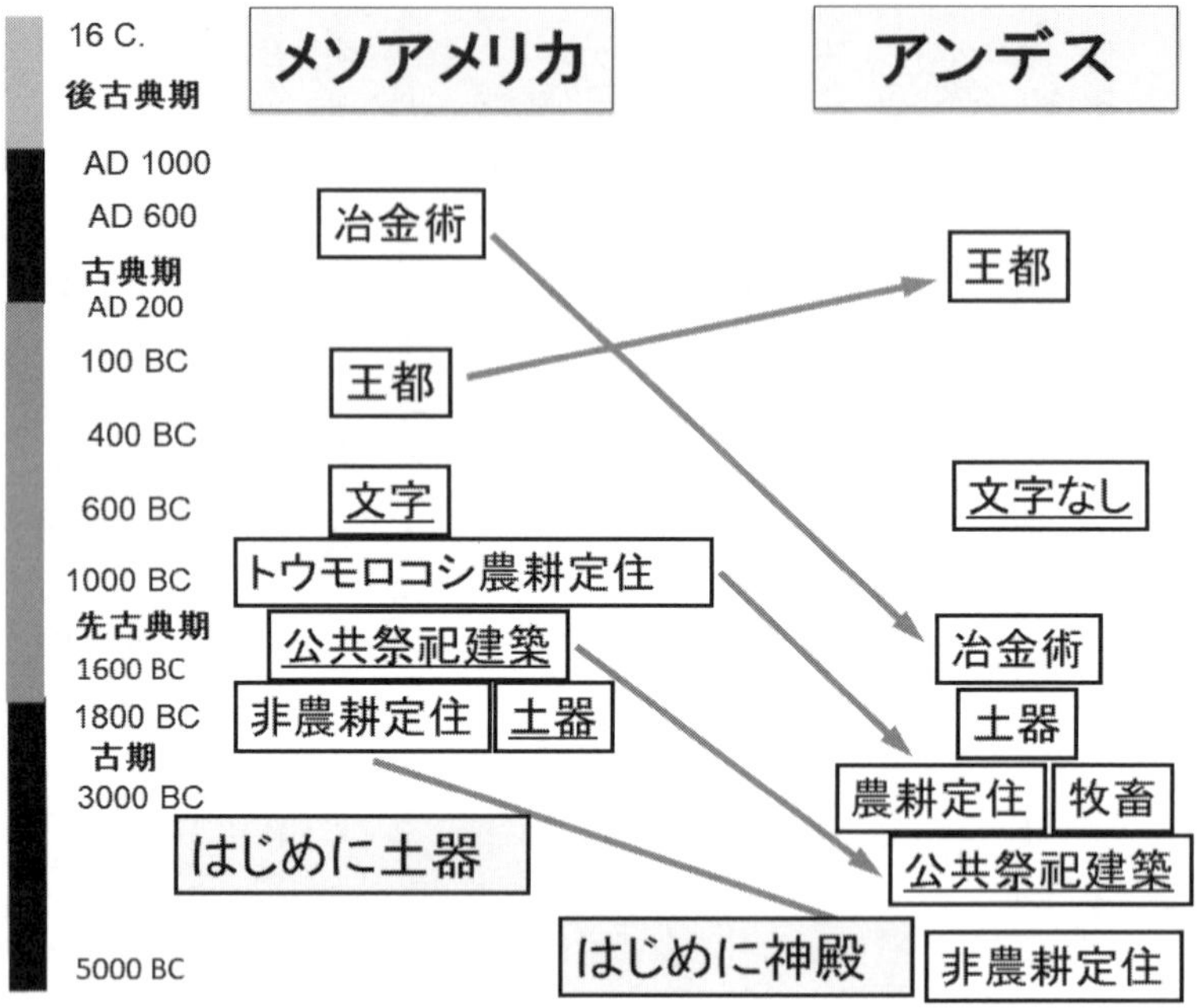

図1　メソアメリカとアンデスの社会変化の通時的比較（作図：青山和夫）

ソアメリカでは手足の指を数える二〇進法が採用された。メソアメリカの二〇進法の数字体系に対して、アンデスのキープでは縄の結び目の位置、数や色などによって一〇進法の数字を表現し、人口、兵力、作物や家畜などを記録した（Morris and von Hagen 2011: 34-35）。

3　メソアメリカとアンデスの通時的比較

ここまで、両文明の比較のためにその共通点と相違点を挙げてきた。比較文明論の研究においては、文明の形成や社会変化の過程と要因を解明して比較することが重要である。メソアメリカ文明とアンデス文明の比較研究において、共有された社会的・文化的な実践で考古学的に認識可能な文化要素のうち、定住、公共祭祀建築、農耕、牧畜、土器、文字、王都、冶金術といった、文明の一般的な指標を用いて通時的に比較すると極めて異なる社会変化の過程があったことがわかる（図1）。

アンデス文明の特徴として、インカ帝国のような巨大な社会が最終的に成立したにもかかわらず、文字をもたない文明であった点が際立つ。アンデス文明と同様に、アジア大陸からアメリカ大陸に進出した新人の末裔が築いたメソアメリカ文明の場合、マヤ文字やサポテカ文字をはじめとする文字が発達した。上述のように、アンデスとメソアメリカの類似点は多い。たとえば農耕社会や階層化社会が成立したこと、公共祭祀建築に強い関心がもたれたことが挙げられる。

　過去を客体化し資源として活用するという行為は、植民地時代以降の中南米で行なわれているだけでなく、メソアメリカとアンデスにおいて先スペイン期から行われた。たとえば、公共祭祀建築の増改築、「語り」や「見せる」行為を物質化した文字や図像など数世代から数世紀前の過去の事物に着目し、資源として利用するという行為が行われ続けた。このことは、文化の日常的な再生産ばかりでなく、世代を隔てた再生産という視点から、文明の発展（継承と変化）を理論化していくことが必要であることを示唆している。以下、メソアメリカとアンデスの社会変化の過程を通時的に比較してみよう。

写真1　ペルー、カラル遺跡（撮影：青山和夫）

（1）はじめに神殿か土器か

　アンデスでは、「はじめに神殿ありき」（泉一九六六）であり、先土器時代の前三〇〇〇年頃から公共祭祀建築（神殿）が建設された。セチン・バホ遺跡（前三六〇〇—前三〇〇〇年）やカラル遺跡（写真1）などの神殿は、メソアメリカの公共祭祀建築よりもはるか二〇〇〇年ほど古い（Moore 2014：231；Shady 2007）。

　対照的にメソアメリカでは「はじめに土器ありき、神殿は土器の後」であり、土器が出現した後に公共祭祀建築が建設された。メソアメリカでは、生産性の高いトウモロコシが定住を促進すると共に、土器でトウモロコシ、マメやカボチャなどを煮炊きすることによって、幼児や老人にも食べやすくなり、寿命も延びて人口が増加した。その後、先古典期前期のロコナ期（前一六〇〇—前一五〇〇年）に、メキシコのチアパス太平洋岸低地のパソ・デ・ラ・アマダ遺跡でメソアメリカ最古の土製球技場（Clark 2004）、グアテマラ太平洋岸低地のグラヘダ遺跡で底辺の長さ一五〇×一〇〇メートルという大きな土製基壇（高さ六・二メートル）が建造された（Arroyo *et al.* 2002）。

アンデスの高地や海岸部の河川地域では前三〇〇〇年頃から農耕定住が成立した（関二〇一〇：四五）。メソアメリカでは、農耕定住がアンデスより二〇〇〇年ほど遅れた。トウモロコシ農耕を基盤とする定住は、メソアメリカでは前一〇〇〇年以降であった（Smalley and Blake 2003）。農耕定住村落の確立後に数千年以上かけて王都が形成されたメソポタミアやアンデスと比べると、メソアメリカではトウモロコシ農耕を基盤とする定住生活（前一〇〇〇年以降）から数百年後の比較的短期間で王都が発展したことになる。

その要因の一つとして、先古典期中期前半（前一〇〇〇—前七〇〇年）にトウモロコシの品種改良の過程で大きな転換点があった可能性が高い。より大きな穂軸と穀粒を有する、生産性の高いトウモロコシが生み出され、トウモロコシ農耕を基盤とする生業が確立されていった（Houston and Inomata 2009：74）。先古典期中期のメソアメリカでは、生産性の高いトウモロコシ農耕を基盤とする生業による急速な社会変化「農耕革命」が起こったのである。対照的にアンデスでは、多種多様なイモ類とトウモロコシを組み合わせ、トウモロコシから造るチチャ酒が重要であった（第2章第5節）。旧大陸で栽培された穀類（ムギ類、イネ、アワ）は、野生種と栽培種がほぼ同様な収穫量をもたらした。

農耕定住は遅れた一方で、メソアメリカでは王都がアンデスよりも数百年早く発達した。先古典期後期（前三五〇—前七五年）のマヤ文明やサポテカ文明で王都が成立した（Blanton *et al.* 1993）。アンデスでは紀元前後に成立したモチェ社会において王都が興った。アンデスの形成期末期に神殿の建設が停止した。形成期の神殿を中心にした社会展開は、その後の王都を中心とする社会発展に直線的につながらず（井口二〇一七：三五三；関二〇〇六：二一四）、数千年にわたって神殿を中心に社会が統合され、大規模に集住しない社会伝統が続いた。ナスカ社会はその一例である。

上記のとおり、アンデスと比べると、メソアメリカでは最初の公共祭祀建築の建設から比較的短期間で王都が発展した。つまり、マヤ文明の神殿更新は資源化されて、王都を中心とする社会発展につながったということである。古典期マヤ文明の神殿更新は、王権を強化する政治的道具になった。諸王はピラミッドを神聖な山の象徴とし、神殿を地下界への入口の洞窟になぞらえ、神々と人間の仲介者として自らの権威と権力を人々に認めさせた。また、古典期マヤ文明では神殿ピラミッド内部の壮麗な王墓に先代の王を埋葬することによって強力な力が得られ、王朝は繁栄すると信じられた（写真2）。古典期マヤ文明の諸王は神殿更新によって、より高くより大きな人工の神聖な山を築いて王権を強化し、王都の労働力を統御した。

写真2　メキシコ、パレンケ遺跡のキニッチ・ハナフブ・パカル王の翡翠のモザイク仮面と装飾品（撮影：青山和夫）。「碑文の神殿」内部の王墓に埋納された。

（2）メソアメリカの社会変化の過程――土器の後に神殿ありき

メソアメリカでは、土器→公共祭祀建築→農耕定住→文字→王都（都市）という社会変化の過程があった。マヤ文明のエル・ミラドール遺跡（グアテマラ）で先古典期後期に高さが七二メートルに及ぶ巨大な神殿ピラミッドが建造された（青山二〇一七）。大規模な神殿ピラミッドは、神殿更新・広場更新（公共祭祀建築・公共広場の増改築）や公共祭祀を共同で行う実践の「予期せぬ結果」として建造されたといえる。「予期せぬ結果」として巨大な公共祭祀建築が建設されて資源化されたことはアンデス形成期にもあてはまる（関二〇一七）。巨大な公共祭祀建築の建設・維持は、支配層の強制力によってのみなされたのではない。巨大な宗教建造物の必要性を人々に納得させるイデオロギーが発達したと考えられよう。

文明発達の比較的初期に最大のピラミッドが建造された点において、マヤ文明、テオティワカンとエジプトで共通点が見られる（大城ほか二〇一八）。建造物の大きさは、社会の規模・複雑さや経済の発展の程度とは必ずしも比例しない。墓を内蔵したエジプトのピラミッドとは異なり、先古典期マヤ文明やテオティワカンの神殿ピラミッドには王墓がなかったことが特筆に値する（青山ほか二〇一七）。

マヤ低地とは異なり、メキシコ中央高原では火山噴火（神々の怒り）という自然災害が都市化や神殿ピラミッド建設の大きな契機になった。特に紀元後七〇年頃に起きたポポカテペトル火山噴火による被災者はテオティワカンをはじめ各地に移民した。その後も二〇〇年間ほど火山活動が活発に起き、古典期にテオティワカンとチョルーラという二つの都市に人口が集中した（第1章第6節）。

トラランカレカ最大の「セロ・グランデ・ピラミッド」（嘉幡・村上二〇一五）やテオティワカンの「太陽のピラミッド」は、火山と関連した「火の神殿」であった。ピラミッドの頂部にウエウエテオトルと呼ばれる火の老神を彫刻した石製大香炉が配置され、火山のように煙が立ち昇った。噴火による社会混乱から立ち直り、社会を安定させる垂直軸が物質化され、地上界と天上界を繋いで神々と交流する舞台として機能した。

一方、マヤ文明のピラミッドには火の老神を彫刻した石製大香炉が置かれることはなく、火山と関連した「火の神殿」ではなかった。古典期マヤ文明の神殿ピラミッドはマヤ文字で「ウィツ（山）」と呼ばれた。神殿ピラミッドは文字通り山信仰と関連する宗教施設であり、神聖王の先祖や神々が宿る人工の神聖な山を象徴した。神殿ピラミッドの中には、王宮を兼ねるものもあった。古典期マヤ文明の多くの神殿ピラミッドは、王や王家の重要人物を葬り祀る巨大な記念碑的建造物つまり王陵としても機能した（写真3）。王は先代の王を神格化つまり資源化して、神殿ピラミッドの石室墓などに豪華な副葬品と共に埋葬した。一方、巨大ピラミッドの内部調査が進んでいるテオティワカンでは、埋葬墓は発見されているが、王墓とは考えられていない（Sugiyama and López 2007）。テオティワカンの神殿ピラミッドからは王墓は見つかっていない。

現在のところ最古のマヤ文字の碑文は、グアテマラのサン・バルトロ遺跡の前三世紀の壁画に記されている（Saturno *et al.* 2006）。壁画には、アハウ（支配者・王）の文字、王の事績を記した碑文やトウモロコシの神が描かれた。書体の完成度が高いので、今後のマヤ低地の発掘調査によって、より原初的な古いマヤ文字が見つかることは間違いない。

写真3　グアテマラ、ティカル遺跡の「神殿1」（撮影：青山和夫）。26代目ハサウ・チャン・カウィール王が内部の壮麗な王墓に埋葬された。

四世紀末までにティカルなど有力な王朝が紋章文字を記すようになった。紋章文字は、神聖王の称号であり、「クフル（神聖な）」、「アハウ（支配者・王）」と記された（写真4）。古典期マヤ文明の諸王は単なるアハウ（支配者）ではなく、文字通り神聖王になったのである（Martin and Grube 2008）。

数万人の人口を擁した古典期マヤ文明の都市群は、神聖王を頂点とする政治・経済・宗教の中心地として栄えた。都市を核として諸王国が発達し、多くの労働力を動員して王宮が建造されるようになった。セイバル遺跡と周辺部の航空レーザー測量（第1章第5節）によっても明らかになったように、古典期マヤ文明の都市には、テオティワカンや古代メソポタミアの都市のような極度な集住形態はなかった。より広い範囲に住居が散在し、大部分のマヤの農民は住居の近くに耕地を有した。家族や親戚が労働の単位となる、比較的小規模ながら労働投下量の多い集約農業や家庭菜園に依存する場合が多かった。

アンデス文明の多くの祭祀の中心地とは異なり、古典期マヤの大遺跡は都市と呼べる機能と形態をもっていた。古典期マヤ文明の大都市には、国家的な宗教儀礼の他に、政治活動や経済活動もかなり集中し、多彩色土器や石器などの生産活動が都市内で行われた。都市中心部には、神殿ピラミッド、王宮、公共広場、球技場が、神聖な世界の中心として配置された。

セイバル遺跡の発掘調査（第1章第1節）によって明らかになったように、先古典期に公共広場で繰り返し慣習的に行われた公共祭祀という反復的な実践は、公共広場の神聖性を強化すると共に集団の記憶を生成した。社会的記憶の継承や連続性を資源化することによって、中心的な役割を果たす権力者の権力が時代と共に強化された。古典期マヤ文明の諸王は神々と特別な関係を持ち、神格化された先祖からの系譜を資源化して強調した。

諸王はその雄姿や偉業を石碑などの石造記念碑に刻ませ、その多くを公共広場に建立することによって王権を正当化した。公共広場で執行された国家儀礼、儀礼的踊りや音楽といった、王や貴族の劇場的パフォーマンスは、王権を強化する上で重要であった。マヤ文明には、劇場国家的な側面があった。

メソアメリカの全ての公共祭祀建築が更新されたのではない。アンデスと同様に、公共祭祀建築を刷新して、既存

写真4　グアテマラ、セイバル遺跡の「石碑10」に刻まれたマヤ文字の碑文（撮影：青山和夫）。セイバルのアフ・ボロン・アフブタル王が849年に執行した宗教儀礼にティカル、カラクムル、モトゥル・デ・サン・ホセの王が立ち会ったことが記された。左上から2番目がセイバル、右上から3番目がティカル、4番目がカラクムル、5番目がモトゥル・デ・サン・ホセの紋章文字。

の社会秩序や権力関係を否定し、新しい社会秩序を正当化することもあった。たとえば、テオティワカンの「羽毛の生えた蛇の神殿」の正面（西側）は三五〇年頃に基壇が付け加えられて、壁面を装飾していた羽毛の生えたガラガラヘビなどの石造彫刻の傑作が完全に埋蔵されて否定された（Cowgill 2015：146）。

古典期マヤ文明と比べると、多言語・多民族都市テオティワカンの人物像は主に没個性的・抽象的であった。石彫や壁画の図像は動物、植物や神々が多い。テオティワカンの公共建築を装飾する神々の石彫や壁画は、民衆に「見せる」ために大きな意味があった。メキシコ中央高原では、古典期マヤ文明のような王朝史を詳細に記録した文字が発達しなかった。先古典期マヤ文明やメキシコ中央高原では、神殿ピラミッドは特定の個人のためではなく、公共性が強かった（青山ほか二〇一七）。支配層は「語り」よりも「見せる」行為、神々と交流する儀礼空間の視認性と大衆性により重点を置いた。対照的に古典期マヤ文明では、王や王朝といった特定の個人・集団の利益を優先させる目的で「語り」や「見せる」行為が物質化・資源化されたのである。

（3）アンデスの社会変化の過程——はじめに神殿ありき

アンデスでは、公共祭祀建築→農耕定住→土器→王都という社会変化の過程があったが、文字はなかった。多様な社会の勃興が繰り返されたために、様々な物質文化や価値観が資源化されたり、利用されなくなった。とりわけ、支配層が注目して資源化したのが公共祭祀建築であった。先史アンデスの公共祭祀建築を細かく分析すると様々なタイプが存在するが、公共祭祀建築を繰り返し更新する建設活動と公共祭祀建築を刷新する建設活動が行われた。両者は組み合わされ、公共祭祀建築（神殿）を中心として社会が展開した。ナスカの地上絵、チムー王都、インカ王都のクスコ（写真5）は、祭祀の中心地であった。

公共祭祀建築を繰り返し更新する建設活動は、既存の社会秩序や権力関係を表象したり、正当化するための行為であり資源化であった。対照的に公共祭祀建築を刷新する建設活動は、既存の社会秩序や権力関係を否定したり、新し

写真5　ペルー、クスコ市に残るインカ帝国の石壁（撮影：青山和夫）

い社会秩序を正当化する行為といえよう。換言すると、公共祭祀建築は、既存の社会秩序や権力関係を表象・正当化するだけでなかった。それを否定したり、新たな社会秩序や権力関係を生成したりする際にも大きな役割を果たした。こうした社会を突き動かす点においては、マヤ文明や旧大陸の文字文明では、公共祭祀建築だけでなく文字も重要な役割を担っていた。旧大陸では伝統的に文字が文明の条件として重視される。対照的に多言語・多民族集団のテオティワカンの人々は、複雑な文字体系の恩恵なしに古典期の南北アメリカ大陸で最大の都市や巨大な神殿ピラミッドを建造した。

インカ帝国はアンデスを統一し、北はコロンビア南部から南はチリ中部に至る南北四〇〇〇キロメートルを影響下に置いた。キープを用いて一〇進法の数字を表現し、人口、兵力、作物や家畜などを記録した。インカ帝国は、結果的にメソアメリカや旧大陸の文字文明とは異なり、文字を必要とせずに巨大な社会を動かした。「はじめに神殿ありき」のアンデスでは、数千年にわたって神殿を中心に社会が統合され、大規模に集住しない社会伝統が続いた。アンデスの祭祀の中心地では、文字ではなく公共祭祀建築が資源化され、社会を突き動かす重要な役割を果たし続けたのである。

公共祭祀建築に社会を動かす仕組みがあることに気付いたアンデスの支配層は、形成期のある時期から、公共祭祀建築を祭祀の中心地で積極的に資源化し、独占した。そのために、祭祀の中心地の近くに住む非支配層は、祭祀活動を支える人々に限定された。先史アンデス社会には、メソアメリカや旧大陸の都市文明に見られるような都市は誕生しなかった。換言すると、アンデス社会に文字がなかったことと、メソアメリカや旧大陸のような都市が誕生しなかったことには密接な関係があったのである。アンデス文明のあり方は、文字や都市中心的な旧大陸の文明観を覆す。

アンデス形成期は神殿を中心に社会統合を試み、大規模に集住することを選択しない社会であった。それに対してテオティワカンは、都市を中心とした大規模な集住を選択し、多言語・多民族集団の社会統合を試みた社会といえる（第1章第7節）。文字の代わりにアンデスでは、地上絵や壁画、土器、織物、キープといった媒体に情報を「書いた」ことが重要である。文字体系が発達しなかったテオティワカンでは、都市設計や公共建造物、壁画、土器といった媒体に情報を「書いた」点が類似する。

私たちの研究成果に基づいて、他にも比較を試みてみよう。まず饗宴の政治性についてである（第1章第8節）。アンデス文明における饗宴は、形成期までさかのぼる。アンデス文明において繰り返し行われていた饗宴は、そこに参加した人間集団の神殿に対する記憶と関係を強化・維持し、社会階層化に関連した（Matsumoto 2012）。一方で、古典期マヤ文明のエル・パルマール北周縁部、支配層ラカム（旗手）集団が居住していたグスマン・グループが簡素な住居から碑文階段と広場を伴う政治的空間へと変化し、大椀や大皿が製作されるようになったことは、当時の饗宴の様子をうかがわせる。墓の副葬品である土器に付着した残滓の化学分析によって、饗宴の規模が拡大していったことも明らかになった。饗宴は、エル・パルマール都市内で支配層ラカム（旗手）集団の地位向上を促進したと考えられる。このように、饗宴は、アンデス形成期や古典期マヤ文明で社会的差異を生み出す一助を担った。

別の観点からも見てみよう。アメリカ大陸において、ケチュア語族とユト・アステカ語族の分布が例外的に広範であった（第1章第10節）。前者のインカはアンデスで帝国を建設し、後者のメシーカはメキシコ中央高原でアステカ王国を建国した。しかしながらユト・アステカ語族ニカラオは、トウモロコシ栽培を導入できず、黒曜石を僅かにしか入手できず、建築技術も貧弱であったる。これは、輸送用の家畜動物の有無やインカ道のような道路網が建設されなかったことが一因であったと考えられ。

最後にメソアメリカ文明では周縁部ともみなされてきたニカラグアにも言及しておこう。メソアメリカからニカラグアへの移住（民族史によれば八〇〇年頃や一三五〇年頃）は、中継地を経由した間接的で小規模なものであり、その集団も移住先の環境に適応し、在地文化に同化する面が大きかった。メキシコ中央高原やマヤ低地では、王国が形成されたが、先スペイン期のニカラグアでは、大規模な複雑社会は誕生しなかった。メキシコ中央高原やマヤ低地よりも雨季と乾季が明確なニカラグアの人々は、干ばつに強い根菜や湖の水産資源に依存した。保存がきくトウモロコシが安定的に供給されるメソアメリカに比べると、食料供給と人口増加に限界があったといえよう。

4　私たちの研究の今日的意義

本書で展開した研究は、現代の日本に生きる私たちや中南米の国々の人たちにどのような意義があるのだろうか。考古学、歴史学や文化人類学等の異なる分野の人文科学と自然科学の学術分野での専門的な貢献とは別に、以下の諸点を私たちの研究の今日的意義として指摘したい。

メキシコ中央高原の歴史では、これまで「テオティワカン→トルテカ→アステカ→現代メキシコ」として描かれてきた。しかし、私たちの研究によって、テオティワカンの先行社会（トラランカレカ）との文化的連続性が確認され、より深い歴史復元が可能になった（第1章第6節）。これは、日本の歴史にたとえれば、弥生時代の前に縄文時代があったことが明らかになってきたようなものである。つまり、メキシコの人々にとっては、自分たちの文化的なルーツに関する大きな発見を意味している。

世界遺産ナスカの保護・保存活動は、ペルー文化庁と連携して実施した（第2章）。ナスカやテオティワカンのような世界遺産の大遺跡を観光資源として保存・活用すれば、ナショナル・アイデンティティの形成を促すことができる。中小遺跡の保護と活用には住民参加型考古学の実践が有効であり、遺跡の価値や新たな地域アイデンティティの創造に貢献できる。こうした地域社会との協力関係を重視して、調査を実施することが重要である。

メソアメリカ南東部は周縁地域でありながら、オルメカ、マヤ、テオティワカンといった「中心」の文化要素を取捨選択し、為政者が権力を形成・強化した。政治経済的には比較的近くのマヤ低地の大都市コパンなどとの関係性を構築・強化しつつも、自律性・独自性を維持した（第1章第9節）。ポポカテペトル火山噴火がメキシコ中央高原で大規模な移住を促進し、移民との共生の結果、テオティワカンで都市化が進行し、多言語・多民族国家を形成した（第1章第7節）。多民族・多文化共生を実現するために、社会の多様性（ダイバーシティ）を保つことが、社会のレジリアンス（回復力）を高める。そのためには各社会が自律性・独自性・主体性を強化しつつ相互理解が重要である。先スペイン期メソアメリカから得られるこうした教訓は、現代世界における多様性のあり方を考える上で、一つの重要なヒントになるだろう。

現代における過去の資源化をより確実なものにするためには、私たちの比較研究が試みたように、正確な編年に基づいて古代文明の発展プロセスを明確にすることが不可欠である。その意味で、私たちの研究は温故知新の言葉通り、現代の中南米諸国における歴史認識の刷新、古代アメリカ文明を資源とする芸術的創造、産業化、観光振興、国民の文化的アイデンティティの形成、中南米の地域的アイデンティティの形成に寄与するものである。

今後の研究の課題としては、たとえばメソアメリカとアンデスの文明形成プロセスの差違（土器の製作と神殿の建造のタイミングの相違など）は、両地域の植民地時代以降の過去の資源化に、どのような影響をもたらしているだろうか、という点がある。また、人類にとって都市とは何かを追及していかなければならない。旧大陸の先産業社会の諸都市と類似点をもちながらも異なった特徴をもった「メソアメリカ的な都市」及び「アンデス的な都市（あるいは王都）」とは何なのかを追求していくことは、人類史の中で「都市とは何か」を明らかにする上で極めて重要である。

一六世紀のスペイン人の侵略は、メソアメリカとアンデスの先住民社会に大きな変化をもたらした。一つの文明が他の文明と接触した時にしばしば生じるのは、軍事的征服、政治的支配、経済的搾取や社会的差別などである。こうした文明の衝突はたびたび多数の人命の犠牲を伴い悲劇的な様相を呈する。しかしながら、文明の衝突によって一つの文明が他の文明に代替されたり、犠牲が大きかった文明の記憶が根絶したりするわけではない。むしろ古代文明は、私たちが未来を切り開いていくための貴重な資源「未来への遺産」である。比較文明論の学術研究によって絶えず過去に関する正確な情報が提供され続ける必要がある。

参考・参照文献

青山和夫（二〇〇七）『古代メソアメリカ文明——マヤ・テオティワカン・アステカ』講談社。

青山和夫（二〇一二）『マヤ文明　密林に栄えた石器文化』岩波書店。

青山和夫（二〇一三）『古代マヤ　石器の都市文明　増補版』京都大学学術出版会。

青山和夫（二〇一五）『マヤ文明を知る事典』東京堂出版。

青山和夫（二〇一七）「先古典期マヤ文明の王権の起源と形成」『古代文化』六八（四）、五〇二—五〇九頁。

青山和夫（二〇一八）「メソアメリカのピラミッド」大城道則、青山和夫、関雄二『世界のピラミッド大事典』柊風舎、二〇九—四五二頁。

青山和夫、嘉幡茂、市川彰、長谷川悦夫、福原弘識、塚本憲一郎（二〇一七）「メソアメリカ文明の通時的比較研究序論」『古代アメリカ』二〇、七九—九四頁。

青山和夫、米延仁志、坂井正人、高宮広土（二〇一四ａ）『マヤ・アンデス・琉球——環境考古学で読み解く「敗者の文明」』朝日選書。

青山和夫・米延仁志・坂井正人・高宮広土（編）（二〇一四ｂ）『文明の盛衰と環境変動——マヤ・アステカ・ナスカ・琉球の新しい歴史像』岩波書店。

日高真吾、関雄二、橋本沙知、椎野博（二〇一四）「アンデス文明形成期の金属製品の製作に関する一考察——クントゥル・ワシ遺跡及びパコパンパ遺跡出土の金属製品の蛍光X線分析の結果から」『国立民族学博物館研究報告』三八（二）、一二五—一八五頁。

井口欣也（二〇一七）「クントゥル・ワシ神殿の変容過程と権力の形成：形成期後期の神殿革新は社会に何をもたらしたか」関雄二編『アンデス文明——神殿から読み取る権力の世界』臨川書店、三二一—三五四頁。

泉靖一（一九六六）「初めに神殿ありき——無土器時代に農業も」『朝日新聞（夕刊）』九月二一日、五面。

加藤泰建、関雄二（一九九八）『文明の創造力――古代アンデスの神殿と社会』角川書店。

嘉幡茂、村上達也（二〇一五）「古代メソアメリカ文明における古代国家の形成史復元「トラランカレカ考古学プロジェクト」の目的と調査動向」『古代文化』六七（三）、四三五―四四五頁。

増田義郎、青山和夫（二〇一〇）『世界歴史の旅　古代アメリカ文明　アステカ・マヤ・インカ』山川出版社。

長田俊樹（二〇一三）『インダス文明の謎――古代文明神話を見直す』京都大学学術出版会。

大貫良夫、加藤泰建、関雄二（二〇一〇）『古代アンデス――神殿から始まる文明』朝日選書。

大城道則（二〇一八）「アフリカ大陸のピラミッド」大城道則、青山和夫、関雄二『世界のピラミッド大事典』柊風舎、一―一〇七頁。

大城道則、青山和夫、関雄二（二〇一八）『世界のピラミッド大事典』柊風舎。

杉山三郎（二〇一五）「新世界最大の古代都市テオティワカン――英知の集積としての都市」長田俊樹、杉山三郎、陣内秀信『文明の基層――古代文明から持続的な都市社会を考える』東京大学出版会、二六―四〇頁。

関雄二（二〇〇六）『古代アンデス　権力の考古学』京都大学学術出版会。

関雄二（二〇一〇）『アンデスの考古学　改訂版』同成社。

関雄二（二〇一五）『古代文明アンデスと西アジア――神殿と権力の生成』朝日選書。

関雄二（二〇一七）『アンデス文明――神殿から読み取る権力の世界』臨川書店。

関雄二（二〇一八）「南米のピラミッド」大城道則、青山和夫、関雄二『世界のピラミッド大事典』柊風舎、四五三―五六八頁。

関雄二、青山和夫（二〇〇五）『岩波アメリカ大陸古代文明事典』岩波書店。

常木晃（二〇一四）「西アジア文明学の提唱」筑波大学西アジア文明研究センター編『西アジア文明学への招待』悠書館、二―一八頁。

安田喜憲（二〇〇九）『稲作漁労文明：長江文明から弥生文化へ』雄山閣。

Adams, Richard E. W. (2005) *Prehistoric Mesoamerica.* Third edition. Norman and London: University of Oklahoma Press.

Aoyama, Kazuo (2009) *Elite Craft Producers, Artists, and Warriors at Aguateca: Lithic Analysis.* Monographs of the Aguateca Archaeological Project First Phase Volume 2. Salt Lake City: The University Press of Utah.

Arnold, Philip J. (2009) 'Settlement and Subsistence among the Early Formative Gulf Olmec,' *Journal of Anthropological Archaeology* 28: 397–411.

Arroyo, Bárbara, Hector Neff, Deborah Pearsall, John Jones, and Dorothy Freidel (2002) 'Ultimos Resultados del Proyecto sobre el Medio Ambiente Antiguo en la Costa del Pacífico,' In Juan Pedro Laporte, Héctor Escobedo and Bárbara Arroyo (eds.) *XV Simposio de Investigaciones Arqueológicas en Guatemala*, pp. 415–423. Guatemala: Museo Nacional de Arqueología y Etnología.

Aveni, Anthony F. (2015) *The Measure and Meaning of Time in Mesoamerica and the Andes.* Washington, D. C.: Dumbarton Oaks Research Library and Collection.

Blanton, Richard, Stephen A. Kowalewski, Gary M. Feinman, and Laura M. Finsten (1993) *Ancient Mesoamerica : A Comparison of Change in Three Regions*. Cambridge : Cambridge University Press.

Carmack Robert M., Janine L. Gasco, and Gary H. Gossen (2007) *The Legacy of Mesoamerica : History and Culture of a Native American Civilization*. [Second edition.] Upper Saddle River : Prentice Hall.

Clark, John E. (2004) 'Mesoamerica Goes Public : Early Ceremonial Centers, Leaders, and Communities,' In Julia A. Hendon and Rosemary A. Joyce (eds.) *Mesoamerican Archaeology*, pp. 43–72. Oxford : Blackwell.

Cowgill, George L. (2015) *Ancient Teotihuacan : Early Urbanism in Central Mexico*. Cambridge : Cambridge University Press.

Hirth, Kenneth (2003) *Mesoamerican Lithic Technology : Experimentation and Interpretation*. Salt Lake City : The University of Utah Press.

Hosler, Dorothy (1994) *The Sounds and Colors of Power : The Sacred Metallurgical Technology of Ancient West Mexico*. Cambridge, MA : The MIT Press.

Houston, Stephen D. (2004) 'Writing in Early Mesoamerica,' In Stephen D. Houston (ed.) *The First Writing : Script Invention as History and Process*, pp. 274–309. Cambridge : Cambridge University Press.

Houston, Stephen D. and Takeshi Inomata (2009) *The Classic Maya*. Cambridge : Cambridge University Press.

Inomata, Takeshi (2001) 'The Power and Ideology of Artistic Creation : Elite Craft Specialists in Classic Maya Society,' *Current Anthropology* 42 : 321–349.

Inomata, Takeshi, and Stephen D. Houston (2001) *Royal Courts of the Ancient Maya*. 2 vols. Boulder : Westview Press.

Joyce, Rosemary A. (2004) 'Mesoamerica : A Working Model for Archaeology,' In Julia A. Hendon and Rosemary A. Joyce (eds.) *Mesoamerican Archaeology : Theory and Practice*, pp. 1–42. Malden : Blackwell.

Kolata, Alan L. (2013) *Ancient Inca*. Cambridge : Cambridge University Press.

Lamberg-Karlovsky, C. C., and Jeremy A. Sabloff (1995) *Ancient Civilizations : The Near East and Mesoamerica*. [Second edition.] Prospect Heights : Waveland Press.

Lesure, Richard G. (2011) *Early Mesoamerican Social Transformations : Archaic and Formative Lifeways in the Soconusco Region*. Berkeley and Los Angeles : University of California Press.

Lesure, Richard G. and Thomas A. Wake (2011) 'Archaic to Formative in Soconusco : The Adaptive and Organizational Transformation,' In Richard G. Lesure (ed.) *Early Mesoamerican Social Transformations : Archaic and Formative Lifeways in the Soconusco Region*, pp. 67–93. Berkeley and Los Angeles : University of California Press.

Maldonado, Blanca (2012) 'Mesoamerican Metallurgical Technology and Production,' In Deborah L. Nichols and Christopher A. Pool (eds.) *The Ox-*

ford Handbook of Mesoamerican Archaeology, pp. 617–627. Oxford: Oxford University Press.

Martin, Simon and Nikolai Grube (2008) *Chronicle of the Maya Kings and Queens: Deciphering the Dynasties of the Ancient Maya*. Second edition. London: Thames and Hudson.（初版の邦訳は『古代マヤ王歴代誌』二〇〇二年、長谷川悦夫他訳、創元社）

Matsumoto, Yuichi (2012) 'Recognising Ritual: the Case of Campanayuq Rumi,' *Antiquity* 86: 746–759.

Miller, Mary (2012) *The Art of Mesoamerica: From Olmec to Aztec*. Fifth edition. London: Thames and Hudson.

Miller, Mary, and Karl Taube (1993) *An Illustrated Dictionary of the Gods and Symbols of Ancient Mexico and the Maya*. London: Thames and Hudson.（『図説マヤ・アステカ神話宗教事典』二〇〇〇、増田義郎監修、東洋書林）

Moore, Jerry D. (2014) *A Prehistory of South America: Ancient Cultural Diversity on the Last Known Continent*. Boulder: University Press of Colorado.

Morris, Craig, and Adriana Von Hagen (2011) *The Incas: Lords of the Four Quarters*. London: Thames and Hudson.

Moseley, Michael E. (2001) *The Incas and Their Ancestors: The Archaeology of Peru*. Revised edition. London: Thames and Hudson.

Quilter, Jeffery (2014) *The Ancient Central Andes*. New York: Routledge.

Roosevelt, Anna C. (1995) 'Early Pottery in the Amazon: Twenty Years of Scholarly Obscurity,' In William Barnett and John Hoopes (eds.), *The Emergence of Pottery: Technology and Innovation in Ancient Societies*, pp. 115–131. Washington, D. C.: Smithsonian Institution Press.

Sabloff, Jeremy A. (1997) *The Cities of Ancient Mexico*. Revised edition. London: Thames and Hudson.

Saturno, William A., David Stuart, and Boris Beltrán (2006) 'Early Maya writing at San Bartolo, Guatemala,' *Science* 311 (5765): 281–1283.

Scarborough, Vernon (2009) 'The Archaeology of Sustainability: Mesoamerica,' *Ancient Mesoamerica* 20: 197–203.

Scherer, Andrew K., and John W. Verano (2014) *Embattled Bodies, Embattled Places: War in Pre-Columbian Mesoamerica and the Andes*. Washington, D. C.: Dumbarton Oaks Research Library and Collection.

Shady Solís, Ruth (2007) *La Ciudad Sagrada de Caral-Supe: Símbolo Cultural del Perú*. Lima: Instituto Nacional de Cultura, Proyecto Especial Arqueológico Caral-Supe.

Smalley, John, and Michael Blake (2003) 'Sweet Beginnings: Stalk Sugar and the Domestication of Maize,' *Current Anthropology* 44: 675–703.

Sugiyama, Saburo and Leonardo López Luján (2007) 'Dedicatory Burial/Offering Complexes at the Moon Pyramid, Teotihuacan: A Preliminary Report of 1998–2004 Explorations,' *Ancient Mesoamerica* 18: 127–146.

Zeitlin, Robert N., and Judith F. Zeitlin (2000) 'The Paleoindian and Archaic Cultures of Mesoamerica,' In Richard E. W. Adams and Murdo J. MacLeod (eds.) *The Cambridge History of the Native Peoples of the Americas Volume II: Mesoamerica*, pp. 45–121. Cambridge: Cambridge University Press.

おわりに

メソアメリカ文明とアンデス文明という古代アメリカの一次文明の適切かつ十分な記述ぬきには、バランスの取れた「真の世界史」とはいえない。私たちは、考古学、歴史学、文化人類学等の異なる分野の人文科学と自然科学の多様な研究者が集い、新たな視点や手法による共同研究「古代アメリカの比較文明論」プロジェクト（平成二六―三〇年度、領域代表者：青山和夫）を推進した。同じく文部科学省科研費新学術領域研究の助成による「環太平洋の環境文明史」プロジェクト（平成二一―二五年度、領域代表：青山和夫）の諸成果を踏まえて、従来の世界史研究で軽視され、一般の日本人になじみの薄いメソアメリカ文明とアンデス文明について比較文明論を新たに展開した。二〇一四年からの五年間は極めて充実した年月であり、駆け足で過ぎていった。

私たちが国内外で研究成果を積極的に発信することによって、関連領域の学術水準を国際的に向上・強化できた。私たちは研究成果を国内だけでなく、米国、イギリス、ドイツ、スペイン、イタリア、スイス、オランダ、セルビア、ニュージーランド、メキシコ、グアテマラ、ホンジュラス、エルサルバドル、ニカラグア、ペルー、パラグアイ、アルゼンチン、韓国などの学術雑誌や国際学会において英語やスペイン語で発表した。英語の査読論文は、米国科学アカデミーの学術誌 *PNAS*、アメリカ考古学会の *Latin American Antiquity*、ケンブリッジ大学出版局の *Antiquity*、*Ancient Mesoamerica*、国際第四紀学連合（INQUA）の *Quaternary International* やオランダのエルゼビアの *Quaternary Science Reviews* などの国際誌に出版した。

私たちの研究成果の中間報告として、青山が編者になって古代学協会の学会誌『古代文化』に特輯「古代アメリカの比較文明論の新展開（上）（下）」を刊行した。メソアメリカとアンデスの考古学だけでなく、スペイン植民地時代の歴史学や博物館におけるマヤ文明の表象と政治性に関する計一二本の論文を二〇一七年に発表した。私たちは古代アメリカ学会の研究大会において数多くの研究発表を行い、成果を学会誌『古代アメリカ』に出版した。

青山は、メキシコ、グアテマラ、アルゼンチン、アメリカの国際的に評価の高い研究者を二〇一六年に招聘して、日本で初めてのメソアメリカ研究者国際会議を東京で主催した。研究成果を青山とロドリーゴ・リエンド教授（メキシコ国立自治大学）を編者とするスペイン語研究書として、メキシコの最高学府であるメキシコ国立自治大学から二〇一九年に刊行する。坂井は国際的に評価の高いアンデス考古学の専門家を招いて、英語やスペイン語の国際シンポジウムや国際招待講演会を積極的に開催し、海外の国際シンポジウムで発表した。

鈴木は日本文化人類学会や日本ラテンアメリカ学会、海外ではラテンアメリカ研究アジア・オセアニア会議（ＣＥＬＡＯ）、ラテンアメリカ、カリブ研究国際学会（ＦＩＥＡＬＣ）、国際アメリカニスト会議（ＩＣＡ）などで古代アメリカ文明の資源化に関する分科会を企画し、「古代アメリカの比較文明論」プロジェクトのメンバーが積極的に発表した。米延は、日本学術振興会が主催する日米先端科学シンポジウム（ＪＡＦｏＳ）のコンビーナーから環境考古学・古気候セッションの提案とコンテンツに関する相談を受けた。セッションが採択され、日米の代表的な若手研究者推薦の依頼を受け、那須浩郎と北場育子が二〇一六年に参加した。

比較文明論の共同研究は、短期間で早急に成果が得られる分野ではない。五年間にわたり共同研究をこつこつと続けてきたが、分析途中や未発表の成果が残されている。本書は、現時点での主要な研究成果を読者にわかりやすく紹介するために刊行する次第である。マヤ、アステカ、ナスカとインカの文字、図像と公共建築を比較して明快に記す『メソアメリカとアンデス――文字、図像と公共建築の比較文明論（仮題）』（講談社現代新書）と合わせてお読みいただくと、理解がより一層深められよう。

私たちは、良質な新聞やテレビ・ラジオ番組、良心的な一般雑誌やわかりやすい一般書などを通じて成果の社会還元にも力を入れた。とりわけ私たちの研究成果を紹介したNHK・BSプレミアム「知られざる古代文明」の「ナスカ」と「マヤ」（各九〇分）は、同時間帯のBSテレビ番組で視聴率一位を獲得し、計七回も放送された。「古代アメリカの比較文明論」ホームページは、プロジェクトの紹介、研究班の紹介、成果発信、研究成果、リンク、ニュースで構成した。特に研究・アウトリーチ活動をニュースで速やかに公開した。研究成果や講演会の開催をリアルタイムで広報するためにフェイスブック「古代アメリカの比較文明論」を開設し、情報を発信した。

私たちは、北海道、山形、宮城、石川、福井、東京、神奈川、千葉、埼玉、茨城、愛知、大阪、京都、兵庫、鳥取、福岡や大分など日本の各地で計一五六回の公開シンポジウムや公開講演会を活発に行った。「古代アメリカの比較文明論」プロジェクト主催の公開シンポジウムは計四回であり、国立民族学博物館とキャンパス・イノベーションセンター東京で二回ずつ開催した。若手研究者を育成するために、多くの若手に講演を担当してもらい、一般市民にわかりやすく研究成果を伝えるように努めさせた。研究成果を速やかに公開・普及し、国民との双方向のコミュニケーションを図るために公開シンポジウムや公開講演会では聴衆からの質問コーナーを積極的に設けて回答し、アンケート調査を実施した。多くの人々との出会いは、私たちの大きな心の宝である。

「はじめに」でも述べたように、私たちの共同研究に参加した大部分の研究者は中堅・若手である。「古代アメリカの比較文明論」プロジェクト実施期間中に、一〇名の若手研究者が常勤の研究職に就職し、五名の研究者が任期付の研究ポストを得た。多くの中堅・若手が国際的なレベルの研究の重要性を再認識し、専門分野を超えた共同研究を通して研究の新たな視点を獲得したのは大きな喜びである。こうした中堅・若手の研究者が、新規の研究プロジェクトの企画・申請に中核的な役割を果たし、比較文明論や関連分野に大きなインパクトや波及効果を与え続けることを期待したい。その結果、古代アメリカの比較文明論研究の国際的な学術水準のさらなる向上・強化と人材育成につながるだろう。

一〇年は一昔である。「環太平洋の環境文明史」に続く「古代アメリカの比較文明論」プロジェクト。文部科学省科研費新学術領域研究の助成は連続して一〇年間に及んだ。本書は、令和元年度科学研究費補助金新学術領域研究「古代アメリカの比較文明論」（終了研究領域、代表：青山和夫）の出版助成を受けて刊行された。京都大学学術出版会の鈴木哲也編集長、山脇佐代子さん、大橋裕和さんは、本書の刊行のために敏腕を振るって下さった。立命館大学古気候研究センター長の中川毅教授（古気候学）、アリゾナ大学の猪俣健教授（マヤ考古学）、埼玉大学の加藤泰建名誉教授（アンデス考古学）と大阪大学の小泉潤二名誉教授（文化人類学）は、研究評価者として私たちの研究活動を支えて下さった。

神戸大学の石森大知准教授（文化人類学・メラネシア研究）、首都大学東京の石田慎一郎准教授（文化人類学・アフリカ地域研究）、京都大学の曽我謙悟教授（行政学・現代日本政治）と東北大学の川口幸大准教授（文化人類学・中国研究）は、文部科学省の学術調査官としてプロジェクト運営の相談に乗って下さり、貴重な助言を与えてくださった。文部科学省研究振興局学術研究助成課科学研究費第一・二係の方々は、縁の下の力持ちとしてプロジェクトを支えて下さった。その他にも「古代アメリカの比較文明論」プロジェクトを推進する上でお世話になったり、協力していただいたりした国内外の関連機関や個人の方々は数百名に及ぶ。ここでは列挙できないが、それらの機関や方たちにも心から感謝したい。

二〇一九年五月　青山和夫・米延仁志・坂井正人・鈴木紀

【は】

【ま】

【さ】

索　引

ヘンリー・ラム　アベリストウィス大学地理学教室・教授
星野　安治　奈良文化財研究所・主任研究員
ホルヘ・オラーノ　パリ第一大学（博士課程）
本多　明生　静岡理工科大学情報学部・准教授
本多　　薫　山形大学人文社会科学部・教授
本谷　裕子　慶應義塾大学法学部・教授
松井　敏也　筑波大学芸術系・教授
松本　　剛　山形大学人文社会科学部・准教授
松本　雄一　山形大学人文社会科学部・准教授
門間　政亮　宇部フロンティア大学短期大学部・講師
八木百合子　国立民族学博物館学術資源研究開発センター・助教
山田　和芳　ふじのくに地球環境史ミュージアム・教授
山本　　睦　山形大学人文社会科学部・准教授
米田　　穣　東京大学総合研究博物館・教授
米延　仁志　奥付参照
渡邊　洋一　羽陽学園短期大学・学長・教授

執筆者紹介

青山　和夫　奥付参照
阿子島　功　山形大学・名誉教授
生月　　亘　関西外国語大学英語国際学部・准教授
市川　　彰　名古屋大学高等研究院人文学研究科・特任助教
伊藤　晶文　山形大学人文社会科学部・准教授
伊藤　伸幸　名古屋大学文学研究科・助教
井上　幸孝　専修大学文学部・教授
猪俣　　健　アリゾナ大学人類学部・教授
江田　真毅　北海道大学総合博物館・准教授
大平　秀一　東海大学文学部・教授
大森　貴之　東京大学総合研究博物館・特任研究員
大山　幹成　東北大学植物園・助教
嘉幡　　茂　メキシコ、ラス・アメリカス・プエブラ大学社会科学部・准教授、京都外国語大学・客員研究員
北場　育子　立命館大学古気候学研究センター・准教授
北村　　繁　新潟大学人文社会科学系（教育学部）・教授
工藤　由美　国立民族学博物館・外来研究員
五反田克也　千葉商科大学国際教養学部・教授
小林　貴徳　関西外国語大学短期大学部・助教
サウセド・ダニエル　立命館大学言語教育センター・嘱託講師
坂井　正人　奥付参照
佐藤　正樹　慶應義塾大学経済学部・専任講師
篠塚　良嗣　立命館大学環太平洋文明研究センター・研究員
杓谷　茂樹　公立小松大学国際文化交流学部・教授
鈴木　　紀　奥付参照
禪野　美帆　関西学院大学商学部・教授
瀧上　　舞　山形大学人文社会科学部・学術研究員、国立歴史民俗博物館・プロジェクト研究員
武田　和久　明治大学政治経済学部・専任講師
千葉　清史　早稲田大学社会科学部・教授
塚本憲一郎　カリフォルニア大学リバーサイド校人類学部・テニュアートラック准教授、京都外国語大学ラテンアメリカ研究所・客員研究員
鶴見　英成　東京大学総合研究博物館・助教
デイビッド・デットマン　アリゾナ大学同位体環境学研究所・所長
中川　　毅　立命館大学古気候学研究センター・教授
那須　浩郎　岡山理科大学生物地球学部・准教授
長谷川悦夫　埼玉大学教育機構・非常勤講師
林田　　明　同志社大学理工学部・教授
原口　　強　大阪市立大学大学院理学研究科・准教授
福原　弘識　埼玉大学教育機構・非常勤講師
藤掛　洋子　横浜国立大学大学院都市イノベーション研究院・教授
藤木　利之　岡山理科大学理学部基礎理学科・准教授
フローリー・ピンソン　グアテマラ、デル・バジェ大学社会科学部大学院生

編者紹介

青山和夫（あおやま かずお）

茨城大学人文社会科学部教授。ピッツバーグ大学人類学部大学院博士課程修了、博士（人類学）。専門はマヤ文明学・メソアメリカ考古学。

米延仁志（よねのぶ ひとし）

鳴門教育大学大学院学校教育研究科教授。名古屋大学大学院農学研究科博士課程修了、博士（農学）。専門は年輪年代学・環境考古学。

坂井正人（さかい まさと）

山形大学学術研究院教授。東京大学大学院総合文化研究科博士課程単位取得満期退学。専門は考古人類学、アンデス考古学。

鈴木 紀（すずき もとい）

国立民族学博物館人類文明誌研究部教授。東京大学大学院総合文化研究科博士課程単位取得満期退学。専門は文化人類学、ラテンアメリカ文化論。

古代アメリカの比較文明論
——メソアメリカとアンデスの過去から現代まで

2019年9月10日 初版第一刷発行

編 者 青山和夫
米延仁志
坂井正人
鈴木 紀
発行人 末原達郎

京都大学学術出版会
京都市左京区吉田近衛町69番地
京都大学吉田南構内（〒606-8315）
電 話（075）761-6182
FAX（075）761-6190
Home page http://www.kyoto-up.or.jp
振 替 01000-8-64677

ISBN978-4-8140-0238-2
Printed in Japan

印刷・製本 亜細亜印刷株式会社
装丁 森 華
定価はカバーに表示してあります